Mitbestimmung nach der Mobilitätsrichtlinie

Schriftenreihe zum deutschen und europäischen Gesellschafts- und Wirtschaftsrecht

Herausgegeben von Christoph Teichmann und Florian Bien

Begründet von Günter Christian Schwarz †

Band 26

PETER LANG

Leoni Stegmann

Mitbestimmung nach der Mobilitätsrichtlinie

Umsetzung der unternehmerischen Arbeitnehmerbeteiligung nach der Richtlinie (EU) 2019/2121

PETER LANG

Bibliografische Information der Deutschen Nationalbibliothek
Die Deutsche Nationalbibliothek verzeichnet diese Publikation in der Deutschen Nationalbibliografie; detaillierte bibliografische Daten sind im Internet über http://dnb.d-nb.de abrufbar.

Zugl.: Würzburg, Univ., Diss., 2022

D 20
ISSN 1614-239X
ISBN 978-3-631-89082-0 (Print)
E-ISBN 978-3-631-89090-5 (E-PDF)
E-ISBN 978-3-631-89091-2 (EPUB)
DOI 10.3726/b20236

Peter Lang – Berlin · Bern · Bruxelles · New York · Oxford · Warszawa · Wien

Diese Publikation wurde begutachtet.

www.peterlang.com

Meinen Eltern

Vorwort

Die vorliegende Arbeit entstand während meiner Beschäftigung als wissenschaftliche Mitarbeiterin am Lehrstuhl für Bürgerliches Recht, Deutsches und Europäisches Handels- und Gesellschaftsrecht an der Julius-Maximilians-Universität Würzburg von *Professor Dr. Christoph Teichmann*. Sie lag im Februar 2022 der Juristischen Fakultät als Dissertation vor. Nach Einreichung der Arbeit wurde ein erster Regierungsentwurf zur Umsetzung der Mobilitätsrichtlinie veröffentlicht. Die gefundenen Ergebnisse werden in einem kurzen Resümee der bis dahin geplanten Umsetzung gegenübergestellt. Das in dieser Arbeit zugunsten der Lesbarkeit gewählte generische Maskulinum bezieht sich zugleich auf die männliche, die weibliche und andere Geschlechteridentitäten.

Mein besonderer Dank gebührt *Professor Dr. Christoph Teichmann* für seine hervorragende fachliche und außerfachliche Betreuung. Seine immerwährende Diskussionsbereitschaft, seine wertvollen Ratschläge und nicht zuletzt seine Ermutigungen, ungewöhnliche Ansätze zu verfolgen, trugen entscheidend zum Gelingen der Arbeit bei. Des Weiteren danke ich *Professor Dr. Christoph Weber* für seine ertragreichen Anmerkungen sowie die zügige Erstellung des Zweitgutachtens. Daneben gilt mein Dank der Begabtenförderung des Cusanuswerks, dessen großzügige finanzielle Förderung die zeitnahe Realisation des Vorhabens ermöglichte.

Besonders gefreut habe ich mich über die Aufnahme in die Schriftenreihe zum deutschen und europäischen Gesellschafts- und Wirtschaftsrecht. Dafür danke ich den Herausgebern.

Ein herzlicher Dank gilt weiterhin meinen Kollegen und dem gesamten Lehrstuhlteam, durch die ich die Zeit am Lehrstuhl in schöner Erinnerung halte. Insbesondere die studentischen Hilfskräfte haben durch das unermüdliche Abarbeiten von Rechercheaufträgen ihren Teil zur Entstehung der Arbeit beigetragen. Zu großem Dank bin ich *Martina Buck-Roos* für das akribische Korrekturlesen verpflichtet.

Mein besonderer Dank gebührt meinen Eltern *Monika Stegmann* und *Dr. Michael Stegmann*. Sie haben meine Ausbildung in jeder erdenklichen Weise gefördert. Das Redigieren einer knapp 400 Seiten umfassenden Dissertation war dabei nur eine ihrer kleineren Hilfestellungen. Ihnen ist diese Arbeit gewidmet.

Inhaltsübersicht

Inhaltsverzeichnis

Abkürzungsverzeichnis

Alle Gesetze ohne besondere Bezeichnung sind solche des deutschen Rechts.

a. F.	alte Fassung
Abb.	Abbildung
Abs.	Absatz
AEUV	Vertrag über die Arbeitsweise der Europäischen Union
AG	Aktiengesellschaft
AktG	Aktiengesetz
Anh.	Anhang
Art.	Artikel
AÜG	Arbeitnehmerüberlassungsgesetz
AuR	Arbeit und Recht
BAG	Bundesarbeitsgericht
BB	Betriebs-Berater
Bd.	Band
Begr.	Begründer
BetrVG	Betriebsverfassungsgesetz
BGH	Bundesgerichtshof
BR-Drucks.	Bundesrats-Drucksache
Bspw.	Beispielsweise
BT-Drucks.	Bundestags-Drucksache
BVerfG	Bundesverfassungsgericht
BVG	Besonderes Verhandlungsgremium
Bzgl.	Bezüglich
Bzw.	Beziehungsweise
CLP	Company Law Package
Co. KG	Compagnie Kommanditgesellschaft
DAV	Deutscher Anwaltverein
DB	Der Betrieb
Ders./Dies.	Derselbe/ Dieselbe(n)
DGB	Deutscher Gewerkschaftsbund

Diss.	Dissertation
DrittelbG	Drittelbeteiligungsgesetz
DStR	Deutsches Steuerrecht
DVBl.	Deutsches Verwaltungsblatt
EBRG	Europäische Betriebsrätegesetz
ECFR	European Company and Financial Law Review
EGV	Vertrag zur Gründung der Europäischen Gemeinschaft
Einl.	Einleitung
ErwGr.	Erwägungsgrund
EU	Europäische Union
EuGH	Europäischer Gerichtshof
EuR	Zeitschrift Europarecht
EuZA	Europäische Zeitschrift für Arbeitsrecht
EuZW	Europäische Zeitschrift für Wirtschaftsrecht
EWR	Europäischer Wirtschaftsraum
EWS	Europäisches Wirtschafts- und Steuerrecht
F.	Folgende
FamFG	Das Gesetz über das Verfahren in Familiensachen und in den Angelegenheiten der freiwilligen Gerichtsbarkeit
Ff.	Fortfolgende
Fn.	Fußnote
FS	Festschrift
Gem.	Gemäß
GesRRL	Gesellschaftsrechtsrichtlinie
GG	Grundgesetz
GmbH	Gesellschaft mit beschränkter Haftung
GmbHR	GmbH-Rundschau
GmbHStB	Der GmBH-Steuerberater
GO EP	Geschäftsordnung Europäisches Parlament
GWR	Gesellschafts- und Wirtschaftsrecht
HdB	Handbuch
Hrsg.	Herausgeber
iVm.	In Verbindung mit
JA	Juristische Ausbildung

JuS	Juristische Schulung
Kap.	Kapitel
KG	Kommanditgesellschaft
LArbG	Landesarbeitsgericht
Lit.	Buchstabe
MgVG	Gesetz über die Mitbestimmung bei grenzüberschreitenden Verschmelzungen
MitbestG	Mitbestimmungsgesetz
MobilitätsRL	Richtlinie 2019/2121 zur Änderung der Richtlinie 2017/1132 in Bezug auf grenzüberschreitende Umwandlungen, Verschmelzungen und Spaltungen
MontanMitbestErgG	Montanmitbestimmungsergänzungsgesetz
MontanMitbestG	Montanmitbestimmungsgesetz
MüKO	Münchner Kommentar
mwN	mit weiteren Nachweisen
NJW	Neue Juristische Wochenschau
NotBZ	Zeitschrift für die notarielle Beratungs- und Beurkundungspraxis
Nr.	Nummer
NZA	Neue Zeitschrift für Arbeitsrecht
NZG	Neue Zeitschrift für Gesellschaftsrecht
PersR	Der Personalrat
RabelsZ	Rabels Zeitschrift für ausländisches und internationales Privatrecht
RdA	Recht der Arbeit
RIW	Recht der Internationalen Wirtschaft
RL	Richtlinie
Rn.	Randnummer
RNotZ	Rheinische Notar-Zeitschrift
Rspr.	Rechtsprechung
S.	Seite
SE	Societas Europaea (Europäische Aktiengesellschaft)
SEBG	Gesetz über die Beteiligung der Arbeitnehmer in der Societas Europaea

SE-RL	Richtlinie 2001/86 EG des Rates vom 8. Oktober 2001 zur Ergänzung des Statuts der Europäischen Aktiengesellschaft hinsichtlich der Beteiligung der Arbeitnehmer, Abl. 2001 L 294/22.
SE-VO	Verordnung (EG) Nr. 2157/2001 des Rates vom 8. Oktober 2001 über das Statut der Europäischen Gesellschaft
StGB	Strafgesetzbuch
UG	Unternehmergesellschaft
UmwG	Umwandlungsgesetz
Unterabs.	Unterabsatz
VerschmelzungsRL	Richtlinie 2005/56/EG über die Verschmelzung von Kapitalgesellschaften aus verschiedenen Mitgliedstaaten
Vgl.	Vergleiche
Vorb.	Vorbemerkung
WM	Wertpapier-Mitteilungen
WODrittelbG	Wahlordnung zum Drittelbeteiligungsgesetz
WOMitbestG	Wahlordnung zum Mitbestimmungsgesetz
WPg	Der Wirtschaftsprüfer
ZEuP	Zeitschrift für Europäisches Privatrecht
ZfA	Zeitschrift für Arbeitsrecht
ZGR	Zeitschrift für Unternehmens- und Gesellschaftsrecht
ZHR	Zeitschrift für das gesamte Handelsrecht und Wirtschaftsrecht
ZIP	Zeitschrift für Wirtschaftsrecht
ZPR	Zeitschrift für Rechtspolitik

Einführung

§ 1 Einleitung

Unter Mitbestimmung im Unternehmen versteht man aus deutscher Perspektive die Beteiligung der Arbeitnehmer an den zentralen unternehmerischen Planungs- und Organisationsentscheidungen im Aufsichtsrat eines Unternehmens.[1] Sie wird als kulturelle Errungenschaft und wichtiger Baustein der Sozialen Markwirtschaft gesehen, da sie das Gegenspiel von Kapital und Arbeit überbrückt[2] und erfreut sich im deutschen Recht einer langen Tradition.[3] Was anfangs ausschließlich als Regelung für Unternehmen in der Montanindustrie vorhergesehen war, entwickelte sich über die Jahre hinweg zu einem umfassenden Mitbestimmungssystem, welches sich aus in ihrer Intensität abgestuften Mitbestimmungsgesetzen zusammensetzt.[4] Wie viele andere Rechtsgebiete sieht sich diese Entwicklung in jüngerer Zeit dem Einfluss der Globalisierung und der damit verbundenen wachsenden Rolle des Europäischen Wirtschaftsraums ausgesetzt. Ausländische Rechtsformen sowie europäische Harmonisierungsprojekte stellen den Geltungsbereich des deutschen Mitbestimmungsrechts in Frage.

Hintergrund dessen ist das breite Bild unternehmerischer Mitbestimmungsformen, welches sich innerhalb der Europäischen Union abzeichnet. Es mangelt bereits an einem einheitlichen Verständnis der Mitbestimmung.[5] Die Systeme der Mitgliedstaaten reichen von der gänzlichen Abwesenheit unternehmerischer Mitbestimmung bis hin zu einem grundsätzlich paritätisch mit Arbeitnehmer- und Anteilseignervertretern besetzten Aufsichtsrat einer deutschen Kapitalgesellschaft mit mehr als 2000 Arbeitnehmern.[6] Dazwischen findet sich ein weites Spektrum von Regelungsansätzen.[7] An den stark divergierenden innereuropäischen Philosophien scheiterten im Laufe der Zeit eine ganze Reihe gesellschaftsrechtlicher

---

1 *Wißmann*, in: Wißmann/Schubert/Kleinsorge MitbestimmungsR, MitbestG Vorbem. Rn. 1. Zu beachten ist, dass es im deutschen System neben der unternehmerischen Mitbestimmung die betriebliche Mitbestimmung gibt. Vgl. dazu später im Teil 1.

2 *Bayer*, NJW 2016, 1930, 1930.

3 Zur Entwicklung vgl. im Überblick *Uffmann*, in: MHdB Arbeitsrecht § 368 Rn. 1–3.

4 Zu den verschiedenen Gesetzen vgl. im Teil 1 unter § 2.

5 *Gaul/Ludwig/Forst*, Europäisches Mitbestimmungsrecht, § 1 Rn. 170 ff.

6 *Lutter/Bayer/J. Schmidt*, Europäisches Unternehmens- und Kapitalmarktrecht, Rn. 16.1.

7 Übersicht bei *Schulte-Wrede*, Arbeitnehmerbeteiligung in Europa, Teil 3, S. 20 ff.; *Weiss*, NZA 2003, 177 ff.

Harmonisierungsprojekte der EU.[8] Das unterschiedliche Schutzniveau in den Mitgliedstaaten entfachte bei sämtlichen legislativen Vorhaben auf dem Gebiet des Europäischen Gesellschaftsrechts wiederkehrende, kontroverse Diskussionen um die Regelung der Mitbestimmung.[9] Nicht ohne Grund wurde die Mitbestimmung deshalb als „Gretchenfrage" des Europäischen Gesellschaftsrechts betrachtet, die insbesondere die gesellschaftsrechtliche Harmonisierung des Europäischen Binnenmarktes immer wieder ins Stocken brachte.[10] Mitbestimmung stellte seit jeher einen rechts- und sozialpolitischen Stolperstein dar.[11]

Ein Durchbruch gelang in diesem Kontext nach vier Jahrzehnten der Verhandlungen mit einem Kompromiss über die Mitbestimmung bei der Europäischen Aktiengesellschaft.[12] Im politischen Diskurs über die Einführung dieser supranationalen Gesellschaft wurde die sog. „europäische Verhandlungslösung" geboren. Diese diente fortan als Vorbild für anderweitige Harmonisierungsprojekte.[13] Auf dieser Grundlage baute der Europäische Gesetzgeber die Handlungsoptionen für europäische Unternehmen aus. Neben die Möglichkeit, sich supranational zu organisieren, trat 2005 durch die Verschmelzungsrichtlinie die in der Niederlassungsfreiheit in Art. 49 und 54 AEUV verankerte Möglichkeit, grenzüberschreitende Verschmelzungen vorzunehmen.[14]

Doch die Verschmelzung mit einem anderen Unternehmen stellt nicht die einzige interessante Umstrukturierungsmaßnahme für Gesellschaften dar. Auch die Vorgänge der Spaltung und des Formwechsels, die auf nationaler Ebene längst geregelt sind, gerieten immer mehr in den Blickpunkt der Entwicklungen. Die

8 Im Überblick dazu: *Lutter/Bayer/J. Schmidt*, Europäisches Unternehmens- und Kapitalmarktrecht, Rn. 16.1.

9 So bei der Europäischen Aktiengesellschaft (SE), der Europäischen Genossenschaft (SCE) und der Verschmelzungsrichtlinie. Siehe *Lutter/Bayer/J. Schmidt*, Europäisches Unternehmens- und Kapitalmarktrecht, Rn. 16.1. Die Projekte der Europäischen Privatgesellschaft (SPE) und der Sitzverlegungsrichtlinie kamen aufgrund der Mitbestimmungsfrage gänzlich zum Erliegen. Dazu vgl. *Hommelhoff*, FS K. Schmidt, 2009, S. 671 ff. Zur Sitzverlegungsrichtlinie: Vorentwurf für eine Richtlinie über die Verlegung des Sitzes einer Gesellschaft in einen anderen Mitgliedstaat mit Wechsel des für die Gesellschaft maßgebenden Rechts, Dok. XV/6002/97, abgedruckt in ZIP 1997, 1721 ff.

10 *Lutter/Bayer/J. Schmidt*, Europäisches Unternehmens- und Kapitalmarktrecht, Rn. 16.1.

11 *Selent*, NZG 2018, 1171, 1172.

12 *Kleinsorge*, in: Wißmann/Schubert/Kleinsorge MitbestimmungsR, EU-Recht Rn. 13.

13 *Habersack*, ZHR 182 (2018), 495, 500.

14 Richtlinie 2005/56/EG des Europäischen Parlaments und des Rates vom Oktober 2005 über die Verschmelzung von Kapitalgesellschaften aus verschiedenen Mitgliedstaaten, Abl. L310/1.

Verschmelzungsrichtlinie allein wurde den praktischen Bedürfnissen nicht mehr gerecht. Vom EuGH längst im Sinne einer umfassenden Rechtsformwahlfreiheit für zulässig erklärt, überraschte es nicht, dass die Forderungen nach einem passenden Normapparat für die übrigen Umwandlungsvorgänge immer lauter wurden.[15] Den Stein, der die Gesetzgebungsbewegung letztlich sprichwörtlich ins Rollen brachte, lieferte der EuGH mit dem Urteil in der Rechtssache *Polbud.* Dort interpretierte er die Niederlassungsfreiheit so weit, dass auch eine reine Verlegung des Satzungssitzes ohne notwendige wirtschaftliche Tätigkeit im Satzungsland zulässig sein soll. Dies gelte selbst dann, wenn der Formwechsel nur erfolge, um in einem anderen Mitgliedsstaat günstigere Rechtsvorschriften anwenden zu können.[16] Nunmehr erschien eine rechtliche Regelung unumgänglich, um die betroffenen Drittinteressen vor „wilden" Sitzverlegungen zu schützen.[17] Mit der 2019 verabschiedeten Mobilitätsrichtlinie schafft der Europäische Gesetzgeber nun den geforderten Rechtsrahmen für grenzüberschreitende Umwandlungsvorgänge,[18] um nicht zuletzt ebendiese Drittinteressen von Gläubigern, Minderheitsgesellschaftern und Arbeitnehmern zu wahren.

Denn auch wenn die Öffnung des Europäischen Binnenmarktes als wesentliches Element einer florierenden Wirtschaft angesehen wird,[19] so profitieren doch nicht alle Beteiligten von diesen Entwicklungen in gleicher Weise. Parallel zur Weiterentwicklung dieser Harmonisierungsprojekte zeichnete sich eine aus mitbestimmungsrechtlicher Sicht weniger vorteilhafte Entwicklung ab. In der Praxis wuchs die Tendenz, die deutschen Mitbestimmungsgesetze mithilfe dieser europäischen Instrumente zu umgehen. Die unionsrechtlich verbürgte Unternehmensmobilität wurde trotz der Bemühungen der Europäischen und nationalen Gesetzgeber vielfach verwendet, um im Zuge der Gründung einer Europäischen Aktiengesellschaft oder unter Vornahme einer grenzüberschreitenden Verschmelzung aus der deutschen Unternehmensmitbestimmung zu fliehen.[20] Die Konsequenz dessen ist, dass

---

15 *Wicke*, DStR 2018, 2642, 2643; *Kindler*, NZG 2018, 1, 5; *Heckschen/Strnad*, notar 2018, 83, 89; *Knaier*, GmbHR 2018, 507, 507; *Drygala/von Bressensdorf*, NZG 2016, 1161, 1161 f.; *Kleba*, RNotZ 2016, 273, 288; *Bayer/J. Schmidt*, ZIP 2017, 2225, 2233; *dies.*, ZHR 173 (2009), 735, 770; *Hushahn*, RNotZ 2014, 137, 154.

16 EuGH v. 25.10.2017 – C 106/16 (Polbud), NZG 2017, 1308. Dazu *Bayer/J. Schmidt*, BB 2018, 2562, 2562 f.

17 *Luy*, NJW 2019, 1905, 1905.

18 Richtlinie (EU) 2019/2121 des Europäischen Parlaments und des Rates vom 27. November 2019 zur Änderung der Richtlinie (EU) 2017/1132 in Bezug auf grenzüberschreitende Umwandlungen, Verschmelzungen und Spaltungen, Abl. L 321/1.

19 Vgl. nur Entschließung des Europäischen Parlaments v. 10.3.2009, ABlEU v. 1.4.2010, C87 E/5, ErwGr. B.

20 Zu diesen Fluchtbewegungen vgl. *Bayer*, NJW 2016, 1930, 1931; *Götze/Winzer/Arnold*, ZIP 2009, 245 ff.; *Rieble*, ZIP 2006, 2018, 2019 ff., *Kisker*, RdA 2006, 206 ff.; *Brandes*, ZIP 2008, 2193 ff.; *Drinhausen*, BB 2011, 2699 ff.; *Ege/Grzimek/Schwarzfischer*, DB 2011,

das System der deutschen Unternehmensmitbestimmung abgeschwächt oder gar ganz abgeschüttelt wird und die Arbeitnehmer in ihren Mitbestimmungsrechten beschnitten werden. Die Auswirkungen dessen verdeutlicht auch die Dax-Reform aus dem Jahr 2021. Bis zur Aufstockung der Dax-Werte wiesen 26 von 30 Dax-Unternehmen paritätische Mitbestimmungen auf. Bei den neu aufgenommenen zehn Unternehmen ist dies hingegen nur zweimal der Fall. Sechs der neuen Dax-Unternehmen brauchen gar keine Arbeitnehmermitbestimmung im Aufsichtsrat mehr.[21]

Um diese Bewegung durch die Mobilitätsrichtlinie nicht zu verstärken, erklärte die Europäische Kommission den Mitbestimmungsschutz zum Ziel der Richtlinie.[22] Ausgehend von dem für die Europäische Aktiengesellschaft entwickelten Verhandlungsmodell versuchte der Europäische Gesetzgeber nun den Schutz der Arbeitnehmerrechte effektiver zu gestalten, als ihn die Verschmelzungsrichtlinie bisher vorgab. Zu diesem Zweck etabliert die Richtlinie verschiedene Schutzinstrumente.

Diese altbewährten und neu geschaffenen Schutzmechanismen der Unternehmensmitbestimmung in der Mobilitätsrichtlinie sollen Untersuchungsgegenstand der vorliegenden Arbeit sein. Ein erstes Ziel der Ausarbeitung ist es zu beleuchten, wie die Mitbestimmung in der Mobilitätsrichtlinie konkret ausgestaltet ist. Da die Richtlinie kraft ihrer Rechtsnatur jedoch erst dann unmittelbare Wirkung in den Mitgliedstaaten erlangt, wenn die Vorschriften in nationales Recht transferiert werden, soll auch die konkrete Ausgestaltung der Umsetzung der Richtlinie ins Auge gefasst werden. Dabei sollen Lösungen für mögliche Mitbestimmungslücken erarbeitet werden, um der sich abzeichnenden Erosion der Unternehmensmitbestimmung entgegenzutreten.

§ 2 Gang der Untersuchung

Ziel der vorliegenden Ausarbeitung ist es, die Ausgestaltung der Mitbestimmung in der Mobilitätsrichtlinie zu beleuchten. Ein Schwerpunkt der Betrachtung liegt dabei auf den eingeführten Mitbestimmungsregelungen. Neben den Abweichungen zur bisherigen Mitbestimmungslösung bei der grenzüberschreitenden Verschmelzung gilt es zu untersuchen, ob ein lückenloser Schutz gewährleistet ist und ob es stellenweise zu Anwendungsproblemen kommen kann. Ausgehend von diesen Betrachtungen wird erörtert, wie eine Einbettung der unionalen Vorgaben in die nationalen Regelungen erfolgen kann. Besondere Aufmerksamkeit gilt dabei

---

1205 ff.; *Morgenroth/Salzmann*, NZA-RR 2013, 449 ff.; in Zahlen: *Hoffmann*, AG 2016, R167 ff.

21 *Mohr*, FAZ v. 6.9.2021, S. 23.

22 Vorschlag für eine Richtlinie des Europäischen Parlaments und des Rates zur Änderung der Richtlinie (EU) 2017/1132 in Bezug auf grenzüberschreitende Umwandlungen, Verschmelzungen und Spaltungen, 2018/0114 (COD), S. 5.

eventuell aufgetretenen Lücken, die im Wege der Implementierung möglicherweise zu schließen sind.

Um das Potenzial der Richtlinie überhaupt erfassen zu können, sollen daher in einem *ersten Schritt* die Grundlagen der deutschen Unternehmensmitbestimmung in einen europäischen Kontext gesetzt werden. Dabei gilt es aufzuzeigen, in welches Regelungsgefüge sich die zu schaffenden Vorschriften einfügen müssen (1. Teil).

Darauf aufbauend schließt sich im *zweiten Schritt* die Betrachtung der neu erlassenen Mobilitätsrichtlinie an (2. Teil). Untersucht werden dabei Zielsetzung, Entstehungsgeschichte sowie die Grundzüge des geschaffenen Umwandlungsrahmens. Erörtert wird dabei zudem, welche Grundsätze für die anstehende Umsetzung der Richtlinie gelten.

Im Fokus des *dritten Schrittes* stehen das System der Unternehmensmitbestimmung der Mobilitätsrichtlinie und die dazu eingeführten Schutzinstrumente (3. Teil). Diese sollen eingehend erläutert und auf ihre Praktikabilität geprüft werden. Es gilt dabei aufzudecken, wo das System noch Lücken aufweist, die der nationale Gesetzgeber im Rahmen der Umsetzung gegebenenfalls zu füllen hat.

Im abschließenden *vierten Schritt* will die Arbeit problemorientiert auf die Chancen eingehen, die der Gesetzgeber bei der Umsetzung der Richtlinie nutzen kann. Ziel dessen ist es, ebendiese aufgezeigten Lücken nach Möglichkeit zu schließen und die Unternehmensmitbestimmung künftig besser vor Erosion zu schützen (4. Teil). Die gefundenen Lösungsansätze schließen mit einem Vorschlag zur Einführung eines Änderungsgesetzes. Gemünzt auf die Umsetzung der Richtlinie im deutschen Recht könnten die Ausführungen gleichsam Signalwirkung für andere Harmonisierungsprojekte oder Rechtssysteme haben.

1. Teil: Deutsche Unternehmensmitbestimmung im europäischen Kontext

Die unternehmerische Mitbestimmung der Arbeitnehmer erfreut sich im deutschen Recht einer langen Tradition, aus der sich über die Jahre verschiedene Mitbestimmungsgesetze entwickelt haben. Wie viele Bereiche des Rechts steht auch die Unternehmensmitbestimmung unter dem Einfluss des europäischen Rechts. So bestehen neben den nationalen Mitbestimmungsgesetzen (§ 2) bereits heute Regelungssysteme für grenzüberschreitende Vorgänge, die eine europäische Mitbestimmungslösung erforderten (§ 3). Die Öffnung des Europäischen Binnenmarkts hat dabei für europäische Gesellschaften einigen Gestaltungsspielraum eröffnet, der die Umgehung nationaler Mitbestimmungsrechte ermöglicht (§ 4). Zunächst muss jedoch geklärt werden, was überhaupt unter Unternehmensmitbestimmung zu verstehen ist (§ 1).

§ 1 Begriff und Bedeutung der deutschen Unternehmensmitbestimmung

Um die Tragweite der Unternehmensmitbestimmung in Deutschland erfassen zu können, muss zunächst geklärt werden, was sich hinter der Bezeichnung „Mitbestimmung" verbirgt (A) und worin ihre Daseinsberechtigung liegt (B).

A. Begriffsbestimmung

Unter „Mitbestimmung" fasst man in einem weiten Sinne die rechtliche, ökonomische und soziale Eingliederung der Arbeitnehmer in eine Gesellschaft.[23] Im rechtlichen Kontext deklariert der Begriff jedwede Mitentscheidung oder sonstige Mitwirkung der Arbeitnehmer in allen Bereichen eines Betriebes.[24] Das deutsche System unterscheidet dabei grundsätzlich zwei Ebenen: Die betriebliche Mitbestimmung in sozialer, personeller und wirtschaftlicher Hinsicht in der räumlich-organisatorischen Einheit eines Betriebs sowie die unternehmerische Mitbestimmung an zentralen Planungs-, Lenkungs- und Organisationsentscheidungen

---

23 *Fabricius,* Marktwirtschaft und Mitbestimmung, Einl. Kap. I Rn. 6; *Briefs,* Mitbestimmung?, S. 56.

24 *Kortstock,* in: Weberkompakt Rechtswörterbuch, Mitbestimmung.

auf Unternehmensebene.[25] Diese stehen rechtlich selbständig nebeneinander und ergänzen sich funktional zu einem umfassenden Mitwirkungs- und Mitsprachemodell der Arbeitnehmerschaft.[26]

I. Betriebliche Mitbestimmung

Die im Betriebsverfassungsgesetz (BetrVG) normierte betriebliche Mitbestimmung soll einen Ausgleich zwischen den divergierenden Interessen der Arbeitnehmer und dem Arbeitgeber schaffen.[27] Dabei werden der Arbeitnehmervertretung Mitwirkungsrechte an den personellen, sozialen und wirtschaftlichen Aspekten gewährt, die sich aus Planungs-, Leitungs- und wirtschaftlichen Fragen innerhalb einer Betriebsstätte ergeben.[28] Im Vordergrund stehen die Organisation der Arbeit in der Betriebsstätte sowie die Zusammensetzung der Belegschaft.[29] Um diese Interessenvertretung gegenüber dem strukturell überlegenen Arbeitgeber geltend machen zu können, bedarf es einer kollektiven Interessenvertretung, des Betriebsrats.[30]

Das BetrVG gliedert sich in ein differenziertes System von Informations-, Beratungs-, Veto-, sowie Initiativrechten in verschiedenen Aufgabenbereichen. Diese Rechte sind in ihrer Intensität der Beteiligungsformen abgestuft.[31] Die möglichen Ebenen der betrieblichen Mitbestimmung reichen je nach Größe und

---

25 *Fabricius,* Marktwirtschaft und Mitbestimmung, Einl. Kap. I Rn. 6; *Habersack,* in: Habersack/Henssler MitbestimmungsR, MitbestG Einl. Rn. 5; *Wißmann,* in: Wißmann/Kleinsorge/Schubert MitbestimmungsR, MitbestG Vorbem. Rn. 9 f.

26 *Rehbahn,* NZA 2001, 763, 770 ff.; *Schulte-Wrede,* Arbeitnehmerbeteiligung in Europa, S. 9. Neben die im Gesetz verankerten Mechanismen tritt eine optional ausgestaltete Mitbestimmung durch Tarifverträge. Diese binden jedoch jeweils nur die jeweiligen Tarifpartner, vgl. § 3 TVG. Siehe dazu *Löwisch/Rieble,* in: Löwisch/Rieble TVG, § 3 Rn. 1 ff.

27 Regelungen zur betrieblichen Mitbestimmung finden sich daneben im Sprecherausschussgesetz, dem Gesetz über Europäische Betriebsräte, im öffentlichen Dienst im Bundespersonalvertretungsgesetz und in den Personalvertretungsgesetzen der Länder. Zur Entwicklung des BetrVG: *Rose,* in: Hess/Worzalla/Glock/Nicolai/Rose/Huke BetrVG, Einl. Rn. 8–41.

28 *Klinkhammer/Weslau,* Mitbestimmung in Deutschland und Europa, Rn. 12; *Rose,* in: Hess/Worzalla/Glock/Nicolai/Rose/Huke BetrVG, Einl. Rn. 2.

29 *Wißmann,* in: Wißmann/Kleinsorge/Schubert MitbestimmungsR, MitbestG Vorb. Rn. 10; *Hoppe/Fuhlrott,* ArbRAktuell 2011, 235, 235. Zum Begriff des Betriebs als organisatorische Einheit BAG v. 31.05.2007 NZA 2007, 1307.

30 *Koch,* in: ErfK ArbeitsR, BetrVG § 1 Rn. 1. Vgl. zur historischen Entwicklung *Richardi,* RdA 1984, 88, 88 ff.

31 *Koch,* in: ErfK ArbeitsR, BetrVG § 1 Rn. 2; genauer bei: *Richardi,* in: Richardi BetrVG, Vorb. Rn. 21, 27 ff.

Ausgestaltung des Unternehmens vom Betriebsrat über den Gesamtbetriebsrat bis hin zum Konzernbetriebsrat.[32] In europaweit operierenden Gesellschaften ist zudem unter bestimmten Voraussetzungen ein Europäischer Betriebsrat zu bilden.[33] Gegenstand der betrieblichen Mitbestimmung sind stets solche Arbeitsbedingungen und Aspekte, welche die Arbeitnehmer an ihrem Arbeitsplatz in der betrieblichen Einheit unmittelbar betreffen.[34]

II. Unternehmerische Mitbestimmung

Im Gegensatz zur betrieblichen Mitbestimmung steht bei der Unternehmensmitbestimmung die Mitwirkung an unternehmerischen Entscheidungen im Vordergrund. Die Arbeitnehmer sollen in Entscheidungsprozesse betreffend die Unternehmenspolitik einbezogen werden.[35] Die Grenze liegt dabei sachgemäß im Einwirkungsbereich unternehmerischer Entscheidungen und damit auch innerhalb der gesetzlichen Beschränkungen des Wirtschafts-, Arbeits- und Steuerrechtes.[36] Wesentlich ist dabei, dass bei der Unternehmensmitbestimmung die wirtschaftlichen Angelegenheiten im Vordergrund stehen. Der Belegschaft wird ein Mitspracherecht bei Auswahl und Kontrolle der Unternehmensleitung sowie der Ausgestaltung der Unternehmenspolitik gewährt.[37] Gegenstand dieses Mitspracherechts sind alle unternehmerischen Entscheidungsprozesse wie unter anderem Produktions- und Absatzpolitik, Investitionen, Produktforschung und Finanzierung.[38]

Die praktische Umsetzung der Beteiligungsrechte erfolgt durch die Vergabe von Stimmrechten durch Initiativrechte oder Zustimmungsvorbehalte in einem Gesellschaftsorgan.[39] Bei dieser Mitbestimmung sind nach dem deutschen System die Rechtsform der Kapitalgesellschaft und die Unternehmensgröße ausschlaggebend

---

32 Vgl. zum Gesamtbetriebsrat §§ 47 bis 53 BetrVG, zum Konzernbetriebsrat §§ 54 bis 59 BetrVG.

33 Vgl. dazu die Regelung im EBRG.

34 *Schulte-Wrede*, Arbeitnehmerbeteiligung in Europa, S. 8.

35 *Schulte-Wrede*, Arbeitnehmerbeteiligung in Europa, S. 9.

36 *Wißmann*, in: Wißmann/Kleinsorge/Schubert MitbestimmungsR, MitbestG Vorb. Rn. 4.

37 *Hoppe/Fuhlrott*, ArbRAktuell 2011, 235, 235; *Habersack*, in: MüKo AktG, AktG vor § 95 Rn. 2 f.

38 *Fabricius*, Marktwirtschaft und Mitbestimmung, Einl. Kap. I Rn. 10; *Habersack*, in: Habersack/Henssler MitbestimmungsR, MitbestG Einl. Rn. 4; *Wißmann*, in: Wißmann/Kleinsorge/Schubert MitbestimmungsR, MitbestG Vorb. Rn. 4.

39 *Habersack*, in: MüKo AktG, AktG vor § 95 Rn. 2 f.; *Schulte-Wrede*, Arbeitnehmerbeteiligung in Europa, S. 9.

für die Reichweite der Beteiligung.[40] Gegenstand der vorliegenden Untersuchung bildet allein die unternehmerische Mitbestimmung.

III. Europäische Terminologie

Auch im Europäischen Kontext findet sich eine Zweiteilung: Unter „Beteiligung der Arbeitnehmer" fasst man zunächst jedes Verfahren, durch das die Arbeitnehmer oder ihre Vertreter in Kontakt mit der Arbeitgeberseite treten können, einschließlich der Unterrichtung, Anhörung und Mitbestimmung.[41] So ist die unternehmerische Mitbestimmung ein Teil der Arbeitnehmerbeteiligung und bezeichnet jede durch Mitgliedschaft von Arbeitnehmervertretern in Unternehmensorganen vermittelte Teilhabe der Belegschaft an Planungen und Entscheidungen des Unternehmens.[42] Diese Definition wird heute im Allgemeinen auch für die einschlägigen deutschen Gesetze verwendet.[43]

B. Bedeutung der Mitbestimmung

Die einleitend beschriebenen Entwicklungen, aus der Mitbestimmung zu fliehen oder diese abzuschütteln, werfen unweigerlich die Frage auf, ob und wieso die deutsche Unternehmensmitbestimmung überhaupt vor dieser Erosion geschützt werden sollte. Ansätze, die Mitbestimmung zu erhalten, können schließlich nur diskutiert werden, wenn für diese Regelungen überhaupt eine tatsächliche Daseinsberechtigung besteht und die deutsche Unternehmensmitbestimmung nicht als traditionelles und gleichsam veraltetes Überbleibsel bewertet wird.[44] Eine

---

40 *Hoppe/Fuhlrott*, ArbRAktuell 2011, 235, 235; *Henssler*, in: Habersack/Henssler MitbestimmungsR, MitbestG § 7 Rn. 50; *Wißmann*, in: Wißmann/Kleinsorge/Schubert MitbestimmungsR, MitbestG Vorb. Rn. 1.

41 Art. 2 lit. h) Richtlinie 2001/86/EG des Rates vom 8. Oktober 2001 zur Ergänzung des Statuts der Europäischen Gesellschaft hinsichtlich der Beteiligung der Arbeitnehmer (im Folgenden SE-RL).

42 Art. 2 lit. k) SE-RL, Art. 16 Die Verschmelzungsrichtlinie 2005/56/EG des Europäischen Parlaments und des Rates vom 26.10.2005 über die Verschmelzung von Kapitalgesellschaften aus verschiedenen Mitgliedstaaten (im Folgenden VerschmelzungsRL) bzw. Art. 133 Richtlinie (EU) 2017/1132 des Europäischen Parlaments und des Rates vom 14.06.2017 über bestimmte Aspekte des Gesellschaftsrechts (Kodifizierter Text), Abl. L 169/46 (im Folgenden GesRRL). Die VerschmelzungsRL ist in der GesRRL aufgegangen.

43 So im Gesetz über die Beteiligung der Arbeitnehmer in einer Europäische Gesellschaft (SEBG) sowie im Gesetz über die Mitbestimmung der Arbeitnehmer bei einer grenzüberschreitenden Verschmelzung (MgVG). *Wißmann*, in: Wißmann/Kleinsorge/Schubert MitbestimmungsR, MitbestG Vorb. Rn. 1.

44 *Rieble* bezeichnet sie bereits 2006 als „versteinert", vgl. *Rieble*, BB 2006, 2018, 2018.

Diskussion um die Frage nach der Notwendigkeit des Mitbestimmungsschutzes lässt sich kaum führen, ohne sich die Bedeutung der deutschen Unternehmensmitbestimmung vor Augen zu führen. Neben den traditionellen Begründungsansätzen (I) zeichnet sich in jüngerer Zeit noch eine weitere Notwendigkeit für unternehmerische Mitbestimmung ab (II).

I. Traditionelle Begründung der Mitbestimmung

Die verschiedenen Formen der kollektiven Interessenvertretung gründen auf dem Gedanken, dass zwischen Arbeitgeber und Arbeitnehmer eine „strukturelle Unterlegenheit" vorliegt. Der Arbeitnehmer hat im Unterordnungsverhältnis den Weisungen des Arbeitgebers Folge zu leisten und ist von diesem persönlich abhängig.[45] Dieses Ungleichgewicht macht eine kollektive Interessenvertretung zur Wahrung der Arbeitnehmerrechte unabdingbar.[46] Die Einbringung der Arbeitnehmer in die Entscheidungsprozesse der Unternehmensleitung soll die Abhängigkeit der Arbeitnehmer ausgleichen oder immerhin abschwächen.[47]

Die Daseinsberechtigung der unternehmerischen Mitbestimmung gründet sich auf sozialethische Ziele: Mitbestimmung dient dem Schutz der Menschenwürde und dem Bestreben, dem Arbeitnehmer entgegen der Unterordnung unter die strukturelle Gewalt des Arbeitgebers ein gewisses Maß an Selbstbestimmtheit einzuräumen.[48] Der Arbeitnehmer soll nicht wie ein „Objekt" des Produktionsvorgangs behandelt werden.[49]

Bedeutung erlangt dabei auch der Gedanke an eine Wirtschaftsdemokratie. Innerhalb eines Unternehmens solle eine Art Demokratie geschaffen werden, die der demokratischen Legitimation der Unternehmensleitung diene. Eine solche

---

45 *Fabricius,* Marktwirtschaft und Mitbestimmung, Einl. Kap. I Rn. 15; Bundestags-Drs. VI/334 1970, S. 56; *Habersack,* in: Habersack/Henssler MitbestimmungsR, MitbestG Einl. Rn. 2.

46 BVerfG NZA 2007, 85, 87 b); *Wißmann,* in: Wißmann/Kleinsorge/Schubert MitbestimmungsR, MitbestG Vorb. Rn. 5.

47 *Koch,* in: ErfK ArbeitsR, BetrVG § 1 Rn. 1; *Habersack,* in: Habersack/Henssler MitbestimmungsR, MitbestG Einl. Rn. 2; *Wißmann,* in: Wißmann/Kleinsorge/Schubert MitbestimmungsR, MitbestG Vorb. Rn. 3.

48 *Schwerdtfeger,* Unternehmerische Mitbestimmung der Arbeitnehmer und Grundgesetz, S. 70. Eingehend zu den verschiedenen Konkretisierungsformen des Demokratiebegriffs: *Schwerdtfeger,* Unternehmerische Mitbestimmung der Arbeitnehmer und Grundgesetz, S. 70 ff.; vgl. auch *Scholz,* Paritätische Mitbestimmung und Grundgesetz, S. 25 ff.

49 Bundestags-Drs. VI/334 1970, S. 56; *Kunze/Christmann,* Wirtschaftliche Mitbestimmung im Meinungsstreit, Bd. 1, S. 145, 285; *Wißmann,* in: Wißmann/Kleinsorge/Schubert MitbestimmungsR, MitbestG Vorb. Rn. 3.

Legitimation sei in einer freiheitlichen und sozialstaatlichen Ordnung notwendig,[50] um den einzelnen Arbeitnehmer vor der Willkür gesellschaftlicher Macht zu bewahren.[51] Neben dieser wirtschaftlichen Machtkontrolle soll eine soziale Unternehmenspolitik und eine Integration der sozialen Marktwirtschaft in die Wirtschafts- und Unternehmensverfassung erzielt werden.[52]

Schließlich dient die Mitbestimmung dazu, einen Ausgleich zwischen den Antagonisten Kapital und Arbeit zu schaffen. Diese Gegenspieler stehen innerhalb eines sozialen Verbundes und sind jeweils aufeinander angewiesen.[53] Sie stehen als Produktionsfaktoren in einem freiheitlichen und dynamischen Verhältnis, in dem eine einseitige Gestaltung vermieden werden soll.[54] Die Arbeitnehmermitbestimmung schafft hier den notwendigen Ausgleich, indem sie Tür und Tor für eine gleichberechtigte Mitwirkung der Arbeitnehmervertreter öffnet.[55]

II. Unternehmensmitbestimmung und Nachhaltigkeit

Nicht außer Acht zu lassen ist in diesem Kontext die aufkommende Nachhaltigkeitsbewegung, von der sich wohl oder übel auch Unternehmen „mitreißen" lassen müssen. Das Stichwort der „nachhaltigen Unternehmensführung" steht mittlerweile auf der Agenda jedes Global Players oder Unternehmens, welche auf eine internationale Stellung hinarbeiten. Unternehmen werden angehalten, neben den ökonomischen Belangen auch ökologische und soziale Aspekte in ihre Entscheidungsfindung einzubeziehen. Längst gilt die auf diesen drei Säulen beruhende Nachhaltigkeitsbewegung als politisch-gesellschaftliche Handlungsmaxime, um Generationsgerechtigkeit, Lebensqualität, sozialen Zusammenhalt und

50 *Krieger*, Handbuch des Verfassungsrechts, S. 697, 718.

51 *Habersack*, in: Habersack/Henssler MitbestimmungsR, MitbestG, Einl. Rn. 2.

52 *Krieger*, Handbuch Verfassungsrechts, S. 697, 720; *Habersack*, in: Habersack/Henssler MitbestimmungsR, MitbestG, Einl. Rn. 4. Näheres dazu: *Kunze/Christmann*, Wirtschaftliche Mitbestimmung im Meinungsstreit, Bd. 1 und 2; *Briefs*, Mitbestimmung?, S. 98 ff.; *Casper*, FS Baums, S. 193 ff.; *Schwerdtfeger*, Unternehmerische Mitbestimmung der Arbeitnehmer und Grundgesetz, S. 68 ff.; *Scholz*, Paritätische Mitbestimmung und Grundgesetz, S. 24 ff.; *Hanau*, Pressefreiheit und paritätische Mitbestimmung, S. 71 ff.; *Krieger*, Handbuch Verfassungsrechts, S. 697, 716 ff.; *Fabricius*, Marktwirtschaft und Mitbestimmung, Einl. Kap. I Rn. 42–82.

53 *Kunze/Christmann*, Wirtschaftliche Mitbestimmung im Meinungsstreit, Bd. 1, S. 148; *Scholz*, Paritätische Mitbestimmung und Grundgesetz, S. 52 ff.; *Habersack*, in: Henssler/Habersack MitbestimmungsR, MitbestG Einl. Rn. 2; *Wißmann*, in: Wißmann/Kleinsorge/Schubert MitbestimmungsR, MitbestG Vorbem. Rn. 3.

54 *Habersack*, in: Henssler/Habersack MitbestimmungsR, MitbestG Einl. Rn. 2; *Scholz*, Paritätische Mitbestimmung und Grundgesetz, S. 55.

55 *Scholz*, Paritätische Mitbestimmung und Grundgesetz, S. 56. Die Vorzüge der kooperativen Mitbestimmung schätzt auch die EU, vgl. *Weiss*, FS Windbichler, S. 428.

internationale Verantwortung zu schaffen. Bereits heute deutet sich an, dass sich die Prinzipien der Nachhaltigkeit leichter in Unternehmen umsetzen lassen, wenn diese der Mitbestimmung unterliegen.[56] In jüngerer Zeit zeichnet sich ein Diskurs darüber ab, ob Unternehmen im Hinblick auf nachhaltige Unternehmensführung mehr in die Pflicht genommen werden sollen.[57] Unternehmen könnten künftig deutlich mehr Unterrichtungs- und Prüfpflichten treffen, die wiederum durch den Aufsichtsrat kontrolliert werden müssen.[58]

Diese Nachhaltigkeitsbewegung geht Hand in Hand mit der sozialethischen Begründung der Unternehmensmitbestimmung.[59] Im Zuge der bereits bestehenden Berichtspflicht von Unternehmen wird diesen eine nachhaltige Unternehmensführung mit dem Ziel nahegelegt, alle ökologischen, ökonomischen und sozialen Belange in die Entscheidungsfindung einzubeziehen.[60] Da der Aufsichtsrat den Arbeitnehmern eine Stimme verleiht und den Vorstand durch seine

---

56 *Kluge/Vitols,* Codetermination for the sustainable company, S. 2. Die Orientierung an der Nachhaltigkeit der Unternehmensführung ist dabei mehr als ein ethisches Ziel. Bereits heute trifft alle Kapitalgesellschaften ab einer Stärke von 500 Arbeitnehmern nach der CSR-Richtlinie die Pflicht, einen Bericht über sogenannte „nichtfinanzielle Belange" abzugeben, vgl. dazu *Bomsdorf/Blatecki-Burgert,* ZRP 2020, 42; *Kälberer,* BC 2018, 194 ff.; *Hennrichs,* NZG 2017, 941, 942 f.; *Kirsch/Huter,* WPg 2017, 1409; zur Berichterstattung nach der Richtlinie *Mock,* ZIP 2017, 1195 ff.

57 Dass die Bedeutung der Nachhaltigkeitsbewegung stetig wächst, zeigt eine EU-Konsultation zur nachhaltigen Unternehmensführung, vgl. dazu *J. Schmidt,* EuZW 2020, 965; *Lück,* NZG 2020, 1219, 1219 f. Vgl. dazu auch das Projekt SMART DELIVERABLE 2.7, Supporting the Transition to Sustainability, SMART Reform Proposals abrufbar unter <https://www.smart.uio.no/news/smart-presents-reform-proposals-for-sustainable-bu.html> (zuletzt abgerufen am 9.12.2020), vgl. dazu *Sjåfjell,* ECFR 2021, 190 ff.; Vgl. dazu auch das Stimmungsbild in der Diskussion um den Ausbau der Unternehmensverpflichtungen im Rahmen des 14. ECFR Symposiums, dargestellt bei *Stegmann,* ECFR 2021, 245 ff.

58 *Steffen/Wolff,* Starke Mitbestimmung – Stabile Unternehmen, I.M.U. Report No. 51, S. 4 f.; *Herzog-Stein/Lindner,* Mitbestimmung, Sicher durch die Krise, Böckler-Impuls No. 17.

59 *Röttgen/Kluge,* NJW 2013, 900, 901; *Spindler,* in: MüKo AktG, AktG § 87 Rn. 79.

60 Eingeführt wurde diese Pflicht durch die CSR-Richtlinie, Richtlinie 2014/95/EU des Europäischen Parlaments und des Rates vom 22. Oktober 2014 zur Änderung der Richtlinie 2013/34/EU im Hinblick auf die Angabe nichtfinanzieller und die Diversität betreffender Informationen durch bestimmte große Unternehmen und Gruppen Text von Bedeutung für den EWR, Abl. ImL 220 v. 15.11.2014. Umgesetzt in §§ 289b, 289c, §§ 135b, 315c Handelsgesetzbuch (HGB). Vgl. dazu *Bomsdorf/Blatecki-Burgert,* ZRP 2020, 42; *Kälberer,* BC 2018, 194 ff.; *Hennrichs,* NZG 2017, 941, 942 f.; *Kirsch/Huter,* WPg 2017, 1409; zur Berichterstattung nach der Richtlinie *Mock,* ZIP 2017, 1195 ff.

Kontrollfunktion zur Einhaltung der Vorgaben zwingt,[61] trägt die Unternehmensmitbestimmung auch zu einer rechtmäßigen und nachhaltigen Unternehmensführung bei.[62] Aufgrund der europäischen Entwicklung des Diskurses um die Nachhaltigkeit ist davon auszugehen, dass diese Unternehmenspflichten in naher Zukunft ausgebaut werden. Auch die Rechte und Pflichten des Mitbestimmungsorgans werden davon nicht unberührt bleiben.[63]

Im Lichte dessen ist Mitbestimmung gerade nicht als Relikt vergangener Zeiten anzusehen. Sie bietet vielmehr Chancen für nachhaltige und zukunftsorientierte Unternehmensführung und bildet für moderne Unternehmen weiterhin ein wichtiges Element.

§ 2 Nationale Mitbestimmungsregelungen

Um die Auswirkungen der Mobilitätsrichtlinie auf die deutsche Unternehmensmitbestimmung erfassen zu können, muss zunächst erörtert werden, welche Mitbestimmungsgesetze auf nationaler Ebene existieren (A) und wann diese im grenzüberschreitenden Kontext Anwendung finden (B).

A. Deutsche Mitbestimmungsgesetze

Die unternehmerische Mitbestimmung ist auf nationaler Ebene dreigeteilt.[64] Das Montan-Mitbestimmungsgesetz (MontanMitbestG) erstreckt sich auf Unternehmen, die im Bergbau oder in der Eisen- und Stahlerzeugung agieren und wird durch das Montan-Mitbestimmungsergänzungsgesetz (MontanMitbestErgG) für solche Unternehmen ergänzt, die ein Unternehmen der Montanindustrie beherrschen, ohne selbst der Montanindustrie anzugehören (I).[65] Auf sonstige Kapitalgesellschaften findet ab einer Arbeitnehmerzahl von 500 das Drittelbeteiligungsgesetz (DrittelbG) Anwendung (III).[66] Sobald die Schwelle von 2000 Arbeitnehmern

---

61 § 171 Abs. 1 S. 4 AktG. Vgl. *Hommelhoff*, NZG 2017, 1361, 1365 f.; *Koch*, in: Hüffer/Koch AktG § 171 Rn. 8a. Ausführlich zu den Prüfpflichten: *Naumann/Siegel*, WPg 2017, 1170 ff.; *Mock*, ZIP 2017, 1196, 1201.

62 *Bürkle*, in: Hauschka/Mossmayer/Lösler, Corporate Compliance, § 49 Rn. 10; *Rehbinder*, Audit Committee Quarterly 2017, CSR extra, S. 18; zust. *Hommelhoff*, NZG 2017, 1361, Fn. 65.

63 *Lück*, NZG 2020, 1219, 1219 f.

64 *Uffmann*, in: MHdB Arbeitsrecht § 368 Rn. 2; Umfassend zum historischen Entwicklungsprozess *Raiser*, Mitbestimmungsgesetz, Einl. Rn. 1–36.

65 Vgl. dazu § 1 MontanMitbesG sowie § 2 MontanMitbestErgG. *Heither/von Morgen*, in: Boecken/Düwell/Diller/Hanau ArbeitsR, MontanMitbestG § 1 Rn. 9; *Raiser/Veil*, MitbestG und DrittelbG, Einl. Rn. 20; *Wißmann*, MdHB Arbeitsrecht § 284 Rn. 1 ff.

66 Vgl. § 1 DrittelbG, dazu genauer unter III.

überschritten ist, gilt hingegen das Mitbestimmungsgesetz von 1976 (MitbestG) (II).[67]

I. Montanmitbestimmung

Das Montan-Mitbestimmungsgesetz vom 21.05.1951 (BGBl. I S. 347) wird als das erste und gleichzeitig als das mitbestimmungsintensivste Gesetz beschrieben.[68]

1. Anwendungsbereich

Der Anwendungsbereich des Gesetzes eröffnet sich nach § 1 Abs. 1 für in der Montanindustrie tätige Unternehmen. Diese Umschreibung bezeichnet Gesellschaften, deren überwiegender Betriebszweck in der Förderung von Steinkohle, Braunkohle, Eisenerz oder in der Aufarbeitung, Verkokung, Verschwelung oder Brikettierung dieser Gründungsstoffe liegt und deren Betrieb unter der Aufsicht der Bergbehörden steht.[69] Erfasst werden überdies Unternehmen der eisen- und stahlerzeugenden Industrie.[70] Solche Unternehmen im Sinne des § 1 Abs. 1 müssen zudem eine Arbeitnehmerzahl von 1000 Beschäftigten überschreiten,[71] Rechtspersönlich unterliegen dem Anwendungsbereich nur Aktiengesellschaften (AG) sowie Gesellschaften mit beschränkter Haftung (GmbH).[72]

2. Zusammensetzung und Wahl des Aufsichtsrats

Der Aufsichtsrat einer montanmitbestimmten Gesellschaft besteht nach § 4 Abs. 1 Satz 1 grundsätzlich aus elf Mitgliedern, wovon jeweils vier Anteilseigner- und

---

67 Vgl. § 1 MitbestG, dazu genauer unter II.

68 *Wißmann*, NJW 1982, 423, 423; *Raiser/Veil*, MitbestG und DrittelbG, Einl. Rn. 4.

69 *Mertens/Cahn*, in: KölnK AktG § 117 Anh. C Rn. 6; *Oekter*, in: ErfK ArbeitsR, MontanMitbestG § 1 Rn. 2 ff.

70 Diese müssen in den Anlagen zum Gesetz Nr. 27 der AHK namentlich aufgeführt werden. *Mertens/Cahn*, in: KölnK AktG, § 117 Anh. C Rn. 5; *Wlotze/Wißmann*, DB 1981, 623, 629 mwN. Zu den zahlreichen Einzelfragen des Unternehmensgegenstandes: *Wißmann*, in: Wißmann/Kleinsorge/Schubert MitbestimmungsR, Montan-MitbestG, § 1 Rn. 4–14.

71 Vgl. § 2 Abs. 2 MontanMitbestG. Zur Frage, ob leitende Angestellte „Arbeitnehmer" sind: *Spieker*, Der Aufsichtsrat der mitbestimmten Montan-GmbH, S. 59 f.; *Mertens/Cahn*, in: KölnK AktG, § 117 Anh. C Rn. 5; *Oetker*, in: ErfK ArbeitsR, Montan-MitbesG § 1 Rn. 1.

72 § 1 Abs. 2 MontanMitbestG. Die früher erfasste bergrechtliche Gesellschaft existiert heute nicht mehr. Diese wurde ursprünglich durch das Bundesberggesetz v. 13.08.1980 geregelt und zum 13.12.1985 abgeschafft. Mit der Rechtsform der GmbH ist auch die Unternehmergesellschaft (UG) als Unterart der GmbH vom Anwendungsbereich erfasst. Vgl. dazu *Forst*, GmbHR 2009, 1131 ff.

Arbeitnehmervertreter sind. Überdies gehört jeder Seite nach § 4 Abs. 1 Satz 2 ein „weiteres Mitglied“ an. Diese sollen weitgehend unabhängig sein und bei Interessenkollisionen ausgleichend auf den Aufsichtsrat einwirken.[73] Eine Erweiterung der Größe des Aufsichtsrats ist nach § 9 auf bis zu 21 Mitglieder möglich, wenn das Nennkapital der Gesellschaft entsprechend höher ist.

Zusätzlich ist ein „Elfter Mann“ zu wählen.[74] Dieses Mitglied soll nach § 8 vom Vertrauen beider Partner getragen werden. Diese zusätzliche Stimme gewährleistet nach der Intention des Gesetzgebers die Entscheidungsfähigkeit des Aufsichtsrats.[75] Tatsächlich kommt es in der Praxis jedoch überwiegend zu Kompromisslösungen durch die Sozialpartner selbst.[76]

Die Wahl dieses besonderen Mitglieds erfolgt nach § 8 Abs. 1 Satz 1 auf Vorschlag der übrigen Aufsichtsratsmitglieder durch das Wahlorgan und bedarf der Mehrheit der Stimmen, wovon mindestens je drei Stimmen beider Sozialpartner vorliegen müssen. Schlägt eine Wahl fehl, so ist ein Vermittlungssauschuss nach § 8 Abs. 3 zu bilden. Als letzte Maßnahme kommen eine Überprüfung des Ablehnungsbeschlusses bzw. eine Bestellung durch das Oberlandesgericht in Betracht.[77]

Die Vertreter der Anteilseigner werden durch die Hauptversammlung nach §§ 5 und 11 Abs. 1 Satz 1 Aktiengesetz (AktG) bestellt. Auch die Arbeitnehmervertreter werden durch die Hauptversammlung gewählt, wobei diese jedoch an die Wahlvorschläge der Betriebsräte gebunden ist, sodass dem Organ lediglich eine „notarielle Funktion“ zukommt.[78]

3. *Aufgaben und Befugnisse des Aufsichtsrats*

Die wesentlichen Aufgaben des Aufsichtsrats bestehen in der Bestellung und Abberufung des gesetzlichen Vertretungsorgans sowie in der Überwachung der Geschäftsführung.[79] Dieses Organ ist auch in seiner Ausführung selbst insoweit dem Aufsichtsrat unterstellt, als dieser die Geschäftsführung im Hinblick auf

---

73 *Mertens/Cahn,* in: KölnK AktG, § 117 Anh. C Rn. 14.

74 *Mertens/Cahn,* in: KölnK AktG, § 117 Anh. C Rn. 13, 15.

75 *Mertens/Cahn,* in: KölnK AktG, § 117 Anh. C Rn. 15; *Heither/von Morgen,* in: Boecken/Düwell/Diller/Hanau Arbeitsrecht, MontanMitbestG §§ 5–8 Rn. 17; *Wißmann,* in: MHdB Arbeitsrecht § 283 Rn. 16.

76 *Wiedemann,* Gesellschaftsrecht Bd. 1, S. 602.

77 Vgl. dazu *Heither/von Morgen,* in: Boecken/Düwell/Diller/Hanau ArbeitsR, MontanMitbestG § 5–8 Rn. 23 ff.; *Oetker,* in: ErfK ArbeitsR, Montan-MitbesG § 8 Rn. 8 f. *Wißmann,* in: Wißmann/Kleinsorge/Schubert MitbestimmungsR, Montan-MitbestG, § 8 Rn. 4–6.

78 *Oetker,* in: ErfK Arbeitsrecht (20. Aufl.), MontanMitbesG § 8 Rn. 13.

79 *Habersack,* in: MüKo AktG, AktG § 111 Rn. 12 ff.; *Koch,* in: Hüffer/Koch AktG § 111 Rn. 2 ff.; *Oetker,* in: ErfK Arbeitsrecht, AktG § 111 Rn. 2 ff.

Recht- und Zweckmäßigkeit überwacht.[80] Das „letzte Wort" verbleibt hingegen bei der Hauptversammlung und damit bei den Anteilseignern.[81]

4. Rechtsstellung der Aufsichtsratsmitglieder

Die Aufsichtsratsmitglieder sind unabhängig von der zugehörigen Seite gleichzustellen.[82] Sie sind in ihrem Abstimmungsverhalten weisungsfrei.[83] Bei ihren Entscheidungen müssen sie zum Wohl des Unternehmens entscheiden und haben nach § 6 Abs. 2 Satz 2 auch die Belange der Allgemeinheit zu berücksichtigen. Für die Aufsichtsratsmitglieder der Arbeitnehmer gilt ein Verbot der Behinderung, nach dem diese in der Ausübung ihrer Arbeit nicht gestört werden dürfen und aufgrund dessen keine schlechtere Behandlung erfahren sollen als vergleichbare Arbeitnehmer.[84]

5. Arbeitsdirektor

Der Arbeitsdirektor stellt das wichtigste Strukturprinzip der Montanmitbestimmung dar.[85] Er ist gemäß § 13 Abs. 1 Satz 1 gleichberechtigtes Mitglied des Vertretungsorgans. Er ist als ebenbürtiges Mitglied eingebunden und Ressortleiter des Personal- und Sozialwesens.[86] Er darf nicht schlechter gestellt werden als andere Organmitglieder.[87] Der Arbeitsdirektor muss vom besonderen Vertrauen der

---

80 *Nagel,* Unternehmensmitbestimmung, S. 53.

81 Vgl. diesbezüglich § 3 Abs. 2 MontanMitbestG in Verbindung mit § 111 Abs. 3 und 4 AktG.

82 Die Norm des § 4 Abs. 3 Satz 1 ist insoweit deklaratorisch, als dass diese Gleichstellung auch ohne gesetzliche Regelung im Aktienrecht anerkannt ist. Vgl. BGH v. 25.02.1982 NJW 1982, 1525.

83 Auch diese Norm erweist sich als lediglich deklaratorischer Natur, da der Grundsatz der Weisungsfreiheit auch im Aktienrecht gilt. Dazu in ständiger Rspr. bspw. BGH v. 18.9.2006 NZG 2006, 945, 947.

84 Ein ausdrückliches Behinderungsverbot wie in § 26 MitbestG existiert nicht. Das Benachteiligungs- und Behinderungsverbot findet trotzdem Anwendung, vgl. *Heiter/von Morgen,* in: Boecken/Düwell/Diller/Hanau ArbeitsR MontanMitbestG § 4 Rn. 8; *Wißmann,* in: Wißmann/Kleinsorge/Schubert MitbestimmungsR, MontanMitbestG, § 4 Rn. 7.

85 *Heiter/von Morgen,* in: Boecken/Düwell/Diller/Hanau ArbeitsR, MontanMitbestG § 13 Rn. 3; *Wißmann,* in: Wißmann/Kleinsorge/Schubert MitbestimmungsR, MontanMitbestG, § 13 Rn. 1.

86 *Henssler,* in: Habersack/Henssler MitbestimmungsR, MitbestG § 33 Rn. 42; *Oetker,* in: ErfK ArbeitsR, MontanMitbestG § 13 Rn. 1 f. *Wißmann,* in: Wißmann/Kleinsorge/Schubert MitbestimmungsR, MontanMitbestG, § 13 Rn. 7.

87 *Oetker,* in: ErfK ArbeitsR, MontanMitbestG § 13 Rn. 2; *Wißmann,* in: Wißmann/Kleinsorge/Schubert MitbestimmungsR, MontanMitbestG, § 13 Rn. 6.

Arbeitnehmer im Aufsichtsrat getragen sein und kann nicht gegen die Stimmen der Mehrheit der Arbeitnehmervertreter bestellt werden. Diese Besonderheit ist bezeichnend für die Montanmitbestimmung.[88]

6. Montan-Mitbestimmungsergänzungsgesetz

Das Montan-Mitbestimmungsgesetz wird durch das Montan-Mitbestimmungsergänzungsgesetz vom 7.08.1956 (BGBl. I 707) ergänzt, das der Sicherung der Montanmitbestimmung dient.[89] Das Ergänzungsgesetz unterwirft solche Unternehmen der Mitbestimmung, die selbst nicht dem Anwendungsbereich des Montan-Mitbestimmungsgesetzes unterfallen, die aber ein oder mehrere dieser Unternehmen beherrschen. Soweit dieses Unternehmen selbst zu den in § 1 MontanMitbestG genannten Gesellschaften gehört, gilt gemäß § 2 MontanMitbestErgG das Ergänzungsgesetz. Das Gesetz findet Anwendung, wenn der Unternehmenszweck des Konzerns durch die unter das MontanMitbestG fallenden Gesellschaften gekennzeichnet ist.[90]

Die Zusammensetzung des Aufsichtsrats weicht insoweit vom MontanMitbestG ab, als die Zahl der Mitglieder bei 15 liegt. Auch diese Größe kann gem. § 5 Abs. 1 auf 21 erhöht werden. Einige Besonderheiten ergeben sich auch für die Wahl und Abbestellung der Aufsichtsratsmitglieder.[91] Für die Rechte und Stellung der Mitglieder gilt jedoch ebenfalls der Grundsatz der gleichen Rechte und Pflichten.[92]

In Bezug auf den auch im MontanMitbestErgG existenten Arbeitsdirektor gibt es eine wesentliche Unterscheidung zur Montanmitbestimmung. Das dort geregelte Vertrauen der Arbeitnehmer in den Arbeitsdirektor der Arbeitnehmer ist insoweit einzigartig. Im MontanMitestErgG besteht kein Vetorecht der Arbeitnehmervertreter bei der Bestellung des Direktors.[93]

---

88 *Hoppe/Fuhlrott,* ArbRAktuell 2011, 235, 236. Zur Bestellung und Abberufung: *Oetker,* in: ErfK ArbeitsR, MontanMitbestG § 13 Rn. 3 f.; *Wißmann,* in: Wißmann/Kleinsorge/Schubert MitbestimmungsR, MontanMitbestG § 13 Rn. 3–4.

89 Zum Änderungsgesetz: *Wißmann,* NJW 1982, 423 ff. und zur Entstehungsgeschichte *Mertens/Cahn,* in: KölnK AktG, § 117 Anh. D Rn. 2 f.

90 Vgl. § 3 MontanMitbestErgG. Vgl. dazu *Heither/von Morgen,* in: Boecken/Düwell/Diller/Hanau ArbeitsR, MontanMitbestG § 1–4 Rn. 7 ff.; *Raiser/Veil,* MitbestG und DrittelbG, Einl. Rn. 20.

91 Vgl. dazu *Mertens/Cahn,* in: KölnK AktG, § 117 Anh. D Rn. 11.

92 *Heither/von Morgen,* in: Boecken/Düwell/Diller/Hanau ArbeitsR, MontanMitbestErgG § 6 Rn. 2 ff.; *Raiser/Veil,* MitbesG und DrittelbG, Einl. Rn. 20.

93 *Wißmann,* in: Wißmann/Kleinsorge/Schubert MitbestimmungsR, MitbestErgG § 15 Rn. 2.

II. Mitbestimmungsgesetz 1976

Das Mitbestimmungsgesetz von 1976 ist nach der Montanmitbestimmung das weitgehendste Mitbestimmungsregime und wird oftmals als „paritätische Mitbestimmung“ umschrieben.

1. Anwendungsbereich

Um den Anwendungsbereich des MitbestG zu eröffnen, muss das Unternehmen zwei Voraussetzungen erfüllen: Die Überschreitung des Schwellenwerts sowie die Organisation in einer der erfassten Rechtsformen.

Zum einen müssen nach § 1 Abs. 1 Nr. 2 in der Regel mehr als 2000 Mitarbeiter beschäftigt werden. Wer als „Arbeitnehmer“ zählt, richtet sich nach dem Arbeitnehmerbegriff in § 3 Abs. 1 Satz 1 Nr. 1 BetrVG.[94] Zur Ermittlung der Beschäftigtenanzahl werden im MitbestG nach § 5 Abs. 1 auch solche Arbeitnehmer gerechnet, die in einer vom Unternehmen beherrschten Gesellschaft tätig sind. Dies gilt auch für den Fall, dass das beherrschte Unternehmen eine Kapitalgesellschaft und Compagnie Kommanditgesellschaft (Co. KG) ist.[95] Elementar ist, dass nicht nur eine Zurechnung bei der Ermittlung der Schwellenwerte erfolgt, sondern dass diesen Arbeitnehmern in der Folge auch ein aktives und passives Wahlrecht zukommt.[96]

Für den Fall, dass die Rechtsform der Kapitalgesellschaft und Co. KG die Konzernspitze bildet, statuiert § 5 Abs. 2 eine Sonderregel. Da die Kommanditgesellschaft kraft ihrer Rechtsform als Personengesellschaft selbst nicht vom Anwendungsbereich des MitbestG erfasst ist, werden die Arbeitnehmer der beherrschten Unternehmen der Komplementärgesellschaft zugerechnet. Soweit die Konzernobergesellschaft selbst mitbestimmungsfrei ist, findet die Arbeitnehmerbeteiligung gem. § 5 Abs. 3 auf der höchsten Ebene der Inlandsgesellschaften statt, sodass mitbestimmte Teilkonzerne entstehen.

Zum anderen muss das Unternehmen nach § 1 Abs. 1 Nr. 1 in der Rechtsform der Aktiengesellschaft, einer Kommanditgesellschaft auf Aktien, einer Gesellschaft mit beschränkter Haftung oder in Form einer Genossenschaft betrieben werden.

---

94 Zu den Einzelfragen dieses Arbeitnehmerbegriffes vgl. *Henssler*, in: Habersack/Henssler MitbestimmungsR, MitbestG, § 3 Rn. 7–39; *Wißmann*, MdHB Arbeitsrecht § 279 Rn. 2 ff. Beachtlich ist jedoch, dass im Rahmen des MitbestG auch leitende Angestellte zur Berechnung des Schwellenwerts herangezogen werden, § 3 Abs. 1 Satz 1 Nr. 2. Nach ganz herrschender Meinung müssen die zu zählenden Arbeitnehmer einem inländischen Betrieb des Unternehmens angehören. Vgl. dazu LG Düsseldorf v. 5.6.1979 DB 1979, 1451 f.; LG Frankfurt v. 1.4.1982 DB 1982, 1312 f.

95 *Uffmann*, in: MHdB Arbeitsrecht, § 373 Rn. 24. Zu den Voraussetzungen dieser Einbeziehung vgl. *Oetker*, in: ErfK ArbeitsR, MitbestG § 5 Rn. 17.

96 *Habersack*, in: Habersack/Henssler MitbestimmungsR, MitbestG § 5 Rn. 2; *Oetker*, in: ErfK ArbeitsR, MitbestG § 5 Rn. 1.

Erfasst sind somit ausschließlich Kapitalgesellschaften, soweit nicht ein Fall der Zurechnung nach § 5 vorliegt. Aus dem Anwendungsbereich ausgenommen sind Tendenzunternehmen und Religionsgemeinschaften, um eine barrierefreie Tendenzverwirklichung zu gewährleisten.[97]

2. *Zusammensetzung und Wahl des Aufsichtsrats*

Die Größe des Aufsichtsrats richtet sich gemäß § 7 Abs. 1 Satz 1 nach der Gesamtarbeitnehmerzahl, sodass eine Stärke von zwölf, 16 oder 20 Aufsichtsratsmitglieder denkbar ist. Soweit es im Unternehmen zu Umstrukturierungen oder Änderungen der Belegschaftszahl kommt, die eine andere Größe des Aufsichtsrats fordern, ist ein sog. Statusverfahren nach §§ 97 ff. AktG durchzuführen.[98]

Die Besetzung des Aufsichtsrats folgt dem Grundsatz der Parität, sodass jeweils die gleiche Anzahl von Arbeitnehmervertretern und Anteilseignervertretern den Aufsichtsrat bilden.[99] Entgegen dem ersten Anschein führt dies im Ergebnis jedoch nicht zu einer Gleichberechtigung beider Sozialpartner. In Pattsituationen gewährt § 29 Abs. 2 dem Aufsichtsratsvorsitzenden bei Stimmgleichheit in der zweiten Abstimmung in derselben Sache ein Doppelstimmrecht. Bei diesem Vorsitzenden wird es sich in der Regel um einen Vertreter der Anteilseigner handeln, da diesen im Wahlvorgang ein entscheidender Vorsprung gewährt wird: Soweit beim ersten Wahlgang die erforderliche Mehrheit von zwei Dritteln nicht erreicht wird, steht es allein der Anteilseignerseite nach § 27 Abs. 2 zu, den Vorsitzenden zu wählen, während die Arbeitnehmervertreter auf die Wahl seines Stellvertreters verwiesen werden. Von einer echten Parität kann daher nicht die Rede sein.

Dieses Ergebnis wird durch den Umstand unterstützt, dass unter den Vertretern der Arbeitnehmer auch Vertreter der leitenden Angestellten sitzen müssen.[100]

---

97 Eingehend zur verfassungsrechtlichen Gebotenheit dieser Einschränkung: *Marino,* Die verfassungsrechtlichen Grundlagen des sogenannten Tendenzschutzes im Betriebsverfassungsrecht und im Unternehmensverfassungsrecht.

98 *Raiser,* Mitbestimmungsgesetz, § 7 Rn. 5; *Henssler,* in: Habersack/Henssler MitbestimmungsR, MitbestG, § 7 Rn. 19 f. Vgl. zu diesem Verfahren: *Habersack,* in: MüKo AktG, AktG, § 97 Rn. 1 ff., § 99, Rn. 1 ff.

99 *Hoppe/Fuhlrott,* ArbRAktuell 2011, 235, 237; *Heiter/von Morgen,* in: Boecken/Düwell/Diller/Hanau ArbeitsR, MitestG Vor § 1 Rn. 22; *Ulmer/Habersack,* in: Habersack/Henssler MitbestimmungsR, MitbestG Einl. Rn. 14. Unter „paritätischer Mitbestimmung" versteht man die zahlenmäßig gleichmäßige Besetzung des Aufsichtsrats durch Arbeitnehmervertreter und Anteilseigner, vgl. *Kallos,* in: Weber Rechtswörterbuch, Mitbestimmung Nr. 2.

100 Beiden Gruppen wird jeweils ein Sitz garantiert. Die übrigen Sitze bestimmen sich nach dem Zahlenverhältnis innerhalb des Unternehmens, §§ 7, 15 Abs. 2 Satz 1 und 2 MitbestG. Vgl. dazu *Henssler,* in: Henssler/Habersack, MitbestimmungsR, MitbestG § 7 Rn. 18 ff.

Dabei wird es häufig so sein, dass die Interessenwahrnehmung der leitenden Angestellten sich aufgrund ihrer arbeitgebernahen Stellung im Unternehmen eher mit denen der Arbeitgeberseite deckt als mit denen der übrigen Belegschaft.[101]

Neben diesen beiden Gruppen müssen sich unter den Arbeitnehmervertretern nach § 7 Abs. 2 mindestens zwei Vertreter von Gewerkschaften befinden, die ihrerseits auch im Unternehmen selbst repräsentiert werden. Dieses „Gruppenprinzip" verleiht den Gewerkschaften lediglich ein Vorschlagsrecht, das Wahlrecht selbst verbleibt bei den Arbeitnehmern.[102]

Für dieses Wahlverfahren der Mitglieder bietet § 9 MitbestG zwei alternative Wahlmöglichkeiten.[103] Die Wahl der Mitglieder der Anteilseignerseite erfolgt nach § 8 durch das durch die Satzung bestellte Wahlorgan.[104]

3. *Aufgaben und Befugnisse des Aufsichtsrats*

Die zentralen Aufgaben des Aufsichtsrats liegen nach § 31 in Verbindung mit §§ 84, 85 AktG in der Bestellung und der Abberufung des gesetzlichen Vertretungsorgans sowie in der Überwachung der Geschäftsführung nach § 111 AktG.

4. *Rechtsstellung der Aufsichtsratsmitglieder*

Die Rechtstellung der Aufsichtsratsmitglieder entspricht denen in der Montanunion.[105] Ein Unterschied besteht jedoch darin, dass § 26 ausdrücklich ein Behinderungs- und Benachteiligungsverbot normiert.

5. *Arbeitsdirektor*

Nach § 33 ist auch im MitbestG ein Arbeitsdirektor vorhergesehen. Dieser ist gleichberechtigtes Mitglied des Vorstandes. Im Unterschied zur Montan-Mitbestimmung muss dieser jedoch gerade nicht vom Vertrauen der Arbeitnehmer getragen sein.[106] Der Arbeitsdirektor wird somit wie jedes reguläre Mitglied des Vorstandes bestellt – auch gegen den Willen der Arbeitnehmer.

---

101 *Klinkhammer/Weslau*, Mitbestimmung in Deutschland und Europa, Rn. 33, 110.

102 *Oetker*, in: ErfK ArbeitsR, MitbestG § 7 Rn. 1; *Annuß*, in: MüKo AktG, MitbestG § 7 Rn. 12; *Henssler*, in: Habersack/Henssler MitbestimmungsR, MitbestG § 7 Rn. 81.

103 Das Wahlverfahren ist zusätzlich in der WOMitbestG geregelt. Vergleiche zum Wahlverfahren etwa *Fuchs/Köstler/Pütz*, Handbuch zur Aufsichtsratswahl, S. 99 ff.

104 Dieses kann die Hauptversammlung, die Gesellschafterversammlung oder die Generalversammlung sein.

105 *Wißmann*, in: Wißmann/Kleinsorge/Schubert MitbestimmungsR, MontanMitbestG § 4 Rn. 7.

106 Eine Parallelvorschrift zu § 13 Abs. 1 Satz 2 MontanMitbestG existiert nicht. Zum Vergleich zur MontanMitbest vgl. *Henssler*, in: Habersack/Henssler MitbestimmungsR, MitbestG § 33 Rn. 3.

III. Drittelbeteiligungsgesetz

Das Drittelbeteiligungsgesetz löste am 18.05.2005 (BGBl. I S. 974) die bis dahin geltenden §§ 76 ff. BetrVG ab, wobei diese inhaltlich weitgehend übernommen wurden.[107] Das Drittelbeteiligungsgesetz regelt im Vergleich zu den übrigen Mitbestimmungsgesetzen nur eine abgeschwächte Form der Mitbestimmung. Nach § 4 Abs. 1 ist namensgebend lediglich ein Drittel des Aufsichtsrats mit Arbeitnehmervertretern zu besetzten.[108] Man spricht insoweit auch von der „kleinen" Unternehmensmitbestimmung.[109]

1. Anwendungsbereich

Auch im DrittelbG schafft der § 1 zwei Anwendungsvoraussetzungen bestehend aus Rechtsform und Belegschaftsstärke. Erfasst werden alle Gesellschaften in der Rechtsform der Aktiengesellschaft, der Kommanditgesellschaft auf Aktien, der Gesellschaft mit beschränkter Haftung, Versicherungsvereine auf Gegenseitigkeit sowie Erwerbs- und Wirtschaftsgenossenschaften, die in der Regel mehr als 500 Arbeitnehmer[110] beschäftigen. Aus dem Anwendungsbereich ausgenommen sind wiederum Tendenzbetriebe und Religionsgemeinschaften. § 1 Abs. 2 Satz 1 Nr. 1 ordnet zudem die Subsidiarität des DrittelbG an, sodass Unternehmen, die bereits in den Anwendungsbereich eines anderen Mitbestimmungsgesetzes fallen, aus dem Geltungsbereich ausgeklammert werden. Auch ausländische Gesellschaften und deutsch-schweizerische Grenzkraftwerke unterfallen nicht dem DrittelbG.[111]

Wie im MitbestG richtet sich der Arbeitnehmerbegriff nach dem BetrVG.[112] Anders als die Parallelvorschrift im MitbestG gibt es jedoch keine ausdrückliche

---

107 *Henssler*, in: Habersack/Henssler MitbestimmungsR, DrittelbG Einl. Rn. 1; *Raiser/Veil*, MitbestG und DrittelbG, DrittelbG Rn. 1 ff. Zur Reform: *Huke/Prinz*, BB 2004, 2633 ff., *Seibt*, NZA 2004, 767, 771 ff.

108 *Henssler*, in: Habersack/Henssler MitbestimmungsR, DrittelbG Einl. Rn. 1; *Kleinsorge*, in: Wißmann/Kleinsorge/Schubert MitbestimmungsR, DrittelbG § 1 Rn. 16 f.; *Raiser/Veil*, MitbestG und DrittelbG, DrittelbG Rn. 5.

109 *Huke/Prinz*, BB 2004, 2633, 2633.

110 Ausnahmsweise könnten Gesellschaften auch dann unter das DrittelbG fallen, wenn sie weniger als 501 Arbeitnehmer beschäftigen. Dies gilt dann, wenn sie vor dem 10.08.1994 eingetragen wurden und keine Familiengesellschaften sind. Vgl. *Habersack*, in: Habersack/Henssler MitbestimmungsR, DrittelbG § 1 Rn. 17; *Wißmann*, in: MHdB Arbeitsrecht § 285 Rn. 3. Diese Regelung unterliegt verfassungsrechtlichen Bedenken *Henssler*, ZfA 2000, 241, 259 f.

111 Vgl. *Mertens/Cahn*, in: KölnK AktG Anh. § 117 E Rn. 10–13.

112 Vgl. § 3 Abs. 1 DrittelbG. Vgl. zum Begriff und der Zählung der Arbeitnehmer *Kleinsorge*, in: Wißmann/Kleinsorge/Schubert MitbestimmungsR, DrittelbG § 1 Rn. 71 ff.; *Habersack*, in: Habersack/Henssler MitbestimmungsR, DrittelbG § 3 Rn. 3 ff.; *Oetker*, in: ErfK ArbeitsR, DrittelbG § 3 Rn. 1 f.

Einbeziehung von leitenden Angestellten. Eine Sonderregel für Arbeitnehmer einer Kapitalgesellschaft und Co. KG besteht nicht. Die Zurechnung der Arbeitnehmer in konzernverbundenen Unternehmen erfolgt im DrittelbG nach § 2. Diese Zurechnung hat die Folge, dass den Arbeitnehmern der abhängigen Unternehmen auch ein Wahlrecht in aktiver und passiver Form zukommt.[113]

Es sind jedoch nur solche Arbeitnehmer in die Berechnung aufzunehmen, deren Arbeitgeber mit der Überlassungsgesellschaft durch einen Beherrschungsvertrag gebunden sind oder die in einem gem. § 319 AktG eingegliederten Unternehmen beschäftigt sind. Es erfolgt somit keine Zurechnung von Beschäftigten, die nur einem in sonstiger Weise abhängigen Unternehmen angehören.[114] Diese Regelungen eröffnen den Unternehmen ein Gestaltungsspielraum, durch den sie die Unternehmensmitbestimmung vermeiden können.[115]

2. Zusammensetzung und Wahl des Aufsichtsrats

In der Drittelbeteiligung gibt das Gesetz keine feste Größe des Aufsichtsrats vor. Nach § 95 AktG muss die Zahl lediglich mindestens drei betragen und durch drei teilbar sein.[116] Dabei ist der Aufsichtsrat nach § 4 Abs. 1 DrittelbG zwingend mit einem Drittel von Arbeitnehmervertretern zu besetzen. Sind nur ein oder zwei Aufsichtsräte von der Arbeitnehmerseite zu stellen, so müssen diese zwingend Arbeitnehmer des betreffenden Unternehmens sein. Die Möglichkeit der Wahl von Externen eröffnet sich erst, wenn der Aufsichtsrat drei oder mehr Arbeitnehmervertreter umfasst.[117] Diese Regelung betrifft auch die Wählbarkeit von Gewerkschaftsvertretern als externe Aufsichtsräte. Feste Sitze garantiert das Gesetz den Gewerkschaften jedoch nicht.[118]

Das Wahlverfahren der Arbeitnehmervertreter ist im Einzelnen in der WODrittelbG geregelt.[119] Dabei gilt das Prinzip der Belegschaftswahl. Die Wahlvorschläge können durch den Betriebsrat sowie durch eine Mindestzahl wahlberechtigter

---

113 Vgl. zur Frage nach dem Wahlrecht der abhängigen Gesellschaften im Einzelnen *Oekter,* in: ErfK ArbeitsR DrittelbG § 2 Rn. 11*; Annuß,* in: MüKo AktG, DrittelbG § 2 Rn. 4.

114 OLG Düsseldorf AG 1997, 129, 130. Vgl. zur Zurechnung von Arbeitnehmern *Deilmann,* NZG 2005, 659 ff.

115 *Henssler,* in: Habersack/Henssler MitbestimmungsR, DrittelbG Einl. Rn. 4.

116 *Oekter,* in: ErfK ArbeitsR DrittelbG § 4 Rn. 2 ff.; *Kleinsorge,* in: Wißmann/Kleinsorge/Schubert MitbestimmungsR, DrittelbG § 1 Rn. 16 f.; *Raiser/Veil,* MitbestG und DrittelbG, DrittelbG Rn. 5.

117 *Annuß,* in: MüKo AktG, DrittelbG § 4 Rn. 7; *Henssler,* in: Habersack/Henssler MitbestimmungsR, DrittelbG § 4 Rn. 12; *Oetker,* in: ErfK ArbeitsR, MitbestG § 4 Rn. 7.

118 *Henssler,* in: Habersack/Henssler MitbestimmungsR, DrittelbG § 4 Rn. 13; *Oetker,* in: ErfK ArbeitsR, DrittelbG § 4 Rn. 10.

119 Vgl. dazu *Fuchs/Köstler/Pütz,* Handbuch zur Aufsichtsratswahl, S. 99 ff.

Arbeitnehmer gemacht werden. Anders als im Mitbestimmungsgesetz haben die Gewerkschaften kein Vorschlagsrecht.[120]

3. *Aufgaben und Befugnisse des Aufsichtsrats*

Im DrittelbG richten sich die Rechte, Pflichten und Kompetenzen des Aufsichtsrats maßgeblich nach der Rechtsform der betreffenden Gesellschaft.[121] Bei der Aktiengesellschaft und der Kommanditgesellschaft auf Aktien ergeben sich die Rechtsverhältnisse somit aus dem AktG. Bei der Rechtsform der GmbH gilt das Aktienrecht nur insoweit, als die Vorschriften in § 1 Abs. 1 Satz 1 Nr. 3 aufgeführt sind.

4. *Rechtsstellung der Aufsichtsratsmitglieder*

Die Rechtsstellung der Mitglieder des Gremiums entspricht der Stellung im Mitbestimmungsgesetz.[122] Alle Mitglieder sind dem Unternehmensinteresse verpflichtet.[123] Auch im DrittelbG findet sich in § 9 eine explizite Regelung des Beeinträchtigungs- und Benachteiligungsverbots. Jedoch geht das DrittelbG über § 26 MitbestG hinaus und untersagt neben der Benachteiligung auch eine Begünstigung der Arbeitnehmervertreter.[124]

5. *Arbeitsdirektor*

Anders als in den übrigen Formen der Mitbestimmung ist die Bestellung eines Arbeitsdirektors im DrittelbG nicht vorgesehen. Dies begründet sich durch die vergleichsweise geringe Größe der betroffenen Unternehmen.[125]

B. Anwendungsbereich nationaler Mitbestimmungsregelungen

Das deutsche Mitbestimmungsrecht steht systematisch zwischen Arbeitsrecht und Gesellschaftsrecht und beschränkt sich in seinem Anwendungsbereich auf

---

120 *Henssler*, in: Habersack/Henssler MitbestimmungsR, DrittelbG Einl. Rn. 9; *Oetker*, in: ErfK Arbeitsrecht, DrittelbG § 6 Rn. 1; *Kleinsorge*, in: Wißmann/Kleinsorge/Schubert MitbestimmungsR, DrittelbG § 6 Rn. 2.

121 *Seibt*, NZA 2004, 767, 771. Vgl. dazu *Raiser/Veil*, MitbestG und DrittelbG, DrittelbG § 1 Rn. 19 ff.

122 *Mertens/Cahn*, in: KölnK AktG Anh. § 117 E Rn. 38; *Oetker*, in: ErfK ArbeitsR, DrittelbG § 9 Rn. 1.

123 *Uffmann*, in: MHdB Arbeitsrecht, § 381 Rn. 22.

124 Diese Vorschrift geht auf § 78 S. 2 BetrVG zurück. Vgl. dazu *Annuß*, in: MüKo AktG, DrittelbG § 9 Rn. 1; *Henssler*, in: Habersack/Henssler MitbestR, DrittelbG § 9 Rn. 2.

125 *Hoppe/Fuhlrott*, ArbRAktuell 2011, 235, 237.

inländische Gesellschaften.[126] Für rein nationale Sachverhalte lässt sich der Geltungsbereich der Mitbestimmungsgesetze damit klar skizzieren. Deutlich mehr Schwierigkeiten bereitet die Bestimmung des Anwendungsbereiches, wenn es um grenzüberschreitende Situationen geht.

Anders als das Individualarbeitsrecht und die betriebliche Mitbestimmung[127] knüpft das Mitbestimmungsrecht nicht unmittelbar am Beschäftigungsort an. In kollisionsrechtlicher Hinsicht wird das Mitbestimmungsrecht gerade nicht dem Arbeitsrecht, sondern dem Gesellschaftsrecht zugeordnet, da die Zusammensetzung des Aufsichtsrates die Organisationsverfassung der Gesellschaft beeinflusst.[128] Das maßgebliche Recht bestimmt sich dabei stets nach dem anwendbaren Personalstatut der jeweiligen Gesellschaft. Maßgeblich ist für das Mitbestimmungsrecht somit nicht der tatsächliche Arbeitsort, sondern das geltende Gesellschaftsrecht.[129] Die Bestimmung des jeweils anwendbaren Gesellschaftsrechts erfolgt dabei jedenfalls für Gesellschaften, die in einem EU- oder EWR-Staat gegründet wurden, auf Grundlage der *Gründungstheorie*[130] anhand der Frage, nach welchem Recht die Gesellschaft begründet wurde.[131]

I. Sachlicher Geltungsbereich

Der sachliche Geltungsbereich der deutschen Mitbestimmungsgesetze beschränkt sich damit grundsätzlich auf inländische Gesellschaften, die nach den nationalen Vorschriften gegründet wurden.[132] Dies gilt unabhängig von der Frage, wo die Gesellschaft ihre Geschäftstätigkeit ausübt.[133] Offensichtlich nicht erfasst sind damit Unternehmen, die in einer ausländischen Rechtsform organisiert sind.[134]

---

126 *Habersack*, in: Habersack/Henssler MitbestimmungsR, MitbestG Einl. Rn. 5.

127 Vgl. Rom I-VO Art. 8 Rn. 131 ff.

128 *Kindler*, in: MüKo BGB IntHuGesR, Bd. 13, Teil 10 Rn. 5713.

129 BGH v. 16.11.1981 NJW 1982, 933, 934; OLG Stuttgart v. 30.03.1995 ZIP 1995, 1004 mit Anmerkung *Manowksi; Kindler*, in: MüKo BGB IntHuGesR, Bd. 13, Teil 10 Rn. 573 mwN; *Habersack*, in: Habersack/Henssler MitbestimmungsR, MitbestG § 1 Rn. 6.

130 Vgl. dazu ausführlich bei *Kindler*, in: MüKo BGB IntHuGesR, Bd. 13, Teil 10 Rn. 364 ff.

131 Im Gegensatz dazu wird das Gesellschaftsrecht nach der Sitztheorie danach bestimmt, wo die Gesellschaft ihren Verwaltungssitz nimmt, vgl. dazu später unter § 3 A.I. Vgl. EuGH v. 30.9.2003, Inspire Art, C-167/01, GmbHR 2003, 1260 m. Komm. *Meilic*; *Habersack*, in: Habersack/Henssler MitbestimmungsR, MitbestG § 1 Rn. 7.

132 *Habersack*, in: Habersack/Henssler MitbestimmungsR, MitbestG Einl. Rn. 35.

133 *Habersack*, in: Habersack/Henssler MitbestimmungsR, MitbestG Einl. Rn. 42.

134 *Binz/Mayer* GmbHR 2003, 249, 257; *Müller-Bonanni*, GmbHR 2003, 1235, 1238; eine andere Ansicht vertreten *Schanze/Jüttner*, AG 2003, 30, 35 ff.; *Bayer*, BB 2003, 2357, 2365.

Aus dem Anwendungsbereich werden damit ausländische Gesellschaften ausgeklammert, die eben nach dem Recht eines anderen Staates gegründet wurden.[135] Dies gilt auch, wenn diese ihren Verwaltungssitz im Inland nehmen.[136] Sie werden selbst dann nicht erfasst, wenn sie eine Betriebsstätte in Deutschland betreiben[137] oder unter einheitlicher Leitung von einem deutschen Unternehmen geführt werden.[138]

Umstritten erscheint die Behandlung von sog. Scheinauslandsgesellschaften. Damit bezeichnet man die Situation, dass eine Gesellschaft nach ausländischem Recht gegründet ist und dort ihren formalen Verwaltungssitz nimmt, der tatsächliche Verwaltungssitz aber im deutschen Inland liegt.[139] Mit der Entwicklung der Rechtsprechung des EuGHs zur Niederlassungsfreiheit geht man in weiten Teilen der Literatur davon aus, dass die Berufung auf die Zugehörigkeit des Mitbestimmungsrechts zum *ordre public* nicht ausreiche, um das Eingreifen deutscher Mitbestimmungsrechte und die damit verbundene Nichtanerkennung der Auslandsgesellschaft zu rechtfertigen.[140]

Eine Erstreckung der Mitbestimmungsgesetze auf ausländische EU-Gesellschaften ist *de lege lata* nach herrschender Lehre ausgeschlossen.[141] Diese

---

135 OLG Stuttgart v. 30.03.1995 ZIP 1995, 1004 mit Anmerkung *Manowksi*; LG Hamburg v. 12.08.2016 ZIP 2016, 2316, 2317; *Habersack*, in: Habersack/Henssler MitbestimmungsR, MitbestG § 1 Rn. 6.

136 OLG Stuttgart v. 30.03.1995 NJW-RR 1995, 1067 = OLG Stuttgart ZIP 1995, 1004 mit Anmerkung *Manowksi*; *Annuß*, in: MüKo AktG, MitbestG § 1 Rn. 7; *Oetker*, in: ErfK ArbeitsR, MitbestG § 1 Rn. 3.

137 *Habersack*, in: Habersack/Henssler MitbestimmungsR, MitbestG § 1 Rn. 6; *Raiser*, Mitbestimmungsgesetz § 1 Rn. 13; *Oetker*, in: ErfK ArbeitsR, MitbestG § 1 Rn. 3; andere Ansicht bei *Großfeld/Erlinghagen*, JZ 1993, 221 ff.

138 *Oetker*, in: ErfK ArbeitsR, MitbestG § 1 Rn. 3; *Habersack*, in: Habersack/Henssler MitbestimmungsR, MitbestG § 1 Rn. 6.

139 Einen umfassenden Überblick zum Streitstand gibt *Habersack*, in: Habersack/Henssler MitbestimmungsR, MitbestG § 1 Rn. 8 f.

140 *Eidenmüller*, ZIP 2002, 2233, 2242; *Müller-Bonanni*, GmbHR 2003, 1235, 1237 f.; *Paefgen*, DB 2003, 491 f.; *Habersack*, in: Habersack/Henssler MitbestimmungsR, MitbestG § 1 Rn. 8a.

141 Zu dieser Frage *Koch*, in: Hüffer/Koch AktG § 1 Rn. 48; *Wißmann*, in: Wißmann/Schubert/Kleinsorge MitbestimmungsR, MitbestG § 1 Rn. 23; *Oekter*, in: ErfK ArbR, MitbestG § 1 Rn. 5; *Behme*, ZIP 2008, 351, 354 f.; *Binz/Mayer*, GmbHR 2003, 249, 257; *Eidenmüller*, ZIP 2002, 2233, 2242; *Kallmeyer*, DB 2002, 2521, 2522; *Müller-Bonanni*, GmbHR 2003, 1235, 1237 f.; *Paefgen*, DB 2003, 487, 491 f.; *Riegger*, ZGR 2004, 510, 518 ff.; *Sandrock*, ZVglRWiss 102 (2003), 446, 488 ff.; *Schwark*, AG 2004, 173, 177 f.; *Ziemons*, ZIP 2003, 1913, 1917 f. Anders hingegen bei *Franzen*, RdA 2004, 257, 262 f.; *Kamp*, BB 2004, 1496, 1499 f.; *Kindler*, NJW 2003, 1073, 1079; *Kindler*, in: MüKo BGB IntHuGesR, Bd. 13, Teil 10 Rn. 574; *Roth*, ZGR 2000, 311, 333; *Weiss/Seifert*, ZGR 2009,

würde eine rechtfertigungsbedürftige Beschränkung der Niederlassungsfreiheit darstellen.[142] Wenngleich der Arbeitnehmerschutz als zwingender Grund des Allgemeininteresses eine Beschränkung grundsätzlich rechtfertigen kann,[143] wäre eine Mitbestimmungserstreckung aber vermutlich als unverhältnismäßig anzusehen.[144]

Für den Anwendungsbereich der Mitbestimmungsgesetze im Zusammenhang mit Umwandlungsvorgängen bedeutet dies, dass sich das anwendbare Mitbestimmungsrecht in Anknüpfung an das Gesellschaftsrecht ändert, wenn die deutsche Gesellschaft in Folge einer Umwandlung nicht mehr dem deutschen Recht unterliegt. Wandelt sich ein deutsches Unternehmen in eine ausländische Kapitalgesellschaft – sei es durch Verschmelzung, Formwechsel oder Spaltung – so wird das bisher geltende deutsche Mitbestimmungsrecht keine Anwendung mehr finden. Etwas anderes gilt nur dann, wenn die Gesellschaft lediglich ihren Verwaltungssitz aus dem Inland in einen anderen Mitgliedstaat verlegt und ihr Statut beibehält.[145]

II. Personeller Geltungsbereich

In personeller Hinsicht bestimmt sich die Anwendbarkeit des Gesetzes allein danach, ob der betreffende Arbeitnehmer in einem inländischen Betrieb beschäftigt ist.[146] Keine Relevanz erlangen dabei die Kriterien der Nationalität oder des

---

542, 549 ff.; *Schanze/Jüttner*, AG 2003, 30, 35 f.; *Bayer*, BB 2003, 2357, 2365; *ders.* AG 2004, 534, 538.

142 *Kindler*, in: MüKo BGB IntHuGesR, Bd. 13, Teil 10 Rn. 574; *Habersack*, in: Habersack/Henssler MitbestimmungsR, MitbestG § 1 Rn. 8 f.

143 EuGH v. 17.12.1981, C-279/80, Webb, ECLI:EU:C:1981:314, Rn. 19; EuGH v. 16.12.2008, Cartesio, C-210/06, ECLI:EU:C:2008:723, Rn. 113; *Kindler*, in: MüKo BGB IntHuGesR, Bd. 13, Teil 10 Rn. 574; *Bayer*, AG 2004, 534, 537 f.; *Behme*, ZIP 2008, 351 ff.; *Eberspächer*, ZIP 2008, 1951 ff.; *Franzen*, RdA 2004, 257, 262 f.; *Sandrock*, ZVglRWiss 102 (2003), 446, 486 ff.; *Teichmann*, ZIP 2016, 899, 900 ff.; *Thüsing*, ZIP 2004, 381, 383 ff.; *Weiss/Seifert*, ZGR 2009, 542, 547 ff.

144 Eine ausführliche Prüfung der Rechtfertigung einer solchen Beschränkung (mithin mit einem abweichenden Ergebnis) findet sich bei *Kindler*, in: MüKo BGB IntHuGesR, Bd. 13, Teil 10 Rn. 574–477; *Franzen*, RdA 2004, 257, 262 f.; *Weiss/Seifert*, ZGR 2009, 542, 547 ff.

145 Vgl. § 4 AktG und § 4a GmbHG; *Habersack*, in: Habersack/Henssler MitbestimmungsR, § 1 Rn. 6; *ders*, AG 2007, 641, 644; *Wißmann*, in: Wißmann/Schubert/Kleinsorge MitbestimmungsR, MitbestG § 1 Rn. 24; *Annuß*, in: MüKo AktG, MitbestG § 1 Rn. 7; *Uffmann*, in: MHdB Arbeitsrecht § 373 Rn. 4; *Oetker*, in: ErfK ArbeitsR, MitbestG § 1 Rn. 2.

146 *Habersack*, in: Habersack/Henssler MitbestimmungsR, MitbestG § 3 Rn. 40; *Annuß*, in: MüKo AktG, MitbestG § 3 Rn. 10.

Wohnsitzes.[147] Damit gilt, dass nur Arbeitnehmer inländischer Betriebe für die Berechnung der Schwellenwerte zählen sowie Teil der mitbestimmungsrechtlichen Wahlen und Abstimmungen sein können.[148] Nicht erfasst sind entsprechend dieser Faustformel Arbeitnehmer, die einem ausländischen Betrieb eines deutschen Unternehmens mit Sitz in Deutschland oder einer Tochtergesellschaft eines deutschen Unternehmens angehören.[149]

Diese Ausklammerung ausländischer Arbeitnehmer aus dem Anwendungsbereich der Mitbestimmungsgesetze ist seit langer Zeit herrschende Meinung.[150] Diese Meinung geriet zwischenzeitlich allerdings in den Verdacht, mit dem Diskriminierungsverbot aus Art. 18 AEUV und der Arbeitnehmerfreizügigkeit aus Art. 45 AEUV unvereinbar zu sein.[151] Der EuGH bestätigte die Unionsrechtskonformität dieser beschränkten Anwendung jedoch im Urteil *Erzberger*.[152]

---

147 *Habersack*, in: Habersack/Henssler MitbestimmungsR, MitbestG § 1 Rn. 6; § 3 Rn. 40; *Annuß*, in: MüKo AktG, MitbestG § 3 Rn. 10.

148 *Wißmann*, in: Wißmann/Schubert/Kleinsorge MitbestimmungsR, MitbestG § 3 Rn. 26. Eine Ausnahme ist nur dann zu machen, wenn ein das Arbeitsverhältnis eines im Ausland beschäftigten Arbeitnehmer im Inland begründet wurde und ausstrahlt, vgl. § 4 Abs. 1 SGB IV. Das bedeutet, dass ein im Ausland beschäftigter Arbeitnehmer noch dem inländischen Betrieb zugehörig gilt, wenn sich die Entsendung aus der Beschaffenheit des Arbeitsverhältnisses ergibt und die Eingliederung in den Ausgangsbetrieb bestehen bleibt. Vgl. *Habersack*, in: Habersack/Henssler MitbestimmungsR, MitbestG § 3 Rn. 40.

149 *Wißmann*, in: Wißmann/Schubert/Kleinsorge MitbestimmungsR, MitbestG § 3 Rn. 26; *Habersack*, in: Habersack/Henssler MitbestimmungsR, MitbestG § 3 Rn. 43.

150 LG Düsseldorf v. 05.06.1979 DB, 1451; LG Frankfurt a. M. v. 01.04.1982 DB, 1312; *Bayer*, ZGR 1977, 173, 178; *Bellstedt*, BB 1977, 1326, 1328; *Bungert/Leyendecker-Langner*, DB 2014, 2031, 2031; *Ebenroth/Sura*, ZHR 144 (1980), 610, 618; *Fleischer*, AcP 204 (2004), 502, 542; *Lambrich/Reinhard*, NJW 2014, 2229, 2232; *Raiser*, Gutachten für den 66. Deutschen Juristentag, S. B 62; *Teichmann*, ZIP Beil. 48/2009, 10, 12; *Waldenmaier/Ley*, BB 2009, 1694, 1696; *Wißmann*, in: Wißmann/Schubert/Kleinsorge MitbestimmungsR, MitbestG § 3 Rn. 36 f.; *Krause*, ZIP 2015, 634, 636; *Seibt*, DB 2015, 912, 912; kritisch *Bernstein/Koch*, ZHR 143 (1979), 522, 531; für eine Änderung *de lege ferenda* vgl. indessen *Behme*, AG 2018, 1 ff.

151 *Habersack*, AG 2007, 641, 648; *Hellwig/Behme*, AG 2009, 261 (263); *dies.* ZIP 2010, 871 (872) (vgl. in diesem Zusammenhang auch die Erwiderungen von *Teichmann*, ZIP Beil. 48/2009, 10 ff.; *ders.*, ZIP 2010, 874 f.); *Rieble/Latzel*, EuZA 2011, 145, 155.

152 EuGH 18.7.2017 – Rs. C-566/17, Erzberger, NJW 2017, 2603 ff. Vgl. *Annuß*, in: MüKo AktG, MitbestG § 3 Rn. 11 ff. Zum Urteil: *Kainer*, NJW 2017, 2605; *Brune*, GWR 2019, 300 ff.; *Rödl*, EuZA 2018, 88 ff.; kritisch *Habersack*, NZG 2017, 1201.

C. Fazit

Das deutsche System ist mit drei verschiedenen Regelungsbereichen zu einem Mitbestimmungssystem gewachsen, das Unternehmen ab einer gewissen Unternehmensgröße in eine gestaffelte Unternehmensmitbestimmung leitet. Ab einer Stärke von 500 Arbeitnehmern müssen sich die Leitungen einer drittelparitätischen Mitbestimmung unterwerfen. Überschreiten sie die Schwelle von 2000 Arbeitnehmern, so haben sie den Aufsichtsrat paritätisch zu besetzen, auch wenn damit noch keine Stimmgleichheit von Arbeitnehmer- und Anteilseignerseite gewährleistet wird. Da viele Unternehmensleitungen diesen drohenden Einfluss der Arbeitnehmer jedoch unterbinden wollen, nutzen sie häufig grenzüberschreitende Strukturmaßnahmen oder ausländische und supranationale Rechtsformen, um ihre Gesellschaft dem Anwendungsbereich des deutschen Mitbestimmungsrechts zu entziehen. Bevor untersucht werden kann, welche Mittel und Wege Unternehmen dazu nutzen (§ 4), muss zunächst untersucht werden, welche Rahmenbedingungen das europäische Primär- und Sekundärrecht dafür bietet (§ 3).

§ 3 Mitbestimmung bei grenzüberschreitenden Vorgängen im EU-Binnenmarkt

Neben den rein nationalen Sachverhalten gewinnen grenzüberschreitende Vorgänge immer mehr an Bedeutung. Darunter fällt zum einen die „Unternehmensmobilität" im engeren Sinne, bei der sich bestehende Unternehmen europäisch ausrichten und Gebrauch von ihrer in Art. 49 AEUV gewährleisteten Niederlassungsfreiheit machen, indem sie mit ausländischen Unternehmen fusionieren (C), das eigene Gesellschaftsvermögen aufspalten (D) oder gar ihre Rechtsform wechseln (E). Darüber hinaus besteht für die Unternehmen seit 2001 auch die Möglichkeit, sich in der supranationalen Europäischen Aktiengesellschaft zu organisieren (B). Diese Möglichkeiten sind jedoch nicht selbstverständlich und blicken auf eine weit in die Vergangenheit reichende Entwicklung des Europäischen Umwandlungsrechts zurück (A). Diese Entwicklung gipfelte nun im jüngst veröffentlichen Company Law Package, das sich die Fortentwicklung der Gesellschaftsrechtsrichtlinie von 2017 zur Aufgabe gemacht hat (F).

A. Entwicklung eines Unionalen Umwandlungsrechts

Neben den nationalen Gesellschaftsgründungen und deren Wachstum gibt es im Europäischen Binnenmarkt verschiedene Formen der Unternehmensmobilität.[153] Zu diesen Vorgängen zählen Formwechsel, Spaltung, Vermögensübertragung

153 Empirische Untersuchung: *Biermeyer/Meyer*, Cross-border Corporate Mobility in the EU: Empirical Findings 2018, SSRN: http://dx.doi.org/10.2139/ssrn.3253048. Eine analytische Untersuchung der Entwicklung der Häufigkeit findet sich auf S. 60.

und Verschmelzung, die auf nationaler Ebene im Umwandlungsgesetz (UmwG) umfassend geregelt sind. In Bezug auf die grenzüberschreitenden Unternehmensumstrukturierungen gestaltet sich die Anwendung diffiziler, da bisher allein die grenzüberschreitende Verschmelzung von Kapitalgesellschaften normiert ist.

Dieser Zustand erschien reformbedürftig, da Unternehmensmobilität von Gesellschaften als wesentliches Element eines funktionierenden Binnenmarktes gilt.[154] Unionsweit agierenden Unternehmen fehlte es bislang aber nicht nur an einem entsprechenden Normenapparat.[155] Lange Zeit war schon die Frage nach der Zulässigkeit grenzüberschreitender Umstrukturierungen ungeklärt. Diese Entwicklung soll nun in der gebotenen Kürze dargestellt werden.

I. Gründungs- vs. Sitztheorie

Schon vor sachrechtlichen und materiellen Problemen, mit denen sich Gesellschaften im Laufe eines Umwandlungsvorgangs konfrontiert sehen, besteht die Eingangsfrage im Kollisionsfall verschiedener Gesellschaftsstatute darin, überhaupt das anwendbare Recht zu identifizieren. Zur Bestimmung des einschlägigen Gesellschaftsstatuts gibt es traditionell zwei Ansätze.[156] Nach der lange Zeit vom BGH vertretenen *Sitztheorie*[157] ist das Recht des Staates anzuwenden, in dem die Gesellschaft ihren faktischen Sitz hat. Dies ist der Staat, in dem die Gesellschaft tatsächlich agiert, also ihren Verwaltungssitz hat. Hintergrund dieser Theorie war, dass die meisten Gläubiger, Gesellschafter und Arbeitnehmer im Sitzstaat selbst ansässig sind und deren Schutzinteressen im Vordergrund stünden. Diesen Interessen könne man nur gerecht werden, wenn auch das entsprechende Recht anwendbar sei.[158]

Die *Gründungstheorie* hingegen folgt dem Ansatz, dass das einschlägige Gesellschaftsstatut das Recht ist, nach dem die Gesellschaft gegründet wurde. Anknüpfungspunkt ist dabei stets der Satzungssitz bzw. der Registrierungsort. Aufgrund der einfachen Bestimmbarkeit dieses Ortes schafft dieser Ansatz Rechtssicherheit.[159]

---

154 Vgl. nur Entschließung des Europäischen Parlaments v. 10.3.2009, ABlEU v. 1.4.2010, C87 E/5, ErwGr. B.

155 *Bormann/Stelmaszczyk*, ZIP 2019, 353, 353.

156 Hierzu sowie zu den verschiedenen Modifikationen der beiden Theorien *Kindler*, in: MüKo BGB, Bd. 12, Teil 10, Rn. 351 ff.

157 RG v. 03.06.1927 RGZ 117, 215, 217; RG v. 19.02.1909 RGZ 159, 33, 46; BGH v. 11.7.1957 NJW 1957, 1433, 1434; BGH v. 30.1.1970 NJW 1970, 998, 999; BGH v. 5.11.1980 NJW 1981, 522, 525, BGH v. 21.03.1986 NJW 1986, 2194, 2195; BGH v. 30.3.2000 NZG 2000, 926, 926; BGH v. 1.07.2002 NJW 2002, 3539, 3539.

158 *Kindler*, in: MüKo BGB, Bd. 12, Teil 10, IntHGesR Rn. 368; *Ebke*, ZVglRWiss 110 (2011) 2, 8; *Großfeld*, RabelsZ 31 (1967) 1, 22 f.

159 *Ebenroth*, Vermögenszuwendungen, S. 355 ff.; *Wiedemann*, FS Kegel 1977, 187, 196.

II. Rechtsprechungsentwicklung

Der EuGH entwickelte in seiner Rechtsprechung zur Niederlassungsfreiheit nach und nach verschiedene Grundsätze, die das Gesellschaftskollisionsrecht maßgeblich prägen. Nicht umsonst wird er daher als „Motor der Integration" der Unternehmensmobilität benannt.[160] Die Positionen der Meilensteine dieser Rechtsprechungsentwicklung von einem der ersten Urteile im Fall *Daily Mail* bis hin zu dem jüngst ergangenen Urteil *Polbud* könnten dabei konträrer nicht sein.

1. Meilensteine der Rechtsprechung zur Niederlassungsfreiheit

Die Anfänge der EuGH-Rechtsprechung zur Niederlassungsfreiheit bewegten sich meist in dem Bereich, welche Anforderungen an Zweigniederlassungen oder die Verlegung eines Gesellschaftssitzes zu stellen sind. Im Vordergrund steht damit die Frage, welche Vorgaben an die Beschränkung der Niederlassungsfreiheit zu stellen sind. Diesen Vorgängen gemein war, dass sie die Rechtsform der Gesellschaften unangetastet ließen (a). Davon abzugrenzen sind die Fälle der Unternehmensmobilität, in denen der EuGH sich mit den Fragen eines Rechtsformwechsels konfrontiert sah (b).

a) Erste Mobilitätsmaßnahmen unter Wahrung der ursprünglichen Rechtsform

Noch im Jahr 1988 sah der EuGH in der Entscheidung *Daily Mail* in einem Zustimmungserfordernis des Finanzministeriums zu einer Verlegung des Geschäftssitzes in einen anderen Mitgliedstaat keinen Verstoß gegen die Niederlassungsfreiheit. Die Gesellschaft begehrte die Verlegung ihres Geschäftssitzes aus dem Vereinten Königreich in die Niederlande, doch das britische Finanzministerium verweigerte die nach innerstaatlichem Recht erforderliche Zustimmung. Dieses Zustimmungserfordernis stufte der EuGH nicht als Verstoß gegen die Niederlassungsfreiheit ein, da die Art. 49, 54 AEUV „beim derzeitigen Stand des Gemeinschaftsrechts" nicht das Recht gewährten, den Sitz in einen anderen Mitgliedstaat zu verlegen.[161]

Bereits in der Entscheidung *Centros* im Jahre 1999 begann jedoch die Wende für das Europäische Gesellschaftsrecht. Dieser Fall drehte sich um ein dänisches Ehepaar, das eine *private limited company* in England gründete, die gesamten Geschäftstätigkeiten aber über eine Zweigniederlassung in Dänemark abwickeln wollte. Hierin sahen die Behörden eine Umgehung der dänischen Mindestkapitalvorschriften und versagten die erforderliche Eintragung in das Handelsregister.

---

160 *Lutter/Bayer/Schmidt*, Europäisches Unternehmens- und Kapitalmarktrecht, Rn. 7.2.

161 EuGH v. 27.09.1988, Daily Mail, C-81/87, ECLI:EU:C:1988:456 = JZ 1989, 384 m. Anm. *Großfeld/Luttermann*. Vgl. dazu *Ebenroth/Eyes*, DB 1989, 363 ff. und 413 ff.; *Sack*, JuS 1990, 352 ff.

In dieser Verweigerung sah der EuGH jedoch einen nicht gerechtfertigten Verstoß gegen die Art. 49, 54 AEUV. Die Niederlassungsfreiheit verbiete es, die Eintragung einer Zweigniederlassung einer Gesellschaft, die nach dem Recht eines anderen Mitgliedstaats gegründet wurde, zu versagen. Der EuGH stellte bereits in dieser Rechtssache klar, dass es keinen Rechtsmissbrauch darstelle, wenn eine Gesellschaft den Gründungsort nach dem Recht wählte, der die meiste Freiheit gewährt.[162]

Mit dem *Überseering*-Urteil drei Jahre später entschied der EuGH, dass es einer nicht zu rechtfertigenden Negierung der Niederlassungsfreiheit gleichkäme, wenn einer ordnungsgemäß gegründeten Gesellschaft die Rechts- und Parteifähigkeit abgesprochen werde, nur weil diese ihren Verwaltungssitz in einen anderen Staat verlegt.[163] Der Zuzugsstaat sei verpflichtet, die Rechtsfähigkeit zu achten, die diese Gesellschaft nach dem Gründungsstaat besitzt.[164]

Den Abschluss dieser „Entscheidungstrias" (*Centros – Überseering – Inspire Art*) bildet das Urteil *Inspire Art* aus dem Jahre 2003, in dem der EuGH ein niederländisches Gesetz über formal ausländische Gesellschaften als mit der Niederlassungsfreiheit unvereinbar erklärte, da dieses ausländischen Gesellschaften spezielle Offenlegungsvorschriften, ein Mindestkapital und die persönliche Haftung der Geschäftsführer auferlegten.[165] Nach dieser Entscheidung wandten sich die deutschen Gerichte der Gründungstheorie zu und folgten dieser in ständiger höchstrichterlicher Rechtsprechung für EU-Auslandsgesellschaften.[166]

Diese binnenmarktoffene Rechtsprechungsentwicklung zur Niederlassungsfreiheit löste beachtliche Folgen aus. Die Rechtsformfreiheit, der sich Gesellschaften bedienen können, erzeugt einen Wettbewerbsdruck auf das inländische

---

162 EuGH v. 9.3.1999, Centros, C-212/97, ECLI:EU:C:1999:126, Rn. 21 f. Zu dieser Entscheidung ausführlich v. *Halen,* das Gesellschaftsstatut nach der Centros Entscheidung des EuGHs; umfassende Einzelnachweise finden sich bei *Leible,* in: Michalski/Heidinger/Leible/Schmidt GmbHG, Bd. 1, Systematische Darstellung 2 Fn. 390.

163 EuGH v. 5.11.2002, Überseering, C-208/00, ECLI:EU:C:2002:632. Vgl. dazu *Kindler,* NJW 2001, 1073 ff. Die Frage nach der kollisionsrechtlichen Bedeutung dieses Urteils entfachte eine Diskussion. Einen Überblick dazu gibt *Leible,* in: Michalski/Heidinger/Leible/Schmidt GmbHG, Bd. 1, Systematische Darstellung 2, Rn. 27 ff.

164 EuGH v. 5.11.2002, Überseering, C-208/00, ECLI:EU:C:2002:632, Rn. 95. Diese Aussage nahm der EuGH sogar als 2. Leitsatz auf.

165 EuGH v. 30.09.2003, Inspire Art, C-167/01, ECLI:EU:C:2003:512, Rn. 135. Vgl. dazu unter vielen die Besprechungen von *Altmeppen,* NJW 2004, 97 ff.; *Bayer,* BB 2003, 2357 ff.; *Eidenmüller/Rehm,* ZGR 2004, 159 ff.; *Kindler,* NZG 2003, 1086 ff.; *Leible/Hoffmann,* EuZW 2003, 677 ff.; *Müller-Bonanni,* GmbHR 2003, 1235 ff.

166 BGH v. 13.09.2004 BB 2004, 2432, 2433; BGH v. 14.3.2005 BB 2005, 1016, 1016; BGH v. 19.9.2005 NJW 2005, 3351, 3351; BGH v. 13.4.2010 NStZ 2010, 632 Rn. 7.

Gesellschaftsrecht.[167] So bedienten sich infolgedessen immer mehr deutsche Gründer einer ausländischen Gesellschaft (vornehmlich der englischen *private limited company*),[168] die sie zuweilen als attraktiver wahrnahmen, da diese beispielsweise kein Mindestkapital für den Gründungsvorgang forderten.[169] Diesen Effekt nahmen viele Gesetzgeber zum Anlass, ihr Gesellschaftsrecht zu modernisieren.[170] In Deutschland entstand als „Antwort" auf den „Boom" der Limited-Gründungen die Reform um die Einführung einer Unternehmergesellschaft (UG haftungsbeschränkt).[171]

b) Umwandlungsvorgänge mit Einfluss auf die Rechtsform

Mit der Entscheidung in der Rechtssache *SEVIC* klärte der EuGH die Diskussion um die Frage, ob auch grenzüberschreitende Verschmelzungen vom Schutzbereich der Niederlassungsfreiheit erfasst sind.[172] Damit stellt der EuGH klar, dass es mit der Niederlassungsfreiheit unvereinbar sei, die Eintragung einer Gesellschaft nach einer grenzüberschreitenden Verschmelzung zu verweigern, wenn dies unter Beteiligung inländischer Gesellschaften möglich ist.[173]

2008 urteilte der EuGH in *Cartesio* jedoch, dass die Verlegung des Verwaltungssitzes einer Gesellschaft in einen anderen Mitgliedstaat unter Beibehaltung der Eigenschaft als Gesellschaft nach dem Recht des Gründungsstaates gerade nicht

---

167 So bspw. *Bayer*, BB 2003, 2357 ff.; *Eidenmüller*, ZIP 2002, 2223 ff.; *Freitag*, EuZW 1999, 267 ff.; *Habersack/Verse*, Europäisches Gesellschaftsrecht, § 3 Rn. 36; *Leible/Hoffmann*, EuZW 2003, 677, 682; *Teichmann*, Binnenmarktkonformes Gesellschaftsrecht, S. 330 ff. mwN.

168 Zahlenmäßige Erhebungen dieser Entwicklung finden sich bei *Ringe*, ECFR 2013, 230, 248; *Westhoff*, GmbHR 2007, 474 ff.; *Bayer/Hoffmann*, GmbHR 2007, 414, 415. Seit einigen Jahren ist nunmehr Ernüchterung darüber eingekehrt, dass sich die niedrigen Kosten kaum mit den Folgekosten aufwiegen lassen, vgl. dazu *Ringe*, ECFR 2013, 230, 257 ff., 261 ff.

169 *Lutter/Bayer/Schmidt*, Europäisches Unternehmens- und Kapitalmarktrecht, Rn. 7.69.

170 *Lutter/Bayer/Schmidt*, Europäisches Unternehmens- und Kapitalmarktrecht, Rn. 7.2. Insoweit wird auch von einem „Wettlauf der Gesetzgeber" gesprochen. Vgl. ausführlich zu diesem Effekt auch im Vergleich zu dem amerikanischen Pendant bei *Teichmann*, Binnenmarktkonformes Gesellschaftsrecht, S. 330 ff.

171 „Die Deutsche Antwort", FAZ v. 24.5.2007, S. 13; *Lutter/Bayer/Schmidt*, Europäisches Unternehmens- und Kapitalmarktrecht, Rn. 7.69. Zu Reformen in anderen Staaten vgl. *Fleischer*, NZG 2014, 1081, 1083 ff.; *ders.*, DB 2017, 291, 293 ff.; *Ringe*, ECFR 2013, 230, 239 ff.; *Lutter/Bayer/Schmidt*, Europäisches Unternehmens- und Kapitalmarktrecht, Rn. 7.70 ff.

172 EuGH v. 13.12.2005, SEVIC, C-411/03, ECLI:EU:C2005:762.

173 Vgl. *Bayer*, in: Lutter UmwG § 122a Rn. 11; *Kiem*, in: Habersack/Drinhausen SE-Recht, UmwG Vorb. Rn. 9.

vom Schutzbereich der Niederlassungsfreiheit umfasst sei.[174] Seit dieser Rechtssache unterscheidet man zwei verschiedene Fallgruppen. Zum einen betrachtet man grenzüberschreitende Sitzverlegungen, bei denen das anwendbare Gesellschaftsrecht nicht berührt wird, und zum anderen solche Umwandlungen, bei denen sich die Gesellschaft dem Recht des Zuzugsstaates unterwirft und damit auch ihre Rechtsform ändert. Geschaffen wurde damit die Unterscheidung zwischen rechtsformwahrenden und rechtsformwechselnden Vorgängen.[175] Geht die Sitzverlegung mit einer Änderung der Rechtsform einher, so lässt sich die Erkenntnis aus *SEVIC* verallgemeinern, dass sowohl Beschränkungen im Wegzugstaat als auch im Zuzugsstaat in den Schutzbereich der Art. 49, 54 AEUV fallen.[176]

Diese Erkenntnis ergänzte der EuGH in der Rechtssache *National Grid Indus* im Jahr 2011 um einen wichtigen Aspekt. Zwar unterliegen die Anforderungen, die eine Gesellschaft erfüllen muss, um in einem Mitgliedstaat anerkannt zu werden allein dem nationalen Recht, jedoch haben die Mitgliedstaaten allein Regelungsautonomie in der Frage, ob sie den formwahrenden Wegzug einer Gesellschaft ermöglichen. Sobald nationale Gesetze dies zulassen, müssen sich diese Beschränkungen an der Niederlassungsfreiheit messen lassen.[177]

Im Jahr 2012 erging das Urteil *Vale,* nach dem auch grenzüberschreitende formwechselnde Satzungssitzverlegungen vom Schutzbereich der Niederlassungsfreiheit umfasst werden sollen.[178]

2. *Rechtssache Polbud*

Für viel Wirbel sorgte letztlich das jüngste Urteil des EuGH in der Rechtssache *Polbud* vom 25.10.2017. In diesem Fall beschloss eine polnische Gesellschaft die Verlegung ihres Sitzes nach Luxemburg sowie den Formwechsel in eine luxemburgische Kapitalgesellschaft mit beschränkter Haftung. Die Besonderheit des Falles lag darin, dass ausschließlich der Registersitz, nicht aber der Verwaltungssitz verlegt werden sollte. Der Zuzugsstaat Luxemburg nahm den Formwechsel an und trug die Gesellschaft in ihr Register ein. Das Vorhaben scheiterte jedoch

---

174 EuGH v. 16.12.2008, Cartesio, C-210/06, ECLI:EU:C:2008:723; stellv. für viele *Bayer/Schmidt,* ZHR 173 (2009), 735, 742 ff.; *Däubler/Heuschmid,* NZG 2009, 439 ff.; *Kindler,* NZG 2009, 130 ff.; *Paefgen,* WM 2009, 529 ff.; *Teichmann,* ZIP 2009, 393 ff.

175 Vgl. dazu *Behme/Nohlen,* BB 2009, 13 f.; *Behme,* NZG 2012, 936, 936 f.; *Hellwig,* in: von Westphalen, Deutsches Recht im Wettbewerb, S. 155 f.; *Teichmann,* ZIP 2009, 393, 394.

176 *Tiedje,* in: von der Groeben/Schwarze/Hatje EU-Recht, Art. 54 AEUV Rn. 68.

177 EuGH v. 29.11.2011, National Grid Indus, C-371/10, ECLI:EU:EU:2011:785, vgl. dazu *Mörsdorf,* EuZW 2012, 296 ff.; *Brinkmann/Reiter,* DB 2012, 16 ff.; *Bayer/Schmidt,* BB 2012, 3, 12. Eine ausführliche Bilanz zieht *Verse,* ZEuP 2013, 458, 463 f.

178 EuGH v. 12.7.2012, VALE, C-378/10, ECLI:EU:C:2012:440; dazu *Bayer/J. Schmidt,* ZIP 2012, 1481, 1485 f.; *Drygala,* EuZW 2013, 569 ff.; *Wicke,* DStR 2012, 1756 ff.

am Wegzugsstaat, da das polnische Registergericht den Löschungsantrag mit der Begründung abwies, das polnische Recht verlange zuvor ein Liquidationsverfahren. Die polnischen Gerichte stuften das Vorhaben als rechtsmissbräuchlich ein, da in Luxemburg tatsächlich keine wirtschaftliche Tätigkeit aufgenommen werden sollte. Der EuGH hatte also darüber zu befinden, ob auch derartige isolierte Satzungssitzverlegungen in den Schutzbereich der Niederlassungsfreiheit fallen.[179] Diese Frage bejahte der EuGH unter Verweis auf den in der Rechtssache *Centros* begründeten Grundsatz der Rechtswahlfreiheit. Demnach sei bereits bekannt, dass es keinen Missbrauch darstelle, wenn Gesellschaften ihren Sitz in einem bestimmten Mitgliedstaat begründen, um in den Genuss günstigerer Rechtsvorschriften zu gelangen.[180] Damit gewährt der EuGH nun nicht mehr nur die freie Wahl ihres Standortes, sondern darüber hinaus auch eine uneingeschränkte Rechtswahlfreiheit.[181] Frei erscheint damit nun auch der Weg, das Rechtskleid nachträglich zu wechseln. Die Einschränkung isolierter Satzungssitzverlegungen folgt nunmehr ausschließlich aus der engen Beschränkbarkeit zum Schutz zwingender Allgemeininteressen. Ebendiese weitgehende Freiheit wirft die Frage nach dem Schutz von Dritten auf und ebnet den Weg für das Verlangen nach einem europäischen Rechtsrahmen für grenzüberschreitende Umwandlungsvorgänge.[182] Diesem Regelungsbedürfnis kam der Europäische Gesetzgeber nun mit einer sekundärrechtlichen Regelung nach.

III. Sekundärrechtliche Regelungen

Der Umgang mit ausländischen juristischen Personen war bereits Programm der Haager Konferenz für das internationale Privatrecht und wurde auf der 7. Tagung 1951 erörtert. Auf dieser Basis wurde am 1.6.1956 das Haager Übereinkommen über die Anerkennung der Rechtspersönlichkeit von ausländischen Gesellschaften, anderen Personenvereinbarungen und Stiftungen auf Grundlage des Art. 220 EWGV/293 EGB a.F. geschlossen.[183] Das Inkrafttreten des Übereinkommens scheiterte jedoch an der ausbleibenden Ratifizierung durch die erforderliche Anzahl an Mitgliedstaaten.[184]

1965 nahm auch die Europäische Kommission Arbeiten an einem Übereinkommen zu innerstaatlichen Verschmelzungen auf.[185] Diese verliefen in den

179 EuGH v. 25.10.2017, C 106/16, Polbud, EuZW 2017, 906 Rn. 41 ff. Zur Entwicklung und den Folgen des Urteils *Bayer/J. Schmidt*, ZIP 2017, 2225, 2228; *Bayer/J. Schmidt*, BB 2018, 2562, 2562 f.; *Teichmann/Knaier*, GmbHR 2017, 1314 ff.

180 EuGH v. 25.10.2017, C 106/16, Polbud, EuZW 2017, 906 Rn. 40.

181 *Stelmaszczyk*, EuZW 2017, 890, 891; *Kieninger*, NJW 2017, 3624, 3626.

182 *Kieninger*, NJW 2017, 3624, 2627.

183 Abgedruckt in RabelsZ 17 (1952), 270 ff.

184 Goldman-Bericht, BT-Drs. VI/1976, S. 21, 23; *Leible*, in: Michalski/Heidinger/Leible/Schmidt GmbHG Syst. Dar. 2 Rn. 57.

185 *Koppensteiner*, RabelsZ 39 (1975), 405, 406.

darauffolgenden Jahren jedoch vorerst im Sande.[186] 1968 unterzeichneten die damaligen sechs Mitgliedstaaten ein Übereinkommen über die gegenseitige Anerkennung von Gesellschaften und juristischen Personen.[187] Doch auch dieses erlangte nie rechtliche Geltung, da die Niederlande die Ratifizierung verweigerten.[188] Da inzwischen die dritte gesellschaftsrechtliche Richtlinie verabschiedet worden war, gab man die Idee auf, ein Übereinkommen zur Harmonisierung innerstaatlicher Verschmelzungen zu treffen und verfolgte nunmehr das Ziel, ebenfalls eine rechtsangleichende Richtlinie zu erlassen.[189]

Im Jahre 1985 erarbeitete die Kommission einen Vorschlag für den Erlass einer zehnten Richtlinie zur grenzüberschreitenden Verschmelzung.[190] Problematisch erschien dabei jedoch die Frage der Unternehmensmitbestimmung, für die sich über Jahre hinweg keine Einigung erzielen ließ. Ein Durchbruch gelang erst auf Basis der für die Europäische Aktiengesellschaft erarbeiteten Verhandlungslösung. Die SE-Verordnung stellte gleichzeitig auch eine erstmalige Regelung grenzüberschreitender Gründungs- und Umwandlungsvorgänge überhaupt dar.[191]

Im Jahre 2005 wurde dann schließlich die Richtlinie zur grenzüberschreitenden Verschmelzung von Kapitalgesellschaften erlassen.[192] Diese wurde 2017 in der Gesellschaftsrechtsrichtlinie konsolidiert.[193] Diese Entwicklung gipfelt nun im Jahr 2019 in der Mobilitätsrichtlinie, welche die Gesellschaftsrechtsrichtlinie unter anderem – nicht zuletzt in Reaktion auf das *Polbud*-Urteil – um einen Rechtsrahmen für grenzüberschreitende Umwandlungsvorgänge ergänzt.[194]

B. Grundzüge der Mitbestimmung in der SE

Mit der Einführung der Europäischen Aktiengesellschaft (SE) gelang dem Europäischen Gesetzgeber nach über drei Jahrzehnten ein Durchbruch im Umgang mit

---

186 *Neye*, ZIP 2005, 1893, 1893; *Gankse*, DB 1985, 581, 581; *Pluskat*, EWS 2004, 1, 2.

187 BT-Drs. VI/1976, S. 3 ff.

188 *Leible*, in: Michalski/Heidinger/Leible/Schmidt GmbHG, Syst. Dar. 2 Rn. 58.

189 Dritte Richtlinie des Rates v. 9.10.1978 gern. Art. 54 Abs. 3 Buchst. g des Vertrages betreffend die Verschmelzung von Aktiengesellschaften, ABI. EG v. 20.10.1978, L 295/36; vgl. zur Entwicklung: *Neye*, ZIP 2005, 1893, 1893.

190 Vorschlag einer zehnten Richtlinie vom 8.1.1985, ABl. EG v. 25.1.1985, C 23/11 (Internationale Fusionsrichtlinie); *Ganske*, DB 1985, 581 ff.; *Teichmann*, in: Enzyklopädie Europarecht, § 6 Rn. 246.

191 *Kleinsorge*, in: Wißmann/Kleinsorge/Schubert Mitbestimmungsrecht Einl. Rn. 3.

192 Vergleiche zur Entstehungsgeschichte und zum Regelungsinhalt der Verschmelzungsrichtlinie *Kleinsorge*, in: Nagel/Freis/Kleinsorge, Einf. MgVG Rn. 1 ff.

193 Vgl. dazu bereits (Fn. 42).

194 Vgl. dazu unter F.

der Mitbestimmung auf europäischer Ebene.[195] Das für die SE entwickelte Modell prägt bis heute das unionale Umwandlungsrecht und soll daher vorab in den Grundzügen vorangestellt werden.

Das Grundkonzept der SE zielt seiner Konstruktion nach auf große Unternehmen ab, die sich europaweit organisieren wollen.[196] Aber auch für mittelständische Unternehmen stellt die SE eine geeignete Rechtsform dar.[197] Dabei schafft die Verordnung[198] (im Folgenden SE-VO) keine abschließend geregelte Gesellschaftsform, sondern gießt einen Rechtsrahmen, der es den Mitgliedstaaten zur Aufgabe macht, durch Rechtsvorschriften und bestehende Aktiengesetze eine nationale Regelung der SE auszuformen.[199] Nach dieser SE-VO besteht für Unternehmen die Möglichkeit, zwischen dem im deutschen Aktiengesetz angelegten dualistischen System und einem in anderen Mitgliedstaaten üblichen monistischen System zu wählen.[200] Das dualistische Modell zeichnet sich dadurch aus, dass die Aktiengesellschaft über ein Aufsichts- und ein Leitungsorgan verfügt,[201] während im monistischen System lediglich ein Leitungs- oder Verwaltungsorgan vorgesehen ist.[202] In der Konsequenz bedeutet das, dass in diesem System die Mitbestimmung der Arbeitnehmer im Leitungsorgan selbst verortet wird, während im dualistischen System Arbeitnehmervertreter in den Aufsichtsrat entsandt werden.[203]

Die Motive, eine SE zu gründen, sind vielfältig. Zu den häufigsten Gründen zählen die Hoffnung auf einen „Imagegewinn" durch die europäische Gesellschaftsform, die Erleichterung von Fusionen und Transaktionen, die Reduzierung rechtlicher und operationaler Komplexität sowie die Möglichkeit der Sitzverlegung in einen anderen europäischen Staat.[204] Bedeutend ist vor allem für deutsche

---

195 *Blanquet*, ZGR 2002, 20, 20 f.; vgl. ausführlich zur Entstehungsgeschichte: *Mävers*, Die Mitbestimmung der Arbeitnehmer in der Europäischen Aktiengesellschaft, S. 87 ff.

196 *Junker*, ZfA 2005, 211, 212. Dies zeigt sich in der Höhe des Mindestkapitals von 100.000 Euro und der aktienrechtlichen Satzungsstrenge. Vgl. *Hommelhoff/Krause/Teichmann*, GmbHR 2008, 1193, 1195.

197 *Teichmann*, in: Enzyklopädie Europarecht, Bd. 6, § 6 Rn. 319.

198 Verordnung (EG) Nr. 2157/2001 des Rates vom 8. Oktober 2001 über das Statut der Europäischen Gesellschaft (SE), S. 1 (im Folgenden SE-VO).

199 *Hirte*, NZG 2002, 1, 2; *Schwarz*, ZIP, 2001, 1847, 1860 f.

200 Art. 38 lit. b) SE-VO. Siehe dazu *Nagel*, AuR 2004, 281, 282; *Scholz*, in: Habersack/Drinhausen SE-Recht, SEVO Art. 38 Rn. 1 ff.; *Teichmann*, in: Lutter/Hommelhoff/Teichmann, SE-Kommentar SE-VO Art. 38 Rn. 1 ff. Siehe zur grundsätzlichen Unterscheidung *Wiedemann*, Gesellschaftsrecht Bd. 1, S. 341 ff.

201 Damit einher geht auch die strikte personelle Trennung der beiden Organe. Vgl. dazu *Wiedemann*, Gesellschaftsrecht, Bd. 1, S. 342.

202 *Wiedemann*, Gesellschaftsrecht Bd. 1, S. 342.

203 Vgl. zur Mitbestimmung in den verschiedenen Systemen *Franzen*, RdA 2004, 257, 261.

204 Eine empirische Analyse liefert *Eidenmüller/Engert/Hornuf*, AG 2009, 845, 847.

Unternehmen aber auch die Möglichkeit, die Mitbestimmung durch eine Vereinbarung selbst zu gestalten.[205] Diese Gestaltungsfreiheit wird als Vorteil der SE wahrgenommen.[206] Im Gegensatz zu den nationalen Systemen bietet die Verhandlungslösung (unter I) den beteiligten Gesellschaften Flexibilität im Hinblick auf Intensität und Ausgestaltung der unternehmerischen Mitbestimmung.[207] Wenn die Verhandlungen keine Mitbestimmungsvereinbarung zum Ergebnis haben, greift die sogenannte Auffanglösung (unter II).[208] Da der Europäische Gesetzgeber befürchtete, dass die SE als Schlupfloch der Mitbestimmung zweckentfremdet werde, legte er besonderen Wert auf den Missbrauchsschutz.[209] Welche Bedeutung der Mitbestimmung zukommt, zeigt sich auch in der Vorgabe, dass eine SE erst dann in das Handelsregister eingetragen werden darf, wenn eine Vereinbarung über die Beteiligung der Arbeitnehmer geschlossen wurde, ein Negativbeschluss dahingehend gefasst wurde, das Verfahren nicht aufzunehmen oder zu beenden, oder wenn die Verhandlungsfrist ergebnislos abgelaufen ist.[210]

---

205 *Eidenmüller/Engert/Hornuf*, AG 2009, 845, 847.

206 *Eidenmüller/Engert/Hornuf*, AG 2009, 845, 847.

207 Erwägungsgrund 8 der Richtlinie 2001/86/EG des Rates vom 8. Oktober 2001 zur Ergänzung des Statuts der Europäischen Gesellschaft hinsichtlich der Beteiligung der Arbeitnehmer, Abl. 2001 L 294/22 (im Folgenden SE-RL), umgesetzt durch das SEBG, dazu *Krause*, BB 2005, 1221, 1222.

208 Vgl. Art. 7 Abs. 1 Unterabs. 2 lit. b) SE-RL. Vgl. dazu *Oetker*, in: Franzen/Gallner/Oetker Europäisches Arbeitsrecht, RL 2001/86/EG, Art. 7 Rn. 5 ff.

209 In Erwägungsgrund 18 der SE-RL: „Die Sicherung erworbener Rechte der Arbeitnehmer über ihre Beteiligung an Unternehmensentscheidungen ist fundamentaler Grundsatz und erklärtes Ziel dieser Richtlinie.“ Das Schutzbedürfnis hat in Art. 11 der SE-RL als Missbrauchsverbot auch Aufnahme in die Richtlinie selbst erhalten. Umgesetzt wurde das Missbrauchsverbot in § 43 SEBG. Zudem wurde in § 1 Abs. 3 SEGB eine Auslegungsregel zugunsten der Arbeitnehmerrechte geschaffen.

210 Art. 12 Abs. 2 SE-VO. Vgl. dazu *Blanquet*, ZGR 2002, 20, 56; *Kleindiek*, in: Lutter/Hommelhoff/Teichmann SE-Kommentar, SE-VO Art. 12 Rn. 24 f.; *Schürnbrand*, in: Habersack/Drinhausen SE-Recht, SE-VO Art. 12 Rn. 16. Das prüft gem. §§ 3, 4 SEAG iVm. §§ 376, 377 FamFG das zuständige Registergericht. Dabei trifft das Registergericht jedoch nur eine formelle Prüfpflicht, da die inhaltliche Prüfung des Arbeitnehmerbeteiligungsverfahrens nur dem Arbeitsgericht zusteht, § 2 a I Nr. 3 lit. e) ArbGG, vgl. *Kiem*, ZHR (173) 2009, 156, 172 f.; *Timm-Wagner*, SEAG § 3 Rn. 1–3, sowie § 4 Rn. 1–2.

I. Das Primat der Verhandlungslösung

Die im SE-Statut gewählte Verhandlungslösung bewährte sich schon in der Europäischen Betriebsräterichtlinie vom 22.9.1994[211] und fand über den *Davignon-Bericht*[212] Eingang in die SE-Richtlinie.[213] Es bestehen zunächst keine festgelegten Regelungen über den Umfang der unternehmerischen Mitbestimmung. In der Verhandlungslösung geht es primär darum, dass die konkrete Ausgestaltung der Beteiligungsrechte von einem Gremium bestehend aus Arbeitnehmervertretern mit der Unternehmensleitung eigens für die zu gründende SE verhandelt wird.[214] Dieses Konzept dient der Kompromissfindung durch den Vergleich der unterschiedlichen Mitbestimmungsstandards der an der Gründung[215] beteiligten Gesellschaften.[216]

1. Bildung des Besonderen Verhandlungsgremiums

Nach Art. 3 SE-RL ist ein „Besonderes Verhandlungsgremium" (BVG) zu bilden. Sobald das Vorbereitungsstadium für die Gründung einer SE erreicht ist und ein Plan für die Verschmelzung, Gründung oder Umwandlung existiert, muss dieser gemäß Art. 3 Abs. 1 SE-RL den Arbeitnehmern oder deren Vertretern vorgelegt werden.[217] Die Ausgestaltung des Wahl- bzw. Bestellungsverfahrens überlässt

---

211 Richtlinie 94/95/EG des Rates vom 22. September 1994 über die Einsetzung eines Europäischen Betriebsrats oder die Schaffung eines Verfahrens zur Unterrichtung und Anhörung der Arbeitnehmer in gemeinschaftsweit operierenden Unternehmen und Unternehmensgruppen, Abl. 1994 Nr. 254/64.

212 Eine Arbeitsgruppe unter Leitung des Präsidenten der Société Générale und ehemaligen Vizepräsidenten der Europäischen Kommission *Etienne Davignon*. Der sog. Davignon-Bericht ist als BR-Drucks. 572/97 v. 6.8.1997 veröffentlicht.

213 *Nagel*, AuR 2004, 281, 283; *Teichmann*, in: Enzyklopädie Europarecht, Bd. 6, § 6 Rn. 322.

214 *Blanquet*, ZGR 2002, 20, 58; *Herfs-Röttgen*, NZA 2002, 358, 360 ff.; *Reichert/Brandes*, ZGR 2003, 767, 772 ff.

215 Eine Gründung kann nach Art. 2 SE-VO durch Verschmelzung, Gründung einer Holding-SE, Gründung einer Tochter-SE oder durch Umwandlung geschehen. Vgl. dazu *Blanquet*, ZGR 2002, 20, 34 ff.; *Habersack*, in: Habersack/Drinhausen SE-Recht, SE-VO Art. 2 Rn. 5 ff.; *Hirte*, NZG 2002, 1, 3 f.; *Oechsler*, MüKo AktG, SE-VO Art. 2 Rn. 1 ff.; *Schwarz*, ZIP 2001, 1847, 1850 ff.

216 *Nagel*, AuR 2004, 281,283.

217 § 4 SEBG. Eine Zustellung an jeden einzelnen Arbeitnehmer kann dabei nicht gewollt sein. Vgl. *Hohenstatt/Müller-Bonanni*, in: Habersack/Drinhausen SE-Recht, SEBG § 4 Rn. 6, 8 ff.; *Jacobs*, in: MüKo AktG, SEBG § 4 Rn. 8. Ein Zugänglichmachen über das Intranet, per Mail oder Ähnliches soll daher genügen. Vgl. dazu *Grobys*, NZG 2005, 84,86.

Art. 3 Abs. 2 lit. b) SE-RL den nationalen Gesetzgebern.[218] Die deutsche Ausgestaltung im SEBG sieht für die Bildung des Gremiums eine Frist von zehn Wochen vor.[219] Es muss geklärt werden, welche Größe das BVG haben muss und welche Gesellschaften das Recht haben, Vertreter für die Arbeitnehmer in ihrem Mitgliedstaat zu entsenden.[220] Dabei gilt entsprechend Art. 3 Abs. 2 lit. a) i) SE-RL und § 5 Abs. 1 SEBG, dass jeweils volle und angefangene 10% der Gesamtarbeitnehmer in einem Mitgliedstaat durch einen Vertreter repräsentiert werden müssen. Das Hauptkriterium der Zusammensetzung liegt somit im Beschäftigungsort der zu vertretenden Arbeitnehmer.[221] Zu beachten ist weiterhin, dass jedes dritte inländische Mitglied ein Gewerkschaftsvertreter sein muss[222] und gleichsam der Repräsentation der leitenden Angestellten Sorge getragen wird.[223] Handelt es sich um eine Gründung durch Verschmelzung, so ist nach Art. 3 Abs. 2 lit. a) i) SE-RL und § 5 Abs. 2 SEBG die Zahl der Mitglieder des BVG so weit anzuheben, dass gewährleistet werden kann, dass jede beteiligte Gesellschaft, die über eigene Arbeitnehmer verfügt und infolge der SE-Gründung erlöschen wird, durch ein Mitglied im Verhandlungsgremium vertreten wird.[224]

---

218 Geregelt ist das Verfahren in den §§ 8 ff. SEBG. Zur Zusammensetzung des BVG: *Fleischmann,* in: Gaul/Ludwig/Forst Europäisches Mitbestimmungsrecht, § 2 Rn. 120 ff.; *Kraushaar,* BB 2003, 1614, 1615 ff. und zu möglichen Berechnungen *Kuffner,* Die Beteiligung der Arbeitnehmer in der Europäischen Aktiengesellschaft, S. 117 ff.

219 § 11 Abs. 1 Satz 1 SEBG. Wenn die Arbeitnehmer eine Überschreitung der Frist zu vertreten haben, beginnt die Mindestfrist der Verhandlungsfrist aus Art. 5 Abs. 1 SE-RL automatisch zu laufen. Vgl. dazu *Krause,* BB 2005, 1221, 1223. Zur Frage, ob die Beweisschwierigkeiten des Vertretenmüssens eine Benachteiligung der Arbeitgeberseite darstellt vgl. *Kallmeyer,* ZIP 2004, 1442, 1443.

220 *Grobys,* NZG 2005, 84, 86. Dazu *Fleischmann,* in: Gaul/Ludwig/Forst Europäisches Mitbestimmungsrecht, § 2 Rn. 154 ff.; *Oetker,* in: Lutter/Hommelhoff/Teichmann, SE-Kommentar, SEBG § 5 Rn. 1 ff.

221 Bezeichnet wird dies als „Grundsatz der Repräsentativität", so *Hohenstatt/Müller-Bonanni,* in: Habersack/Drinhausen SE-Recht, SEBG § 5 Rn. 2; *Kleinsorge,* in: Nagel/Freis/Kleinsorge SEBG § 5 Rn. 2. Kritisch *Kraushaar,* BB 2003, 1614, 1615 f.

222 § 6 Abs. 3 SEBG. Fraglich bleibt dabei, ob die Gewerkschaft selbst auch in der Gesellschaft vertreten sein muss, was in Deutschland nach § 6 Abs. 2 SEBG möglich ist. Vgl. dazu *Niklas,* NZA 2004, 1200, 1201.

223 § 6 Abs. 4 SEBG. Dazu *Hohenstatt/Müller-Bonanni,* in: Habersack/Drinhausen SE-Recht, SEBG § 5 Rn. 3; *Oetker,* in: Lutter/Hommelhoff/Teichmann, SE-Kommentar, SEBG § 6 Rn. 20 ff.

224 Eine Grenze setzt Art. 3 Abs. 2 lit. a) i) Spiegelstrich 1 SE-RL und § 5 Abs. 3 SEBG.

2. *Mitbestimmungsverhandlungen*

Mit der Einsetzung des besonderen Verhandlungsgremiums beginnt gem. Art. 5 Abs. 1 SE-RL die Verhandlung über die Beteiligung der Arbeitnehmer. Diese kann bis zu sechs Monate in Anspruch nehmen, mit der Möglichkeit den Zeitraum durch einen einvernehmlichen Beschluss des BVGs auf insgesamt ein Jahr zu verlängern.[225]

a) Einleiten der Verhandlung

Zu Beginn informiert das zuständige Organ der Gesellschaften das BVG über ihr Vorhaben und dessen geplanten Ablauf.[226] Gegenstand der Verhandlung ist dann die Beteiligung der Arbeitnehmer innerhalb der SE. Diese sollen die Leitungsorgane und das BVG „mit dem Willen zur Verständigung“ führen.[227]

b) Zweck der Verhandlung

Nach Art. 4 Abs. 2 SE-RL haben die Parteien dabei inhaltliche Gestaltungsfreiheit. Die *Davignon-Gruppe* wollte den Sozialpartnern ermöglichen, aus verschiedenen nationalen Modellen ein maßgeschneidertes Mitbestimmungsmodell zu erarbeiten.[228] Die Grenzen dieser Freiheit liegen zunächst darin, dass die Vereinbarung zu keiner Zeit der inneren Ordnung der Gesellschaft widersprechen darf und kein Verhandlungsspielraum in den Fragen besteht, welche die SE-VO abschließend regelt.[229]

---

225 Art. 5 Abs. 2 SE-RL. Unmittelbar zu Art. 5 SE-RL *Oetker,* in: Franzen/Gallner/Oetker Europäisches Arbeitsrecht, RL 2001/86/EG, Art. 5 Rn. 1 ff.; Zur Umsetzung in § 20 Abs. 2 SEBG vgl. *Hohenstatt/Müller-Bonanni,* in: Habersack/Drinhausen SE-Recht, SEBG § 20 Rn. 2.

226 Art. 3 Abs. 3 Satz 2 SE-RL; *Oetker,* in: Lutter/Hommelhoff/Teichmann SE-Kommentar, SEBG § 20 Rn. 7 ff.

227 Art. 4 Abs. 1 SE-RL. Aufgenommen wurde dies in § 13 Abs. 1 Satz 2 SEBG. Vgl. dazu *Hohenstatt/Müller-Bonanni,* in: Habersack/Drinhausen SE-Recht, SEBG § 13 Rn. 3; *Fleischmann,* in: Gaul/Ludwig/Forst, Europäisches Mitbestimmungsrecht, § 2 Rn. 239; *Oetker,* in: Lutter/Hommelhoff/Teichmann, SE-Kommentar, SEBG § 13 Rn. 6 ff.

228 Davignon-Gruppe, BR-Drucks. 572/97 (Fn. 212), S. 10.

229 *Habersack,* AG 2006, 345, 347 ff. Umgekehrt darf aber auch die Satzung der SE nicht in Widerspruch zu der ausgehandelten Vereinbarung stehen, Art. 12 Abs. 6 SE-VO. Dies ist jedoch nicht unumstritten, vgl. dazu später unter Teil 3 § 2 B.II.7 c) und d) ii).

c) Inhalt der Verhandlungen

Inhalt der Vereinbarung kann nur sein, was unmittelbaren Bezug zur Mitbestimmung der Arbeitnehmer im Aufsichts- oder Leistungsorgan hat.[230] Insbesondere kann das BVG auch eine Beteiligung vereinbaren, die vorher in zumindest einer der beteiligten Gesellschaft galt. Für diese Beschlüsse ist grundsätzlich das „doppelte Mehrheitserfordernis" erforderlich. Sämtliche Beschlüsse müssen damit sowohl von der absoluten Mehrheit der Mitglieder des BVG sowie gleichsam auch von der absoluten Mehrheit der vertretenen Arbeitnehmer angenommen werden.[231]

Abweichend davon erfordert das SEBG immer dann eine qualifizierte Mehrheit von Zwei-Dritteln, wenn der Beschluss eine Mitbestimmungsminderung bestehender Beteiligungsrechte zur Folge hat.[232] Diese Regelung dient dem Bestandsschutz der Mitbestimmungsrechte.[233]

d) Abschluss der Verhandlungen

Die Verhandlungen des BVGs enden bestenfalls mit einer Vereinbarung über die Beteiligung der Arbeitnehmer. Das BVG kann die Verhandlungen auch damit beenden, dass direkt die gesetzliche Auffanglösung nach Art. 7 SE-RL gelten soll.[234] Allerdings ist auch ein Negativbeschluss dahingehend möglich, dass überhaupt keine Verhandlungen stattfinden sollen oder dass diese abgebrochen werden. Ein solcher Beschluss führt dazu, dass die SE mitbestimmungsfrei ist, weshalb die gesetzlichen Anforderungen an dieses Ergebnis entsprechend hoch sind. Erforderlich ist dafür wiederum die Zustimmung von zwei Dritteln der Arbeitnehmervertreter aus mindestens zwei Mitgliedstaaten.[235]

---

230 In diesem Punkt noch übereinstimmend *Habersack,* ZHR 171 (2007), 613, 630; *Teichmann*, AG 2008, 797, 804 f. Zur weiteren Diskussion vgl. Teil 3 § 2 B.II.7 c) und d) ii).

231 § 15 Abs. 2 SEBG. Vgl. dazu *Hohenstatt/Müller-Bonanni,* in: Habersack/Drinhausen SE-Recht, SEBG § 15 Rn. 3; *Fleischmann,* in: Gaul/Ludwig/Forst Europäisches Mitbestimmungsrecht, § 2 Rn. 336 f.

232 Was unter einer solchen Minderung zu verstehen ist definiert § 15 Abs. 4 SEBG. Für die Gründungsform der Umwandlung ist eine solche Minderung nach § 15 Abs. 4 SEBG ausgeschlossen.

233 15 Abs. 3 S. 1 SEBG. Insoweit sprich man von einer „dreifachen Schwelle" oder einer „qualifizierten Mehrheit". Vgl. *Hohenstatt/Müller-Bonanni*, in: Habersack/Drinhausen SE-Recht, SEBG § 15 Rn. 7; *Fleischmann*, in: Gaul/Ludwig/Forst, Europäisches Mitbestimmungsrecht, § 2 Rn. 229 ff.; *Oetker*, in: Lutter/Hommelhoff/Teichmann SE-Kommentar, SEBG § 15 Rn. 17 ff.

234 Auch für diesen Beschluss ist eine 2/3-Mehrheit der Arbeitnehmer aus mindestens zwei Mitgliedstaaten erforderlich. Art. 6 Abs. 6 SE-RL und § 34 Abs. 1 SEBG.

235 § 16 Abs. 1 und 2 SEBG. Dazu *Fleischmann*, in: Gaul/Ludwig/Forst, Europäisches Mitbestimmungsrecht, § 2 Rn. 234 ff.; *Oetker*, in: Lutter/Hommelhoff/Teichmann, SE-Kommentar, SEBG § 16 Rn. 8 ff.

Etwas anderes gilt für die Gründungsvariante der Umwandlung, bei der eine nationale Aktiengesellschaft ohne Beteiligung einer ausländischen Gesellschaft in eine SE umgewandelt wird.[236] In diesem Fall setzt sich die vorher bestehende Mitbestimmungsregelung fort.[237]

II. Die Auffanglösung

In Teil drei bestimmt die SE-RL eine Auffangregelung für die Mitbestimmung der Arbeitnehmer. Anders als in einer durch Verhandlungen bestimmte Mitbestimmungsregelung handelt es sich hier um gesetzlich festgelegte Mitbestimmung.

1. Inhalt der Auffanglösung

Nach Art. 7 Abs. 1 der SE-RL gilt grundsätzlich die Auffangregelung des Staates, in welchem sich die SE niederlässt. Der Anhang der Richtlinie gibt allerdings konkrete Vorgaben bezüglich dieser nationalen Auffangregelung vor, wonach der höchste Mitbestimmungsstandard auf die SE anzuwenden ist, der in einer der beteiligten Gesellschaften vor der SE-Gründung galt.[238] Diese gesetzliche Mitbestimmung beinhaltet das sogenannte „Vorher-Nachher-Prinzip", nach dem das höchste Beteiligungsniveau der an der Gründung beteiligten Unternehmen weitergilt.[239] Dies sollte zur Folge haben, dass das bisher höchste Mitbestimmungsniveau in der neu gegründeten Gesellschaft Anwendung findet.[240] Dabei ist entgegen der missverständlichen Formulierung aber nicht die absolute Zahl der Aufsichtsratsmitglieder aus dem System zu übernehmen. Vielmehr ist nur der Anteil der Arbeitnehmervertreter beizubehalten.[241]

---

236 § 16 Abs. 3 SEBG. Vgl. *Hohenstatt/Müller-Bonanni*, in: Habersack/Drinhausen SE-Recht, SEBG § 16 Rn. 4. *Oetker*, in: Lutter/Hommelhoff/Teichmann, SE-Kommentar, SEBG § 16 Rn. 6.

237 *Krause*, BB 2005, 1221, 1224; *Oetker*, in: Lutter/Hommelhoff/Teichmann SE-Kommentar, SEBG § 16 Rn. 16 ff.; *Fleischmann*, in: Gaul/Ludwig/Forst, Europäisches Mitbestimmungsrecht, § 2 Rn. 234.

238 Erwägungsgrund 18 der SE-RL.

239 Ausführlich zu diesem Prinzip bei: *Gaul/Ludwig*, in: Gaul/Ludwig/Forst, Europäisches Mitbestimmungsrecht § 1 Rn. 237 ff.; *Hohenstatt/Müller-Bonanni*, in: Habersack/Drinhausen SE-Recht, SEBG Vor § 1 Rn. 39; *Kübler*, ZHR 167 (2003), 222, 227; *Junker*, ZfA 2005, 211, 223. Kritisch zu diesem Prinzip: *Fleischer*, AcP 204 (2004), 502, 534 f.

240 *Gaul/Ludwig*, in: Gaul/Ludwig/Forst, Europäisches Mitbestimmungsrecht § 1 Rn. 239; *Kübler*, ZHR 167 (2003), 222, 227; *Teichmann*, BB 2004, 53, 56.

241 Siehe SE-RL Anhang 3 Teil 3 lit. b). *Oetker*, in: Franzen/Gallner/Oetker, in: Franzen/Gallner/Oetker Europäisches Arbeitsrecht, RL 2001/86/EG, Anhang Rn. 14; *Gaul/Ludwig*, in: Gaul/Ludwig/Forst, Europäisches Mitbestimmungsrecht § 2 Rn. 483; *Habersack*, in: Henssler/Habersack MitbestimmungsR, SEBG § 35 Rn. 6; *Hohenstatt/*

2. *Anwendungsbereich der Mitbestimmung kraft Gesetzes*

Der Anwendungsbereich der gesetzlichen Mitbestimmung in der SE-RL geht weiter, als es auf den ersten Blick scheint. Zum einen ist auf diese zurückzugreifen, wenn das BVG einen dahingehenden Beschluss fasst.[242] Außerdem gilt sie, wenn innerhalb der Frist aus Art. 5 SE-RL keine Einigung im BVG erzielt werden kann.[243] In einem Ausnahmefall kann sie sogar dann Anwendung finden, wenn ein anders lautender Beschluss gefasst wurde: Dies gilt dann, wenn das Mitbestimmungsniveau eines der Gründungsunternehmen durch die Vereinbarung unterschritten wird und mindestens ein bestimmter Anteil der Arbeitnehmer von der Mitbestimmungsminderung[244] betroffen wäre und im Beschluss nicht die nötige doppelte Mehrheit erreicht wurde.[245]

Die Auffanglösung findet jedoch weit über die SE-RL hinaus Anwendung. Sie hat Vorbildcharakter für alle nachfolgenden Sekundärrechtsakte erlangt. Bereits jetzt wird sie in der Verschmelzungsrichtlinie für grenzüberschreitende Verschmelzungen angewandt. Auch die neue Richtlinie gründet auf dieser Lösung.[246]

C. Mitbestimmung bei grenzüberschreitenden Verschmelzungen

Obwohl auf nationaler Ebene alle Umwandlungsformen im Umwandlungsgesetz (UmwG) geregelt sind,[247] erfährt bisher allein die grenzüberschreitende Verschmelzung eine normative Grundlage.[248] Die Existenz dieser Vorschriften ist dabei nicht selbstverständlich. Jahrelang war die Unternehmensmitbestimmung der

---

Müller-Bonanni, in: Habersack/Drinhausen SE-Recht, SEBG § 35 Rn. 2; *Ihrig/Wagner*, BB 2004, 1749; *Jacobs*, in: MüKo AktG, SEBG § 35 Rn. 9; *Oekter*, in: Lutter/Hommelhoff/Teichmann, SE-Kommentar, SEBG § 35 Rn. 7 f.; *Teichmann*, BB 2004, 53, 56.

242 Vgl. bereits (Fn. 234).

243 Vgl. Art. 7 Abs. 1 Unterabs. 2 lit. b) SE-RL. Vgl. dazu *Oetker*, in: Franzen/Gallner/Oetker Europäisches Arbeitsrecht, RL 2001/86/EG, Art. 7 Rn. 5 ff.

244 Definiert ist die Mitbestimmungsminderung in Art. 3 Abs. 4 Unterabs. 2 der SE-RL als Minderung des Anteils der Mitglieder der Organe der SE im Sinne des Art. 2 lit. b) geringer ist als der höchste in den beteiligten Gesellschaften geltende Anteil.

245 Vgl. dazu Art. 7 Abs. 2 lit. b) Unterstrich 1. Bei der Gründung durch Verschmelzung müssen mehr als 25% der Arbeitnehmer betroffen sein und bei der Gründung einer Holding SE muss der Anteil bei 50% der Arbeitnehmer liegen, Art. 7 Abs. 2 lit. c) Unterstrich 1. Vgl. dazu *Nagel*, AuR 2004, 281, 284; *Oetker*, in: Franzen/Gallner/Oetker Europäisches Arbeitsrecht, RL 2001/86/EG, Art. 7 Rn. 8 ff.

246 Dazu später im 2. Teil.

247 Vgl. dazu *Limmer/Knaier*, in: Limmer HdB Unternehmensumwandlung, Teil 1 Kapitel Rn. 95 ff.

248 *Drygala/von Bressensdorf*, NZG 2016, 1161, 1161.

neuralgische Punkt, zu dem schlichtweg keine Einigung erzielt werden konnte.[249] Der Durchbruch in der Mitbestimmungsfrage im Regelungskontext der SE führte gleichzeitig dazu, dass auch in Bezug auf die Verschmelzungsrichtlinie der gordische Knoten durchschlagen wurde.[250]

Die Umsetzung der Verschmelzungsrichtlinie verteilt sich auf zwei Gesetze: Die §§ 122a–122l Umwandlungsgesetz (UmwG) sowie das Gesetz über die Mitbestimmung bei grenzüberschreitenden Verschmelzungen (MgVG). Die §§ 122a ff. UmwG regeln das Grundkonzept des Verschmelzungsverfahrens nach dem „europäischen Modell für Strukturmaßnahmen",[251] bestehend aus einem Verschmelzungsplan und -bericht, einer Prüfung durch einen Sachverständigen und einem Beschluss der Anteilseigner über die Verschmelzung.[252] Während im Umwandlungsgesetz die Voraussetzungen des Verschmelzungsverfahrens zu finden sind, werden durch das MgVG die Mitbestimmungsmechanismen umgesetzt.[253]

Das Mitbestimmungsmodell nach dem MgVG (bzw. der Verschmelzungsrichtlinie) baut im Wesentlichen auf dem Mitbestimmungssystem in der SE auf. Daher ist die Mitbestimmung zwischen Arbeitnehmern und den Unternehmensleitungen der beteiligten Gesellschaften auszuhandeln. Subsidiär gilt eine gesetzliche Auffanglösung.[254]

I. Anwendungsbereich des MgVG

Das MgVG erfasst lediglich grenzüberschreitende Verschmelzungen von Kapitalgesellschaften.[255] Unter einer Verschmelzung versteht man die Vermögensübertragung als Ganzes unter Auflösung der übertragenden Gesellschaft ohne Abwicklung auf einen schon bestehenden oder neu zu gründenden Rechtsträger unter Gewährung von Anteilen oder Mitgliedschaften an die Anteilseigner der übertragenden Gesellschaften.[256] Als grenzüberschreitend werden diese eingestuft,

249 *Lutter/Bayer/J. Schmidt*, Europäisches Unternehmens- und Kapitalmarktrecht, 16.1.

250 Vgl. exemplarisch *Teichmann*, Der Konzern 2007, 89, 89; *Selent*, NZG 2018, 1171, 1172.

251 *Grundmann*, Europäisches Gesellschaftsrecht, Rn. 845; *Bayer/J. Schmidt*, NJW 2006, 401, 402.

252 Vgl. im Einzelnen zum Verschmelzungsverfahren: *Limmer/Knaier*, in: Limmer HdB Unternehmensumwandlung, Teil 6 Kapitel 2 Rn. 98 ff.

253 Vgl. dazu *Kleinsorge*, in: Nagel/Freis/Kleinsorge, Einf. MgVG Rn. 24 ff.; *Forst*, in: Gaul/Ludwig/Forst, Europäisches Mitbestimmungsrecht, § 5 Rn. 22.

254 *Lunk/Hinrichs*, NZA 2007, 773, 779 f.

255 Größter Kritikpunkt an der Regelung im MgVG war, dass der Gesetzgeber keine überschießende Umsetzung der Verschmelzungsrichtlinie vornahm und allein die Verschmelzung von Kapitalgesellschaften regelte, während er Personengesellschaften ausklammerte, vgl. *Bayer/J. Schmidt*, NJW 2006, 401, 401; Vgl. *Deutscher Anwaltverein*, Stellungnahme Nr. 5/2005, S. 6; *Deutscher Notarverein*, Stellungnahme zum Kommissionsvorschlag, S. 28.

256 Vgl. § 2 UmwG.

sobald eine der beteiligten Gesellschaften dem Recht eines anderen Mitgliedstaates unterliegt.[257] Ausschlaggebend ist dabei allein das Statut der verschmelzenden Gesellschaften, nicht das der aus der Verschmelzung hervorgehenden.[258]

Die Regelungen des MgVGs finden überdies nur Anwendung auf solche Gesellschaften, die nach dem Recht eines EU- oder EWR-Staates gegründet wurden und diesem Recht zum Zeitpunkt der Verschmelzung noch unterliegen.[259]

Anders als im System der SE gilt nach § 4 MgVG für die aus der Verschmelzung hervorgehende Gesellschaft das Mitbestimmungsrecht des Sitzstaates.[260] Nur in den Fällen, in denen ein Tatbestand des § 5 MgVG erfüllt ist (dazu zugleich unter II.1.), gilt die Verhandlungslösung bzw. die Auffanglösung, da das Sitzstaatrecht im Einzelnen dazu führen kann, dass die Mitbestimmungsrechte gemindert werden.[261] Dieses „Regel-Ausnahme-Verhältnis“ ist in der Praxis jedoch in sein Gegenteil verkehrt, da durch den weiten Anwendungsbereich der Ausnahmetatbestände meist die Verhandlungslösung greift.[262]

II. Verhandlungslösung

Die Verhandlungslösung im MgVG orientiert sich in ihrer Ausgestaltung maßgeblich an den Vorgaben der SE.[263] Anders als in der SE-RL gilt diese jedoch nicht automatisch. Nur, wenn ein gesetzlich normierter Ausnahmetatbestand erfüllt ist (1), ist ein Verhandlungsverfahren durchzuführen (2).

1. Anwendung des Verhandlungsverfahrens

Die Verhandlungslösung ist immer dann anzuwenden, wenn ein Fall des § 5 MgVG vorliegt. Nach § 5 Nr. 1 ist dies der Fall, wenn wenigstens eine der beteiligten Gesellschaften in den sechs Monaten vor Veröffentlichung des Verschmelzungsplans mindestens 500 Arbeitnehmer beschäftigt und ein Mitbestimmungsmodell

---

257 § 122a UmwG in Übereinstimmung mit Art. 118 GesR-RL. Siehe dazu *Neye/Timm*, NotBZ 2007, 239, 239 f.

258 Somit sind so genannte „NewCo“-Fälle nicht umfasst, bei denen die übertragenden Rechtsträger derselben Rechtsordnung unterliegen, wohingegen allein die entstehende Gesellschaft fremdem Recht unterliegt. Vgl. dazu *Bayer*, in: Lutter UmwG § 122a Rn. 25.

259 Nicht erfasst sind damit transnationale Fusionen unter der Beteiligung von Drittstaaten. Vgl. dazu *Lutter/Bayer/Schmidt*, Europäisches Unternehmens- und Kapitalmarktrecht, Rn. 22.14.

260 Zur Frage, ob es sich um den satzungsmäßigen Sitz oder um die Eintragung der Gesellschaft handelt: *Schubert*, RdA 2007, 9, 9 f.

261 *Trost*, Mitbestimmungsgestaltung, S. 105.

262 *Krause/Jakob*, BB 2007, 2194, 2195.

263 *Lunk/Hinrichs*, NZA 2007, 773, 779 f.

im Sinne des § 2 Abs. 7 MgVG aufweist.[264] Als „Arbeitnehmer" zählen für diesen Schwellenwert nach § 2 Abs. 1 MgVG in Verbindung mit § 5 Abs. 3 BetrVG alle Arbeitnehmer, Auszubildende und leitende Angestellte.[265]

Nach § 5 Nr. 2 MgVG sind Verhandlungen durchzuführen, wenn das für die Zielgesellschaft maßgebliche Recht nicht mindestens den gleichen Umfang der Arbeitnehmerbeteiligung vorsieht, wie sie in den beteiligten Gesellschaften vor der Verschmelzung bestand.[266] Dies ist für deutsche Unternehmen regelmäßig anzunehmen, wenn vor der Restrukturierung irgendein gesetzliches Mitbestimmungsmodell Anwendung findet.[267]

Sodann ordnet § 5 Nr. 3 MgVG das Verhandlungsverfahren für die Fälle an, in denen das Recht im Zielstaat den Arbeitnehmern in ausländischen Betrieben nicht den gleichen Anspruch auf Ausübung von Mitbestimmungsrechten gewährt wie das Recht des Sitzstaates. Dies ist im deutschen Mitbestimmungsrecht der Fall.[268] Daher muss sogar bei einer Verschmelzung auf eine deutsche Gesellschaft regelmäßig verhandelt werden, obwohl das deutsche Recht im europäischen Vergleich ein hohes Mitbestimmungsniveau verspricht.[269]

2. *Verhandlungsverfahren*

Sobald einer dieser „Ausnahmetatbestände" erfüllt ist, sind Verhandlungen bezüglich einer Mitbestimmungsvereinbarung durchzuführen. Auf dieses Verfahren finden weitgehend die Maßstäbe des in der SE-VO und SE-RL normierten

---

264 Dieses kann auch ein fakultatives Mitbestimmungssystem sein, vgl. *Schubert,* RdA 2007, 9, 9 f. Zur Erläuterung des ersten Ausnahmetatbestands vgl. *Gaul/Ludwig,* in: Gaul/Ludwig/Forst, Europäisches Mitbestimmungsrecht, § 5 Rn. 83 ff. sowie *Habersack,* in: Habersack/Henssler MitbestimmungsR, MgVG § 5 Rn. 2 sowie ausführlich bei *Cannistra,* Verhandlungsverfahren, S. 95.

265 *Lunks/Hinrichs,* NZA 2007, 773, 774; *Gaul/Ludwig,* in: Gaul/Ludwig/Forst, Europäisches Mitbestimmungsrecht, § 5 Rn. 86; *Thüsing/Forst,* in: Habersack/Drinhausen SE-Recht, MgVG § 5 Rn. 10.

266 *Habersack,* in: Habersack/Henssler MitbestimmungsR, MgVG § 5 Rn. 2 ff.; *Gaul/Ludwig,* in: Gaul/Ludwig/Forst, Europäisches Mitbestimmungsrecht, § 5 Rn. 89; *Thüsing/Forst,* in: Habersack/Drinhausen SE-Recht, MgVG § 5 Rn. 13 ff.; *Trost,* Mitbestimmung bei grenzüberschreitenden Verschmelzungen, S. 117 ff.

267 *Lunks/Hinrichs,* NZA 2007, 773, 774.

268 Dies zeigt die Analyse des Anteils der Arbeitnehmervertreter im Europäischen Vergleich, in dem Deutschland das höchste Niveau verzeichnet. Vgl. *Munkholm,* Arbeitnehmermitbestimmung im Überblick, S. 6 f.; *Schulte-Wrede,* Arbeitnehmerbeteiligung in der Europäischen Union, S. 27 ff.

269 Vgl. nur *Schulte-Wrede,* Arbeitnehmerbeteiligung in der Europäischen Union, S. 27 ff.

Verhandlungsmodells Anwendung.[270] Auch im MgVG sollen die Sozialpartner durch diese Verhandlungen eine auf die Gesellschaft speziell zugeschnittene Mitbestimmungsvereinbarung schließen.[271] Dabei können die Inhalte im Wesentlichen frei ausgehandelt werden.[272] Der zwingende Inhalt der Vereinbarung ist in § 22 MgVG niedergelegt. So müssen Geltungsbereich, Geltungszeitraum, Zahl der Mitglieder, das Verfahren zur Wahl oder Bestellung der Mitglieder sowie deren Rechte und ein Verfahren bei strukturellen Änderungen innerhalb des Unternehmens geregelt werden.[273]

Das Verfahren selbst gliedert sich in die Einleitung des Verfahrens nach § 6 MgVG, die Bildung des Besonderen Verhandlungsgremiums nach § 7 MgVG und die Durchführung der Verhandlungen selbst.[274] Diese Verhandlungen können mit einer Vereinbarung enden oder scheitern, sodass die Auffanglösung zur Anwendung gelangt.

III. Auffangregelung

Die Auffangregelung greift entweder nach dem Scheitern der Verhandlungen oder nach einem dahingehenden Beschluss des Gremiums. Einen solchen Beschluss kann das BVG sogar fassen, ohne dass es vorher überhaupt Verhandlungen durchführen muss.[275]

Über den Anwendungsbereich der Auffanglösung in der SE hinaus, steht den Leitungen nach der Verschmelzungsrichtlinie noch eine ganz andere Option zu: Die Optierungsmöglichkeit der Leitungsorgane. Diese können die unmittelbare

---

270 *Kleinsorge,* in: Nagel/Freis/Kleinsorge, MgVG Einf. Rn. 14. Eine ausführliche Auflistung der wichtigsten Unterschiede findet sich bei *Lutter/Bayer/J. Schmidt*, Europäisches Unternehmens- und Kapitalmarktrecht, Rn. 22.163; *Habersack,* ZHR 171 (2007), 613 ff.; *Müller-Bonanni/Müntefering*, BB 2009, 1699 ff.

271 *Kleinsorge,* in: Wißmann/Kleinsorge/Schubert MitbestimmungsR, EU-Recht Rn. 208; *Lunks/Hinrichs,* NZA 2007, 773, 775; *Nagel,* in: Nagel/Kleinsorge/Freis MgVG Einf. Rn. 33 f. Zu den Grenzen der Vereinbarungsautonomie vgl. *Cannistra,* Verhandlungsverfahren, S. 146 ff.

272 *Trost,* Mitbestimmungsgestaltung, S. 135 f.

273 Vgl. dazu im Einzelnen *Kienast,* in: Gaul/Ludwig/Forst Europäisches Mitbestimmungsrecht, § 22 MgVG Rn. 147 ff.; *Thüsing/Forst,* in: Habersack/Drinhausen SE-Recht, MgVG § 22 Rn. 13 ff.

274 Diesbezüglich ist das MgVG an die Ausgestaltung des Verfahrens in der SE angelegt, sodass auf diese Ausführungen verwiesen werden kann (vgl. B.I Das Primat der Verhandlungslösung), *Kleinsorge,* in: Nagel/Freis/Kleinsorge, MgVG Einf. Rn. 33.

275 § 18 MgVG. Vgl. dazu *Cannistra,* Verhandlungsverfahren, S. 129 ff.; *Thüsing/Forst,* in: Habersack/Drinhausen SE-Recht, MgVG § 21 Rn. 8; *A. Otto,* in: Gaul/Ludwig/Forst, Europäisches Mitbestimmungsrecht, § 5 Rn. 109.

Anwendung der Auffanglösung anordnen, sodass keine Verhandlungen über die Mitbestimmung stattfinden.[276]

Findet die Auffanglösung Anwendung, setzt sich der Aufsichtsrat oder der Verwaltungsrat nach den gesetzlichen Bestimmungen der §§ 23 bis 25 ff. MgVG zusammen. Wie bei der SE orientiert sich das Mitbestimmungsniveau entsprechend dem Vorher-Nachher-Prinzip an dem höchsten Niveau, das im Vergleich in den beteiligten Gesellschaften vorliegt.[277]

IV. Wesentliche Abweichungen zur SE

Trotz des Gleichlaufs der Vorschriften zur Mitbestimmung in der SE weist die Regelung der Verhandlungslösung in der Verschmelzungsrichtlinie einige wesentliche Abweichungen auf.[278] Diese Unterschiede beginnen bereits bei der Notwendigkeit des Verhandlungsverfahrens. In der SE sind in jedem Fall Mitbestimmungsverhandlungen einzuleiten, während dies für die grenzüberschreitende Verschmelzung nur notwendig ist, sofern ein Ausnahmetatbestand Anwendung findet. Im Grundsatz gilt hier das Recht des Sitzstaates.[279]

Diese Unterscheidung setzt sich beim Verhandlungsgegenstand fort: Während in der SE auch über betriebliche Mitbestimmungsrechte zu verhandeln ist, befassen sich die Verhandlungen bei einem Verschmelzungsvorgang ausschließlich mit der unternehmerischen Mitbestimmung. Die betriebliche Mitbestimmung gilt hingegen nach § 29 MgVG fort.[280]

---

276 § 23 Abs. 1 S. 1 Nr. 3 MgVG. Vgl. dazu *Brandes*, ZIP 2008, 2193, 2194; *Forst*, in: Gaul/Ludwig/Forst, Europäisches Mitbestimmungsrecht, § 5 Rn. 196 ff.; *Thüsing/Forst*, in: Habersack/Drinhausen SE-Recht, MgVG § 23 Rn. 10 ff.; *Trost*, Mitbestimmungsgestaltung, S. 145 ff. Unklar ist dabei, ob in diesen Fällen trotzdem ein BVG zu bilden ist. Einen Überblick gibt *Naber/Sittard*, in: MHdB Arbeitsrecht § 386 Rn. 92 ff. Dagegen: *Krause/Janko*, BB 2007, 2194, 2197; *Habersack*, ZHR 171 (2007), 613, 624; *Heuschmid*, AuR 2006, 184, 189; *Brandes*, ZIP 2008, 2193, 2197; *Müller-Bonanni/Müntefering*, BB 2009, 1699, 1701.

277 § 24 Abs. 1 Satz 2 MgVG. Diese Norm entspricht weitgehend dem § 35 Abs. 2 Satz 2 SEBG, vgl. dazu *Hohenstatt/Müller-Bonanni*, in: Habersack/Drinhausen SE-Recht, SEBG § 35 Rn. 1 ff.; *Forst*, in: Gaul/Ludwig/Forst, Europäisches Mitbestimmungsrecht, § 2 Rn. 478 ff.

278 Die Unterschiede beleuchten *Lutter/Bayer/J. Schmidt*, Europäisches Unternehmens- und Kapitalmarktrecht, Rn. 22.163; *Habersack*, ZHR 171 (2007), 613 ff.; *Müller-Bonanni/Müntefering*, BB 2009, 1699 ff. Einen tabellarischen Überblick gibt *Naber/Sittard*, in: MHdB Arbeitsrecht § 386 Rn. 109.

279 *Teichmann*, in: Enzyklopädie Europarecht, § 6 Rn. 257; *Müller-Bonanni/Müntefering*, BB 2009, 1699, 1702; *Naber/Sittard*, in: MHdB § 386 Rn. 109.

280 *Müller-Bonanni/Müntefering*, BB 2009, 1699, 1700; *Naber/Sittard*, in: MHdB § 386 Rn. 109.

Auch im Hinblick auf die Auffanglösung ergeben sich deutliche Abweichungen. So weicht der Schwellenwert zur Anwendung der Auffanglösung von der Regelung in der SE-RL ab. Erforderlich ist in der SE ein Wert von 25% der Arbeitnehmer, während in der Verschmelzungsrichtlinie und im MgVG mindestens ein Drittel der Arbeitnehmer von der bisherigen Mitbestimmungsregel umfasst sein muss.[281]

Insbesondere die Option der Leitungsorgane ohne vorherige Verhandlungen die Auffanglösung anzuwenden, stellt eine Besonderheit dar, die bislang allein der grenzüberschreitenden Verschmelzung vorbehalten ist. Die Mitbestimmungsverhandlungen sind im Rahmen der grenzüberschreitenden Verschmelzung daher vermeidbar.[282]

Auch auf Rechtsfolgenseite finden sich weitreichende Unterschiede. Aus dem Gründungsvorgang nach der SE-RL resultiert stets eine Europäische Aktiengesellschaft als supranationale Gesellschaftsform. Bei einer grenzüberschreitenden Verschmelzung ist hingegen jede nationale akzeptierte Rechtsform als Endgesellschaft denkbar.[283]

Ein Beschluss des BVGs zur Nichtaufnahme oder dem Abbruch der Verhandlungen führt in der SE nach § 16 Abs. 2 S. 2 SEBG gerade dazu, dass die gesetzliche Auffanglösung keine Anwendung findet und die SE in der Folge mitbestimmungsfrei bleibt.[284] Bei einer grenzüberschreitenden Verschmelzung kommt es hingegen zur Anwendung der Auffanglösung, deren Folge sich individuell bestimmt.[285]

Ein wesentlicher Unterschied ergibt sich auf Rechtsfolgenseite auch im Hinblick auf nachfolgende strukturelle Änderungen.[286] Nach § 18 Abs. 3 SEBG sind im Falle struktureller Änderungen verpflichtend Nachverhandlungen einzuleiten. Dies begründet sich darin, dass die Verschmelzungsrichtlinie nicht auf Art. 11 SE-RL verweist und damit bisher kein eigenständiges Missbrauchsverbot enthält.[287] Verschmelzungsrichtlinie und MgVG enthalten keine gleichgelagerte Pflicht. Eine

281 *Kisker,* RdA 2006, 206, 210; *Nagel,* NZG 2006, 97, 98; *Müller-Bonanni/Müntefering,* BB 2009, 1699, 1701; *Teichmann,* Der Konzern 2007, 89, 92; *Naber/Sittard,* in: MHdB § 386 Rn. 109.

282 § 23 Abs. 1 Satz 1 Nr. 1 MgVG. Vgl. dazu *Brandes,* ZIP 2008, 2193, 2194; *Forst,* in: Gaul/Ludwig/Forst Europäisches Mitbestimmungsrecht § 5 Rn. 199, 197; *Müller-Bonanni/Müntefering,* BB 2009, 1699, 1701.

283 *Naber/Sittard,* in: MHdB § 386 Rn. 109.

284 *Müller-Bonanni/Müntefering,* BB 2009, 1699, 1701; *Grobys,* NZA 2005, 84, 87; *Naber/Sittard,* in: MHdB § 386 Rn. 109.

285 § 18 S. 3 MgVG. Vgl. *Müller-Bonanni/Müntefering,* BB 2009, 1699, 1701.

286 *Müller-Bonanni/Müntefering,* BB 2009, 1699, 1702.

287 *Joost,* FS Richardi, S. 579; *Müller-Bonanni/Müntefering,* BB 2009, 1699, 1702; *Ege/Grizmek/Schwarfischer,* BB 2011, 1205, 1211; *Kisker,* RdA 2006, 206, 210; *Müller-Bonanni/Müntefering,* BB 2009, 1699, 1702. Vgl. dazu später unter im 3. Teil unter § 4 C.III.

solche könnte allenfalls freiwillig durch die Beteiligungsvereinbarung geregelt werden.[288] Im Übrigen gilt für die aus der Umwandlung hervorgehende Gesellschaft ein dreijähriger Bestandsschutz.[289]

Überdies erhalten die Mitgliedstaaten in der Verschmelzungsrichtlinie die Möglichkeit, in einem monistischen Verwaltungsorgan die Arbeitnehmervertreter auf ein Drittel zu begrenzen.[290]

Deshalb erscheint die Durchführung einer Verschmelzung für die Unternehmensseite in mehrfacher Hinsicht attraktiver als eine SE-Gründung.[291]

D. Mitbestimmung bei grenzüberschreitenden Spaltungen

Die Restrukturierungsmaßnahme der grenzüberschreitenden Spaltung war anders als die Verschmelzung bislang weder durch Unionsrecht noch durch nationales Recht geregelt.[292] Die grenzüberschreitende Spaltung wird aber nach den Entscheidungen *SEVIC* und *Cartesio* als von der Niederlassungsfreiheit umfasst angesehen. Demnach trifft die Mitgliedstaaten die Pflicht, wenn und soweit sie die Möglichkeit der innerstaatlichen Spaltung in ihren Gesetzen vorsehen, auch grenzüberschreitende Spaltungen zu ermöglichen.[293]

Bei einem Spaltungsvorgang wird Aktiv- oder Passivvermögen einer Gesellschaft auf mehrere Gesellschaften übertragen. Die übertragende Gesellschaft wird ohne Abwicklung aufgelöst und die Aktien der aufnehmenden Gesellschaft werden den Aktionären der gespaltenen Gesellschaft gewährt.[294] Daher wird die Spaltung auch als „umgekehrte Verschmelzung“ bezeichnet.[295] Zu unterscheiden sind dabei die Formen der Abspaltung, Aufspaltung und Ausgliederung.[296]

---

288 § 22 Abs. 2 MgVG „sollen“. Zur Bedeutung dieser „Soll-Vorschrift“ *Thüsing/Forst,* in: Habersack/Drinhausen SE-Recht, MgVG § 22 Rn. 25.

289 *Naber/Sittard,* in: MHdB § 386 Rn. 109; *Müller-Bonanni/Müntefering,* BB 2009, 1699, 1702.

290 Vgl. dazu Art. 133 Abs. 4 lit. c) GesRRL a.F. Zu dieser Regelung *Habersack,* ZHR 171 (2007), 613, 626; *Kisker,* RdA 206, 210; *Nagel,* NZG 2006, 97, 98; *Teichmann,* Der Konzern 2007, 98, 92 f. Im Überblick *Oetker,* in: Franzen/Gallner/Oetker Kommentar Europäisches Arbeitsrecht, RL 2017/1132 Art. 133 Rn. 86 ff.

291 *Teichmann,* in: Enzyklopädie Europarecht, § 6 Rn. 257.

292 *Kleba,* RNotZ 2016, 273, 274; *Kallmeyer/Kappes,* AG 2006, 224, 234 f. Im Zusammenhang mit der Mobilitätsrichtlinie rückblickend *Bungert,* FS Krieger, S. 110.

293 *Siems,* EuZW 2006, 135, 139; *Ego,* in: MüKo AktG, Europäische Niederlassungsfreiheit (Bd. 7) Rn. 330. Selbiges gilt im Übrigen auch für die Spaltung einer SE, vgl. *Hirte,* NZG 2002, 1, 10.

294 *Teichmann,* in: Enzyklopädie Europarecht, § 6 Rn. 262.

295 *Sagasser,* in: Sagasser/Bula/Brünger, UmwG, § 17 Rn. 4.

296 Vgl. zu den Spaltungsarten *Sagasser,* in: Sagasser/Bula/Brünger UmwG, § 2 Rn. 3 ff. Bei einer **Aufspaltung** wird der übertragende Rechtsträger ohne notwendige

Rechtspraktisch erscheint die Durchführung einer grenzüberschreitenden Spaltung nach geltender Rechtslage schwierig, da bereits das anzuwendende Verfahren streitig ist. Während teilweise eine analoge Anwendung der SE-Vorschriften erwogen wird,[297] vertreten andere eine analoge Anwendung der §§ 122a ff. UmwG auf die grenzüberschreitende Spaltung.[298] Auch ein Rückgriff auf die §§ 125 ff. UmwG mit ergänzender Anwendung der §§ 122a ff. UmwG analog scheint eine Lösung zu sein.[299] Dieser Streit wird durch die Einführung der Mobilitätsrichtlinie ad acta gelegt, da diese nun ein Verfahren für die grenzüberschreitende Spaltung einführt, das sich an das Verfahren zur grenzüberschreitenden Verschmelzung anlehnt.[300]

E. Mitbestimmung bei grenzüberschreitenden Sitzverlegungen

Seit den Urteilen *Cartesio* und *Vale* steht für den EuGH auch die Zulässigkeit grenzüberschreitender Formwechsel nach der Niederlassungsfreiheit fest. Die Niederlassungsfreiheit beinhaltet insoweit eine „Formwechselfreiheit".[301] Zu unterscheiden sind allerdings die Fälle, in denen allein der Verwaltungssitz in einen anderen Mitgliedstaat verlegt werden soll, von den Fällen, in denen eine Verlegung des Satzungssitzes der Gesellschaft erfolgen soll.[302]

Liquidation aufgelöst, indem das Vermögen auf die neuen Rechtsträger im Wege der partiellen Gesamtrechtsnachfolge unter Gewährung der Anteile an die Anteilsinhaber des übertragenden Rechtsträgers übertragen wird. Bei einer **Abspaltung** spaltet der Rechtsträger nur einen Teil seines Vermögens auf den erwerbenden Rechtsträger ab. Im Wege einer **Ausgliederung** werden Anteile auf eine Tochtergesellschaft übertragen, wodurch ein Konzernverhältnis entsteht.

297 *Siems*, EuZW 2006, 135, 139. Dieser verwirft den Ansatz jedoch und spricht sich für die Ausweitung der nationalen Spaltungsrichtlinie auf grenzüberschreitende Spaltung aus.

298 *Drygala*, in: Lutter, UmwG § 1 Rn. 35; *Drygala/von Bressensdorf*, NZG 2016, 1161, 1165.

299 *Veith*, in: BeckHdB Umwandlungen international, Teil 3 Rn. 24; *Kleba*, RNotZ 2016, 273, 276 f. wenden hingegen die 122a ff. an und berücksichtigt dabei die 125 ff. UmwG.

300 Richtlinie (EU) 2019/2121 des Europäischen Parlaments und des Rates vom 27.11.2019 zur Änderung der Richtlinie (EU) 2017/1132 in Bezug auf grenzüberschreitende Umwandlungen, Verschmelzungen und Spaltungen, Abl. L 321/1 (im Folgenden MobilitätsRL).

301 *Bayer/J. Schmidt*, ZIP 2012, 1481, 1485 ff.; *J. Schmidt*, Cross-border mergers and divisions, transfers of seat: Is there a need to legislate?, PE 559.960, S. 12.

302 *Limmer/Knaier*, in: Limmer HdB Unternehmensumwandlung, Teil 6 Kapitel 4 Rn. 271.

I. Verlegung des Verwaltungssitzes

Bei der Verlegung des Verwaltungssitzes ist für den Umfang des Schutzes nach der Niederlassungsfreiheit zu differenzieren, ob ein Zuzug in einen Mitgliedstaat vorliegt oder ein Wegzugsfall. Für Zuzugsfälle gilt nach der Rechtsache *Überseering*, dass eine Gesellschaft, die nach dem Recht eines Mitgliedstaates gegründet ist, auch in den anderen Ländern sowie im EWR-Raum als rechts- und parteifähig angesehen werden muss.[303] Auch müssen Zweigniederlassungen in einem anderen Mitgliedstaat möglich sein.[304]

Beschränkungen der Niederlassungsfreiheit sind dahingehend nur möglich, wenn sie aufgrund der geschriebenen Rechtfertigungsgründe oder zwingenden Gründen des Allgemeinwohls erfolgen.[305] Es gilt somit das „Herkunftslandprinzip", nachdem die Gesellschaften in allen Mitgliedstaaten in ihrer konkreten Ausgestaltung nach dem nationalen Recht anzuerkennen sind.[306]

Der formwahrende Wegzug einer Gesellschaft aus einem Mitgliedstaat unter Beibehaltung der Rechtspersönlichkeit ist nach dem Grundsatzurteil *Cartesio* des EuGHs nicht vom Schutzbereich der Niederlassungsfreiheit umfasst.[307] Die Mitgliedstaaten haben somit die rechtstatsächliche Möglichkeit, ihre Gesellschaften durch ihre Gesetze „einzumauern".[308]

II. Verlegung des Satzungssitzes

Auch bei der Verlegung des Satzungssitzes ist zu unterscheiden. Der Vorgang kann grundsätzlich unter Wahrung der Rechtsform erfolgen oder einen Wechsel in der Rechtsform mit sich bringen (Formwechsel).[309] Derzeit gestattet jedoch kein Mitgliedstaat eine Verlegung des Satzungssitzes unter Wahrung der Rechtsform.[310] Daher handelt es sich bei einer grenzüberschreitenden Verlegung des Satzungssitzes stets um einen Rechtsformwechsel.[311] Die Zulässigkeit des grenzüberschreitenden Formwechsels ist bereits anerkannt. Der Herkunftsstaat darf diesen nicht

---

303 EuGH v. 5.11.2002, Überseering, C-208/00, ECLI:EU:C:2002:632, Rn. 95. Diese Aussage nahm der EuGH sogar als 2. Leitsatz auf.

304 Dies ergibt sich bereits aus der Rechtssache *Centros*. Vgl. dazu bereits (Fn. 162).

305 Vgl. zur sog. Gebhard-Formel und deren Ausprägung im Überblick: *Lutter/Bayer/Schmidt*, Europäisches Unternehmens- und Kapitalmarkrecht, Rn. 4.40 ff.

306 *Bayer*, in: Lutter/Hommelhoff GmbHG, § 4a Rn. 9; *Weller*, FS Götte, 2011, S. 583, 587.

307 Vgl. dazu bereits (Fn. 174).

308 *Lutter/Bayer/Schmidt*, Europäisches Unternehmens- und Kapitalmarkrecht, Rn. 7.81. Vgl. zur Regelungslage in Deutschland ebenso *Lutter/Bayer/Schmidt*, Europäisches Unternehmens- und Kapitalmarkrecht, Rn. 7.82 ff.

309 *Schön*, ZGR 2013, 333, 335; *Leible*, ZGR 2004, 532, 553.

310 *Behme*, Rechtsformwahrende Sitzverlegung, S. 9.

311 *Leible*, FS Roth, S. 447, 451; *Janisch*, die grenzüberschreitende Sitzverlegung, S. 72.

pauschal verbieten und wiederum lediglich gerechtfertigte Beschränkungen vornehmen.[312] Allerdings wurde der Schutz der Arbeitnehmer gerade als zulässiges Beschränkungsziel gesehen.[313] Auch der Zuzugsstaat muss den Formwechsel zulassen, wenn und soweit Formwechsel nach dem innerstaatlichen Recht gestattet sind.[314] Dieser ist nach *Polbud* sogar dann von der Niederlassungsfreiheit erfasst, wenn eine isolierte Satzungssitzverlegung mit dem Ziel vorgenommen wird, in den Genuss günstigerer Rechtsvorschriften zu kommen, ohne im Zuzugsstaat eine wirtschaftliche Tätigkeit aufzunehmen.[315]

Unklar war jedoch lange Zeit, welches Verfahren anzuwenden ist. Nach dem EuGH war eine „sukzessive Anwendung von zwei nationalen Rechtsordnungen" vorzunehmen.[316] Offen blieb, wie diese unterschiedlichen Rechtsordnungen miteinander zu verzahnen seien. Es fehlte somit bislang ein klarer Rechtsrahmen, wie grenzüberschreitende Formwechsel vorzunehmen sind. Die deutsche Literatur entwickelte daher auch für diese Strukturmaßnahme verschiedene Lösungswege, mit der unsicheren Rechtslage umzugehen: Während einige eine entsprechende Anwendung der §§ 190 ff. UmwG vorschlugen,[317] befürworteten andere die Heranziehung der Vorschriften der §§ 122a ff. UmwG.[318] Daneben gab es schließlich den Ansatz, die Regelungen der SE zu übertragen.[319]

Das gleiche Problem stellte sich im Hinblick auf das Verfahren der Arbeitnehmerbeteiligung. Neben einer analogen Anwendung des MgVGs auf die aus dem Wechsel hervorgehende Gesellschaft,[320] stand die Überlegung im Raum, den § 18 Abs. 3 Satz 1 SEBG anzuwenden, wonach bei einer Minderung der Beteiligungsrechte eine Verhandlungspflicht bestünde.[321]

Auch hier schafft die Mobilitätsrichtlinie Abhilfe, indem sie sowohl ein Verfahren für den grenzüberschreitenden Formwechsel einführt als auch die

---

312 *Lutter/Bayer/Schmidt*, Europäisches Unternehmens- und Kapitalmarkrecht, Rn. 7.90.

313 EuGH v. 12.7.2012, VALE, C-378/10, ECLI:EU:C:2012:440, Rn. 39.

314 EuGH v. 12.7.2012, VALE, C-378/10, ECLI:EU:C:2012:440, Rn. 48. Näher *Bayer/J. Schmidt*, ZIP 2012, 1481, 1487.

315 Vgl. dazu *Paefgen*, WM 2018, 981, 983 ff.; *Bayer/J. Schmidt*, ZIP 2017, 2225, 2228 ff.

316 EuGH v. 12.7.2012, VALE, C-378/10, ECLI:EU:C:2012:440, Rn. 43 f.

317 *Frenzel*, NotBZ 2012, 349, 351; *Teichmann*, DB 2012, 2085, 2091; *Wicke*, DStR 2012, 1756, 1759; *Schön*, ZGR 2013, 333, 362.

318 Dies hat der deutsche Gesetzgeber aber verneint, vgl. BegrRegE, BR-Drs. 548/06, S. 40. Vgl. dazu *Bayer/J. Schmitt*, ZHR 173 (2009) 736, 757; *Müller*, ZIP 2007, 1081, 1082.

319 *Bayer/Schmidt*, ZIP 2012, 1481, 1488; *Jaensch*, EWS 2012, 353, 358.

320 *Teichmann/Ptak*, RIW 2010, 817, 820. In diese Richtung geht auch These 12 des Arbeitskreises Europäisches Unternehmensrecht, NZG 2011, 98, 99. Von einer ausdrücklichen Anwendung des MgVG ist dabei keine Rede.

321 *Hushahn*, RNotZ 2014, 137, 144.

Mitbestimmung einer Regelung unterwirft.[322] Der Ansatz, die §§ 122a ff. UmwG analog auf den Formwechsel anzuwenden, stellte dabei die richtige Prognose, da sich das einzuführende Verfahren ebenfalls an der sekundärrechtlichen Grundlage der Vorschriften orientiert.

F. Mobilitätsrichtlinie

Das unvollständige Regelungssystem auf dem Gebiet der grenzüberschreitenden Unternehmensmobilität führte, wie dargestellt, lange Zeit zu Rechtsunsicherheit. Diese Rechtsunsicherheit verursachte immer dringender werdende Forderungen nach einer unionalen Regelung.[323] So gehört die Förderung der Unternehmensmobilität seit geraumer Zeit zu den Prioritäten der Kommission.[324] Bereits aus Art. 3 Absatz 3 EUV ergibt sich die Aufgabe der Union, einen gemeinsamen Binnenmarkt zu schaffen. Ein Europäischer Binnenmarkt verlangt die Möglichkeit, sich grenzüberschreitend zu organisieren.[325] Mobilität ist ein wesentliches Element eines funktionierenden Binnenmarktes.[326] Der Regelungsbedarf wird durch die zunehmende Globalisierung und das daraus erwachsende Bedürfnis für grenzüberschreitende Geschäftstätigkeiten noch verstärkt.[327] Der unzureichende Regelungszustand verursacht eine Hürde für wachsende Unternehmen, im Binnenmarkt ungehindert arbeiten zu können[328] und ermöglicht „wilde“ Sitzverlegungen, welche die Interessen von Gläubigern, Minderheitsgesellschaftern und der hier im Vordergrund stehenden Arbeitnehmer vernachlässigen.[329] So besteht neben dem Wunsch nach einem normierten Verfahren auch die Forderung nach generellem Schutz vor missbräuchlichen und betrügerischen grenzüberschreitenden Umwandlungen.[330]

---

322 Inwieweit die MobilitätsRL wirklich alle Fälle der grenzüberschreitenden Spaltung erfasst, wird im Rahmen der Darstellung des Richtlinieninhalts zu erläutern sein. Vgl. dazu 2.Teil § 2 B.II.1.

323 *Wicke*, DStR 2018, 2642, 2643; *Kindler*, NZG 2018, 1, 5; *Heckschen/Strnad*, notar 2018, 83, 89; *Drygala/von Bressensdorf*, NZG 2016, 1161, 1161 f.; *Kleba*, RNotZ 2016, 273, 288; *Bayer/J. Schmidt*, ZIP 2017, 2225, 2233; *dies.*, ZHR 173 (2009), 735, 770; *Hushahn*, RNotZ 2014, 137, 154.

324 Mitteilung der Kommission COM(2015) 550 final, abrufbar unter <https://ec.europa.eu/transparency/regdoc/rep/1/2015/DE/1-2015-550-DE-F1-1.PDF> (zuletzt abgerufen am 28.11.19); *Bormann/Stelmaszczyk*, ZIP 2019, 353.

325 *Kleinsorge*, in: Wißmann/Kleinsorge/Schubert MitbestimmungsR, MgVG Einl. Rn. 1.

326 Vgl. bereits Europäisches Parlament v. 10.3.2009 2010/ C 87/E/02, Erwägungsgrund B, abrufbar unter <https://eur-lex.europa.eu/legal-content/DE/TXT/PDF/?uri=CELEX:52009IP0086&from=DE> (zuletzt abgerufen am 28.11.19).

327 *Heckschen/Strnad*, notar 2018, 83, 83.

328 *Mückl/Götte*, BB 2018, 2036, 2036.

329 *Teichmann*, NZG 2019, 241, 241 und 242.

330 *Wachter*, GmbH-StB 2018, 283, 284.

Vor allem nach der *Polbud*[331]-Entscheidung und der damit verbundenen Zulässigkeit der isolierten Satzungssitzverlegung laufen die Arbeitnehmer Gefahr, durch eine Sitzverlegung ihr bisheriges Mitbestimmungsniveau zu verlieren, wenn das Unternehmen eine ausländische Gesellschaftsform ohne Mitbestimmungsregelung annimmt.[332] Eine Regelung des Verfahrens ist daher unumgänglich, um die betroffenen Drittinteressen zu schützen.[333] Aufgrund dieser Interessenlage stand die Kommission unter merklichem Druck, auch für Formwechsel und Spaltung sekundärrechtliche Regelungen zu schaffen.[334] Die primärrechtliche Zulässigkeit half nicht darüber hinweg, dass einfachgesetzliche Regelungen in vielen Mitgliedstaaten bislang fehlten.[335] Diesen Forderungen kommt der europäische Gesetzgeber nun durch die sogenannte Mobilitätsrichtlinie nach.

Ziel der Kommission war es, einen klaren, praktikablen und gleichsam kalkulierbaren Rechtsrahmen für grenzüberschreitende Umwandlungsvorgänge zu schaffen.[336] Die Mobilitätsfreiheit von Kapitalgesellschaften sollte durch einen einheitlichen Rahmen für alle Umwandlungen rechtlich abgesichert werden.[337] Dies ist der Mobilitätsrichtlinie gelungen, die daher mit Recht als „Meilenstein des Europäischen Unternehmensrechts" bezeichnet wird.[338]

Im Rahmen dieses Pakets finden sich zahlreiche Vorschriften, welche die unternehmerische Mitbestimmung in umgewandelten Gesellschaften regulieren. Hintergrund dessen ist die aufkommende Tendenz von Unternehmen die Mobilität zu nutzen, um die Mitbestimmung zu vermeiden.[339] Sie „fliehen" aus der Mitbestimmung,[340] indem sie beispielsweise eine Europäische Aktiengesellschaft[341]

331 EuGH v. 25.10.2017, Polbud, C 106/16, NZG 2017, 1308.

332 *Kindler*, NZG 2018, 1, 4.

333 *Luy*, NJW 2019, 1905, 1905.

334 *Habersack*, ZHR 182 (2018), 495, 496.

335 *Luy*, NJW 2019, 1905, 1905.

336 Vorschlag für eine Richtlinie des Europäischen Parlaments und des Rates zur Änderung der Richtlinie (EU) 2017/1132 in Bezug auf grenzüberschreitende Umwandlungen, Verschmelzungen und Spaltungen, 2018/0114 (COD) (abrufbar unter <https://ec.europa.eu/transparency/regdoc/rep/1/2018/DE/COM-2018-241-F1-DE-MAIN-PART-1.PDF >, S. 11 8 (zuletzt abgerufen am 28.11.19). Im Folgenden zitiert als „Kommissionsentwurf").

337 *Teichmann*, NZG 2019, 241; *Bormann/Stelmaszczyk*, ZIP 2019, 353, 354.

338 So *Bayer/J. Schmidt*, BB 2019, 1922, 1926. Zur Entwicklung der Richtlinie vgl. *Teichmann*, FS Windbichler, S. 395 ff.

339 Vgl. dazu § 4 Erosion der deutschen Mitbestimmung.

340 *Bayer*, NJW 2016, 1930, 1931; *Götze/Winzer/Arnold*, ZIP 2009, 245 ff.; *Rieble*, ZIP 2006, 2018, 2019 ff., *Kisker*, RdA 2006, 206 ff.; *Brandes*, ZIP 2008, 2193 ff.; in Zahlen: *Hoffmann*, AG 2016, R167 ff.

341 Vgl. dazu *Drinhausen*, BB 2011, 2699 ff.; *Ege/Grzimek/Schwarzfischer*, DB 2011, 1205 ff.

oder eine GmbH und Co.KG mitbestimmungsfrei gründen oder eine grenzüberschreitende Umwandlung[342] vornehmen, die eine Umgehung der Mitbestimmung ermöglicht.[343] Die Rechtsprechung des EuGH potenziert diese Strategie: In den Entscheidungen *Centros*[344], *Überseering*[345] und *Inspire Art*[346] kam dieser zu dem Schluss, dass eine Geschäftstätigkeit im Satzungsland nicht erforderlich sei. Hinzu kommt die Erkenntnis aus *Polbud*, dass es noch keinen Missbrauch darstelle, wenn die Gesellschaft ihren Registersitz nach den für sie günstigen Rechtsvorschriften auswähle.[347] Durch diese Entscheidungslinie schuf der EuGH die Ausgangslage für isolierte Sitzverlegungen, die allein der Anwendbarkeit günstigerer Rechtsvorschriften dienen sollen. Die Arbeitnehmer verbleiben im Tätigkeitsstaat des Unternehmens, verlieren aber ihr Recht auf unternehmerische Mitbestimmung. Diesen arbeitnehmerunfreundlichen Vorgängen wollte die Kommission einen Riegel vorschieben und setzte sich den Arbeitnehmerschutz zum besonderen Ziel.[348] Dieses Schutzbedürfnis erkannte auch das Parlament an.[349] Somit fanden die Arbeitnehmerrechte in Form von Informationspflichten und Mitbestimmungsregelungen Aufnahme in die Änderungsrichtlinie.[350]

§ 4 Erosion der deutschen Mitbestimmung

Der Rückgriff auf sich fortwährend wandelnde Strategien, um das Mitbestimmungsniveau möglichst gering zu halten oder gar ganz zu vermeiden, ist kein neues Phänomen. Seit jeher spielen die Unternehmen in der Praxis die Gestaltungsräume der Mitbestimmungsgesetze aus, die sich aus den begrenzten Anwendungsbereichen und den graduellen Unterschieden in der Intensität der Mitbestimmungsrechte ergeben.[351] Hintergrund dieser Fluchtbewegungen ist oftmals die Angst vor hohen Kosten[352] oder der aufgedrängten Beteiligung externer Gewerkschaftsvertreter.[353]

---

342 Vgl. dazu *Morgenroth/Salzmann*, NZA-RR 2013, 449 ff.; Zur Flucht aus der Mitbestimmung nach dem Entwurf der Kommission des Richtlinienentwurfs: *Hoffmann*, EuZW 2018, 785 f.

343 *Bayer*, NJW 2016, 1930, 1931; *Henssler*, RdA 2005, 330, 333; *Götze/Winzer/Arnold*, ZIP 2009, 245 ff.; *Rieble*, ZIP 2006, 2018, 2019 ff., *Kisker*, RdA 2006, 206 ff.; *Brandes*, ZIP 2008, 2193 ff.

344 EuGH v. 9.3.1999, C-212/97, Centros, GmbHR 1999, 474.

345 EuGH v. 5.11.2002, C-208/00, Überseering, GmbHR 2002, 1137.

346 EuGH v. 30.9.2003, C-167/01, Inspire Art, GmbHR 2003, 1260 m. Komm. *Meilick*.

347 EuGH v. 25.10.2017, C-106/16, Polbud, NZG 2017, 1308 Rn. 62.

348 Kommissionsentwurf, (Fn. 336), ErwGr. 4: „insbesondere Schutz der Arbeitnehmer".

349 ErwGr. 23, 27, 28, 29, 32 der MobilitätsRL.

350 Vgl. Art. 86e, 86k, 124, 126c, 160e, 160k und Art. 86l, 133, 160l MobilitätsRL.

351 *Götze/Winzer/Arnold*, ZIP 2009, 245 ff.

352 *Trost*, Mitbestimmungsgestaltung, S. 30.

353 *Rieble*, BB 2006, 2018, 2018; *Trost*, Mitbestimmungsgestaltung, S. 30.

Auch der Gedanke, der Aufsichtsrat könnte ab einer bestimmten Größe an Effektivität einbüßen, spielt dabei eine Rolle.[354]

Die Instrumente sind dabei bereits auf nationaler Ebene weitreichend. Zu der wohl einfachsten Strategie zählt die Begrenzung der Arbeitnehmerzahl pro Unternehmen sowie die Bildung eines Gleichordnungskonzerns, um § 5 MitbestG zu umgehen. Häufig wird auch auf die Rechtsform der GmbH und Co. KG zurückgegriffen. Besonderer Beliebtheit erfreut sich in den letzten Jahren die Verwendung einer Stiftung und Co. KG, da diese in den Kompetenzen der Mitbestimmung weniger ausgeprägt ist.[355]

Diese Palette der Gestaltungsmöglichkeiten wird durch die Öffnung des Europäischen Binnenmarktes für die Unternehmen noch um einige Optionen erweitert. Statistiken zeigen, dass die Zahl der paritätisch mitbestimmten Unternehmen mit der Einführung der SE stark gesunken ist. Diese Tendenz setzt sich unbeirrt mit Einführung des MgVG fort.[356]

A. Gründung einer SE

Nach Untersuchungen der Hans-Böckler-Stiftung im Jahr 2016 führte die Einführung der SE in mehr als 50 Fällen zu einer Minderung der Mitbestimmung, wohingegen allein zwölf SEs paritätisch mitbestimmt sind.[357]

Die SE bietet Gesellschaften vielfältige Möglichkeiten, das Mitbestimmungsniveau zu beeinflussen.[358] Gravierende Folgen bringt bereits die gesetzliche Auffanglösung mit sich: Mit Anwendung der gesetzlichen Regelung kommt es lediglich zu einer Erhaltung des Status quo. Nachträgliche Änderungen in der Arbeitnehmerzahl haben in der Folgezeit keinen Einfluss mehr auf das Mitbestimmungsniveau. Es kommt somit zu einer „Zementierung“ oder einem „Einfrieren“ des Mitbestimmungsniveaus im Zeitpunkt der SE-Gründung.[359]

---

354 *Lubitz,* Sicherung und Modernisierung der Unternehmensmitbestimmung, S. 41 f.; *Trost,* Mitbestimmungsgestaltung, S. 30; *Schwalbach,* AG 2004, 186, 187 ff.

355 Eine Zusammenstellung geben *Götze/Winzer/Arnold,* ZIP 2009, 245 ff. und mit vielen prominenten Beispielen *Bayer,* NJW 2016, 1930 ff. Eine Stiftung unterliegt jedoch der staatlichen Aufsicht und die Genehmigung einer Stiftung zu rein wirtschaftlichen Zwecken erscheint zumindest zweifelhaft, vgl. *Götze/Winzer/Arnold,* ZIP 2009 245, 247.

356 *Hoffmann,* AG 2016, R167, R167.

357 *Hoffmann,* AG 2016, R167, R169. Ausführlich zur mitbestimmungsfeindlichen Nutzung der SE: *Kübler,* FS Raiser, S. 247 ff. Zu einem anderen Urteil kommen *Weiss/Wöhlert,* NZG 2006, 121, 126.

358 Zu konkreten Vorhergehensweisen vgl. *Joost,* FS Richard, S. 576 f.

359 *Brandes,* ZIP 2008, 2193, 2193; *Rieble,* BB 2006, 2018, 2021; *Henssler,* in: Habersack/Henssler MitbestimmungsR, SEBG § 35 Rn. 14 ff. Oder auch zur „Konservierung“ *Götze/Winzer/Arnold,* ZIP 2009 245, 250 f.

Konkret bedeutet dies, dass die Arbeitnehmerzahl und das damit verbundene Mitbestimmungsniveau im Zeitpunkt der Gründung das dauerhafte Mitbestimmungssystem bestimmen. Selbst wenn die SE bei darauffolgendem Wachstum einen Schwellenwert überschreitet, der ein höheres Niveau vorsehen würde, bleibt es bei der einmal getroffenen Regelung. In der Mitbestimmungsvereinbarung kann zwar – sofern es denn eine gibt – eine „Vertragsvorsorge" getroffen werden, die eine Regelung für diesen Fall vorsieht. Diese Vorschrift ist jedoch rein deklaratorischer Natur, da ihre Nichteinhaltung mit keiner Sanktion belegt ist.[360] Eine gesetzliche Pflicht für Neuverhandlungen besteht nur für den Fall „struktureller Änderungen" der SE, deren Anwendungsbereich jedoch eng auszulegen ist[361] und nach herrschender Meinung nicht das organische Wachstum der SE umfasst.[362] In der Praxis führt diese Konstellation häufig dazu, dass keine Flucht „aus" der Mitbestimmung erfolgt, sondern die Unternehmen „vor" der Mitbestimmungspflicht fliehen, noch bevor sie überhaupt den Schwellenwert eines nationalen Gesetzes überschreiten.[363]

Neben der reinen Fluchtmöglichkeit bietet die SE-Gründung nach der bisherigen Praxis darüber hinaus auch die Möglichkeit, in der Satzung eine Verkleinerung des Aufsichtsrats vorzunehmen.[364] Besonders brisant erscheint auch ein Vorgang, wie er sich jüngst im Fall des Softwarekonzerns „SAP" zugetragen hatte. Der Konzern

---

360 *Rieble*, BB 2006, 2018, 2021.

361 *Rieble*, BB 2006, 2018, 2021; zur Auslegung: *Jacobs*, in: MüKo AktG, SEBG § 18 Rn. 12.

362 *Henssler*, in: Habersack/Henssler MitbestimmungsR, SEBG § 18 Rn. 13; *Drinhausen/Keinath*, BB 2011, 2699, 2701; *Ege/Grizmek/Schwarfischer*, BB 2011, 1205, 1208; *Götze/Winzer/Arnold*, ZIP 2009, 245, 251 f.; *Rieble*, BB 2006, 2018, 2022; *Teichmann*, FS Hellwig, S. 367; *Wollburg/Banerjea*, ZIP 2005, 277, 282; *Hoops*, Mitbestimmungsvereinbarung in der Europäischen Aktiengesellschaft, S. 60, 63; *Scheibe*, Die Mitbestimmung der Arbeitnehmer in der SE, S. 154; *Schmid*, Mitbestimmung in der Europäischen Aktiengesellschaft (SE), S. 143 f.; *Reichert*, FS Gruson, 2009, S. 334 f.; *Feuerborn*, in: KölnK AktG, SEBG § 18 Rn. 23; *Jacobs*, in: MüKo AktG, SEBG, § 18 Rn. 12; *Ziegler/Gey*, BB 2009, 1750, 1756; *Oetker*, in: Lutter/Hommelhoff/Teichmann, SE-Kommentar, § 18 SEBG, Rn. 21; *Kienast*, in: Jannott/Frodermann Handbuch der Europäischen Aktiengesellschaft, Rn. 467; *Krause*, BB 2005, 1221, 1128; *Reichert*, ZIP 2014, 1957, 1961; *Sagan*, in: Bieder/Hartmann, individuelle Freiheit und kollektive Interessenwahrnehmung, S. 203; *Nikoleyczik/Führ*, DStR 2010, 1742, 1747. Zum umstrittenen Begriff der strukturellen Änderung im 4. Teil genauer unter § 3 C.II.2.

363 *Hoffmann*, AG 2016, R167, R168. So hatte bspw. im Fall der Eisenmann SE die Gesellschaft vor der SE-Gründung 1915 Arbeitnehmer.

364 *Hohenstatt/Müller-Bonanni*, in: Habersack/Drinhausen SE-Recht, SEBG § 21 Rn. 21 f.; *Deilmann/Häferer*, NZA 2017, 607, 608; *Rieble*, BB 2006, 2018, 2021; *Habersack*, AG 2006, 345, 347, 352 f. Eine Analyse konkreter Fallzahlen findet sich bei *Eidenmüller/Engert/Hornuf*, AG 2008, 721, 728.

wandelte sich von der Rechtsform der Aktiengesellschaft in eine Europäische Gesellschaft um. Zu dem 16 mitgliederstarken Aufsichtsrat zählten auf Seite der Arbeitnehmervertreter dabei zwei Vertreter, die aufgrund eines Gewerkschaftsvorschlags gemäß § 7 Abs. 2 MitbestG in den Aufsichtsrat gewählt worden waren. Die Beteiligungsvereinbarung sah vor, dass nach der Umwandlung in die SE die Größe des Aufsichtsrats auf zwölf Sitze reduziert wird. Diese Regelung würde bedeuten, dass die Sitze der auf Vorschlag der Gewerkschaften gewählten Vertreter entfielen. Die Rechtsprechung der Vorinstanzen erkannte diese Möglichkeit als zulässig an.[365] Dadurch eröffnete sich den Leitungen bei Umwandlung einer AG in eine SE die Möglichkeit, sich auf diesem Wege der unliebsamen Gewerkschaftsvertreter zu entledigen.

Ende des Jahres 2020 kam jedoch Bewegung in den Fall. Das BAG schloss sich gerade nicht der Meinung der Vorinstanzen an und legte die Frage, ob diese Vorgehensweise mit der SE-Richtlinie vereinbar sei, dem EuGH vor.[366] Ob diese Vorgehensweise also tatsächlich eine weitere Option ist, die Mitbestimmung zu vermeiden, bleibt damit abzuwarten.

B. Grenzüberschreitende Verschmelzung von Kapitalgesellschaften

Dieselbe Problematik stellt sich auch bei der an die SE angelehnten grenzüberschreitenden Verschmelzung. Auch hier tritt neben das Recht, die Größe des Aufsichtsrats[367] zu verringern, die problematische Auffanglösung.[368] Verschärft wird die Situation zusätzlich dadurch, dass – anders als bei der SE – die Leitungsorgane der Unternehmen eigenständig die Anwendung der Auffangregelung beschließen können, ohne dass es im Vorfeld überhaupt irgendeiner Verhandlung mit den Interessenvertretern der Arbeitnehmer bedarf.[369] Im Ergebnis kann die „Flucht“ vor oder aus der Mitbestimmung damit erheblich beschleunigt werden.

---

365 Zum bisherigen Instanzenzug: ArbG Mannheim v. 07.12.2017 – 14 BV 13/16, BeckRS 2017, 149607; LArbG Baden-Württemberg v. 9.10.2018, 19 TaBV 1/18. Siehe dazu *Wettich,* GWR 2018, 349; *Otte-Gräbener,* BB 2018, 1655 ff.; *dies.* GWR 2018, 448.

366 Siehe dazu später genauer unter 3 § 1 B. II.2.h) i). Vgl. BAG Vorlagebeschluss v. 18.08.2020 NZA 2021, 287, 288 Rn. 23. Vgl. dazu *Sick,* BB 2020, Die erste Seite.

367 *Nagel,* NZG 2007, 57, 58.

368 Zur Mitbestimmungsvermeidung durch Verschmelzung auch *Götze/Winzer/Arnold,* ZIP 2009 245, 249 und 253 f. sowie *Trost,* Mitbestimmungsgestaltung, S. 184 ff.

369 Dazu Vgl. dazu *Brandes,* ZIP 2008, 2193, 2194; *Forst,* in: Gaul/Ludwig/Forst, Europäisches Mitbestimmungsrecht, § 5 Rn. 196 ff.; *Thüsing/Forst,* in: Habersack/Drinhausen SE-Recht, MgVG § 23 Rn. 10 ff.; *Trost,* Mitbestimmungsgestaltung, S. 145 ff.

C. Verwendung ausländischer Rechtsformen

Unternehmerische Mitbestimmung kann durch die Niederlassungsfreiheit auch dadurch umgangen werden, dass sich die Unternehmen ausländischer Rechtsformen bedienen. Der Anwendungsbereich deutscher Mitbestimmungsgesetze erstreckt sich ausschließlich auf deutsche Kapitalgesellschaften.[370] In ausländischen Gesellschaften findet daher nicht ohne Weiteres die deutsche Mitbestimmung Anwendung.[371] Dies führt dazu, dass nur ein wesentlich geringeres Mitbestimmungsniveau anzuwenden ist oder die Mitbestimmung gänzlich entfällt.[372]

Gründet man also eine Kapitalgesellschaft im Ausland mit einer zugehörigen Zweigniederlassung in Deutschland, so verfügen die im Inland beschäftigten Arbeitnehmer nicht über unternehmerische Mitbestimmungsrechte.[373]

D. Verlagerung des Unternehmenswachstums

Eine in der Vergangenheit häufig empfohlene Strategie stellt auch die Verlagerung des Unternehmenswachstums in einen anderen Mitgliedstaat dar. Dabei sollen die Arbeitnehmer an ausländischen Standorten beschäftigt werden, da für die Schwellenwertberechnung lediglich die inländische Belegschaft ausschlaggebend ist.[374] Dies erscheint aber wenig praktikabel, da Expansionen im Inland gänzlich ausgeschlossen werden[375] und damit erhebliche Kosten verbunden sind.[376]

E. Einsatz von Kapitalgesellschaften und Co. KGs

Besonderer Beliebtheit erfreut sich in der Praxis auch der Ansatz, Personengesellschaften in Form einer Kommanditgesellschaft (KG) unter Einsatz einer Kapitalgesellschaft als voll haftender Komplementär zu verwenden.[377] Diese Strategie wird von Rechtsberatern mithin sogar als „empfehlenswert" gehandelt.[378]

---

370 Siehe dazu schon § 2 A.I.1, II.1 und III.1.

371 Die deutschen Mitbestimmungsgesetze finden nur Anwendung auf ausländische Gesellschaften, wenn das jeweilige ausländische Gesellschaftsstatut dies ausdrücklich vorsieht. Vgl. dazu Übersichten bei *Habersack*, in: Habersack/Henssler MitbestimmungsR, MitbestG Einl. Rn. 77 ff.; *Junker*, ZfA 2005, 1, 17 ff.

372 *Götze/Winzer/Arnold*, ZIP 2009 245, 248.

373 *Götze/Winzer/Arnold*, ZIP 2009 245, 247 mit Beispielen aus der Praxis.

374 *Götze/Winzer/Arnold*, ZIP 2009 245, 247; *Henssler*, in: Ulmer /Habersack/Henssler MitbestimmungsR, MitbestG § 3 Rn. 36 mwN; *Nikoleyczik/Führ*, DStR 2010, 1742, 1747; *Olbertz/Sturm*, GmbHR 2014, 1254, 1255 f.

375 *Nikoleyczik/Führ*, DStR 2010, 1742, 1747.

376 *Götze/Winzer/Arnold*, ZIP 2009, 245, 247.

377 Vgl. dazu im Allgemeinen ausführlich *Binz/Sorg*, Die GmbH & Co. KG; *Teichmann*, ZGR 2014, 220.

378 *Götze/Winzer/Arnold*, ZIP 2009 245, 246.

I. Deutsche Kapitalgesellschaften

So bildet beispielsweise der Einsatz einer GmbH und Co. KG attraktive Wege für mitbestimmungsscheue Unternehmer. Die Kommanditgesellschaft unterliegt kraft ihrer Rechtsform als Personengesellschaft nicht dem Anwendungsbereich der deutschen Mitbestimmungsgesetze.[379] Im DrittelbG werden die Arbeitnehmer der Kommanditgesellschaft der Kapitalgesellschaft nur zugerechnet, wenn ein Beherrschungsvertrag im Sinne des § 2 Abs. 2 DrittelbG vorliegt.[380] So wird in der Praxis ein Überschreiten des Schwellenwerts von 500 Arbeitnehmern verhindert.[381]

Im Anwendungsbereich des Mitbestimmungsgesetzes[382] gestaltet sich die Lage etwas diffiziler. So sind die KG-Arbeitnehmer der Kapitalgesellschaft dann zuzurechnen, wenn die Mehrheit der Kommanditisten die Mehrheit der Stimmanteile an dem Komplementär hält.[383] Die GmbH und Co. KG „empfiehlt" sich daher nur als Vermeidungsstrategie im Anwendungsbereich des Drittelbeteiligungsgesetzes.[384]

II. Ausländische Kapitalgesellschaften

Beliebt ist mittlerweile auch der Einsatz von Auslandsgesellschaften, bei denen in einer deutschen KG eine ausländische Gesellschaft oder gar eine SE als Komplementär eingesetzt werden.[385] Der „Charme" dieser Rechtsformkombination liegt darin, dass diese weder dem Drittelbeteiligungsgesetz noch dem Mitbestimmungsgesetz unterfallen.[386] § 4 MitbestG rechnet im Falle der GmbH und Co. KG zwar die Arbeitnehmer der KG als solche der GmbH zu. Dies gilt jedoch gerade nicht, wenn die Komplementärin eine Auslandsgesellschaft ist. Die Arbeitnehmer bleiben somit Teil einer nicht mitbestimmungspflichtigen Personengesellschaft.[387]

Überdies gestaltet sich die Gründung unkompliziert und schnell, da es nur des Einsatzes einer ausländischen Gesellschaft als Komplementär bedarf.[388] Vorteilhaft

---

379 Vgl. dazu bereits § 2 A.I.1, II.1 und III.1.

380 *Götze/Winzer/Arnold*, ZIP 2009 245, 246.

381 Nach Angaben von *Bayer* ließen sich 2015 mindestens 500 Unternehmen ermitteln, die die in dieser Form organisert sind und zwischen 500 und 2000 Arbeitnehmer beschäftigen. *Bayer*, NJW 2016, 1930, 1933.

382 Ab 2000 Arbeitnehmern, vgl. dazu bereits § 2 A.II.1.

383 Vgl. § 4 Abs. 1 S. 1 MitbestG, vgl. dazu *Annuß*, in: MüKo AktG, MitbestG § 4 Rn. 8 ff.; *Binz/Sorg*, in: Binz/Sorg GmbH & Co. KG, § 14 Rn. 20 ff.

384 Eine tatsächliche Empfehlung aussprechend *Götze/Winzer/Arnold*, ZIP 2009 245, 246.

385 *Götze/Winzer/Arnold*, ZIP 2009 245, 250.

386 Soweit das ausl. Statut keine MB vorsieht, *Götze/Winzer/Arnold*, ZIP 2009 245, 250.

387 *Raiser*, Mitbestimmungsgesetz, § 4 Rn. 5; *Henssler*, RdA 2005, 330, 332.

388 *Götze/Winzer/Arnold*, ZIP 2009 245, 250.

für die Unternehmen ist daran auch, dass der Auslandsbezug der Personengesellschaft für den Markt nur eingeschränkt erkennbar ist.[389]

F. Holdinggesellschaften im Ausland

Interessant erscheint auch die Gründung einer Konzernspitze im Ausland (Holding), denn § 5 MitbestG und § 2 Abs. 2 DrittelbG fordern eine inländische Konzernleitung, damit eine Zurechnung möglich ist.[390] Vermeiden lässt sich dadurch jedoch allein die Mitbestimmung in der Konzernleitung; soweit die einzelnen Unternehmen ihren Standort in Deutschland haben und die Schwellenwerte überschreiten, kommt es hier trotzdem zur Auslösung der Mitbestimmungspflicht.[391] Die Drittelbeteiligung lässt sich indessen durch eine aufwendige Splittung auf mehrere Tochtergesellschaften mit jeweils nicht mehr als 500 Arbeitnehmer umgehen.[392]

Abweichend zur Rechtslage im DrittelbG existiert im Mitbestimmungsgesetz die besondere Vorschrift des § 5 Abs. 3, nach dem das der ausländischen Konzernspitze am nächsten stehende Unternehmen als herrschend angesehen wird.[393] Überträgt eine deutsche Konzernobergesellschaft ihre Anteile an eine ausländische Obergesellschaft, so bleibt folglich die Mitbestimmung im Aufsichtsrat der deutschen Gesellschaft bestehen.[394]

G. Fazit

Die deutschen Mitbestimmungsgesetze erfassen keine internationalen Sachverhalte, wodurch die „Gestaltungsmöglichkeiten" der Unternehmen mit der Öffnung des Europäischen Binnenmarktes stetig wachsen. Viele Unternehmen wählen einen Weg aus der Mitbestimmung, ohne dass dies von der Öffentlichkeit

389 *Henssler,* RdA 2005, 330, 332. Kritisch dazu *Teichmann,* ZGR 2014, 220, 237 mit dem Hinweis auf das Irreführungsverbot aus § 18 Abs. 2 HGB.

390 *Henssler,* RdA 2005, 330, 332 mwN; *Nikoleyczik/Führ,* DStR 2010, 1742, 1747.

391 *Trost,* Mitbestimmungsgestaltung, S. 32; *Henssler,* RdA 2005, 330, 332.

392 Dies ist jedoch im Rahmen der Drittelbeteiligung dem Grunde nach überhaupt nicht notwendig, da die Zurechnung der Arbeitnehmer an die Konzernleitung bereits im Inland nur erfolgt, wenn ein Beherrschungsvertrag oder eine Eingliederung vorliegt, vgl. dazu schon (Fn. 114). Dazu *Götze/Winzer/Arnold,* ZIP 2009 245, 246.

393 Der Gesetzgeber fingiert eine selbständige Leitungseinheit, vgl. *Annuß,* in: MüKo AktG, MitbestG § 5 Rn. 15.

394 Es besteht jedoch Uneinigkeit darüber, ob die Gesellschaft, bei der ein Aufsichtsrat gebildet werden muss, eine Leitungsfunktion ausüben muss. Nach der Rechtsprechung genügt eine kapitalmäßige Beteiligung, OLG Düsseldorf v. 30.10.2006 ZIP 2006, 2375; OLG Frankfurt/M v. 21.04.2008. ZIP 2008, 880. Teile der Literatur fordern hingegen eine Leitungsfunktion: *Habersack,* in: Habersack/Henssler MitbestimmungsR, MitbestG § 5 Rn. 70; *Götze/Winzer/Arnold,* ZIP 2009, 245, 276 jeweils mwN.

überhaupt wahrgenommen wird.[395] Nicht wenige entgehen der öffentlichen Wahrnehmung dadurch, dass sie bereits vor Erreichen der mitbestimmungsrelevanten Schwellen eine Gestaltung wählen, die eine Mitbestimmungspflicht bei späterem Wachstum erst gar nicht entstehen lässt.

Die Rechtsprechungsentwicklung des EuGH, die Einführung supranationaler Rechtsformen und die Einführung der Verschmelzungsrichtlinie bieten den Unternehmen einen bunten Farbkasten, aus dem sich diverse und teilweise schwer vorhersehbare Möglichkeiten kreieren lassen, der deutschen Mitbestimmung zu entgehen. Nicht zuletzt aus diesem Grund nahm sich die europäische Kommission der grenzüberschreitenden Umwandlungsvorgänge auch unter dem Aspekt der Mitbestimmungssicherung in der Mobilitätsrichtlinie an.[396]

Inwieweit die eingeführten Regelungen tatsächlich einen Schutz der deutschen Mitbestimmung gewährleisten können oder ob sich durch die Mobilitätsrichtlinie zusätzliche Kombinationsmöglichkeiten in der Farbpalette ergeben, wird Gegenstand der weiteren Untersuchung sein.[397]

---

395 *Henssler,* RdA 2005, 330, 330.

396 Kommissionsentwurf, (Fn. 336), ErwGr. 4: „insbesondere Schutz der Arbeitnehmer".

397 Vgl. dazu Teil 3 und 4.

2. Teil: Einführung eines grenzüberschreitenden Umwandlungsverfahrens

Bevor die Richtlinie in ihrer Funktions- und Wirkungsweise unter besonderer Würdigung der eingeführten Schutzmechanismen untersucht wird, muss zunächst ihr Regelungsinhalt betrachtet werden. Die Entstehungsgeschichte (§ 1) der Richtlinie ist von grundlegender Bedeutung für ihre Zielsetzung und damit für ihre Auslegung. Anschließend werden der Anwendungsbereich (§ 2) der Richtlinie sowie die Grundzüge des geschaffenen Umwandlungsverfahrens (§ 3) beleuchtet. Allein mit der Verabschiedung der Richtlinie ist der Regelungsprozess noch nicht vollendet. Zu ihrer Geltung im Europäischen Binnenmarkt bedarf es schließlich der Umsetzung durch die einzelnen Mitgliedstaaten (§ 4).

§ 1 Entstehungsgeschichte der Richtlinie

Ausgangspunkt für die Bewertung der Richtlinie ist ihre Zielsetzung (A), welche die Grundlage des Tätigwerdens bildet und daher der erste Anknüpfungspunkt für die Auslegung der eingeführten Regelungen sein muss. Um die inhaltliche Ausgestaltung der endgültigen Textfassung einordnen zu können, ist es zudem erforderlich herauszuarbeiten, welche Stadien die Gesetzgebung des Vorhabens durchlaufen hat (B) und auf welche Grundlage die Kommission das Vorhaben überhaupt stützt (C).

A. Zielsetzung

Die Richtlinie, die ein „winziges Stück Rechtsgeschichte"[398] darstellt, begründet die Kommission mit dem Bedürfnis, den Europäischen Binnenmarkt zu stärken, indem sie für europäische Unternehmen den nötigen Rechtsboden bestellt, um ein florierendes, ungehindertes Wachstum über die Ländergrenzen hinaus zu ermöglichen.[399] Die Kommission hat sich in der Begründung des Richtlinienvorschlags die Förderung des Binnenmarktes auf die Fahnen geschrieben.[400] Zur Mobilisierung von Investitionen und für die Schaffung von Arbeitsplätzen spielen europäische Unternehmen die entscheidende Rolle.[401] Die Kommission will dabei allerdings

398 *Schurr,* EuZW 2019, 539, 540.
399 Kommissionsentwurf, (Fn. 336), S. 1.
400 Kommissionsentwurf, (Fn. 336), S. 2.
401 Kommissionsentwurf, (Fn. 336), S. 2.

nicht nur leistungsfähige Gesellschaften bestärken, sondern gerade auch kleine und mittelständische Unternehmen fördern. Gerade für diese stellt der ungeklärte Rechtsrahmen grenzüberschreitender Umstrukturierungen aufgrund des hohen finanziellen Aufwands ein schier unüberwindbares Hindernis dar.[402] Ein primäres Ziel der Kommission liegt somit darin, einen Rechtsrahmen für ein Verfahren einzuführen, um grenzüberschreitende Mobilität zu stärken, die Hürden für den Handel im Europäischen Binnenmarkt abzubauen und die Ausübung der Niederlassungsfreiheit zu erleichtern.[403]

Dabei darf jedoch nicht außer Acht gelassen werden, dass eben diese Umstrukturierungsmaßnahmen über die Grenzen hinweg auch dazu führen können, dass mögliche Drittinteressen vernachlässigt werden oder Gesellschaften gar eine missbräuchliche Gestaltung vornehmen, um Stakeholder in ihren Rechten zu beeinträchtigen. Aus diesem Grund verschreibt sich die Kommission in ihrer Begründung auch diesem zweiten Ziel, durch den Rechtsrahmen den Schutz von Gläubigern, Gesellschaftern und Arbeitnehmern zu gewährleisten.[404] Ziel der Mobilitätsrichtlinie ist es somit, ein Umfeld zu schaffen, das Unternehmenswachstum fördert ohne gleichzeitig die betroffenen Drittinteressenten zu schwächen.[405]

B. Gesetzgebungsverfahren

Den Entwurf der Richtlinie legt die Kommission im Rahmen eines Trilogverfahrens des ordentlichen Gesetzgebungsverfahrens am 26.04.2018 vor.[406] In diesem „Mitentscheidungsverfahren" hat die Kommission das Initiativrecht[407] und damit gleichzeitig das Recht, Gegenstand, Ziel und Inhalt des Vorhabens festzulegen.[408]

Nachdem die Kommission den Stein ins Rollen bringt, sind im ordentlichen Gesetzgebungsverfahren nach Art. 294 AEUV grundsätzlich das Europäische Parlament und der Rat der EU als „Ko-Gesetzgeber" in einem langwierigen Verfahren zu beteiligen, das bis zu drei Lesungen in Anspruch nehmen kann und aufgrund seines Ablaufs einem „Ping-Pong"-Spiel gleicht, in dem der „Ball" in der Form eines Gesetzesentwurfes immer wieder zwischen dem Parlament und dem Rat hin- und hergetrieben wird.[409]

---

402 Kommissionsentwurf, (Fn. 336), S. 3.

403 Kommissionsentwurf, (Fn. 336), S. 4.

404 Kommissionsentwurf, (Fn. 336), S. 5.

405 Kommissionsentwurf, (Fn. 336), S. 1.

406 Siehe bereits Kommissionsentwurf, (Fn. 336).

407 Das Initiativrecht steht der Kommission nach Art. 294 Abs. 1 AEUV, Art. 17 Abs. 2 EUV zu.

408 EuGH v. 14.4.2015, C-409/13, EuZW 2015, 628, 629 Rn. 70; *Otto,* JA 2018, 447, 447.

409 *Otto,* JA 2018, 447, 448. Vgl. zu den Einzelheiten des Verfahrens: *Kluth,* in: Caliess/Ruffert EUV AEUV, Art. 294 Rn. 11 ff.

Auch die Mobilitätsrichtlinie durchlief diese Stationen. Das Parlament billigte den Entwurf nur unter Abänderungen nach Art. 59 Abs. 3 GO am 18.04.2019[410] und der Rat der Europäischen Union beriet über den Kommissionsvorschlag und den Standpunkt des Parlaments im Mai 2019. Im Dezember 2019 beschloss der Rat in erster Lesung die Annahme der Änderungsvorschläge mit einer Mehrheit der Stimmen von 26/28.[411] Nach Unterzeichnung durch die Präsidenten des Europäischen Parlaments und des Rates wurde die Richtlinie am 12.12.2019 im Amtsblatt veröffentlicht.

C. Rechtsgrundlage

Mit ihrem Vorschlagsrecht trifft die Kommission auch die Pflicht, die Rechtsgrundlage präzise zu bestimmen, da sich aus dieser Grundlage das maßgebliche Verfahren ergibt.[412] Dabei muss die Wahl der Rechtsgrundlage auf objektiven und justiziablen Umständen beruhen und ihre Orientierung dem Inhalt des Rechtsakts entnehmen.[413] In der Begründung des Vorschlags beruft sich die Kommission auf Art. 50 AEUV. Dessen Abs. 1 gewährt der EU die Gesetzgebungskompetenz für Richtlinien, die die Verwirklichung der Niederlassungsfreiheit gewährleisten sollen.[414] Auch erwähnt die Kommission Art. 50 Abs. 2 lit. f), nach dem Beschränkungen der Niederlassungsfreiheit beseitigt werden sollen, sowie Art. 50 Abs. 2 lit. g), der Schutzbestimmungen für Drittinteressen als Gestaltungsmaßnahme vorsieht.[415] Bei Abs. 2 handelt es sich jedoch um keine eigenständige Kompetenzgrundlage, sondern nur um Handlungsaufträge an Parlament, Rat und Kommission, wenn diese von Abs. 1 Gebrauch machen.[416]

---

410 Legislative Entschließung des Europäischen Parlaments vom 18. April 2019 zu dem Vorschlag für eine Richtlinie des Europäischen Parlaments und des Rates zur Änderung der Richtlinie (EU) 2017/1132 im Hinblick auf grenzüberschreitende Umwandlungen, Verschmelzungen und Spaltungen (COM (2018)0241 – C8-0167/ 2018 – 2018/0114(COD)). Das Verfahren in der ersten Lesung richtet sich nach den Art. 53 ff. GO EP.

411 Bei der Abstimmung enthielten sich das Vereinigte Königreich und Estland. Abstimmungsergebnis Richtlinie des Europäischen Parlaments und des Rates zur Änderung der Richtlinie (EU) 2017/1132 in Bezug auf grenzüberschreitende Umwandlungen, Verschmelzungen und Spaltungen (erste Lesung) Annahme des Gesetzgebungsakts 3728.

412 *Otto*, JA 2018, 447, 448.

413 EuGH v. 6.5.2014, C-43/12, NJW 2014, 2173, 2174, Rn. 30; v. 22.10.2013, C-137/12, BeckRS 2013, 82994 Rn. 53.

414 Vgl. zu Art. 50 Abs. 1 *Korte*, in: Caliess/Rufert EUV AEUV, Art. 50 Rn. 5 ff.

415 Kommissionsentwurf, (Fn. 336), S. 15.

416 *Korte*, in: Caliess/Rufert EUV AEUV, Art. 50 Rn. 10.

Die Kommission führt in der Begründung weiterhin aus, dass die EU-weite Maßnahme den Grundsätzen der Subsidiarität und der Verhältnismäßigkeit entspricht.[417] Der Grundsatz der Subsidiarität betrifft grundsätzlich die Frage, ob überhaupt ein Bedürfnis für eine Handlung der EU besteht, oder ob auch eine Maßnahme auf Ebene der Mitgliedstaaten ausreichend wäre.[418] Der Mehrwert einer unionsweiten Lösung liegt im Umwandlungsrecht darin, dass das größte Hemmnis derzeit die unterschiedlichen nationalen Regelungen sind, die sich durch nationale Einzelmaßnahmen schwerlich beseitigen lassen.[419] Die Zielsetzung, grenzüberschreitende Umstrukturierungsmaßnahmen zu regeln und zu erleichtern, lässt sich auf Unionsebene besser verwirklichen.[420]

Dem ungeschriebenen unionalen Rechtsgrundsatz der Verhältnismäßigkeit[421] wird dadurch Rechnung getragen, dass die Folgenabschätzung der Richtlinie ergibt, dass die Richtlinie geeignet ist, die vorgetragenen Ziele zu erreichen.[422] Sie geht dabei nicht über das erforderliche Maß hinaus.[423]

§ 2 Anwendungsbereich der Richtlinie

Zur Verwirklichung der genannten Ziele erschafft der europäische Gesetzgeber einen Rechtsrahmen für grenzüberschreitende Umwandlungsvorgänge, der im Folgenden ausgeleuchtet werden soll. Die erste inhaltliche Frage, die sich bei Betrachtung der neuen Richtlinie unweigerlich stellt, ist, welche Gesellschaften überhaupt von dem neuen Rechtsrahmen profitieren – wie weit also ihr Wirkungskreis gezogen wurde. Insoweit lassen sich einige allgemeine Ausführungen voranstellen, die gleichsam für alle Strukturmaßnahmen gelten (A). Jedoch ergeben sich für die verschiedenen Umwandlungsformen auch Unterschiede in den Anwendungsbereichen (B).

A. Allgemeine Anwendungsvoraussetzungen

Erfasst sind alle Kapitalgesellschaften, die nach dem Recht eines Mitgliedstaates gegründet sind, ihren satzungsmäßigen Sitz, ihre Hauptverwaltung oder ihre Hauptniederlassung innerhalb der Europäischen Union (EU) haben und dem Recht eines Mitgliedstaates unterfallen.[424]

417 Kommissionsentwurf, (Fn. 336), S. 15.

418 *Möschel*, NJW 1993, 3025, 3027; *Merten*, Die Subsidiarität Europas, S. 112 ff.

419 Kommissionsentwurf, (Fn. 336), S. 15.

420 Vgl. ErwGr. 58 MobilitätsRL.

421 Analyse der Rspr. des EuGHs in *Kischel*, EuR 2000, 380 ff.; *Caliess*, in: Caliess/Rufert EUV AEUV, Art. 5 Rn. 44. Zu den einzelnen Voraussetzungen *Caliess*, in: Caliess/Rufert EUV AEUV, Art. 5 Rn. 44 ff.

422 Kommissionsentwurf, (Fn. 336), S. 15.

423 ErwGr. 58 MobilitätsRL.

424 Vgl. Art. 86a Abs. 1, Art. 160a Abs. 1 MobilitätsRL sowie Art. 118 GesRRL.

Der Anwendungsbereich umfasst eine Gesellschaft nach dem Wortlaut nur dann, wenn die genannten Tatbestandsmerkmale kumulativ vorliegen. Bei dem sich umwandelnden Rechtsträger muss es sich um eine Kapitalgesellschaft handeln (I), die nach dem Recht eines Mitgliedstaates gegründet wurde (II) und entweder ihren satzungsmäßigen Sitz, ihre Hauptverwaltung oder gar ihre Hauptniederlassung innerhalb der EU hat (III).

I. Rechtsform der Kapitalgesellschaft

Wenig überraschend ist, dass sich der Anwendungsbereich wie gewohnt nur auf Kapitalgesellschaften bezieht. Der ursprüngliche Rechtsträger muss im Einklang mit der Begriffsbestimmung in Art. 86b Nr. 1 Mobilitätsrichtlinie eine solche Gesellschaft sein, die im Anhang II der Gesellschaftsrechtsrichtlinie genannt ist. In Deutschland sind folglich nach Spiegelstrich 2 die Aktiengesellschaft (AG), die Kommanditgesellschaft auf Aktien (KGaA) sowie die Gesellschaft mit beschränkter Haftung (GmbH) mit ihrer Unterform der Unternehmergesellschaft (UG) ausdrücklich erfasst.[425] Nicht erfasst sind Personengesellschaften (dazu unter 2), obwohl im Vorfeld ausdrücklich auch eine Kodifizierung grenzüberschreitender Sachverhalte von Personengesellschaften gewünscht wurde.[426] Weniger pauschal lässt sich hingegen die Frage beantworten, ob auch die SE in den Anwendungsbereich der Mobilitätsrichtlinie fallen kann (1).

1. Umwandlungsvorgänge unter Beteiligung der SE

Hinsichtlich der Frage, ob auch die SE in den Anwendungsbereich der neuen Richtlinie fällt, muss differenziert werden, ob die Ausgangsgesellschaft in der Rechtsform der SE organisiert ist (b) oder ob die SE nur die Rolle einer beteiligten Gesellschaft einnimmt (a).

a) Umstrukturierung nationaler Gesellschaften

Das Rechtsformerfordernis der Kapitalgesellschaft gilt nicht allein für die Ausgangsgesellschaft. Auch die durch die Umwandlung entstehende Gesellschaft muss eine Kapitalgesellschaft sein.[427] Die Frage, ob sämtliche Umwandlungsvorgänge auch unter Beteiligung einer SE vorgenommen werden können, bedarf einer spezifischen Betrachtung. Dabei muss differenziert werden, welche Gesellschaft die Ausgangsgesellschaft ist, welche Rechtsform noch an dem Vorgang beteiligt werden soll und

---

425 In der Literatur wird gefordert, die Richtlinie überschießend umzusetzen, um auch Personengesellschaften zu erfassen, *J. Schmidt,* ZEuP 2020, 565, 566; *dies.,* EuZW 2020, 801, 802.

426 *Bormann/Stelmaszczyk,* ZIP 2019, 353, 354; *Handelsrechtsausschuss DAV,* NZG 2018, 857, 857; *Paefgen,* WM 2018, 981, 1029, 1036; *J. Schmidt,* Der Konzern 2018, 273, 285.

427 *Oetker,* in: Franzen/Gallner/Oetker Europäisches Arbeitsrecht, RL (EU) 2017/1132 Art. 86a Rn. 2.

schließlich die Rechtsform, in der die Gesellschaft nach der Umwandlung vorliegen soll. Stellt man dies grafisch dar, so ergibt sich folgendes Bild:

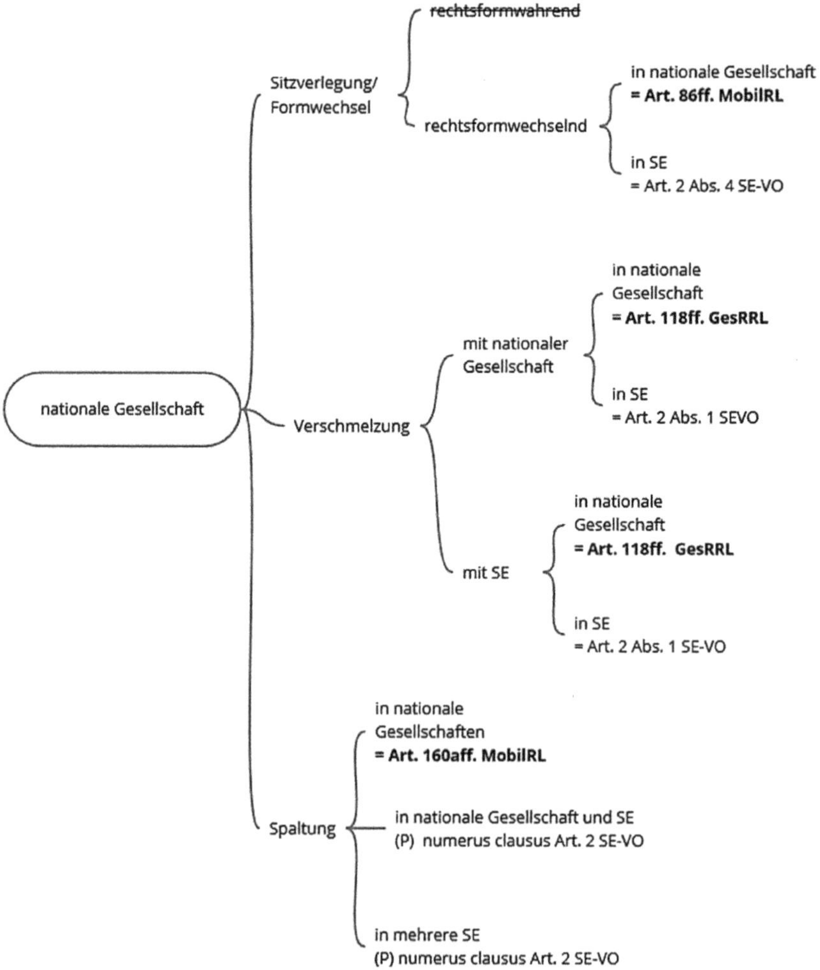

Abb. 1: Umwandlungsvorgänge nationaler Gesellschaften unter Beteiligung einer SE[428]

428 Dabei sind die Art. 118 ff. mit GesRRL gekennzeichnet, da dies bereits der Rechtslage vor der MobilitätsRL entspricht.

Abbildung 1 bestimmt das jeweils anwendbare Recht für den Umwandlungsvorgang. Problematisch erscheint bei der Bestimmung der zugehörigen Rechtsgrundlage die Kollision mit den spezifischen Vorschriften der SE. So gibt Art. 2 SE-VO grundsätzlich einen *numerus clausus* der Gründungsformen der SE vor, sodass alle Gründungsvorgänge bisher dort geregelt sind.[429]

Daher stellt sich die Frage, ob eine SE tatsächlich durch einen Umwandlungsvorgang nach der neuen Mobilitätsrichtlinie errichtet werden kann. *Oetker* vertritt dabei, dass Art. 2 Abs. 4 SE-VO und Art. 86a der Mobilitätsrichtlinie im *lex specialis* Verhältnis zueinander stünden, sodass die Regelungen zur Gründung einer SE ausschließlich aus der SE-VO zu entnehmen seien.[430] Tatsächlich lässt sich das anwendbare Recht in vielen Fällen im Einklang mit Art. 2 SE-VO bestimmen. Wie aus Abbildung 1 zu entnehmen ist, findet auf eine „Umwandlung" wie in Art. 2 Abs. 4 bezeichnet, die SE-VO Anwendung. Auch für die Verschmelzung einer nationalen Gesellschaft mit einer SE gilt nach wie vor die SE-VO, soweit die Zielgesellschaft eine SE ist.[431] Sodann gilt für die SE, dass ihr nach Art. 9 Abs. 1 lit. c) ii) bzw. Art. 10 SE-VO sämtliche für nationale AGs geltenden nationalen Umwandlungsvorgänge offenstehen müssen.[432] So richtet sich in dem Fall, in dem die Zielgesellschaft eine Gesellschaft des nationalen Rechts sein soll, der Verschmelzungsvorgang nach der Mobilitätsrichtlinie.

Besonders problematisch erscheint die Spaltung einer nationalen Gesellschaft, an deren Ende zumindest eine Gesellschaft in Form einer SE steht. Diese Art der Gründung ist in der SE-VO nicht geregelt, obwohl nationalen Gesellschaften die Spaltung in inländische Aktiengesellschaften möglich ist. Eine SE durch Spaltung zu gründen ist jedoch in der SE-VO nicht vorgesehen.[433] An dieser Stelle wäre

---

429 *Oetker,* in: Franzen/Gallner/Oetker Europäisches Arbeitsrecht, RL (EU) 2017/1132 Art. 86a Rn. 2; *Wicke,* DStR 2018, 2642, 2643.

430 *Oetker,* in: Franzen/Gallner/Oetker Europäisches Arbeitsrecht, RL (EU) 2017/1132 Art. 86a Rn. 2.

431 Dazu schon unter Anwendung der VerschmelzungsRL: *Drinhausen,* in: Semler/Stengel UmwG § 122b Rn. 5; *Drinhausen/Keinath,* BB 2006, 725, 726; *Louven,* ZIP 2006, 2021, 2024; *Müller,* NZG 2006, 286, 287; *Winter,* Der Konzern 2007, 24, 27; *Krause/Kulpa,* ZHR 271 (2007), 38, 54; *Bayer,* in: Lutter UmwG § 122b Rn. 7; *Hörtnagl,* in: Schmitt/Hörtnagl/Stratz UmwG § 122b Rn. 7.

432 *Drinhausen,* in: Habersack/Drinhausen SE-Recht, SE-VO Art. 66 Rn. 7, 11; *J. Schmidt,* in: Lutter/Hommelhoff/Teichmann SE-Kommentar, SE-VO Art. 66 Rn. 9; *Schäfer,* in: MüKo AktG, SE-VO Art. 66 Rn. 1, 14.

433 Vgl. *Becker/Fleischmann,* in: Jannott/Frodermann, Handbuch der Europäischen Aktiengesellschaft Kap. 10 Rn. 44; *J. Schmidt,* in: Lutter/Hommelhoff/Teichmann SE-Kommentar, SE-VO Art. 66 Rn. 9; andere Ansicht *Oplustil/Schneider,* NZG 2003, 13, 17; *Vossius,* ZIP 2005, 741, 748 f.; *Waclawik,* DB 2006, 1827, 1833. Allerdings ist es möglich in sekundären Gründungen eine SE-Tochter durch Spaltung zu gründen, vgl. *Casper,* in: BeckOGK Spindler/Stilz, Stand 01.07.2020, SE-VO Art. 2 Rn. 40.

eine Anpassung der SE-VO erforderlich, wenn dies in den Gründungskatalog aufgenommen werden soll.

b) Umstrukturierung aus einer SE als Ausgangsgesellschaft

Grundsätzlich kann die SE als Ausgangsgesellschaft erfasst sein.[434] Dafür spricht, dass nach Art. 9 Abs. 1 lit. c) ii) bzw. Art. 10 SE-VO sämtliche für nationale AGs geltenden nationalen Umwandlungsvorgänge auch der SE offenstehen.[435] Ähnlich wie bei Umwandlungsvorgängen nationaler Gesellschaften unter Beteiligung einer SE lässt sich aber auch hier keine pauschale Antwort für alle Umwandlungsformen geben. Dies verdeutlicht folgender Überblick:

---

434 *Oetker,* in: Franzen/Gallner/Oetker Europäisches Arbeitsrecht, RL (EU) 2017/1132 Art. 86a Rn. 1; *Wicke,* DStR 2018, 2642, 2643.

435 *Schäfer,* in: MüKo AktG, SE-VO Art. 66 Rn. 1, 14; *J. Schmidt,* in: Lutter/Hommelhoff/Teichmann SE-Kommentar, SE-VO Art. 66 Rn. 9; *Drinhausen*, in: Habersack/Drinhausen SE-Recht, SE-VO Art. 66 Rn. 7.

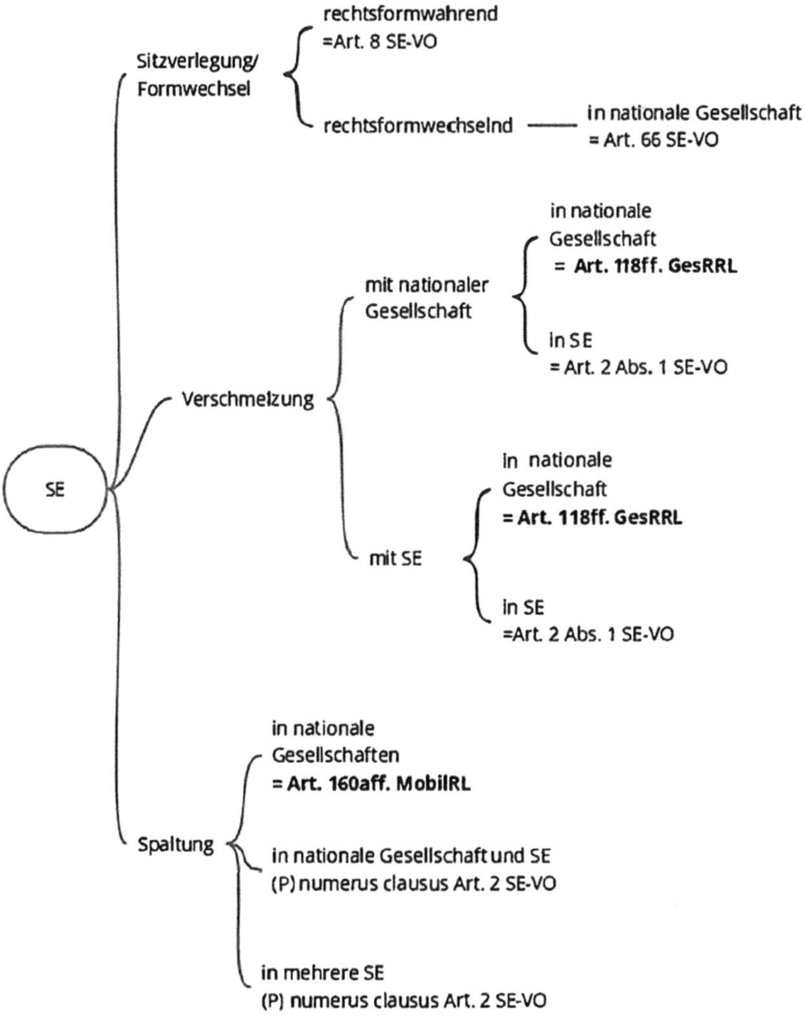

Abb. 2: Anwendungsbereich der MobilitätsRL bei einer SE als Ausgangsgesellschaft[436]

436 Dabei sind die Art. 118 ff. mit GesRRL gekennzeichnet, da dies bereits der Rechtslage vor der MobilitätsRL entspricht.

Der Formwechsel einer SE tangiert die Mobilitätsrichtlinie nicht. Wenn die Gesellschaft sich in eine nationale Gesellschaft umwandelt, greift die Sondervorschrift des Art. 66 SE-VO. Dieser stellt eine dahingehend abschließende Norm dar.[437]

In den übrigen Fällen ist die SE als Ausgangsgesellschaft wie eine nationale Kapitalgesellschaft zu behandeln.[438] Bei Vornahme einer Verschmelzung kommt es, wie bereits Abbildung 1 zu entnehmen ist, darauf an, welche Rechtsform das Ziel der Verschmelzung ist. Unabhängig davon, ob die SE mit einer anderen SE oder einer nationalen Rechtsform verschmilzt, findet immer dann die Mobilitätsrichtlinie Anwendung, wenn eine nationale Gesellschaft das Produkt der Verschmelzung ist.

Auch die Spaltungsmöglichkeiten gleichen denen der nationalen Gesellschaft als Ausgangsgesellschaft. Nur in den Fällen, in denen keine SE durch die Spaltung entstehen soll, kommt die Mobilitätsrichtlinie zur Anwendung.

c) Zwischenergebnis

Es lässt sich damit feststellen, dass die Wahl der Rechtsgrundlage maßgeblich mit dem Endprodukt des Umwandlungsvorgangs zusammenhängt. In den Fällen, in denen eine SE gegründet werden soll, muss sich der Vorgang auf Art. 2 SE-VO stützen. Nimmt die SE hingegen nur die Rolle einer der beteiligten Gesellschaften ein, so müssen für sie nach Art. 9 Abs. 1 lit. c) ii) bzw. Art. 10 SE-VO dieselben Möglichkeiten wie für nationale Aktiengesellschaften bestehen. Daher wird die SE im Anwendungsbereich der Mobilitätsrichtlinie einer nationalen Kapitalgesellschaft gleichgestellt.

2. Bereichsausnahme von Personengesellschaften

Vom Wortlaut nicht erfasst sind wie bereits angeführt Personengesellschaften.[439] Begründet wird diese Bereichsausnahme von der Kommission damit, dass

437 *J. Schmidt,* in: Lutter/Hommelhoff/Teichmann SE-Kommentar, SE-VO Art. 66 Rn. 7; OLG Frankfurt v. 2.12.2010 NZG 2012, 351, 352; *Becker/Fleischmann,* in: Jannott/Frodermann, Handbuch der Europäischen Aktiengesellschaft Kap. 10 Rn. 5; *Casper,* in: Spindler/Stilz, AktG, Art. 2 SE-VO Rn. 40 ff.; *ders.,* AG 2007, 97, 101 ff.; *ders./Weller,* NZG 2009, 681, 685 f.; *Drinhausen,* in: Habersack/Drinhausen SE-Recht, SE-VO Art. 66 Rn. 7, 34 ff.; *Marsch-Barner,* FS Happ, S. 165, 173 ff.; *Oplustil/Schneider,* NZG 2003, 13 ff.; *Schäfer,* in: MüKo AktG, Art. 66 SE-VO Rn. 1, 14; *Schröder,* in: Manz/Mayer/Schröder SE, Art. 66 SE-VO Rn. 9; *Schwarz,* SE-VO Art. 66 Rn. 2, *Wicke,* MittBayNot 2006, 196, 201. Ein Umdenken verzeichnet sich in der neusten Auflage hingegen bei *Kiem,* in: KölnK AktG Art. 66 SE-VO Rn. 11. Dieser nimmt zwischenzeitlich keine Sperrwirkung des Art. 66 SE-VO mehr an.

438 Das ergibt sich wie bereits dargestellt aus Art. 9 Abs. 1 lit. c) ii) bzw. Art. 10 SE-VO.

439 Obwohl diese auch dem Anwendungsbereich der Niederlassungsfreiheit unterfallen, *Wiedemann,* Gesellschaftsrecht Bd. 2, S. 56 ff. Der EuGH geht ebenfalls davon aus, er wendet die Grundsätze aus Rs. *Daily Mail* (siehe (Fn. 161) und *Überseering* (siehe

sekundärrechtliche Regelungen des europäischen Gesellschaftsrechts nur für Kapitalgesellschaften gelten, die von bedeutenderer Relevanz seien.[440] Denkbar wäre allerdings, dass der nationale Gesetzgeber im Umsetzungsverfahren dieses Regelungsdefizit beseitigt, um zumindest im nationalen Recht Klarheit über die Anwendbarkeit des Rechts zu schaffen.[441] Zudem verbleibt bei den Mitgliedstaaten die Möglichkeit, innerhalb der ihnen zustehenden Gesetzgebungskompetenz bei einem Hereinformwechsel auch die Wahl einer Personengesellschaft zu eröffnen.[442]

II. Gründung nach dem Recht eines Mitgliedsstaates

Als zweite Voraussetzung muss der übertragende Rechtsträger nach dem Recht eines Mitgliedstaats gegründet sein. Diese Formulierung entspricht dem Erfordernis in Art. 2 Abs. 1 SE-VO. Diese Vorschrift ist wiederum auf Art. 48 EGV zurückzuführen,[443] weshalb sich die terminologische Auslegung am EGV bzw. AEUV orientieren sollte.

„Gründung" ist weit auszulegen, wobei für eine wirksame Gründung erforderlich ist, dass sowohl der Gründungsakt an sich als auch die Satzung der Gesellschaft die Anforderungen eines Mitgliedstaats erfüllt, wie beispielsweise eine Registereintragung.[444] Der Zeitpunkt, in dem die Gründungsvoraussetzungen vorliegen müssen, ist der, zu dem die Gesellschaft von der Niederlassungsfreiheit selbst Gebrauch macht.[445]

Nicht erfasst sind somit Gesellschaften, die nach dem Recht eines Drittstaats gegründet wurden. Dies gilt selbst dann, wenn diese ihren Verwaltungssitz in einem der Mitgliedstaaten haben.[446] Solche Gesellschaften können sich nur dann

---

(Fn. 163)) auf eine ungarische Personengesellschaft an, EuGH v. 16.12.2008, Cartesio, C-210/06, ECLI:EU:C:2008:723. Vgl. zu der Frage *von Thunen*, in: BeckOGK IPR Gsell/Krüger/Lorenz/Reymann (Stand 01.10.2020), Rn. 45 ff. mwN. Kritisch in Bezug auf die unterbliebene Einbeziehung von Personengesellschaften: *Habersack/Verse*, Europäisches Gesellschaftsrecht § 4 Rn. 32 sowie *Lutter/Bayer/Schmidt*, Europäisches Unternehmens- und Kapitalmarktrecht, Rn. 7.111.

440 Vgl. Kommissionsentwurf, (Fn. 336), S. 1.

441 *Wicke*, DStR 2018, 2642, 2643; *Bayer/J. Schmidt*, BB 2019, 1922, 1935; *Bormann/Stelmaszczyk*, ZIP 2019, 353, 354 f.; *Bungert/Becker*, DB 2019, 1609, 1609; *Bungert*, FS Krieger, S. 111; *Kraft*, BB 2019, 1864, 1865.

442 So wie dies bereits in § 122b Abs. 1 Nr. 1 UmwG für die grenzüberschreitende Verschmelzung geregelt ist. *Oetker*, in: Franzen/Gallner/Oetker Europäisches Arbeitsrecht, RL (EU) 2017/1132 Art. 86a Rn. 2.

443 *Schwarz*, SE-VO Art. 2 Rn. 35. Art. 48 EGV wurde durch Art. 54 AEUV abgelöst.

444 *Schwarz*, SE-VO Art. 2 Rn. 35.

445 *Bayer*, in: Lutter/Hommelhoff/Teichmann SE-Kommentar, SE-VO Art. 2 Rn. 14; *Habersack*, in: Habersack/Drinhausen, SE-Recht, SE-VO Art. 2 Rn. 10; *Oechsler*, in: MüKo AktG, SE-VO Art. 2 Rn. 27.

446 *Hörtnagl*, in: Schmitt/Hörtnagl/Stratz UmwG, SE-VO Art. 2 Rn. 6.

auf die Niederlassungsfreiheit und damit auch auf die Mobilitätsrichtlinie berufen, wenn sie in eine Gesellschaft eines Mitgliedstaates umgewandelt wurden.[447] Während solche Gesellschaften von der SE-VO nur dann Gebrauch machen könnten, wenn sie sich auch in eine Europäische Aktiengesellschaft wandeln, muss es für den Anwendungsbereich der Mobilitätsrichtlinie hingegen ausreichen, wenn die neue Rechtsform nach der Umwandlung irgendeine Kapitalgesellschaft ist.

Legt man den Terminus der „Gründung“ sehr weit aus, dann ist auch folgendes Szenario von der Richtlinie erfasst: Eine Gesellschaft wird nach dem Recht eines EU-Staates gegründet und wandelt sich darauffolgend in eine Gesellschaft nach Drittstaatenrecht, ohne ihren Verwaltungssitz aus dem EU-Land zu verlegen. Zwar besteht dann keine Registrierung in der EU mehr, aber die reine Gründung nach dem Recht eines Mitgliedsstaates liegt streng genommen noch vor. Dieses terminologische Problem ist jedoch bereits bekannt und wurde schon im Rahmen des Art. 54 AEUV eingehend diskutiert. In der Rechtsache *Cartesio* verlangt der EuGH, dass der übertragende Rechtsträger nicht nur nach dem Recht gegründet sein muss, sondern auch nach dem Recht eines Mitgliedstaates fortbestehen muss, um sich auf die Niederlassungsfreiheit berufen zu können.[448] Mit der Umwandlung in eine Gesellschaft eines Staates außerhalb der EU hat diese somit ihr Recht auf die Niederlassungsfreiheit verwirkt.[449]

Ein Unterschied zur Gründung nach dem Recht eines Mitgliedstaates ergibt sich im Vergleich des Wortlauts des Anwendungsbereichs des Formwechsels (Art. 86a) zu dem in der SE-VO daraus, dass für den Anwendungsbereich von Art. 2 SE-VO Mehrstaatlichkeit erforderlich ist.[450] Damit soll die SE sich von nationalen Aktiengesellschaften abgrenzen; sie soll nur im grenzüberschreitenden Sachverhalt gegründet werden können.[451] Der Anwendungsbereich des Art. 86a knüpft nicht an eine gleichartige Formulierung an. Jedoch muss es sich bei der neuen Rechtsform und eine Kapitalgesellschaft eines anderen Mitgliedstaates handeln.[452] Damit müssen am Ende des Umwandlungsvorgangs ebenfalls zwei Mitgliedstaaten involviert sein. Anders als bei der SE entsteht durch die Umwandlung keine

---

447 *Habersack,* in: Habersack/Drinhausen SE-Recht, SE-VO Art. 2 Rn. 5; *Hörtnagl,* in: Schmitt/Hörtnagl/Stratz UmwG, SE-VO Art. 2 Rn. 6; *Oechsler,* in: MüKo AktG, SE-VO Art. 2 Rn. 26.

448 EuGH v. 16.12.2008, Cartesio, C-210/06, ECLI:EU:C:2008:723, Rn. 109 f. Vgl. zum Streitstand: *Jung,* in: Schwarze EU-Kommentar, Art. 54 Rn. 12.

449 *Schwarz,* SE-VO Art. 2 Rn. 35.

450 Zur Mehrstaatlichkeitserfordernis in der SE: *Casper,* in: Spindler/Stilz AktG SE-VO Art. 2 Rn. 1 ff.

451 *Hörtnagl/Rinke,* in: Schmitt/Hörtnagl/Stratz UmwG, SE-VO Art. 2 Rn. 11; *Casper,* in: BeckOGK Spinder/Stilz, SE-VO, Stand 01.07.2020, Art. 2 Rn. 1.

452 *Oetker,* in: Franzen/Gallner/Oetker Europäisches Arbeitsrecht, RL (EU) 2017/1132 Art. 86a Rn. 2.

supranationale Gesellschaft. Am Ende des Umwandlungsvorgangs steht eine nationale Kapitalgesellschaft.

III. Sitz, Hauptverwaltung oder Hauptniederlassung in der EU

Schließlich muss die formwechselnde Gesellschaft ihren Sitz, ihre Hauptniederlassung oder ihre Hauptverwaltung in der Union haben.

1. Regelungsinhalt

Auf den ersten Blick erscheint auch diese Regelung verwandt mit der Formulierung in Art. 2 Abs. 1 SE-VO zu sein. Jedoch müssen bei der SE der satzungsmäßige Sitz **sowie** die Hauptverwaltung innerhalb der EU liegen. Die SE-VO erfordert somit ein Kumulativverhältnis, soweit kein Fall des Art. 5 SE-VO vorliegt.[453] Im Wortlaut des Art. 86a wird hingegen ein alternatives Vorliegen des satzungsmäßigen Sitzes, der Hauptverwaltung **oder** der Hauptniederlassung auf dem Gebiet der EU gefordert. Bekannt ist diese Formulierung aus der Verschmelzungsrichtlinie sowie aus Art. 54 AEUV.[454] Es genügt somit, wenn die Gesellschaft eines dieser verschiedentlichen Sitzerfordernisse erfüllt.

2. Begrifflichkeiten

Vergleichsweise einfach zu beantworten ist die Frage, was unter dem *satzungsmäßigen Sitz* zu verstehen ist, da dieser Begriff kaum Interpretationsspielraum lässt. So gilt als satzungsmäßiger Sitz der Ort, an dem die Gesellschaft kraft ihrer Satzung ansässig und im Handelsregister eingetragen ist.[455]

Unter *Hauptverwaltung* wird hingegen allgemein der Ort verstanden, an dem die eigentliche Willensbildung und somit die unternehmerische Leitung des Unternehmens abgewickelt wird. Bezeichnet wird dies häufig auch als Verwaltungssitz einer Gesellschaft.[456]

Davon zu unterscheiden ist die dritte Alternative der *Hauptniederlassung*. Umschrieben wird damit der tatsächliche Geschäftsschwerpunkt eines

---

453 Vgl. dazu *Bayer,* in: Lutter/Hommelhoff/Teichmann, SE-Kommentar, SE-VO Art. 2 Rn. 11; *Habersack,* in: Habersack/Drinhausen SE-Recht, SE-VO Art. 2 Rn. 9; *Hörtnagl,* in: Schmitt/Hörtnagl/Stratz UmwG, SE-VO Art. 2 Rn. 7.

454 *Polley,* in: Henssler/Strohn GesR UmwG § 122b Rn. 9.

455 *Bayer,* in: Lutter/Hommelhoff/Teichmann, SE-Kommentar, SE-VO Art. 2 Rn. 11; *Habersack,* in: Habersack/Drinhausen SE-Recht, SE-VO Art. 2 Rn. 8; *Oechsler,* in: MüKo AktG, SE-VO Art. 2 Rn. 26; *Schwarz,* SE-VO Art. 2 Rn. 38.

456 *Schwarz,* SE-VO Art. 2 Rn. 39; *Korte,* in: Caliess/Ruffert EUV/AEUV, Art. 54 Rn. 17; *Habersack,* in: Habersack/Drinhausen SE-Recht, SE-VO Art. 2 Rn. 8; *Oechsler,* in: MüKo AktG, SE-VO Art. 2 Rn. 26; *Bayer,* in: Lutter/Hommelhoff/Teichmann SE-Kommentar, SE-VO Art. 2 Rn. 11.

Unternehmens, was in der Regel der Ort sein wird, an dem die wesentlichen Sach- und Personalmittel angesiedelt sind.[457]

B. Besonderheiten der einzelnen Umwandlungsarten

Aus der Richtlinie ergibt sich für jede einzelne Umwandlungsart eine eigene Rechtsgrundlage. Diese gehen jeweils auf die besonderen Gegebenheiten der jeweiligen Strukturmaßnahme ein und sind daher nicht in vollem Umfang kohärent ausgestaltet. Interessant scheint der eingeführte Anwendungsbereich von grenzüberschreitenden Formwechseln (I) sowie der parallel geregelten Spaltung (II) mit ihren verschiedenen Ausformungen. Im Vergleich dazu muss untersucht werden, wie der europäische Gesetzgeber den Anwendungsbereich der schon zuvor kodifizierten grenzüberschreitenden Verschmelzung modifiziert hat (III).

I. Anwendungsbereich des grenzüberschreitenden Formwechsels

Der Anwendungsbereich der Richtlinie für Gesellschaften, die einen grenzüberschreitenden Formwechsel vornehmen möchten, richtet sich nach Art. 86a Mobilitätsrichtlinie. Regelungsgegenstand der Art. 86a ff. sind dabei nach Art. 86b Nr. 2 nur solche Formwechsel, bei denen die Gesellschaft ihre Rechtspersönlichkeit behält und allein das Rechtskleid gewechselt wird.[458] Im Kommissionsentwurf spaltete sich die Regelung des Anwendungsbereichs noch in die Grundregelung in Art. 86a und Spezifikationen in Art. 86c auf.[459] In der endgültigen Fassung erstreckt sich die Regelung des Anwendungsbereichs schließlich nur auf Art. 86a.

Dieser normiert einige Sachverhalte, denen der Anwendungsbereich grundsätzlich versperrt bleiben soll. Aufgeteilt sind die Regelungsausnahmen in drei Blöcke, die sich in Absatz 2, 3 und 4 wiederfinden.

Der Absatz 2 entspricht der bereits bestehenden Regelung des Art. 120 Abs. 3 GesRRL und schließt damit Organismen für gemeinsame Anlagen in Wertpapiere aus.[460] Absatz 3 hingegen erfasst Gesellschaften, die sich in einem Liquidationsverfahren befinden und bereits mit der Vermögensverteilung begonnen haben sowie solche Gesellschaften, die sich in einem Abwicklungsprozess befinden.[461] Ergänzend dazu können die Mitgliedstaaten nach Absatz 4 solchen Unternehmen,

---

457 *Tiedje*, in: GSH EU-Recht, Art. 54 Rn. 28; *Korte*, in: Caliess/Ruffert EUV/AEUV, Art. 54 Rn. 14.

458 *Stelmaszczyk*, GmbHR 2020, 61, 64.

459 Vgl. dazu die Regelungen Art. 86a und 86c des Kommissionsentwurfs, (Fn. 336).

460 Vgl. dazu *Drinhausen*, in: Semler/Stengel UmwG, § 122b Rn. 12; *Hörtnagl*, in: Schmitt/Hörtnagl UmwG § 122b Rn. 18; *Polley*, in: Henssler/Strohn GesR, UmwG § 122b Rn. 11.

461 Der Tatbestand betreffend die Abwicklungsinstrumente findet sich bereits in Art. 120 Abs. 4 GesRRL.

die sich in einem anderen Liquidationsverfahren, einer Krisenpräventionsmaßnahme nach der Richtlinie 2014/59/EU[462] oder in einem Insolvenzverfahren bzw. präventiven Restrukturierungsrahmen befinden, den Rückgriff auf die Richtlinie verwehren. Diese Bereichsausnahme soll verhindern, dass grenzüberschreitende Umstrukturierungsmaßnahmen als Sanierungsmittel missbraucht werden. In diesem Fall bestünde die Gefahr, dass Gläubiger der Altgesellschaft mangels ordnungsgemäßem Abwicklungsverfahren um ihre Rechte gebracht werden.[463]

Interessant erscheint bei deren Betrachtung die unterschiedliche Formulierung. Während in Absatz zwei die Richtlinie per se keine Geltung finden soll, erhalten die Mitgliedstaaten in Absatz drei den Auftrag sicherzustellen, dass die von den Buchstaben a) und b) erfassten Unternehmen nicht in den Anwendungsbereich fallen. In Absatz vier scheint den Mitgliedstaaten sogar noch ein Entscheidungsspielraum eingeräumt, da diese beschließen „können", dieses Kapitel nicht auf Gesellschaften anzuwenden, welche die Buchstaben a)-c) erfüllen. Dies widerspricht jedoch dem Wortlaut in Erwägungsgrund 9 der Richtlinie, der vorsieht, dass die Mitgliedstaaten dies beschließen sollen. Die Verpflichtung einer solchen Regelung ergibt sich aus der „Soll"-Vorschrift damit jedoch auch nicht.

Der Anwendungsbereich des grenzüberschreitenden Formwechsels ist damit detailreich geregelt und übernimmt in weiten Teilen die schon bestehende Regelung für die grenzüberschreitende Verschmelzung.

II. Grenzüberschreitende Spaltung

Der Anwendungsbereich für grenzüberschreitende Spaltungen wird in Art. 160a Mobilitätsrichtlinie geregelt und erfährt durch die Richtlinie – ebenso wie der grenzüberschreitende Formwechsel – damit zum ersten Mal eine Kodifizierung. Neben den aus dem grenzüberschreitenden Formwechsel bekannten Anwendungsvoraussetzungen und Bereichsausnahmen im Regelungssystem (2) gilt es hier zunächst zu beachten, welche Arten der Spaltungsvorgänge überhaupt von der Richtlinie erfasst werden (1).

---

462 Richtlinie 2014/59/EU des Europäischen Parlaments und des Rates vom 15. Mai 2015 zur Festlegung eines Rahmens für die Sanierung und Abwicklung von Kreditinstituten und Wertpapierfirmen und zur Änderung der Richtlinie 82/891/EWG des Rates, der Richtlinien 2001/24/EG, 2002/47/EG, 2004/25/EG, 2005/56/EG, 2007/36/EG, 2011/35/EU, 2012/30/EU und 2013/36/EU sowie der Verordnungen (EU) Nr. 1093/2010 und (EU) Nr. 648/2012 des Europäischen Parlaments und des Rates Text von Bedeutung für den EWR, Abl. L 173 vom 12.6.2014.

463 Vgl. dazu *Wachter*, GmbHStB 2018, 283, 287; *ders.*, GmbHStG 2018, 317, 324; *Knaier*, GmbHR 2018, 607, 612; *J. Schmidt*, ZEuP 2020, 565, 567. Diese sieht in den Umstrukturierungsmaßnahmen jedoch gerade eine wertvolle Sanierungsmaßnahme.

1. Erfasste Spaltungsarten

Entgegen eingehender Forderungen der Fachliteratur erfasst der Anwendungsbereich der Richtlinie nicht alle Arten der Spaltung.[464] So sind zwar grundsätzlich Aufspaltungen, Abspaltungen, Spaltungen zur Trennung und Ausgliederungen erfasst, doch unterfallen diese dem Verfahren der Richtlinie nur insoweit, als sie mit der Neugründung einer Gesellschaft einhergehen.[465] Grenzüberschreitende Spaltungen, bei denen das Unternehmen sein Aktiv- und Passivvermögen auf eine oder mehrere bestehende Gesellschaften überträgt, sind grundsätzlich nicht erfasst, was auf großes Bedauern stieß.[466]

Der Grund für die Zurückhaltung der Kommission im Bereich der Spaltung zur Aufnahme ist darin zu sehen, dass die Regelung dieses Vorgangs als „zu komplex" angesehen wurde, da diese eine Beteiligung mehrerer Behörden unterschiedlicher Mitgliedstaaten erfordern und zusätzliche Risiken der Umgehung von unionalen und nationalen Vorschriften bergen.[467] Bemängelt wird dies vor allem vor dem Hintergrund, dass die Spaltung zur Aufnahme das deutlich praxisrelevantere Vorkommnis ist und das Regelungsbedürfnis aus Sicht der Praxis demensprechend höher ist.[468]

2. Allgemeine Anwendungsvoraussetzungen und Bereichsausnahmen

Wenig verwunderlich ist, dass der Wortlaut des Art. 160a Abs. 1 dem des Art. 86a Abs. 1 mit der kleinen Besonderheit entspricht, dass mindestens zwei an der Spaltung beteiligten Kapitalgesellschaften dem Recht verschiedener Mitgliedstaaten unterliegen müssen.[469] Damit wird der grenzüberschreitende Charakter der Spaltung gefordert, der bereits im Zusammenhang mit der SE Bedeutung gewinnt.[470]

---

464 Zu diesen Forderungen z.B. Stellungnahme des *Deutschen Anwaltvereins,* Nr. 31/2018, S. 31.

465 Art. 160a Abs. 1, Art. 160b. Abs. 1 MobilitätsRL.

466 ErwGr. 8 MobilitätsRL. Kritisch dazu bereits *Bayer/J. Schmidt,* BB 2018, 2562, 2570; *Bormann/Stelmaszczyk,* ZIP 2018, 353, 355; *Bungert/Becker,* DB 2019, 1609, 1609; *Bungert/Wansleben,* DB 2018, 2094, 2095; *ECLE,* ECFR 2019, 196, 201; *J. Schmidt,* DK 2018, 273, 275; *dies.,* ECFR 2019, 222, 234; *Teichmann,* NZG 2018, 241, 243; *Wachter,* GmbHStB 2018, 317, 329.

467 ErwGr. 8 MobilitätsRL. Kritisch dazu bereits zum Kommissionsentwurf: *Bormann/Stelmaszczyk,* ZIP 2019, 353, 355; *Bungert/Wansleben,* DB 2018, 2094, 2095; *Bungert,* FS Krieger, S. 111.

468 Vgl. dazu eine grobe Schätzung von *Schulte,* GmbHR 2020, 139, 143.

469 Vgl. Art. 160a Abs. 1, Art. 160b Abs. 1 MobilitätsRL. Zu den verschiedenen Spaltungsarten vgl. (Fn. 296).

470 Vgl. dazu bereits (Fn. 450).

Auch der Abs. 3 entspricht der Parallelregelung in Art. 86a Abs. 2 und schließt damit Organismen für gemeinsame Wertpapiere auch für die grenzüberschreitende Spaltung aus.[471] Gesellschaften, die sich in einem Abwicklungsprozess oder einem Liquidationsverfahren befinden, dessen Vermögensverteilung bereits begonnen hat, werden von den Mitgliedstaaten im Gleichklang mit Art. 86a Abs. 3 ausgenommen.[472]

Im Rahmen der Spaltung besteht für die Mitgliedstaaten auch die Option Regelungen zu Gesellschaften in anderweitigen Liquidationsverfahren oder Krisenpräventions-, Restrukturierungsmaßnahmen und Insolvenzverfahren zu treffen.[473] Ergänzt wird Art. 160a im Gegensatz zu Art. 86a durch den Einschub des Art. 160a Abs. 2.[474] Dieser stellt jedoch auch keine Neuheit dar, sondern findet sich bereits in Art. 120 Abs. 1 der Gesellschaftsrechtsrichtlinie.

III. Anwendungsbereich der grenzüberschreitenden Verschmelzung

Wie eingangs erwähnt, versteht man unter einer Verschmelzung die Vermögensübertragung als Ganzes unter Auflösung der übertragenden Gesellschaft ohne Abwicklung auf einen schon bestehenden oder neu zu gründenden Rechtsträger unter Gewährung der Anteile oder Mitgliedschaften an die Anteilseigner der übertragenden Gesellschaften.[475] Die Regelung der grenzüberschreitenden Verschmelzung ist anders als die Kodifizierung der übrigen Umwandlungsformen gerade keine Neuheit. Durch Nr. 6 und Nr. 7 erhält der Anwendungsbereich der bestehenden Richtlinie in Art. 119 und 120 GesRRL lediglich kleine Modifikationen.

1. Verschmelzungsarten

Eine Verschmelzung kann als Verschmelzung zur Neugründung einer Gesellschaft sowie zur Aufnahme geschehen, Art. 119 Nr. 2 lit. a) und b). Erfasst sind dabei auch Konzernverschmelzungen. Auch wenn nur der sog. *upstream merger*[476] und der *side-step-merger* neuerdings[477] ausdrücklich geregelt sind, ist wohl auch der sog. *downstream*

471 Siehe dazu bereits in Bezug auf Art. 86a (Fn. 460).

472 Siehe dazu bereits in Bezug auf Art. 86a (Fn. 461).

473 Siehe dazu bereits in Bezug auf Art. 86a (Fn. 463).

474 Art. 160a Abs. 2 lautet: (2) Ungeachtet des Artikels 160b Nummer 4 findet dieses Kapitel auch dann Anwendung auf grenzüberschreitende Spaltungen, wenn die bare Zuzahlung nach Artikel 160b Nummer 4 Buchstaben a) und b) nach dem Recht mindestens eines der betroffenen Mitgliedstaaten 10 % des Nennwerts oder – bei Fehlen eines solchen – des rechnerischen Werts der Aktien oder sonstigen Anteile am Kapital der begünstigten Gesellschaften überschreiten darf.

475 Vgl. § 2 UmwG.

476 Dabei verschmilzt eine Tochtergesellschaft auf die 100% anteilshabende Muttergesellschaft. Vgl. dazu *Schröder*, in: Semler/Stengel UmwG, § 5 Rn. 128 ff.

477 Dabei verschmelzen Schwestergesellschaften in Konzernkonstellationen. Vgl. dazu *Schröder*, in: Semler/Stengel UmwG, § 5 Rn. 137 ff. Dies ist erst mit der Erweiterung

merger[478] erfasst.[479]

2. Regelungssystem

Der Anwendungsbereich der Richtlinie auf grenzüberschreitende Gesellschaften ergibt sich weiterhin aus Art. 118, der durch die Mobilitätsrichtlinie keine Änderung erfährt. Dieser erfordert die gleichen Voraussetzungen wie Art. 86a. Allein in der Bestimmung dessen, was unter dem Begriff „Gesellschaft" zu verstehen ist, geht Art. 119 Nr. 1 weiter als die Parallelvorschriften zu den anderen Umstrukturierungsmaßnahmen. So bestimmt Art. 119 Nr. 1 lit. b), dass anders als in den Parallelnormen nicht nur Gesellschaften im Sinne des Anhangs als Gesellschaft im Sinne der Richtlinie zu behandeln sind. Nach Art. 119 Abs. 1 Nr. 2 sind auch Gesellschaften erfasst, die Rechtspersönlichkeit besitzen und über gesondertes Gesellschaftskapital verfügen, das allein für die Verbindlichkeiten der Gesellschaft haftet, und die nach dem für sie maßgebenden nationalen Recht Schutzbestimmungen im Sinne des Titels I Kapitel II Abschnitt 2 und des Titels I Kapitel III Abschnitt 1 im Interesse der Gesellschafter sowie Dritter einhalten müssen.

Auswirkungen hat dies im nationalen Kontext jedoch keine, da alle deutschen Kapitalgesellschaften bereits durch Nr. 1 von der Richtlinie erfasst werden.[480]

In Art. 120 werden auch die Regelung des Art. 86a Abs. 3 und 4 angefügt, während der Abs. 2 schon vorher bestand. Aus der Richtlinie gestrichen wurde der Teil, dass nur solchen Rechtsformen die grenzüberschreitende Verschmelzung offensteht, denen diese Möglichkeit auch nach dem nationalen Recht zusteht.[481]

Der einzige Unterschied zu Art. 86a liegt damit in den Absätzen Abs. 1 und 2 des Art. 120. Infolgedessen können die Mitgliedstaaten allein für die Form der grenzüberschreitenden Verschmelzungen den Anwendungsbereich für Genossenschaften öffnen.[482] Dies erscheint auf den ersten Blick fragwürdig,[483] begründet sich aber darin, dass bei den Formen der Spaltung und des Formwechsels die Definition der Kapitalgesellschaft enger gefasst ist.[484] Bisher hat der nationale Gesetzgeber

des Art. 199 durch Anfügung des Buchstaben d) geregelt. Vgl. dazu *Knaier*, GmbHR 2018, 607, 613.

478 Vgl. dazu *Schröder*, in: Semler/Stengel UmwG, § 5 Rn. 134 ff.

479 Vgl. dazu *Stelmaszczyk*, GmbHR 2020, 61, 62.

480 *Oetker*, in: Franzen/Gallner/Oetker Europäisches Arbeitsrecht, RL 2017/1132 Art. 118 Rn. 11; *Stelmaszczyk*, GmbHR 2020, 61, 62.

481 Dies war zuvor in Art. 121 Abs. 1 lit. 1) geregelt.

482 Bereits zur Definition des Art. 119 Nr. 1 lit. b) in der GesRRL: *Hörtnagl*, in: Schmitt/Hörtnagl/Stratz UmwG, § 122b Rn. 17; *Polley*, in: Henssler/Strohn GesR UmwG § 122b Rn. 10.

483 *Bayer/J. Schmidt*, BB 2019, 1922, 1927.

484 Vgl. die Vorschriften der Art. 119 Nr. 1, Art. 160b Nr. 1, Art. 86b Nr. 1; *Stelmaszczyk*, GmbHR 2020, 61, 62.

Genossenschaften jedoch nach § 122b Abs. 2 Nr. 1 UmwG von der grenzüberschreitenden Umwandlung ausgenommen.[485]

IV. Zwischenergebnis

Bereits bei der Erschließung des Anwendungsbereichs eröffnet sich die Systematik des Europäischen Gesetzgebers. Angelehnt an die bestehende Regelung für die grenzüberschreitende Verschmelzung entwickelt er Vorgaben für die übrigen Umwandlungsformen und passt in diesem Zuge auch die Vorschriften der Verschmelzung vereinzelt an.

§ 3 Grundzüge des Umwandlungsverfahrens

Um die Mitbestimmungsschutzinstrumente in ihrer Wirkungsweise einordnen zu können, muss ein Blick auf das Umwandlungsverfahren an sich geworfen werden. Das in der Richtlinie etablierte System für grenzüberschreitende Umwandlungsmaßnahmen baut auf dem Modell für „europäische Strukturmaßnahmen“ auf.[486] Dieses gliedert sich in bestimmte Grundbausteine, für die der Europäische Gesetzgeber trotz Parallelität des Verfahrens für jede Maßnahme eine eigene Regelung einführt. Das Verfahren besteht aus einem Plan (A), einem Bericht für Arbeitnehmer und Gesellschafter (B), der Prüfung durch einen unabhängigen Sachverständigen (C), der Offenlegung des Plans (D), dem Gesellschafterbeschluss (E), der Vorabbescheinigung (F) sowie abschließend der Rechtmäßigkeitskontrolle durch das Registergericht (G).[487]

Die Verfahrensschritte eines grenzüberschreitenden Formwechsels und einer grenzüberschreitenden Spaltung erweisen sich dabei als weitgehend deckungsgleich. Dieser Umstand ergibt sich aus dem erläuterten Entstehungsprozess, in dem diese Vorschriften bei Reformierung der Richtlinie aus einem Guss entstanden, wohingegen sich für die bereits existierende Umwandlungsform der Verschmelzung immer wieder einige Abweichungen ergeben.

---

485 Vgl. dazu die Begründung der Regierung, die Möglichkeit der Gründung einer europäischen Genossenschaft sei dafür ausreichend: RegEBegr. BT-Drs. 16/2919 zu § 122b II (S. 14). *Hörtnagl*, in: Schmitt/Hörtnagl/Stratz UmwG, § 122b Rn. 17 mwN.

486 *Grundmann*, Europäisches Gesellschaftsrecht, Rn. 845; *Bayer/J Schmidt*, NJW 2006, 401, 402; *dies.*, BB 2019, 1922, 1925.

487 *J. Schmidt*, BB 2019, 1922, 1925; einen Überblick über die eingeführten Verfahren der grenzüberschreitenden Sitzverlegung und Spaltung gibt *Schulte*, GmbHR 2020, 139, 140 ff. Für die Umwandlungsform der Spaltung vgl. hingegen *Bungert*, FS Krieger, S. 112 ff.

A. Umwandlungsplan

Fasst eine Gesellschaft den Entschluss, eine Strukturmaßnahme vorzunehmen, hat das Leitungs- oder Verwaltungsorgan im ersten Schritt einen Plan für die geplante Maßnahme zu erstellen.[488] Dieser Plan bildet die Grundlage jeder Umwandlungsmaßnahme.[489] Dabei enthalten die Vorschriften einen Mindestkatalog jener Angaben, die in dem Plan Beachtung finden müssen. Diese können in verschiedene Oberkategorien gegliedert werden: Gesellschafts-, gläubiger, gesellschafter- und arbeitnehmerbezogene Hinweise.[490] Namentlich handelt es sich dabei um Informationen wie Rechtsform, Errichtungsakt, Firma, Ort des Satzungssitzes, Angaben zum Verfahren der Arbeitnehmerbeteiligung und Gläubigersicherheiten sowie ein indikativer Zeitplan.[491] Die genauen Anforderungen des Mindestkatalogs variieren je nach Umwandlungsart; so ist beispielsweise bei der Verschmelzung keine Information bezüglich eines Zeitplans notwendig.[492] Die Anforderungen dürften dem deutschen Gesetzgeber allerdings weitgehend vertraut sein, da sie den Voraussetzungen des deutschen Rechts zu innerstaatlicher Verschmelzung und Spaltung ähneln.[493]

B. Umwandlungsbericht

Neben dem Umwandlungsplan erstellt das Leitungs- oder Verwaltungsorgan einen Bericht für die Arbeitnehmer und die Gesellschafter. War im Kommissionsentwurf noch zwingend die Rede von zwei separaten Berichten für die jeweiligen Interessengruppen,[494] so ist die Erstellung von zwei Berichten nun als Option der Gesellschaften im Richtlinientext ausgestaltet.[495]

---

488 Vgl. dazu Art. 86d, 160e Mobilitätsrichtlinie und Art. 122 GesRRL. *Schurr*, EuZW 2019, 539, 542; *Brehm/Schümmer*, NZG 2020, 538, 540.

489 *Bormann/Stelmaszczyk*, ZIP 2019, 353, 356; *Wicke*, DStR 2018, 2642, 2644. Als „Herzstück des Verfahrens" bezeichnend *J. Schmidt*, ZEuP 2020, 565, 569. Ausführlich zum Kommissionsentwurf *Bungert/Wansleben*, DB 2018, 2094, 2095 ff. sowie *Knaier*, GmbHR 2018, 607, 614.

490 *Bungert/Becker*, DB 2019, 1609, 1610.

491 Einzelheiten bereits zum Kommissionsentwurf bei *J. Schmidt*, ECFR 2019, 222, 244 f.

492 *Bungert/Becker*, DB 2019, 1609, 1610. Ein Grund dafür ist jedoch nicht ersichtlich.

493 *Bungert/Becker*, DB 2019, 1609, 1610.

494 Art. 86e, 86f, 124, 124a, 160g, 160h Kommissionsentwurf, (Fn. 336). Vgl. *Bormann/Stelmaszczyk*, ZIP 2019, 353, 356; *Bungert/Wansleben*, DB 2018, 2094, 2097; *Knaier*, GmbHR 2018, 607, 615; *J, Schmidt*, Der Konzern 2018, 229, 241; *Teichmann*, NZG 2019, 241, 244; *Wachter*, GmbH-StB 2018, 283, 290; *Wicke*, DStR 2018, 2642, 2645. Zur Frage wie dieser Bericht aufgebaut sein muss *Schollmeyer*, AG 2019, 541, 543 f.

495 Art. 86e Abs. 1 und 2, Art. 124 Abs. 1 und 2, Art. 160e Abs. 1 und 2. MobilitätsRL. Vgl. dazu *Bungert/Becker*, DB 2019, 1609, 1610; *J. Schmidt*, ZEuP 2020, 565, 570 f.; *Bayer/J. Schmidt*, BB 2019, 1922, 1938; *Brehm/Schümmer*, NZG 2020, 538, 540; *Luy*,

I. Gesellschafterbericht

Der Inhalt des Berichts richtet sich maßgeblich nach den Interessen der Adressatengruppe.[496] So ist in dem Teil[497] für die Gesellschafter auf die Barabfindung, das Umtauschverhältnis,[498] die Auswirkungen für die Gesellschafter sowie ihre Rechte und Rechtsbehelfe einzugehen.

Allerdings ist dieser Bericht nicht obligatorisch. So können die Gesellschafter eigenständig auf „ihren" Bericht verzichten.[499] Darüber hinaus sieht die Richtlinie vor, dass die Mitgliedschaften die Berichtspflicht aussetzen können, wenn die Gesellschaft nur über einen Alleingesellschafter verfügt.[500]

II. Arbeitnehmerbericht

Im Bericht für die Arbeitnehmer ist entsprechend auf die Auswirkungen auf die Arbeitsverhältnisse und die dazugehörigen Sicherungsmaßnahmen einzugehen.[501] Der Wortlaut lässt dabei offen, was unter „Auswirkungen" im Einzelnen zu verstehen ist.

Folgt man der Auslegung des § 122e Abs. 1 UmwG, so sind darunter sowohl individual-, als auch kollektivrechtliche Folgen zu fassen.[502] Bedenkt man die Konsequenzen für die Arbeitnehmer, so muss dies weit ausgelegt werden.[503] Von einem Durchschnittsarbeitnehmer kann nicht erwartet werden, dass er ohne nähere Erläuterungen erfasst, welche Auswirkungen seinem Arbeitsverhältnis durch den hochkomplexen Umwandlungsvorgang drohen. Da die individualrechtliche Stellung und das Betriebsverfassungsrecht als Teile des Arbeitsrechts gelten, werden sich diesbezüglich aus der Umstrukturierung keine Änderungen ergeben, sofern

---

NJW 2019, 1905, 1907; *Schurr*, EuZW 2019, 539, 542. Eine Idee zur möglichen Ausgestaltung eines solchen Berichts gibt *Bungert*, FS Krieger, S. 115.

496 *Bayer/J. Schmidt*, BB 2019, 1922, 1928.

497 Dies erfolgt ggf. in einem separaten Bericht für die Gesellschafter.

498 Diese gilt nur für die Umwandlungsformen der Spaltung und der Verschmelzung, siehe Art. 124 Abs. 3 lit. b) sowie 160e Abs. 3 lit. b).

499 Jeweils in Abs. 4 geregelt. Zu den Einzelfragen bei einem Verzicht durch die Gesellschafter: *Schollmeyer*, AG 2019, 541, 547. Für eine notarielle Beurkundung dieses Verzichts *Bungert*, FS Krieger, S. 114.

500 Jeweils in Abs. 4 geregelt. *Schurr*, EuZW 2019, 539, 542.

501 Art. 86e Abs. 5 lit. a), Art. 124 Abs. 5 lit. a), Art. 160e Abs. 5 lit. a) MobilitätsRL.

502 *Schollmeyer*, AG 2019, 541, 546; *Hörtnagl*, in: Schmitt/Hörtnagl UmwG, § 122e Rn. 11; *Bayer*, in: Lutter UmwG § 122e Rn. 9; *Kiem*, in: Habersack/Drinhausen SE-Recht, UmwG § 122e Rn. 16. Andere Ansicht bei *Dzida/Schramm*, NZG 2008, 521, 525 ff.

503 Für diese weite Auslegung spricht sich vor allem für den Formwechsel auch bereits *Schollmeyer* aus. Vgl. *Schollmeyer*, AG 2019, 541, 545. Auch *Schurr* fordert eine Aufklärung im Detail, vgl. EuZW 2019, 539, 542.

der Beschäftigungsort im Inland verbleibt.[504] Dies rührt daher, dass sich das maßgebliche Recht im Bereich des Arbeitsrechts jeweils nach dem konkreten Arbeitsort richtet.[505]

Etwas anderes gilt hingegen für das Mitbestimmungsrecht. Dieses wird anders als Individualarbeits- und Betriebsverfassungsrecht kollisionsrechtlich gerade nicht dem Arbeitsrecht, sondern dem Gesellschaftsrecht zugeordnet.[506] Mit der Umwandlungsmaßnahme kann also eine Änderung des Gesellschaftsstatuts einhergehen, was unter Umständen gravierende Folgen für die unternehmerische Mitbestimmung mit sich bringt.[507] Im Bericht ist daher herauszuarbeiten, welche Auswirkungen die Mobilitätsmaßnahme auf die unternehmerische Mitbestimmung hat.

Daneben muss der Bericht beantworten, ob sich durch die Maßnahme wesentliche Änderungen der anwendbaren Beschäftigungsbedingungen ergeben oder sich der Niederlassungsstandort ändert.[508] Unklar bleibt bei dieser Formulierung, was unter „wesentlichen“ Änderungen zu verstehen ist. In Erwägungsgrund 13 wird zwar auf diese Änderungen eingegangen, ohne diese jedoch genauer zu konkretisieren. Das Begriffspaar ist allerdings keine Neuschöpfung dieser Richtlinie, sondern findet bereits in der Leiharbeitsrichtlinie eine Definition:[509] In Art. 3 werden „wesentliche Änderungen“ als Veränderungen der Bedingungen, die durch Gesetz, Verordnung, Verwaltungsvorschrift, Tarifvertrag und/oder sonstige verbindliche Bestimmungen allgemeiner Art festgelegt sind, definiert. Inhaltlich müssen sich diese konkret auf die Aspekte der Arbeitszeit (Überstunden, Pausen, Ruhezeiten, Nachtarbeit, Urlaub, arbeitsfreie Tage) und das Arbeitsentgelt beziehen.[510]

In Bezug auf die Änderung des Niederlassungsstandortes lässt sich den Erwägungsgründen entnehmen, dass neben den Informationen bezüglich des Standorts bestimmter Arbeitsstellen des Personals auch Angaben betreffend der Ausrüstung und Räumlichkeiten beizufügen sind.[511] Zusätzlich muss berichtet werden, inwieweit sich die Änderungen auch auf etwaige Tochtergesellschaften der Unternehmen auswirken.[512]

---

504 *Schurr*, EuZW 2019, 539, 544.

505 *Teichmann*, NZG 2019, 241, 246. Für das Individualarbeitsrecht vgl. *Dütz/Thüsing*, Arbeitsrecht, Rn. 29 ff., für das Betriebsverfassungsrecht gilt ebenfalls das sog. Territorialitätsprinzip BAG v. 7.12.1989 NZA 1990, 658; NZA 2000, 1119. Vgl. dazu *Koch*, in: Erfk ArbR, BetrVG § 1 Rn. 5.

506 Vgl. dazu schon Teil 1 § 2 B.

507 *Luy*, NJW 2019, 1905, 1906; *Waltermann*, Arbeitsrecht, Rn. 898. Zum Gesellschaftskollisionsrecht: *Habersack/Verse*, Europäisches Gesellschaftsrecht § 3 Rn. 29.

508 Art. 86 Abs. 5 lit. b) Art. 124 Abs. 5 lit. b), Art. 160 Abs. 5 lit. b) MobilitätsRL.

509 Richtlinie 2008/104/EG des Europäischen Parlaments und des Rates vom 19. November 2008 über Leiharbeit.

510 Art. 3 lit. f) i) und ii) der RL 2008/104/EG.

511 ErwGr. 13 MobilitätsRL.

512 Art. 86 Abs. 5 lit. c) Art. 124 Abs. 5 lit. c), Art. 160 Abs. 5 lit. c) MobilitätsRL.

In formeller Hinsicht ist der Bericht den Arbeitnehmern oder deren Vertretern in elektronischer Form zusammen mit dem Plan spätestens sechs Wochen vor der geplanten Gesellschafterversammlung, die über die Maßnahme entscheidet, zugänglich zu machen. Arbeitnehmervertreter sind dabei in der Regel die vorhandenen Betriebsräte.[513] Bei der grenzüberschreitenden Verschmelzung gilt indes die Besonderheit, dass den Arbeitnehmern jeweils nur der Bericht jener Gesellschaft zu übermitteln ist, der sie angehören.[514] Wenn die verschmelzenden Gesellschaften einen gemeinsamen Bericht zur Verfügung stellen, muss dieser den Anforderungen aller beteiligten Rechtsordnungen genügen.[515]

Die Erstellung eines Berichts ist nur dann entbehrlich, wenn die Gesellschaft über keine Arbeitnehmer verfügt oder wenn es sich bei der Umwandlungsart um eine Ausgliederung als Unterform der Spaltung handelt.[516] In allen anderen Fällen ist ein Bericht für die Arbeitnehmer obligatorisch. Die Arbeitnehmer können auch nicht auf einen solchen Bericht verzichten. Dies wurde in der Fachliteratur vielfach vor dem Hintergrund kritisiert, dass den Unternehmen dadurch eine Beschleunigungsmaßnahme genommen werde.[517] Jedoch erscheint der Berichtszwang vor dem Hintergrund sinnvoll, dass die Arbeitnehmer nicht über die Nützlichkeit eines solchen Berichtes entscheiden können, ohne genaue Kenntnis von der konkreten Maßnahme und ihren Auswirkungen zu haben. In manchen Fällen würde dies zu einer Beschneidung der Möglichkeiten der Arbeitnehmer führen, die aufgrund des Berichts eine Stellungnahme erstellen. Eine Folgenabschätzung ohne die nötige Informationsgrundlage macht eine fundierte Stellungnahme unmöglich. Der Mangel an einer Verzichtsmöglichkeit parallel zum Verzicht auf die Berichtspflicht durch die Gesellschafter verdeutlicht, dass die Arbeitnehmer im Umwandlungsprozess eine besondere Stellung innehaben und als besonders schutzwürdig einzustufen sind.[518]

---

513 *Schollmeyer,* AG 2019, 541, 547.

514 *Schollmeyer,* AG 2019, 541, 548.

515 *Bungert/Becker,* DB 2019, 1609, 1610.

516 Art. 86 Abs. 8, Art. 124 Abs. 8, Art. 160 Abs. 8 und Art. 160s MobilitätsRL.

517 So auch schon kritisch *Schollmeyer,* AG 2019, 541, 547, der keinen Grund erkennen kann, den Arbeitnehmern ihre Verzichtskompetenz abzusprechen und eine Möglichkeit der „Entbürokratisierung" zu verschenken. So auch *Luy,* NJW 2019, 1905, 1908; *Bayer/ J. Schmidt,* BB 2019, 1922, 1925; *J. Schmidt,* Der Konzern 2018, 229, 242; *Wicke,* DStR 2018, 2642, 2645; *Bormann/Stelmaszczyk,* ZIP 2019, 300, 304.

518 *Schurr,* EuZW 2019, 539, 542.

C. Prüfung durch einen unabhängigen Sachverständigen

Die nächste Stufe des Umwandlungsverfahrens bildet die Prüfung des Plans durch einen unabhängigen Sachverständigen.[519] Dieser soll durch das Prüfverfahren die Interessen der Gesellschafter und der Gläubiger schützen.[520] Der auferlegte Prüfkatalog ist beträchtlich,[521] die Stellungnahme des Sachverständigen muss bestimmte Angaben zur Barabfindung enthalten und bei den Umwandlungsformen der Spaltung und Verschmelzung zusätzlich auf das Umtauschverhältnis der Gesellschaftsanteile sowie dessen Ermittlungsmethoden eingehen.[522] Die Prüfung durch den Sachverständigen ist wiederum entbehrlich, wenn alle Gesellschafter den Verzicht erklären.[523]

Bei dem Sachverständigen kann es sich sowohl um eine natürliche als auch um eine juristische Person handeln.[524] In Deutschland führt diese Prüfung ein Wirtschaftsprüfer aus.[525] Im Unterschied zum Formwechsel und der Spaltung ergibt sich bei der Verschmelzung die Besonderheit, dass für jede einzelne beteiligte Gesellschaft ein eigener Sachverständiger zu bestellen ist.[526] Nur auf Antrag der beteiligten Gesellschaften kann auch ein gemeinsamer Sachverständiger die Prüfung vornehmen.[527] In der Richtlinie selbst ist kein Zeitpunkt für die Bestellung des Sachverständigen vorhergesehen. Die Prüfung sollte jedoch mindestens fünf

---

519 Art. 86 f., Art. 124, Art. 160 f. MobilitätsRL. Vgl. dazu *J. Schmidt*, ZEuP 2020, 565, 572; *Brehm/Schümmer*, NZG 2020, 538, 541. Kritisch zu der in den Erwägungsgründen enthaltenen Aufzählung *Wachter*, GmbH-StB 2018, 283, 291.

520 *Schurr*, EuZW 2019, 539, 542; bereits zum Kommissionsentwurf bei *Bormann/Stelmaszczyk*, ZIP 2019, 353, 357, *J. Schmidt*, ECFR 2019, 222, 245 f.; *Luy*, NJW 2019, 1905, 1907; *Teichmann*, NZG 2019, 241, 244. Kritisiert wird zudem der enorme Prüfungsumfang, der in der Praxis nicht innerhalb des Zeitrahmens zu leisten sei, vgl. *Bungert/Wansleben*, DB 2018, 2094, 2098.

521 *Luy*, NJW 2019, 1905, 1908; *Bungert/Wansleben*, DB 2018, 2094, 2098. Wenngleich die Richtlinie schon eine Verkürzung der Prüfkatalogs im Vergleich zur Entwurfsfassung darstellt, vgl. *Bungert*, FS Krieger, S. 118.

522 Art. 86f Abs. 2, Art. 160f Abs. 2, 125 Abs. 3 MobilitätsRL. Vgl. *Bungert/Becker*, DB 2019, 1609, 1612.

523 Art. 86f Abs. 3, Art. 160h Abs. 3 MobilitätsRL und Art. 125 Abs. 4 GesRRL. *Bungert/Becker*, DB 2019, 1609, 1612; *Luy*, NJW 2019, 1905, 1907. Die Mitgliedstaaten können überdies eine Ausnahme für Einpersonengesellschaften einführen, vgl. *Bayer/J. Schmidt*, BB 2019, 1922, 1929; *J. Schmidt*, ZeuP 2020, 565, 572; *Luy*, NJW 2019, 1905, 1909.

524 Art. 86f Abs. 1, Art. 160f Abs. 1 MobilitätsRL, Art. 125 Abs. 1 GesRRL.

525 *Wachter*, GmbH-StB 2018, 317, 320; *Wicke*, DStR 2018, 2642, 2646.

526 Art. 125 Abs. 2 GesRRL.

527 Art. 125 Abs. 2 GesRRL; *Bungert/Becker*, DB 2019, 1609, 1611.

Monate vor der beschließenden Gesellschafterversammlung beantragt werden, da mit einer Dauer von zwei bis vier Monaten zu rechnen ist.[528]

D. Offenlegung der Unterlagen

Spätestens einen Monat vor der Gesellschafterversammlung muss das Unternehmen die Umwandlung im Handelsregister offenlegen. In dieser Veröffentlichung sind alle Drittinteressenten darauf hinzuweisen, dass es Ihnen offensteht, eine Bemerkung abzugeben.[529] Der Umwandlungsbericht muss hingegen nicht veröffentlicht werden.[530] Darüber hinaus können die Mitgliedstaaten festlegen, dass auch der Sachverständigenbericht zu veröffentlichen ist.[531]

Die Mitgliedstaaten können die Unternehmen von der Offenlegungspflicht unter der Voraussetzung befreien, dass die Unternehmen die Informationen für mindestens einen Monat auf ihrer Website öffentlich zugänglich machen.[532]

E. Beschluss der Gesellschafterversammlung

Wenn diese Vorarbeiten abgeschlossen sind, kommt es zur Gesellschafterversammlung, deren Zustimmung zum Umwandlungsplan erforderlich ist.[533] Für Formwechsel und Spaltung müssen die Mitgliedstaaten mindestens eine Mehrheit von zwei Dritteln aller Stimmberechtigten festlegen, maximal jedoch 90%. Außerdem darf das Mehrheitserfordernis nicht über die nationale Schwelle für grenzüberschreitende Verschmelzungen hinausgehen.[534]

Bedauerlich ist hierbei, dass die Richtlinie insoweit keine Harmonisierung mit dem Verschmelzungsverfahren vorsieht, da die entsprechende Regelung keine

---

528 *Bungert/Becker,* DB 2019, 1609, 1611.

529 Art. 86g Abs. 1, Art. 123 Abs. 1, Art. 160g Abs. 1 MobilitätsRL. Auch diese Vorschrift steht in der Kritik, überregulierend zu sein, vgl. *Bungert/Wansleben,* DB 2018, 2094, 2098.

530 *Bungert/Becker,* DB 2019, 1609, 1611.

531 Art. 86g Abs. 1, Art. 123 Abs. 1, Art. 160g Abs. 1 MobilitätsRL. Vgl. *Brehm/Schümmer,* NZG 2020, 538, 540; *Bungert,* FS Krieger, S. 119.

532 Art. 86g Abs. 2, Art. 123 Abs. 2, Art. 160g Abs. 2 MobilitätsRL. Vgl. *Butterstein,* EuZW 2018, 838, 843; *J. Schmidt,* Der Konzern 2018, 229, 241; *Wachter,* GmbH-StB 2018, 283, 290.

533 Art. 86h, Art. 160h MobilitätsRL, Art. 126 GesRRL. Vgl. auch *J. Schmidt,* ZeuP 2020, 565, 573.

534 Art. 86h Abs. 3, Art. 160h Abs. 3 MobilitätsRL. Vgl. dazu schon zum Kommissionsentwurf *Bormann/Stelmaszczyk,* ZIP 2019, 353, 358; *Bungert/Wansleben,* DB 2018, 2094, 2099; *Wicke,* DStR 2018, 2642, 2647. Auf nationaler Ebene bedeutet das wohl weiterhin die Mehrheit von drei Vierteln der abgegebenen Stimmen, vgl. *Wachter,* GmbH-StB 2018, 283, 291.

Mehrheitserfordernisse vorsieht und somit die Schwelle – wie bisher – nach nationalem Recht zu bestimmen ist.[535]

Bei allen Umwandlungsformen besteht für die Gesellschafter jedoch die Möglichkeit, sich das Recht vorzubehalten, noch einmal ausdrücklich über eine etwaige Mitbestimmungsvereinbarung zu beschließen.[536]

F. Vorabbescheinigung

Im Anschluss daran wird das Vorliegen aller gesetzlichen Voraussetzungen durch die „zuständige Behörde" geprüft, welche vorab durch die Mitgliedstaaten zu benennen ist.[537] In Deutschland wird diese Behörde das Registergericht sein, welches die Einhaltung der gesetzlichen Vorgaben sicherstellt (I).[538]

Im Entstehungsprozess der Richtlinie wurde im Rahmen des Prüfkatalogs der zu erfüllenden Vorgaben die Einführung eines Verbots sogenannter „künstlicher Gestaltungen" (II) erwogen. Diese Figur musste aufgrund ihrer Unbestimmtheit jedoch einer allgemeinen Missbrauchskontrolle weichen. Diese eröffnet der zuständigen Behörde eine Prüfung, die über die reine Erstellung der Vorabbescheinigung hinausgeht (III). Auch der Mitbestimmung kommt im Hinblick auf diese Vorabbescheinigung und die Möglichkeit der gesonderten Missbrauchskontrolle eine besondere Rolle zu(IV).

I. Originäre Prüfung um die Ausstellung einer Vorabbescheinigung

Das Registergericht hat die Aufgabe, innerhalb von drei Monaten die geplante Maßnahme zu untersuchen und darüber zu entscheiden, ob eine Vorabbescheinigung erstellt werden kann.[539] Diese Prüfung umfasst sämtliche Informationen und Unterlagen der Umwandlung. Diese Hürde sah auch schon die Verschmelzungsrichtlinie vor,[540] doch der zu untersuchende Katalog wird durch die Mobilitätsrichtlinie

535 Art. 121 Abs. 1 und 2 GesRRL, Art. 121 Abs. 1 lit. b) MobilitätsRL wird inhaltlich nicht geändert, es fällt lediglich Buchstabe a) weg. Vgl. dazu *J. Schmidt*, ECFR 2019, 222, 250; *Bayer/J. Schmidt*, BB 2019, 1922, 1929.

536 Art. 86h Abs. 2, Art, Art. 160h Abs. 2 MobilitätsRL, Art. 126 Abs. 2 GesRRL.

537 Art. 86m Abs. 1, Art. 127 Abs. 1, Art. 160m Abs. 1. Vgl. *Bormann/Stelmaszczyk*, ZIP 2019, 353, 359; *Brehm/Schümmer*, NZG 2020, 538, 542; *Bungert/Becker*, DB 2019, 1609, 1913; *Bungert/Wansleben*, DB 2018, 2094, 2100; *J. Schmidt*, Der Konzern 2018, 229, 242 f.; *Knaier*, GmbHR 2019, 607, 620; *Luy*, NJW 2019, 1905, 1907; *Schurr*, EuZW 2019, 539, 544.

538 In Anlehnung an § 122k Abs. 1 S. 1 UmwG. *Bungert*, FS Krieger, S. 121; *ders./Becker*, DB 2019, 1609, 1613.

539 Art. 86m Abs. 7, Art. 127 Abs. 7, Art. 160m Abs. 7 MobilitätsRL.

540 Art. 127 GesRRL a.F. bzw. Art. 10 VerschmelzungsRL, vgl. dazu *Limmer/Knaier*, in: Limmer HdB Unternehmensumwandlung, Teil 6 Kapitel 2 Rn. 165.

maßgeblich erweitert. Kritisiert wird deshalb, dass den Registergerichten eine Überfrachtung droht.[541] Geprüft wird auch, ob der Plan eine entsprechende Regelung zum Mitbestimmungsverfahren enthält.[542] Dabei sind jedoch lediglich Angaben zum Verfahren zur Festlegung der Arbeitnehmermitbestimmung zu machen.[543]

Soweit die Behörde zu dem Schluss kommt, dass alle Voraussetzungen und Verfahrensschritte ordnungsgemäß eingehalten wurden, stellt sie eine Vorabbescheinigung aus. Sobald eine solche Bescheinigung vorliegt, darf keine weitere Prüfung der zu den von der Bescheinigung erfassten Verfahrensschritten im Zuzugsstaat erfolgen.[544] Dieser muss die Bescheinigung durch den Ausgangsstaat als „schlüssigen Nachweis" anerkennen.[545]

Eine solche doppelte Prüfung wurde in der Vergangenheit oftmals vorgenommen, was durch die Neufassung unterbunden werden soll.[546] Ein überkommenes Problem der Vorabbescheinigung ist jedoch, dass Form und Inhalt der Bescheinigungen nach den nationalen Standards oft uneinheitlich sind.[547] Dem könnte durch ein einheitliches Standardformular der Kommission abgeholfen werden.[548]

Die Unternehmensmitbestimmung bedarf in diesem Verfahren einer gesonderten Begutachtung. Innerhalb der Prüfung der Frage, ob eine Vorabbescheinigung erstellt werden kann, erstreckt sich die Kontrolle im Wegzugsstaat lediglich auf zwei Aspekte. Hauptsächlich muss geprüft werden, ob die Unterlagen Angaben zum Verfahren zur Festlegung der Arbeitnehmerrechte enthalten.[549] Darüber hinaus kann danach gefragt werden, ob dieses Verfahren gegebenenfalls schon begonnen hat.[550] Nur dann kann auch der Inhalt dieses Verfahrens in die Prüfpflicht

541 *Luy*, NJW 2019, 1905, 1907.

542 Art. 86m Abs. 5, Art. 127 Abs. 5, Art. 160m Abs. 5.

543 Vgl. dazu gleich unter IV.

544 Art. 86o Abs. 1, Art. 127a Abs. 1, 160o Abs. 1 MobilitätsRL.

545 Art. 86o Abs. 5; Art. 127a Abs. 5, Art. 160o Abs. 5 MobilitätsRL.

546 *Bormann/Stelmaszczyk*, ZIP 2019, 353, 359; *Bungert/Becker*, DB 2019, 1609, 1613; *J. Schmidt*, Der Konzern 2018, 229, 243; kritisch *Mörsdorf*, EuZW 2019, 141, 144.

547 *J. Schmidt*, Der Konzern 2018, 229, 243; *Bayer/J. Schmidt*, BB 2019, 1922, 1930.

548 *Bayer/J. Schmidt*, BB 2019, 1922, 1929. Zum Formular vgl. *J. Schmidt*, Cross-border mergers and divisions, transers of seat: ls there a need to legislate?, PE 556.960, S. 25; *dies.*, DK 2018, 229, 243; *dies.*, ECFR 2019, 222, 251. Zu einem solchen ist die Kommission nun nach Art. 24 lit. e) GesRRL nach der DigitalisierungsRL auch ermächtigt. Dabei handelt es sich um die Richtlinie (EU) 2019/1151 des Europäischen Parlament und des Rates vom 20. Juni 2019 zur Änderung der Richtlinie (EU) 2017/1132 im Hinblick auf den Einsatz digitaler Werkzeuge und Verfahren im Gesellschaftsrecht, Abl. L 186/80 (im Folgenden DigitalisierungsRL).

549 Art. 86m Abs. 5 MobilitätsRL. Zu dieser Einteilung vgl. *Kraft/Noack*, FS Krieger, S. 549.

550 Art. 86m Abs. 6 lit. b) MobilitätsRL.

des Wegzugsstaates fallen. Im Übrigen ist die Mitbestimmung in materieller Hinsicht gerade kein Bestandteil der Prüfung.[551] Hier liegt also eine Beschränkung des Prüfungsumfangs vor. Die Kontrolle der jeweiligen Mitbestimmungsvereinbarung obliegt damit allein dem Zuzugsstaat.[552]

II. Diskussion um den Schutz vor „künstlichen Gestaltungen"

Der Kommissionsentwurf enthielt eine Regelung zum Schutz vor „künstliche[n] Gestaltung[en]". Diese Regelung sah eine besondere Prüfpflicht in Bezug auf die Frage vor, ob die Umwandlungsmaßnahme dazu dient, rein künstliche, jeder wirtschaftlichen Realität bare Gestaltungen zu errichten.[553] In diesem Fall hätte die Bescheinigung versagt werden müssen.[554] Die Prüfung sollte sich an Aspekten wie Niederlassung, Zweck, Branche, Umsatz, Gewinn, Arbeitnehmerzahl, Bilanz und vielem Weiteren orientieren.[555] Mit dieser Figur wollte die Kommission der Gefahr entgegenwirken, mit dem Ausbau der Mobilitätsstruktur gleichsam den Ausbau missbräuchlicher Gestaltungen zu provozieren.[556] Vermieden werden sollten Steuerhinterziehung, Geldwäsche und schließlich auch die Beschneidung von Arbeitnehmerrechten.[557]

Kritisiert wurde an dieser Figur, dass sie keinerlei Begriffsbestimmung enthielt und Rechtsunsicherheit verursache.[558] Zudem fehlte es an einem materiellrechtlichen Maßstab, an dem das Vorliegen dieser Gestaltung hätte geprüft werden können, sodass die Prüfung in der Praxis wohl in den seltensten Fällen zu einem Ergebnis geführt hätte.[559] Die allgemeine und abstrakte Regelung von missbräuchlichem Verhalten birgt die Gefahr einer vorschnellen Verurteilung der Unternehmenspläne.[560] Der Rückgriff auf die „Gerechtigkeitsvorstellungen" der Registergerichte erschien dabei auch nicht ausreichend.[561]

Als widersprüchlich stellte sich weiterhin dar, dass die Prüfung allein auf die Formen der Spaltung und des Formwechsels Anwendung finden sollte, hingegen nicht auf die Verschmelzung. Zu dem Gedanken der Rechtsunsicherheit wäre

---

551 *Kraft/Noack,* FS Krieger, S. 549; *Bungert/Wansleben,* DB 2018, 2094, 2099.

552 Art. 86o Abs. 1 Unterabs. 1 MobilitätsRL. So auch *Kraft/Noack,* FS Krieger, S. 550. Anders *Vossius,* in: Widmann/Mayer UmwG, 188. Lieferung, Juni 2018, § 122k Rn. 22.

553 Art. 86c Abs. 3, 160d Abs. 3 Kommissionsentwurf, (Fn. 336).

554 *Noack/Kraft,* DB 2018, 1577, 1580.

555 *Schollmeyer,* AG 2018, 977, 978; *Bungert/Wansleben,* DB 2018, 2094, 2097.

556 ErwGr. 7 Kommissionsentwurf, (Fn. 336); *Bormann/Stelmaszczyk,* ZIP 2019, 353, 359.

557 *Schollmeyer,* AG 2018, 977, 978; *Bungert/Wansleben,* DB 2018, 2094, 2100.

558 *Noack/Kraft,* DB 2018, 1577, 1580.

559 *Luy,* NJW 2019, 1905, 1907.

560 *Wachter,* GmbH-StB 2018, 283, 288.

561 *Wachter,* GmbH-StB 2018, 283, 288.

damit erschwerend hinzugetreten, dass die Prüfung durch Vorschaltung einer Verschmelzung leicht zu umgehen gewesen wäre.[562]

Entgegen aller Kritik erschien die Prüfung einer missbräuchlichen Gestaltung jedoch nicht völlig aus der Luft gegriffen. So existiert in Großbritannien bereits eine vergleichbare Kontrolle bei grenzüberschreitenden Verschmelzungen.[563] Die Prüfung wurde jedoch wohl auch aufgrund des politischen Drucks nicht in die Endfassung der Richtlinie übernommen.[564]

III. Missbrauchskontrolle

Stattdessen bedient sich die Richtlinie in ihrer verabschiedenden Fassung nun einer allgemeinen Missbrauchskontrolle. Geprüft wird, ob alle Voraussetzungen gegeben und alle Verfahren und Formalitäten in dem betreffenden Mitgliedstaat ordnungsgemäß erfüllt sind.[565] Über den Prüfkatalog der reinen Vorabbescheinigung hinaus hat die prüfende Behörde die Möglichkeit, sich zu einer eingehenden Prüfung der angestrebten Maßnahme zu entscheiden, sollten sich ihr ernsthafte Zweifel aufdrängen, dass der Vorgang betrügerischen oder missbräuchlichen Zwecken dient. Erforderlich sind dafür ernste Bedenken in Bezug auf die Missbräuchlichkeit der Umwandlung.[566] Insbesondere könnte der Umwandlungsvorgang dazu missbraucht werden, die Rechte der Arbeitnehmer zu umgehen.[567]

Dem Registergericht eröffnet sich daher ein vorgelagerter Missbrauchsschutz. Diese umfassende Prüfung kann bis zu drei Monate in Anspruch nehmen.[568]

---

562 *J. Schmidt*, Der Konzern 2018, 273, 276; *Wachter*, GmbHStB 2018, 283, 188; *Wicke*, DStR 2018, 2703, 2704; *Bormann/Stelmaszczyk*, ZIP 2019, 353, 360. Auch schon durch die Bundesnotarkammer, Stellungnahme zum CLP, S. 14, abrufbar unter: <https://www.bmjv.de/SharedDocs/Gesetzgebungsverfahren/Stellungnahmen/2018/Downloads/06182018_Stellungnahme_Bundesnotarkammer_Digitalisierungs-und-UmwandlungsRL.pdf?__blob=publicationFile&v=3> (zuletzt abgerufen am 03.04.2020).

563 *Zwirlein/Großerichter/Gätsch*, NZG 2017, 1041, 1044; *Herrler/Schneider*, DStR 2009, 2433, 2435; *Just*, Limited, Rn. 381 ff.; *Brandi*, BB 2018, 2626, 2633.

564 Siehe auch *Schön*, FS Krieger, S. 896 f.

565 ErwGr. 34 MobilitätsRL.

566 *Bungert*, FS Krieger. S. 122.

567 Vgl. dazu und zu anderen Gefahren ErwGr. 35 MobilitätsRL: „Unter bestimmten Bedingungen könnte das Recht von Gesellschaften, ein grenzüberschreitendes Vorhaben vorzunehmen, zu missbräuchlichen oder betrügerischen Zwecken, wie etwa zur Umgehung der Rechte der Arbeitnehmer, Sozialversicherungszahlungen oder Steuerpflichten, oder zu kriminellen Zwecken benutzt werden. Insbesondere ist es wichtig, gegen „Scheingesellschaften" oder „Strohfirmen" vorzugehen, die gegründet werden, um sich Unionsrecht oder nationalem Recht zu entziehen, es zu umgehen oder dagegen zu verstoßen [...]."

568 Art. 86m Abs. 9, 10; Art. 127 Abs. 9, 10; Art. 160m Abs. 9, 10 MobilitätsRL.

Sodann hat die Prüfbehörde alle relevanten Tatsachen einzubeziehen und in diesem Zusammenhang auch Informationen durch Konsultation anderer Behörden einzuholen.[569] Inwieweit sich dadurch eine Auskunftspflicht oder ein Anforderungsrecht ergibt, ist nur eine der Fragen, die diese Vorschrift offen lässt.[570] Sollte die Behörde zu dem Ergebnis kommen, dass die Umwandlung betrügerischen oder missbräuchlichen Zwecken dient, versagt sie die Ausstellung einer Vorabbescheinigung.[571] Diese Weigerung bedarf allerdings einer besonderen Begründung.[572] Neu ist hierbei, dass die Mitgliedstaaten gezwungen werden, eine missbräuchliche Umwandlung zu verhindern.[573]

Die Richtlinie lässt offen, wann diese Missbrauchskontrolle konkret stattzufinden hat. Hinweise zur Auslegung geben die Erwägungsgründe der Richtlinie. Während die Erwägungsgründe des Kommissionsentwurfs noch eine enge Auslegung der Kontrollpflicht anordneten, fand diese Einschränkung gerade keinen Eingang in die endgültige Fassung der Richtlinie.[574] Diese lässt die nationalen Gesetzgeber noch immer im Unklaren darüber, unter welchen Umständen eine solche missbräuchliche Gestaltung vorliegt und welche Maßnahmen die Behörde zur Untersuchung vorzunehmen hat.[575] Nicht zuletzt deshalb steht auch diese Regelung in der Kritik.[576]

Bisweilen geht man davon aus, dass ein Regel-Ausnahme-Verhältnis angedacht ist und nur im Einzelfall eine missbräuchliche Gestaltung anzunehmen ist.[577] Im Grunde handelt es sich hierbei um nichts anderes, als um die Kodifizierung der bestehenden Rechtsprechung des EuGH,[578] nur dass den Mitgliedstaaten nun eine Pflicht zur Prüfung auferlegt wird.[579]

Trotz allem bleibt unklar, was die Formulierung in Erwägungsgrund 35 den Staaten überhaupt aufgibt. Dieser legt fest, dass gegen Scheingesellschaften und Strohfirmen vorzugehen ist, die sich nationalen oder unionalen Rechtsvorschriften entziehen wollen. Dabei ist die Wahl des Satzungssitzes nach den

---

569 Art. 86m Abs. 9, 127 Abs. 9, 160m Abs. 9 MobilitätsRL.

570 *Luy,* NJW 2019, 1905, 1907.

571 *Wachter,* GmbH-StB 2018, 283, 294.

572 *Teichmann,* NZG 2019, 241, 248.

573 *J. Schmidt,* ZeuP 2020, 565, 576.

574 *Bungert/Becker,* DB 2019, 1609, 1613.

575 *Luy,* NJW 2019, 1905, 1907. (Vgl. Erwägungsgrund 31 MobilitätsRL).

576 Vgl. dazu *Bayer/J. Schmidt,* BB 2019, 1922, 1931; *Bungert/Becker,* DB 2019, 1609, 1613; *Luy,* NJW 2019, 1905, 1907; *Wachter,* GmbH-StB 2018, 283, 294; *Teichmann,* NZG 2019, 241, 248.

577 *Bungert/Becker,* DB 2018, 1609, 1613. Dies entspreche auch der Rspr. des EuGH.

578 EuGH v. 9.3.1999, Centros, C-212/97, ECLI:EU:C:1999:126, Rn. 2; so *Bayer/J. Schmidt,* BB 2019, 1922, 1930.

579 *Bayer/J. Schmidt,* BB 2019, 1922, 1930.

günstigsten Rechtsvorschriften nach *Polbud*[580] nun eindeutig von der Niederlassungsfreiheit umfasst.[581] Dienen soll diese Kontrolle wohl dem Schutz vor Briefkastengesellschaften.[582]

Erwägungsgrund 36 gibt verschiedentliche Anhaltspunkte an die Hand, die bei der Prüfung im Rahmen einer Gesamtbetrachtung berücksichtigt werden sollen. Dazu gehören Branche, Investition, Nettoumsatz, Gewinn oder Verlust, Zahl der Arbeitnehmer, Zusammensetzung der Bilanz, Steuersitz, Vermögenswerte, Anlage, wirtschaftliche Eigentümer, Beschäftigungsort der Arbeitnehmer sowie Niederlassung und Registrierungsort der Gesellschaft.[583] Mit dem Erwägungsgrund 36 der Mobilitätsrichtlinie wird damit der „genuine link" angesprochen.[584] Dieser besagt, dass gerade dann nicht von einem Missbrauch auszugehen sei, wenn das Vorhaben dazu führt, dass die Gesellschaft den Ort ihrer wirtschaftlichen Tätigkeit und/oder ihre tatsächliche Verwaltung in dem Land niederlässt, in dem die Gesellschaft registriert werden soll.[585] Allerdings darf das Gebrauchen der Niederlassungsfreiheit nicht als Indiz dafür verwendet werden, dass Unternehmen missbräuchliche Gestaltungen planen.[586] Im Umkehrschluss darf das Zusammenfallen der Sitze

---

580 Vgl. dazu schon (Fn. 179).

581 *Luy*, NJW 2019, 1905, 1907.

582 *Teichmann*, NZG 2019, 241, 247.

583 Vgl. ErwGr. 36 MobilitätsRL: „Wenn die zuständige Behörde ernste Bedenken hat, dass das grenzüberschreitende Vorhaben zu missbräuchlichen oder betrügerischen Zwecken vorgenommen werden soll, sollten bei der Prüfung alle relevanten Tatsachen und Umstände sowie gegebenenfalls mindestens Anhaltspunkte berücksichtigt werden, die sich auf die Merkmale der Niederlassung in dem Mitgliedstaat, in dem die Gesellschaft bzw. die Gesellschaften nach dem grenzüberschreitenden Vorhaben registriert werden soll/sollen, beziehen, einschließlich des Zwecks des Vorhabens, der Branche, der Investition, des Nettoumsatzes und des Gewinns oder Verlusts, der Zahl der Arbeitnehmer, der Zusammensetzung der Bilanz, des Steuersitzes, der Vermögenswerte und ihrer Belegenheit, der Anlagen, der wirtschaftlichen Eigentümer der Gesellschaft, der gewöhnlichen Arbeitsorte der Arbeitnehmer und besonderer Arbeitnehmergruppen, des Ortes, an dem die Sozialabgaben zu entrichten sind, der Zahl der Arbeitnehmer, die in dem Jahr vor dem grenzüberschreitenden Vorhaben im Sinne der Verordnung (EG) Nr. 883/2004 des Europäischen Parlaments und des Rates (13) und der Richtlinie 96/71/EG des Europäischen Parlaments und des Rates (14) entsandt wurden, der Zahl der Arbeitnehmer, die gleichzeitig in mehr als einem Mitgliedstaat im Sinne der Verordnung (EG) Nr. 883/2004 arbeiten, sowie der Geschäftsrisiken, die die Gesellschaft bzw. die Gesellschaften vor und nach dem grenzüberschreitenden Vorhaben übernimmt/übernehmen."

584 *Luy*, NJW 2019, 1905, 1907; *Bungert*, FS Krieger. S. 123; *Schön*, FS Krieger, S. 895, S. 897.

585 ErwGr. 36 MobilitätsRL.

586 *Teichmann*, NZG 2019, 241, 248.

auch nicht die einzige Möglichkeit sein, mit der Unternehmen den Missbrauchsvorwurf widerlegen können,[587] denn dadurch würde die Rechtsprechung seit der Rechtssache *Centros* unterlaufen werden.[588] Die Forderung, Satzungs- und Verwaltungssitz zu koppeln, findet sich auch im Parlamentsentwurf.[589] Die Tatsache, dass dies gerade nicht in der Richtlinie aufgenommen wurde, lässt darauf schließen, dass diese Koppelung nicht dem Willen des europäischen Gesetzgebers entspricht.

Der Forderung den Missbrauchsbegriff zu Gunsten der Rechtssicherheit zu konturieren, kam der Europäische Gesetzgeber nicht nach.[590] Vielmehr kommt es hier auf eine schützende Ausgestaltung im Recht des Zuzugsstaates an.[591] Es liegt daher an den Mitgliedstaten, diese Generalklausel bei der Umsetzung auszugestalten.[592] In dieser Hinsicht ist es für die Umsetzung in das nationale Recht demnach von Bedeutung, die Kontrolle bei der Eintragung umfassend auszugestalten. Wann missbräuchliche Gestaltungen mit dem Ziel mitbestimmungsrechtliche Vorgaben zu umgehen als „Missbrauch" im Sinne dieser Kontrolle einzustufen sind, wird Gegenstand der weiteren Untersuchung sein.[593]

G. Eintragung in das Register des Zuzugsstaates

Die Vorabbescheinigung wird anschließend durch das System der Registervernetzung übermittelt.[594] Darauf folgt die Überprüfung der Rechtmäßigkeit durch den Zuzugsstaat.[595] Es wird geprüft, ob die Voraussetzungen für die nationale Eintragungsfähigkeit gegeben sind. Dabei wird auch überprüft, ob gegebenenfalls eine Regelung über die Mitbestimmung der Arbeitnehmer getroffen wurde.[596] Nur wenn diese Voraussetzungen erfüllt sind, kann eine Eintragung erfolgen.[597]

---

587 *Bayer/J. Schmidt*, BB 2019, 1922, 1930; *Luy*, NJW 2019, 1905, 1907; *Kraft*, BB 2019, 1864, 1867.

588 *Bayer/J. Schmidt*, BB 2019, 1922, 1930.

589 Vgl. ErwGr. 3 und 6 Bericht über den Vorschlag für eine Richtlinie des Europäischen Parlaments und des Rates zur Änderung der Richtlinie (EU) 2017/1132 im Hinblick auf grenzüberschreitende Umwandlungen, Verschmelzungen und Spaltungen(COM(2018)0241 – C8-0167/2018 – 2018/0114(COD)), abrufbar unter <https://www.europarl.europa.eu/RegData/seance_pleniere/textes_deposes/rapports/2019/0002/P8_A(2019)0002_DE.pdf> (Stand 06.04.2020) im Folgenden zitiert als „Änderungsantrag des Parlaments".

590 *Teichmann*, NZG 2019, 241, 248.

591 *Kraft/Noack*, FS Krieger, S. 553.

592 Vgl. *Bungert*, FS Krieger. S. 123; *J. Schmidt*, ECFR 2019, 222, 238.

593 Vgl. dazu Teil 3 § 5 A.II.

594 Art. 86n, Art. 127a, Art. 160o MobilitätsRL

595 Art. 86o, Art. 160o MobilitätsRL und Art. 128 GesRRL.

596 Art. 86o Abs. 1, Art. 160o Abs. 1 MobilitätsRL, Art. 128 Abs. 1 GesRRL.

597 Art. 86o Abs. 4, Art. 160o Abs. 4, Art. 128 Abs. 4 MobilitätsRL.

§ 4 Grundsätze der Richtlinienumsetzung

Das alleinige Tätigwerden des unionalen Gesetzebers bewirkt noch keine unmittelbare Geltung einer Richtlinie. Diese erfordert nach Art. 288 AEUV einen Umsetzungsakt durch den nationalen Gesetzgeber. Bis zum 31. Januar 2023 haben die Mitgliedstaaten Zeit, die Mobilitätsrichtlinie umzusetzen.[598]

Des Legislativakts in Form einer Richtlinie bedient sich der Europäische Gesetzgeber erfahrungsgemäß gern, wenn ein einheitliches Normkonzept in allen Mitgliedstaaten erzielt werden soll.[599] Richtlinien erlangen selbst keine unmittelbare Geltung, sondern sind lediglich in ihrem Ziel für die Staaten verbindlich. Die Wahl der Form und der Mittel sind der Umsetzung durch den nationalen Gesetzgeber überlassen.[600] Dabei besteht für den nationalen Gesetzgeber auch die Möglichkeit, das Umsetzungsgesetz im Rahmen des Spielraums der Richtlinie zu gestalten. Dieser könnte unter Beachtung der Grundsätze der Richtlinienumsetzung dazu genutzt werden, den intendierten Mitbestimmungsschutz zu verwirklichen. Nichtsdestotrotz ergeben sich für die Umsetzung von Richtlinien einige Grundsätze aus dem Europäischen Recht (A), die der nationale Gesetzgeber nach seinen Leitlinien umsetzt (B). Zu prüfen ist, welche Auswirkung diese Vorgaben auf die Implementierung der Mobilitätsrichtlinie haben (C).

A. Vorgaben des Unionsrechts

Dreh- und Angelpunkt der Richtlinienumsetzung ist Art. 288 Abs. 3 AEUV, der für die Implementierung lediglich eine Zielverbindlichkeit vorgibt.[601] Diese Zielverbindlichkeit stellt gleichsam eine Erfolgsverpflichtung dar. Mit Ablauf der Umsetzungsfrist müssen die unionalen Vorgaben Bestandteil des national geltenden Rechts sein.[602] Bis zum Ablauf der Frist entfaltet der Rechtsakt bereits insoweit Sperrwirkung, als die Mitgliedstaaten erfolgsvereitelnde Rechtshandlungen unterlassen müssen.[603]

---

598 Art. 3 Abs. 1 MobilitätsRL.

599 *Payrhuber/Stelkens,* EUR 2019, 190, 197.

600 Vgl. Art. 288 Abs. 3 AEUV.

601 Art. 288 Abs. 3 AEUV.

602 EuGH v. 1.10.1998, Rs. C-71/97, ECLI:EU:C1998:455, Rn. 17 – Kommission/Königreicht Spanien; *Payrhuber/Stelkens,* EUR 2019, 190, 202.

603 EuGH v. 18.12.1997, Rs. C-129/96 ECLI:EU:C1997:828, Rn. 45 – Inter-Environnement Wallonie/Région Wallonne. Dazu *Weiß,* DVBl. 1998, 568 ff.; *Ehricke,* ZIP 2001, 1311, 1311 f.; *Bühring/Lang,* ZeuP 2005, 88, 95; im Einzelnen dazu *Schliesky,* DVBl. 2003, 631 ff. Später EuGH v. 8.05.2003, ARTAL, Rs. C-14/02 ECLI:EU:C2003:265, Rn. 58; Verb. v. 23.04.2009, VTB-VAB und Galatea, Rs. C-261/07 und C-299/07, ECLI:EU:C2009:244, Rn. 38; EuGH v. 26.05.2020, Stichting Natuur en Milieu u.a., Rs. C-165/09, ECLI:EU:C:2011:348, Rn. 78 ff.

Der Umsetzungsfreiheit in Bezug auf die eingangs erwähnte Wahl der Form und Mittel der nationalen Gesetzgeber sind allerdings auch Grenzen gesetzt. Die erste Hürde ist im Gebot der effektiven Umsetzung zu sehen. Aus diesem *effet utile* ergeben sich einige Anforderungen, denen die Implementierung gerecht werden muss: Umsetzungsakte müssen mindestens den Rang haben, den die innerstaatliche Vorgängerregelung innehatte.[604] Überdies muss die Umsetzung klar und eindeutig erfolgen.[605] Richtlinien müssen demnach so wirkungsvoll wie nur möglich implementiert werden.[606] Die nationalen Vorschriften müssen derart deutlich ausgestaltet sein, dass jeder Einzelne daraus seine Rechte in vollem Umfang ableiten und sich auf diese berufen kann.[607] Verletzt der Gesetzgeber diese Vorgaben, so kann gegebenenfalls eine unmittelbare Geltung der Richtlinie gegenüber dem Einzelnen abgeleitet werden.[608] Hand in Hand mit diesem *effet utile* geht das Äquivalenzprinzip. Nach diesem Prinzip müssen unionsrechtliche Vorgaben genauso effizient umgesetzt werden, wie politische Ziele der Nationen selbst.[609]

Bei Einhaltung dieser Grenzen soll die Verwendung von Richtlinien eine Rechtssetzungsformfreiheit schaffen und dem nationalen Gesetzgeber eine systemgerechte Anpassung ermöglichen.[610] Die Vorgaben können somit einer „customization" unterworfen werden, durch die ein Zuschnitt auf nationale Gegebenheiten erfolgen kann und die Möglichkeit politischer Gestaltungen geschaffen wird.[611] Zur konkreten Ausgestaltung der Umsetzung haben sich in der Vergangenheit verschiedene Umsetzungstechniken herauskristallisiert. Angewandte

604 EuGH, 06.05.1980, Rs. 102/79, ECLI:EU:C:1980:120, Rn. 10 – Kommission/Belgien; EuGH 15.03.1983, Rs. 145/82, ECLI: EUC:1983:75, Rn. 10 – Kommission/Italien.

605 *Arndt/Fischer/Fetzer*, Europarecht, Rn. 178; *Zimmer*, AuR 2012, 422, 422.

606 *Kumpf*, Multinationalität der SE-Mitbestimmungsordnung, S. 8. Dies bestätigt auch der EuGH im Urteil v. 10.04.1984, Rs. 14/18, ECLI:EU:C:1984:153, Rn. 15 – von Colson/Kamann.

607 EuGH vom 23.05.1985, Rs. 29/84, ECLI:EU_C_1985:229, Rn. 23 Kommission – Deutschland; *Kumpf*, Multinationalität der SE-Mitbestimmungsordnung, S. 8.

608 EuGH v. 4.12.1974, van Duyn, Rs. 41/74, ECLI:EU:C:1974, Rn. 12. Zu einer unmittelbaren Anwendung kommt es hingegen nur, wenn die betreffende Rechtsvorschrift inhaltlich unbedingt und hinreichend präzise formuliert ist. Vgl. dazu ständige Rspr. des EuGH v. 5.10.2004 – verb. Rs. C-397/01 bis C-403/01 – Pfeiffer u.a., ECLI:EU:2004:584.

609 EuGH v. 6.10.2015, Tarsia, Rs. C-69/14, EuZW 2015, 917, Rn. 27; EuGH v. 16.12.1976, Rewe-Zentralfinanz und Rewe-Zentral, Rs. 33–76 ECLI:EU:C:1976:188, Rn. 5; EuGH v. 26.01.2010, Transportes Urbanos y Servicios Generales, Rs. C118/08 ECLI:EU:C:2010:39, Rn. 31.

610 *Wunderlich/Pickartz*, EuR 2014, 659, 663 f.; *Payrhuber/Stelkens*, EUR 2019, 190, 201.

611 *Thomann*, Journal of European Public Policy 2015, 1368, 1370; *Payrhuber/Stelkens*, EUR 2019, 190, 201.

Techniken stellen dabei die sog. „1:1-Umsetzung“, das „Gold-Plating“, die „Copy-Out“-Methode und die Verweismethode dar. Bei der Verweistechnik wird die Richtlinie für unmittelbar anwendbar erklärt, indem statische oder dynamische Inbezugnahmeklauseln verwendet werden.[612]

Der Copy-Out-Methode bedient sich ein Mitgliedstaat, wenn er den Text der Richtlinie nahezu wortgleich und unter Beibehaltung derselben Systematik in nationales Recht übernimmt.[613] Mit diesen Techniken wird sichergestellt, dass der nationale Gesetzgeber nicht mehr vornimmt, als die zwingend erforderlichen Vorgaben einzuführen.[614]

Die 1:1-Umsetzung besteht in der Übernahme der Vorgaben der Richtlinie, ohne inhaltlich über diese hinaus zu gehen. Somit werden hier nur die Mindestvorgaben realisiert.[615] Das Gold-Plating beschreibt hingegen das Gegenteil. Der Mitgliedstaat geht bei der Umsetzung über die erforderlichen Vorgaben hinaus.[616] Beim sog. echten Gold-Plating wird der Anwendungsbereich der Richtlinie verändert, indem er ergänzt oder strenger als notwendig umgesetzt wird.[617] Beim unechten Gold-Plating erfolgt eine überschießende Umsetzung. Dabei soll die Richtlinie auch auf solche Sachverhalte angewandt werden, die nicht dem ursprünglichen Regelungsumfang der europäischen Vorgaben entsprechen.[618]

B. Leitlinien des Bundesministeriums der Justiz und für Verbraucherschutz

Das Bundesministerium der Justiz und für Verbraucherschutz sieht in seinem Handbuch Empfehlungen zu Form und Gestaltung von Gesetzen und Rechtsverordnungen vor. Die dort getroffenen Empfehlungen beruhen auf rechtlichen Vorgaben und vor allem auf praktischen Erfahrungen aus der Rechtssetzung.[619] Bei der Umsetzung von Richtlinien hierzulande gilt, dass eine ausschließlich wörtliche Übernahme meist nicht genügt.[620] Auch eine Verwendung der Verweisungsmethode

612 *Jans/Prechal/Widdershoven*, Europeanisation of Public Law, S. 16 f.; *Payrhuber/Stelkens*, EUR 2019, 190, 196.

613 *Kral*, European Law Review 41 (2016), 220, 222 ff.; *Payrhuber/Stelkens*, EUR 2019, 190, 195.

614 *Payrhuber/Stelkens*, EUR 2019, 190, 196.

615 *Kluth*, in: Kluth/Krings Gesetzgebung, § 21 Rn. 59 ff.

616 Europäische Kommission, Bessere Ergebnisse durch bessere Rechtsetzung – Eine Agenda der EU, COM (2015) 215 final vom 19.05.2015, S. 8.

617 *Burmeister/Staebe*, EuR 2009, 444, 445.

618 *Burmeister/Staebe*, EuR 2009, 444, 444 ff.; *Payrhuber/Stelkens*, EUR 2019, 190, 195.

619 Bundesministerium der Justiz, Handbuch der Rechtsförmlichkeit, Vorwort.

620 Bundesministerium der Justiz, Handbuch der Rechtsförmlichkeit, Rn. 294. Diese kommt nach den dort festgeschriebenen Grundsätzen auch überhaupt nur in Betracht, wenn die jeweiligen Regelungen bereits hinreichend bestimmt und

ist aus Gründen der Verständlichkeit nicht empfehlenswert.[621] Die Regelungen sollen sich in die deutsche Rechtsordnung einfügen.[622] Dies geschieht grundsätzlich mittels Implementierung durch das zuständige federführende Ministerium.[623] Die Umsetzung hat in Umformulierung oder Ausgestaltung in Form eines Gesetzes oder einer Rechtsverordnung zu geschehen, wobei die Kompetenzaufteilung im Rahmen der Gesetzgebung beachtet werden muss.[624] Ganz im Sinne des unionalen Gesetzgebers soll sich diese Kodifizierung auf die tatsächlich notwendigen Regelungen beschränken.[625]

Das Umsetzungsverfahren selbst gliedert sich in verschiedene Stufen. Zunächst müssen die bestehenden Regelungen mit den Vorgaben abgeglichen werden.[626] Nach einem „Grundmuster" ist der konkrete Umsetzungsbedarf zu ermitteln.[627] Sollten sich dabei Auslegungsfragen ergeben, so sind diese unter Zuhilfenahme anderer Sprachfassungen zu beurteilen.[628] Ziel einer erfolgreichen Umsetzung ist es, die vorgeschriebenen Regelungen vollständig und umfassend in die deutsche Rechtsordnung einzugliedern, so dass sich diese widerspruchslos in das hiesige System einfügen.[629]

C. Übertragung auf die Mobilitätsrichtlinie

Die Einfügung der Mobilitätsrichtlinie in die deutsche Rechtsordnung wird aller Wahrscheinlichkeit nach in weiten Teilen im Rahmen der Anpassung bzw. Erweiterung des UmwG erfolgen.[630] In Bezug auf die mitbestimmungsrechtlichen Vorschriften ist denkbar, dass der deutsche Gesetzgeber die etablierte Separation zwischen Ausführungs- und Beteiligungsgesetzen beibehält.[631] Dies würde zu einer Überarbeitung des MgVG

---

verständlich ausgestaltet sind. Vgl. dazu Bundesministerium der Justiz, Handbuch der Rechtsförmlichkeit, Rn. 300.

621 Bundesministerium der Justiz, Handbuch der Rechtsförmlichkeit, Rn. 301.

622 Bundesministerium der Justiz, Handbuch der Rechtsförmlichkeit, Rn. 294.

623 Vgl. § 75 Abs. 1 S. 1 GO. Nach Abs. 2 gelten dafür die allgemeinen Regelungen für die Vorbereitung von Gesetzen und Verordnungen, § 75 Abs. 2 GO.

624 Bundesministerium der Justiz, Handbuch der Rechtsförmlichkeit, Rn. 293

625 Bundesministerium der Justiz, Handbuch der Rechtsförmlichkeit, Rn. 293.

626 Bundesministerium der Justiz, Handbuch der Rechtsförmlichkeit, Rn. 295.

627 Bundesministerium der Justiz, Handbuch der Rechtsförmlichkeit, Rn. 296. Dabei wird eine Art Fragenkatalog abgearbeitet, der den Regelungsgehalt der Richtlinie erschließen soll und einen Vergleich zur derzeitigen Regelungslage ziehen soll.

628 Bundesministerium der Justiz, Handbuch der Rechtsförmlichkeit, Rn. 297.

629 Bundesministerium der Justiz, Handbuch der Rechtsförmlichkeit, Rn. 299.

630 So schon *Wicke*, DStR 2018, 2642, 2644.

631 Diese verzeichnet man bereits im Hinblick auf die SE im SEAG und SEBG, sowie für die grenzüberschreitende Verschmelzung durch Kodifizierung im UmwG und MgVG.

führen.[632]

I. *Umsetzungsspielraum in der Richtlinie*

Der Spielraum, den der Gesetzgeber bei der Umsetzung hat, ergibt sich oft aus der Richtlinie selbst. Oftmals ist die normative Dichte von Richtlinien allerdings so weit ausgestaltet, dass tatsächlich kaum ein Regelungsspielraum beim nationalen Gesetzgeber verbleibt.[633] Dies gilt vor allem dann, wenn der Regelungsakt der Vollharmonisierung dient. Ob dies zutrifft, ist meist eine Frage der Auslegung.[634]

Im Rahmen der Mobilitätsrichtlinie findet sich häufig die Formulierung, dass die Mitgliedstaaten etwas „einführen" oder „regeln". Auch wird diesen oftmals eine Entscheidungsmöglichkeit eröffnet.[635] Daraus ergibt sich bereits, dass hier grundsätzlich ein Umsetzungsspielraum gegeben ist.[636] Diskutiert wird in der Literatur bereits – insbesondere in Hinblick auf den Ausschluss von Personengesellschaften und der Spaltung zur Aufnahme – die Möglichkeit einer überschießenden Umsetzung der Richtlinie, um den lückenhaften Anwendungsbereich zu schließen.[637]

---

632 Diesem Ansatz folgt auch diese Untersuchung. So findet sich im Anhang der Entwurf eines Gesetzes über die Mitbestimmung der Arbeitnehmer bei einer grenzüberschreitenden Umwandlung (MgUG). Dieses reformiert das bis dahin geltende MgVG durch alle in dieser Arbeit erörterten Änderungsvorschläge zu einem einheitlichen Gesamtkonzept.

633 Vgl. Generalanwalt *Jacobs*, Schlussantrag v. 27.01.1994. zu Rs. C-316/93, ECLI:EU:C:1994:32, Rn. 28 – Vaneetveld; sowie *D'Atena*, Zur Problematik der EG-Richtlinien, S. 22 f.; *Claßen*, Nichtumsetzung von Gemeinschaftsrichtlinien, S. 50 ff.; *Prechal*, Directives in European Community Law, S. 14; *Scherzberg*, Jura 1992, 572, 574; *Zuleeg*, ZGR 1980, 466, 471 ff.

634 *Althoff/Wallgen*, Clarifying Gold-Plating – Better Implementation of EU Legislation Board of Swedish Industry and Commerce for Better Regulation, S. 35.

635 So etwa ErwGr, 9, 10, 12, 17, 18, 20, 25, 37; Art. 86a Abs. 4, 86e Abs. 4, Art. 86f Abs. 3 S. 2, Art. 86g Abs. 1, Unterabs. 2., Abs. 2, Abs. 5, Art. 86h Abs. 4, Art. 86i Abs. 1 Unterabs. 2, 3, Abs. 4 Unterabs. 2, Art. 86j Abs. 2, Art. 86k Abs. 1 S. 2, Art. 123 Abs. 1 Unterabs. 2, Abs. 2, Abs. 6, Art. 124 Abs. 4, Art. 126b Abs. 1 Unterabs. 1, 2, 3, Abs. 7, Art. 126b Abs. 2, Art. 126c Abs. 1 S. 2, Art. 127 Abs. 3, Art. 160 a Abs. 5, Art. 1603 Abs. 4, Art. 160g Abs. 1 Unterabs. 2, Abs, 2, Art. 160i Abs. 1 Unterabs. 2, 3, Abs. 4 Unterabs. 2, Abs. 7, Art. 160j Abs. 3, Art. 160m Abs. 3 MobilitätsRL.

636 *J. Schmidt* spricht insoweit von vielfältigen Mitgliedstaatenoptionen: ZeuP 2020, 565, 566.

637 *Bungert/Wansleben*, DB 2019, 49, 52; *Bormann/Stelmaszczyk*, ZIP 2019, 300, 302; *dies.*, ZIP 2019, 353, 354; *Lieder/Bialluch*, NJW 2019, 805, 809; *J. Schmidt*, ZeuP 2020, 565, 566 jeweils mwN.

II. Spielraum im Bereich der Mitbestimmungsregelungen

Um den Gestaltungsspielraum zu erfassen, den der Richtlinientext den Mitgliedstaaten eröffnet, muss zunächst der Text der konkreten Mitbestimmungsvorschriften herangezogen werden. Zu unterscheiden ist hier grundsätzlich zwischen zwei Regelungsarten, deren sich der europäische Gesetzgeber bedient. Zum einen trifft er in den Vorschriften selbst konkrete Anordnungen. Hier finden sich Anweisungen, nach denen die nationalen Gesetzgeber bestimmte Aspekte „regeln".[638]

Zum anderen sieht der Richtlinientext neben den konkreten Regelungsaufträgen umfangreiche und detaillierte Verweisungen vor.[639] Hier erschließt sich ein großer Handlungsspielraum. Sie bedienen sich oftmals der Formulierung, dass diese eine Regelung oder Vorkehrung treffen „können".[640] Von einer verpflichtend einzuführenden Regelung, wie es die Wendungen „sollen", „regeln" oder „stellen sicher" nahelegen, kann hier gerade nicht die Rede sein. Die Mitgliedstaaten trifft in dieser Hinsicht ein größerer Gestaltungsspielraum.

Noch weiter gehen indessen die eingeführten Verweisungen auf Art. 11 und 12 SE-RL. Demnach müssen die Mitgliedstaaten geeignete Maßnahmen ergreifen, um Rechtsmissbräuche zu Lasten der Arbeitnehmer zu verhindern.[641] Hier bedient sich der Gesetzgeber zwar der zwingenden Formulierung „müssen". Der inhaltliche Spielraum der Vorschriften ist jedoch gewaltig.[642] Aufschluss geben auch die Erwägungsgründe.[643] So geben diese dem nationalen Gesetzgeber die Befugnis, Maßnahmen vorzunehmen, um die Einhaltung der Richtlinie zu gewährleisten, den Schutz der bestehenden Arbeitnehmerrechte sicherzustellen und sogar die Option, einen stärkeren Schutz der Arbeitnehmer einzuführen.[644]

D. Ergebnis

Der unionale Gesetzgeber hat einen Rechtsrahmen geschaffen, den der deutsche Gesetzgeber nun durch die Umsetzung der Richtlinie ausgestalten kann. Diesem wird dabei ein gewisser Handlungsspielraum eröffnet, den er im Rahmen der Anpassung des MgVGs nutzen kann, um möglicherweise auch den Mitbestimmungsschutz auszubauen. Während die Fragen des gesellschaftsrechtlichen Umwandlungsverfahrens wohl auch weiterhin im UmwG ihre Regelung

---

638 Vgl. Art. 86 Abs. 3, 4; Art. 160l Abs. 3, 4 MobilitätsRL.

639 Vgl. dazu im Einzelnen im Teil 3.

640 Vgl. die Verweise auf Art. 3 Abs, 1 lit. b, Abs. 7, Art. 7 Abs. 1, Art. 8 Abs. 1, Art. 11, Art. 12 SE-RL.

641 Art. 11 SE-RL.

642 Näheres dazu im Teil 3 unter § 5 D.

643 Diese dienen grundsätzlich der Auslegung der Normtexte, vgl. EuGH v. 28.6.2012, Fabio Coronna, Rs. C – 7/11, ECLI:EU:C:2012:396, Rn. 40.

644 Vgl. ErwGr. 11, 28 MobilitätsRL sowie Art. 11 und 12 SE-RL.

finden, sollte die Mitbestimmung durch Anpassung des MgVGs umgesetzt werden. Angelehnt an das MgVG könnte in einem „Gesetz über die Mitbestimmung der Arbeitnehmer bei grenzüberschreitenden Umwandlungsvorgängen“ die Arbeitnehmerbeteiligung durch Anpassung der bestehenden Regelungen implementiert werden.[645]

645 Ein solcher Vorschlag zur Änderung des MgVGs befindet sich unter Einflechtung aller in der vorliegenden Ausarbeitung gezogenen Erkenntnisse im Anhang (Gesetz über die Mitbestimmung der Arbeitnehmer bei einer grenzüberschreitenden Umwandlung – „MgUG“).

3. Teil: Mitbestimmung in der Mobilitätsrichtlinie

Das Hauptaugenmerk dieser Untersuchung liegt nicht auf dem allgemeinen Umwandlungsverfahren, sondern auf der Mitbestimmung in der Mobilitätsrichtlinie. Im Folgenden soll daher beleuchtet werden, wie das System der Unternehmensmitbestimmung in diesem Rechtsakt ausgestaltet wurde und welche Schutzmechanismen der europäische Gesetzgeber etabliert, um eine weitere Erosion nationaler Mitbestimmungsregime durch die Stärkung der Unternehmensmobilität zu verhindern.

In der Richtlinie wird für jede Umwandlungsform eine separate Vorschrift zur Regelung der Unternehmensmitbestimmung eingeführt. Diese formt Art. 86l für den grenzüberschreitenden Formwechsel und Art. 160l für die grenzüberschreitende Spaltung. Schließlich wird die bereits bestehende Vorschrift des Art. 133 der Gesellschaftsrechtsrichtlinie weitgehend an das für alle Umwandlungsformen harmonisierte Verfahren angepasst.[646]

Das Mitbestimmungssystem der Mobilitätsrichtlinie weist im Hinblick auf die Umwandlungsformen des grenzüberschreitenden Formwechsels und der Spaltung weitgehende Deckungsgleichheit auf.[647] Die Verfasser sahen sich während der Entwicklung der Vorschriften einem Spannungsverhältnis ausgesetzt, das zur Zerreißprobe für das Vorhaben wurde: Mit Einführung der Mitbestimmungsregelung musste dem Schutz der Arbeitnehmer ausreichend Rechnung getragen werden, ohne gleichzeitig unüberwindbare Hindernisse für die europäische Unternehmensmobilität zu schaffen.[648] Dabei wurden die neu geschaffenen Regelungen in einem „Copy and Paste"-Verfahren weitgehend aus der bestehenden Verschmelzungsrichtlinie übernommen.[649] Grundsätzlich gilt damit, wie bereits in der Verschmelzungsrichtlinie jeweils durch Abs. 1, das Recht des Zuzugsstaates (§ 1). Abweichend von diesem Grundsatz normiert Abs. 2 Ausnahmetatbestände, bei deren Vorliegen Verhandlungen über die Mitbestimmung durchzuführen sind (§ 2). Kommen die Beteiligten nicht zu einer Einigung, so greift die Auffanglösung (§ 3). Dieses Grundsatz-Ausnahme-Modell ist bereits aus der Verschmelzungsrichtlinie bekannt.[650] Vereinzelt weist die Mobilitätsrichtlinie jedoch erhebliche Änderungen zu dem bestehenden System auf. Zudem wird die Vorschrift der

646 Dass diese Angleichung jedoch nicht konsequent erfolgte, zeigt die spätere Untersuchung, vgl. dazu C.

647 *Selent,* NZG 2018, 1171, 1174; *J. Schmidt,* Der Konzern 2018, 273, 284.

648 ErwGr. 6 MobilitätsRL; *Teichmann,* NZG 2019, 241, 242.

649 *Teichmann,* ECFR 2019, 3, 11.

650 Vgl. dazu bereits im 1. Teil § 3 C.II.

grenzüberschreitenden Verschmelzung nicht vollumfänglich an die Neuerungen angepasst, sodass sich einige bemerkenswerte Unterschiede ergeben (§ 4). Zusammenfassend soll festgehalten werden, wie der Europäische Gesetzgeber die Unternehmensmobilität in der Richtlinie schützen will (§ 5).

§ 1 Grundsatz: Anwendung des Sitzstaatrechts

Grundsätzlich gilt auch in der Mobilitätsrichtlinie, dass die Mitbestimmungsregeln des Mitgliedstaates anzuwenden sind, in welchem die Gesellschaft nach Umwandlung ihren Sitz nehmen wird.[651] Anknüpfungspunkt für das geltende Statut ist somit der satzungsmäßige Sitz der Gesellschaft nach ihrer Eintragung im Zuzugsstaat.[652]

Vergleicht man diese Regelung mit der alten Fassung des Art. 133 Abs. 1 Gesellschaftsrechtsrichtlinie drängt sich auf den ersten Blick der irreführende Schluss auf, Art. 86l Abs. 1 weiche von Art. 133 a.F. ab. Denn dieser bedient sich nicht derselben Terminologie des „Zuzugsstaates“, sondern erklärt das Sitzstaatrecht für anwendbar.[653] Eine grenzüberschreitende Umwandlung hat jedoch gerade den Sitz im Zuzugsland zur Folge, sodass der Regelungsinhalt im Ergebnis derselbe ist.[654]

Der Grundsatz findet auch dann noch Anwendung, wenn der Verwaltungssitz in dem ursprünglichen Sitzstaat verbleibt und nur der Satzungssitz in ein anderes Land verlegt wird.[655] Für die Anwendbarkeit nationaler Mitbestimmungsgesetze folgt aus dieser Vorschrift, dass Gesellschaften nur dann einer Mitbestimmung unterfallen, wenn sie auch die nationalen Voraussetzungen des Mitbestimmungsrechts erfüllen.

Die Anwendung des Grundsatzes aus Abs. 1 birgt jedoch die Gefahr, dass eine Gesellschaft aus einem mitbestimmungsstarken Land in ein

---

651 Art. 86l Abs. 1, Art. 160l Abs. 1 MobilitätsRL.

652 *Oetker,* in: Europäisches Arbeitsrecht, RL 2017/1132 Art. 133 Rn. 6; *Habersack*, ZHR 171 (2007), 613, 619; *Cannistra,* Verhandlungsverfahren, S. 94; *Gaul/Ludwig*, in: Gaul/Ludwig/Forst, Europäisches Mitbestimmungsrecht MgVG § 5 Rn. 72; *Kraft/Noack,* FS Krieger, S. 543; *Teichmann,* FS Windbichler, S. 400.

653 So besagt Art. 133 a.F.: „Unbeschadet des Absatzes 2 findet auf die aus der grenzüberschreitenden Verschmelzung hervorgehende Gesellschaft die Regelung für die Arbeitnehmermitbestimmung Anwendung, die gegebenenfalls in dem Mitgliedstaat gilt, in dem diese Gesellschaft ihren Sitz hat.“ Art. 86l MobilitätsRL bedient sich hingegen dieser Formulierung: „Unbeschadet des Absatzes 2 findet auf die umgewandelte Gesellschaft die Regelung für die Arbeitnehmermitbestimmung Anwendung, die gegebenenfalls im Zuzugsmitgliedstaat gilt.“

654 *Selent,* NZG 2018, 1171, 1172.

655 *Oetker,* in: Europäisches Arbeitsrecht, RL 2017/1132 Art. 133 Rn. 6; *Thüsing/Forst,* in: Habersack/Drinhausen SE-VO, MgVG Einl. Rn. 13.

mitbestimmungsschwächeres wechselt, um dort in den Genuss des unter Umständen sogar mitbestimmungsfreien Rechts zu kommen. Dies hätte eine Mitbestimmungsminderung in der betreffenden Gesellschaft zur Folge.[656] Um dieses Phänomen zu unterbinden, regelt Abs. 2 Tatbestände, bei deren Eingreifen die Verhandlungslösung anzuwenden ist und der Grundsatz aus Abs. 1 verdrängt wird.

§ 2 Ausnahmetatbestände: Verhandlungslösung

Absatz 2 schafft drei Tatbestände, in denen das Sitzstaatrecht entgegen dem Grundsatz in Abs. 1 keine Anwendung findet. Geregelt werden damit drei Szenarien, in denen ein besonderer Schutz der Mitbestimmung notwendig scheint (A). Liegt einer dieser drei Ausnahmefälle vor, so haben die Parteien wie in der Verschmelzungsrichtlinie nach den Grundsätzen der SE-RL[657] über die Mitbestimmung zu verhandeln (B).

A. Anwendbarkeit der Verhandlungslösung

Verfügt die Gesellschaft im Zeitpunkt der Umwandlung über 4/5 des nationalen mitbestimmungsrelevanten Schwellenwertes (I), wird die Mitbestimmung durch das Vorhaben gemindert (II) oder finden ausländische Arbeitnehmer im Zuzugsstaat keine Beachtung (III), so ist die künftige Mitbestimmungsregelung zwischen dem BVG und den Unternehmensleitungen auszuhandeln. Bedeutung erlangte für diese Systematik der Verschmelzungsrichtlinie die Frage, in welchem Verhältnis diese Tatbestände stehen (IV). In Bezug auf die konkrete Umsetzung der Ausnahmetatbestände besteht insoweit auch ein Anpassungsbedarf im MgVG (V).

I. Schwellenwertregelung

Mit der sogenannten „Schwellenwertregelung“[658] manifestiert der Europäische Gesetzgeber eine Verhandlungspflicht, wenn die umwandelnde Gesellschaft einen gewissen Anteil des Schwellenwerts erreicht, den das nationale Mitbestimmungsrecht als Auslöser der Mitbestimmung vorsieht. Diese Vorschrift stellt eine wesentliche Neuerung der Richtlinie dar, galt doch noch in der Vorgängerrichtlinie die starre Verhandlungsschwelle von 500 Arbeitnehmern.

1. Regelungsinhalt

Statt an der aus Art. 133 Abs. 1 GesRRL a.F. bekannten Marke von 500 Arbeitnehmern festzuhalten, legt der Gesetzgeber nun eine nach Mitgliedstaat divergierende

---

656 *Oetker*, in: Europäisches Arbeitsrecht, RL 2017/1132 Art. 133 Rn. 7.

657 Vgl. dazu schon im 1. Teil § 3 C.II.

658 *Bungert/Becker*, DB 2019, 1606, 1615.

flexible Schwelle von 4/5 des Schwellenwertes fest, der ein Mitbestimmungssystem nach nationalem Recht auslösen würde.[659]

Entgegen der ursprünglichen Lösung, ist damit die Schwelle, die eine Verhandlungspflicht auslöst, individuell für jedes Land einzeln zu bestimmen.[660] Für das deutsche Recht gilt damit der Grenzwert von 4/5 von 500 Arbeitnehmern, die eine Drittelbeteiligung auslösen (dies entspricht 400 Arbeitnehmern). Die anteilige Schwelle des MitbestG (1600 Arbeitnehmer) ist für diese Auslösung irrelevant, da hier nur die Intensität des Mitbestimmungsniveaus verändert wird und keine Pflicht zur Einführung eines Mitbestimmungssystems im Sinne eines „Auslösens" besteht.[661]

Das unscheinbare Wort „auslöst" im Abs. 2 hat bedeutendes Gewicht in Bezug auf die vorherige Rechtslage. Während bisher bei der grenzüberschreitenden Verschmelzung das Bestehen eines Mitbestimmungssystems nötig war, ist dieses Bestehen nun gerade keine Voraussetzung mehr.[662] Die Ausnahmeregel soll gerade erreichen, dass eine Verhandlungspflicht schon dort besteht, wo noch gar keine Mitbestimmung existiert. Daher ist die Änderung im Wortlaut aus sich heraus systematisch notwendig: Vor Erreichen des nationalen Schwellenwerts – was gerade den Anwendungsbereich des Abs. 2 Einl. darstellt – besteht nach dem mitgliedstaatlichem Recht nun mal keine Pflicht, Unternehmensmitbestimmung einzuführen, sodass dies auch in den seltensten Fällen – allenfalls bei einer freiwilligen Form der Mitbestimmung auf Unternehmensebene – gegeben sein würde.[663]

2. *Regelungszweck*

Mit dieser Vorverlagerung der Schwellenwerte soll verhindert werden, dass Gesellschaften kurz vor Erreichen des nationalen Schwellenwerts eine grenzüberschreitende Umstrukturierung vornehmen und sich so aus der Mitbestimmungspflicht herauswinden und den mitbestimmungsfreien Zustand einfrieren[664] oder gar nur kurzzeitig ihren Schwellenwert verringern, um der Mitbestimmungspflicht zu

659 Art. 86l Abs. 2 Einl., Art. 160l Abs. 2 Einl. MobilitätsRL.

660 *Selent,* NZG 2018, 1171, 1173; *J. Schmidt,* Der Konzern 2018, 273, 281.

661 *Oetker,* in: Europäisches Arbeitsrecht, RL 2017/1132 Art. 133 Rn. 8.

662 *Brandi,* BB 2018, 2626, 2632.

663 Allerdings wurde auch zur alten Rechtslage schon dahingehend argumentiert, dass das „Bestehen" für sich nicht ausschlaggebend sein kann, sondern vielmehr die Pflicht einer Gesellschaft, Mitbestimmung einzuführen. So *Cannistra,* Verhandlungsverfahren, S. 95 und zur parallelen Problematik in der SE, S. 199.

664 *Bormann/Stelmaszczyk,* ZIP 2019, 353, 364; *Bungert/Becker,* DB 2019, 1906, 1616; *ECLE,* ECFR 2019, 196, 218; *Habersack,* ZHR 182 (2018), 495, 502; *Hoffmann,* EuZW 2018, 785, 786; *Luy,* NJW 2019, 1905, 1906, *Schmidt,* Der Konzern 2018, 273, 281; *Bayer/J. Schmidt,* BB 2019, 1922, 1934; *Teichmann,* ECFR 2019, 3, 11; *ders.,* FS Windbichler, S. 402.

entgehen.[665] Es handelt sich bei der Vorverlagerung der Schwelle also um den Versuch der Kommission, die Fluchtbewegungen, die sich seit Einführung der grenzüberschreitenden Verschmelzung abzeichnen, einzudämmen. Inwieweit diese Maßnahme den Umgehungsstrategien tatsächlich einen Riegel vorschieben kann, wird Gegenstand der späteren Untersuchung sein.[666]

Die Flexibilisierung des Schwellenwerts dient daneben aber auch dazu, den Schwellenwertregelungen der Mitgliedstaaten gerecht zu werden, die deutlich geringere Zahlen als die nach der alten Rechtslage erforderlichen 500 Arbeitnehmer vorsehen.[667] Da eine nationale Mitbestimmungspflicht bereits ab 25 Arbeitnehmern eintreten kann, war die starre 500er-Marke ungeeignet, alle Systeme gleichermaßen zu schützen.[668]

Der Rat der Europäischen Union versuchte diese Neuerung der Kommission im Gesetzgebungsprozess rückgängig zu machen und auch für die neuen Umwandlungsformen die 500-Arbeitnehmerschwelle einzuführen.[669] Dieser Rückschritt konnte sich im Trilogverfahren jedoch nicht durchsetzen.

3. *Berechnung der Schwellenwerte*

Ausschlaggebend für die Erreichung des Grenzwertes ist die „durchschnittliche Arbeitnehmerzahl". Maßgeblich ist dabei die durchschnittliche Beschäftigtenanzahl in den letzten sechs Monaten vor Veröffentlichung des Umwandlungsplans.[670] Die konkrete Berechnung erfolgt analog zur Berechnung des Schwellenwerts in Art. 16 der ursprünglichen Verschmelzungsrichtlinie bzw. Art. 133 der GesRRL, die sich wiederum an die Berechnung in Art. 2 Abs. 2 der Richtlinie 2009/38/EG[671]

---

665 *Bungert/Becker*, DB 2019, 1606, 1615; *Hoffmann*, EuZW 2018, 785, 786; *J. Schmidt*, Der Konzern 2018, 273, 281; *J. Schmidt*, ECFR 2019, 222, 266; *Wicke*, DStR 2018, 2703, 2709.

666 Vgl. dazu Teil 4.

667 *Bormann/Stelmaszczyk*, ZIP 2019, 353, 365.

668 So ist beispielsweise in Schweden ab einer Arbeitnehmerstärke von 25 eine Mitbestimmung zu etablieren, vgl. dazu *Schulte-Wrede*, Arbeitnehmerbeteiligung in Europa, S. 20 f.

669 Art. 86l Abs. 2 Einl. des Dokuments ST 5401 2019 INIT, abrufbar unter <http://data.consilium.europa.eu/doc/document/ST-5401-2019-INIT/EN/pdf> (zuletzt abgerufen am 06.04.2020).

670 Art. 86l Abs. 2 Einl., Art. 160l Abs. 2 Einl. MobilitätsRL.

671 Richtlinie 2009/38/EG des Europäischen Parlaments und des Rates vom 6. Mai 2009 über die Einsetzung eines Europäischen Betriebsrats oder die Schaffung eines Verfahrens zur Unterrichtung und Anhörung der Arbeitnehmer in gemeinschaftsweit operierenden Unternehmen und Unternehmensgruppen, Abl. L 122/28 (im Folgenden „Betriebsräterichtlinie").

anlehnt.[672] Maßgeblich ist damit nicht die regelmäßige Arbeitnehmerzahl, sondern allein die durchschnittliche Anzahl aller Beschäftigten.[673]

Anknüpfungspunkt der Berechnung ist keine Zukunftsbetrachtung, sondern eine zahlenmäßig exakte Rückrechnung bis zur Offenlegung des Umwandlungsplans.[674] Die Bestimmung der Arbeitnehmerzahl erfolgt dabei so genau, dass jeder einzelne Arbeiter von Bedeutung ist. Es genügt, wenn die Gesellschaft die Arbeitnehmerzahl erreicht, ein zahlenmäßiges Überschreiten ist hingegen nicht notwendig.[675]

Damit eng verbunden ist die Frage danach, wer als „Arbeitnehmer" im Sinne der Vorschrift zu verstehen ist: „Wer zählt?". Für regelmäßig im Inland beschäftigte Arbeitnehmer dürfte es ein Leichtes sein, diese Frage zu beantworten.[676] Weniger eindeutig erscheint die Rechtslage hingegen in Bezug auf Arbeitnehmer, die im Ausland beschäftigt sind (a), Arbeitnehmer, die nach dem deutschen Mitbestimmungsrecht dem Unternehmen nur zugerechnet werden (b) und schließlich Leiharbeitnehmer (c).

a) Im Ausland ansässige Arbeitnehmer

Obwohl der Richtlinientext selbst keine originäre Aussage in Abs. 2 enthält,[677] geht man in der Literatur bisher davon aus, dass Arbeitnehmer einer Gesellschaft, die bei einem inländischen Betrieb angestellt sind, aber im Ausland ihren tatsächlichen Beschäftigungsort haben, nicht in die Zählung mit aufzunehmen sind.[678] Selbst wenn diesen in Ausführung der Mitbestimmungsrechte ein Wahlrecht zusteht, ist dem Mitbestimmungsrecht grundsätzlich eine Einheit von Zählen und Wählen fremd.[679] Diesem Ergebnis entspricht auch die Normierung in Abs. 5 des

---

672 *Oetker*, in: Europäisches Arbeitsrecht, RL 2017/1132 Art. 133 Rn. 13; *Mückl/Götte*, BB 2018, 2036, 2038.

673 *Thüsing/Forst*, in: Habersack/Drinhausen SE-Recht, § 5 MgVG Rn. 9.

674 *Oetker*, Europäisches Arbeitsrecht, RL 2017/1132 Art. 133, Rn. 19; *Mückl/Götte*, BB 2018, 2036, 2038.

675 *Oetker*, in: Europäisches Arbeitsrecht, RL 2017/1132 Art. 133 Rn. 19.

676 So richtet sich dies wie bereits im SEBG und im MgVG nach dem durch Rechtsprechung und Lehre konturierten Arbeitnehmerbegriff aus § 5 Abs. 2 S. 1 BertVG. Vgl. dazu *Jacobs*, in: MüKo AktG, SEBG § 2 Rn. 3–5; *Hohenstatt/Müller-Bonanni*, in: Habersack/Drinhausen SE-Recht, SEBG § 2 Rn. 5.

677 *Wachter*, GmbH-StB 2018, 283, 294.

678 *Mückl/Götte*, BB 2018, 2036, 2039; *Bungert/Wansleben*, DB 2018, 2094, 2103. Dies bestätigt auch der EuGH durch die in der Rechtsache *Erzberger* angewandten Grundsätze, vgl. EuGH v. 18.7.2017, Erzberger, Rs. C-566/17, NJW 2017, 2603 ff.

679 *Bungert/Wansleben*, DB 2018, 2094, 2103; *Henssler*, ZfA 2018, 174, 189 f.; *Paefgen*, WM 2018, 1029, 1038. Vgl. zu der Frage, in welcher Form Arbeitnehmer im Rahmen der Unternehmensmitbestimmung mitgezählt werden und wann sie abweichend davon ein Wahlrecht ausüben dürfen *Hellwig/Behme*, AG 2015, 333 ff.

Mitbestimmungsartikels, nach dem die Mitgliedstaaten nicht verpflichtet sind, die Zählung auf Arbeitnehmer in anderen Mitgliedstaaten zu erweitern, wenn sie diesen die gleiche Ausübung an Mitbestimmungsrechten zugestehen. Zwar gilt dies grundsätzlich nur für die Berechnung der nationalen Schwellenwerte. Doch genau an dieses Merkmal knüpft Abs. 2 an. Dieser bezieht sich auf die Werte, nach denen innerstaatlich Mitbestimmung einzuführen wäre. Somit müssen auch die Grundsätze der Berechnung denen des nationalen Rechts folgen, um die Autonomie der Mitgliedstaaten zu gewährleisten.[680]

b) National zurechenbare Arbeitnehmer

Ähnlich gestaltet sich die Zurechenbarkeitsfrage bezüglich solcher Arbeitnehmer, die nach nationalem Recht der Gesellschaft zuzurechnen wären und damit zur Erreichung der innerstaatlichen Schwellenwerte beitragen.[681] Obwohl die Problematik bereits zur grenzüberschreitenden Verschmelzung bekannt ist,[682] trifft der Europäische Gesetzgeber dazu bedauerlicherweise keine Aussage. Auch in der Begründung des Kommissionsentwurfs bleibt eine Spurensuche ergebnislos. Bei der Auslegung der Verschmelzungsrichtlinie und des MgVGs ging die herrschende Meinung davon aus, dass keine Berücksichtigung der zugerechneten Arbeitnehmer erfolgen soll, da die Zahl von 500 Arbeitnehmern ein politischer Kompromiss sei und sich auch aus dem Wortlaut keine Anhaltspunkte dafür ergäben, diese Arbeitnehmer einzubeziehen.[683]

Der Wortlaut der neu eingeführten Schwellenwertregelung orientiert sich aus systematischen Gründen noch immer weitgehend an Art. 133 a.F. GesRRL. Trotzdem erscheint es angebracht, diese Arbeitnehmer in den Schwellenwert einzubeziehen.

Der Sinn der Vorschrift liegt darin, die Umgehung der Schwelle zu verhindern, die nach nationalen Grundsätzen eine Mitbestimmungspflicht auslöst.[684] Es geht augenscheinlich darum, zu prüfen, ob eine relevante Menge an Arbeitnehmern tangiert wird und deren Rechte beeinträchtigt werden.[685] Wenn der Zweck überdies im Schutz der Mitbestimmung und deren Umgehungsvermeidung liegt, ist

---

680 So schon zur Einführung des MgVGs *Schubert*, RdA 2009, 9, 12.

681 Etwa nach § 2 Abs. 2 DrittelbG oder § 5 MitbestG.

682 *Cannistra*, Verhandlungsverfahren, S. 96 f.; *Naber/Sittard*, in: MHdB Arbeitsrecht, § 386 Rn. 10 ff.

683 *Thüsing/Forst*, in: Habersack/Drinhausen SE-VO, MgVG § 5 Rn. 11; *Heuschmidt*, AuR 2006, 184, 187; *Naber/Sittard*, in: MHdB Arbeitsrecht, § 386 Rn. 13 f.; *Schubert*, RdA 2007, 9, 12.

684 Siehe dazu bereits (Fn. 664) und (Fn. 665).

685 Dieser Gedanke zur grenzüberschreitenden Verschmelzung lässt sich übertragen. So schon zur VerschmelzungsRL: *Naber/Sittard*, in: MHdB zum Arbeitsrecht, § 386 Rn. 12; *Müller-Bonanni/Müntefering*, NJW 2009, 2347, 2350; *Schubert*, RdA 2007, 9, 13.

nicht einzusehen, wieso diese Arbeitnehmer nicht berücksichtigt werden sollen. Im Gegenteil: Hielte man an der bestehenden Auslegung fest, würde man ein neues Schlupfloch für die Umgehung kreieren. Eine Gesellschaft könnte vor Vornahme der grenzüberschreitenden Umstrukturierung eine innerstaatliche Ausgliederung vornehmen und die Arbeitnehmer auf andere Gesellschaften oder Tochtergesellschaften verteilen. Bliebe man dabei, die nach nationalem Recht zuzurechnenden Arbeitnehmer nicht zu zählen, würde so die vorverlagerte Schwelle mit Leichtigkeit umgangen werden können.[686]

Zudem muss auch hier beachtet werden, dass sich die neue Regelung auf eine andere Situation bezieht. Der Schlüssel liegt auch hier in der Berechnung nationaler Schwellenwerte. War nach der alten Rechtslage nur eine gewisse Arbeitnehmerbetroffenheit in quantitativer Hinsicht notwendig, geht es mit der neuen Regelung um etwas ganz anderes: Es soll vermieden werden, dass Gesellschaften aus ihrer Rechtsform herauswechseln, bevor sie in die nationale Mitbestimmung hineinwachsen und so die Mitbestimmungspflicht umgehen. Ob die 4/5 des Schwellenwerts erfüllt sind, bestimmt sich also nach dem Recht des einzelnen Mitgliedstaates. Nimmt man etwas anderes an, käme man auf nationaler und europäischer Ebene zu divergierenden Ergebnissen: Während 4/5 des Schwellenwerts nach nationaler Rechnung mit Zurechnung einer Tochtergesellschaft längst vorliegen, könnte es dauern, bis auch die Muttergesellschaft allein die Grenze erreicht. Dies würde zu erheblicher Rechtsunsicherheit führen.

c) Leiharbeitnehmer

Bei Betrachtung dieser Maßstäbe kann auch für die Einbeziehung von Leiharbeitnehmern nichts anderes gelten. Soweit diese nach der nationalen Rechtslage für die Berechnung herangezogen werden, müssen sie auch für die Zählung der 4/5-Schwelle beachtet werden. Leiharbeitnehmer zählten in Deutschland lange Zeit nur als Arbeitnehmer im Verleihunternehmen und verfügten dort über alle Rechte eines Arbeitnehmers. Im Entleiherbetrieb hingegen kam ihnen mangels

686 Auf nationaler Ebene begegnet § 325 UmwG diesem Problem. Dieser greift nach der derzeitigen Rechtslage dann ein, wenn bei einer innerstaatlichen Spaltung durch die Abspaltung oder Ausgliederung die vorher bestehende Arbeitnehmerbeteiligung entfällt. In diesen Fällen gilt nach § 325 Abs. 1 die vorher bestehende Mitbestimmung für fünf Jahre nach der Umwandlung fort. Eine analoge Anwendung auf die anderen Umwandlungsarten wird bisher eindeutig abgelehnt, vgl. *Däubler*, RdA 1995, 136, 141; *Hörtnagl*, in: Schmitt/Hörtnagl/Stratz UmwG § 325 Rn. 9; *Simon*, in: Semler/Stengl UmwG § 325 Rn. 3 mwN. Da die Anwendung auf die SE weder direkt noch analog möglich ist, vgl. *Sagan*, in: Lutter UmwG § 325 Rn. 6, empfiehlt sich eher eine eigenständige Lösung im Rahmen der Umsetzung zu finden, statt eine Anwendung des § 325 im Zusammenhang mit der MobilitätsRL in Betracht zu ziehen.

arbeitsvertraglicher Beziehung keine Berücksichtigung zu.[687] Nach einem Urteil des BAG[688] und der Kodifizierung in § 14 Abs. 2 Arbeitnehmerüberlassungsgesetz (AÜG) hat sich die Rechtslage gewandelt:[689] Leiharbeitnehmer sind immer dann in die Zählung mit einzubeziehen, wenn sie zu den Stammarbeitnehmern eines Unternehmens zählen. Dies ist der Fall, wenn sie zu den regelmäßigen Beschäftigten gehören und zur Deckung des wiederkehrenden Bedarfs eingesetzt werden.[690] Sind diese Voraussetzungen erfüllt, können auch sie zur Erreichung des Schwellenwerts beitragen – sowohl national als auch auf europäischer Ebene.

d) Ergebnis

Im Ergebnis lässt sich also feststellen, dass die Berechnung des Schwellenwerts nach der Richtlinie akzessorisch an die Berechnungsmethode des nationalen Rechts anknüpft. Alle nationalen Grundsätze sind auf die Berechnung im Rahmen der Mobilitätsrichtlinie zu übertragen. Dies ist ein Gewinn für Unternehmen, insoweit als es gegenüber der alten Rechtslage höhere Rechtssicherheit verspricht. Für die nationale Rechtslage richtet sich die Berechnung damit nach dem durch Rechtsprechung und Lehre gezeichneten Arbeitnehmerbegriff in Anlehnung an § 5 Abs. 2 S. 1 BetrVG.[691] In der Konsequenz gelten auch die nationalen Zurechnungsnormen, insoweit sie überhaupt Relevanz erlangen.[692]

4. Kritik

Die Vorverlagerung der die Verhandlungen auslösenden Schwelle erfährt in der einschlägigen Literatur keine durchweg positive Resonanz.[693] Nach Veröffentlichung

---

687 Vgl. dazu ausführlich zur Berücksichtigung auf der Grundlage unterschiedlicher Gesetze: *Künzel/Schmid*, NZA 2013, 300 ff. Zur bis dahin bestehenden Nichtberücksichtigung im Hinblick auf die Unternehmensmitbestimmung *Künzel/Schmid*, NZA 2013, 300, 301; *Deilmann*, NZG 2005, 659 ff.; *Oetker*, in: ErfK ArbeitsR (13. Aufl.) MitbestG § 3 Rn. 2.

688 BAG v. 4.11.2015 NZA 2016, 559 ff.

689 Zur Entwicklung vgl. *Schubert*, NZA 2016, 1297 ff.

690 *Oetker*, NZA 2017, 29, 32; *Bissels*, in: Henssler/Grau Arbeitnehmerüberlassung, § 5 Rn. 378.

691 *Jacobs*, in: MüKo AktG, SEBG § 2 Rn. 3–5; *Hohenstatt/Müller-Bonanni*, in: Habersack/Drinhausen SE-Recht, SEBG § 2 Rn. 5.

692 So wäre eine Zurechnung der Arbeitnehmer einer GmbH und Co. KG bislang nicht von Bedeutung, da Personengesellschaften nicht vom Anwendungsbereich der Richtlinie erfasst sind.

693 Kritisch äußerten sich im Hinblick auf verschiedene Aspekte *Bayer/J. Schmidt*, BB 2019, 1922, 1934; *Bormann/Stelmaszczyk*, ZIP 2019, 353, 364; *Bungert/Becker*, DB 2019, 1609, 1616; *Mückl/Götte*, BB 2018, 2036, 2041; *Noack/Kraft*, DB 2018, 1577, 1581;

des Kommissionsentwurfs wurde an der politischen Durchsetzbarkeit dieser Regelung gezweifelt.[694] Auch wenn die Existenz der Vorschrift diese Zweifel Lügen straft, so sind manche Einwendungen, die im Entstehungsprozess der Richtlinie geäußert wurden, auch für ihre Umsetzung beachtlich.

a) *Mangelnde Kohärenz der Vorschriften*

Am stärksten kritisiert wurde in diesem Stadium des Entstehungsprozesses, dass die 4/5-Regelung nur für die neu kodifizierten Regelungen der grenzüberschreitenden Spaltung und den Formwechsel vorhergesehen waren. Eine dahingehende Anpassung des Art. 133 der Gesellschaftsrechtsrichtlinie war in der Vorlage der Kommission nicht vorgesehen. Diese fehlende Kohärenz wurde mehrfach bemängelt.[695] Diese Situation hätte für Unternehmen einen Anreiz geschaffen, die bestehenden Mechanismen bei Spaltung und Formwechsel zu umgehen, indem sie zunächst eine grenzüberschreitende Verschmelzung vornehmen und eine weitere innerstaatliche Umstrukturierungsmaßnahme nachschalten. Das Parlament stieß jedoch die Ausweitung der Regelung auf alle Umwandlungsformen an und diese gilt in der endgültigen Fassung nun auch für die grenzüberschreitende Verschmelzung.[696]

b) *Überregulierung*

Noch immer aktuell ist hingegen der Kritikpunkt, die eingeführte Regelung sei zu weit gefasst; der zurückgesetzte Schwellenwert sei ausufernd.[697] Dies würde in eine Art Vermutung für Unternehmenswachstum umschlagen, die sich jeder gesetzlichen und tatsächlichen Grundlage entziehe. Mit der Reduzierung des Schwellenwertes würden alle Unternehmen, die in diesem Stadium eine Umwandlungsmaßnahme im Binnenmarkt vornehmen, unter eine Art Generalverdacht gestellt, eine künftige Mitbestimmungspflicht umgehen zu wollen.[698]

In Folge der weiten Regelung würden nach dem nationalen Recht mitbestimmungsfreie Unternehmen dazu gezwungen, langwierige und kostspielige Verhandlungen zu führen, ohne dass nach dem nationalen Recht des Wegzugsstaaten überhaupt schon eine dahingehende Pflicht bestünde. Die Arbeitnehmer verhandeln dabei über ihre Mitbestimmungsrechte, die möglicherweise bei wachsender

---

J. Schmidt, Der Konzern 2018, 273, 281; *dies.,* ZEuP 2020, 565, 588; *Selent,* NZG 2018, 1171, 1176 f.; *Teichmann,* NZG 2018, 241, 247.

694 *J. Schmidt,* Der Konzern 2018, 273, 281.

695 *Selent,* NZG 2018, 1171, 1176 f.; *J. Schmidt,* Der Konzern 2018, 273, 281; *Teichmann,* NZG 2018, 241, 247; *Bormann/Stelmaszczyk,* ZIP 2019, 353, 364.

696 Vgl. Art. 133 Abs. 2 Änderungsantrag des Parlaments, siehe (Fn. 589).

697 *J. Schmidt,* ZEuP 2020, 565, 588; *Bungert,* FS Krieger, S. 134.

698 *Junker,* EuZA 2019, 141, 142; *Noack/Kraft,* DB 2018, 1577, 1581.

Arbeitnehmerzahl in Zukunft entstehen werden und können diese nicht einmal durchsetzen. Die Arbeitnehmerseite verhandelt nämlich ohne Druckmittel, da bei fehlender Einigung die europäische Auffanglösung zum Tragen kommt, nach der das vorher geltende Niveau beibehalten wird – in diesem Fall also die Mitbestimmungsfreiheit.[699]

Diese Verhandlungspflicht kann noch aus einem anderen Grund als zusätzliche Belastung der Unternehmen gesehen werden. Anders als in der Verschmelzungsrichtlinie haben die Unternehmen nicht die Möglichkeit, direkt die Auffanglösung anzuwenden und sich damit den ohnehin ergebnislosen Kosten- und Zeitaufwand zu ersparen. Diese Option wurde als große Errungenschaft im Vergleich zum SE-Recht angesehen[700] und wurde lediglich für die grenzüberschreitende Verschmelzung in Art. 133 Abs. 4 lit. a) beibehalten. Die Richtlinie schafft jedoch gerade keine vergleichbare Regelung in Art. 86l und Art. 160l.[701] Die Verhandlungen sind bei diesen Umwandlungsformen somit wirklich obligatorisch, wie es die Kommission vorsieht.[702]

Übersehen wird bei dieser Kritik allerdings, dass die Unternehmen nach der neuen Rechtslage auch bei einer grenzüberschreitenden Verschmelzung Mitbestimmungsverhandlungen zu führen haben, sofern noch kein System der Arbeitnehmerbeteiligung besteht. Die erwähnte Option für die Auffanglösung gilt nunmehr gerade nicht für die Fälle, in denen die Gesellschaft noch mitbestimmungsfrei ist und die Auffanglösung damit auch Mitbestimmungsfreiheit bedeutet. Sofern ein Unternehmen also mitbestimmungsfrei ist, muss es nach der neuen Richtlinie bei Erfüllung der 4/5 in jedem Fall Verhandlungen über die Mitbestimmung einleiten.[703] Dies zielt auf den Schutz noch nicht mitbestimmter Unternehmen vor der Zementierung der Mitbestimmungsfreiheit ab.

c) Überlastung von Kleinunternehmen

Verbunden wird mit der Vorverlagerung zudem der Vorwurf einer Überlastung von Kleinunternehmen. Diese könnten von der frühen Verhandlungspflicht hart getroffen werden. Die 4/5-Regelung führt beispielsweise in Schweden nun bereits

---

699 *Bayer/J. Schmidt,* BB 2019, 1922, 1934; *Noack/Kraft,* DB 2018, 1577, 1581; *Mückl/Götte,* BB 2018, 2036, 2041. Diese Erfahrungen beschreibt auch der Bund Deutscher Gewerkschaften (DGB) aus der Beraterpraxis für die bisherige Rechtslage im Rahmen der grenzüberschreitenden Verschmelzung in seiner Stellungnahme, S. 6. Abrufbar unter: <https://www.dgb.de/presse/++co++3b06a88e-f95d-11e8-9f57-52540088cada> (zuletzt abgerufen am 22.01.2022).

700 *J. Schmidt,* Der Konzern 2018, 273, 281.

701 *J. Schmidt,* Der Konzern 2018, 273, 281; *Mückl/Götte,* BB 2018, 2036, 2040; *Bungert/Becker,* DB 2019, 1609, 1616.

702 Kommissionsentwurf, (Fn. 336), S. 29.

703 Art. 133 Abs. 4 lit. a) MobilitätsRL. Vgl. dazu näher unter § 3 C.II.

ab einer Zahl von 20 Arbeitnehmern zum Eingreifen der Verhandlungspflicht.[704] Die Belastung von kleinen und mittelständischen Unternehmen widerstrebt dabei jedoch dem von der Kommission erklärten Ziel, gerade diese Unternehmen im Binnenmarkt zu stärken und diesen die Tore der Niederlassungsfreiheit zu geringem finanziellem Aufwand zu öffnen.[705]

Die rechtstatsächliche Frage hinter der scheinbaren Belastung dieser kleinen Unternehmen bleibt jedoch, wie viel Aufwand ein Mitbestimmungsverhandlungsverfahren tatsächlich verursachen würde. Bleibt man bei der Betrachtung schwedischer Unternehmen mit minimalen Arbeitnehmerzahlen, so dürfte sich die Einigung an der Faustformel „je weniger Arbeitnehmer, desto weniger Einigungsschwierigkeiten" trivialisieren. Bei großen Konzernen mit hunderten von Arbeitnehmern und beachtlichen Gewerkschaftsinteressen stehen die Einigungen oftmals unter dem Einfluss einer politischen Agenda. Eine Einigung in mittelständischen Unternehmen zu erzielen dürfte sich dahingehend deutlich weniger aufwendig gestalten.

Übersehen wird bei dieser meist einseitig kritischen Betrachtung auch, dass das frühe Eingreifen der vorverlagerten Verhandlungspflicht für größere Unternehmen sogar eine Erleichterung darstellt, wenn sie sich vor Erreichen des nationalen Schwellenwerts im Binnenmarkt umstrukturieren. Denn sie müssen dann nur einmalig eine Mitbestimmung in ihre Gesellschaftsstruktur integrieren. Es könnte von der Praxis als anwenderfreundlich empfunden werden, nur einmalig eine Vereinbarung über die Mitbestimmung abschließen zu müssen, ohne dass diese später noch einmal der Überarbeitung bedarf, weil man etwa einen Grenzwert für ein intensiveres Mitbestimmungsrecht erreicht. Die rechtspolitische Alternative hätte nämlich darin bestanden, Nachverhandlungen bei späterem Wachstum vorzusehen, was zu weitaus mehr rechtspraktikablen Problemen geführt hätte.[706]

Darüber hinaus bleibt nicht zu vernachlässigen, dass die Unternehmensleitungen ganz unabhängig von ihrer Arbeitnehmerstärke stets unmittelbar Einfluss auf den zeitlichen sowie den finanziellen Aufwand der Verhandlungen nehmen können. Es liegt allein in der Hand der Leitungen der Arbeitnehmerseite ein faires Angebot zu machen, das beispielsweise den entstehenden Rechten nach Überschreitung eines mitbestimmungsauslösenden Schwellenwerts gleichkommt. In diesem Fall ist kaum mit einem langwierigen, kostspieligen Ausmaß der Verhandlungen zu rechnen.

---

704 *Selent,* NZG 2018, 1171, 1177. Zu Schweden und dem weiten Spektrum der Schwellenwerte insgesamt *Schulte-Wrede,* Arbeitnehmerbeteiligung in Europa, S. 20 f.

705 Kommissionsentwurf, (Fn. 336), S. 3.

706 So hielt es die Arbeitsgruppe der ICLEG-Expertengruppe für sinnvoller, erst nach Überschreitung des Mitbestimmungsschwellenwerts im bisherigen Sitzstaat Verhandlungen durchzuführen, vgl. *Teichmann,* in: FS Hopt, S. 1267 f.

d) *Zweckverfehlung*

Der Unionsgesetzgeber verfolgte das Ziel, die Fluchtbewegungen vor Entstehung der Mitbestimmungspflicht nach nationalem Recht unter Rückgriff auf eine Strukturmaßnahme einzudämmen.[707] Mit der Vorverlagerung der Schwelle besteht allerdings die Gefahr, dass gut beratene Unternehmen nun bereits vor Erreichen der 4/5 des maßgeblichen Schwellenwerts ihres Heimatstaates eine Umstrukturierung vornehmen und sich damit nach wie vor der Mitbestimmungspflicht entziehen. Nach dem *Polbud*-Urteil[708] und dem in der Richtlinie neu eröffneten Verfahren ist dies für die Unternehmen sogar unter Beibehaltung ihres Verwaltungssitzes im Inland möglich.

Stimmen in der Literatur vertreten dabei die Ansicht, dass dieser Vorgang gerade vom legislativen Rahmen der Vorschrift umfasst ist und dementsprechend keinesfalls als missbräuchlich oder regelwidrig gewertet werden könne. Es könne streng genommen selbst dann nicht von Rechtsmissbrauch gesprochen werden, wenn sich die Unternehmen das Ziel der Mitbestimmungsvermeidung explizit auf die Fahnen schreiben.[709] So könnte eine deutsche GmbH mit 399 Mitarbeitern einen Formwechsel in eine ausländische Gesellschaft vornehmen und sich dadurch der Mitbestimmungspflicht ein für alle Mal entledigen.

Ganz unabhängig davon, welcher Schwellenwerte man sich bedient, wird immer die Tendenz bestehen, die Maßnahme kurz vor Erreichen der Anzahl vorzunehmen. In diesem Grenzbereich befinden sich die Unternehmen noch immer im legalen Bereich, auch wenn dies, je näher eine Gesellschaft an die Schwelle wächst, mit gleichsam zunehmenden Bauchschmerzen der Mitbestimmungsrechtler verbunden ist. Daher stellt sich die Frage, ob eine Schwellenwertlösung überhaupt tauglich ist. Durch eine Vorverlagerung allein wird sich dieses Schlupfloch im System nicht vollständig beheben lassen.

e) *Zwischenergebnis*

Es lässt sich zusammenfassen, dass die Kritikpunkte an der Vorverlagerung der Verhandlungspflicht allesamt nicht gänzlich von der Hand zu weisen sind und bereits während des Entstehungsprozesses der Richtlinie auf wichtige Schwächen hingewiesen wurde. Trotz dieser Hilfestellung ist der Europäische Gesetzgeber in

---

707 *Bormann/Stelmaszczyk*, ZIP 2019, 353, 364; *Bungert/Becker*, DB 2019, 1906, 1616; *ECLE*, ECFR 2019, 196, 218; *Habersack*, ZHR 182 (2018), 495, 502; *Hoffmann*, EuZW 2018, 785, 786; *Luy*, NJW 2019, 1905, 1906, *J. Schmidt*, Der Konzern 2018, 273, 281; *Bayer/J. Schmidt*, BB 2019, 1922, 1934; *Teichmann*, ECFR 2019, 3, 11; *ders.*, FS Windbichler, S. 402.

708 Vgl. bereits (Fn. 179).

709 *Noack/Kraft*, DB 2018, 1577, 1580; *Mückl/Götte*, BB 2018, 2036, 2043; *Habersack*, ZHR 182 (2018), 496, 502.

der Endfassung nicht allen Anregungen nachgekommen. Die verbleibenden Probleme der Richtlinie werden Gegenstand der späteren Betrachtung sein.[710]

II. Mitbestimmungsminderung

An die neue Schwellenwertregelung schließt sich eine Norm an, die dem Rechtsanwender bereits vertraut ist. Nach dem Buchstaben a) des Abs. 2 findet die Verhandlungslösung auch dann Anwendung, wenn durch die Umwandlung eine Mitbestimmungsminderung eintritt.[711] Gemeint sind dabei Sachverhalte, in denen ein Vorher-Nachher-Vergleich der Mitbestimmungsregeln vor und nach der Umstrukturierung ergibt, dass der Anteil der die Arbeitnehmer vertretenden Mitglieder im Mitbestimmungsorgan nicht mindestens genauso groß wäre wie vor der Umwandlung, sodass der Umfang der Mitbestimmungsrechte unter der Maßnahme leidet.[712]

1. Regelungszweck

Hinter dieser Regelung steht ein eindeutiger Zweck: Offenkundig zielt der Gesetzgeber darauf ab, dass die Mitbestimmungsrechte der Arbeitnehmer durch die Mobilitätsmaßnahme keine Verschlechterung erfahren.[713] Es geht um die Anwendung des dem Europäischen Gesellschaftsrecht bereits vertrauten Vorher-Nachher-Prinzips.[714] Analog zur alten Regelung in Art. 133 GesRRL sollen auch hier Mitbestimmungsverluste vermieden werden.[715]

2. Regelungsinhalt

Weitergehende Festsetzungen, als dass bei einem negativen Vorher-Nachher-Vergleich eine Mitbestimmungsverhandlung nötig ist, ergeben sich aus dem Wortlaut kaum. Der Umfang des Mitbestimmungsniveaus ergibt sich nach der Vorschrift aus dem Anteil der Arbeitnehmer im Verwaltungs- oder Aufsichtsorgan.[716]

3. Vorher-Nachher-Vergleich

Bei diesem Vorher-Nachher-Vergleich wird die mitbestimmungsrechtliche Lage der Gesellschaft im Herkunftsstaat mit der des Zuzugsstaates verglichen. Zu

---

710 Dazu mehr im folgenden Teil 4.

711 *Bungert/Becker*, DB 2019, 1606, 1615.

712 Art. 86l Abs. 2 lit. a), Art. 160l Abs. 2 lit. a) MobilitätsRL.

713 Diese Erwägung liest man auch in ErwGr. 26–32 MobilitätsRL und im Kommissionsentwurf, (Fn. 336), S. 4.

714 Vgl. dazu bereits (Fn. 239).

715 Vgl. dazu zum MgVG *Müller-Bonanni/Müntefering*, NJW 2009, 2347, 2348.

716 Art. 86l Abs. 2 lit. a); Art. 160l Abs. 2 lit. a) MobilitätsRL.

untersuchen ist bei diesem Vergleich der Umfang (a) der Arbeitnehmermitbestimmung sowie der anzulegende Anknüpfungspunkt (b).

a) Umfang

Der Umfang der Mitbestimmung bemisst sich nach dem Anteil der Arbeitnehmervertreter im Aufsichtsrat. Die Regelung findet sich mit identischem Wortlaut bereits in Art. 133 Abs. 2 lit. a) a.F. GesRRL. Dies lässt den Schluss zu, dass der Europäische Gesetzgeber die geltende Rechtslage auf die übrigen Umwandlungsformen erstrecken möchte. Beachtlich sind deshalb im Rahmen der Mobilitätsrichtlinie wie schon bei der grenzüberschreitenden Verschmelzung keine absoluten Zahlen, sondern die anteilige Arbeitnehmerquote.[717] Maßgeblich ist dabei allein dieser quantitative Anteil, nicht hingegen die Qualität der Mitbestimmungsrechte.[718]

Eine andere Auffassung vertat in dieser Hinsicht das Europäische Parlament. Dieses regte an, den Wortlaut dahingehend zu ändern, dass auch andere „Elemente" in den Vergleich miteinbezogen werden.[719] So wäre neben dem deutschen Arbeitsdirektor beispielsweise nach dem österreichischen Recht zusätzlich ein Personalausschuss zu bilden, der die Beziehungen zwischen der Gesellschaft und den Mitgliedern des Vorstands behandelt.[720]

Insbesondere durch den Wechsel von einer monistischen zu einer dualistischen Unternehmensstruktur kann es zu einem Verlust der Mitbestimmungskraft der Arbeitnehmervertreter kommen. Die Möglichkeiten der Einflussnahme gehen bei der Mitbestimmung unmittelbar im Leitungsorgan weiter als im Aufsichtsrat. Mangels Messbarkeit der qualitativen Unterschiede finden diese im Rahmen des Vorher-Nachher-Vergleichs jedoch keine Berücksichtigung. Diese nachteilige Folge löst keine Mitbestimmungsverhandlungen aus.[721]

Ebenfalls keinen Ausschlag gibt der Wegfall des Arbeitsdirektors nach dem MitbestG oder eines weiteren Mitglieds nach dem MontanMitbestG, da diese nicht als Arbeitnehmervertreter zu werten sind.[722] Es wäre in der Konsequenz auch

---

717 *Oetker*, in: Europäisches Arbeitsrecht, RL 2017/1132 Art. 133 Rn. 21. Dies ergab sich bereits zum MgVG: *Cannistra*, Verhandlungsverfahren S. 98 f.; *Schubert*, RdA 2007, 9, 10; *Müller-Bonanni/Müntefering*, NJW 2009, 2347, 2348.

718 So zum MgVG: Begründung des Regierungsentwurfs, BR-Drucks. 540/06, S. 55; *Schubert*, RdA 2007, 9, 10; *Naber/Sittard*, in: MHdB Arbeitsrecht, § 386 Rn. 18. Ein Anwendungsbeispiel findet sich bei *Müller-Bonanni/Müntefering*, NJW 2009, 2347, 2348.

719 Vgl. Art. 86l Abs. 2 lit. b) Änderungsantrag des Parlaments (vgl. Fn. 589).

720 § 110 Abs. 5 Satz 2 Arbeitsverfassungsrecht (Österreich), vgl. dazu: *Preiss*, in: Cerny ArbVR § 110 Rn. 41 f.; *Schulte-Wrede*, Arbeitnehmerbeteiligung in Europa, S. 98 f.

721 So bereits zu § 5 MgVG: *Brandes*, ZIP 2008, 2193, 2195; *Schubert*, RdA 2007, 9, 10; *Habersack*, in: Habersack/Henssler MitbestimmungsR, MgVG § 5 Rn. 4.

722 *Habersack*, in: Habersack/Henssler MitbestimmungsR, MgVG § 5 Rn. 4; *Krause/Janko*, BB 2017, 2194, 2196; *Schubert*, RdA 2007, 9, 11; *Thüsing/Forst*, in: Habersack/

kaum möglich gewesen, einen Kompromiss zu finden, welche mitgliedstaatlichen Elemente über den Sitzanteil hinaus nach der Umwandlung noch Anwendung finden dürfen.

So konnte das Parlament auch diese Änderung nicht durchsetzen. Das lässt den Schluss zu, dass von der Regelung nach wie vor nur der quantitative Anteil der Arbeitnehmervertreter im Mitbestimmungsorgan erfasst ist.

b) Anknüpfungspunkt

Fraglich ist jedoch der konkrete Anknüpfungspunkt im Recht des Mitgliedstaates. Denkbar erscheint hier einerseits der tatsächliche Ist-Zustand gegenüber dem vorhergesehenen Soll-Zustand andererseits. Der Wortlaut der Richtlinie legt insoweit nahe, ein bestehendes System in der Gesellschaft zu fordern.[723] Ein Vergleich könne nur dort möglich sein, wo bereits ein Mitbestimmungssystem etabliert ist.[724]

Ausgangspunkt dieser Betrachtung ist wohl die in der Richtlinie gewählte Formulierung „in der Gesellschaft vor Umwandlung bestand", die kaum Interpretationsspielraum zulässt. Doch diese Formulierung existierte bereits in der Verschmelzungsrichtlinie und in diesem Zusammenhang entbrannte dennoch die Diskussion um die Frage, ob man die Richtlinie dahingehend auslegen muss, dass auch solche Unternehmen erfasst werden, die gesetzeswidrig keine Mitbestimmung eingeführt haben, obwohl sie dies nach ihrem Heimatrecht müssten.[725] Damals wie heute lässt sich mit dem Sinn und Zweck der Regelung argumentieren, der Schutz der Mitbestimmung wäre weitreichender, wenn man als Maßstab allein das nationale Recht ansetzt, statt die tatsächliche Etablierung einer Mitbestimmungsregelung durch die Gesellschaft zur Bedingung zu machen. Es wäre im Ergebnis nicht interessengerecht, einem Unternehmen die Verhandlungen zu ersparen, das unter Verstoß gegen nationales Mitbestimmungsrecht kein bestehendes System im Sinne des Abs. 2 lit. a) eingeführt hat.[726] Demnach müsse sich der Vergleich in diesen Fällen aus dem national einzuführenden System und dem Recht des zukünftigen Sitzstaates ergeben.

Drinhausen, MgVG § 5 Rn. 15; *Oetker,* in: Europäisches Arbeitsrecht, RL 2017/1132 Art. 133 Rn. 21.

723 *Oetker*, in: Europäisches Arbeitsrecht, RL 2017/1132 Art. 133 Rn. 20. So auch zum MgVG zu § 5 Nr. 2 *Annuß,* in: Annuß/Kühn/Rudolph/Rupp EBRG, MgVG § 5 Rn. 8.

724 DGB Stellungnahme, (Fn. 699) S. 6.

725 Siehe nur *Cannistra,* Verhandlungsverfahren, S. 95.

726 So auch *Cannistra,* Verhandlungsverfahren, S. 95; *Behrens,* Die grenzüberschreitende Verschmelzung, S. 182. Andere Ansicht im Hinblick auf die bei der SE bestehende Problematik bei *Marsch-Barner/Wilk,* FS Krieger, S. 637 ff. Diese sprechen sich für eine einheitliche Behandlung aller grenzüberschreitenden Umwandlungsvorgänge aus und übertragen das Ergebnis daher auf die Mobilitätsrichtlinie, S. 637 f.

Eine ähnliche Diskussion besteht auch für das Verhandlungsverfahren bei SE-Gründungen, bei dem sich nach dem Vorher-Nachher-Prinzip das vorhandene Mitbestimmungsniveau auch in der SE wiederfinden muss.[727] In der einfach gesetzlichen Ausgestaltung bedeutet dies für die Gründung der SE durch eine formwechselnde Umwandlung, dass in Bezug auf alle Komponenten der Arbeitnehmerbeteiligung derselbe Umfang der Mitbestimmungsrechte bestehen bleibt, § 21 Abs. 6 SEBG. Kommt keine Beteiligungsvereinbarung zu Stande, gilt gemäß § 34 Abs. 1 Nr. 1 SEBG, dass die Regelungen kraft Gesetzes Anwendung finden, die in der Ausgangsgesellschaft bestanden, § 35 Absatz 1 Nr. 1 SEBG. In diesem Zusammenhang stellt sich ebenfalls die Frage, ob im Anwendungsfall auf den rechtmäßigen Soll-Zustand nach der nationalen Gesetzeslage oder den tatsächlichen Ist-Zustand abzustellen ist.[728] Dreh- und Angelpunkt der Diskussion ist auch hier der uneindeutige Wortlaut der SE-RL sowie seiner Umsetzung.[729] Hierzu entschied der BGH, dass es jedenfalls auf den Soll-Zustand ankommen soll, wenn vor der Eintragung der SE in das Handelsregister bereits ein Statusverfahren zur Feststellung des notwendigen Mitbestimmungsniveaus eingeleitet wurde und das Verhandlungsverfahren keine Beteiligungsvereinbarung ergab.[730] Das LG München I und das LG Berlin vertraten hingegen die Auffassung, dass ausnahmslos der Ist-Zustand ausschlaggebend sei und begründeten dies mit dem Kontinuitätsprinzip aus § 96 Abs. 4 AktG, das vorsieht, dass der bestehende Zustand während eines Statusverfahrens aufrecht erhalten bleibt.[731] Für solche Umwandlungen, bei denen vorher kein Statusverfahren eingeleitet wurde, ließ der BGH die Entscheidung jedoch offen.[732] Der Umgang mit den übrigen Fallgestaltungen ist demnach noch nicht abschließend geklärt.[733] Eine einheitliche Beantwortung scheint damit für SE-Gründungen nicht möglich.

Allerdings besteht im Hinblick auf die Mobilitätsrichtlinie hier ein entscheidender Unterschied zur Regelung in der SE-Richtlinie und in der Gesellschaftsrechtsrichtlinie in ihrer alten Fassung. Aufgrund der Vorverlagerung der Schwellenwertregelung, relativiert sich die Praxisrelevanz dieser Frage. Anders als bisher fallen unter die 4/5-Regel nun alle Unternehmen, die den Schwellenwert

---

727 Siehe dazu nur ErwGr. 18 der SE-RL.

728 Wie es in der Praxis konkret zu dem Auseinanderfallen des Ist- und Soll-Zustands kommen kann erläutern *Simon/Rein/Deuchler*, NZA 2021, 1748, 1750.

729 Ausführlich zu dieser Diskussion *Habersack*, AG 2018, 823 ff.; vgl. generell *Jacobs*, in: MüKo AktG, SEBG § 34 Rn. 5; *Simon/Rein/Deuchler*, NZA 2021, 1748, 1749.

730 BGH v. 23.7.2019 NJW-RR 2019, 1254, 1257.

731 LG Berlin v. 1.04.2019 ZIP 2019, 2057; LG München v. 26.06.2018 ZIP 2018, 1546.

732 BGH v. 23.7.2019 NJW-RR 2019, 1254, 1257.

733 Eine nach verschiedenen Voraussetzungen aufgegliederte Betrachtung findet sich bei *Simon/Rein/Deuchler*, NZA 2021, 1748, 1750 ff.

überschritten haben und kein Mitbestimmungssystem etabliert haben, da diese gerade kein bestehendes System mehr voraussetzt.

Außerdem ist der Ausnahmetatbestand der Einleitung Abs. 2 auch gerade an die nationalen Schwellenwerte geknüpft und greift sogar schon vor deren Erfüllung. Überschreitet ein Unternehmen den nationalen Grenzwert und führt trotzdem kein Mitbestimmungssystem ein, fällt es unproblematisch unter den Tatbestand der Schwellenwertregelung. Die Diskussion über den anzulegenden Vergleichsmaßstab hat die EU damit ad acta gelegt. Ein Bedürfnis, den eindeutigen Wortlaut im Sinne des Mitbestimmungsschutzes zu überdehnen, besteht damit nicht mehr.

III. Diskriminierungstatbestand

Als letzten Tatbestand, der die Verhandlungen auslösen soll, normiert Art. 86l Abs. 2 lit. b)[734] den sogenannten Diskriminierungstatbestand.[735] Auch diese Regelung ist keine Neuheit und bestand fast mit identischem Wortlaut schon für die Verschmelzung von Kapitalgesellschaften.[736] Der Anwendungsbereich wird damit nach wie vor darauf abzielen, Arbeitnehmer zu schützen, denen die Ausübung ihres Wahlrechts in ihrem Unternehmen versagt wird.[737]

1. Regelungszweck

Dieses Diskriminierungsverbot dient dem Zweck, die Ungleichbehandlung ausländischer Arbeitnehmer zu verhindern. Konkret soll gewährleistet werden, dass in ausländischen Betrieben beschäftigte Arbeitnehmer nicht von den Wahlen zum Aufsichtsrat ausgeschlossen werden.[738] Die Verhandlungspflicht soll ermöglichen, dass die Gesellschaftsorgane in Zusammenarbeit mit dem Verhandlungsgremium eine Lösung erarbeiten, wie eine Mitbestimmung auch auf ausländische Arbeitnehmer erstreckt werden kann.[739] Die Vorschrift dient also der Gleichstellung aller Arbeitnehmer in einem Unternehmen über die Binnengrenzen hinweg. Dies ist auch Ausfluss des von der Kommission erklärten Zieles, die Mitbestimmungsrechte schützen zu wollen.[740]

---

734 Und auch Art. 160l Abs. 2 lit. b) MobilitätsRL.

735 *Bungert/Becker,* DB 2019, 1606, 1615.

736 Art. 133 Abs. 2 lit. b) GesellschaftsRRL a.F.

737 So schon zur VerschmelzungsRL *Brandes,* ZIP 2008, 2193, 2196; *Heuschmid,* AuR 2006, 184, 187; *Kisker,* RdA 2006, 206, 211.

738 Bereits zum MgVG: BT-Drs. 16/2922, 20; *Gaul/Ludwig,* in: Gaul/Ludwig/Forst, Europäisches MitbestR, MgVG § 5 Rn. 95.

739 Vgl. dazu zum MgVG: *Müller-Bonnani/Müntefering,* NJW 2009, 2347, 2349.

740 Kommissionsentwurf, (Fn. 336), S. 4.

2. *Regelungsinhalt*

Erfasst werden Sachverhalte, in denen das einschlägige Recht des Zuzugsstaates für Arbeitnehmer, die in einem anderen Mitgliedstaat als dem Sitzstaat ansässig sind, nicht dieselben Ausübungsrechte vorsieht. Bezeichnet werden mit diesen Ausübungsrechten wohl wie schon bei der Vorgängerrichtlinie sowohl das aktive als auch das passive Wahlrecht.[741]

Die Regelung greift primär dann ein, wenn ausländische Arbeitnehmer ihr Wahlrecht in einer Gesellschaft nicht ausüben können, da diese einem Statut folgt, dem das Territorialitätsprinzip zu Grunde liegt. So dürfen Arbeitnehmer in Deutschland nach dem DrittelbG und dem MitbestG nur wählen, sofern sie im Inland beschäftigt werden.[742] Dieser als „Ausnahmetatbestand" kodifizierte Fall kehrt in seiner Konsequenz das Grundsatz-Ausnahme-Verhältnis von Abs. 1 und 2 faktisch in sein Gegenteil: Eine solche Diskriminierung liegt derzeit in nahezu allen EU-Mitgliedstaaten nach dem nationalen Gesetz vor, sodass dies bei nahezu jeder grenzüberschreitenden Umwandlung Mitbestimmungsverhandlungen zu führen wären.[743]

Mit diesem Ergebnis einher geht die Frage, ob die potenzielle Diskriminierung der Arbeitnehmer nach einer abstrakten Betrachtung genügt oder ob im jeweiligen Fall auch konkret im Ausland ansässige Arbeitnehmer betroffen sein müssen, um eine Verhandlungspflicht auszulösen. Eine abstrakte Betrachtung der Rechtslage wurde schon in Bezug auf die Verschmelzungsrichtlinie mit der Begründung vertreten, es ginge in der Norm um abstraktes Sitzstaatrecht, ohne Beachtung der tatsächlichen Verhältnisse.[744] Auch sei eine Gleichbehandlung aller Arbeitnehmer nur so zu gewährleisten.[745]

Diese Argumentation erscheint jedoch vor dem Hintergrund, dass in der Gesellschaft keine Arbeitnehmer existieren, deren Rechte man in Relation zu den inländischen Arbeitnehmerrechten setzen könnte, fragwürdig.[746] Existieren in der Gesellschaft ausschließlich Arbeitnehmer, die im Inland beschäftigt sind oder ist die Gesellschaft gar arbeitnehmerlos, gibt es faktisch kein Bedürfnis ausländische Arbeitnehmer zu schützen, da niemand einer Diskriminierung ausgesetzt ist. Der Zweck, bestehende Arbeitnehmerrechte zu schützen, liefe leer.[747] Es würde ein langwieriges Verhandlungsverfahren ausgelöst, ohne dass in den Fällen der

---

741 *Habersack*, in: Habersack/Henssler MitbestimmungsR, MgVG § 5 Rn. 6.

742 *Oetker*, in: Europäisches Arbeitsrecht, RL 2017/1132 Art. 133 Rn. 23.

743 *Kleinsorge*, in: Wißmann/Kleinsorge/Schubert MitbestimmungsR, EU-Recht, Rn. 177; *Selent*, NZG 2018, 1171, 1173; *Brandes*, ZIP 2008, 2193, 2195.

744 *Cannistra*, Verhandlungsverfahren, S. 101; *Widmann*, in: Widman/Mayer UmwG, 188. Lieferung, Juni 2018, Anh. 2 Rn. 104.

745 *Gutkès*, in: Sagasser/Bula/Brünger UmwG § 13 Rn. 281.

746 *Cannistra*, Verhandlungsverfahren, S. 104.

747 Vgl. dazu zum MgVG *Müller-Bonanni/Müntefering*, NJW 2009, 2347, 2349.

arbeitnehmerlosen Unternehmen überhaupt ein Verhandlungsgremium gebildet werden könnte.[748] Darüber hinaus gäbe es keine Interessen ausländischer Arbeitnehmer, die bei diesen Verhandlungen überhaupt berücksichtigt werden müssten. Der Diskriminierungstatbestand würde auch in der Mobilitätsrichtlinie bei jedem einzelnen Umwandlungsvorgang eingreifen, da eine solche Diskriminierung stets gegeben sein wird. Abs. 2 lit. b) würde somit immer eine Verhandlungspflicht auslösen, sodass die anderen beiden Ausnahmen der Norm obsolet würden.[749]

An diesem Streitstand hat die Neufassung der Richtlinie im Ergebnis somit nichts geändert. Allerdings ist der EU-Gesetzgeber in dieser Hinsicht nicht ganz untätig geblieben. So hat er die Mitbestimmungsvorschriften um einen Absatz ergänzt, in dem er festlegt, dass Mitgliedstaaten, die die Erstreckung der Mitbestimmungsrechte auf ausländische Arbeitnehmer beschließen, diese trotzdem nicht bei der Berechnung nationaler Schwellenwerte mitzuzählen haben.[750] Normiert wird damit der bekannte Grundsatz, dass Zählen und Wählen im Mitbestimmungsrecht keine Einheit bilden müssen.[751] Diese Regelung könnte ein Anstoß für die Mitgliedstaaten sein, ihre Rechtsordnungen dahingehend abzuändern, dass auch Arbeitnehmern in ausländischen Betrieben ein Wahlrecht zukommt. Damit erweitern sie gleichzeitig den Anwendungsbereich ihres Mitbestimmungsrechts, weil in diesen Ländern unabhängig von der Art der Betrachtungsweise keine Diskriminierung ausländischer Arbeitnehmer mehr bestehen würde, die eine Verhandlungspflicht auslöst.

Mit dieser Regelung zeigt der Europäische Gesetzgeber auch, dass er Anreize schaffen will, für die nationale Rechtslage im Hinblick auf die Zählung grenzüberschreitender Sachverhalte neue Maßstäbe zu schaffen. Damit positioniert er sich für eine Gleichstellung aller Arbeitnehmer. Das legt die Betrachtung nahe, dass der Richtliniengesetzgeber dem Art. 86l Abs. 2 lit. b) eine abstrakte Betrachtung zu Grunde legt. Wenn die Mitgliedstaaten die regelmäßige Auslösung von Verhandlungen verhindern wollen, so sind sie gehalten, ihre Mitbestimmungsrechte auf alle ausländischen Arbeitnehmer zu erstrecken. Für die deutschen Mitbestimmungsgesetze müsste demnach der Arbeitnehmerbegriff der Mitbestimmungsgesetze erweitert werden.

IV. Verhältnis der Tatbestände

Im Rahmen der Verschmelzungsrichtlinie erwies sich die Frage nach dem Verhältnis der Ausnahmetatbestände als äußerst problematisch. Diskutiert wurde, wie

---

748 Vgl. dazu zum MgVG *Müller-Bonanni/Müntefering,* NJW 2009, 2347, 2349.

749 *Bungert,* FS Krieger, S. 134; *Selent,* NZG 2018, 1171, 1174. Dieses Phänomen zeigte sich auch bereits bei der Verschmelzung: *Müller-Bonanni/Müntefering*, NJW 2009, 2347, 2349.

750 Art. 86l Abs. 5, Art. 160l Abs. 5 MobilitätsRL.

751 Vgl. dazu bereits Fn. 679.

sich die verschiedenen Ausnahmetatbestände zueinander verhalten. Unklar war dabei, ob für die Ausnahmetatbestände der Buchstaben a) und b) auch eine Arbeitnehmerbetroffenheit von 500 Mitarbeitern erforderlich ist.[752] Es stellt sich daher die Frage, ob dieser Streit auch im Rahmen der Mobilitätsrichtlinie eine Rolle spielt.

1. Streitstand zur Verschmelzungsrichtlinie

In dieser Streitfrage standen die Vertreter des Kumulativverhältnisses[753] bisher denen des Alternativverhältnisses[754] gegenüber.

Die Verfechter des Kumulationsverhältnisses gingen davon aus, dass zu den Ausnahmetatbeständen in Buchstabe a) und b) immer auch die Voraussetzungen des Einleitungstextes hinzukommen müssten. Nur wenn die bezifferten 500 Arbeitnehmer von den Ausnahmesachverhalten betroffen seien, wäre auch die erforderliche „Erheblichkeitsschwelle" erreicht.[755] Notwendig sei eine tatsächliche Betroffenheit von Arbeitnehmerrechten in einem gewissen Ausmaß, um überhaupt Anlass zum Schutz und damit die Notwendigkeit eines Verhandlungsverfahrens zu geben.[756] Gestützt wurde diese Auslegung auf den Erwägungsgrund 13 der Verschmelzungsrichtlinie, in dem die Gruppen mit einem „und" verbunden wurden. Auch die optische Gliederung in Einleitungssatz und Buchstabe a) und b) lege nahe, dass der erste Tatbestand den anderen beiden als allgemeingültige Voraussetzung vorangestellt wurde.[757]

Aus der Entwicklung des Wortlauts der Richtlinie geht jedoch hervor, dass der Europäische Gesetzgeber ein alternatives Verhältnis bei Abfassung der Ausnahmetatbestände im Sinn hatte.[758] Dieser Auffassung eines Alternativverhältnisses schloss sich auch der EuGH 2013 ohne weitere Begründung an.[759] Für eine solche Annahme spricht der Wortlaut mit Verwendung des Wortlautes „oder" in Art. 16 der Richtlinie und auch der Umsetzung im MgVG.[760]

---

752 Vgl. dazu im Überblick: *Oetker*, in: Europäischen Arbeitsrecht, RL 2017/1132 Art. 133 Rn. 8 ff.

753 *Schubert*, RdA 2007, 9, 11 f.; *Lunk/Hinrichs*, NZA 2007, 773, 774.

754 *Brandes*, ZIP 2008, 2193, 2195; *Müller-Bonanni/Müntefering*, NJW 2009, 2347, 2349; *Nagel*, NZG 2007, 57, 58; *Cannistra*, Verhandlungsverfahren, S. 105.

755 *Schubert*, RdA 2007, 9, 12.

756 *Drinhausen/Keinath*, AG 2010, 398, 403.

757 *Kisker*, RdA 2006, 206, 211.

758 Dazu ausführlich *Cannistra*, Verhandlungsverfahren, S. 106.

759 EuGH v. 20.06.2013, C-635/11, EuZW 2013, 662 ff. – Kommission/Niederlande. Vgl. zu dieser Entscheidung *Forst*, AG 2013, 588 ff.; *ders.*, EWiR 2013, 463 ff.; *Stiegler*, DB 2014, 525, 526.

760 *Müller-Bonanni/Müntefering*, NJW 2009, 2347, 2349; *Hoffmann*, EuZW 2018, 785, 786.

2. *Bedeutung der Diskussion nach Neufassung der Richtlinie*

Bei Betrachtung des Streitstandes stellt sich die Frage, ob die Neufassung der Mitbestimmungsartikel noch immer Raum für diese Diskussion lässt. Zwar findet sich auch in der überarbeiteten Fassung noch die Gliederung in den Einleitungssatz und in die Buchstaben a) und b). Verändert hat sich jedoch maßgeblich der übrige Argumentationsboden. Im Einleitungssatz wird gerade kein fester Grenzwert festgelegt, der eine „Erheblichkeitsschwelle" fordern könnte.[761]

Ginge man nun hingegen davon aus, dass jeweils 4/5 des nationalen Werts diese Schwelle bilden, würde dies zu einer nicht zu rechtfertigenden Ungleichbehandlung unter den Arbeitnehmern der Mitgliedstaaten führen. So würde diese „Erheblichkeitsschwelle" in Deutschland erst ab 400 Arbeitnehmern vorliegen, in Schweden aber bereits ab 20 Mitarbeitern.[762]

Mit der inhaltlichen Änderung des Einleitungssatzes ist damit endgültig geklärt, dass es sich hier um selbständig nebeneinanderstehende Varianten handelt. Hätte der Europäische Gesetzgeber dies anders gesehen, hätte er die Regelungen aufgrund der bekannten Diskussion wohl auch mit einem „und" verknüpft, statt mit dem gewählten „oder".[763]

V. Umsetzung der Regelung

Die Auslösung der Verhandlungspflicht für grenzüberschreitende Verschmelzungen ist bisher in § 5 geregelt. Die Ausnahmetatbestände sind nun entsprechend der Ausführungen an die neue Rechtslage anzupassen:[764]

> ***§ 5 Anwendung der Regelungen über die Mitbestimmung der Arbeitnehmer kraft Vereinbarung oder kraft Gesetzes***
>
> *Die nachfolgenden Regelungen über die Mitbestimmung der Arbeitnehmer kraft Vereinbarung oder in den Fällen des § 23 die Regelungen über die Mitbestimmung kraft Gesetzes finden Anwendung, wenn*
>
> 1. *in den sechs Monaten vor der Veröffentlichung des Umwandlungsplans mindestens eine der beteiligten Gesellschaften durchschnittlich eine Zahl von Arbeitnehmern beschäftigt,* ***die vier Fünfteln desjenigen Schwellenwerts des Herkunftsstaates entspricht, der in diesem Mitgliedsstaat ein System der Mitbestimmung im Sinne des § 2 Abs. 8 auslöst. Als Arbeitnehmer im Sinne der Vorschrift gelten***

---

761 *Oetker*, in: Europäisches Arbeitsrecht, RL 2017/1132 Art. 133 Rn. 11.

762 Vgl. dazu schon (Fn. 704).

763 So im Ansatz auch *Hoffmann*, EuZW 2018, 785, 786.

764 Die Änderung bezieht sich damit vorwiegend auf § 5 Nr. 1 MgVG. Alle Verweisungen beziehen sich nicht mehr auf die Normen des MgVGs, sondern sind dem MgUG im Anhang zu entnehmen. Wesentliche Änderungen erscheinen optisch hervorgehoben.

im Sinne des § 2 Absatz 1 alle Arbeitnehmer, die bei Berechnung des Schwellenwerts der Mitbestimmungsgesetze berücksichtigt werden;

2. *das für die aus einer grenzüberschreitenden* ***Umwandlung*** *hervorgehende Gesellschaft maßgebende innerstaatliche Recht nicht mindestens den gleichen Umfang an Mitbestimmung der Arbeitnehmer vorsieht, wie er in den jeweiligen an der* ***Umwandlung*** *beteiligten Gesellschaften bestand; der Umfang an Mitbestimmung der Arbeitnehmer bemisst sich nach dem Anteil der Arbeitnehmervertreter*
   a) *im Verwaltungs- oder Aufsichtsorgan,*
   b) *in Ausschüssen, in denen die Mitbestimmung der Arbeitnehmer erfolgt oder*
   c) *im Leitungsgremium, das für die Ergebniseinheiten der Gesellschaften zuständig ist; oder*
3. *das für die aus einer grenzüberschreitenden* ***Umwandlung*** *hervorgehende Gesellschaft maßgebende innerstaatliche Recht für Arbeitnehmer in Betrieben dieser Gesellschaft, die sich in anderen Mitgliedstaaten befinden, nicht den gleichen Anspruch auf Ausübung von Mitbestimmung vorsieht, wie sie den Arbeitnehmern in demjenigen Mitgliedstaat gewährt werden, in dem die aus der grenzüberschreitenden Umwandlung hervorgehende Gesellschaft ihren Sitz hat.*

B. Ablauf des Verhandlungsverfahrens

Maßgebend in Bezug auf Funktionalität der Mitbestimmungsmechanismen ist in der Richtlinie der Ablauf des Verhandlungsverfahrens. Regelungstechnisch nimmt die Richtlinie Bezug auf das Mitbestimmungsstatut in der SE, indem sie einige Vorschriften der SE-VO und der SE-RL für anwendbar erklärt. Zu begrüßen ist dies in der Hinsicht, dass Rechtsanwender sowie Praxis bereits mit dem Verfahren vertraut sind und sich dessen Praktikabilität bereits behauptet hat.[765] Dies dürfte den Mitgliedstaaten auch bei der Umsetzung zugutekommen, da sie im Hinblick auf die mitbestimmungsrechtlichen Vorschriften bereits eine frühere Einarbeitung in die nationalen Vorschriften bewältigt haben.

Allerdings erscheint die Verweisungstechnik an sich sehr unübersichtlich, da nur auf einzelne Vorschriften mit einzelnen Sätzen Bezug genommen wird. Dies führt im Ergebnis dazu, dass nicht alle Einzelheiten klar werden.[766] An vielen Stellen muss sich der Leser der Richtlinie fragen, wie die Verweisungen oder Ausnahmen zu verstehen sind und ob es gar zu Redaktionsversehen kam. Die Komplexität der Verweisungstechnik zeigt sich schon darin, dass der Kommissionsentwurf im Laufe des Gesetzgebungsverfahrens in Bezug auf einzelne Sätze oder Absätze mehrmals abgeändert wurde, sodass sich das Bild aufdrängt, dass auch die Kommission bei Erstellung der Bezugnahmen deren Reichweite nicht vollumfänglich

765 *Mückl/Götte,* BB 2018, 2036, 2038; *Teichmann,* FS Windbichler, S. 400.
766 So auch schon *Deutscher Anwaltverein,* Stellungnahme Nr. 31/2018, S. 20; *Mückl/Götte,* BB 2018, 2036, 2038; *Teichmann,* FS Windbichler, S. 400.

durchblickte.[767] Zu untersuchen ist daher, wo sich bei der Bildung des Verhandlungsgremiums (I) und im Verhandlungsverfahren (II) selbst Unterschiede zum zu Grunde liegenden SE-Verhandlungsverfahren ergeben.

I. Einsetzung und Bildung des Besonderen Verhandlungsgremiums

Die Einsetzung des Verhandlungsgremiums richtet sich gemäß Art. 86l Abs. 3 lit. a) nach Art. 3 der SE-RL.[768] Demnach muss das Leitungs- und Verwaltungsorgan nach Offenlegung des Umwandlungsplans so schnell wie möglich die erforderlichen Schritte vornehmen, das Verhandlungsverfahren zu starten. Mit dieser Formulierung liegt die Initiative zur Bildung des Gremiums allein beim Leitungs- und Verwaltungsorgan.[769]

1. Bildung des Verhandlungsgremiums

Bei der Bestellung der Mitglieder des Verhandlungsgremiums ist gemäß Art. 3 Abs. 2 lit. a) Ziffer i) sicherzustellen, dass alle Arbeitnehmer in allen Mitgliedstaaten wie bereits im Rahmen der SE anteilig pro 10% der Gesamtarbeitnehmer durch ein Mitglied vertreten werden.[770] Das Wahlverfahren regeln die Mitgliedstaaten dabei nach Art. 3 Abs. 2 lit. b) SE-RL und tragen Sorge dafür, dass jeder Mitgliedstaat durch einen Mindestvertreter ein Mitspracherecht erhält und auch jede beteiligte Gesellschaft durch eine Stimme repräsentiert wird.[771] Wichtig ist dabei, dass die nationalen Gesetzgeber nur die Wahl der Vertreter regeln, die ihrem Land entstammen.[772]

Soweit in einer Gesellschaft kein Vertretungsorgan der Arbeitnehmer vorhanden ist, bestimmen die Mitgliedstaaten eine Bestellung durch die Belegschaft

---

767 Beispielhaft ist hier die Entstehungsgeschichte des Art. 86e Abs. 3 lit. e) zu nennen: Im Kommissionsentwurf (Fn. 348) verwies dieser noch auf Art. 7 Abs. 1 Unterabs. 1, im Änderungsantrag des Parlaments (Fn. 589) dann auf Art. 7 Abs. 1 und in der Richtlinie selbst schließlich auf Art. 7 Abs. 1 ohne den zweiten Spiegelstrich in Buchstabe b).

768 Diese Regelungen wurden wiederum aus Art. 5 RL 95/45/EG übernommen, vgl. dazu *Oetker,* in: Franzen/Gallner/Oetker Europäisches Arbeitsrecht, RL 2001/86/EG Art. 3 Rn. 1.

769 *Oetker,* in: Franzen/Gallner/Oetker Europäisches Arbeitsrecht, RL 2001/86/EG Art. 3 Rn. 2.

770 Vgl. dazu bereits 1. Teil § 3 B.I.1 Bildung des Besonderen Verhandlungsgremiums.

771 *Oetker,* in: Franzen/Gallner/Oetker Europäisches Arbeitsrecht, RL 2001/86/EG Art. 3 Rn. 13.

772 *Oetker,* in: Franzen/Gallner/Oetker Europäisches Arbeitsrecht, RL 2001/86/EG Art. 3 Rn. 12.

selbst. Dies dient dazu, zu verhindern, dass die Beteiligung der Arbeitnehmer mangels bestehender Arbeitnehmervertreter ausgeschlossen wird.[773]

Die Mitgliedstaaten können darüber hinaus die Beteiligung von Gewerkschaften regeln, wenn diese selbst nicht in der Gesellschaft vertreten sind. Diese Regelung klarstellenden Charakters ist an solche Staaten adressiert, die in ihren Vorschriften die Arbeitnehmereigenschaft als Voraussetzung für eine Teilnahme im Besonderen Verhandlungsgremium fordern.[774]

Bei der Umwandlungsform der Spaltung gilt es zu beachten, dass, wenn mehrere neu gegründete Gesellschaften aus der grenzüberschreitenden Spaltung hervorgehen, für jede Gesellschaft ein separates Verhandlungsgremium gebildet und ein eigenes Verhandlungsverfahren durchgeführt werden muss.[775]

2. *Informationspflicht der Leitungen*

Einer der nach Art. 3 Abs. 1 SE-RL erforderlichen ersten Schritte der Verfahrensaufnahme ist die Informationspflicht der Leitungen. Art. 3 Abs. 1 SE-RL gibt dabei nicht nur den Zeitpunkt der Informationspflicht direkt nach der Offenlegung des Plans vor,[776] sondern umreißt auch die inhaltlichen Anforderungen an den Informationsfluss. So ergibt sich aus dem Wortlaut die Pflicht, Angaben über die Identität der beteiligten Gesellschaften und der betroffenen Tochtergesellschaften oder betroffenen Betriebe sowie solche bezüglich der Zahl ihrer Beschäftigten zu machen.

Diese Angaben sind jedoch keinesfalls abschließend. Der beschriebene Informationsgehalt ist lediglich als Mindestinhalt zu verstehen.[777] Die Informationspflicht erfasst vielmehr alle Eckdaten, die zur Bildung des Gremiums nötig sind.[778] Denkbar ist in diesem Zusammenhang auch, dass die Mitgliedstaaten in Umsetzung

---

773 *Oetker,* in: Franzen/Gallner/Oetker Europäisches Arbeitsrecht, RL 2001/86/EG Art. 3 Rn. 20.

774 *Oetker,* in: Franzen/Gallner/Oetker Europäisches Arbeitsrecht, RL 2001/86/EG Art. 3 Rn. 15. Bei der SE ist dies nach § 6 Abs. 2 bis 7 SEBG möglich, wenn eine Arbeitnehmereigenschaft in der betroffenen Gesellschaft oder einer zugehörigen Tochtergesellschaft vorliegt. Eine davon abweichende Umsetzung für die grenzüberschreitenden Umwandlungsvorgänge wird kaum zu erwarten sein.

775 *Titze,* NZA 2021, 752, 755.

776 Die Information kann jedoch bereits zu einem früheren Zeitpunkt erfolgen. Vgl. so zu § 4 I SEBG: *Bachmann,* ZGR 2008, 779, 798 f.; *Rudoplh,* in: Annuß/Kühn/Rudoplh/Rupp EBRG, SEBG § 4 Rn. 24 mwN.

777 *Oetker,* in: Franzen/Gallner/Oetker Europäisches Arbeitsrecht, RL 2001/86/EG Art. 3 Rn. 4.

778 *Feuerborn,* in: KölnK AktG, SEBG § 4 Rn. 22; *Kleinsorge,* in: Wißmann/Kleinsorge/Schubert MitbestimmungsR, EU-Recht Rn. 90; *Gutkès,* in: Sagasser/Bula/Brünger UmwG, § 13 Rn. 297.

der Vorschrift eine Konkretisierung auf bestimmte Vorgaben vornehmen, wie dies im Rahmen der Umsetzung des SEBG geschehen ist.[779] Dort müssen insbesondere Informationen bezüglich der Identität und Struktur der beteiligten Gesellschaften inklusive ihrer Verteilung auf die Mitgliedstaaten, die bestehenden Arbeitnehmervertretungen und die Mitbestimmungsrechte in den Organen der Gesellschaften mitgeteilt werden.[780] Dieselben Anforderungen stellt das MgVG bereits bei Vornahme einer grenzüberschreitenden Verschmelzung.[781] Diese Informationspflicht ist damit bereits geltendes Recht und wird durch die Richtlinie auf die übrigen Umwandlungsformen erweitert.

3. Umsetzung der Vorgaben

Der Anpassungsbedarf des MgVG in den § 6 und 7 gestaltet sich überschaubar. Es muss lediglich beachtet werden, dass die Besonderheiten der grenzüberschreitenden Verschmelzung nicht auf die anderen Umwandlungsarten übertragen werden können. Daher sollten diese in einem § 7a ausgegliedert werden.[782]

Im Hinblick auf die persönlichen Voraussetzungen der Mitglieder des BVG ergeben sich keine wesentlichen Änderungen, sodass § 8 MgVG in das MgUG übernommen werden kann. Fraglich ist allenfalls, ob auch die Regelung des § 8 Abs. 3 zur Sitzgarantie an Gewerkschaftsvertreter ab drei Mitgliedern aus einem Mitgliedstaat übernommen wird. Da den Mitgliedstaaten eine solche Regelung offensteht[783] und sich eine solche bisher im MgVG und im SEBG gleichsam findet,[784] ist davon auszugehen, dass diese bestehen bleibt. Auch die Verteilung der Sitze nach § 9 MgVG erfährt keine Neuerung, sodass diese Vorschrift beibehalten werden kann.

---

779 Vgl. dazu auch § 4 SEBG. Mit der Verweisung auf die SE-RL wird gerade nicht auch auf die Umsetzungsvorschriften Bezug genommen, sondern diese sind neu umzusetzen. Dies geschah auch im Rahmen des MgVG, das sich ebenfalls an diese Vorschriften anlehnt.

780 Vgl. dazu *Rudolph*, in: Annuß/Kühn/Rudolph/Rupp EBRG, SEBG § 4 Rn. 29 ff.; *Feuerborn*, in: KölnK AktG, SEBG § 4 Rn. 22 ff.

781 *Gutkès*, in: Sagasser/Bula/Brünger UmwG, § 13 Rn. 297; *Rudolph*, in: Annuß/Kühn/Rudolph/Rupp EBRG, MgVG §§ 6–21 Rn. 1.

782 Vergleiche dazu die §§ 6, 7 und 7a MgUG im Anhang.

783 Nach Art. 3 Abs. 2 lit. b) Unterabs. 2 SE-RL können die Mitgliedstaaten die Beteiligung von Mitgliedstaaten regeln. Auf diesen wird in Art. 86l Abs. 3 lit. a), Art. 160l Abs. 3 lit. a) MobilitätsRL sowie in Art. 133 Abs. 3 lit. a) GesRRL Bezug genommen.

784 Vgl. dazu § 6 Abs. 3 SEBG.

II. Verhandlungsverfahren

Durch den Verweis auf Art. 3 Abs. 3 SE-RL hat das Verhandlungsgremium in einer schriftlichen Vereinbarung die Beteiligung der Arbeitnehmer festzulegen.[785] Zu diesem Zweck unterrichtet das zuständige Organ das Gremium. Unter Beteiligung im Sinne der SE-Richtlinie ist jedes Verfahren zu verstehen, durch das Arbeitnehmer Einfluss auf die Beschlussfassung innerhalb einer Gesellschaft nehmen können.[786] Nimmt man diesen Verweis wörtlich, muss das BVG auch über betriebliche Mitbestimmung der Belegschaft verhandeln. Hier muss die Verweisung jedoch darauf reduziert werden, dass es lediglich um die unternehmerische Mitbestimmung geht. Während die SE eine supranationale Gesellschaft ist, mündet ein Umwandlungsvorgang in eine nationale Gesellschaftsform, die dem Statut des Aufnahmestaates unterliegt.[787] Die betriebliche Mitbestimmung folgt als Ausprägung des Arbeitsrechts in kollisionsrechtlicher Hinsicht dem Arbeitsort.[788] Einer dahingehenden Regelung bedarf es im Umwandlungsverfahren daher nicht.

Schließlich findet sich die Verweisung auf Art. 3 Abs. 3 SE-RL auch systematisch in einer Vorschrift über die „Arbeitnehmermitbestimmung." Die insoweit zu Grunde zu legende Definition in Art. 2 lit. k) SE-RL fasst darunter die Einflussnahme der Arbeitnehmer im Vertretungsorgan auf die Angelegenheiten der Gesellschaft.[789]

Im Verhandlungsverfahren ist daher allein eine schriftliche Vereinbarung bezüglich der Mitbestimmung in den Unternehmensorganen zu treffen.[790] Mit der in Abs. 3 vorgesehen Unterrichtung des Gremiums sollten auch die für die ordnungsgemäßen Verhandlungen notwendigen Unterlagen an das Gremium übersandt werden.[791]

Das Verhandlungsverfahren wird in der Richtlinie besonders detailliert geregelt. Die kleinteiligen Verweisungen auf die SE-Richtlinie gestalten die inhaltliche Erfassung äußerst umständlich. Durch die Inbezugnahme einzelner Absätze, Sätze, Unterabsätze, Buchstaben und Spiegelstrichte werden das Abstimmungsverfahren (1), die Möglichkeit der Hinzuziehung eines Sachverständigen (2) sowie

---

785 Art. 86l Abs. 3 lit. a), Art. 160l Abs. 3 lit. a) MobilitätsRL, Art. 133 Abs. 3 lit. a) GesRRL.

786 Vgl. Art. 2 lit. h) SE-RL.

787 Vgl. dazu nur *Naber/Sittard*, in: MHdB § 386 Rn. 109.

788 Vgl. Rom I-VO Art. 8 Rn. 131 ff.

789 Das muss zumindest insoweit gelten, als man die Definitionen der SE-RL für anwendbar erklärt- Vgl. dazu *Oetker*, in: Franzen/Gallner/Oetker EU-Arbeitsrecht, RL 2017/1132 Art. 133 Rn. 30 f.

790 So auch zum Verhältnis des Art. 133 GesRRL zur Europäischen Betriebsräterichtlinie (Fn. 671): *Oetker*, in: Franzen/Gallner/Oetker Europäisches Arbeitsrecht, RL 2009/38/EG Art. 1 Rn. 2.

791 So wie dies auch in § 13 Abs. 2 S. 1 SEBG für die SE umgesetzt wurde.

Formalitäten wie Dauer (3), Kosten (4), das anwendbare Recht (5) und die allgemeinen Grundsätze des Verhandlungsverfahrens reguliert (6). Das Kernstück bildet jedoch der Inhalt der Mitbestimmungsvereinbarung (7), den die Parteien autonom festlegen können. Beachtet werden müssen dabei lediglich einige Grenzen der Vereinbarungsautonomie, im Rahmen derer die Verhandlungen bestenfalls abgeschlossen werden. Das BVG hat dabei jederzeit die Möglichkeit, das Verhandlungsverfahren einseitig zu beenden (8), noch bevor die Verhandlungen einen regulären Abschluss finden (9).

1. Abstimmungsverfahren

Besondere Bedeutung erlangen im Rahmen des Abstimmungsverfahrens die verschiedenen Mehrheiten, an die je nach Inhalt des Beschlusses unterschiedliche Anforderungen zu stellen sind. Der Europäische Gesetzgeber setzt diese verschiedenen Mehrheitserfordernisse ganz bewusst ein, um eine Hürde für gewisse Beschlüsse zu schaffen.

a) Doppeltes Mehrheitserfordernis

Für die Beschlüsse des Verhandlungsgremiums gilt durch die Verweisung auf Art. 3 Abs. 4 SE-RL das Erfordernis der sogenannten doppelten Mehrheit.[792]

i) Grundsatz der doppelten Mehrheit

Das Gremium beschließt grundsätzlich mit der absoluten Mehrheit, soweit nicht ein Fall des Abs. 6 vorliegt, also eine größere Mehrheit von zwei Dritteln nötig ist. Dies ist dann der Fall, wenn der Beschluss die Verhandlungen beenden und damit das Recht des Zuzugsstaates angewandt werden soll. In den übrigen Fällen gilt für alle Beschlüsse des Gremiums das absolute Mehrheitserfordernis, soweit die Richtlinie nichts anderes fordert.[793] Jedes Mitglied hat nach Abs. 4 Satz 2 genau eine Stimme.

Dabei gilt jedoch nicht allein das Erfordernis der absoluten Mehrheit, sondern diese muss in doppeltem Sinn vorliegen. Dieses doppelte Mehrheitserfordernis umfasst zum einen die absolute Mehrheit im gesamten Verhandlungsgremium, zum anderen die absolute Mehrheit aller repräsentierten Arbeitnehmer. Die Beschlüsse des BVGs unterliegen somit je nach Inhalt unterschiedlichen Anforderungen.

---

792 Art. 86l Abs. 3 lit. a), Art. 160l Abs. 3 lit. a) MobilitätsRL sowie Art. 133 Abs. 3 lit. a) GesRRL.

793 *Oetker*, in: Franzen/Gallner/Oetker Europäisches Arbeitsrecht, RL 2001/86/EG Art. 3 Rn. 26.

ii) Berechnung der Mehrheiten

Die Mehrheit der Stimmen des BVG errechnet sich aus der tatsächlichen Größe des Gremiums. Maßgeblich ist also die bestehende Ist-Größe, nicht die Soll-Größe, aus der das BVG zu bestehen hätte.[794] Bei der Berechnung kommt es nicht auf die tatsächlich anwesende Mitgliederzahl an, nicht abgegebene Stimmen wirken daher wie Negativstimmen.[795] Dies gilt auch für Enthaltungen an der Abstimmung.[796]

Für die Arbeitnehmermehrheit stellt sich die Frage, wie sich die absolute Mehrheit der vertretenen Arbeitnehmer berechnen lässt. Grundsätzlich gilt, dass die Vertreter eines Mitgliedstaates alle Arbeitnehmer aus ihrem Staat vertreten.[797] Hat ein Mitgliedstaat beispielsweise zehn Arbeitnehmer in der Gesellschaft, so vertritt der Vertreter dieses Landes diese zehn Arbeitnehmer. Offen bleibt dabei die Frage, ob im Falle der Existenz mehrerer Arbeitnehmervertreter aus einem Mitgliedstaat diese nur einheitlich für alle Arbeitnehmer abstimmen können, sodass ein Gebot der einheitlichen Stimmabgabe für die einzelnen Länder bestünde. Diese Frage müssen die Mitgliedstaaten bei Umsetzung klären.[798] In § 15 Abs. 2 Satz SEBG wurde diese Frage für die SE in dem Sinne beantwortet, dass keine einheitliche Stimmabgabe erfolgen muss, sondern dass eine gleichmäßige Verteilung aller Stimmen auf die einzelnen Vertreter erfolgt.[799] Berechnet werden diese Anteile anhand der Arbeitnehmerzahl, die bei Einleitung des Verhandlungsverfahrens vorliegen.[800] Es ist davon auszugehen, dass diese Abstimmung für einen Anteil an Arbeitnehmern auch innerhalb des Ausführungsgesetzes der Mobilitätsrichtlinie beibehalten wird. In der Konsequenz bedeutet dieses besondere Mehrheitserfordernis aber, dass die Stimmen der Vertreter der Länder, die mehr Arbeitnehmer repräsentieren, dementsprechend höhere Gewichte haben und vice versa.

---

794 *Rudolph*, in: Annuß/Kühn/Rudolph/Rupp EBRG, SEBG § 15 Rn. 5 mwN; *Oetker*, in: Franzen/Gallner/Oetker Europäisches Arbeitsrecht, RL 2001/86/EG Art. 3 Rn. 27.

795 So zu § 15 Abs. 2 SEBG: *Grau*, in: MdHB ArbR § 357 Rn. 103; *Jacobs*, in: MüKo AktG, SEBG § 15 Rn. 3.

796 So zu § 15 Abs. 2 SEBG: *Feuerborn*, in: KölnK AktG, SEBG § 15 Rn. 8; *Grau*, in: MdHB ArbR § 357 Rn. 103; *Jacobs*, in: MüKo AktG, SEBG § 15 Rn. 3.

797 *Oetker*, in: Franzen/Gallner/Oetker Europäisches Arbeitsrecht, RL 2001/86/EG Art. 3 Rn. 28.

798 *Hohenstatt/Müller-Bonanni*, in: Habersack/Drinhausen SE-Recht, SEBG § 15 Rn. 3; *Rudolph*, in: Annuß/Kühn/Rudolph/Rupp EBRG, SEBG § 15 Rn. 4; Oetker, in: Franzen/Gallner/Oetker Europäisches Arbeitsrecht, RL 2001/86/EG Art. 3 Rn. 29 jeweils mwN.

799 *Fleischmann*, in: Gaul/Ludwig/Forst Europäisches Mitbestimmungsrecht, § 2 Rn. 227.

800 *Oetker*, in: Franzen/Gallner/Oetker Europäisches Arbeitsrecht, RL 2001/86/EG Art. 3 Rn. 29.

b) Mitbestimmungsmindernde Beschlüsse

Auffällig erscheint im Rahmen der Mehrheitserfordernisse, dass die neue Richtlinie gerade keine Verweisung auf den restlichen Teil des Absatz 4 des Art. 3 SE-RL vornimmt, sondern ausdrücklich nur auf die ersten beiden Sätze Bezug nimmt, obwohl im Kommissionsentwurf noch der gesamte Unterabsatz 1 in Bezug genommen wurde.[801] Damit klammert die Richtlinie auf den ersten Blick ein Sicherungsinstrument der Mitbestimmung innerhalb des Verhandlungsverfahrens aus, das eigentlich gerade dem Schutz der Mitbestimmung dienen sollte. Der übrige Abs. 4 des Art. 3 SE-RL schreibt vor, dass Beschlüsse, die eine Minderung des Mitbestimmungsniveaus zur Folge haben, das doppelte Mehrheitserfordernis von zwei Dritteln erfüllen müssen. Für einen Beschluss, der eine Absenkung der Mitbestimmung zur Folge hätte, wäre aufgrund der fehlenden Verweisung lediglich die absolute Mehrheit notwendig. Dies schafft im Vergleich zur SE ein geringeres Schutzniveau. Auch in der Verschmelzungsrichtlinie war noch auf den gesamten Unterabsatz 1 Bezug genommen worden.[802] An dieser Verweisung in Art. 133 hat sich durch die Mobilitätsrichtlinie nichts geändert. So könnte man zu dem Trugschluss kommen, dass die Mitbestimmung bei der SE und bei der grenzüberschreitenden Verschmelzung besser geschützt wird.

An dieser Stelle gilt es jedoch die in Art. 86l Abs. 3 lit. b) Mobilitätsrichtlinie vorhandene Verweisung auf Art. 4 Abs. 4 der SE-RL heranzuziehen. Art. 4 Abs. 4 gibt vor, dass die Mitbestimmungsvereinbarung die vorher geltende nationale Mitbestimmungsregelung im Umfang der Mitbestimmungsrechte überhaupt nicht unterschreiten darf. Anstatt wie die Vorschrift der Verschmelzung also eine zwei Drittel-Mehrheit für einen mitbestimmungsmindernden Beschluss zu verlangen, ist ein solcher bei Formwechsel und Spaltung gar nicht erst möglich. Der Verweis schließt folglich mitbestimmungsmindernde Beschlüsse aus. Da Art. 133 durch die Mobilitätsrichtlinie keine dahingehende Anpassung erfahren hat, gilt dies nicht für die grenzüberschreitende Verschmelzung, was aus Gründen der mangelnden Kohärenz zu bedauern ist.[803]

An dieser Stelle wird besonders deutlich, wie komplex die Verweisungstechnik in der Richtlinie ist und wie undurchschaubar die Rechtsfolgen einer einzelnen Ziffer sein können. Die Abstufung der Mehrheitserfordernisse eröffnet sich dem Anwender nur, wenn er die Vorschriften der Mobilitätsrichtlinie und der SE-Richtlinie parallel liest und im Vergleich dazu noch die ursprüngliche Rechtslage in der Gesellschaftsrechtsrichtlinie heranzieht.

---

801 Art. 86l Abs. 3 lit. a) Kommissionsentwurf, (Fn. 336).

802 Art. 133 Abs. 3 lit. a) GesRRL a.F.

803 Dazu genauer unter § 3 C.

c) Anwendung des Rechts des Herkunftsstaates

Im Rahmen ihrer Vereinbarungsfreiheit haben die Verhandlungsparteien auch die Möglichkeit, sich für die Anwendung der Auffanglösung zu entscheiden. Diese Option ist in der Richtlinie nicht ausdrücklich geregelt. Sie ergibt sich aber aus den Gestaltungsmöglichkeiten des Verhandlungsgremiums. Mangels einer entsprechenden Regelung bedarf dieser Beschluss auch keiner gesonderten Zwei-Drittel-Mehrheit. Das ist im Ergebnis auch so interessengerecht: Die geltende Mitbestimmungsvereinbarung im Zeitpunkt der Umwandlung bildet die Auffangregelung.[804] Entscheidet sich das BVG für die Anwendung dieser Regelung oder eine eventuell sogar für eine dynamische Geltung des Rechts des Wegzugsstaates, so muss dieser Beschluss mangels Schutzbedürftigkeit der Arbeitnehmer ohne Weiteres möglich sein. Das geltende Mitbestimmungsniveau bildet ohnehin die Regelung, die bei einem Fehlschlag der Verhandlungen droht.

d) Zwischenergebnis

An dieser Stelle zeigt sich bereits die Intention des Europäischen Gesetzgebers, das bestehende Mitbestimmungsniveau in den Verhandlungen zu schützen. Ist statt der sonst erforderlichen absoluten Mehrheit eine Zwei-Drittel-Mehrheit erforderlich, stuft der Gesetzgeber den Inhalt des Beschlusses als mitbestimmungsgefährdend ein und bewahrt das BVG damit vor einer vorschnellen Beschlussfassung.

Hier ergibt sich für den nationalen Gesetzgeber einiger Handlungsbedarf; nicht zuletzt aus der mangelnden Kohärenz der Vorschriften. Die Mehrheitserfordernisse für grenzüberschreitende Spaltung und Formwechsel könnten im MgUG an die §§ 17, 18 MgVG angelehnt werden. Für die grenzüberschreitende Verschmelzung ergibt sich hingegen eine wesentliche Abweichung für mitbestimmungsmindernde Beschlüsse.[805]

2. Hinzuziehung eines Sachverständigen

Nach Absatz 5 des Art. 3 SE-RL kann das Besondere Verhandlungsgremium einen Sachverständigen zurate ziehen und diesen auch den Beratungen beiwohnen lassen. Daneben kann das Gremium auch Vertreter außenstehender Organisationen (vor allem Gewerkschafter) über den Verhandlungsbeginn unterrichten.[806] Dies dient dem Zweck, dem Gremium Sachverständige an die Seite zu stellen, damit diese die Verhandlungen fachgerecht führen können. Das Gebrauchen dieser

---

804 Vgl. dazu unter § 3.

805 Siehe dazu unter § 3 C.

806 Diese Vorschrift entspricht auch Art. 5 Abs. 2 lit. b) Unterabsatz 1 RL 2009/38/EG; *Oetker*, in: Franzen/Gallner/Oetker Europäisches Arbeitsrecht, RL 2001/86/EG Art. 3 Rn. 23. Diese ist nach Art. 86l Abs. 3 lit. a), Art. 160l Abs. 3 lit. a) MobilitätsRL und Art. 133 Abs. 3 lit. a) GesRRL anwendbar.

Unterstützungsmöglichkeit erfolgt allein nach dem Ermessen des BVG. Dieses kann die Person des Sachverständigen auch nach seiner Wahl aussuchen, soweit es eines Sachverständigen für die ordnungsgemäße Erfüllung der Aufgabe bedarf.[807] Im Rahmen des § 16 MgVG besteht insoweit kein Änderungsbedarf.

3. Dauer der Verhandlungen

Mit dem Verweis auf Art. 5 SE-RL wird die Dauer der Verhandlungen ebenfalls auf sechs Monate beschränkt.[808] Allerdings besteht die Möglichkeit, diesen Zeitraum einmalig auf ein Jahr Verhandlungszeitraum in Summe zu erweitern. Der Zeitraum beginnt nach dem Wortlaut mit Einsetzung des Gremiums, damit bleibt im Ergebnis unklar, wann dies konkret der Fall ist. Dies wird wohl erst mit Handlungsfähigkeit des BVG der Fall sein.[809] Im SEBG bedient sich der Gesetzgeber der Konkretisierung der konstituierenden Sitzung des Gremiums.[810]

Die Möglichkeit der Verlängerung des Verhandlungszeitraums dient dem Abschluss solcher Vereinbarungen, die bereits auf einem guten Weg sind, aber wohl innerhalb der sechsmonatigen Frist keinen Abschluss finden werden.[811] Die Verlängerung muss durch einvernehmlichen Beschluss aller Parteien erfolgen. Die einzelnen Parteien haben keinen Anspruch auf Zustimmung zur Verlängerung, es kann sich allenfalls eine Obliegenheit für die andere Seite aus dem Grundsatz ergeben, dass mit dem Willen zu Verständigung gehandelt werden muss.[812] Diese Regelung besteht bereits in § 20 MgVG, sodass hier kein gesetzgeberischer Anpassungsbedarf besteht.

---

807 *Oetker*, in: Franzen/Gallner/Oetker Europäisches Arbeitsrecht, RL 2009/38/EG Art. 5 Rn. 23. Vgl. zum Recht der Hinzuziehung eines Sachverständigen auch *Hohenstatt/Müller-Bonanni*, in: Habersack/Drinhausen SE-Recht, SEBG § 15 Rn. 2.

808 Art. 86l Abs. 3 lit. c), Art. 160l Abs. 3 lit. c) MobilitätsRL und Art. 133 Abs. 3 lit. c) GesRRL.

809 *Oetker*, in: Franzen/Gallner/Oetker Europäisches Arbeitsrecht, RL 2001/86/EG Art. 5 Rn. 2.

810 § 20 SEBG. Vgl. dazu *Jacobs*, in: MüKo AktG, SEBG § 20 Rn. 2.

811 *Oetker*, in: Franzen/Gallner/Oetker Europäisches Arbeitsrecht, RL 2001/86/EG Art. 5 Rn. 5.

812 *Henssler*, in: Habersack/Henssler MitbestimmungsR, SEBG § 20 Rn. 3; *Hohenstatt/Müller-Bonanni*, in; Habersack/Drinhausen SE-Recht, SEBG § 20 Rn. 3; *Jacobs*, in: MüKo AktG, SEBG § 20 Rn. 3. Andere Ansicht: *Oetker*, in: Lutter/Hommelhoff/Teichmann, SE Kommentar, SEBG § 20 Rn. 8.

4. *Kostentragung*

Durch die Verweisung auf Art. 3 Abs. 7 SE-RL wird die übliche Kostentragungsregel auch für die Mobilitätsrichtlinie eingeführt.[813] Nach Art. 3 Abs. 7 tragen die beteiligten Gesellschaften die Kosten des Verhandlungsverfahrens. Es handelt sich hier um eine Kostenzuweisung an die beteiligten Gesellschaften, die auch bereits im MgVG Anwendung findet.[814]

5. *Anwendbares Recht*

Als anwendbares Recht gilt über die Verweisung auf Art. 6 SE-RL allein das künftige Sitzstaatrecht der aus der grenzüberschreitenden Umwandlung hervorgehenden Gesellschaft.[815] Es gilt somit das Recht des Landes, in dem künftig der satzungsmäßige Sitz liegt, unabhängig davon, an welchem Ort die Mitbestimmungsverhandlungen geführt werden.[816]

6. *Grundsätze im Verhandlungsverfahren*

Um die ordnungsgemäße Durchführung des Verhandlungsverfahrens zu gewährleisten, sieht die Richtlinie einige allgemeine Grundsätze vor, welche die Verhandlungspartner zu beachten haben.

a) *Verschwiegenheit*

Mit Verweis auf Art. 8 SE-RL wird die Verschwiegenheitspflicht des BVG, des Vertretungsorgans, des Sachverständigen und der Arbeitnehmervertreter festgelegt.[817] Diese Pflicht gilt somit für alle am Verhandlungsverfahren Beteiligten. Die Vorschrift bezieht sich dabei allein auf das Verhandlungsverfahren an sich. Die Geheimhaltungspflichten im Aufsichtstrat ergeben sich hingegen später aus dem nationalen Gesellschaftsrecht, dem das Unternehmen unterliegt.[818] Erfasst werden von der Geheimhaltungspflicht nicht nur Betriebsgeheimnisse, sondern alle

---

813 Art. 86l Abs. 3 lit. a), Art. 160l Abs. 3 lit. a) MobilitätsRL, Art. 133 Abs. 3 lit. a) GesRRL.

814 § 20 MgVG. Vgl. dazu zur identischen Vorschrift in § 19 SEBG *Hohenstatt/Müller-Bonanni,* in: Habersack/Drinhausen SE-Recht, SEBG § 20 Rn. 1–3; *Henssler,* in: Habersack/Henssler MitbestimmungsR, SEBG § 19 Rn. 1–3.

815 Art. 86l Abs. 3 lit. d), Art. 160l Abs. 3 lit. d) MobilitätsRL, Art. 133 Abs. 3 lit. d) GesRRL.

816 *Oetker,* in: Franzen/Gallner/Oetker Europäisches Arbeitsrecht, RL 2001/86/EG Art. 6 Rn. 1.

817 Art. 86l Abs. 3 lit. f), Art. 160l Abs. 3 lit. f) MobilitätsRL, Art. 133 Abs. 3 lit. f) GesRRL.

818 In Deutschland bspw. Art. 93 Abs. 1 Satz 3 AktG.

Informationen, die als vertraulich eingestuft werden.[819] In zeitlicher Hinsicht wirkt die Pflicht auch nach Abschluss der Verhandlungen weiter.[820]

Der in Abs. 2 niedergelegte Geheimhaltungsvorbehalt hat besonders sensible Informationen zum Gegenstand, für die der Schutz nach Abs. 1 nicht ausreichend ist. Er gewährt der Gesellschaft ein Informationsverweigerungsrecht für solche Informationen, die nach objektiven Kriterien die Befürchtung zulassen, ihr Bekanntwerden würde den Geschäftsbetrieb nachhaltig beeinträchtigen oder die Gesellschaft schädigen.[821] Diese Pflicht wird bereits durch § 31 MgVG geregelt.[822]

b) Tendenzschutz

Der Verweis auf Art. 8 Abs. 3 SE-RL stellt klar, dass die Mitgliedstaaten bei der Umsetzung der Vorgaben die Aufrechterhaltung des Tendenzschutzes sicherstellen können. Dieser Tendenzschutz gilt insbesondere auch für Fragen der Mitbestimmung. Die Mitgliedstaaten sollen berechtigt werden, ihre geltenden Bestimmungen aufrechtzuerhalten.[823] Bei der Auslegung dieser Norm ist davon auszugehen, dass die dort genannten Unternehmensarten nicht abschließend und lediglich exemplarischer Natur sind. Die Reichweite des Tendenzschutzes geht somit über den Wortlaut des Art. 8 Abs. 3 SE-RL hinaus.[824]

c) Schutz der Arbeitnehmervertreter

Wie nach den nationalen Vorschriften, müssen die Arbeitnehmervertreter auch bei binnenmarktweit operierenden Gesellschaften vor Ungleichbehandlungen geschützt werden. Deshalb nimmt die Richtlinie auf Art. 10 SE-RL Bezug, nach dem der Schutz der Arbeitnehmervertreter gewährleistet werden soll. In Anlehnung an das nationale Recht soll den Vertretern das gleiche Schutzniveau in Bezug auf Sitzungsteilnahme, Lohn- und Gehaltfortzahlungen gewährt werden.[825]

---

819 *Oetker,* in: Franzen/Gallner/Oetker Europäisches Arbeitsrecht, RL 2001/86/EG Art. 8 Rn. 6.

820 *Oetker,* in: Franzen/Gallner/Oetker Europäisches Arbeitsrecht, RL 2001/86/EG Art. 8 Rn. 5.

821 *Oetker,* in: Franzen/Gallner/Oetker Europäisches Arbeitsrecht, RL 2001/86/EG Art. 8 Rn. 8.

822 Eine äquivalente Regelung findet sich in § 41 SEBG. Vgl. dazu *Habersack,* in: Habersack/Henssler Mitbestimmungsrecht, SEBG § 41 Rn. 1; *Kleinsorge/Freis,* SEBG § 41 Rn. 1–4.

823 Wie schon bei der Verschmelzung *Oetker,* in: Franzen/Gallner/Oetker Europäisches Arbeitsrecht, RL 2001/86/EG Art. 8 Rn. 11 ff.

824 *Oetker,* in: Franzen/Gallner/Oetker Europäisches Arbeitsrecht, RL 2001/86/EG Art. 8 Rn. 15.

825 Art. 86l Abs. 3 lit. f), Art. 160l Abs. 3 lit. f) MobilitätsRL, Art. 133 Abs. 3 lit. f) GesRRL.

Arbeitnehmervertreter auf europäischer Ebene müssen somit den Arbeitnehmervertretern auf nationaler Ebene gleichgestellt werden. Diese Absicherung dient der ordnungsgemäßen Ausführung der Arbeitnehmervertretungsämter.[826] Eine dahingehende Vorschrift besteht bereits in § 32 MgVG.[827] Ein Änderungsbedarf ergibt sich durch die neue Richtlinie nicht.

7. Verhandlungsinhalt der Mitbestimmungsvereinbarung

Für den Inhalt der Vereinbarung ist die Verweisung auf Art. 4 SE-RL tragend.[828] Dabei gilt zunächst der Grundsatz, dass die Beteiligten mit dem Willen zu Verständigung an der Erstellung einer Vereinbarung arbeiten sollen. Die Verhandlungen sind im Geiste der Zusammenarbeit zu führen.[829] In der Konsequenz ist es den Parteien verboten, Arbeitskampfmaßnahmen durchzuführen, die das Ziel haben, die Verhandlungsvorgänge zu beeinflussen.[830] Der Grundsatz ist jedoch mehr als Appell an die Parteien zu verstehen, denn eine wirkliche Durchsetzung in Form einer Sanktion für die Nichteinhaltung sieht die Richtlinie nicht vor, sodass es sich bisher eher um ein stumpfes Schwert handelt. Sofern die Parteien trotzdem zu einer Einigung kommen, hat ihre Vereinbarung folgende Bestandteile zu beinhalten: Geltungsbereich (a), Geltungszeitraum (b) und Mitbestimmungsvereinbarung (c). Den Beschlussmöglichkeiten des Gremiums sind dabei nahezu keine Grenzen gesetzt (d).

a) Geltungsbereich

Mit der Bezugnahme auf Art. 4 Abs. 2 lit. a) SE-RL müssen die Beteiligten eine Regelung über den Geltungsbereich ihrer Vereinbarung treffen.[831] Dieser wird sich in aller Regel wie bereits bei der Mitbestimmungsvereinbarung einer SE aus der Funktion der Vereinbarung selbst ergeben.[832] Grundsätzlich ist eine SE-Gründung

---

826 Derselbe Wortlaut wird in Art. 10 RL 2009/38/EG verwendet, *Oetker,* in: Franzen/Gallner/Oetker Europäisches Arbeitsrecht, RL 2009/38/EG Art. 10 Rn. 11.

827 Auch hier besteht eine ähnliche Regelung in § 42 SEBG. Vgl. dazu *Hohenstatt/Müller-Bonanni,* in: Habersack/Drinhausen SE-Recht, SEBG § 41 Rn. 1 ff.; ausführlich *Henssler,* in: Habersack/Henssler MitbestimmungsR, SEBG § 41 Rn. 1–12.

828 Art. 86l Abs. 3 lit. b), Art. 160l Abs. 3 lit. b) MobilitätsRL und Art. 133 Abs. 3 lit. b) GesRRL.

829 Wie in Art. 6 I RL 2009/38/EG.

830 *Henssler,* in: Habersack/Henssler MitbestimmungsR, SEBG § 13 Rn. 3; *Hohenstatt/Müller-Bonanni,* in: Habersack/Drinhausen SE-Recht, SEBG § 13 Rn. 3; *Jacobs,* in: MüKo AktG, SEBG § 13 Rn. 3.

831 Art. 86l Abs. 3 lit. b), Art. 160l Abs. 3 lit. b) MobilitätsRL und Art. 133 Abs. 3 lit. b) GesRRL.

832 *Oetker,* in: Franzen/Gallner/Oetker Europäisches Arbeitsrecht, RL 2001/86/EG Art. 4 Rn. 9.

nur für Gesellschaften aus Mitgliedstaaten der EU möglich. Denkbar ist aber, dass diese Zweigniederlassungen außerhalb der EU haben. Dort beschäftigte Arbeitnehmer müssen dann aber ausdrücklich in die Vereinbarung mitaufgenommen werden, falls dies gewollt ist.[833] Im Übrigen erfasst die Vereinbarung regelmäßig alle Arbeitnehmer der beteiligten Gesellschaft bzw. Gesellschaften, die einer Betriebsstätte innerhalb der EU angehören.

Diese Grundsätze gelten nach § 22 Abs. 1 Nr. 1 MgVG auch für die grenzüberschreitende Verschmelzung, sodass davon auszugehen ist, dass diese Norm im Rahmen der Implementierung außer der Erweiterung auf andere Umwandlungsformen keine Anpassung erfährt.[834]

b) Geltungszeitraum

Nach Art. 4 Abs. 2 lit. h) muss neben dem räumlichen Geltungsbereich auch der zeitliche Geltungsraum festgelegt werden.[835] Dieser umfasst den Zeitpunkt des Inkrafttretens und die Laufzeit der Vereinbarung, wenn eine neue Regelung vereinbart werden soll. Dieser zeitlichen Regelungskomponente soll immanent sein, dass auch die Modalitäten für etwaige Änderungen oder Kündigungen der Mitbestimmungsvereinbarung geregelt werden können.[836] Im nationalen Recht findet sich eine entsprechende Regelung bereits in § 22 Nr. 2 MgVG.[837]

c) Mitbestimmungsvereinbarung

Inhaltlich muss sich die Vereinbarung über die Mitwirkung der Arbeitnehmer in den Unternehmensorganen an Art. 4 Abs. 2 lit. g) SE-RL[838] orientieren und damit Angaben über die Zahl der Mitglieder des mitbestimmten Organs enthalten sowie die Frage klären, welche Arbeitnehmer wahlberechtigt sind.[839] Auch soll in der

---

833 *Kleinsorge/Freis,* SEBG § 21 Rn. 4.

834 Vgl. zu § 22 Abs. 1 Nr. 1 MgVG: *Thüsing/Forst,* in: Habersack/Drinhausen SE-Recht, MgVG § 22 Rn. 14; *Rudolph,* in: Annuß/Kühn/Rudolph/Rupp EBRG, MgVG § 22 Rn. 6.

835 Dieser findet ebenfalls gem. Art. 86l Abs. 3 lit. b), Art. 160l Abs. 3 lit. b) MobilitätsRL und Art. 133 Abs. 3 lit. b) GesRRL Anwendung.

836 *Oetker,* in: Franzen/Gallner/Oetker Europäisches Arbeitsrecht, RL 2001/86/EG Art. 4 Rn. 11; *Henssler,* in: Habersack/Henssler MitbestimmungsR, SEBG § 21 Rn. 22 ff.; *Witschen,* ZGR 2016, 644, 663 ff.

837 Vgl. dazu nur *Oetker,* in: Lutter/Hommelhoff/Teichmann SE-Kommentar, SEBG § 21 Rn. 32 ff.; *Thüsing/Forst,* in: Habersack/Drinhausen SE-Recht, MgVG § 22 Rn. 15; *Rudolph,* in: Annuß/Kühn/Rudolph/Rupp EBRG, MgVG § 22 Rn. 6.

838 Vgl. Art. 86l Abs. 3 lit. b), Art. 160l Abs. 3 lit. b) MobilitätsRL und Art. 133 Abs. 3 lit. b) GesRRL.

839 Umgesetzt in § 21 Abs. 3 Nr. 1–3. Vgl. dazu *Freis/Kleinsorge,* SEBG § 21 Rn. 8 f.

Vereinbarung die Bestellung oder die Wahl dieser Vertreter festgelegt werden.[840] Vor allem sollen auch die Rechte der Arbeitnehmervertreter verhandelt werden. Dazu zählen ihre Rechtstellung[841] sowie ihre Pflichten[842] mit ihrer Verschwiegenheitspflicht.[843] Von diesen Festsetzungen primär nicht umfasst sind Bestimmungen in Bezug auf die personelle Zusammensetzung und das Geschlechterverhältnis[844] sowie die innere Arbeitsweise des Aufsichts- oder Verwaltungsorgans.[845] Besonders der Inhalt der Vereinbarungen bei SE-Gründungen durch Umwandlung warf in der Vergangenheit einige Probleme auf. Umstritten ist vor allem die Frage, was im Rahmen des Bestandsschutzes durch die Formulierung „alle Komponenten der Arbeitnehmerbeteiligung“ geschützt werden soll.[846] Da dieser Bestandsschutz durch eine Verweisung nun auch in der Mobilitätsrichtlinie zumindest eingeschränkt Anwendung findet, erlangt die Diskussion auch Relevanz im Rahmen der neuen Richtlinie.[847]

i) Festsetzung der Größe des Aufsichtsrates

In dieser Hinsicht ist im Rahmen der Gründung einer SE strittig, ob auch die Größe des Verwaltungs- bzw. Aufsichtsorgans in den Verhandlungen festgelegt werden kann. Aus der Norm selbst geht hervor, dass die Arbeitnehmervertreterzahl bestimmt werden kann. Dies schließt dahingehend auch die Befugnis ein, den Anteil der Arbeitnehmer zu fixieren. Dies führt jedoch nur in den Fällen zu einer absoluten Zahl, in denen auch die Größe des Organs feststeht.[848] Teile der Literatur vertreten die Auffassung, die Größe des Aufsichts- bzw. Verwaltungsrates könnten

---

840 *Oetker*, in: Franzen/Gallner/Oetker Europäisches Arbeitsrecht, RL 2001/86/EG Art. 4 Rn. 21.

841 *Henssler*, in: Habersack/Henssler MitbestimmungsR, SEBG § 21 Rn. 46; *Jacobs*, in: MüKo AktG, SEBG § 21 Rn. 41.

842 *Henssler*, in: Habersack/Henssler MitbestimmungsR, SEBG § 21 Rn. 47; *Hohenstatt/Müller-Bonanni*, in: Habersack/Drinhausen, SE-Recht, SEBG § 21 Rn. 26; *Jacobs*, in: MüKo AktG, SEBG § 21 Rn. 41.

843 *Oetker*, in: Franzen/Gallner/Oetker Europäisches Arbeitsrecht, RL 2001/86/EG Art. 4 Rn. 22.

844 *Oetker*, in: Franzen/Gallner/Oetker Europäisches Arbeitsrecht, RL 2001/86/EG Art. 4 Rn. 17.

845 *Habersack*, ZHR 171 (2007), 613, 631; *Jacobs*, in: MüKo AktG, SEBG § 21 Rn. 44; andere Ansicht: *Heinze/Seifert/Teichmann*, BB 2005, 2521, 2526. Vgl. dazu noch ausführlicher unter II.7.d) ii).

846 Zur Vereinbarung bei Gründung einer SE durch Umwandlung vgl. *Henssler*, in: Habersack/Henssler MitbestimmungsR, SEBG § 21 Rn. 57.

847 Dazu mehr unter II.7.d).

848 *Oetker*, in: Franzen/Gallner/Oetker Europäisches Arbeitsrecht, RL 2001/86/EG Art. 4 Rn. 18.

kein Teil der Verhandlungen sein. Die Größe als solche sei nicht von der Legaldefinition in Art. 2 lit. k) umfasst.[849] Die Festlegung der Mitgliederzahl sei nur dann zulässiger Inhalt, wenn die Festlegung der Zahl unmittelbar mit der Bestimmung des Anteils der Arbeitnehmervertreter verknüpft wird.[850]

ii) Zusammensetzung des Aufsichtsrates

Möglich erscheint hingegen die Regelung der Zusammensetzung der Arbeitnehmervertreter im Hinblick auf personenbezogene Kriterien sowie Kriterien, die zum Ziel haben, das Unternehmen in seiner Struktur angemessen zu repräsentieren. Dazu gehören Nationalität, Unternehmenszugehörigkeit, Unternehmensgruppen und Geschlecht.[851]

iii) Rückgriff auf die Auffanglösung

Sobald die Verhandlungsparteien inhaltlich zu einer Einigung gekommen sind und eine Vereinbarung ausgearbeitet haben, wird die Auffanglösung nach Art. 4 Abs. 3 grundsätzlich verdrängt. Eine Ausnahme gilt nur dann, wenn das BVG den Beschluss fasst, die Auffangregelung anzuwenden, die darin besteht, das Recht des Wegzugstaates anzuwenden. Diese Möglichkeit war in der Kommissionsfassung in Art. 86l Abs. 4 lit. a) auch noch ausdrücklich vorhergesehen. So sollte das BVG das Recht des Herkunftsstaates anwenden können, wenn das doppelte Mehrheitserfordernis von zwei Dritteln gegeben wäre. Allerdings hat diese Regelung keinen Eingang in die Endfassung gefunden. Sie wurde aus dem Text herausgenommen. Dies hat jedoch nicht zur Folge, dass ein solcher Beschluss nicht mehr möglich ist. Das Gremium ist grundsätzlich frei in seinen Beschlüssen und kann inhaltlich jede beliebige Regelung anordnen. Es kann demnach auch eine Regelung treffen, die dem Recht des Wegzugsstaates entspricht. Der Unterschied zur ausdrücklichen Regelung durch die Kommission besteht jedoch darin, dass dafür nun keine besonderen Mehrheitserfordernisse nötig sind.

---

849 *Diekmann*, FS Gruson 2009, 75, 81 f.; *Habersack*, AG 2006, 345, 351, 353; *ders.*, ZHR 171 (2007), 613, 632 ff.; *Kiem*, Der Konzern 2010, 275, 278; *Windbichler*, FS Canaris, Bd. 2, 1423, 1428 f.; *Oetker*, in: Franzen/Gallner/Oetker Europäisches Arbeitsrecht, RL 2001/86/EG Art. 4 Rn. 18 mwN.

850 *Seibt*, in: Habersack/Drinhausen SE-Recht, SE-VO, Art. 40 Rn. 66; *Kleinsorge*, in: Wißmann/Kleinsorge/Schubert MitbestimmungsR, EU-Recht Rn. 108; *Oetker*, in: Franzen/Gallner/Oetker Europäisches Arbeitsrecht, RL 2001/86/EG Art. 4 Rn. 19 mwN.

851 *Oetker*, in: Franzen/Gallner/Oetker Europäisches Arbeitsrecht, RL 2001/86/EG Art. 4 Rn. 20; *ders.*, ZHR 179 (2015), 707, 742; *ders.*, in: Lutter/Hommelhoff/Teichmann SE-Kommentar, SEBG § 21 Rn. 74; *Henssler*, in: Habersack/Henssler MitbestimmungsR, SEBG § 21 Rn. 42.

Die Aufhebung des besonderen Mehrheitserfordernisses dürfte damit zu erklären sein, dass sich die Mitbestimmungsregelung des Wegzugsstaates im Falle einer Nichteinigung ohnehin in der umgewandelten Gesellschaft fortsetzt, da diese im Zeitpunkt der Umwandlung geltende Regelung die Auffanglösung der Verhandlungen bildet. Hinzu tritt, dass in den Fällen, in denen die Mitbestimmung umgangen werden soll, das Recht des Wegzugsstaates – soweit bereits eine Mitbestimmungspflicht besteht – in der Regel mitbestimmungsfreundlicher sein wird. Für den Fall der Anwendung des Rechts des Wegzugsstaates besteht damit keine Gefahr einer Mitbestimmungsminderung. Im Übrigen würden die Arbeitnehmer unter normalen Umständen auch ausschließlich diesem Recht unterfallen, sodass kein weitergehendes Bedürfnis für einen Schutzmechanismus durch besondere Mehrheitserfordernisse besteht. Inhalt der Vereinbarung kann damit ohne Weiteres sein, das Recht des Herkunftsstaates anzuwenden.

d) Grenzen der Verhandlungsautonomie

Zwar sind die Verhandlungspartner grundsätzlich frei ein maßgeschneidertes Mitbestimmungsmodell zu entwickeln. Allerdings werden der Verhandlungsautonomie der Parteien auch Grenzen gesetzt.

i) Bestandsschutz nach Art. 4 SE-RL

Eine maßgebliche Weichenstellung eröffnet sich insoweit durch die neu eingeführte Verweisung auf Art. 4 Abs. 4 SE-RL,[852] welche das Vorher-Nachher-Prinzip manifestiert. Im Falle einer Vereinbarung muss das vor der Umstrukturierung in den beteiligten Gesellschaften gegebene Ausmaß der Mitbestimmungsrechte gewahrt werden. Das Niveau der bestehenden Mitbestimmungsregelung bildet somit den Mindeststandard. Dieser *Status quo* ist für alle Komponenten der Mitbestimmung verbindlich, es muss dasselbe Ausmaß weiter gelten, das in der Ursprungsgesellschaft galt. Umgesetzt wird diese Regelung in § 21 Abs. 6 SEBG.[853] Hervorzuheben ist, dass es kein Äquivalent zu dieser Vorschrift im MgVG gibt. Der Art. 133 a.F. GesRRL sah bisher keinen Verweis auf Art. 4 Abs. 4 SE-RL vor. Mit

---

852 Auf den in Art. 86l Abs. 3 lit. b), Art. 160l Abs. 3 lit. b) MobilitätsRL Bezug genommen wird. Vgl. auch *Titze*, NZA 2021, 752, 754.

853 Bundestags-Drs. 15/3405/, S. 53; *Henssler*, ZHR 173 (2009), 222, 241 f., *Krause*, BB 2005, 1221, 1226; *Nagel*, AuR 2007, 329, 330 f.; *Feuerborn*, in: KölnK AktG, SEBG § 21 Rn. 80; *Freis*, in: Nagel/Freis/Kleinsorge, SEBG § 21 Rn. 33; *Henssler*, in: Habersack/Henssler MitbestimmungsR, SEBG § 21 Rn. 55b; *Kleinsorge/Freis*, SEBG § 21 Rn. 13 ff. Ein enges Verständnis befürworten hingegen *Grobys*, NZA 2005, 84, 88; *Oetker*, FS Konzen, 2006, S. 636, 657; *Oetker*, FS Birk, S. 568 ff.; *Hohenstatt/Dzida*, in: Henssler/Willemsen/Kalb SEBG Rn. 37; *Oetker*, in: Lutter/Hommelhoff/Teichman SE-Kommentar § 21 SEBG Rn. 58 ff.; *Jacobs*, FS K. Schmidt, S. 795, 800.

der Einbeziehung des Art. 4 Abs. 4 ist nun auch für die Mobilitätsrichtlinie ein vergleichbarer Bestandsschutz zu schaffen. Da dieser Verweis jedoch nur in Art. 86l Abs. 3 lit. b) und Art. 160l Abs. 3 lit. b) und hingegen nicht in Art. 133 geregelt wird, gilt dieser Bestandsschutz nicht für die grenzüberschreitende Verschmelzung.

(1) Umfang des Bestandsschutzes

Umstritten ist an dieser Regelung jedoch, was „alle Komponenten der Arbeitnehmerbeteiligung" überhaupt umfasst. Im Allgemeinen versteht man darunter konkret bestehende Mitbestimmungsrechte.[854] Sieht das bisherige Mitbestimmungsniveau besondere Befugnisse oder Kompetenzen der Aufsichtsratsmitglieder vor, so dürfen diese nicht durch Umwandlung verloren gehen.[855] Diskutiert wird in diesem Zusammenhang unter anderem die Frage, ob die Bestellung eines Arbeitsdirektors nach § 13 MontanMitbestG darunterfällt.[856]

Besondere Aufmerksamkeit erlangte dabei in jüngster Vergangenheit auch die Frage, ob das Vorschlagsrecht der Gewerkschaften nach § 7 Abs. 2 MitbestG konserviert wird. In dem bekannten *SAP-Fall*[857] wandelte sich die deutsche Aktiengesellschaft in eine SE um. Vor der Umwandlung bestand der Aufsichtsrat aus 18 Mitgliedern. Unter den Arbeitnehmervertretern befanden sich zwei Gewerkschaftsvertreter. Diese wurde nach § 7 Abs. 2 MitbestG von der Gewerkschaft vorgeschlagen und in einem separaten Wahlverfahren bestimmt, sodass der Gewerkschaft in diesem Fall ein sog. Vorschlagsrecht zukam. Bei der Umwandlung schloss das BVG mit der Leitung nun eine Mitbestimmungsvereinbarung, welche die Option vorsah, den Aufsichtsrat von 18 auf zwölf Sitze zu reduzieren. Diese Reduzierung bedeutet jedoch den Wegfall dieser garantierten Sitze der Gewerkschaft.

In diesem Zusammenhang stellt sich nun die Frage, ob sich der Bestandsschutz in § 21 Abs. 6 SEBG auch auf die Zusammensetzung des Aufsichtsrats selbst und damit auch auf die Vorschlagsrechte der Gewerkschaften bezieht. Wie so oft ergibt

---

854 *Kleinsorge/Freis*, SEBG § 21 Rn. 13; *Forst*, Beteiligungsvereinbarung nach § 21 SEBG, S. 203 f.; *Feuerborn*, in: KölnK AktG, SEBG § 21 Rn. 82. Das BAG formuliert diese als die prägenden Elemente eines Verfahrens zur Beteiligung der Arbeitnehmer, vgl. BAG Vorlagebeschluss v. 18.08.2020 NZA 2021, 287, 288 (Rn. 23). Vgl. dazu *Sick*, BB 2020, Die erste Seite.

855 *Henssler*, in: Habersack/Henssler MitbestimmungsR, SEBG § 21 Rn. 56.

856 Dafür wohl *Henssler*, ZHR 173 (2009), 222, 241 f.; *Henssler*, in: Habersack/Henssler MitbestimmungsR SEBG § 21 Rn. 56; *Nagel* AuR 2007, 329, 334; *Scheibe*, Mitbestimmung der Arbeitnehmer in der SE, S. 149 f. Anders hingegen *Grobys*, NZA 2005, 84, 88; *Oetker*, FS Birk, S. 571 f., 573; *Jacobs*, in: MüKo AktG, SEBG § 21 Rn. 63; *ders.*, FS K. Schmidt, S. 795, 800.

857 ArbG Mannheim, Beschluss v. 07.12.2017 – 14 BV 13/16, BeckRS 2017, 149607; LArbG Baden-Württemberg Beschluss v. 9.10.2018, 19 TaBV 1/18. Siehe dazu *Wettich*, GWR 2018, 349; *Otte-Gräbener*, BB 2018, 1655 ff.; *dies.* GWR 2018, 448.

sich hier ein geteiltes Bild in der Literatur. Das enge Verständnis des Bestandsschutzes[858] wird von dessen Vertretern auf den Wortlaut der Norm gestützt. So sei die Formulierung „alle Komponenten" lediglich ein Verweis auf die verschiedenen Formen der Arbeitnehmerbeteiligung, wie sie in § 2 Abs. 10–12 SEBG ihre Legaldefinitionen findet.[859] Zudem müsse nach § 21 Abs. 6 nur „zumindest das gleiche Ausmaß gewährleistet werden", wie es vor Umwandlung galt. Das bedeute gerade nicht, dass die bestehende Regelung 1:1 in die neue Gesellschaft übernommen werden müsse. Sichergestellt werden solle nur, dass eine qualitativ gleichwertige Weitergeltung des Mitbestimmungsstatus eingeführt werde. Um eine Erhaltung des tatsächlichen *Status quo* gehe es gerade nicht.[860] Weiterhin nehmen die einschlägigen Regelungen der SE-Richtlinie und des SEBG ausdrücklich die Rechte der Arbeitnehmer in Schutz, hingegen nicht diejenigen der Gewerkschaften. Für einen entsprechenden Schutz bedürfe es jedoch einer dahingehenden ausdrücklichen Anordnung.[861]

Auch § 15 Abs. 5 SEBG zeige, dass nur der proportionale Anteil der Arbeitnehmervertreter vom Bestandsschutz erfasst sei. § 15 Abs. 5 SEBG schließe mitbestimmungsmindernde Beschlüsse nach § 15 Abs. 3 aus. Dies ergebe sich aus der Legaldefinition der Minderung der Mitbestimmungsrechte nach § 15 Abs. 4 SEBG, der sich gerade nicht auf Zusammensetzung und Vorschlagsrechte beziehe.[862] Schließlich ziele der Schutzzweck der Norm nur darauf ab, den Einfluss der Arbeitnehmervertreter zu sichern und nicht, den Einfluss bestimmter Gruppen zu gewährleisten.[863] In systematischer Hinsicht wird gegen eine Berücksichtigung der Gewerkschaften der fehlende Verweis auf § 6 Abs. 3 SEBG ins Feld geführt. Anders als die Vorschriften zur Auffanglösung verweisen die Regelungen

---

858 *Henssler*, in: Habersack/Henssler MitbestimmungsR, SEBG § 21 Rn. 58 mwN; *Hohenstatt/Müller-Bonanni*, in: Habersack/Drinhausen SE-Recht, SEBG § 21 Rn. 31; *Hoops/Kuhnke*, in: Gaul/Ludwig/Forst, Europäisches Mitbestimmungsrecht, § 2 Rn. 287; *Forst*, Beteiligungsvereinbarung nach § 21 SEBG, S. 203 f.; *Jacobs*, in: MüKo AktG, SEBG § 21 Rn. 65; *ders./Modi*, FS Windbichler, S. 249 ff.; *Oetker*, in: Lutter/Hommelhoff/Teichmann, SE-Kommentar, § 21 SEBG, Rn. 60; *Deilmann/Häferer*, NZA 2017, 607 ff.

859 *Jacobs*, in: MüKo AktG, § 21 SEBG Rn. 65.; *ders./Modi*, FS Windbichler, S. 255 f.; *Oetker*, in: Lutter/Hommelhoff/Teichmann SE-Kommentar, SEBG § 21 Rn. 58 mwN. Ein anderes Verständnis hat *Teichmann*, ZIP 2020, 105, 108.

860 *Jacobs*, in: MüKo AktG, SEBG § 21 Rn. 65. Anders *Teichmann*, ZIP 2020, 105, 109 f.

861 *Jacobs/Modi*, FS Windbichler, S. 253 f., S. 264, S. 266. *Forst* beantwortet diese Frage mit gleichem Ergebnis hingegen lediglich am Wortlaut der SE-RL. Vgl. *Forst*, Beteiligungsvereinbarung nach § 21 SEBG, S. 204.

862 *Jacobs*, in: MüKo AktG, SEBG § 21 Rn. 66; *ders./Modi*, FS Windbichler, S. 257; *Oetker*, FS Birk, S. 570; *ders.*, FS Konzen, S. 657. Anders *Teichmann*, ZIP 2020, 105, 109.

863 *Henssler*, in: Habersack/Henssler MitbestimmungsR, § 21 SEBG Rn. 58.

der Verhandlungslösung nicht auf die Gewerkschaftssitze aus § 6 Abs. 3 SEBG.[864] Dieser Auffassung schlossen sich sowohl die erste als auch die zweite Instanz an.[865]

Die Vertreter dieser Argumentation verkennen jedoch das teleologische Argument, dass genau dieser Zweck durch das Zusammenwirken von unternehmensinternen und unternehmensfremden arbeitnehmerrechtlich versierten Vertretern zentral für die Effektivität der Mitbestimmung ist.[866] Die Gewerkschaftsvertretung im Unternehmen ist ein zentrales Element der Unternehmensmitbestimmung und auch eine „Komponente" der Arbeitnehmerbeteiligung.[867] Der Bestandsschutz wird auch dadurch deutlich, dass mit dem Zusatz „alle Komponenten" mehr als nur der Inhalt des § 2 Abs. 8 SEBG gesichert werden soll. Dieser Wortlaut geht gerade auch über den des § 15 Abs. 5 hinaus und verdeutlicht dadurch, dass mehr als nur der Anteil der Arbeitnehmervertreter dem Bestandsschutz unterliegt.[868] Die Regelung bedarf einer die Vereinbarungsautonomie einschränkenden Auslegung, um den Schutz der Mitbestimmung wirksam gewährleisten zu können.[869]

Dieser Streit gipfelte nun in einer Vorlagefrage des BAG an den EuGH im Rahmen des Vorabentscheidungsverfahrens.[870] Geklärt werden soll in dem Verfahren, ob die Auslegung des BAG mit der Richtlinie vereinbar ist. Dabei möchte das BAG eine mitbestimmungsfreundliche Auslegung vornehmen, die die Vorschlagsrechte der Gewerkschaft als prägendes Element der Arbeitnehmerbeteiligung vom Bestandsschutz umfasst sieht.[871] Die Antwort des EuGHs auf diese Vorlage wird

---

864 *Jacobs/Modi*, FS Windbichler, S. 249 ff.

865 ArbG Mannheim, Beschluss v. 07.12.2017 – 14 BV 13/16, BeckRS 2017, 149607; LArbG Baden-Württemberg Beschluss v. 9.10.2018, 19 TaBV 1/18.

866 *Teichmann*, ZIP 2014, 1049, 1055. Diese Auffassung teilte wohl auch das BAG in seiner Vorlage (Fn. 854), Rn. 27.

867 *Teichmann*, ZIP 2014, 1049, 1056; *ders.*, ZIP 2020, 105, 112. Für dieses weite Verständnis auch *Köklu*, in: Van Hulle/Maul/Drinhausen HdB SE Abschn. 6 Rn. 149; *Köstler*, in: Theisen/Wenz Europäische Aktiengesellschaft, S. 349; auch noch *Feuerborn*, in: KölnK AktG, SEBG § 21 Rn. 76 (abweichend davon schließt sich dieser in der aktuellen Auflage der Gegenauffassung an. Vgl. *Feuerborn*, in: KölnK AktG, SEBG § 21 Rn. 86).

868 *Teichmann*, ZIP 2014, 1049, 1050 ff.

869 *Teichmann*, ZIP 2014, 1049, 1054; *Freis*, in: Nagel/Freis/Kleinsorge, § 21 SEBG Rn. 44.

870 BAG Vorlagebeschluss vgl. bereits (Fn. 854). Vgl. auch die Pressemitteilung des BAGs in diesem Zusammenhang: Pressemitteilung Nr. 27/20. Vgl. dazu *Teichmann*, ZIP 2021, 105 ff.; *Sick*, BB 2020, Die Erste Seite, S. I; *Hlava/Höller/Klengel*, NZA 2021, 175, 177.

871 Die genaue Vorlagefrage ergibt sich aus dem Vorlagebeschluss (Fn. 854) und lautet wie folgt: „I. Der Gerichtshof der Europäischen Union wird gemäß Art. 267 AEUV um die Beantwortung der folgenden Frage ersucht: Ist § 21 Abs. 6 des Gesetzes über die Beteiligung der Arbeitnehmer in einer Europäischen Gesellschaft, aus dem sich für den Fall der Gründung einer in Deutschland ansässigen SE durch Umwandlung

sich auch maßgeblich auf die Umsetzung der Mobilitätsrichtlinie auswirken. Zwar kennt das MgVG bisher keine dem § 21 Abs. 6 SEBG gleiche Formulierung, jedoch sollte dies zum Anlass genommen werden, die Gewerkschaftsrechte auch im Rahmen der grenzüberschreitenden Umwandlungsvorgänge zu schützen. Das Umsetzungsgesetz sollte den § 22 des MgVG daher um die folgende Passage ergänzen:[872]

§ 22 Inhalt der Vereinbarung

(1) [...]

(5) [1]Unbeschadet des Verhältnisses dieses Gesetzes zu anderen Regelungen der Mitbestimmung der ***Arbeitnehmer im Unternehmen muss in der Vereinbarung im Fall einer aus grenzüberschreitendem Formwechsel oder Spaltung hervorgehenden Gesellschaft*** *in Bezug auf alle Komponenten der Arbeitnehmerbeteiligung* ***zumindest das gleiche Ausmaß gewährleistet werden, das in der Gesellschaft besteht, die umgewandelt werden soll.*** *[2]Dies gilt auch bei einem Wechsel der Gesellschaft von einer dualistischen zu einer monistischen Organisationsstruktur und umgekehrt.* ***[3]Galt in einer der beteiligten Gesellschaften ein gesondertes Auswahlverfahren für von Gewerkschaften vorgeschlagene Arbeitnehmervertreter, so ist dies auch nach Umwandlung zu gewährleisten.***

(2) Anwendungsbereich der Verweisung

Die Verweisung wurde mit der Mobilitätsrichtlinie neu eingeführt, sodass Art. 4 Abs. 4 SE-RL erstmalig Anwendung auf grenzüberschreitende Umwandlungsvorgänge findet. Art. 133 a. F. GesRRL sah eine entsprechende Verweisung nicht vor. Mit Einführung der Mobilitätsrichtlinie erfolgte dahingehend auch keine Ergänzung des Art. 133. Problematisch erscheint daran, dass sich die entsprechende Verweisungsnorm somit nur in Art. 86l und Art. 160l findet. Damit würde für die grenzüberschreitende Verschmelzung zu Lasten der Kohärenz nach wie vor die alte Rechtslage ohne Bestandsschutz im Sinne des Art. 4 Abs. 4 SE-RL gelten.

Man könnte nun dahingehend argumentieren, die Bezugnahme könnte im komplizierten Verweisungsverfahren schlichtweg übersehen worden sein. Dafür würde sprechen, dass der Gesetzgeber an den ursprünglichen Verweisungen

---

ergibt, dass für einen bestimmten Teil der Aufsichtsratsmitglieder der Arbeitnehmer ein gesondertes Auswahlverfahren für von Gewerkschaften Vorgeschlagene zu gewährleisten ist, mit Art. 4 Abs. 4 der Richtlinie 2001/86/EG des Rates vom 8. Oktober 2001 zur Ergänzung des Statuts der Europäischen Gesellschaft hinsichtlich der Beteiligung der Arbeitnehmer vereinbar? II. [...]".

872 Die Sätze 1 und 2 entsprechen dabei dem Inhalt des § 21 Abs. 6 SEBG. Satz 3 sollte dem § 22 Abs. 5 entsprechend der Einschätzung des BAGs als Klarstellung angefügt werden. Diesem kommt gleichzeitig Signalwirkung für die Bestimmung „aller Komponenten" der Arbeitnehmerbeteiligung zu.

keinerlei Ergänzungen vorgenommen hat. Dann wäre es fatal, den Bestandsschutz nur für die Umwandlungsformen des Formwechsels und der Spaltung zu schaffen. Die grenzüberschreitende Verschmelzung würde damit noch mehr zur mitbestimmungsunfreundlichsten Form erkoren werden, die mehr und mehr Schlupflöcher für eine Flucht aus manchen Komponenten der Mitbestimmung bietet. Im Sinne der Kohärenz und des umfassenden Mitbestimmungsschutzes könnte es sich daher empfehlen, in diesem Aspekt eine überschießende Umsetzung vorzunehmen[873] und den Bestandsschutz bei Umwandlung auf alle Spielarten der Unternehmensmobilität gleichsam anzuwenden.

Allerdings gestaltet sich die Lage hier etwas diffiziler. Zu beachten ist nicht nur, dass der derzeitige Stand der Norm diese bedeutende Verweisung außer Acht lässt. Dies muss in Zusammenhang mit der in Art. 133 vorhandenen Verweisung auf Art. 4 Abs. 4 Unterabs. 1 SE-RL gesehen werden, die eine besondere Mehrheit für mitbestimmungsmindernde Beschlüsse vorsieht. Im Rahmen der grenzüberschreitenden Verschmelzung ist die Möglichkeit, einen Entschluss zu fassen, der die vorhandene Mitbestimmung senkt, daher ausdrücklich im Gesetz verankert.[874]

Überdies hat der Europäische Gesetzgeber im Laufe des Verfahrens zumindest andere Teile der Vorschrift an Art. 86l und Art. 160l angepasst. Dass er dies in den Verweisungen nicht tat, könnte demnach eine bewusste Entscheidung gewesen sein. Den Anwendungsbereich des Art. 4 Abs. 4 auf die Verschmelzung auszuweiten, würde demnach im Gegensatz zu den dort verankerten Grundsätzen stehen. Auch wenn es im Sinne der Kohärenz und des Mitbestimmungsschutzes ein Erfolg wäre, den Bestandsschutz als generelles Prinzip zu verankern, lässt sich dies mit dem aktuellen Richtlinientext nicht vereinbaren. Fragwürdig wäre darüber hinaus, wie ob eine Angleichung der grenzüberschreitenden Verschmelzung überhaupt sinnvoll wäre. Anders als bei Formwechsel oder Spaltung sind bei der Verschmelzung immer mindestens zwei unterschiedliche Gesellschaften an dem Vorgang beteiligt. Diese verfügen dabei möglicherweise über eine unterschiedliche Belegschafts- oder Unternehmensstruktur.[875] Eine einfache Weitergeltung, wie es in den Fällen der Spaltung und des Formwechsels möglich ist, passt hier damit nur bedingt.

(3) Ausweitung auf arbeitnehmerlose Gesellschaften

Etwas anderes sollte aber in den Fällen gelten, in denen eine grenzüberschreitende Verschmelzung auf eine arbeitnehmerlose Gesellschaft vorgenommen wird.

---

873 Vgl. zur Möglichkeit der überschießenden Umsetzung bereits unter Teil 2 § 4 A.

874 Siehe dazu die Verweisung in Art. 133 Abs. 3 lit. c) auf Art. 3 Abs. 4 Unterabs. 1 SE-RL. Vgl. dazu bereits Vgl. dazu schon § 2 B.II.1.b).

875 So sieht auch das SEBG den Bestandsschutz deshalb nur für die Fälle der „Umwandlung" und damit gerade nicht für die Gründung durch Verschmelzung vor. *Freis*, in: Nagel/Freis/Kleinsorge, SEBG, § 21 Rn. 31.

Dann gibt es keine unterschiedlichen Belegschaftsstrukturen, die zusammengeführt werden. Im Gegenteil: In diesen Konstellationen würde die grenzüberschreitende Verschmelzung gerade zu demselben Ergebnis führen wie etwa ein grenzüberschreitender Formwechsel. Durch die Verschmelzung entsteht zwar eine Gesellschaft eines – eventuell von dem vorherigen abweichenden – nationalen Gesellschaftsrechts. Es kommt jedoch nicht zur Zusammenlegung verschiedener Arbeitnehmermitbestimmungsstrukturen. Die Bereichsausnahme aus dem Bestandsschutz verliert ihren Sinn. Daher sollte der Bestandsschutz im Sinne der Richtlinie auf diese Fälle ausgeweitet werden. Dies kann durch eine Einfügung der Passage „*Ein Beschluss im Sinne des Satz 1 ist nicht zulässig, insoweit nur eine der beteiligten Gesellschaften Arbeitnehmer beschäftigt*" in die Sonderregelung für mitbestimmungsmindernde Beschlüsse bei einer grenzüberschreitenden Umwandlung (§ 21c MgUG) erfolgen.[876]

ii) Gleichlaufgebot

Eine weitere Vorgabe bildet das in Art. 12 Abs. 4 SE-VO verankerte Gleichlaufgebot. Dieses verbietet, dass die Satzung der Gesellschaft im Widerspruch zur ausgehandelten Vereinbarung steht. Damit wird der Mitbestimmungsvereinbarung ein Vorrang eingeräumt.[877] Die Folge eines Widerspruchs wäre nicht schon für sich die Nichtigkeit der Satzung, sondern eine Pflicht der Gesellschafterversammlung, eine Satzungsänderung zu beschließen.[878] Ein Widerspruch von Satzung und Vereinbarung begründet ein absolutes Eintragungshindernis.[879] Damit dient auch diese Vorschrift dem Schutz der Mitbestimmung.[880]

In der Vergangenheit erwiesen sich die Konsequenzen dieser Vorschriften als wenig eindeutig, sodass im Rahmen von Art. 12 Abs. 4 SE-VO streitig ist, ob und wie durch das Gleichlaufgebot auch die Grenzen der Mitbestimmungsvereinbarung konturiert werden.[881] Nach der herrschenden Lehre ist die Schlussfolgerung dieses Gebots, dass sich auch die Vereinbarung an den Grenzen der Satzungsautonomie orientieren muss und inhaltlich nicht darüber hinausgehen kann.[882] Konkret

---

876 Die Vorschrift im Ganzen findet sich im MgUG im Anhang.

877 Vgl. nur *Schäfer*, in: MüKO AktG, SE-VO Art. 12 Rn. 12mwN.

878 *Oetker*, in: Europäisches Arbeitsrecht, RL 2017/1132 Art. 133 Rn. 28; *Thüsing/Forst*, in: Habersack/Drinhausen SE-Recht, MgVG § 22 Rn. 46.

879 *Kiem*, in: Habersack/Drinhausen SE-Recht, UmwG § 122l Rn. 14; *Cannistra*, Verhandlungsverfahren, S. 231.

880 *Schäfer*, in: MüKo AktG, SE-VO Art. 12 Rn. 12.

881 Einen Überblick über die Meinungen gibt *Casper*, in: Spindler/Stilz AktG Art. 12 Rn. 17 f.

882 *Schäfer*, in: MüKo AktG, SE-VO Art. 12 Rn. 12; *Habersack*, AG 2006, 345, 348; *ders.*, ZHR 171 (2007), 613, 629 f.; *Windbichler*, FS Canaris 2007, 1423, 1429; *Teichmann*, AG 2008, 797, 800 ff.; *ders.*, BB 2010, 1114, 1114 f.

geht es dabei in der Mitbestimmungsfrage vor allem um Aspekte der Aufsichtsratsgröße, Stimmrechte und Entsendung von Arbeitnehmern aus unterschiedlichen Staaten.[883] Nach dieser Lehre kann nur Gegenstand des Verhandlungsverfahrens sein, was sich auch inhaltlich in einer Satzungsregel bestimmen ließe.[884]

Die Gegenauffassung folgt dem Ansatz, der Inhalt der Vereinbarung ergebe sich allein aus Art. 4 SE-RL. Dies folge schon aus einem Vergleich der Art. 9 Abs. 1 lit. c) Ziffer i) und ii) SE-VO. Aus diesem gehe hervor, dass die Regelung innerhalb der Richtlinie in Art. 4 dem nationalen Aktienrecht vorgehe. Damit hebele dieser auch die Satzungsstrenge des nationalen Gesellschaftsrechts aus.[885] Der Vorteil dieser Lösung liegt darin, dass nur so die erforderliche Flexibilität und damit solche maßgeschneiderten Mitbestimmungslösungen möglich sind, wie sie nach der *Davignon* Gruppe entwickelt werden sollen.[886] Nur, wenn den Parteien genug Handlungsspielraum eröffnet werde, können funktionstüchtige und praxistaugliche Kompromisse erarbeitet werden.[887]

In Folge dessen könnte sich das BVG jedoch über bindendes Aktienrecht hinwegsetzen, obwohl Art. 9 Abs. 1 lit. b), lit. c) Ziffer iii) festlegen, dass eine SE dem gemeinschaftsrechtlichen und die deutsche SE auch dem aktienrechtlichen Grundsatz der Satzungsstrenge unterliegt.[888] Beachtlich ist an dieser Stelle, dass hier im Unterschied zur SE gerade keine supranationale Rechtsform entsteht. Aus der Umstrukturierung nach der Mobilitätsrichtlinie geht in jedem Fall eine Gesellschaft nationalen Rechts hervor,[889] die sich auch dem nationalen Statut unterordnen muss. Allein der Umwandlungsprozess wird europäisiert. Daher kann in diesem Zusammenhang nicht damit argumentiert werden, dass die Gesellschaft europäischer Natur sei, sich die Beteiligungsvereinbarung auf Art. 9 Abs. 1 lit. c) Ziffer i) SE-VO stütze und damit nicht dem innerstaatlichen Recht unterliege.[890]

Es bleibt also festzustellen, dass der Streit auch durch die Mobilitätsrichtlinie nicht zu einer eindeutigen Lösung geführt wurde. Zu beachten ist an dieser Stelle jedoch, dass sich die entstehenden nationalen Rechtsformen auch dem existierenden nationalstaatlichen Gesellschaftsrecht unterordnen müssen, damit die Rechtsordnungen gewahrt werden und keine Ungleichbehandlung der Gesellschaften derselben Rechtsformen entsteht. Unterstützen lässt sich diese These dadurch, dass auf Art. 9 der SE-VO gerade kein Bezug genommen wurde und er damit auch

---

883 *Kienast*, in: Forst/Ludwig/Gaul, Europäisches Mitbestimmungsrecht, § 21 SEBG Rn. 351.

884 *Habersack*, ZHR 171 (2007), 613, 629.

885 *Teichmann*, AG 2008, 797, 802 f.

886 Zur *Davignon*-Gruppe siehe bereits (Fn. 212).

887 *Casper*, in: Spindler/Stilz AktG, Art. 12 Rn. 19.

888 *Habersack*, ZHR 171 (2007), 613, 629.

889 So schon zur Verschmelzungsrichtlinie *Naber/Sittard*, in: MHdB § 386 Rn. 109.

890 So argumentiert Teichmann für die SE, vgl. *Teichmann*, Der Konzern 2007, 89, 94 f.

nicht auf die Mobilitätsrichtlinie anwendbar ist. Der nationale Gesetzgeber könnte die Gelegenheit der Umsetzung nutzen und Rechtsklarheit schaffen. Dazu müsste § 22 Abs. 4 MgVG durch das MgUG angepasst werden. Folgt er der Ansicht, die Vereinbarung der innerstaatlichen Satzungsstrenge zu unterstellen, könnte diese Klarstellung folgendermaßen erfolgen:

§ 22 Inhalt der Vereinbarung

(1) [...]

(4) [1]Steht die Satzung der aus einer grenzüberschreitenden Umwandlung hervorgehenden Gesellschaft im Widerspruch zu den Regelungen über die Mitbestimmung kraft Vereinbarung, ist die Satzung anzupassen. ***[2]Die Beteiligungsvereinbarung unterliegt der innerstaatlichen Satzungsstrenge.*** *[...]*

Schließlich muss dieselbe Anpassung im § 24 Abs. 3 MgVG erfolgen. § 24 regelt nach bisheriger Rechtslage den Umfang der Mitbestimmung kraft Gesetzes. Demnach richtet sich die künftige Mitbestimmung nach dem bisher höchsten Mitbestimmungsniveau in den beteiligten Gesellschaften. Auch hierbei gilt, dass am Ende der Umwandlung eine nationale Gesellschaft aus dem Umwandlungsvorgang hervorgeht. Diese muss sich ebenso wie eine Gesellschaft mit verhandelter Mitbestimmung dem innerstaatlichen Recht unterordnen. Dem § 24 Abs. 3 ist somit im MgUG der § 22 Abs. 4. S. 2 MgUG ebenfalls anzufügen.

8. Abbruch der Verhandlungen

Art. 86l Abs. 4 lit. a) sieht zusätzlich die Möglichkeit des BVG vor, mit der besonderen Mehrheit von Zwei-Dritteln den Beschluss zu fassen, keine Verhandlungen zu eröffnen oder eröffnete Verhandlungen zu beenden, um so das Recht des Zuzugsstaaten anzuwenden.[891] Diese Beschlüsse erfordern eine Zwei-Drittel-Mehrheit. Dies rührt wohl daher, dass in Situationen, in denen ein BVG zu bilden ist und der Grundsatz in Abs. 1 durch eine Ausnahmeregelung verdrängt wird, die Anwendung des künftigen Sitzstaatrechts oft eine Minderung des Mitbestimmungsumfangs bedeutet. Diese Vorschrift galt bereits für die grenzüberschreitende Verschmelzung.[892]

Problematisch erscheint in diesem Zusammenhang, ob das BVG einen solchen Beschluss überhaupt treffen darf, oder der neu eingeführte Verweis auf Art. 4 Abs. 4 SE-RL dem im Wege steht, wenn dies eine Minderung der Mitbestimmung zur Folge hat. Art. 4 SE-RL regelt, dass die Mitbestimmungsvereinbarung mindestens das Niveau verzeichnen muss, das vor der Umwandlungsmaßnahme bestand.[893] In diesem Fall würde das zur Konsequenz haben, dass das BVG das

891 Diese Regelung besteht auch für die Verschmelzung in Art. 133 Abs. 4 lit. b).

892 Vgl. Art. 133 Abs. 4 lit. b) GesRRL ist in § 18 MgVG umgesetzt.

893 Dazu gleich unter 7 d) i).

Recht des Zuzugsstaates nicht für anwendbar erklären kann, wenn damit eine Minderung der Mitbestimmung verbunden ist. Dafür könnte sprechen, dass die Mitbestimmung nur so den höchstmöglichen Schutz erhalten würde. Allerdings stellt sich dann die Frage, wieso der Europäische Gesetzgeber das besondere Mehrheitserfordernis einführen sollte. Für die Fälle, in denen das Recht des Zuzugsstaates ein höheres Mitbestimmungsniveau verspricht, gibt es kein Bedürfnis für diesen besonderen Schutz. Die Existenz der Vorschrift zeigt, dass es dem BVG im Sinne der Rechtseinheitlichkeit gerade auch möglich sein soll, sich unter spezifischen Voraussetzungen für das Recht des Zielstaates zu entscheiden. Wird dies von zwei Dritteln der Arbeitnehmervertreter unterstützt, entspricht dies offensichtlich auch dem mehrheitlichen Willen der Arbeitnehmer. Dann sollte diese Option den Beteiligten nicht künstlich versperrt werden. Ein solcher Beschluss ist damit bei den Vorgängen des Formwechsels und der Spaltung die einzige Möglichkeit, das Mitbestimmungsniveau zu senken.

9. Abschluss des Verhandlungsverfahrens

Notwendig ist schließlich, dass das Verhandlungsverfahren zu einem Abschluss kommt. Diesbezüglich stehen dem Verhandlungsgremium verschiedene Beendigungsmöglichkeiten frei (a). Erst nachdem das Verfahren offiziell beendet ist, kann auch die Umwandlung an sich abgeschlossen werden (b).

a) Beendigungsmöglichkeiten des Verhandlungsverfahrens

Zusammenfassend lässt sich feststellen, dass das BVG viele Möglichkeiten hat, die Verhandlungen zu beenden. Eine Rechtspflicht, eine Vereinbarung zu schließen, besteht dabei nach wie vor nicht.[894]

- Das BVG kann zu einer Mitbestimmungsvereinbarung kommen, die es individuell auf die entstehende Gesellschaft anpasst. Beachtlich ist dabei neuerdings der Bestandsschutz, nach dem alle bestehenden Komponenten der Arbeitnehmerbeteiligung auch nach der Umwandlung beibehalten werden müssen, soweit es sich um eine Spaltung oder einen Formwechsel handelt.
- Das BVG hat die Möglichkeit, mit einer doppelten Mehrheit von zwei Dritteln zu beschließen, dass das Recht des Zuzugsstaates Anwendung finden soll.
- Eine Beteiligungsvereinbarung kann auch den Inhalt haben, die Auffanglösung oder eine Regelung entsprechend dem Recht des Wegzugsstaates anzuwenden. Diese Möglichkeit findet jedoch keine gesetzliche Normierung mehr, sodass ein absoluter Mehrheitsbeschluss ausreicht.

---

894 Wie schon in der SE: *Oetker*, in: Franzen/Gallner/Oetker Europäisches Arbeitsrecht, RL 2001/86/EG Art. 3 Rn. 36.

Beim Fehlschlag der Verhandlungen kommt es ebenfalls zur Anwendung der Auffanglösung. Hat das BVG mit Ablauf der sechsmonatigen Frist keine Vereinbarung geschlossen und auch keine Verlängerung des Verhandlungszeitraums beschlossen, sind die Verhandlungen gescheitert und es kommt zum Eingreifen der Auffanglösung.

b) Eintragungshindernis

Die Beendigung des Verhandlungsverfahrens ist für den Abschluss des Umwandlungsverfahrens maßgeblich. Eine Eintragung im Zuzugsstaat erfordert gem. Art. 86o Mobilitätsrichtlinie verschiedene Voraussetzungen. Zum einen muss dem Antrag der Umwandlungsplan beigelegt werden. Auch muss der Zuzugsstaat die Vorabbescheinigung sichten, die als „schlüssiger Nachweis" dient, dass alle erforderlichen Formalitäten und Verfahrensschritte eingehalten wurden.[895] Insbesondere trifft die zuständige Behörde im Zuzugsstaat die Pflicht sicherzustellen, dass die Gesellschaft die nationalen Eintragungsvoraussetzungen erfüllt und dass gegebenenfalls Regelungen für die Mitbestimmung der Arbeitnehmer getroffen wurden.[896]

Nur, wenn die Gesellschaft eine Mitbestimmungsvereinbarung oder ein sonstiges Ergebnis des Verhandlungsverfahrens vorlegt, kann die Gesellschaft im Zielstaat in das Register eingetragen werden. Solange das Verfahren noch nicht beendet ist, besteht ein Eintragungshindernis nach Art. 12 Abs. 2 SE-VO und es kann keine Eintragung im nationalen Handelsregister des Zuzugsstaates erfolgen.[897] Erst mit einer solchen Eintragung wird die Umstrukturierungsmaßnahme wirksam.[898] Der Nachteil dieser Regelung ist darin zu sehen, dass dadurch der Entstehungsprozess einer SE bzw. hier der Umwandlungsprozess stark in die Länge gezogen wird.[899]

Im Umkehrschluss ergibt sich indessen ein weiteres Schutzmittel der Mitbestimmung: Liegt keine Vereinbarung bzgl. der Mitbestimmung vor, wird die zuständige Behörde keine Eintragung vornehmen und das Vorhaben scheitert. Die Gesellschaften werden somit gezwungen, sich mit der Arbeitnehmermitbestimmung zu befassen. Art. 12 Abs. 2 SE-VO sichert somit die erfolgreiche Durchführung eines

895 Vgl. Art. 86o Abs. 5, Art. 160o Abs. 5 MobilitätsRL. Vgl. auch *Bungert,* FS Krieger, S. 124. Die Vorabbescheinigung wird dabei über das System der Registervernetzung übermittelt. Vgl. Art. 86n, Art. 127a, Art. 160n MobilitätsRL.

896 Art. 86o Abs. 1 Unterabs. 2, Art. 160o Abs. 1 Unterabs. 1 MobilitätsRL. Für die grenzüberschreitende Verschmelzung wird dahingehend der Art. 128 GesRRL angepasst.

897 Dieser findet nach Art. 86l Abs. 3 Einl., Art. 160l Einl. MobilitätsRL sowie Art. 133 Abs. 3 Einl. GesRRL Anwendung. Vgl. dazu auch *Oetker,* in: Europäisches Arbeitsrecht, RL 2017/1132 Art. 133 Rn. 26.

898 In Deutschland zum UmwG *Hörtnagl,* in: Schmitt/Hörtnagl/Stratz UmwG § 122 Rn. 14.

899 *Schäfer,* in: MüKo AktG, SE-VO Art. 12 Rn. 6.

Verhandlungsverfahrens.[900] Allerdings geht auch Art. 12 Abs. 2 von der „Beteiligung“ der Arbeitnehmer aus. Dies muss in diesem Zusammenhang auch darauf reduziert werden, dass lediglich eine Regelung bezüglich der Unternehmensmitbestimmung getroffen wird.[901]

Sollte es trotz fehlender Mitbestimmungsregelung zu einer Eintragung der Gesellschaft kommen, stellt die Löschung aus dem Register nur die Ultima-Ratio dar. Vor allem in den Fällen, in denen eine Verhandlung zum Abschluss gebracht wurde oder die Auffanglösung oder gar das Recht des Zuzugsstaates anwendbar sein soll, soll damit keine vorschnelle Löschung der Gesellschaft aus dem Register bewirkt werden.[902]

10. Zwischenergebnis

Das Verhandlungsverfahren der Mobilitätsrichtlinie weicht teilweise vom aktuellen Regelungszustand im MgVG ab. Erforderlich ist die Anpassung der unterschiedlichen Mehrheitserfordernisse, die für die Umwandlungsformen verschiedentlich ausgestaltet sind. Hier empfiehlt es sich, die Anforderungen für die Umwandlungsformen Spaltung und Formwechsel gemeinsam zu regeln und in einem separaten Abschnitt die Besonderheiten zur grenzüberschreitenden Verschmelzung zu ergänzen.[903] Eingeführt werden muss außerdem der Bestandsschutz, der zwar bereits im SEBG Anwendung findet, für das MgVG jedoch Neuland ist. Entsprechend der Regelung im SEBG soll dazu eine Passage an die Vorschrift zum Inhalt der Mitbestimmungsvereinbarung angefügt werden.[904] Die Ergebnisse lassen sich wie folgt in das bestehende MgVG einflechten:

> ***§ 17 Beschlussfassung im besonderen Verhandlungsgremium***
>
> *(1) [1]Die Mitglieder des besonderen Verhandlungsgremiums, die in einem Mitgliedstaat gewählt oder bestellt werden, vertreten alle in dem jeweiligen Mitgliedstaat beschäftigten Arbeitnehmer. [2]Solange aus einem Mitgliedstaat keine Mitglieder in das besondere Verhandlungsgremium gewählt oder bestellt sind (§13 Abs. 2), gelten die betroffenen Arbeitnehmer als nicht vertreten.*
>
> *(2) [1]Das besondere Verhandlungsgremium beschließt vorbehaltlich der **§§ 18, 21b und 21c** mit der Mehrheit seiner Mitglieder, in der zugleich die Mehrheit der vertretenen*

900 *Schäfer*, in: MüKo AktG, SE-VO Art. 12 Rn. 6.

901 Siehe dazu schon die Terminologie unter Teil 3 § 2 B.

902 *Casper*, Spindler/Spitz AktG, SE-VO Art. 12 Rn. 12.

903 Vgl. dazu die allgemeinen Vorschriften in den §§ 13 bis 21a sowie die speziellen Vorschriften zur grenzüberschreitenden Umwandlung in §§ 21b bis 21c MgUG im Anhang.

904 Vgl. dazu § 22 Abs. 5 MgUG.

Arbeitnehmer enthalten sein muss. [2]Jedes auf das Inland entfallende Mitglied vertritt gleich viele Arbeitnehmer.

§ 18 Nichtaufnahme oder Abbruch der Verhandlungen

[1]Das besondere Verhandlungsgremium kann beschließen, keine Verhandlungen aufzunehmen oder bereits aufgenommene Verhandlungen abzubrechen. [2]Für diesen Beschluss ist eine Mehrheit von zwei Dritteln der Mitglieder erforderlich, die mindestens zwei Drittel der Arbeitnehmer in mindestens zwei Mitgliedstaaten vertreten. [3]Die Vorschriften über die Mitbestimmung der Arbeitnehmer, die in dem Mitgliedstaat gelten, in dem die aus der grenzüberschreitenden **Umwandlung** *hervorgehende Gesellschaft ihren Sitz haben wird, finden Anwendung.*

Für die Beschlussfassung in den Fällen der grenzüberschreitenden Verschmelzung muss eine eigene Vorschrift eingeführt werden, um der abgestuften Regelung Rechnung zu tragen:

§ 21b Nichtaufnahme oder Abbruch der Verhandlungen

(1) Gilt für eine der sich verschmelzenden Gesellschaften ein System der Arbeitnehmermitbestimmung im Sinne des § 2 Absatz 8, können die Leitungen entscheiden, die Mitbestimmung kraft Gesetzes ohne vorhergehende Verhandlung unmittelbar ab dem Zeitpunkt der Eintragung anzuwenden.

(2) [1]Das besondere Verhandlungsgremium kann beschließen, keine Verhandlungen aufzunehmen oder bereits aufgenommene Verhandlungen abzubrechen. [2]Für diesen Beschluss ist eine Mehrheit von zwei Dritteln der Mitglieder erforderlich, die mindestens zwei Drittel der Arbeitnehmer in mindestens zwei Mitgliedstaaten vertreten. [3]Die Vorschriften über die Mitbestimmung der Arbeitnehmer, die in dem Mitgliedstaat gelten, in dem die aus der grenzüberschreitenden Verschmelzung hervorgehende Gesellschaft ihren Sitz haben wird, finden Anwendung.[905]

905 Diese Regelung entspricht dem § 18 MgUG.

***§ 21c Mitbestimmungsmindernde Beschlüsse*[906]**

*(1) [1]Hätten die Verhandlungen eine Minderung der Mitbestimmungsrechte zur Folge, so ist für einen Beschluss zur Billigung einer solchen Vereinbarung eine Mehrheit von zwei Dritteln der Mitglieder des besonderen Verhandlungsgremiums erforderlich, die mindestens zwei Drittel der Arbeitnehmer in mindestens zwei Mitgliedstaaten vertreten. [2]Dies gilt, sofern sich die Mitbestimmung auf mindestens 25 Prozent der Gesamtzahl der Arbeitnehmer der beteiligten Gesellschaften und der betroffenen Tochtergesellschaften erstreckt. **[3]Ein Beschluss im Sinne des Satz 1 ist nicht zulässig, insoweit nur eine der beteiligten Gesellschaften Arbeitnehmer beschäftigt.***

(2) Minderung der Mitbestimmungsrechte bedeutet, dass

1. *der Anteil der Arbeitnehmervertreter*
   a. *im Verwaltungs- oder Aufsichtsorgan,*
   b. *in Ausschüssen, in denen die Mitbestimmung der Arbeitnehmer erfolgt, oder*
   c. *im Leitungsgremium, das für die Ergebniseinheiten der Gesellschaften zuständig ist, geringer ist als der höchste in den beteiligten Gesellschaften bestehende Anteil oder*
2. *das Recht, Mitglieder des Aufsichts- oder Verwaltungsorgans der Gesellschaft zu wählen, zu bestellen, zu empfehlen oder abzulehnen, beseitigt oder eingeschränkt wird.*

§ 3 Auffanglösung

Zum Europäischen Mitbestimmungsmodell gehört neben der Verhandlung auch die im Falle der Nichteinigung eingreifende Auffanglösung. Diese findet durch die jeweilige Verweisung der Mitbestimmungsvorschriften in Abs. 3 lit. e) und g) auch Anwendung bei grenzüberschreitenden Strukturmaßnahmen.[907]

A. Anwendungsbereich

Den Anwendungsbereich der Auffanglösung bei grenzüberschreitenden Formwechseln und Spaltungen legt die Verweisung auf Art. 7 Abs. 1 SE-RL fest. Demnach findet die Auffanglösung dann Anwendung, wenn die Vereinbarung einen dahingehenden Beschluss enthält oder es erst gar nicht zu einer Einigung der Parteien kommt. In diesem Fall müssen die Organe der beteiligten Gesellschaften der Anwendung der Auffanglösung und damit der Fortsetzung des Umwandlungsverfahrens vor der Eintragung zustimmen.[908]

---

906 Vorschrift entspricht der früheren Regelung in § 17 Abs. 3 MgVG.

907 Art. 86l Abs. 3 lit. e) und g), Art. 160l Abs. 4 lit. e) und g) MobilitätsRL, Art. 133 Abs. 3 lit. e) und h) GesRRL; vgl. dazu *Selent,* NZG 2018, 1171, 1175.

908 Vgl. Verweis auf Art. 7 Abs. 1 lit. b) Spiegelstrich 1 SE-RL.

Die partielle Verweisung auf Art. 7 SE-RL[909] provoziert den Rückschluss, der Anwendungsbereich der Auffanglösung sei geringer als bei der SE selbst. Dies ist jedoch ein Trugschluss, da die übrigen Regelungen in Art. 7 den Anwendungsbereich der Lösung verringern, indem sie bestimmte Schwellen zur Anwendungsvoraussetzung machen.[910] Im Ergebnis ist der Anwendungsbereich der Auffanglösung im Rahmen der Mobilitätsrichtlinie weiter als bei der SE.

Auffällig ist, dass im Rahmen der Verschmelzungsrichtlinie für die Gesellschaftsorgane selbst noch die Möglichkeit bestand, die Anwendung der Auffanglösung zu beschließen, ohne die Arbeitnehmer an dieser Entscheidung zu beteiligen.[911] Für die neu eingeführten Strukturmaßnahmen wurde eine solche Regelung gerade nicht eingeführt. Für die Umwandlungsvorgänge des Formwechsels und der Spaltung sind die Mitbestimmungsverhandlungen tatsächlich obligatorischer Natur.[912] Anders ist dies noch immer in Art. 133 Abs. 4 lit. a) geregelt. Dies eröffnet die Gefahr, dass das vermeintlich strengere System der Mobilitätsrichtlinie in Bezug auf Formwechsel und Spaltung durch eine Verschmelzung auf eine eigens dafür gegründete Briefkastengesellschaft mit einem entsprechenden Beschluss umgangen wird.[913]

B. Ausgestaltung bei Formwechsel und Spaltung

Inhaltlich ergeben sich keine Änderungen in Bezug auf die Auffanglösung, da auch die Mobilitätsrichtlinie auf das in der SE eingeführte Modell zurückgreift, sodass die bestehenden Vorschriften im MgVG weitgehend übernommen werden können. Dies erscheint insoweit dem Regelungszweck der Richtlinie zuwiderlaufend, als dass die bereits praktizierte Auffanglösung den Unternehmen einigen Spielraum lässt, um sich der Unternehmensmitbestimmung geschickt zu entziehen, indem mit Hilfe der Auffanglösung Mitbestimmungsfreiheit zementiert wird.[914]

Nach Teil 3 lit. a) des Anhangs der SE-RL[915] finden bei Anwendung der Auffanglösung im Verfahren der Spaltung oder eines Formwechsels alle Komponenten Anwendung, die bereits vor der Maßnahme galten. Damit setzt sich die

909 In Art. 86l Abs. 3 lit. e) und Art. 160l Abs. 3 lit. e) erfolgt keine Verweisung auf Art. 7 Abs. 1 als Ganzes, sondern nur auf Art. 7 Abs. 1 mit Ausnahme des zweiten Spiegelstrichs in Buchstabe b). In Art. 133 Abs. 3 lit. e) GesRRL wird hingegen auf weitere Absätze des Art. 7 SE-RL verwiesen.

910 Vgl. dazu später genauer unter § 3 C.

911 *J. Schmidt*, Der Konzern 2018, 273, 282; *Selent*, NZG 2018, 1171, 1175.

912 Vgl. die Ausführungen zu Art. 86l „Die Verhandlungen sind obligatorisch". Kommissionsentwurf, (Fn. 336), S. 30.

913 *Teichmann*, NZG 2019, 241, 247.

914 Siehe dazu unter Teil § 4 A.

915 Dieser findet über die Verweise in Art. 86l Abs. 3 lit. g), Art. 160l Abs. 3 lit. g) MobilitätsRL.

Mitbestimmungsregelung, die vor Durchführung der Umwandlung nach dem Recht des Wegzugstaates bestand, nach der Strukturmaßnahme fort.[916] Verfolgt wird damit nach wie vor die Strategie, dass sich Unternehmen durch einen grenzüberschreitenden Vorgang nicht einfach der geltenden Mitbestimmung entziehen. Problematisch ist an dieser Lösung weiterhin, dass die Auffanglösung nur dort etwas „auffangen" kann, wo bereits eine Mitbestimmungspflicht besteht.[917] In den Fällen, in denen die Auffanglösung nach vorangegangenen Verhandlungen Anwendung findet, können die Mitgliedstaaten festlegen, welcher Anteil aus Arbeitnehmervertretern bestehen soll. Der Anteil von einem Drittel darf jedoch nicht unterschritten werden, wenn dieser vorher erreicht war.[918] Die Auffanglösung bietet damit bei grenzüberschreitenden Umwandlungen gerade nicht mehr die uneingeschränkte Garantie, dass der vorher bestehende Mitbestimmungsumfang gewährleistet wird.

C. Auffanglösung bei grenzüberschreitender Verschmelzung

Im Hinblick auf die Auffanglösung ergeben sich Unterschiede zu den übrigen Umwandlungsarten. Besonders problematisch erscheint die aus der Verschmelzungsrichtlinie bekannte Möglichkeit der Leitungen, direkt die Auffanglösung anzuwenden.

I. Unterschiede im Verweisungsumfang

Die Verweisungen im Rahmen der Auffanglösung sind umfassender als bei den Parallelvorschriften. So bezieht sich die Verschmelzungsregelung auf den gesamten Art. 7 Abs. 1 SE-RL. Anders als bei den übrigen Umwandlungsformen ist auch der zweite Spiegelstrich des Art. 7 Abs. 1 lit. b) SE-RL erfasst. Dieser bestimmt, dass die Auffangregelung im Falle einer Nichteinigung nur dann Anwendung finden kann, wenn die Leitungsorgane dem zustimmen und kein Beschluss nach Art. 3 Abs. 6 SE-RL gefasst wurde, durch den die Verhandlungen schon nicht aufgenommen oder abgebrochen werden können. Diese Verweisung erscheint auf den ersten Blick wenig sinnhaft, da Art. 3 Abs. 6 von Art. 133 selbst nicht für anwendbar erklärt wird. Auch ist ein mit Art. 3 Abs. 6 SE-RL vergleichbarer Beschluss in der Mobilitätsrichtlinie nur beschränkt möglich. Zwar kann das BVG den Beschluss fassen, keine Verhandlungen zu führen oder laufende Verhandlungen abzubrechen. Anders als nach Art. 3 Abs. 6 SE-RL sieht die Mobilitätsrichtlinie als Rechtsfolge jedoch die Anwendung des Rechts des Zuzugsstaaten vor. Die Rechtsfolge

916 *Selent,* NZG 2018, 1171, 1175.

917 *Selent,* NZG 2018, 1171, 1175.

918 Art. 86l Abs. 4 lit. b), Art. 160l Abs. 4 lit. b) MobilitätsRL.

des Art. 3 Abs. 6 SE-RL liegt hingegen in der Mitbestimmungsfreiheit, unabhängig davon, welches Recht die Auffanglösung vorsehen würde.[919]

Dieser Beschluss ist nach der Mobilitätsrichtlinie bei allen Umwandlungsformen möglich, sodass sich auch dieser Unterschied in der Kodifizierung nicht erschließt.[920]

Durch Art. 7 Abs. 2 Unterabs. 1 lit. b) wird für die Verschmelzungsvorgänge die Auffangregelung zudem nur für anwendbar erklärt, wenn vorher mindestens 33 1/3 % der Arbeitnehmer von einer Mitbestimmungsregel erfasst waren. Ist dies nicht der Fall, so kann nach Art. 133 lit. b) zweiter Spiegelstrich ein dahingehender Beschluss des BVGs erfolgen. Umgesetzt werden diese Vorgaben bisher durch § 23 Abs. 1 Satz 2 MgVG. Anders als die Richtlinie erfordert das MgVG jedoch einen Schwellenwert von einem Drittel der Gesamtzahl der Arbeitnehmer.

Neben dem Beschluss der Leitungen verbleibt ebenso die Möglichkeit eines dahingehenden Beschlusses des BVGs, die Auffanglösung anzuwenden. Damit wird für die Verschmelzungsrichtlinie ein engerer Anwendungsbereich der Auffanglösung geschaffen. Bei Formwechsel und Spaltung kommt es gerade nicht auf eine gewisse Arbeitnehmerbetroffenheit an. Auch diese Differenzierung ist erklärungsbedürftig.

Die inhaltliche Ausgestaltung der Auffanglösung richtet sich bei grenzüberschreitenden Fusionen nach Teil 3 lit. b) des Anhangs der SE-RL.[921] Damit ist der höchste Arbeitnehmeranteil in den Organen ausschlaggebend, der in den beteiligten Gesellschaften besteht.

II. Reform der Option der Leitungen

Der wohl gravierendste und am meisten kritisierte Unterschied zwischen den Systemen ist jedoch, dass die Unternehmensorgane nach Art. 133 Abs. 4 lit. a) ausschließlich bei der Verschmelzung die Möglichkeit haben, die obligatorischen Verhandlungen auszuhebeln, indem sie ohne jedwede Art von Verhandlungen die Anwendung der Auffanglösung beschließen.[922]

Doch auch diese Vorschrift ist durch die Neufassung der Richtlinie nicht unverändert geblieben.[923] So ist durch die Änderung des Buchstabens a) eine Voraussetzung hinzugekommen. Während sich die Unternehmensorgane früher in jedem Fall für die Anwendung entscheiden konnten, muss nach der neuen Fassung zumindest in einer der beteiligten Gesellschaften schon ein Mitbestimmungssystem etabliert

919 *Oetker*, in: Franzen/Gallner/Oetker Europäisches Arbeitsrecht, RL 2001/86/EG Art. 3 Rn. 39.

920 Vgl. dazu Art. 86l Abs. 4 lit. a), Art. 160 Abs. 4 lit. a) MobilitätsRL.

921 Art. 133 Abs. 3 lit. e) GesRRL.

922 *J. Schmidt*, Der Konzern 2018, 273, 281; *Mückl/Götte*, BB 2018, 2036, 2040; *Bungert/Becker*, DB 2019, 1609, 1616.

923 So im Ansatz auch bei *Teichmann*, FS Windbichler, S. 409 f.

sein. Im Unterschied zur Lage vor der Richtlinie können also mitbestimmungsfreie Unternehmen ihren *Status quo* auf diesem Wege nicht mehr aufrechterhalten.

Anders als bei vielen anderen Abweichungen zum Regelungssystem der anderen Umwandlungsformen spricht die gezielte Anpassung des Buchstabens a) und die entsprechende Abstimmung des Abs. 8 dafür, dass es sich hier nicht um ein unbewusstes Überbleibsel aus der alten Richtlinie handelt. Die gezielten Änderungen zeigen, dass der Europäische Gesetzgeber sich offenbar ganz bewusst dazu entschieden hat, die Option im Rahmen der grenzüberschreitenden Verschmelzung zu erhalten.[924]

Die Anknüpfung an die Voraussetzung, dass bereits ein Mitbestimmungssystem bestehen muss, damit die Leitungen einen dahingehenden Beschluss fassen können, ist im europäischen Kontext neu. Es ist damit nicht mehr möglich, direkt die Auffanglösung anzuwenden, wenn dies Mitbestimmungsfreiheit zur Folge hätte. Im nationalen Recht wird diese Bedingung nach dem strengen Wortlaut des MgVGs bereits gefordert. So bestimmt § 23 Abs. 1 S. 1 Nr. 3, S. 2 MgVG, dass dieser Beschluss der Leitungen nur möglich ist, wenn mindestens eine Form der Mitbestimmung bestanden hat, die entweder ein Drittel der Arbeitnehmer der beteiligten Gesellschaften betrifft (Nr. 1) oder ein dahingehender Beschluss des BVGs vorliegt (Nr. 2). In jedem Fall fordert der Normtext des § 23 Abs. 1 Satz 2 jedoch das Vorliegen eines Mitbestimmungssystems. Die konkreten Auswirkungen dieser Vorschrift sind nicht unumstritten. Während man einerseits folgern kann, dass das Bestehen einer Mitbestimmung zur Voraussetzung für einen Beschluss nach § 23 Abs. 1 Nr. 3 wird,[925] drängt sich andererseits die Frage nach der Unionsrechtskonformität dieser Regelung auf.[926] Zwar dient das MgVG dem Schutz der Arbeitnehmerbeteiligung und verfolgt grundsätzlich den Vorrang der Verhandlungslösung. Nimmt man jedoch das Bestehen einer Mitbestimmung als Voraussetzung für den Beschluss der Leitungen an, „schießt" man mit dem nationalen Gesetzgeber über das Ziel hinaus.[927] Denn ein solcher Beschluss ist nach

---

924 Vgl. in diesem Zusammenhang Abs. 8 der Art. 86l und 160l: „Die Gesellschaft teilt ihren Arbeitnehmern oder deren Vertretern ohne unangemessene Verzögerung das Ergebnis der Verhandlungen über die Mitbestimmung der Arbeitnehmer mit."; sowie des Art. 133 GesRRL: „Eine Gesellschaft teilt ihren Arbeitnehmern oder deren Vertretern mit, ob sie die Auffangregelung für die Mitbestimmung nach Absatz 3 Buchstabe h anwenden oder Verhandlungen mit dem besonderen Verhandlungsgremium aufnehmen will. Im letzteren Fall teilt die Gesellschaft ihren Arbeitnehmern oder deren Vertretern ohne unangemessene Verzögerung das Ergebnis der Verhandlungen mit."

925 *Thüsing/Forst*, in: Habersack/Drinhausen SE-Recht, MgVG § 23 Rn. 12, 7; *Rudolph*, in: Annuß/Kühn/Rudolph/Rupp EBRG, MgVG § 23 Rn. 11; *Schubert*, RdA 2007, 9, 14.

926 *Kienast*, in: Gaul/Ludwig/Forst Europäisches Mitbestimmungsrecht § 5 Rn. 146.

927 *Kienast*, in: Gaul/Ludwig/Forst Europäisches Mitbestimmungsrecht § 5 Rn. 146.

der Gesellschaftsrechtsrichtlinie in ihrer vorherigen Fassung gerade möglich. Selbst wenn man in diesen Fällen Verhandlungen erzwingen würde, bliebe es im Ergebnis doch bei der Auffanglösung in Form der Mitbestimmungsfreiheit. Mitbestimmungsverhandlungen würden ebenfalls zur Auffanglösung führen, da die Unternehmensleitungen den Arbeitnehmern wohl kaum mehr einräumen würden, als sie aufgrund der Auffanglösung letztendlich müssten. Daher war der bisherige Wortlaut des § 23 dahingehend zu reduzieren.[928]

Diese Frage wird durch die Mobilitätsrichtlinie aufgelöst. So ist es nun bereits nach dem Wortlaut der Richtlinie ausdrücklich nur möglich, einen solchen Beschluss zu fassen, wenn bereits in mindestens einer der Gesellschaften ein System der Mitbestimmung besteht. Ein alleiniger Entschluss der Unternehmensleitungen die mitbestimmungsfreie Auffanglösung anzuwenden, ist damit nun eindeutig nicht mehr möglich.

Damit hebt der Europäische Gesetzgeber das Mitbestimmungsschutzniveau auch für die grenzüberschreitende Verschmelzung an. Das kann als weitere Stufe in der „Evolution des europäischen Verhandlungsmodells" angesehen werden.[929] Für manche stellt der Zusatz durch die Einschränkung wohl eher einen Rückschritt dar.[930] Das MgVG ist der Union jedoch bereits einen Schritt voraus. So kann § 23 Abs. 1 Satz 2 nun entsprechend seinem Wortlaut angewendet werden. Damit hat der deutsche Gesetzgeber bereits vorweggenommen, was künftig für alle Mitgliedstaaten gilt. Ein Änderungsbedarf für das Umsetzungsgesetz ergibt sich dadurch nicht. Ein wirklicher Mitbestimmungsschutz hätte sich mit einer Streichung der gesamten Passage aber besser verwirklichen lassen.[931]

---

928 *Kienast,* in: Gaul/Ludwig/Forst Europäisches Mitbestimmungsrecht § 5 Rn. 142, 144, 146; *Brandes,* ZIP 2008, 2193, 2197; *Habersack,* ZHR 171 (2007), 613, 624; *Krause/Janko,* BB 2007, 2194, 2197; *Thüsing/Forst,* in: Habersack/Drinhausen SE-Recht, MgVG § 23 Rn. 13.

929 *Forst,* in: Gaul/Ludwig/Forst Europäisches Mitbestimmungsrecht § 5 Rn. 199, 197.

930 So bedauert es *J. Schmidt,* dass die Beschlussmöglichkeit sich lediglich bei der Umwandlungsart der Verschmelzung eröffnet, da diese eine der „Errungenschaften" gegenüber der SE darstellt. Vgl. Der Konzern 2018, 273, 281.

931 So auch *Bormann/Stelmaszczyk,* ZIP 2019, 353, 365. Anders hingegen *J. Schmidt,* Der Konzern 2018, 273, 281 und *Habersack,* ZHR 182 (2018), 495, 502. Für die Beibehaltung wird die enorme Zeit- und Kostenersparnis der in vielen Fällen ohnehin aussichtslosen Verhandlungen vorgebracht.

§ 4 Abweichungen bei grenzüberschreitender Verschmelzung

Auch in den übrigen Vorgaben ergeben sich für die Mitbestimmung bei grenzüberschreitenden Verschmelzungen über die Auffanglösung hinaus weitere Abweichungen zu den Regelungen der anderen Umwandlungsformen. Während die Umwandlungsform der Spaltung und des Formwechsels neu in die Gesellschaftsrechtsrichtlinie aufgenommen wurden, bestand der Art. 133 der Richtlinie zur grenzüberschreitenden Verschmelzung schon vor der Mobilitätsrichtlinie und wurde mit ihrer Einführung nur partiell abgeändert, ohne alle Formulierungen und Verweisungen der Parallelvorschriften kohärent zu übernehmen. Bei näherer Betrachtung der Gesetzesunterlagen wird deutlich, dass auch die Anpassung des Art. 133 in mehreren kleinen Schritten vorgenommen wurde.[932]

Wie bereits an vielen Stellen in Bezug auf den Inhalt der Richtlinie deutlich wurde, ergeben sich einige Regelungsunterschiede zwischen den Umwandlungsformen. Dies liegt zum einen an der dargestellten Entstehungsgeschichte der Normen, zum anderen daran, dass bei der Verschmelzung immer mindestens zwei Gesellschaften agieren, von denen mindestens eine als Rechtspersönlichkeit durch die Verschmelzung erlischt.[933]

Auch wenn die Normen in den letzten Zügen des Gesetzgebungsverfahrens noch einmal einer Vereinheitlichung unterzogen wurden, gibt es vor allem in den Verweisungen einige bemerkenswerte Regelungsunterschiede.

A. Zusätzliche Mitglieder im BVG

Eine Pflicht zur Bildung des Verhandlungsgremiums besteht im Rahmen der Schwellenwertregelung schon dann, wenn die 4/5 allein in einer der beteiligten Gesellschaften erreicht sind. In Bezug auf die Bildung des BVGs verweist Art. 133 Abs. 3 anders als die Parallelvorschriften auf den ganzen Absatz 2 des Art. 3 SE-RL und bezieht damit auch die Sonderregel mit ein, die bei der SE gilt, wenn diese durch Verschmelzung gegründet wird. In diesem Fall gilt für die Zusammensetzung des BVGs, dass zusätzliche Mitglieder bestellt werden können, um zu gewährleisten, dass jede durch die Verschmelzung erlöschende Gesellschaft durch mindestens ein Mitglied vertreten wird.[934]

932 Vgl. dazu nur die verschiedenen Fassungen des Art. 133 im Kommissionsentwurf, im Änderungsantrag des Parlaments sowie in der Richtlinie selbst. Diese Aufzählung ist nicht abschließend, da das Trilogverfahren viel kleinschrittiger vorgenommen wurde, als es an dieser Stelle darzulegen ist, vgl. dazu unter „Procedure“ unter https://eur-lex.europa.eu/legal-content/DE/HIS/?uri=CELEX:32019L2121 (zuletzt aufgerufen am 02.12.2020).

933 Vgl. dazu schon Fn. 256.

934 Dabei dürfen die zusätzlichen Mitglieder nicht mehr als 20% des Gremiums bilden und es darf zu keiner Doppelvertretung der Arbeitnehmer kommen. Diese Regelungen finden sich in § 7a MgUG.

B. Mehrheitserfordernisse

Ein besonders bedeutsamer Unterschied ergibt sich durch die Verweisung auf den gesamten Unterabsatz 1 des Abs. 4 in Art. 3 SE-RL.[935] Denn damit verweist dieser auch auf das Erfordernis der zwei Drittel Mehrheit des BVGs für mitbestimmungsmindernde Beschlüsse, das in der SE für Gründungen durch Verschmelzungen gilt.

Diese besondere Mehrheit wurde für die anderen beiden Umwandlungsformen ausgeklammert, da für diese auf Art. 4 Abs. 4 SE-RL verwiesen wurde, der einen solchen mitbestimmungsmindernden Beschluss erst gar nicht zulässt.[936] Im Ergebnis ergibt sich daraus, dass mitbestimmungsmindernde Vereinbarungen des BVGs nur bei der Verschmelzung möglich sind.[937]

C. Fehlende Regelungen

Bei Betrachtung der verschiedenen Mitbestimmungsvorschriften der einzelnen Umwandlungsmaßnahmen zeigt sich, dass an vielen Stellen einige bei Formwechsel und Spaltung eingeführte Verweise bei der grenzüberschreitenden Verschmelzung fehlen. So gilt der aus der SE übernommene Bestandsschutz gerade nicht für die grenzüberschreitende Verschmelzung (I). Auch sieht Art. 133 keine temporäre Weitergeltung vor (II). Schließlich bleibt Art. 133 Mobilitätsrichtlinie auch in Hinblick auf die Missbrauchsvermeidung hinter den Parallelvorschriften zurück (III).

I. Fehlender Bestandsschutz

Wie bereits erläutert, findet sich in der Anpassung kein Verweis auf Art. 4 SE-RL. Dies hat für die Verschmelzung die Folge, dass es kein Verbot mitbestimmungsmindernder Beschlüsse gibt. Anders als für Formwechsel und Spaltung müssen nach der Verschmelzung gerade nicht alle Komponenten der Mitbestimmung im gleichen Ausmaß gewahrt bleiben.[938]

Diese Bereichsausnahme der Verschmelzung könnte damit zu rechtfertigen sein, dass Art. 4 Abs. 4 SE-RL nach seinem Zweck nur die Strukturmaßnahme des Formwechsels erfasst hat. Hintergrund dessen war, dass sich durch diesen Vorgang

---

935 Art. 133 Abs. 3 lit. b) GesRRL.

936 Vgl. dazu schon § 2 B.II.1.b). Dieser gebietet, dass bei „Umwandlungen" in Bezug auf alle Komponenten der Mitbestimmung das gleiche Ausmaß wie vor dem Vorgang vorliegen muss. Unter „Umwandlungen" muss man in diesem Kontext der SE-RL nur den Vorgang des Formwechsels fassen, da die Vorschrift sonst im Widerspruch zu Art. 3 Abs. 4 SE-RL steht. Dieses Verständnis legt auch *Henssler*, in: Habersack/Henssler MitbestimmungsR, SEBG § 21 Rn. 55 zu Grunde.

937 Vgl. zu dieser Vorschrift schon § 2 B.II.7.d) i).

938 Vgl. dazu schon II.7.d) (2) sowie § 21c MgUG.

gerade nichts an der Belegschaftsstruktur ändert.[939] Es wurde für diese Fälle als überflüssig erachtet, die bestehenden Beteiligungsrechte zu verändern.[940] Bei der Verschmelzung treffen hingegen verschiedene Unternehmen zusammen, die unterschiedlich organisiert sein können. In vielen Fällen kann ein Bestandsschutz, wie er im Rahmen des Formwechsels und der Spaltung erforderlich ist, in der Praxis überhaupt nicht möglich erscheinen.[941] Insbesondere in dem Fall, in dem eine monistisch organisierte Gesellschaft mit einer Gesellschaft verschmilzt, die eine dualistische Struktur verfolgt, ist ein solcher Bestandsschutz schier undenkbar. Dies begründet sich insbesondere damit, dass sich bereits die Bestimmung des „höheren" Mitbestimmungsniveaus in diesen Fällen als äußerst komplex herausstellt.[942] Etwas anderes sollte hingegen dann gelten, wenn die Verschmelzung auf eine arbeitnehmerlose Kapitalgesellschaft erfolgt.[943]

II. Keine temporäre Weitergeltung

In der abgeänderten Regelung des Art. 133 findet sich keine Vorschrift, die Art. 86l Abs. 4 lit. c) gleichkommt, welche eine temporäre Weitergeltung der bestehenden Systeme anordnet. Diese Weitergeltung würde sich bei mehreren Beteiligten schwieriger gestalten, da eventuell verschiedene Mitbestimmungssysteme zu erhalten wären, obwohl nun in einer großen Gesellschaft mindestens zwei verschmolzene Gesellschaften organisiert sind.

III. Rückgriff auf das Missbrauchsinstrument

Eine weitere Abweichung im Rahmen der Verweisungsketten lässt sich im Hinblick auf Art. 11 SE-RL feststellen. Während Art. 86l Abs. 3 lit. f) und Art. 160l Abs. 3 lit. f) diesen in Bezug nehmen, fehlt ein Äquivalent in Art. 133.[944] Art. 11 SE-RL trägt den Mitgliedstaaten auf, den Missbrauch der Richtlinie zu Lasten der Arbeitnehmer zu verhindern. Hält man an dieser Verweisung fest, so hat der Gesetzgeber aus der Richtlinie selbst keine ermächtigende Handhabe, Instrumente zur Missbrauchsvermeidung einzuführen. Wieso hier zwischen den Umwandlungsarten differenziert werden sollte, bleibt offen.

---

939 Damit begründet sich jedenfalls wiederum die Tatsache, dass für „Umwandlungsvorgänge" (im engen Sinne) in eine SE dieser Bestandsschutz gilt. Vgl. dazu Begr. RegE., BT-Drucksache 15/3405, S. 51 f.; *Feuerborn*, in: KölnK AktG, SEBG § 21 Rn. 82.

940 *Freis*, in: Nagel/Freis/Kleinsorge, SEBG, § 21 Rn. 31.

941 Für einen weiten Anwendungsbereich *Kiem*, in: Habersack/Drinhausen SE-Recht, UmwG § 122b Rn. 4 ff.

942 *Freis*, in: Nagel/Freis/Kleinsorge, SEBG § 21 Rn. 38 ff.

943 Vgl. dazu schon unter § 2 B.II.7 d)(2).

944 Vgl. dazu die Verweisungen in Art. 86l Abs. 3 lit. f) und Art. 160l Abs. 3 lit. f). So auch schon *Oetker*, in: Europäisches Arbeitsrecht, RL 2017/1132 Art. 133 Rn. 44.

Doch auch ohne diesen ausdrücklichen Verweis trifft die Mitgliedstaaten die Pflicht, die Mitbestimmungsvorschrift der grenzüberschreitenden Umwandlung so gewissenhaft umzusetzen, dass ihr kein Missbrauch seitens der Rechtsanwender droht. Zum einen muss der nationale Gesetzgeber nach Art. 2 der Mobilitätsrichtlinie die Sicherstellung der Richtlinienvorgaben durch Maßnahmen und Sanktionen regulieren. Zum anderen gilt für das Unionsrecht ohnehin der allgemeine Rechtsgrundsatz, dass sich jede missbräuchliche oder betrügerische Berufung auf das Europäische Recht verbiete.[945] Im Ergebnis ist also auch bei Verschmelzungsvorgängen ein Missbrauch zu Lasten der Unternehmensmitbestimmung rechtwidrig.

IV. Zwischenergebnis

Das auf den ersten Blick stimmige Gesamtverfahren ergibt bei einer tiefgehenden Auseinandersetzung einen Verweisungsdschungel, den man nur schwer durchdringen kann. Selbst bei detaillierter Betrachtung der betreffenden europäischen Regelungen erschließen sich manche Verweisungen oder eben deren Fehlen nicht.

Letztendlich haben alle Lücken in der Verweisungsnorm gemein, dass sich nicht mit Sicherheit sagen lässt, ob der Europäische Gesetzgeber diese Ausnahmen mit Absicht gesetzt hat oder ob sie lediglich der Komplexität der Verweisungstechnik zum Opfer gefallen sind. Da eine übergreifende Systematik kaum zu erkennen ist, bereitet es große Schwierigkeiten, die wahre Intention des Gesetzgebers zu erfassen, was eine richtlinienkonforme Auslegung erschwert. Auch bei der Umsetzung wird der nationale Gesetzgeber sich oft mit der Frage konfrontiert sehen, ob es hier einer Nachjustierung im Sinne einer systematisch stimmigen Regelung bedarf. Diese Frage sollte jeweils in Bezug auf die konkrete Vorschrift separat unter Heranziehung des übrigen Textes und der vorangegangenen Gesetzesunterlagen beantwortet werden.

Im MgUG sollten sich diese Besonderheiten der grenzüberschreitenden Verschmelzung auch widerspiegeln. Im Allgemeinen empfiehlt es sich, zunächst das allgemeine Mitbestimmungsverfahren zu regeln und anschließend die Besonderheiten für die Umwandlungsform der Verschmelzung zu normieren. Die hier vorgeschlagenen Regelungen orientieren sich maßgeblich an der alten Rechtslage der grenzüberschreitenden Verschmelzung. Daher ergibt sich in der Umsetzung nur wenig Änderungsbedarf. Die Regelungen finden sich in § 7a MgUG sowie den §§ 21b f. MgUG.

945 *Buckler*, EuR 2018, 371, 376 f. So auch zur Verschmelzungsrichtlinie: *Forst*, in: Gaul/Ludwig/Forst, Europäisches Mitbestimmungsrecht, § 5 Rn. 41. Vgl. die Rechtsprechungslinie des EuGHs: EuGH Urt.v. 12.05.1998, Kefalas u.a., Rs. C-367/96, EU:C:1998:222, Rn. 20; Urt. v. 21.03.2000, Diamantis, Rs. C-373/97, EU:C:2000:150, Rn. 33; Urt. v. 3.03.2005, Rs. C-32/03, EU:C:2005:128, Rn. 32 – Fini H.

§ 5 Sicherungsmittel zum Schutz der Mitbestimmung

In der Mobilitätsrichtlinie lassen sich weitere Instrumente finden, die als ergänzende Sicherungsmittel eingeführt werden, um einen lückenlosen Schutz zu gewährleisten. Das gesamte Verfahren ist gespickt mit Schritten, deren Dienlichkeit zum Schutze der Mitbestimmung erst auf den zweiten Blick deutlich wird.[946] Der unionale Gesetzgeber schafft ein umfassendes Schutzkonzept, das sich aus Informations- und Konsultationsrechten zusammensetzt. Die Sicherungsmittel finden sich bereits im allgemeinen Umwandlungsverfahren (A) und selbstredend im Verhandlungsverfahren (B). Aber auch darüber hinaus schafft die Mobilitätsrichtlinie Mechanismen, um die Beteiligungsrechte zu wahren (C). Schließlich überlässt sie auch den Mitgliedstaaten noch einige Handlungsoptionen (D).

A. Instrumente im Umwandlungsverfahren

Der Schutz der Mitbestimmung beginnt nicht erst in den dafür geschaffenen Vorschriften. Durch das gesamte Umwandlungsverfahren vom Umwandlungsplan bis zur Eintragung zieht sich der Gedanke an den Arbeitnehmerschutz wie ein roter Faden.

I. Unterrichtung und Beratung mit den Arbeitnehmern

Offenkundig dient der Bericht für die Arbeitnehmer ihrer Information. Diesem Zweck dient gleichsam auch die Offenlegung aller Unterlagen in Bezug auf den geplanten Umwandlungsvorgang.[947] Damit wird den Arbeitnehmern ein Fundament an Informationen gegossen, auf das diese eine Stellungnahme stützen können. Ohne die erforderliche Informationsgrundlage können die Beteiligten schwerlich sachgerecht zu geplanten Vorhaben Stellung nehmen und für die Wahrung ihrer Rechte einstehen. Eine etwaige Stellungnahme der Arbeitnehmer wird schließlich auch dem unabhängigen Sachverständigen im weiteren Verfahren vorgelegt. Schließlich dient auch die Sicherstellung der Unterrichtungs- und Beratungspflicht vor Beschluss der Umwandlungsmaßnahme dazu, dass die Interessen der Arbeitnehmer erörtert werden.[948]

---

946 Einen kurzen Überblick dazu gibt auch schon *Wachter*, GmbH-StB 2018, 283, 294 im Hinblick auf den Kommissionsentwurf.

947 So auch schon zum UmwG *Polley*, in: Henssler/Strohn GesR, UmwG § 122e Rn. 1. Vgl. zum Bericht für die Arbeitnehmer Teil 2 § 3 B.II.

948 Art. 86k, Art. 126c, Art. 160k MobiliätsRL. Vgl. auch *Oetker*, in. Franzen/Gallner/Oetker Europäisches Arbeitsrecht RL 2017/1132 Art. 86k Rn. 1.

II. Vorabbescheinigung

Besondere Bedeutung hat im Rahmen des Verfahrens die Vorabbescheinigung und die damit einhergehende Prüfung durch die Registergerichte. Eine spezielle Rolle nimmt auch die einzuführende Missbrauchskontrolle der zuständigen Behörden ein, in der explizit auch die Umgehung von Arbeitnehmerrechten auf dem Prüfprogramm steht.[949]

III. Eintragungshindernis

Eine zusätzliche Absicherung erhält die Arbeitnehmerbeteiligung am Ende des Verfahrens durch eine erneute Prüfung, ob eine Mitbestimmungsregelung vorliegt. Ohne ein Verhandlungsergebnis erfolgt keine Eintragung in das Register und die Umwandlung kann nicht erfolgreich abgeschlossen werden.[950]

B. Instrumente im Mitbestimmungssystem

Im Mitbestimmungssystem selbst gestaltet sich die Suche nach entsprechenden Schutzvorkehrungen einfacher, da der gesamte Regelungszweck der Vorschriften den Schutz der Arbeitnehmerbeteiligung auf Unternehmensebene bezwecken soll. Allerdings gelten diese nicht vollumfänglich für alle Umwandlungsarten.

I. Ausnahmetatbestände

Zuallererst dienen die Ausnahmetatbestände von der Anwendung des Rechts des Zuzugsstaates dazu, ein Unterlaufen einer bestehenden oder künftig einzuführenden Mitbestimmungsform zu verhindern. Sie wurden etabliert, weil der unionale Gesetzgeber in diesen Situationen eine Gefährdung bestehender oder zukünftiger Mitbestimmungsrechte sah. Damit das Mitbestimmungsniveau oder ihr Geltungsbereich nicht unter der Strukturmaßnahme leidet, müssen abweichend vom Mitbestimmungsrecht des Sitzstaats in diesen Sachverhalten Verhandlungen über die einzuführende Mitbestimmungsregelung geführt werden.[951]

II. Temporäre Weitergeltung

Zudem schafft die Kommission erstmalig in Abs. 4 lit. c) einen temporären Schutz der bestehenden Mitbestimmung.[952] Diese Norm legt fest, dass bis zum Geltungsbeginn des neuen Mitbestimmungsrechts oder einer geschlossenen Mitbestimmungsvereinbarung die vorherigen Mitbestimmungsregeln weiter gelten. Damit

---

949 Vgl. dazu Teil 2 § 3 F.II.

950 Vgl. dazu Teil 2 § 3 G und Teil 3 § 5 C.VIII und § 2 B.II.8 b).

951 Vgl. dazu Teil 3 § 2 A (vgl. jeweils den Regelungszweck der einzelnen Vorschriften).

952 Art. 86l Abs. 4 lit. c), Art. 160l Abs. 4 lit. c) MobilitätsRL.

bezweckt sie einen Schutz vor temporärer Mitbestimmungsfreiheit.[953] Mitbestimmte Gesellschaften sind dadurch lückenlos der Mitbestimmung unterworfen. Geschaffen wird dadurch also ein Übergangsschutz.

Doch auch in diesem Zusammenhang tritt wieder einmal die mangelnde Kohärenz der Vorschriften zu Tage. Die Regelungen werden nur für Formwechsel und Spaltung eingeführt, eine entsprechende Ergänzung des Art. 133 unterbleibt. Dies würde bedeuten, dass es keine Pflicht für die Unternehmensleitungen gibt, die Arbeitnehmerbeteiligung zwischen dem Wechsel von der ursprünglichen Mitbestimmungsregelung in die in der umgewandelten Gesellschaft einzuführende Regelung aufrechtzuerhalten. In diesem Zeitraum könnte das Aufsichtsorgan Themen im Zusammenhang mit der Umwandlung behandeln, bei denen es die Mitwirkung der Arbeitnehmervertreter gern unterbinden würde. Dieser Unterschied könnte allerdings darin begründet liegen, dass der mitbestimmte Rechtsträger bei einer grenzüberschreitenden Verschmelzung unter Umständen schon erlischt, während er bei Formwechsel und Spaltung erhalten bleibt.

Eine überschießende Umsetzung der Regelung auf alle Formen der Umwandlung gestaltet sich im Hinblick auf die grenzüberschreitende Verschmelzung als zu kompliziert, da mehrere Systeme in einer Gesellschaft zusammengeführt werden müssten.[954]

III. Perpetuierungsklausel

Durch Abs. 7 des Art. 86l[955] wird eine zeitliche Sicherung der verhandelten oder angewandten Mitbestimmungsrechte festgelegt. Durch diesen Absatz soll sichergestellt werden, dass die bestehende Arbeitnehmermitbestimmung im Fall nachfolgender Umstrukturierungen für einen Zeitraum von vier Jahren geschützt wird. Diese „Karenzzeit“[956] gilt unabhängig davon, ob es sich um nachfolgende innerstaatliche oder grenzüberschreitende Vorgänge handelt.[957]

Galt diese Klausel nach der bisherigen Rechtslage nur für die innerstaatliche Verschmelzung, erfährt sie durch die neue Richtlinie eine doppelte Ausweitung. Zum einen werden nun alle Formen der grenzüberschreitenden Strukturmaßnahmen einbezogen. Zum anderen wird der Schutzzeitraum von drei auf vier Jahre ausgeweitet.[958] Im Kommissionsentwurf war lediglich eine Zeitspanne von drei Jahren vorhergesehen[959] und es gab die Forderung, diese auf sechs Jahre zu

---

953 *Selent,* NZG 2018, 1171, 1174; *J. Schmidt,* Der Konzern 2018, 273, 282; *Müller-Bonanni/Jenner/Thomas,* NZG 2021, 764, 767.

954 Vgl. dazu schon § 3 C.

955 Entsprechend auch Art. 160l Abs. 7 und Art. 133 Abs. 7 MobilitätsRL.

956 *Mückl/Götte,* BB 2018, 2036, 2041.

957 *Müller-Bonanni/Jenner/Thomas,* NZG 2021, 764, 767.

958 Vgl. Art. 86l Abs. 7, Art. 133 Abs. 7, Art. 160l Abs. 7 MobilitätsRL.

959 Kommissionsentwurf, (Fn. 336), S. 29.

erstrecken.[960] Durchgesetzt haben sich letztendlich vier Jahre der Perpetuierung.

IV. Einschränkung der Rechtsformwahlfreiheit

Die neu eingeführten Vorschriften sehen für die umgewandelte Gesellschaft in Abs. 6 jeweils eine Einschränkung der Rechtsformwahlfreiheit vor.[961] Auch in Art. 16 Abs. 6 der Verschmelzungsrichtlinie und Art. 133 Abs. 6 der GesRRL a.F. galt bereits dieser Rechtsformzwang.[962] Diese Vorschrift zwingt die Unternehmen dazu, eine Rechtsform anzunehmen, die die Ausübung der Mitbestimmungsrechte ermöglicht.[963]

Geschützt wird die Mitbestimmung folglich dadurch, dass die Gesellschaften bei grenzüberscheitenden Vorgängen gezwungen werden, eine Rechtsform anzunehmen, die eine Ausübung der Einflussnahme der Arbeitnehmer ermöglicht. Eine Entledigung der Mitbestimmung durch Wahl einer per se mitbestimmungsfreien Gesellschaftsform wird damit unmöglich.

1. Kritik

In der Literatur wird in dieser Regelung eine Diskriminierung der grenzüberschreitenden Umstrukturierung im Vergleich zu den innerstaatlichen gesehen. Während eine deutsche Gesellschaft nur in eine ausländische Rechtsform wechseln könnte, wenn dort Mitbestimmung im Aufsichts- oder Verwaltungsorgan möglich ist, wäre es ihr nach deutschem Recht unproblematisch möglich in eine mitbestimmungsfreie Personengesellschaft zu wechseln.[964] Das könnte mit dem Äquivalenzgrundsatz, nach welchem die national anwendbaren Vorschriften nicht günstiger sein dürfen als die grenzüberschreitend anwendbaren,[965] unvereinbar sein.[966] Ein solcher Rechtsformzwang gilt für inländische Umstrukturierungen nämlich gerade nicht, was eine Diskriminierung grenzüberschreitender Umwandlungsvorgänge bedeuten könnte.[967]

Anders geht *Bungert* hingegen davon aus, dass man die nationalen Regelungen nicht mit denen der Richtlinie gleichsetzen dürfe. Ausschlaggebend sei für eine tatsächliche Diskriminierung, dass es zu einer Ungleichbehandlung durch denselben Hoheitsträger kommt.[968] Zu beachten wäre an dieser Stelle zudem, dass

---

960 *Bormann/Stelmaszczyk*, ZIP 2019, 353, 365.

961 Art. 86l Abs. 6 und Art. 160l Abs. 6 MobilitätsRL.

962 *Mückl/Götte*, BB 2018, 2036, 2038.

963 Vgl. dazu *Oetker*, in: Franzen/Gallner/Oetker Europäisches Arbeitsrecht, RL 2017/1132, Art. 133 Rn. 73.

964 *Paefgen*, WM 2018, 1029, 1038; *Mückl/Götte*, BB 2018, 2036, 2038.

965 Vgl. dazu schon (Fn. 609).

966 *Paefgen*, WM 2018, 1029, 1031; *Bungert*, FS Krieger, S. 137.

967 *Mückl/Götte*, BB 2018, 2036, 2040 und 2024; *Bungert*, FS Krieger, S. 137.

968 Für die grenzüberschreitende Spaltung *Bungert*, FS Krieger, S. 138.

die nationale Rechtsordnung die Umwandlungsvorgänge für alle Gesellschaften eröffnet. Der Anwendungsbereich der Richtlinie umfasst von vornherein hingegen allein Umwandlungsvorgänge betreffend Kapitalgesellschaften.[969]

Selbst wenn man eine Diskriminierung annimmt, wäre diese nach den unionsrechtlichen Grundsätzen wohl gerechtfertigt. Eine solche Rechtfertigung dieser Beschränkung würde voraussetzen, dass die Regelung im zwingenden Allgemeininteresse erforderlich und verhältnismäßig ist.[970] Aus der Rechtsprechung des EuGH geht jedoch seit langem hervor, dass der Schutz von Arbeitnehmerrechten einen schützenswerten Grund darstellt.[971]

2. *Ausgestaltung des Rechtsformzwangs*

Allerdings lohnt sich auch hier ein Blick in die verschiedenen Vorschriften. Während die neu eingefügten Regelungen anordnen, dass die umgewandelte Gesellschaft in ihrer Wahl der Rechtsform beschränkt ist, wenn sie einem System nach Absatz 2 unterliegt, fordert Art. 133 Abs. 6 etwas ganz anderes.[972] Art. 133 Abs. 6 a.F. normiert eine Einschränkung der Rechtsformwahl nur dann, wenn in einer der an den Umwandlung beteiligten Gesellschaften ein System der Mitbestimmung vorliegt und dieses auf die hervorgehende Gesellschaft angewandt werden soll.[973] Sofern die beteiligten Gesellschaften also vor der Umwandlung nicht mitbestimmt waren, so gilt für diese keine Einschränkung des Rechtsformzwangs.

Wirklich praktische Relevanz hat die verschiedentliche Ausgestaltung für die Umsetzung in Deutschland wohl nicht. Bedeutung erlangt dieser Rechtsformzwang im deutschen Recht bisher nur für die GmbH. Diese kann gemäß § 52 Abs. 1

---

969 Vgl. zum Anwendungsbereich schon § 2 A.I.

970 EuGH v. 12.7.2012, VALE, C-378/10, ECLI:EU:C:2012:440.

971 EuGH v. 12.7.2012, VALE, C-378/10, ECLI:EU:C:2012:440, Rn. 39. Gründe dagegen findet aber *Paefgen*, WM 2018, 1029, 1038: Mitbestimmung sei zunehmend unzeitgemäß und die Kontrollfunktion des Aufsichtsrates wird teilweise als hinderlich angesehen.

972 Siehe die Formulierung der Art. 86l Abs. 6 und Art. 160l Abs. 6 MobilitätsRL: Unterliegt die umgewandelte Gesellschaft einem System der Arbeitnehmermitbestimmung gemäß der Regelung nach Absatz 2, ist sie verpflichtet, eine Rechtsform anzunehmen, die die Ausübung von Mitbestimmungsrechten ermöglicht.

973 So der Wortlaut des Art. 133 Abs. 6 GesRRL: Besteht in mindestens einer der an der grenzüberschreitenden Verschmelzung beteiligten Gesellschaften ein System der Arbeitnehmermitbestimmung und soll diese Regelung des Absatzes 2 auf die aus der Verschmelzung hervorgehende Gesellschaft angewandt werden, so ist diese Gesellschaft verpflichtet, eine Rechtsform anzunehmen, die die Ausübung von Mitbestimmungsrechten ermöglicht.

GmbHG auch ohne Aufsichtsrat konzipiert sein.[974] Trotzdem stellt die GmbH grundsätzlich eine Rechtsform dar, die Mitbestimmung ermöglicht.[975] § 24 Abs. 2 S. 2 schreibt dementsprechend bereits vor, dass ein Aufsichtsrat zwingend zu bilden ist, um die Verwirklichung der Mitbestimmungsrechte zu gewährleisten.[976] Eine über § 24 Abs. 2 S. 2 hinausgehende Regelung ergibt sich durch die Mobilitätsrichtlinie wohl nicht, sodass diese Vorschrift ins MgUG übernommen werden kann.

V. Informationspflicht

Die Mitbestimmungsvorschriften schließen mit dem Absatz 8, der die Gesellschaft dazu verpflichtet, die Arbeitnehmer schnellstmöglich über das Ergebnis der Mitbestimmungsverhandlungen in Kenntnis zu setzen.[977] Die Arbeitnehmer sollen unverzüglich über den Fortgang ihrer Rechte informiert werden. Diese Vorschrift wird durch die Mobilitätsrichtlinie neu eingeführt und bedarf daher der Regelung im MgUG. Es bietet sich an, den bestehenden § 19 MgVG um einen Absatz 2 zu ergänzen und damit den Leitungen diese Informationspflicht aufzuerlegen:

§ 19 Niederschrift und Information der Arbeitnehmer

(1) [1]In eine Niederschrift, die vom Vorsitzenden und einem weiteren Mitglied des besonderen Verhandlungsgremiums zu unterzeichnen ist, sind aufzunehmen

1. *ein Beschluss über den Abschluss einer Vereinbarung nach §15 Abs.1,*
2. *ein Beschluss über die Nichtaufnahme oder den Abbruch der Verhandlungen nach §§ 18, 21b, 21c und*
3. *die jeweiligen Mehrheiten, mit denen die Beschlüsse gefasst worden sind.*

[2]Eine Abschrift der Niederschrift ist den Leitungen zu übermitteln.

(2) Die Leitungen sind dazu verpflichtet, die Arbeitnehmer unverzüglich nach Abschluss des Verhandlungsverfahrens über dessen Ergebnis in Kenntnis zu setzen.

Entsprechend den übrigen Informationspflichten im MgVG sollte das MgUG die Verletzung dieser Pflicht auch mit einem Bußgeld nach § 35 MgUG bedrohen.

---

974 *Altmeppen*, GmbHG § 52 Rn. 1; *Zöllner/Noack*, in: Noack/Servatius/Haas GmbHG § 52 Rn. 1. Vgl. zur Errichtung eines fakultativen Aufsichtsrats nach § 52 Abs. 1 GmbHG *Giedinghagen*, in: Michalski/Heidinger/Leible/J. Schmidt GmbHG § 52 Rn. 6 ff.

975 Dies ergibt sich bereits aus § 52 GmbHG, der die Bestellung des Aufsichtsrats regelt.

976 *Habersack*, in: Habersack/Henssler MitbestimmungsR, MgVG § 24 Rn. 2; *Nagel*, in: Nagel/Freis/Kleinsorge, MgVG § 24 Rn. 2.

977 Art. 86l Abs. 8, Art. 160l Abs. 8 und Art. 133 Abs. 8 MobilitätsRL.

C. Instrumente im Verhandlungsverfahren

Auch das Verhandlungsverfahren selbst wird durch verschiedene Regelungen in seiner Funktionalität geschützt. Ziel dessen ist es, ausgeglichene Mitbestimmungsvereinbarungen zu schaffen. Von echten Verhandlungen kann dabei nur gesprochen werden, wenn ein Verhandlungsgleichgewicht zwischen beiden Sozialpartnern besteht und keine Seite in ihrer Verhandlungsposition übervorteilt wird.

I. Sachverständige

Die Möglichkeit des Verhandlungsgremiums, sich eines beratenden Sachverständigen zu bedienen, schafft die Grundlage dafür, dass das Verhandlungsgremium beim Führen der Verhandlungen stets von zutreffenden Tatsachen ausgehen und sich im Zweifel einer fachkundigen Beratung bedienen kann.[978]

II. Informationspflicht

Der Funktionalität und damit dem reibungslosen Ablauf der Verhandlungen dient auch die Pflicht, die Mitglieder umfassend über alle notwendigen Informationen in Kenntnis zu setzen.[979] Diese Regelung besteht bereits in § 15 Abs. 2 Satz 2 MgVG.[980]

III. Verlängerungsmöglichkeit

Der Verweis auf Art. 5 SE-RL bietet die Möglichkeit, die Dauer der Verhandlungen von sechs Monaten einmalig um sechs Monate zu verlängern. Dies dient letztendlich dem erfolgreichen Verhandlungsabschluss. Eine Vereinbarung soll nicht dem auslaufenden Verhandlungszeitraum zum Opfer fallen, wenn bereits eine realistische Einigungsmöglichkeit im Raum steht. Durch diese Möglichkeit wird dem Gremium die Chance geboten, eine Einigung zu erzielen, auch wenn dies nicht ohne Komplikationen möglich ist.[981]

IV. Doppeltes Mehrheitserfordernis

Ein nicht zu unterschätzendes Schutzinstrument ist die Notwendigkeit der doppelten Mehrheit für sämtliche Beschlüsse des Verhandlungsgremiums. Durch die neben der absoluten Mehrheit aller Stimmen erforderliche Mehrheit aller

---

978 Vgl. dazu 3. Teil § 2 B.II.2.

979 Vgl. den Verweis auf Art. 3 Abs. 3 in Art. 86l Abs. 3 lit. a), Art. 160 Abs. 3 lit. a) sowie Art. 133 Abs. 3 lit. a)

980 Vgl. zur Parallelregelung in § 13 Abs. 2 S. 2 SEBG *Hohenstatt/Müller-Bonanni,* in: Habersack/Drinhausen SE-Recht, SEBG § 13 Rn. 4; *Jacobs,* in; MüKo AktG, SEBG § 13 Rn. 4; *Rudolph,* in: Annuß/Kühn/Rudolph/Rupp EBRG, SEBG § 13 Rn. 7–10.

981 Vgl. dazu 3. Teil § 2 B.II.3.

vertretenen Arbeitnehmer wird eine besondere Hürde geschaffen. Es genügt gerade nicht allein, knappe Mehrheiten im BVG zu erreichen. Vielmehr steht im Verhandlungsprozess jedes Mitglied für die Arbeitnehmer seines Landes bzw. für einen gewissen Anteil. Dadurch wird sichergestellt, dass die Beschlüsse auch durch die Mehrheit der vertretenen Arbeitnehmer getragen werden und nicht einzelne Mitglieder über das Schicksal vieler entscheiden.[982]

V. Qualifizierter Bestandsschutz

Der neu geschaffene Verweis auf Art. 4 Abs. 4 SE-RL schafft angelehnt an die Rechtslage nach § 21 Abs. 6 SEBG die Möglichkeit, auch einen Bestandsschutz für alle Komponenten der Arbeitnehmerbeteiligung zu gewährleisten. Allerdings gilt dieser nur für grenzüberschreitende Formwechsel und Spaltungen, nicht für Verschmelzungen.[983] Dahingehend sollte der nationale Gesetzgeber bei Umsetzung der Richtlinie tätig werden und den Bestandsschutz zumindest für die Verschmelzungsvorgänge vorsehen, in denen eine dem Formwechsel und Spaltung vergleichbare Lage vorliegt. Namentlich in den Fällen, in denen der Verschmelzungsvorgang auf eine arbeitnehmerlose Gesellschaft erfolgt.[984]

VI. Auffanglösung

Auch die Auffanglösung an sich soll absichern, dass bestehende Mitbestimmungsformen nicht durch eine grenzüberschreitende Umwandlung abgestreift werden.[985]

In der Mobilitätsrichtlinie schafft der Europäische Gesetzgeber zudem einen höheren Mitbestimmungsschutz bei der grenzüberschreitenden Verschmelzung, indem er die Anwendbarkeit der Auffanglösung reformiert. Galt nach der alten Vorschrift des Art. 133, dass die Leitungen sich frei für die Auffanglösung entscheiden können, so ist dies nunmehr nur möglich, wenn in mindestens einer der beteiligten Gesellschaften bereits ein Mitbestimmungssystem besteht. Der Entschluss der Leitungen, eine Auffanglösung anzuwenden, die im Einzelfall eine Mitbestimmungsfreiheit zur Folge hätte, ist damit auf europäischer Ebene nicht mehr möglich.[986]

---

982 Vgl. dazu 3. Teil § 2 B.II.1a).

983 Vgl. dazu schon § 2 B.II.7.d)i)(2).

984 Vgl. dazu unter § 2 B.II.7d)i)(3).

985 Vgl. dazu § 3.

986 Vgl. dazu schon § 3 C.

VII. Schutz der Arbeitnehmervertreter

Unabdingbar für ein ordentliches Verhandlungsverfahren ist der Schutz der Arbeitnehmervertreter.[987] Nur wenn diese nicht in Sorge um ihre Existenzsicherung verhandeln, können solche Verhandlungen überhaupt stattfinden.

VIII. Eintragungshindernis und Gleichlaufgebot

Abgesichert wird die Beendigung des Verhandlungsverfahrens schließlich mit dem Eintragungsgebot.[988] Dieses zwingt die Organe dazu, die Verhandlungen zu einem Abschluss zu bringen und diese nicht ergebnislos im Sande verlaufen zu lassen. Es muss mindestens zur Anwendung der Auffanglösung kommen, wenn die Gesellschaften eine Eintragung erzielen wollen.

Die Gewichtung der Mitbestimmungsvereinbarung wird zudem deutlich, wenn man das Gleichlaufgebot von Vereinbarung und Satzung betrachtet.[989] Die Vereinbarung soll nicht dadurch ausgehebelt werden, dass man in der Satzung von der erzielten Einigung abweichende Regelungen trifft.

D. Handlungsgrundlagen für Mitgliedstaaten

Neben den Schutzinstrumenten, die sich originär aus der Richtlinie ergeben, erteilt der Europäische Gesetzgeber seinem nationalen Pendant verschiedene Reglungsaufträge. Diese nehmen die Mitgliedstaaten in die Pflicht, die vorgesehenen Regelungen in das nationale Gesetz einzugliedern. Nach dem *effet utile*-Gedanken der Richtlinienumsetzung muss die Umsetzung auf nationaler Ebene wirkungsvoll ausgestaltet werden.[990] Dieser Grundsatz gilt selbstredend auch für die Mitbestimmungsvorschriften. Die Mitgliedstaaten haben demnach Mitbestimmungsvorschriften einzuführen, welche die Vorgaben der Richtlinie effektiv durchsetzen können.

I. Einhaltung der Verfahrensvorschriften

Nach Art. 12 SE-RL tragen die Mitgliedstaaten Sorge dafür, dass die Richtlinie von allen Beteiligten eingehalten wird. Sein Abs. 1 erlegt den nationalen Gesetzgebern die Pflicht auf, sicherzustellen, dass alle Organe ihren Pflichten der SE-Richtlinie nachkommen. Durch die Verweisung wird Art. 12 Abs. 1 in die Mobilitätsrichtlinie

---

987 Vgl. dazu § 2 B.II.6c).

988 Vgl. dazu Teil 3 § 2 B.II.9b).

989 Vgl. dazu Teil 3 § 2 B.II.7d)ii).

990 EuGH im Urteil v. 10.04.1984, Rs. 14/18, ECLI:EU:C:1984:153, Rn. 15 – von Colson/ Kamann.

miteinbezogen.[991] Diese Verweisung muss dahingehend ausgelegt werden, dass die Mitgliedstaaten Sorge dafür tragen, dass alle am Umwandlungsverfahren beteiligten Parteien ihre Verpflichtungen einhalten, die ihnen die Mobilitätsrichtlinie auferlegt. Art. 12 Abs. 1 SE-RL gibt dem nationalen Gesetzgeber somit einen Regelungsauftrag, den korrekten Ablauf des Verfahrens effektiv durchzusetzen. In welchem Zusammenhang Art. 12 SE-RL verwendet werden kann, um den Schutz der Mitbestimmung sicherzustellen, wird Gegenstand der weiteren Untersuchung sein.[992]

Ergänzend zu dieser Verfahrenssicherung müssen die Mitgliedstaaten nach Abs. 2 geeignete Maßnahmen für die Fälle vorsehen, in denen ebendiese Verpflichtungen nicht eingehalten werden. Insbesondere müssen sie dafür neben diesen geeigneten Maßnahmen auch eine etwaige gerichtliche Durchsetzung sicherstellen. Es ist davon auszugehen, dass die gerichtliche Durchsetzung wie für die SE durch eine Zuweisungsnorm an die Arbeitsgerichte erfolgen wird.[993] Auch für die Einhaltung der Verpflichtungen sehen SEBG und MgVG bereits Vorkehrungen im Sinne von Strafandrohungen und Ordnungswidrigkeiten vor.[994] Die Umsetzung wird sich maßgeblich an den bestehenden §§ 34 f. MgVG orientieren. Zu betonen bleibt an dieser Stelle jedoch, dass die Mitgliedstaaten durch Art. 12 SE-RL eine wichtige Ermächtigung an die Hand bekommen, das ordnungsgemäße Verhandlungsverfahren sicherzustellen. Dabei können eventuelle Defizite korrigiert werden, die im bisherigen Rechtsrahmen der grenzüberschreitenden Verschmelzung zutage getreten sind. Im Laufe der Untersuchung wird zu klären sein, wo die §§ 35 f. MgVG der Ergänzung bedürfen.[995]

II. Missbrauchsverbot

Art. 11 SE-RL soll der Vorbeugung des Verfahrensmissbrauchs durch die Mitgliedstaaten dienen.[996] Bekannt ist diese Vorschrift zwar aus der SE. Im Rahmen der Verschmelzungsrichtlinie fand sie aber gerade keine Anwendung.[997] Damit

---

991 Dieser findet über Art. 86l Abs. 3 lit. f), Art. 160l Abs. 3 lit. f) MobilitätsRL, Art. 133 Abs. 3 lit. f) GesRRL Anwendung in der Mobilitätsrichtlinie und galt bereits für die grenzüberschreitende Verschmelzung nach der alten Rechtslage, siehe dazu *Oetker*, in: Franzen/Gallner/Oetker Europäisches Arbeitsrecht, RL 2001/86/EG Art. 12 Rn. 1.

992 Vgl. dazu später unter Teil 4 § 1 C.

993 Zu den Einzelheiten und den Ausnahmen vgl. *Oetker*, in: Franzen/Gallner/Oetker Europäisches Arbeitsrecht, RL 2001/86/EG Art. 12 Rn. 2 f.

994 Im SEBG geschieht das durch § 45 II Nr. 2 und 3 SEBG sowie § 46 SEBG. Im MgVG wird dies durch § 34 und § 35 geregelt.

995 Vgl. dazu später im Teil 4 sowie den Anhang (MgUG).

996 Art. 86l Abs. 3 lit. f), Art. 160l Abs. 3 lit. f) MobilitätsRL. Eine Parallelverweisung in Art. 133 fehlt.

997 *Joost*, FS Richardi, S. 579; *Müller-Bonanni/Müntefering*, BB 2009, 1699, 1702; *Ege/Grizmek/Schwarfischer*, BB 2011, 1205, 1211; *Kisker*, RdA 2006, 206, 210.

gibt der Europäische Gesetzgeber seinem nationalen Gegenüber die Möglichkeit, umfassenderen Mitbestimmungsschutz einzubauen, als es im Rahmen der Verschmelzungsrichtlinie der Fall war. Allerdings versäumt er es, die Verweisung auch für die grenzüberschreitende Verschmelzung einzubauen.

Wie bei der SE trifft den nationalen Gesetzgeber hier die Pflicht, Maßnahmen zu schaffen, durch die ein Missbrauch der Vorschriften zu dem Zweck verhindert wird, Arbeitnehmer in ihren Beteiligungsrechten zu beschneiden.[998]

In der SE wurde dies durch § 18 Abs. 3 SEBG und § 43 SEBG umgesetzt. § 18 Abs. 3 sieht vor, dass ein erneutes Verhandlungsverfahren anzusetzen ist, wenn nach der SE-Gründung strukturelle Änderungen auftreten, die geeignet sind, Beteiligungsrechte der Arbeitnehmer zu mindern.[999] Die Vorschrift soll vermeiden, dass die Gründungsvorschriften der SE missbraucht werden.[1000] Eine unmittelbare Vorgabe für diese Regelung findet sich in der SE-RL nicht. Lediglich der Erwägungsgrund 18 sieht vor, dass im Falle struktureller Änderungen Neuverhandlungen ausgelöst werden.[1001] § 43 S. 1 SEBG normiert hingegen eine Generalklausel, nach der die SE nicht dazu missbraucht werden darf, den Arbeitnehmern Beteiligungsrechte zu entziehen. In dieser Umsetzung des SEBGs verzichtete der deutsche Gesetzgeber jedoch auf eine Konkretisierung der denkbaren Missbrauchstatbestände.[1002]

Die erstmalig in grenzüberschreitende Strukturvorgänge einbezogene Missbrauchsvermeidung nach Art. 11 SE-RL gibt den Mitgliedstaaten das Recht, im Einklang mit den gemeinschaftlichen Rechtsvorschriften Maßnahmen zu schaffen, die verhindern, dass die Strukturvorgänge missbraucht werden, um Arbeitnehmern ihre Beteiligungsrechte vorzuenthalten.[1003] Dieser Verweis stellt eine bisher wenig beachtete Weiterentwicklung der Mobilitätsrichtlinie dar, die einen effektiveren Mitbestimmungsschutz auf nationaler Ebene ermöglicht. Inwieweit diese Verweisung nun die Möglichkeit gibt, am Mitbestimmungsschutz im Wege der Implementierung nachzubessern, wird Gegenstand der späteren Untersuchung sein.[1004]

---

998 *Ramcke,* Konkretisierung des Missbrauchsverbots, S. 59 ff.; *Oetker,* in: Franzen/Gallner/Oetker Europäisches Arbeitsrecht, RL 2001/86/EG Art. 11 Rn. 1.

999 Vgl. dazu § 18 SEBG *Jacobs,* in: MüKo AktG, SEBG § 18 Rn. 6 ff.

1000 *Hohenstatt/Müller-Bonanni,* in: Habersack/Drinhausen SE-Recht, SEBG § 18 Rn. 6; *Jacobs,* in: MüKo AktG, SEBG § 18 Rn. 8.

1001 *Hohenstatt/Müller-Bonanni,* in: Habersack/Drinhausen SE-Recht, SEBG § 18 Rn. 5; *Jacobs,* in: MüKo AktG, SEBG § 18 Rn. 7; Vor § 1 Rn. 29.

1002 *Drinhausen/Keinath,* BB 2011, 2699 ff.; *Rehberg,* ZGR 2005, 859, 886 ff.

1003 Vgl. dazu schon Teil 3 § 5.D.II.

1004 Vgl. dazu später im Teil 4.

E. Ergebnis

Bei Betrachtung der Mobilitätsrichtlinie scheint es, als hätte sich der Europäische Gesetzgeber ein klar identifizierbares Ziel gesetzt. Er wollte einen Rechtsrahmen schaffen, innerhalb welchem Gesellschaften grenzüberschreitende Strukturmaßnahmen vornehmen können, ohne dabei die Mitbestimmung im Europäischen Binnenmarkt weiter zu schwächen.

Insgesamt lässt sich festhalten, dass sich die Kommission mit ihrem Entwurf fast vollständig in bekanntem Fahrwasser bewegt. Die Richtlinie entfernt sich nur in wenigen Teilen von den Konzepten im Europäischen Gesellschaftsrecht. Insbesondere das Mitbestimmungssystem aus der grundsätzlichen Anwendung des Rechts des Zuzugsstaates, Verhandlungslösung und Auffanglösung ist keine Neuschaffung, weshalb wohl auch viele der alten Probleme mit der Übernahme der Texte auf die neue Richtlinie übertragen werden. Auch die Tatbestände, die eine Verhandlungspflicht auslösen, sind in ihrem Grundgedanken gleichgeblieben. Eine wirkliche Neuerung stellt lediglich die vorverlagerte Arbeitnehmerschwelle dar. Durch diese Neuerung klärt der Europäische Gesetzgeber auch die Diskussion um das Verhältnis der einzelnen Ausnahmetatbestände.

Auch in Bezug auf den Ablauf des Verhandlungsverfahrens und die anwendbaren Grundsätze hält sich die neue Richtlinie an die bereits existierenden Abläufe in der SE. Allerdings ist die Verweisungstechnik oft umständlich und wirkt in ihren Einzelheiten noch nicht vollständig durchdacht. So ergeben sich beträchtliche Rechtsfolgen der Mechanismen oftmals nur aus einer einzigen Ziffer in einer Verweisungskette. Dadurch, dass die Regelungen aber aus der Verschmelzungsrichtlinie übernommen wurden, lässt sich kaum mit Sicherheit sagen, ob jede der verbleibenden Verweisungen auch tatsächlich ihrer Intention gerecht wird. Die Reichweite der Vorschriften vollumfänglich zu erfassen gelingt nur einem Rechtsanwender, der sich ausführlich mit drei verschiedenen Regelwerken befasst und mit diesen vertraut ist. Von der zum Ziel erklärten Rechtssicherheit kann hier nicht die Rede sein. An vielen Stellen versäumt es die Richtlinie zudem, offene Rechtsfragen zu klären und dadurch wirkliche Rechtssicherheit zu schaffen.

Dennoch lässt sich festhalten, dass beinahe in jedem Verfahrensschritt der Schutz der Mitbestimmung bedacht wurde. Bereits im Umwandlungsverfahren begegnen den Gesellschaften einige Hürden, die diese überwinden müssen. Auch in den Mitbestimmungsvorschriften selbst versucht die Kommission, ihr erklärtes Ziel zu erreichen. Zuletzt gibt die Richtlinie den nationalen Gesetzgebern Optionen zur Gestaltung des Mitbestimmungsschutzes an die Hand. Dass diese Schutzmechanismen aber an vielen Stellen ins Leere gehen und die Position der Arbeitnehmer sogar noch schwächen, wird die nachfolgende Funktionalitätsprüfung zeigen.

4. Teil: Funktionalität des Mitbestimmungssystems in der Mobilitätsrichtlinie

In der Mobilitätsrichtlinie wird an dem Dreiklang aus Verhandlung, Vereinbarung und Auffanglösung festgehalten.[1005] Es handelt sich um dasselbe Grundkonzept, das bereits mit Einführung der SE etabliert wurde. Ein entscheidender Unterschied liegt jedoch darin, dass aus den Mobilitätsvorgängen keine europäischen Rechtsformen,[1006] sondern solche des nationalen Rechts hervorgehen.[1007] Im Ergebnis kommt es dadurch zu einem komplexen Nebeneinander aus der Anwendung des Sitzstaatrechtes und dem Europäischen Mitbestimmungsrecht, das sich ebenfalls nicht durch seine Anwenderfreundlichkeit auszeichnet.[1008]

Es gilt im folgenden Teil zu hinterfragen, inwieweit dieses System der Mobilitätsrichtlinie dem von der Kommission intendierten Bestandsschutz der Mitbestimmung gerecht werden kann. Es soll die Funktionalität des etablierten Systems unter die Lupe genommen werden. Dabei soll auch erörtert werden, wie auftretenden Problemen im Rahmen der Umsetzung wirksam begegnet werden kann. Nach Verabschiedung der Richtlinie ist es nun mehr als unwahrscheinlich, dass diese in absehbarer Zeit noch einmal verändert wird. Die einzig realitätsnahe Möglichkeit den Mitbestimmungsschutz auf EU-Ebene auszubauen bleibt eine Überarbeitung der Richtlinie nach ihrer regelmäßigen Überprüfung nach sieben Jahren.[1009] Dass dann aber auch kein wirkliches Umdenken stattfinden wird, legt die Entstehungsgeschichte der Richtlinie, nach der jede kleinste Änderung im politischen Diskurs hart erkämpft werden musste, nahe.[1010] Statt auf ein Eingreifen des unionalen Gesetzgebers zu hoffen, sollte der nationale Gesetzgeber den intendierten Mitbestimmungsschutz nach Möglichkeit selbst in die Hand nehmen. In diesem Rahmen haben die Mitgliedstaaten auch einen Gestaltungspielraum, den sie ausnutzen und problemorientiert das vorgegebene System nachbessern können. Untersucht werden soll daher, wie eine effektive Umsetzung erfolgen kann.

1005 *Selent,* NZG 2018, 1171, 1176.

1006 Bei der SE hingegen handelt es sich um eine originär europäische Rechtsform. Vgl. stellv. *Teichmann,* ZGR 2002, 383, 387 ff. mwN.

1007 *Selent,* NZG 2018, 1171, 1173.

1008 *Selent,* NZG 2018, 1171, 1173; so auch schon zur VerschmelzungsRL *Brandes,* ZIP 2008, 2193, 2194.

1009 Art. 4 der MobilitätsRL.

1010 Vgl. dazu schon Teil 2 § 1 B.

Um Lücken im Mitbestimmungsschutz vorzubeugen, könnte der deutsche Gesetzgeber sich zunächst der Problematik der aussichtslosen Mitbestimmungsverhandlungen nach der neuen Schwellenwertregelung widmen (§ 1). Weiterhin sollte er auch vermeiden, dass es zur Anwendung eines unpassenden Verhandlungsverfahrens kommt, indem er die mangelnde Kohärenz der Vorschriften ausbalanciert (§ 2). Schließlich sollte sich der Mitbestimmungsschutz auch über den Umwandlungsvorgang hinaus auf die Regulierung nachträglichen Wachstums erstrecken (§ 3), um die Rechte der Arbeitnehmer umfassend und lückenlos zu schützen und eine Mitbestimmungszementierung zu verhindern.

§ 1 Aussichtslosigkeit der 4/5-Verhandlungen

Die wesentliche Neuerung der Mitbestimmung in der Mobilitätsrichtlinie stellt die Flexibilisierung der Schwellenwertregelung dar. Damit unternahm der Richtliniengesetzgeber den Versuch, die Fluchtbewegungen vor nationaler Mitbestimmung einzudämmen.[1011] Diese Regelung erweist sich jedoch als wenig praktikabel für den Schutz der Arbeitnehmerrechte. Werden die Mitbestimmungsverhandlungen durch die neu einzuführende 4/5-Schwelle ausgelöst, wird das Verfahren in der Praxis zu Mitbestimmungsfreiheit führen, obwohl die Mitbestimmung durch die Vorschrift gestärkt werden sollte (A). In der Literatur gibt es daher den Ansatz, in diesen Fällen entgegen dem Wortlaut keine Mitbestimmungsverhandlungen zu führen (B). Denkbar wäre auch, eine verfahrenstechnische Sicherung der Verhandlungsergebnisse einzuführen (C) oder den Vorgang im Rahmen der Missbrauchskontrolle zu regulieren (D). Bevor die Umsetzung der Richtlinie sich aber so weit vom Richtlinientext entfernt, sollte über eine zielorientierte Auslegung des Mechanismus nachgedacht werden (E).

A. Problematik von Zielsetzung und Wirkung der Mitbestimmungsregelungen

In der Literatur zur Mitbestimmung in der Mobilitätsrichtlinie findet sich häufig der Kritikpunkt der vermeintlich leerlaufenden Auffanglösung. Diese stelle die Arbeitnehmerseite schutzlos.[1012] Um zu begreifen, welcher Mechanismus damit beschrieben wird (II), muss zunächst herausgearbeitet werden, welches Ziel die Mitbestimmungsvorschriften in ihren einzelnen Teilen verfolgen (I). Anschließend

---

1011 Zur Zielsetzung der Schwellenwertregelung vgl. bereits Teil 3 § 2 A.I.2.

1012 *Habersack,* ZHR 182 (2018), 495, 502; *Selent,* NZG 2018, 1171, 1174; *Hoffmann,* EuZW 2018, 785, 786; *J. Schmidt,* ECFR 2019, 222, 226; *Kraft/Noack,* FS Krieger, S. 546; *Teichmann,* FS Windbichler, S. 403; *ders.* NZG 2019, 241, 247; *Pütz,* AG 2020, 117, 122 f.; *Müller-Bonanni/Jenner/Thomas,* NZG 2021, 764, 765.

kann abgeglichen werden, ob die gesetzten Ziele in dem System verwirklicht werden können (III).

I. Zielsetzung der Mitbestimmungsvorschriften

Die Zielsetzung der Richtlinie an sich liegt unter anderem in dem Schutz der Mitbestimmungsrechte der Arbeitnehmer.[1013] Das lässt sich als generelles Regelungsziel festhalten, das in den einzelnen Mitbestimmungsvorschriften weiter konturiert wird.

So muss zunächst der Zweck der Mitbestimmungsvorschriften an sich beachtet werden. Diese sollen nach den Erwägungsgründen verhindern, dass es zu einer Umgehung von Mitbestimmungsrechten kommt.[1014] Demnach geht es zum einen um den reinen Umgehungsschutz. Zum anderen konstatiert die Richtlinie die Förderungswürdigkeit von Mitbestimmungsrechten. Über den reinen Mitbestimmungsschutz hinaus sollen die Vorschriften damit auch der Förderung der Mitbestimmung dienen.[1015]

Einige Vorschriften konkretisieren den genannten Umgehungsschutz noch weiter. So soll der Verweis auf Art. 4 Abs. 4 SE-RL in Art. 86l und Art. 160l auch einen tatsächlichen Bestandsschutz für bestehende Mitbestimmungsrechte gewährleisten.[1016] Eine weitere Ausformung dessen ist der Verweis auf die in der SE-RL eingeführte Auffanglösung, welche offenkundig ebenfalls dem Bestandsschutz dient.[1017]

II. Wirkmechanismus des Mitbestimmungssystems

Offen bleibt, ob diese abgestuften Ziele des Mitbestimmungsschutzes durch die verfahrenstechnischen Vorgaben der Richtlinie erreicht werden. Um dieser Frage auf den Grund zu gehen, ist es nötig, sich den in Teil 3 erläuterten Mechanismus des Regel-Ausnahmesystems im Detail vor Augen zu führen.[1018]

1. Ausgangspunkt: Anwendung des Rechts des Zuzugsstaates

Entscheidet sich eine Gesellschaft dazu, einen grenzüberschreitenden Formwechsel durchzuführen, so gilt für sie nach Art. 86l Abs. 1 grundsätzlich das Recht des

1013 *Kienast*, in: Gaul/Ludwig/Forst Europäisches Mitbestimmungsrecht § 5 Rn. 144.

1014 Vgl. ErwGr. 31 MobilitätsRL.

1015 Vgl. ErwGr. 31 MobilitätsRL.

1016 Vgl. dazu schon im Teil 3 § 2 B.II.7 d) i).

1017 Die Verweise erfolgen auf Teile des Art. 7 SE-RL und Teil 3 lit. a) des Anhangs der SE-RL.

1018 Vorgenommen wird dies hier am Beispiel des grenzüberschreitenden Formwechsels. Aufgrund der parallelen Ausgestaltung gelten die Ausführungen aber gleichsam für alle Umwandlungsformen.

Zuzugsstaates. Die Rechtsordnung des Zielstaates bildet damit den Ausgangspunkt der Mitbestimmungsordnung. Soweit Art. 86l Abs. 1 Anwendung findet, erlangt das nationale Mitbestimmungssystem vollumfängliche Geltung. Die Gesellschaft wird also auch in mitbestimmungsrechtlicher Hinsicht so behandelt, als wäre sie nach dem Recht des Zuzugsstaates gegründet worden. Daraus folgt, dass das nationale Recht mit seinen Grundsätzen und Schwellenwerten vollumfänglich Anwendung findet.

Beispiel: Nimmt eine schwedische Gesellschaft einen Formwechsel in eine deutsche GmbH vor, so gilt für sie nach der Umwandlung grundsätzlich das deutsche Mitbestimmungsrecht. Je nach Arbeitnehmerstärke unterliegt sie damit bereits unmittelbar nach Eintragung dem DrittelbG oder dem MitbestG. Sollte das Unternehmen erst nach der Umwandlung einen mitbestimmungsrechtlichen Schwellenwert erreichen, so wächst es wie jede deutsche Kapitalgesellschaft in die Mitbestimmungspflicht hinein. Im Anwendungsbereich des Art. 86l Abs. 1 besteht nach der Umwandlung kein Unterschied zu ursprünglich nationalen Gesellschaften.

2. *Auslösung der Verhandlungspflicht*

Etwas anderes gilt nach Art. 86l Abs. 1 aber dann, wenn ein Fall des Abs. 2 vorliegt. Dieser Absatz normiert drei Ausnahmetatbestände, in denen das beteiligte Unternehmen dazu verpflichtet ist, ein Verhandlungsgremium zu bilden und über die konkrete Ausgestaltung der Mitbestimmung in der aus dem Formwechsel hervorgehenden Gesellschaft zu verhandeln.[1019] Dabei sollte es bestenfalls zum Abschluss einer maßgeschneiderten Mitbestimmungsvereinbarung kommen. Ist dies nicht der Fall, so greift die aus der SE-RL bekannte Auffanglösung. Nach dieser Auffanglösung gilt in der umgewandelten Gesellschaft das Mitbestimmungsniveau, das vor dem Formwechsel galt.[1020]

a) Ausnahmetatbestände im Allgemeinen

Die Verhandlungen sind nach Art. 86l Abs. 2 lit. a) wie bereits in der Vorgängerrichtlinie zu führen, wenn die Anwendung des Absatz 1 – folglich das Recht des Zuzugsstaates – nicht denselben Umfang an Mitbestimmung vorsieht, wie er in der Gesellschaft bereits bestand. Auch hier geht es vornehmlich um den Bestandsschutz bestehender Mitbestimmungsrechte.[1021]

Nach Art. 86l Abs. 2 lit. b) sind zudem Mitbestimmungsverhandlungen einzuleiten, wenn die nationalen Vorgaben des Rechts des Zuzugsstaates für ausländische Arbeitnehmer nicht den gleichen Anspruch auf Ausübung des

1019 Siehe dazu im Einzelnen im Teil 3 § 2 A.

1020 Siehe dazu im Einzelnen im Teil 3 § 2 C.

1021 Siehe dazu im Einzelnen im Teil 3 § 2 A.II.1.

Mitbestimmungsrechts vorsehen. Diese beiden Situationen wurden so bereits von der grenzüberschreitenden Verschmelzung erfasst.

b) Besonderheiten der 4/5-Schwelle

Anders gestaltet sich hingegen die Situation bezüglich des viel thematisierten Ausnahmetatbestandes des Art. 86l Abs. 2 Einl. Mobilitätsrichtlinie. Dieser normiert, dass immer dann Mitbestimmungsverhandlungen zu führen sind, wenn in der Gesellschaft vor der Umwandlung mindestens 4/5 an Arbeitnehmern desjenigen nationalen Schwellenwerts, der ein System der Arbeitnehmermitbestimmung auslöst, beschäftigt sind. Der Sinn dieser Vorschrift liegt darin zu verhindern, dass Gesellschaften sich kurz vor Erreichen des nationalen Schwellenwerts durch Vornahme einer grenzüberschreitenden Umwandlungsmaßnahme aus der drohenden nationalen Mitbestimmungspflicht herauswinden.[1022] Damit sollte der in Erwägungsgrund 31 erwähnte Umgehungsschutz verwirklicht werden.

Nimmt man nun aber an, eine Gesellschaft möchte kurz vor Erreichen des nationalen Schwellenwerts einen Formwechsel durchführen, so würde sich die Rechtspraxis nach strikter Anwendung der Vorschriften wie folgt gestalten: Die Gesellschaft hätte grundsätzlich das Recht des Zuzugsstaates anzuwenden. Sie würde demnach entsprechend der obigen Ausführungen dem Mitbestimmungsstatut des gewählten Zielstaates unterfallen. Erfüllt sie aber 4/5 des nationalen Mitbestimmungsschwellenwertes, so wird die Anwendung des Art. 86 Abs. 1 von der Verhandlungslösung des Abs. 2 verdrängt, weil die Gesellschaft den ersten Ausnahmetatbestand erfüllt. Es kommt damit zu Mitbestimmungsverhandlungen, die dazu dienen sollen, eine Mitbestimmungsvereinbarung zu schließen, um die Umgehung der Mitbestimmung zu verhindern.

1022 *Bormann/Stelmaszczyk*, ZIP 2019, 353, 364; *Bungert/Becker*, DB 2019, 1906, 1916; *ECLE*, ECFR 2019, 196, 218; *Habersack*, ZHR 182 (2018), 495, 502; *Hoffmann*, EuZW 2018, 785, 786; *Luy*, NJW 2019, 1905, 1906, *J. Schmidt*, Der Konzern 2018, 273, 281; *Bayer/J. Schmidt*, BB 2019, 1922, 1934; *Teichmann*, ECFR 2019, 3, 11; *ders.*, FS Windbichler, S. 402. Vgl. dazu schon unter Siehe dazu im Einzelnen im Teil 3 § 2 A.I.2.

i) Denkbare Verhandlungsergebnisse

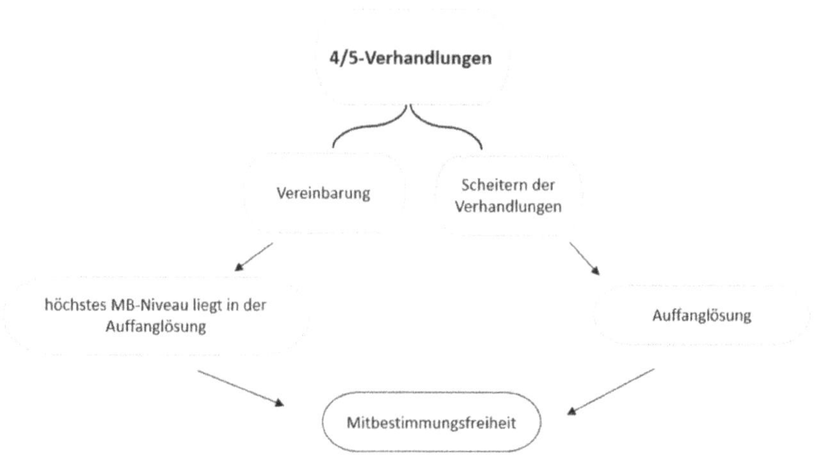

Abb. 3: Verhandlungsergebnisse bei 4/5-Verhandlungen

Denkbar sind nun zwei mögliche Ergebnisse der Verhandlungen. Zum einen könnten die Verhandlungen scheitern. Infolgedessen würde die Auffanglösung Anwendung finden. Zum anderen könnten die Verhandlungen in eine Mitbestimmungsvereinbarung münden. Die Verhandlungspraxis gestaltet sich jedoch so, dass das höchste in diesen Verhandlungen erreichbare Mitbestimmungsniveau meist in der Auffanglösung liegt. Kaum eine Unternehmensleitung ist bereit, den Arbeitnehmern mehr Mitbestimmungsrechte zuzugestehen, als sie durch die Auffanglösung ohnehin einführen müsste.[1023] Beide Verhandlungsergebnisse führen damit in der Regel dazu, dass die Auffanglösung angewandt wird.

Die Problematik dieser Praxis liegt nun darin, dass das Niveau der Auffanglösung in den 4/5-Verhandlungen die Mitbestimmungsfreiheit bedeutet, da die Gesellschaft den nationalen Schwellenwert eben noch nicht überschritten hat und damit über kein eingerichtetes System der Arbeitnehmerbeteiligung verfügt.[1024] Am Ende dieser Verhandlungen stünde also aller Wahrscheinlichkeit nach eine mitbestimmungsfreie Gesellschaft.

1023 *Kienast,* in: Gaul/Ludwig/Forst Europäisches Mitbestimmungsrecht § 5 Rn. 144.

1024 Dieses Problem identifizieren auch *Habersack,* ZHR 182 (2018), 495, 502; *Selent,* NZG 2018, 1171, 1174; *J. Schmidt,* ECFR 2019, 222, 226; *Kraft/Noack,* FS Krieger, S. 546; *Teichmann,* FS Windbichler, S. 403; *ders.,* NZG 2019, 241, 247; *Stelmaszczyk,* ZIP 2019, 2437, 2446.

ii) Verhandlungsungleichgewicht

Die beschriebene Situation führt dazu, dass ein Verhandlungsungleichgewicht zu Lasten der Arbeitnehmerseite entsteht. Die Arbeitnehmer verhandeln ohne wirkliches Druckmittel. In den Verhandlungen gilt es, einen einvernehmlichen Beschluss beider Verhandlungspartner zu erzielen. Beide Seiten sollen ihre Interessen vorbringen und einen individuellen Kompromiss schließen. Den „Mindestumfang" dieses Kompromisses bildet dabei die Auffanglösung. Diese diente bislang als Verhandlungsbasis, von der die Arbeitnehmerseite in den Verhandlungen ausgehen konnte. Problematisch erscheint das jedoch in den Fällen, in denen die Gesellschaft noch nicht mitbestimmt ist. Dann gilt ebendiese Mitbestimmungsfreiheit gleichzeitig als Auffanglösung. Die Unternehmensleitung wird sich kaum auf eine davon abweichende Lösung einlassen.[1025] Damit droht in den 4/5-Verhandlungen die Gefahr, dass die Leitungen die Mitbestimmungsverhandlungen ohne tatsächlichen Abschlusswillen führen, ohne, dass die Arbeitnehmer dem ein Mindestniveau an Mitbestimmung entgegensetzen können. Ein Verhandlungsgleichgewicht, welches durch die Auffanglösung hergestellt werden sollte, ist jedoch maßgeblich für die Verhandlungsposition beider Seiten.[1026] Dass die Parteien bei Verhandlungen um die SE-Gründung bisher stets mit Blick auf die drohende Auffanglösung führen, beweist der Blick in die Rechtspraxis.[1027]

Diese Situation verleitet Unternehmensleitungen dazu, nur halbherzige Verhandlungen zu führen, ohne wirklich den Abschluss einer Mitbestimmungsverhandlung im Sinn zu haben. Die Arbeitnehmer werden machtlos gestellt, da „zu ihrem Schutze" nur die Auffanglösung als Verhandlungsergebnis droht. Doch diese wird im Ergebnis in der Praxis nur allzu oft Mitbestimmungsfreiheit bedeuten, wenn die Gesellschaft vor der Umwandlung mitbestimmungsfrei war.[1028]

Die Arbeitnehmer können ihre Verhandlungspartner nicht zwingen, die erforderliche Verhandlungsbereitschaft zu zeigen. Und das, obwohl das Gesetz selbst diese Verhandlungsbereitschaft fordert. Durch die Verweisung auf Art. 4 SE-RL gilt für das Verhandlungsgremium der Grundsatz, vertrauensvoll zusammenzuarbeiten und, wichtiger noch, mit dem Willen zur Verständigung zu handeln.[1029]

1025 *Kienast,* in: Gaul/Ludwig/Forst Europäisches Mitbestimmungsrecht § 5 Rn. 144.

1026 *Weber,* in: FS Scheuing, S. 792.

1027 *Müller-Bonanni,* in: Teichmann/Kraushaar Mitbestimmungsvielfalt in Europa, S. 38.

1028 Setzt man die im Ergebnis des Teil 4 § 1 geschilderte modifizierte Auffanglösung ein, so wird der Anwendungsbereich solcher Unternehmen, die mitbestimmungsfrei in die Verhandlungen gehen, sehr stark beschränkt. Nichtsdestotrotz werden dann zumindest die Unternehmen erfasst, die aufgrund des Diskriminierungstatbestandes Mitbestimmungsverhandlungen führen müssen.

1029 Diese Grundsätze erlangen über die Verweisung in Art. 86l. Abs. 3 lit. b), Art, 160l Abs. 3 lit. b) MobilitätsRL und Art. 133 Abs. 3 lit. b) GesRRL auf Art. 4 Abs. 1 SE-RL Geltung.

Zwar lässt sich einwenden, dass die Situation für verschmelzende mitbestimmungsfreie Gesellschaften nach dem Art. 133 der Gesellschaftsrechtsrichtlinie dieselbe war. Jedoch war es gerade erklärtes Ziel des EU-Gesetzgebers an dieser Situation durch die Einführung der 4/5-Schwelle etwas zu ändern. Nun werden künftig durch die 4/5-Schwelle weitaus mehr Unternehmen von dieser Situation erfasst werden und dem Anreiz unterliegen, in den Verhandlungen die Auffanglösung anzusteuern. Denn allein durch dieses Vorgehen wird es den Gesellschaften möglich sein, die Mitbestimmung gänzlich zu umgehen. Sowohl der Beschluss des Verhandlungsgremiums als auch die Option der Unternehmensleitungen, die Auffanglösung anzuwenden, erfordern nach der künftigen Rechtslage, dass bereits ein System der Arbeitnehmermitbestimmung besteht. Will das Unternehmen die Mitbestimmungspflicht vollumfänglich umgehen, ist ihm das nur auf dem Wege möglich, die Verhandlungen scheitern zu lassen. Es ist daher davon auszugehen, dass dieser Mechanismus sich in der Praxis größter Beliebtheit erfreuen wird, wenn der nationale Gesetzgeber dem keinen Riegel vorschiebt. Allein die gesetzliche Verpflichtung die Verhandlungen durchführen zu müssen, wird auf Seiten der Unternehmensorgane keine zwingende Einigungsbereitschaft hervorrufen.[1030]

iii) Auswirkungen der 4/5-Verhandlungen

Anhand des oben erläuterten Beispiels verdeutlicht sich diese prekäre Situation:

Die genannte schwedische Gesellschaft verfügt über 20 Arbeitnehmer und ist demnach nach dem schwedischen Recht noch mitbestimmungsfrei. Nach Anwendung des Art. 86l Abs. 1 würde es wie oben dargestellt dazu kommen, dass die deutschen Mitbestimmungsgesetze Anwendung finden. Wächst die Gesellschaft in der Folgezeit, so unterläge sie unterschiedslos zu deutschen Kapitalgesellschaften den Mitbestimmungsgesetzen.

Da die Gesellschaft mit 20 Arbeitnehmern aber die 4/5-Schwelle des schwedischen Mitbestimmungsrechts überschritten hat, müsste die Gesellschaft Verhandlungen über die Beteiligung der Arbeitnehmer durchführen. Das hätte aller Wahrscheinlichkeit nach zur Folge, dass die Auffanglösung greift und dauerhaft Mitbestimmungsfreiheit gilt.

1030 Dass sich solche Ausweichtaktiken in der Praxis großer Beliebtheit erfreuen, zeigt sich in einem aktuellen Beispiel im Hinblick auf die restriktive Rechtsprechung zur SE. Ein Urteil des OLG München (OLG München v. 26.03.2020 ZIP 2020, 1017 ff.) bewirkt, dass Aktionäre bei Umwandlung in eine SE noch weit nach Eintragung im Handelsregister die Aufsichtsratszusammensetzung und damit auch die Beteiligungsvereinbarung in Frage stellen können, selbst wenn vor der SE-Gründung noch kein Statusverfahren eingeleitet war. Die Praxis reagiert darauf, indem sie in „streitanfälligen Sachverhalten" auf die grenzüberschreitende Verschmelzung ausweicht, da es dort das besagte Vorher-Nachher-Prinzip des Art. 4 Abs. 4 SE-RL nicht gibt. Vgl. *Seibt,* EWiR 2020, 325, 326.

Selbst wenn das Unternehmen also 4/5 erreicht hat und dann vor Erreichen des vollen Schwellenwertes beschließt, sich umzuwandeln, kann das Unternehmen nach der derzeitigen Rechtslage die Verhandlungen abwarten und über die Anwendung der Auffangregelung die vorherige Mitbestimmungsfreiheit zementieren. Sie erfüllt damit auch die Verfahrensvorgaben der Mobilitätsrichtlinie. Die eingeführte Verhandlungspflicht ist in dieser Hinsicht somit ein stumpfes, wenn nicht gar kontraproduktives Schwert im Kampf um die Mitbestimmungssicherung.

Mit Erreichen des Schwellenwerts von 4/5 besteht damit im Ergebnis nicht mehr Schutz der Mitbestimmung als vorher. Im Gegenteil, der Gesetzgeber bietet den Unternehmen einen gesetzlich normierten Weg, sich der Mitbestimmungspflicht zu entziehen, wenn man nur bereit ist, sechs Monate Verhandlungen abzuwarten und zu finanzieren.

In den Fällen, in denen das deutsche System das Zielstatut einer Umstrukturierungsmaßnahme ist, kommt es durch diese Regelung dazu, dass den Unternehmen eine Möglichkeit eröffnet wird, eine deutsche mitbestimmungsfreie Gesellschaft zu errichten. Soweit die Gesellschaft noch mitbestimmungsfrei ist, aber die Verhandlungen ausgelöst werden, kann hier am Ende der Verhandlungen eine mitbestimmungsfreie deutsche Kapitalgesellschaft stehen. Wird die Verhandlungslösung ausgelöst und kommt es zur Anwendung der Auffanglösung, so wird das bestehende Mitbestimmungsniveau zementiert. Dieses liegt bei Auslösung der Verhandlungsschwelle bei Mitbestimmungsfreiheit. Es entsteht damit aus dem Umwandlungsvorgang eine deutsche, mitbestimmungsfreie Kapitalgesellschaft. Sie unterliegt dem festgeschriebenen Mitbestimmungsniveau, welches die Auffanglösung vorsieht und damit gerade nicht den deutschen Mitbestimmungsgesetzen. Selbst wenn das Unternehmen in der Folgezeit als deutsche Kapitalgesellschaft die Schwellenwerte des DrittelbG oder MitbestG überschreitet, finden diese keine Anwendung und die Gesellschaft bleibt mitbestimmungsfrei.[1031] Diese Ausgangslage steht im Gegensatz zu der Intention des Gesetzgebers, die mit dem Grundsatz in Abs. 1 der Mitbestimmungsvorschriften deutlich wird.

Die grundsätzliche Idee, den Anwendungsbereich der Verhandlungslösung auszuweiten, ist als Ansatz zur Ausweitung des Europäischen Mitbestimmungsmodells nicht von der Hand zu weisen. Deren Umsetzung scheitert jedoch daran, dass dem Ansatz keine Auffanglösung zur Seite gestellt wird, die Verhandlungen auf Augenhöhe ermöglicht.

III. Kohärenz von Zielsetzung und Rechtspraxis

Es zeigt sich, dass der Mitbestimmungsschutz in diesen Fällen nicht funktioniert.[1032] Intendiert war, dass die Mitbestimmung nicht umgangen wird und bestehende

1031 Vgl. zu den problematischen Folgen der Auffanglösung ohne die 4/5-Lösung bei der SE-Richtlinie und der Verschmelzungsrichtlinie im Teil 1 unter § 4 A und B.

1032 Ebenso *Stelmaszczyk*, ZIP 2019, 2437, 2446.

Mitbestimmungsrechte geschützt werden. Die Ausnahmetatbestände des Abs. 2 sollten die Arbeitnehmerrechte stärken. Hätte man im Fall der 4/5-Verhandlungen jedoch von den arbeitnehmerschützenden Ausnahmetatbeständen abgesehen, so wäre es zu einer Anwendung des Abs. 1 gekommen. Hätte man die Verhandlungen gar nicht erst durchgeführt, so wäre in jedem Fall das Recht des Zuzugsstaates einschlägig. Hier bestünde – je nach Recht des Mitgliedstaates – zumindest die Möglichkeit, in die Mitbestimmungsordnung des Zuzugsstaates zu wachsen. Es erscheint fraglich, ob eine diametral entgegengesetzte Wirkung tatsächlich mit dem Zweck der Norm in Einklang zu bringen ist.

B. Rückausnahme der Ausnahme

Diese Problematik ist in der Literatur nicht unentdeckt geblieben.[1033] *Hoffmann* schlägt vor, einen Regelungsansatz zu wählen, nach dem vorrangig das Recht des Zuzugsstaates anwendbar wäre. Nur in den Fällen, in denen ein Verhandlungsverfahren zur Bewahrung eines höheren Mitbestimmungsniveaus dienen kann, sollten die Verhandlungen ausgelöst werden. Dafür erwägt er eine Kumulation des abstrakten Günstigkeitsvergleichs des Mitbestimmungsniveaus mit der Heranziehung der Vier-Fünftel-Schwelle.[1034]

Diese Überlegungen sind aufgrund des mit ihnen verbundenen Änderungsbedarfs des Richtlinientextes eher theoretischer Natur. Denkbar wäre jedoch, den Richtlinientext aus vergleichbaren Erwägungen dahingehend auszulegen, dass es in den Vier-Fünftel-Fällen gar nicht erst zu Mitbestimmungsverhandlungen kommen soll. Auch *Bungert* fordert, dass in den Fällen, in denen die Gesellschaft vor Umwandlung nicht mitbestimmt ist, überhaupt kein Verhandlungsverfahren stattfinden sollte.[1035] Vielmehr könnte es dem Schutz der Mitbestimmung dienen, auch in diesen Fällen das Recht des Zuzugsstaates nach Abs. 1 anzuwenden. Allerdings ist der Richtlinientext dahingehend eindeutig. Bereits die Normierung der Vier-Fünftel-Schwelle als Ausnahmetatbestand zeigt, dass in diesen Fällen zwingend Verhandlungen zu führen sind. Auch ist dies ausdrücklich in den Erwägungsgründen manifestiert. Überdies sollte der Systematik des Art. 86l und seiner Parallelvorschriften Rechnung getragen werden. Diese gehen entsprechend dem Ansatz in der SE-RL vom Vorrang der Verhandlungslösung aus. Hier lässt sich eine passende Regelung für das individuelle Unternehmen treffen.[1036] Diese Chance sollte den Unternehmen nicht genommen werden.

1033 *Habersack,* ZHR 182 (2018), 495, 502; *Selent,* NZG 2018, 1171, 1174; *Hoffmann,* EuZW 2018, 785, 786; *J. Schmidt,* ECFR 2019, 222, 226; *Kraft/Noack,* FS Krieger, S. 546; *Teichmann,* FS Windbichler, S. 403; *ders.,* NZG 2019, 241, 247.

1034 *Hoffmann,* EuZW 2018, 785, 786.

1035 *Bungert,* FS Krieger, S. 135.

1036 So der Gedanke der Davignon-Gruppe. Vgl. BR-Drucks. 572/97 (Fn. 212), S. 10.

C. Verfahrenstechnische Lösung

Ein über Mitbestimmungsfreiheit hinausgehendes Verhandlungsergebnis könnte durch eine verfahrenstechnische Lösung erzielt werden, indem man ernsthafte Mitbestimmungsverhandlungen durch Einführung eines spezifischen Verfahrens sichert. Dafür müsste sich aus der Richtlinie zunächst ein Anspruch auf Mitbestimmungsverhandlungen ableiten lassen (I). Allein die Begründung des Anspruchs genügt jedoch nicht. Dieser Anspruch muss weiterhin durchsetzbar sein, um die Verhandlungen wirklich effektiver zu gestalten (II). Diese Durchsetzung müsste außerdem im Einklang mit dem Richtlinientext stehen (III).

I. Begründung eines Verhandlungsanspruchs

Die Arbeitnehmer können ihre Verhandlungspartner nicht zwingen, mit der erforderlichen Einigungsbereitschaft in die Verhandlungen zu gehen. Und das, obwohl das Gesetz selbst diese Verhandlungsbereitschaft fordert. Durch die Verweisung auf Art. 4 SE-RL gilt für das Verhandlungsgremium der Grundsatz, vertrauensvoll zusammenzuarbeiten und, wichtiger noch, mit dem Willen zur Verständigung zu handeln.[1037] Davon kann jedoch nicht die Rede sein, wenn die Leitungen ohne wirklichen Abschlusswillen verhandeln.

Es stellt sich jedoch die Frage, ob sich aus diesem Grundsatz nicht ein Anspruch auf ein entsprechendes Verhalten ableiten lässt. So wäre es denkbar, die obligatorischen Mitbestimmungsverhandlungen als konkreten Verhandlungsanspruch auszugestalten, der es den Verhandlungspartnern verbietet, während des Verfahrens ohne ernsthaften Einigungswillen zu verhandeln. Die oben dargestellte Gefahr, dass die Unternehmensleitung bei bisher mitbestimmungsfreien Gesellschaften die Verhandlungen nicht mit dem Willen eines Vereinbarungsabschlusses vorantreibt, könnte eingedämmt werden, indem man einen wechselseitigen Verhandlungsanspruch der Parteien ausformuliert.

Das Gebot der vertrauensvollen Zusammenarbeit ist keine Neuerfindung der Mobilitätsrichtlinie. Es findet sich bereits in diversen Gesetzesakten unionsrechtlicher sowie nationalstaatlicher Natur. Naheliegend sind zunächst Rückgriffe auf die mit der Mobilitätsrichtlinie verwandten Rechtsakte für SE-Gründungen und grenzüberschreitenden Verschmelzungen (1). Doch schon in anderen Richtlinien bediente man sich dieses Gebots und entwickelte dahingehend beachtenswerte Grundsätze. So müssen die Sozialpartner schon nach der Massenentlassungsrichtlinie von 1998 vertrauensvoll zusammenarbeiten (2). In der Auslegung der Anhörungs- und Unterrichtungsrichtlinie fand dieses Gebot weitergehende Konkretisierung (3). Auch in der betrieblichen Mitbestimmung (4) bedient man sich

1037 Diese Grundsätze erlangen über die Verweisung in Art. 86l Abs. 3 lit. b), Art, 160l Abs. 3 lit. b) MobilitätsRL und Art. 133 Abs. 3 lit. b) GesRRL auf Art. 4 Abs. 1 SE-RL Geltung.

bereits dieser Formulierung. In diesen Zusammenhängen kam bereits die Frage auf, ob sich daraus ein tatsächlicher Verhandlungsanspruch der Arbeitnehmerseite ableiten lässt. Ausgehend vom bisherigen Umgang mit dem Gebot stellt sich die Frage, ob sich ein solcher Anspruch für die Mobilitätsrichtlinie begründen lässt (5).

1. *Rechtslage in SEBG und MgVG*

In § 13 Abs. 1 S. 2 SEBG und § 15 Abs. 1 S. 2 MgVG ist der Grundsatz der vertrauensvollen Zusammenarbeit bei Gründung einer SE und der Verschmelzung von Kapitalgesellschaften wortgleich geregelt. Nach herrschender Meinung folgt aus diesem Grundsatz das Verbot, Arbeitskämpfe als Druckmittel für die Mitbestimmungsverhandlungen einzusetzen. Begründet wird dies häufig mit der Gefahr der Rechtszersplitterung, die sich daraus ergibt, dass Leitungen der einzelnen Betriebe und Unternehmen auch jeweils an ihrem Sitz verklagt werden können.[1038] Die Vertreter, die ein Streikrecht bejahen, sind hingegen oftmals der Meinung, es käme beim Streikrecht allein auf das nationale Recht an.[1039]

Weniger eindeutig erscheint bereits die Frage, ob das Gebot der vertrauensvollen Zusammenarbeit eine Verhandlungspflicht begründet oder sich daraus sogar ein Anspruch auf Durchführung ordnungsgemäßer Verhandlungen ableiten lässt (a) und welche Folgen die Nichteinhaltung überhaupt nach sich zieht (b).

a) *Verhandlungspflicht und Verhandlungsanspruch*

Unterschieden werden muss zunächst danach, welche Art rechtlicher Qualität man diesem Gebot zuschreiben will. So bestünde grundsätzlich die Möglichkeit, aus dem angeordneten Verhalten nur eine objektive Verpflichtung abzuleiten, die den Beteiligten eine Art Verfahrenspflicht auferlegt. Weitergehend könnte aber auch ein tatsächlicher subjektiver Verhandlungsanspruch zu begründen sein, der den Partnern eine subjektiv durchsetzbare Rechtsposition verleiht.[1040] In beiden Fragen zeichnet sich ein geteiltes Meinungsbild ab. Oftmals werden beide Ausformungen mit der Begründung abgelehnt, dass die Auffanglösung als alleinige Sanktion für erfolglose Verhandlungen vollkommen ausreiche. Einer eigenen Sanktion für teilnahmslose Verhandlungen bedürfe es daher nicht.[1041]

1038 ArbG Stuttgart, Beschl. v. 24.10.2007 – 12 BVGa 4/07, juris Rn. 64; *Freis*, in: Nagel/Freis/Kleinsorge, SEBG § 13 Rn. 5; *Oetker*, in: Lutter/Hommelhoff/Teichmann SE-Kommentar, SEBG § 13 Rn. 7; *Von der Heyde*, Beteiligung der Arbeitnehmer in der SE, S. 206; *Brandt*, BB-Special, 3/2005, 1, 5; *Herfs-Röttgen*, NZA 2002, 358, 364; *Rieble*, BB 2006, 2018, 2020; *Forst*, Beteiligungsvereinbarung, S. 141.

1039 *Weiss*, AuR 1995, 438, 439; *Heinze*, AG 1995, 385, 396.

1040 Zu dieser Unterscheidung auch bei *Forst*, Beteiligungsvereinbarung, S. 141. In der Literatur erfolgt dabei nicht immer eine trennscharfe Unterscheidung.

1041 *Hohenstatt/Müller-Bonanni*, in: Habersack/Drinhausen SE-Recht, SEBG § 13 Rn. 3 mwN. Vielmehr ist hier von einer Obliegenheit die Rede. Vgl. *Jacobs*, in: MüKo

Während die Begründung einer reinen Verhandlungspflicht noch öfter angenommen wird, weil die Systematik über die Dauer der Verhandlungen des § 20 Abs. 1 SEBG keinen anderen Schluss zuließe, als die tatsächliche Verpflichtung sechs Monate ernsthafte Verhandlungen durchzuführen,[1042] finden sich weniger Stimmen für einen echten Verhandlungsanspruch.[1043]

Die Vertreter dieses Anspruchs leiten ihn aus dem Zweck der Richtlinie ab, die Arbeitnehmerbeteiligung zu sichern.[1044] Ein Anspruch bestünde wohl, bedürfe aber keiner Sanktion, da es für diese Zwecke gerade die europäische Auffanglösung gäbe.[1045] Mangels klar formulierter Ausgestaltung der SE-RL und des SEBGs würde sich ein solcher Anspruch auf § 13 Abs. 1 S. 2 SEBG stützen.

Die Gegner eines Verhandlungsanspruchs begründen ihre Auffassung mit der mangelnden Existenz einer gesetzlichen Anspruchsformulierung. Sie verweisen darauf, dass die Gesetzgeber an das „Gute" in den Parteien zu glauben scheinen und man im Allgemeinen davon ausgeht, dass ein grundsätzlicher Wille zur Verständigung bei den Verhandlungsparteien vorhanden sei.[1046] Auch die Tatsache, dass das Verhandlungsgremium jederzeit beschließen könne, die Verhandlungen abzubrechen, spreche gegen einen Anspruch.[1047] Aus dem Gebot ließe sich kein Anspruch ableiten. Die einzige Folge sei, dass die Auffanglösung greife.[1048] Dieser

---

AktG, SEBG § 13 Rn. 3; *Forst*, Beteiligungsvereinbarung, S. 141 f.; *Hoops*, Mitbestimmungsvereinbarung, S. 82 ff.

1042 *Forst*, Beteiligungsvereinbarung, S. 142; *von der Heyde*, Beteiligung der Arbeitnehmer in der SE, S. 205 f.; *Kienast*, in: Jannott/Frodermann HdB Europäische Aktiengesellschaft, § 13 Rn. 352. Dabei gelte die Verhandlungspflicht aber beidseitig, vgl. *Kienast*, in: Jannott/Frodermann HdB Europäische Aktiengesellschaft, § 13 Rn. 352, *Forst*, Beteiligungsvereinbarung, S. 142.

1043 *Kienast*, in: Jannott/Frodermann HdB Europäische Aktiengesellschaft, § 13 Rn. 352; sowie *Donner*, Kollektivrechtliche Vereinbarungslösungen im Bereich der Arbeitnehmerbeteiligung, S. 98.

1044 *Kienast*, in: Jannott/Frodermann HdB Europäische Aktiengesellschaft, § 13 Rn. 352.

1045 *Kienast*, in: Jannott/Frodermann HdB Europäische Aktiengesellschaft, § 13 Rn. 355.

1046 *Hoops*, Mitbestimmungsvereinbarung, S. 82.

1047 *Rieble*, BB 2006, 2018, 2020; *Forst*, Beteiligungsvereinbarung S. 141 ff.; *Hoops*, Mitbestimmungsvereinbarung S. 82 ff.; *Scheibe*, Mitbestimmung der Arbeitnehmer in der SE, S. 76; *Feuerborn*, in: KölnK AktG, SEBG § 13 Rn. 8 f.; *Jacobs*, in: MüKo AktG, SEBG § 13 Rn. 3; *Oetker*, in: Lutter/Hommelhoff/Teichmann SE-Kommentar, SEBG § 13 Rn. 7; ähnlich *Freis*, in: Nagel/Freis/Kleinsorge SEBG § 13 Rn. 6. Dies muss in der VerschmelzungsRL und damit im MgVG einmal mehr gelten, da dort die Leitungsorgane allein die Möglichkeit genießen, direkt die Auffanglösung anwenden zu können. § 23 Abs. 1 S. 1 Nr. 3 MgVG.

1048 *Freis*, in: Nagel/Freis/Kleinsorge SEBG, § 13 Rn. 6; *Oetker*, in: Lutter/Hommelhoff/Teichmann SE-Kommentar, SEBG § 13 Rn. 7; *Herfs-Röttgen*, NZA 2002, 358, 364.

Schutz reiche aus, um die Beteiligungsrechte zu wahren.[1049] Auch wenn man einen solchen zulasse, wäre ein Anspruch faktisch nicht durchsetzbar.[1050] Eine Vollstreckung durch den Zwang zur Verhandlungsbereitschaft würde dem Sinn und Zweck der Mitbestimmungsvereinbarung zuwiderlaufen.[1051] Schließlich handele es sich bei den Verhandlungsparteien um Privatrechtssubjekte, die dem Grundsatz der Vertragsfreiheit unterliegen.[1052]

b) Nichteinhaltung des Gebots der vertrauensvollen Zusammenarbeit

In der Konsequenz zieht die Nichteinhaltung des Grundsatzes im SEBG und im MgVG keine wirklichen Sanktionen nach sich.[1053] Dies gilt selbst dann, wenn man einen Anspruch auf Verhandlungen bejaht.[1054] Wo kein Verhandlungswille bestehe, könne der Staat auch keine Verhandlungsbereitschaft erzwingen.[1055] Bei mangelndem Verhandlungswillen steht am Ende der Verhandlungen bisher die Auffangregelung.[1056]

2. Massenentlassungsrichtlinie

Der ernsthafte Verhandlungswille wird auch im Rahmen der Massenentlassungsrichtlinie von 1998[1057] gefordert.[1058] Nach der Massenentlassungsrichtlinie hat der Arbeitgeber die Arbeitnehmer über geplante Massenentlassungen zu unterrichten und diese mit ihnen zu beraten.[1059]

1049 *Hoops,* Mitbestimmungsvereinbarung, S. 83.

1050 Vgl. § 888 Abs. 3 ZPO, *Forst,* Beteiligungsvereinbarung, S. 142.

1051 *Hoops,* Mitbestimmungsvereinbarung. S. 85; *Forst,* Beteiligungsvereinbarung, S. 141 f.

1052 *Hoops,* Mitbestimmungsvereinbarung, S. 84.

1053 *Hohenstatt/Müller-Bonanni,* in: Habersack/Drinhausen SE-Recht, SEBG § 13 Rn. 6; *Jacobs,* in: MüKo AktG, SEBG § 13 Rn. 3; *Forst,* Beteiligungsvereinbarung, S. 141 f.; *Hohenstatt/Müller-Bonanni,* in: Habersack/Drinhausen SE-Recht, SEBG § 13 Rn. 3.

1054 *Kienast,* in: Jannott/Frodermann HdB Europäische Aktiengesellschaft, § 13 Rn. 355.

1055 *Forst,* Beteiligungsvereinbarung, S. 142.

1056 *Hohenstatt/Müller-Bonanni,* in: Habersack/Drinhausen SE-Recht, SEBG § 13 Rn. 6, 3; *Forst,* Beteiligungsvereinbarung, S. 141 f.

1057 Richtlinie 98/59/EG des Rates vom 20. Juli 1998 zur Angleichung der Rechtsvorschriften der Mitgliedstaaten über Massenentlassungen, ABl. L 225 S. 16, im Folgenden „Massenentlassungsrichtlinie". Umgesetzt wurde diese Richtlinie in § 17 KschG. Siehe dazu *Spelge,* in: Franzen/Gallner/Oetker Europäisches Arbeitsrecht RL 98/59/EG Vorb. Rn. 9 f.; *Weber,* in: Enzyklopädie Europarecht, Bd. 7, § 9.

1058 BAG v. 28.6.2012 NZA 2012, 1029, 1035; *Fermé,* DB 2012, 2162, 2164.

1059 Art. 2 Abs. 1 und 3 Massenentlassungsrichtlinie.

a) Konsultationsverfahren

Das „Kernstück" dieser Richtlinie liegt in der in Art. 2 verankerten Konsultationspflicht.[1060] In diesem Konsultationsverfahren soll den Arbeitnehmern die Möglichkeit gegeben werden, konstruktive Vorschläge zu unterbreiten, um Kündigungen sowie befürchteten Massenentlassungen entgegenzuwirken.[1061] Durch diesen verfahrensrechtlichen Arbeitnehmerschutz[1062] soll verhindert werden, dass unumkehrbare Fakten geschaffen werden, bevor eine Beratung zwischen beiden Sozialpartnern stattgefunden hat.[1063]

b) Umfang der Beratungspflicht

Auch in diesem Kontext spielen die ernsthaften Verhandlungen der Arbeitgeberseite eine entscheidende Rolle. Erfüllt der Arbeitgeber die Beratungspflicht nicht, so kann er keine Anzeige der Massenentlassung nach Art. 3 der Richtlinie stellen. Ohne diese Anzeige sind die auszusprechenden Kündigungen unwirksam.[1064] Zu klären bleibt damit auch in dieser Richtlinie, wann der Arbeitgeber die Beratungspflicht erfüllt hat und die Beratungen abgeschlossen sind.

Die Beratungen erfordern nach Art. 2 Abs. 1 im Grundsatz, dass die Arbeitnehmer konsultiert werden, „um zu einer Einigung zu gelangen". Begründet wird somit die Pflicht, Verhandlungen mit ernsthaftem Verständigungswillen zu führen.[1065] Der Arbeitgeber muss dem entsprechenden Gremium[1066] Beratungsgespräche anbieten, in denen er ergebnisoffen über die geplanten Maßnahmen berät.[1067] Er muss auch insoweit konsensbereit sein, als die Vornahme der Kündigungen noch nicht von Anfang an feststehen darf.[1068] Das erfordert regelmäßig, dass die Arbeitgeberseite sich mit den Vorschlägen der Arbeitnehmerseite auseinandersetzt.[1069]

1060 *Spelge*, in: Franzen/Gallner/Oetker Europäisches Arbeitsrecht RL 98/59/EG Art. 2 Rn. 1.

1061 EuGH v. 10.09.2009, Akavan Erityisalojen Keskuslitto, C-44/08, NZA 2009, 1083 Rn. 51, 64; *Spelge*, in: Franzen/Gallner/Oetker Europäisches Arbeitsrecht RL 98/59/EG Art. 2 Rn. 4.

1062 *Junker*, EuZA 2016, 428, 432.

1063 EuGH v. 27.01.2005, Junk, C-188/03, NZA 2005, 213 Rn. 38, 44; BAG v. 21.3.2013 NZA 2013, 966, 968.

1064 EuGH v. 10.09.2009, Akavan Erityisalojen Keskuslitto, C-44/08, NZA 2009, 1083 Rn. 51, 64; BAG v. 21.3.2013 NZA 2013, 966, 968.

1065 BAG v. 28.6.2012 NZA 2012, 1029, 1035; *Fermé*, DB 2012, 2162, 2164; *Weber*, in: Enzyklopädie Europarecht, Bd. 7 § 9 Rn. 71.

1066 Nach § 17 Abs. 2 S. 2 KSchG ist dieses Gremium der Betriebsrat.

1067 BAG v. 22.9.2016 NZA 2015, 881, 883.

1068 BAG v. 21.3.2013 NZA 2013, 966, 967.

1069 BAG v. 22.9.2016 NZA 2017, 175, 179; *Hützen*, ZinsO 2012, 1801, 1805.

c) *Nichterfüllung der Beratungspflicht*

Das Beratungsrecht geht insoweit über eine reine Anhörung deutlich hinaus.[1070] Es handelt sich dabei jedoch gerade nicht um ein echtes Mitbestimmungsrecht, eine Einigung ist nicht erzwingbar.[1071] Eine solche erzwingbare Einigung würde eine unzulässige Beschränkung der unternehmerischen Freiheit darstellen.[1072] Möglich bleibt damit auch das Scheitern der Verhandlungen. Insoweit trifft den Arbeitgeber keine Pflicht, eine Schlichtungsstelle oder einen unparteiischen Dritten in die Konsultation einzubeziehen.[1073] Begründet wird mit dem Konsultationsverfahren lediglich ein Zwang zum Versuch der Verständigung.[1074]

d) *Erfüllungsanspruch auf den Versuch der Verständigung*

Auf die Erfüllung des Verständigungsversuches haben die Arbeitnehmer mithin einen primären Erfüllungsanspruch, der sich aus Art. 6 der Massenentlassungsrichtlinie ergibt. Art. 6 trägt den Mitgliedstaaten auf, administrative und gerichtliche Verfahren auf Arbeitnehmerseite zur Durchsetzung der Verpflichtung aus der Richtlinie einzurichten. Unter dieser „Durchsetzung“ wird mehr als nur eine reine Sanktion verstanden. Daraus wird der Erfüllungsanspruch abgeleitet. Dieser ist auf die Einhaltung der in Art. 2 festgeschriebenen Informations- und Beratungsrechte gerichtet.[1075]

3. *Unterrichtungs- und Anhörungsrichtlinie*

In Ergänzung zur Massenentlassungsrichtlinie hat der Gesetzgeber 2002 eine allgemeine Richtlinie zur Festlegung eines Rahmens für die Information und Anhörung der Arbeitnehmer in der Europäischen Gemeinschaft erlassen.[1076] Damit sollten

1070 BAG v. 21.3.2012 NZA 2013, 966, 967.

1071 BAG v. 22.9.2016 NZA 2017, 175, 179; *Spelge*, in: Franzen/Gallner/Oetker Europäisches Arbeitsrecht RL 98/59/EG (3. Aufl.) Art. 2 Rn. 24; *Weber*, in: Enzyklopädie Europarecht, Bd. 7, § 9 Rn. 79.

1072 *Spelge*, in: Franzen/Gallner/Oetker Europäisches Arbeitsrecht RL 98/59/EG (3. Aufl.) Art. 2 Rn. 3, 43.

1073 BAG v. 22.9.2016 NZA 2017, 175, 179.

1074 *Klumpp*, NZA 2006, 703, 706.

1075 *Weber*, in: Enzyklopädie Europarecht, Bd. 7, § 9 Rn. 104. Insoweit stimmt damit auch die Umsetzung der Richtlinie überein. So verleiht § 17 KSchG den Arbeitnehmern ein kollektiv ausgestaltetes Recht auf Information und Konsultation, vgl. BAG v. 22.4.2010 NZA 2010, 1057; BAG v. 9.2.2010 NZA 2011, 1108, 1111.

1076 Richtlinie 2002/14/EG des Europäischen Parlaments und des Rates vom 11. März 2002 zur Festlegung eines allgemeinen Rahmens für die Unterrichtung und Anhörung der Arbeitnehmer in der Europäischen Gemeinschaft, ABl. L 80, S. 29. Im Folgenden „Unterrichtungs- und Anhörungsrichtlinie“.

Mindestvorschriften für das Recht auf Unterrichtung und Anhörung der Arbeitnehmer geschaffen werden.[1077] Dieser Rahmen wird durch die Art. 86k, Art. 126c und Art. 160k der Mobilitätsrichtlinie auch für Unterrichtungen und Anhörungen zu bevorstehenden Umwandlungsmaßnahmen übernommen. Gegenstand der Richtlinie von 2002 sind die Modalitäten in Unterrichtungs- und Anhörungsvorgängen. Für bestimmte Bereiche sieht die Richtlinie auch ein besonderes Anhörungsrecht vor, welches der Zielvorgabe folgt, eine Vereinbarung abzuschließen.[1078]

a) Anforderungen an kooperative Anhörungen

Auch dieser Richtlinie wird in Art. 1 Abs. 3 mit der gegenseitigen „Beachtung ihrer jeweiligen Rechte und gegenseitigen Verpflichtungen" ein Kooperationsgebot zwischen den beiden Verhandlungspartnern zu Grunde gelegt. Unterrichtungen und Anhörungen sollen „im Geiste der Zusammenarbeit" durchgeführt werden. Dieses Gebot erlangt durch seine systematische Stellung in Art. 1 zentrale Bedeutung und dient weiterhin als Auslegungshilfe für verfahrensrechtliche Vorgaben der Richtlinie.[1079] Das Anhörungsverfahren im Allgemeinen muss wiederum mit dem „Willen zur Verständigung" geführt werden und steht unter dem Leitgedanken der vertrauensvollen Zusammenarbeit.[1080] Zur Feststellung dieser Verhandlungsbereitschaft wurden von der Literatur verschiedene Kriterien erarbeitet: Zum einen muss die Hierarchieebene an der Anhörung beteiligt sein, auf der die Entscheidungskompetenz der betreffenden Maßnahme liegt.[1081] Zum anderen muss der Arbeitgeber Sorge für eine solide Informationsbasis der Arbeitnehmervertreter nach Art. 4 Abs. 4 lit c) tragen. Überdies ist ein persönliches Gespräch zwingend erforderlich.[1082]

1077 Vgl. zur Zielsetzung nur Art. 1 Abs. 1 Unterrichtungs- und Anhörungsrichtlinie.

1078 Namentlich handelt es sich dabei um Fälle von Betriebsübergängen, Massenentlassungen und Umstrukturierungsentscheidungen. Vgl. Art. 4 Abs. 2 lit. c) Unterrichtungs- und Anhörungsrichtlinie. *Weber*, in: Franzen/Gallner/Oetker, Europäisches Arbeitsrecht RL 2002/12/EG Art. 4 Rn. 28.

1079 *Riesenhuber*, Europäisches Arbeitsrecht § 27 Rn. 26; *Weber*, in: Franzen/Gallner/Oetker, Europäisches Arbeitsrecht RL 2002/12/EG Art. 1 Rn. 11.

1080 *Weber*, in: Franzen/Gallner/Oetker, Europäisches Arbeitsrecht RL 2002/12/EG Art. 1 Rn. 11 ff.; Art. 4 Rn. 1.

1081 v. *Roettecken*, PersR 2003, 181, 188; *Spreer*, Richtlinie 2002/14/EG, S. 53; *Weber*, in: Franzen/Gallner/Oetker, Europäisches Arbeitsrecht RL 2002/12/EG Art. 4 Rn. 21.

1082 Art. 4 Abs. 4 lit. d) „mit dem Arbeitgeber zusammenkommen". *Gerdom*, Gemeinschaftsrechtliche Unterrichtungs- und Anhörungspflichten, S. 93; *Weber*, in: Franzen/Gallner/Oetker, Europäisches Arbeitsrecht RL 2002/12/EG Art. 4 Rn. 21.

b) Anhörungen mit dem Ziel des Vereinbarungsabschlusses

Handelt es sich um solche Anhörungen, die dem Abschluss einer Vereinbarung dienen sollen, steht hier die Entscheidung über die Durchführung der Maßnahme selbst im Vordergrund. Bei diesen Verhandlungen geht es vornehmlich um Abwägung und Prävention und nicht nur um einen Ausgleich der Folgen. Hintergrund dessen ist, dass diese unternehmerischen Maßnahmen die Arbeitnehmer besonders stark betreffen.[1083] Doch auch die Fälle des Art. 4 Abs. 4 lit. e) begründen kein erzwingbares Mitbestimmungsrecht.[1084] Das Ziel der Vorschriften kann nur sein, ernsthafte Verhandlungen einzuleiten. Ein Erzwingen einer Vereinbarung kann dies hingegen nicht zur Folge haben.[1085]

c) Erfüllungsanspruch

Nach Art. 8 sind die Mitgliedstaaten in der Pflicht, die Durchsetzung der Pflichten aus der Richtlinie sicherzustellen sowie eine verfahrensrechtliche Sicherung vorzunehmen. Aus dieser Formulierung allein lässt sich noch nicht schließen, ob das Gebot der vertrauensvollen Zusammenarbeit einen Anspruch auf ordnungsgemäße Verhandlungen in sich trägt. Jedoch wird mit diesen Vorgaben festgelegt, dass jede Partei ihren Pflichten aus der Richtlinie auch tatsächlich nachkommen muss. Um dies durchzusetzen, genügt es nicht, verfahrenstechnische Regelungen zu schaffen. Vielmehr bedürfe dies einer tatsächliche Erfüllungssicherung durch geeignete Maßnahmen für den Fall der Nichteinhaltung. Damit wird auch ein materiellrechtlicher Erfüllungsanspruch der Pflichten aus der Richtlinie hergeleitet.[1086] So geht man in der Literatur davon aus, dass Art. 8 der Richtlinie den Wortlaut der Art. 6 der Massenentlassungsrichtlinie übertrifft und die dort vorgezeichnete Unterscheidung zwischen Durchsetzung und Sanktionen konkretisiert.[1087] In

---

1083 *Weber*, in: Franzen/Gallner/Oetker, Europäisches Arbeitsrecht RL 2002/12/EG Art. 4 Rn. 22.

1084 *Weber*, in: FS 600 Jahre Würzburger Juristenfakultät, 189, 212; *ders.*, in: Franzen/Gallner/Oetker, Europäisches Arbeitsrecht RL 2002/12/EG Art. 4 Rn. 2.

1085 *Gerdom*, Gemeinschaftsrechtliche Unterrichtungs- und Anhörungspflichten, S. 94 f.; *Müller-Bonanni/Witschen*, in: Preis/Sagan Europäisches Arbeitsrecht § 17 Rn. 216; *Reichold*, NZA 2003, 289, 297; *Riesenhuber*, Europäisches Arbeitsrecht § 27 Rn. 21; *Weber*, in: Franzen/Gallner/Oetker, Europäisches Arbeitsrecht RL 2002/12/EG Art. 4 Rn. 22.

1086 *Weber*, in: Franzen/Gallner/Oetker, Europäisches Arbeitsrecht RL 2002/12/EG Art. 8 Rn. 6; *ders.*, AuR 2008, 365, 379 als „Beratungsanspruch"; *Reichold*, NZA 2003, 289, 297; anders *Brors*, Das System der Arbeitnehmer-Beteiligungs-Richtlinien, S. 176; *Deinert*, NZA 1999, 800, 804.

1087 *Weber*, in: Enzyklopädie Europarecht Bd. 7, § 9 Rn. 104; *ders.*, EuZA 2010, 235, 241; *ders.*, AuR 2008, 365, 378.

Betracht kommen hier grundsätzlich insbesondere Straf- und Bußgeldvorschriften, aber auch Schadensersatz- und Entschädigungsansprüche.[1088]

4. Behandlung in BetrVG und EBRG

Auch der betrieblichen Mitbestimmung ist der Grundsatz der vertrauensvollen Zusammenarbeit nicht fremd. Verwendung findet er neben dem nationalen Recht in § 2 BetrVG (a) auch im europäischen Kontext in Bezug auf die Umsetzung der Europäischen Betriebsräterichtlinie in § 8 EBRG (b).[1089]

a) Gebot der vertrauensvollen Zusammenarbeit in § 2 BetrVG

Nach § 2 Abs. 1 BetrVG trifft den Arbeitgeber und den Betriebsrat die Pflicht vertrauensvoll zusammenzuarbeiten. Dabei handelt es sich um eine verpflichtende Rechtsnorm, die das Verhalten der Betriebsparteien regelt.[1090] Ausfluss des Grundsatzes ist es, sich nicht mutwillig oder rechtsmissbräuchlich zu verhalten.[1091] Dieses Gebot[1092] setzt nach Rechtsprechung des BAG Ehrlichkeit und Offenheit voraus.[1093] Bei Verletzung der Verhaltenspflichten aus dem BetrVG gelten die Straf- und Bußgeldvorschriften der §§ 120, 121 BetrVG.[1094] Konflikte werden aber zunächst vor eine betriebliche Einigungsstelle nach § 76 BetrVG getragen.[1095] In groben Verletzungsfällen kann auch eine Anrufung des Arbeitsgerichtes gegeben sein.[1096] Je nach Art und Zweck des in Rede stehenden Mitbestimmungsrechts steht dem Betriebsrat sogar ein Beseitigungs- oder Unterlassungsanspruch gegen den Arbeitgeber zu, wenn der Arbeitgeber der Verhandlungspflicht nicht nachkommt.[1097]

1088 *Weber*, in: Franzen/Gallner/Oetker, Europäisches Arbeitsrecht RL 2002/12/EG Art. 8 Rn. 10.

1089 *Forst*, Beteiligungsvereinbarung, S. 139.

1090 *Wiese*, in: Wiese/Kreutz/Oetker/Raab/Weber/Franzen GK-BetrVG Bd. 1 § 2 Rn. 5.

1091 BAG v. 3.10.1978 AP BertVG 1972 § 40 Nr. 14; *Besgen*, in: BeckOK Arbeitsrecht Stand 1.06.2022, BetrVG § 2 Rn. 6.

1092 *Richardi/Maschmann*, in: Richardi BetrVG § 2 Rn. 6.

1093 BAG v. 22.05.1959 AP BetrVG § 23 Nr. 3. Vgl. dazu *Koch*, in: ErfK Arbeitsrecht, BertVG § 2 Rn. 1.

1094 *Wiese*, in: Wiese/Kreutz/Oetker/Raab/Weber/Franzen GK-BetrVG Bd. 1 § 2 Rn. 47.

1095 *Besgen*, in: BeckOK Arbeitsrecht, Stand 1.06.2022, BetrVG § 2 Rn. 7. Diese Einigungsstelle nach § 76 BetrVG besteht aus einer gleichen Anzahl von Beisitzern. die vom ArbG und BR bestellt werden und einem unparteiischen Vorsitzenden (§ 76 Abs. 2 BetrVG) und ist bei Bedarf zu bilden (§ 76 Abs. 1 BetrVG). Vgl. dazu *Kania*, in: ErfK ArbeitsR, BetrVG § 76 Rn. 6 ff.

1096 *Wiese*, in: Wiese/Kreutz/Oetker/Raab/Weber/Franzen GK-BetrVG Bd. 1 § 2 Rn. 48.

1097 *Besgen*, in: BeckOK Arbeitsrecht, Stand 01.06.2022, BetrVG § 2 Rn. 9; Dieser kann jedoch gerade noch nicht aus § 2 Abs. 1 BetrVG hergeleitet werden. Vgl. BAG v. 3.05.1994 AP BetrVG 1972 § 23 Nr. 23.

b) Umsetzung in § 8 EBRG

Auch im Rahmen des in § 8 Abs. 3 S. 1 EBRG formulierten Grundsatzes begegnet man der Frage, ob ein Verhandlungsanspruch besteht.[1098] Doch dieser stellt wohl keinen durchsetzbaren Anspruch dar.[1099] Die Rechtsfolge einer Weigerung, ordnungsgemäße Verhandlungen zu führen, wird in § 21 Abs. 1 Satz 1 normiert. Es kommt zu einer Errichtung eines Europäischen Betriebsrates kraft Gesetzes.[1100] Dabei ist die Weigerung der Unternehmensleitung auch der ernsthaften und endgültigen Ablehnung eines Vereinbarungsabschlusses gleichzusetzen.[1101] Im Ergebnis findet man also auch hier denselben Mechanismus wie im SEBG. Bei fehlendem Verhandlungswillen greift die gesetzliche Auffanglösung, die einen gesetzlichen Mindeststandard sichert.

5. Übertragung auf die Mobilitätsrichtlinie

Um die Frage nach einem bestehenden Verhandlungsanspruch zu beantworten, können die vorstehenden Grundsätze eine Hilfestellung bieten. Deutlich wird aus diesen Ausführungen, dass es schwieriger scheint, einen echten Einigungszwang[1102] als einen Verhandlungsanspruch zu begründen. Die Frage nach einem Verhandlungsanspruch in der Mobilitätsrichtlinie lässt sich nicht pauschal für alle Umwandlungsarten beantworten. Aufgrund der Regelungsunterschiede ist zwischen Formwechsel und Spaltung auf der einen Seite (a) und der Verschmelzung auf der anderen Seite (b) zu unterscheiden.

a) Verhandlungsanspruch für Formwechsel und Spaltung

Eine Übertragung des Streits aus dem SEBG – und damit auch dessen Ergebnis, keinen Verhandlungsanspruch anzunehmen – liegt nahe, da auch die Mobilitätsrichtlinie auf Art. 4 SE-RL verweist.[1103] Zudem wird man gegen einen Verhandlungsanspruch einwenden, dass dem BVG die Möglichkeit eröffnet wird, mit einer Mehrheit von zwei Dritteln zu beschließen, dass keine Verhandlungen eröffnet werden sollen oder laufende Verhandlungen abgebrochen werden.[1104] Bereits die

---

1098 *Blanke*, EBRG, § 8 Rn. 10 f.

1099 *Wiese*, in: Wiese/Kreutz/Oetker/Raab/Weber/Franzen GK-BetrVG Bd. 1, EBRG § 8 Rn. 8.

1100 Vgl. dazu die §§ 22 ff. EBRG. Vgl. dazu *Kunz*, in: Düwell BetrVG EBRG § 22 Rn. 1 ff.; *Schmidt*, in: Küttner Personalbuch, Europäischer Betriebsrat, Rn. 14 ff.

1101 *Oetker*, in: Wiese/Kreutz/Oetker/Raab/Weber/Franzen GK-BetrVG Bd. 1, EBRG § 21 Rn. 7.

1102 Zur Frage, ob ein Einigungszwang angenommen werden kann, vgl. III.2.b).

1103 Vgl. Verweis in Art. 86l Abs. 3 lit. b), Art. 160l Abs. 3 lit. b) MobilitätsRL sowie Art. 133 Abs. 3 lit. b) GesRRL.

1104 Art. 86l Abs. IV lit. a) Art. 160l Abs. 4 lit. a.

Tatsache, dass diese Option existiert, spricht gegen die Begründung eines Verhandlungsanspruchs. Auch in der Vorgängerrichtlinie bediente man sich exakt dieser Terminologie.[1105] Dort wurde ein Verhandlungsanspruch gerade nicht in das deutsche Recht eingeführt.[1106] Jedoch unterscheidet sich hier die zu Grunde liegende Situation maßgeblich: Während die Verhandlungen bei der grenzüberschreitenden Verschmelzung meist nur dann ausgelöst wurden, wenn bereits ein Mitbestimmungssystem zu etablieren war, erfasst die Verhandlungslösung in Zukunft vorwiegend mitbestimmungsfreie Gesellschaften. Der bedeutende Unterschied liegt darin, dass die Auffanglösung, auf die man sich bisher verließ, keinen Mitbestimmungsschutz bieten kann.[1107] Zudem dient die Richtlinie gerade nicht nur dem Bestandsschutz der Mitbestimmung, sondern soll diese auch fördern und insbesondere die Umgehung nationalen Rechts verhindern.[1108]

Die Möglichkeit die Verhandlungen zu beenden, ist Ausdruck dessen, dass die Parteien freie Verhandlungen führen. Statt die Geltung der Auffanglösung durch einfachen Beschluss für anwendbar erklären zu können, erfordert es eine Mehrheit von mindestens zwei Dritteln, die wiederum mindestens zwei Drittel aller vertretenen Arbeitnehmer repräsentieren. Somit muss eine beachtliche Mehrheit der Arbeitnehmervertreter damit einverstanden sein. Die Vorschrift dient somit tatsächlich dem Schutz der Verhandlungen: Nur für den Fall, dass beide Parteien die Verhandlung ernsthaft ablehnen, kann ein Abbruchsbeschluss erfolgen. In diesem Fall schützt das besondere Mehrheitserfordernis den ernsten Willen der Mehrheit der Arbeitnehmer.[1109] Wenn es auf beiden Seiten am Verhandlungswillen fehlt, wäre die Durchsetzung des Verhandlungszwangs konstruiert und ergebnislos. In diesem Fall besteht auch keine Notwendigkeit, die Verhandlungen zu schützen. Die Tatsache, dass ein Anspruch disponibel ist, ist nicht gleichzusetzen damit, dass dieser nicht existiert.[1110]

Zudem hat sich der Europäische Gesetzgeber gerade nicht jeden Kommentars enthalten. Die Erwägungsgründe der Mobilitätsrichtlinie sprechen sich wesentlich deutlicher für zielführende Verhandlungen aus als in der SE-Richtlinie. Bei genauer Betrachtung der Richtlinie wird deutlich, dass das gesamte Umwandlungsvorhaben „fair, objektiv und diskriminierungsfrei" ablaufen soll.[1111] Dazu gehört im Hinblick auf den Schutz der Mitbestimmungsrechte auch, dass die Parteien die

---

1105 Art. 133 Abs. IV lit. b) GesRRL a.F.

1106 Vgl. dazu schon unter C.I.1 in diesem Teil.

1107 Vgl. dazu § 1 A.II.

1108 Vgl. dazu schon ausführlich unter § 1 A.I; ErwGr. 31 MobilitätsRL.

1109 Vgl. zu den verschiedenen Mehrheitserfordernissen und deren Zielsetzung Teil 3 unter § 2 B.II.1.

1110 Eine Sammlung von verzichtbaren Ansprüchen im Zivilrecht findet sich bei *Schlüter*, in: MüKo BGB, § 397 Rn. 19.

1111 ErwGr. 10 MobilitätsRL.

Beteiligungsverhandlungen nach Treu und Glauben zu führen haben. Diese Verhandlungen sollen die Mitbestimmungsrechte der Arbeitnehmer gewährleisten.[1112] In der Zielsetzung der Richtlinie wird der Mitbestimmungsschutz betont.[1113] So soll das primäre Ziel, einen Rechtsrahmen für grenzüberschreitende Umwandlungsvorgänge zu schaffen, nicht zu Lasten der Arbeitnehmerrechte gehen. Vielmehr sollen diese in ein ausgeglichenes Verhältnis zu den Rechten der Gesellschafter gebracht werden.[1114] Der geschaffene Rechtsrahmen soll ausdrücklich gerade auch dem Schutz der Arbeitnehmerrechte dienen.[1115] Die Arbeitnehmer sollen über das Verhandlungsverfahren eingebunden werden, um die Nachhaltigkeit und Langfristigkeit der Umwandlungsmaßnahme zu gewährleisten.[1116] Der unionale Gesetzgeber sieht den erfolgreichen Abschluss dafür als maßgeblich an und ordnet über den Schutz des Verhandlungsverfahrens hinaus sogar dessen Förderungswürdigkeit an.[1117] Der Kommissionsentwurf geht noch weiter und manifestiert ohne Umschweife, dass eine einmal ausgelöste Verhandlungspflicht obligatorischer Natur ist.[1118]

Der Zwang zum Verhandlungsverfahren ist dabei nicht neu. Bereits für die Massenentlassungsrichtlinie wurde dieser hergeleitet. Schon für diese Richtlinie wurde ein Erfüllungsanspruch begründet. Beachtet werden muss, dass der die Durchsetzung dieser Richtlinie sichernde Artikel 6 schwächer ausgestaltet ist, als die entsprechenden Vorschriften in den Richtlinien zur SE, auf welche die Mobilitätsrichtlinie an dieser Stelle Bezug nimmt und zu Unterrichtungen und Anhörungen. So sieht Art. 6 der Massenentlassungsrichtlinie nur vor, dass „Mitgliedstaaten [dafür sorgen], daß den Arbeitnehmervertretern und/oder den Arbeitnehmern administrative und/oder gerichtliche Verfahren zur Durchsetzung der Verpflichtungen gemäß dieser Richtlinie zur Verfügung stehen." In Art. 8 der Unterrichtungs- und Anhörungsrichtlinie heißt es hingegen: „Für den Fall der Nichteinhaltung dieser Richtlinie durch den Arbeitgeber oder durch die Arbeitnehmervertreter sehen die Mitgliedstaaten geeignete Maßnahmen vor. [...]". Hier wird explizit die Nichteinhaltung durch die Sozialpartner angesprochen und von der rein verfahrenstechnischen Durchsetzung unterschieden. Daraus wurde

---

1112 ErwGr. 30 MobilitätsRL.

1113 Das zeigt sich in den ErwGr. 4, 5, 6, 10, 30, 31. Sowie im Kommissionsentwurf, (Fn. 336), S. 5.

1114 Vgl. ErwGr. 4 MobilitätsRL.

1115 Vgl. ErwGr. 5 und 6 MobilitätsRL.

1116 Vgl. ErwGr. 31 MobilitätsRL.

1117 Vgl. ErwGr. 31 MobilitätsRL.

1118 Vgl. die Ausführungen zu Art. 86l „Die Verhandlungen sind obligatorisch". Kommissionsentwurf, (Fn. 336), S. 30.

gerade auch ein materiell-rechtlicher Erfüllungsanspruch abgeleitet.[1119] Der Wortlaut in Art. 12 SE-RL gleicht dem Art. 8 Abs. 1 Satz 1 sehr. Nach dem Art. 12 Abs. 1 SE-RL hat jeder Mitgliedstaat dafür Sorge zu tragen, dass den Verpflichtungen aus der Richtlinie nachgekommen wird. Für den Fall, dass diese Verpflichtungen nicht erfüllt werden, müssen die Mitgliedstaaten geeignete Maßnahmen vorsehen. Es liegt daher nahe, den materiell-rechtlichen Erfüllungsanspruch auch für die Mobilitätsrichtlinie anzunehmen, die auf Art. 12 SE-RL verweist.

Mit diesem Anspruch auf „Verhandlungen"[1120] wird kein Zwang zu einem erfolgreichen Verfahrensabschluss erzeugt. Ein Anspruch auf „erfolgreiche" Verhandlungen besteht nicht.[1121] Die alleinige Begründung eines Verhandlungsanspruchs geht damit nicht automatisch mit einem Einigungszwang einher.

Um die Zielsetzung des Unionsgesetzgebers zu verwirklichen, ist ein solcher Verhandlungsanspruch in der Mobilitätsrichtlinie unumgänglich. Die Mitbestimmungsverhandlungen sollen die Ausübung der Arbeitnehmerrechte schützen. Insbesondere der Verweis auf die Verhandlungsführung nach Treu und Glauben zeigt, dass hier ernsthafte Verhandlungen zu führen sind. Die Zielsetzung der Richtlinie liefe leer, wenn man die Erfolgsaussichten des Beteiligungsverfahrens allein von der Einigungsbereitschaft der Unternehmensleitungen abhängig macht. Die Richtlinie dient, wie dargestellt, eben nicht nur dem Schutz der Mitbestimmung, sondern soll diese gerade auch fördern. Dies lässt sich nur durch einen tatsächlichen Anspruch verwirklichen. Ein Verhandlungsanspruch begründet sich daher durch die Zielsetzung der Mobilitätsrichtlinie zumindest in Bezug auf das Mitbestimmungsverfahren bei grenzüberschreitenden Formwechseln und Spaltungen.

b) Verhandlungsanspruch bei Verschmelzungen

Etwas Anderes könnte sich hingegen für die Umwandlungsform der Verschmelzung ergeben. Abweichend von Formwechsel und Spaltung kann ein Verhandlungsanspruch nicht auf eine gleichlautende Formulierung der Kommission, die Verhandlungen seien „obligatorisch", gestützt werden.[1122] Der Kraft dieses Arguments könnte man jedoch verhältnismäßig leicht den Wind aus den Segeln nehmen, indem man davon ausgeht, dass zu diesem Zeitpunkt noch kaum Änderungen an Art. 133 GesRRL vorgenommen wurden. Der Gedanke, die Vorschriften

---

1119 *Weber,* in: Franzen/Gallner/Oetker, Europäisches Arbeitsrecht RL 2002/12/EG Art. 8 Rn. 6; *ders.*, in: Enzyklopädie Europarecht, Bd. 7 § 9 Rn. 96, 98; a.A. *Brors,* Das System der Arbeitnehmer-Beteiligungs-Richtlinien, S. 176.

1120 So auch ausdrücklich bei *Greiner,* in: Enzklopädie Europarecht, Bd. 7 § 21 Rn. 42.

1121 *Greiner,* in: Enzyklopädie Europarecht, Bd. 7 § 21 Rn. 42.

1122 Kommissionsentwurf (Fn. 336), S. 30.

weitgehend kohärent zu gestalten, kristallisierte sich erst im letzten Schritt der Entstehungsgeschichte der Richtlinie heraus.[1123]

Allerdings steht dem Verhandlungsanspruch im Rahmen der Verschmelzung noch ein anderes Hindernis im Wege: Die viel thematisierte Option der Leitungen, direkt die Auffanglösung anzuwenden. Entscheiden sich die Leitungen dazu, von dieser Option Gebrauch zu machen, so findet „ohne jede vorhergehende Verhandlung" die Auffanglösung Anwendung.[1124] In diesem Fall werden also überhaupt keine Verhandlungen ausgelöst, in denen eine Pflicht zu ernsthaften Verhandlungen bestehen könnte. Diese Option bietet sich den Leitungen nach der Änderung des Art. 133 aber nur, wenn bereits mindestens eine beteiligte Gesellschaft mitbestimmt ist. Besteht bisher Mitbestimmungsfreiheit, so sind die Verhandlungen auch bei der grenzüberschreitenden Verschmelzung obligatorisch. Sind einmal Mitbestimmungsverhandlungen ausgelöst, so müssen die Verhandlungen auch ordnungsgemäß mit dem Willen zur Verständigung geführt werden. Dasselbe gilt, wenn bei mitbestimmten Unternehmen nicht von der Option zur direkten Anwendung der Auffanglösung Gebrauch gemacht wird. Dann gilt auch hier der Erwägungsgrund 30, nach dem die Verhandlungen nach Treu und Glauben zu führen sind. Zudem macht der Unionsgesetzgeber auch im Hinblick auf die grenzüberschreitende Verschmelzung keine Bereichsausnahme für den Mitbestimmungsschutz. Die erläuterte Zielsetzung der Richtlinie, die Rechte der Gesellschafter in einen angemessenen Ausgleich mit dem Schutz der Arbeitnehmer zu bringen und die Mitbestimmung zu schützen und auszubauen, gilt auch für diese Umwandlungsmaßnahme.[1125]

Im Ergebnis ist also auch für die Verschmelzung eine Verhandlungspflicht und damit ein Anspruch auf ernsthafte Verhandlungen anzunehmen, wenn es zu Mitbestimmungsverhandlungen kommt. Vielmehr noch ergibt sich gerade aus der Option nach Art. 133 Abs. 4 lit. a) die Pflicht, ernsthaft zu verhandeln. Hätten die Leitungen kein ernstliches Interesse, steht ihnen gerade die Option frei, direkt die Auffanglösung anzuwenden. Im Umkehrschluss ist dann, wenn sie sich dafür entscheiden, die Verhandlungen auszutragen, erst recht ein ernstlicher Verhandlungswille zu fordern. Schlussendlich nimmt Art. 133 Abs. 3 lit. f) GesRRL gerade auch den Art. 12 SE-RL in Bezug, der die Einhaltung der Verfahrensverpflichtungen sicherstellen soll.

c) Zwischenergebnis

Nach der Mobilitätsrichtlinie besteht somit eine Verhandlungspflicht, wenn die Verhandlungen aufgrund der Ausnahmetatbestände ausgelöst werden. Diese

---

1123 Vgl. dazu die Vorschrift des Art. 133 in den verschiedenen Dokumenten (vgl. Fn. 767), der lange Zeit nicht die Neuerungen der Art. 86l und Art. 160l aufwies.

1124 Art. 133 Abs. 4 lit. a) MobilitätsRL.

1125 Vgl. dazu schon ausführlich unter § 1 A.I; ErwGr. 4, 5, 6, 30, 31 MobilitätsRL.

Pflicht sollte einen beiderseitigen Anspruch auf ordnungsgemäße Beratungen begründen.

Eine dahingehende Umsetzung durch den nationalen Gesetzgeber ist damit nicht mehr zwingend notwendig, da sich die Verpflichtung ordnungsgemäß zu verhandeln bereits aus der Richtlinie selbst ergibt. Zur Klarstellung sollte eine dahingehende gesetzliche Regelung erfolgen:

§ 15 Zusammenarbeit zwischen besonderem Verhandlungsgremium und Leitungen

(1) [1]Das besondere Verhandlungsgremium schließt mit den Leitungen eine schriftliche Vereinbarung über die Mitbestimmung der Arbeitnehmer in der aus der grenzüberschreitenden ***Umwandlung*** *hervorgehenden Gesellschaft ab. [2]Zur Erfüllung dieser Aufgabe arbeiten sie vertrauensvoll zusammen.*
(2) [1]Die Leitungen ***haben*** *die Beteiligung der Arbeitnehmer in der aus der* ***Umwandlung*** *hervorgehenden Gesellschaft mit dem besonderen Verhandlungsgremium mit ernsthaftem Einigungswillen* ***zu verhandeln.*** *[2]Zu diesem Zwecke haben die Leitungen dem besonderen Verhandlungsgremium rechtzeitig alle erforderlichen Auskünfte zu erteilen und die erforderlichen Unterlagen zur Verfügung zu stellen. [3]Das besondere Verhandlungsgremium ist insbesondere über das* ***Umwandlungs****vorhaben und den Verlauf des Verfahrens bis zur Eintragung der aus der grenzüberschreitenden* ***Umwandlung*** *hervorgehenden Gesellschaft zu unterrichten. [4]Zeitpunkt, Häufigkeit und Ort der Verhandlungen werden zwischen den Leitungen und dem besonderen Verhandlungsgremium einvernehmlich festgelegt.*

II. Durchsetzung des Verhandlungsanspruchs mittels Einigungsstelle

Der Frage nach dem „ob" folgt nur allzu oft die Frage nach dem „wie". Nimmt man einen Verhandlungsanspruch aus der Mobilitätsrichtlinie an, stellt sich unausweichlich die Frage nach der Durchsetzbarkeit dieses Anspruchs. Problematisch erscheint an dieser Stelle, wie die Nichteinhaltung der Verhandlungspflicht durchgesetzt und sanktioniert werden kann. Hierzu kam bereits in der Vergangenheit der Gedanke auf, die Verhandlungen einem Einigungs- oder Schlichtungsverfahren zu unterwerfen (1). Dieses könnte auch für die Mitbestimmungsverhandlungen den gewünschten Verhandlungsdruck auf Seite der Unternehmensleitungen erzeugen (2).

1. Die Idee eines Einigungs- und Schlichtungsverfahrens

Bereits in anderen Zusammenhängen wurde die Frage aufgeworfen, ob sich der Einsatz eines Einigungs- oder Schlichtungsverfahrens für Mitbestimmungsverhandlungen eignet.[1126] So spricht sich schon *Mävers* in seiner Abhandlung zur SE

1126 So *Mävers* im Hinblick auf die Mitbestimmungsverhandlungen bei SE-Gründungen und *Teichmann* zur Einführung eines Verhandlungsverfahrens in das deutsche

für die Einführung eines Mediations- und Schlichtungsverfahrens aus.[1127] Dieses sollte immer dann eingreifen, wenn die Verhandlungen zu scheitern drohen. Davon verspricht er sich eine Erhöhung der Verhandlungsbereitschaft bei Gründung einer SE.[1128] So sollte erst dann, wenn dieses Verfahren durchlaufen wurde, ein Scheitern der Verhandlungen festgestellt werden können, welches das Eingreifen der Auffanglösung bedeutet.[1129]

Einen vergleichbaren Mechanismus erwägt *Teichmann* im Zusammenhang mit der Einführung einer Verhandlungslösung für das deutsche Mitbestimmungsrecht. Er schlägt vor, der Einigungs- oder Schlichtungsstelle die Funktion zu geben, aus vom Verhandlungsgremium vorgeschlagenen Beschlüssen zu wählen.[1130] Ziel dessen ist, einen Anreiz zu schaffen, ernsthafte Überlegungen über etwaige Lösungsmöglichkeiten anzustellen.[1131] Nach seiner Vorstellung soll der Gesetzgeber ergänzend dazu einen Apparat an Auffanglösungen bereitstellen, aus denen die Schlichtungsstelle sich bedienen kann, falls sie die Vorschläge des BVG nicht für interessengerecht hält.[1132]

2. Mechanismus eines Einigungsverfahrens

Eine Übertragung dieses generellen Einigungsstellengedankens auf die Mobilitätsrichtlinie scheint damit nicht allzu fernliegend, wenn die Idee auch schon für ähnliche Zusammenhänge erwogen wurde. Zu untersuchen ist daher, welche Auswirkungen diese Übertragung auf die Verhandlungssituation im Vergleich zur Ausgangslage haben könnte. Um die Auswirkungen einer möglichen Einigungsstelle oder Schlichtungsstelle zu verbildlichen, soll an dieser Stelle ein Gedankenexperiment anhand der sogenannten Spieltheorie erfolgen (a). Diese Theorie bietet Methoden, anhand derer menschliches Entscheidungsverhalten in Form von Strategiespielen dargestellt und veranschaulicht werden kann.[1133] Durch Abbildung der Verhaltensmöglichkeiten sollen die besten Strategien der jeweiligen

---

Mitbestimmungsrecht. *Mävers,* Mitbestimmung in der SE, S. 394; *Teichmann,* in: Habersack/Behme/Eidenmüller/Klöhn, Deutsche Unternehmensmitbestimmung unter Europäischem Reformzwang, S. 159.

1127 *Mävers,* Mitbestimmung in der SE, S. 392.

1128 *Mävers,* Mitbestimmung in der SE, S. 392.

1129 *Mävers,* Mitbestimmung in der SE, S. 394.

1130 *Teichmann,* in: Habersack/Behme/Eidenmüller/Klöhn, Deutsche Unternehmensmitbestimmung unter Europäischem Reformzwang, S. 159.

1131 *Teichmann,* in: Habersack/Behme/Eidenmüller/Klöhn, Deutsche Unternehmensmitbestimmung unter Europäischem Reformzwang, S. 159.

1132 *Teichmann,* in: Habersack/Behme/Eidenmüller/Köhn, Deutsche Unternehmensmitbestimmung unter Europäischem Reformzwang, S. 159.

1133 *Mimbang/Steenkiste/Lobeck,* Die Spieltheorie: Nash und das Gefangenendilemma, S. 6.

Spieler herausgefiltert werden.[1134] Nach diesen Verhaltensmöglichkeiten soll in den Verhandlungen im besonderen Verhandlungsgremium gesucht werden (b). Anschließend wird ausgewertet, ob die Einführung einer Schlichtungsstelle den Verhandlungsdruck im Verfahren erhöhen kann (c).

a) Grundzüge der Spieltheorie

Bevor die Gestaltung eines Anschauungsbeispiels in der Mobilitätsrichtlinie erfolgen kann, muss zunächst auf die theoretischen Grundlagen der Theorie (i) eingegangen und ihre Bedeutung anhand des berühmten Gefangenen-Dilemmas (ii) erläutert werden. Bedeutsam ist für die Verhandlungslösung auch die Unterscheidung zwischen kooperativen und nicht-kooperativen Spielen (iii).

i) Theoretische Einführung

Die Spieltheorie geht zurück auf die Suche nach Lösungsmöglichkeiten ökonomischer Probleme durch *Oskar Morgenstern* und *John Neumann.*[1135] Gegenstand der Spieltheorie ist die menschliche Entscheidungsfindung. Sie bedient sich in spielerischem Sinne strategischer Entscheidungssituationen.[1136] Die Spieltheorie ist ein Teil der sog. Entscheidungstheorie, die Hilfestellung bei menschlichen Entscheidungen bietet.[1137] In einem solchen Spiel geht es darum, dass die Teilnehmer abschätzen müssen, inwieweit ihre Ziele mit denen der anderen Spieler vereinbar sind. Anhand dieser Abschätzung trifft der einzelne Spieler dann die Entscheidung, ob er mit dem Gegner kooperiert oder nicht.[1138] Es wird also untersucht, wie die Entscheidungen getroffen werden sollten, wenn man sich alle denkbaren Konsequenzen vor Augen führt.[1139]

Ziel dessen ist es, die Lösungsmöglichkeit herauszufiltern, mit der alle Spieler zufrieden sind. Dies ist dann der Fall, wenn jeder Spieler seine Entscheidung für die bestmögliche hält, die er unter diesen Umständen treffen konnte.[1140] Wie gut eine Entscheidung für einen Spieler war, bemisst sich nach seiner Auszahlung. Dabei handelt es sich um Bewertungszahlen, anhand derer man den Gewinn in tatsächlichen Größen angibt oder eine Bewertung des Ergebnisses vornimmt.[1141] Eine Auszahlung spiegelt

---

1134 *Göbel*, Entscheidungstheorie, S. 126.

1135 *Davis*, Die Spieltheorie für Nichtmathematiker, S. 10.

1136 *Holler/Illing/Nape*, Einführung in die Spieltheorie, S. 1.

1137 *Riechmann*, Spieltheorie, S. 1. Zu den Grundlagen der Entscheidungstheorie vgl. ausführlich *Göbel*, Entscheidungstheorie, S. 31 ff.; *Riechmann*, Spieltheorie, S. 5 ff.

1138 *Davis*, Die Spieltheorie für Nichtmathematiker, S. 11.

1139 *Davis*, Die Spieltheorie für Nichtmathematiker, S. 15.

1140 *Winter*, Grundzüge der Spieltheorie, S. 6.

1141 *Winter*, Grundzüge der Spieltheorie, S. 12.

immer den Nutzen oder Verlust eines Spielers dar.[1142] Die verschiedenen möglichen Auszahlungskombinationen eines Spiels bezeichnet man als Verhandlungsmenge.[1143]

Die Theorie bietet eine Möglichkeit, Interessenkonflikte lösungsorientiert zu analysieren, indem man verschiedene Strategien[1144] abwägt.[1145] Der zentrale Ansatzpunkt ist dabei, sich in die Möglichkeiten der Mitspieler hineinzudenken.[1146] Der Anwendungsbereich der Spieltheorie ist enorm weit und umfasst Situationen von Alltagsproblemen bis bin zu Kriegsszenarien.[1147]

ii) Erläuterung am Gefangenen-Dilemma

Besonders bekannt zur Erläuterung der Spieltheorie ist das sog. Gefangenen-Dilemma.[1148] Die „Spielsituation" gestaltet sich dabei wie folgt:[1149]

> *Die zwei Schwerverbrecher Bonnie (B) und Clyde (C) werden von der Polizei festgehalten. Vor ihrer Festnahme haben sich diese gegenseitig ihre Verschwiegenheit versprochen. Die beiden werden getrennt voneinander befragt. Obwohl die Ermittler der festen Überzeugung sind, dass die beiden sich strafbar gemacht haben, fehlen ihnen die nötigen Beweise, um die Kriminellen „dingfest" zu machen. Schweigen beide weiterhin, ist im Prozess lediglich eine kurze Haftstrafe (hier von nur einem Jahr) zu erwarten. Um doch noch an ein für eine höhere Strafe (hier zehn Jahre Haft) notwendiges Geständnis zu kommen, bietet die Polizei beiden Beschuldigten eine Kronzeugen-Regelung an: Demjenigen, der gesteht, wird Straffreiheit zugesichert, sofern der andere schweigt.*

Das „Dilemma" ergibt sich für die beiden folglich aus ihren Handlungsoptionen. Am besten wäre es für beide, wenn beide schweigen und eine geringe Haftstrafe von nur einem Jahr in Kauf nehmen. Gesteht einer, erhält der andere eine harte Strafe von zehn Jahren Gefängnis. Gleichzeitig besteht die Versuchung zu gestehen, um selbst freizukommen. Sollten beide gestehen, erhalten sie jeweils eine mittlere Strafe (hier fünf Jahre Haft). Eine Gelegenheit, sich abzusprechen, gibt es nicht.

1142 *Göbel*, Entscheidungstheorie, S. 127.

1143 *Winter*, Grundzüge der Spieltheorie, S. 202.

1144 Eine Strategie beschreibt dabei einen Handlungsplan, wie sich der Spieler zur Verfolgung eines Ziels jeweils zu entscheiden hat. Vgl. *Davis*, Die Spieltheorie für Nichtmathematiker, S. 18.

1145 *Holler/Illing/Nape*, Einführung in die Spieltheorie, S. 1.

1146 *Holler/Illing/Nape*, Einführung in die Spieltheorie, S. 1.

1147 *Winter*, Grundzüge der Spieltheorie, S. 1.

1148 Die erste Version entwickelten die Forscher der RAND Corporation, vgl. *Mimbang/Steenkiste/Lobeck*, Die Spieltheorie: Nash und das Gefangenendilemma, S. 21.

1149 So beispielhaft bei *Mimbang/Steenkiste/Lobeck*, Die Spieltheorie: Nash und das Gefangenendilemma, S. 21; *Göbel*, Entscheidungstheorie, S. 144; *Haft*, Der Verhandlungs-Manager, S. 57 f.

Die Spieltheorie analysiert nun die verschiedenen Handlungsoptionen und unterzieht diese einer Bewertung:

1. Schweigt B und schweigt auch C, so erhalten beide jeweils nur eine kurze Haftstrafe von einem Jahr.
2. Schweigt B und gesteht C, so profitiert C von der Kronzeugenregelung. Er wird freigesprochen und B erhält eine lange Strafe von zehn Jahren.
3. Gesteht B während C schweigt, so profitiert B von der Kronzeugenregelung und er bleibt straffrei. C erhält die lange Haftstrafe von zehn Jahren Haft.
4. Gestehen beide, so erhalten beide eine mittlere Strafe von fünf Jahren Haft.

		C	
		Schweigen	*Gestehen*
B	*Schweigen*	*1* *1*	*10* *0*
	Gestehen	*0* *10*	*5* *5*

Abb. 4: Strategien im Gefangenen-Dilemma

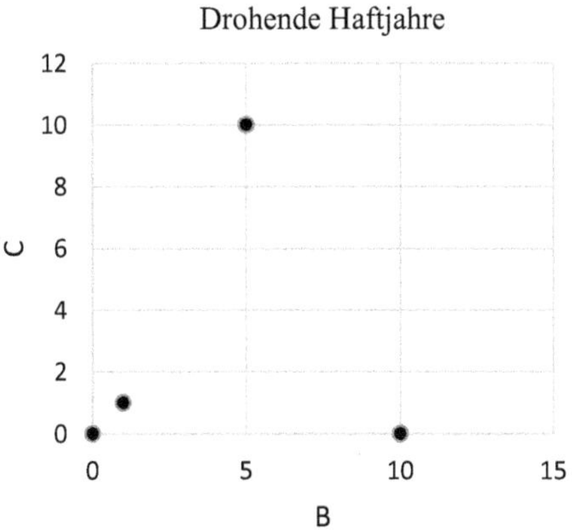

Abb. 5: Entscheidungsmenge im Dilemma

Betrachtet man Abbildung 4 (Auszahlungsmatrix), so gibt die obere Zahl jeweils das tatsächliche Ergebnis der Gefängnisstrafe für B an. Die untere Zahl steht für die Haftstrafe von C. Die Kombinationsmöglichkeiten hängen nun nicht allein von der eigenen Entscheidung ab, sondern maßgeblich davon, wie sich der andere verhält.[1150]

Das Dilemma ist nun darin zu sehen, dass es für beide isoliert betrachtet vorteilhafter wäre, auszusagen. Sofern C gesteht und auch B geständig ist, reduziert B seine Strafe von zehn auf fünf Jahre. Sollte C schweigen, kann die Strafe von B sogar entfallen. Gesteht C, sollte B also in jedem Fall auch gestehen. Diese Entscheidung kann jeder Gefangene allein treffen. Eine solche Strategie wird als dominante Strategie bezeichnet.

Unschwer aus Abbildung 4 und 5 erkennbar wäre es aber für beide Gefangenen besser, wenn sie beide ihr Versprechen halten und schweigen, da dann für beide die Haftstrafe auf ein Jahr herabgesetzt werden würde. Eine individuelle Betrachtung der Situation verleitet die Gefangenen zu einem Verrat, obwohl durch Kooperation für beide das bessere Ergebnis erreichbar wäre.[1151] Das individuell optimale Verhalten weicht somit von dem kollektiv-optimalen Ergebnis ab.

iii) Unterscheidung zwischen nicht-kooperativen und kooperativen Spielen

Setzt man sich mit Spielsituationen in der Realität auseinander, so muss zunächst herausgearbeitet werden, um welche Art von Spiel es sich handelt. Die Spielgestaltung im Gefangenen-Dilemma gleicht einer nicht-kooperativen Situation, da sich die Gefangenen untereinander nicht darauf verständigen können, welche Strategie sie wählen.[1152]

Bei der Verhandlungslösung hingehen können sich Unternehmensleitung und Arbeitnehmerseite jederzeit verständigen und ihre Strategie anpassen. Hier handelt es sich um sog. kooperative Situationen, bei denen die Spieler untereinander Absprachen treffen können. Kooperationsmöglichkeiten stellen immer Vorteile für die Beteiligten dar.[1153] Die Spieler können ihre Strategien direkt untereinander verhandeln und damit Strategiekombinationen festlegen und damit auch bestimmen, wer welche Auszahlung erhalten soll.[1154] Die Spieler verfolgen auch bei kooperativen Spielen weiterhin das Ziel, für sich selbst das höchstmögliche Auszahlungsziel zu erreichen. Nach den Grundsätzen der individuellen Rationalität sollte kein Spieler dabei einer Vereinbarung zustimmen, die ihn schlechter stellt als das, was er durch seine alleinige Entscheidung bereits erreichen kann.[1155] Die Stärke einer

---

1150 *Tries/Reinhardt*, Konflikt- und Verhandlungsmanagement, S. 116.
1151 *Tries/Reinhardt*, Konflikt- und Verhandlungsmanagement, S. 116 f.
1152 *Göbel*, Entscheidungstheorie, S. 156.
1153 *Winter*, Grundzüge der Spieltheorie, S. 2.
1154 *Winter*, Grundzüge der Spieltheorie, S. 197.
1155 *Winter*, Grundzüge der Spieltheorie, S. 214.

Verhandlungsposition ergibt sich dabei daraus, welche Auszahlungsergebnisse ein Spieler schon für sich allein ohne die Zusammenarbeit mit dem Gegenspieler erreichen kann.[1156]

b) Anwendung im Verhandlungsverfahren

Interessant erscheint, welche Ergebnisse die Gestaltung von Spielsituationen im Europäischen Verhandlungsverfahren ergeben könnte. Zu betrachten ist zunächst eine Ausgangssituation, in der die Verhandlungslösung so angewandt wird, wie sie die Richtlinie vorsieht (i). Anschließend wird die Situation insoweit verändert, als zur Sicherung der Verhandlungsdurchführung eine Einigungsstelle angerufen werden kann (ii). Die Spielsituationen stellen kooperative Spiele dar, da im Verhandlungsgremium die Möglichkeit besteht, Absprachen zu treffen.

i) Ausgangssituation der Richtlinie als Spielsituation 1

Die derzeitige Regelung in der Mobilitätsrichtlinie soll bei diesem Gedankenspiel die Ausgangssituation darstellen. Zugrunde zu legen ist dabei folgendes Szenario:[1157]

Die genannte schwedische Gesellschaft verfügt über 20 Arbeitnehmer und ist demnach nach dem schwedischen Recht noch mitbestimmungsfrei. Um das Hereinwachsen in die nationale Mitbestimmung zu vermeiden, soll die Rechtsform gewechselt werden. Eine Zweigniederlassung im Ausgangsstaat soll beibehalten werde. Da viele Kunden der Gesellschaft jedoch in Deutschland ansässig sind, hält die Unternehmensleitung es für wirtschaftlich, eine deutsche Rechtsform zu wählen, um noch besser auf dem deutschen Markt Fuß fassen zu können. Da die Gesellschaft mit 20 Arbeitnehmern aber die 4/5 Schwelle des schwedischen Schwellenwerts überschritten hat, müsste die Gesellschaft Verhandlungen über die Beteiligung der Arbeitnehmer durchführen. Das hätte aller Wahrscheinlichkeit nach zur Folge, dass die Auffanglösung greift und Mitbestimmungsfreiheit gilt. Die Unternehmensleitung möchte zwar die Vorteile der deutschen Rechtsform nutzen. Die ausgeprägte unternehmerische Mitbestimmung ist ihr jedoch ein Dorn im Auge. Sie möchte eine unternehmerische Mitbestimmung jeglicher Art um jeden Preis verhindern. Sie überlegt, mit welcher Strategie sie an die Verhandlungen herangeht, um die von den Arbeitnehmervertretern geforderte Beteiligung zu verhindern und eine dauerhaft mitbestimmungsfreie Gesellschaft zu führen.

1156 *Winter,* Grundzüge der Spieltheorie, S. 219.

1157 Aufgrund der hohen Komplexität der spielerischen Situationsdarstellung muss die Darstellung hier stark vereinfacht erfolgen. Vgl. dazu *Göbel,* Entscheidungstheorie, S. 157.

In einem ersten Schritt des Gedankenspiels sind nun alle möglichen Handlungskombinationen festzulegen, die die beiden Spieler (Unternehmensleitung und Arbeitnehmerseite) haben:[1158]

1. Die Unternehmensleitung tritt in die Verhandlungen. Auch die Arbeitnehmer möchten verhandeln. Das Ergebnis der Mitbestimmung kann frei gewählt werden. Unterstellt man jedoch, dass die Unternehmensleitung ihr Interesse konsequent verfolgt, wird hier am Ende Mitbestimmungsfreiheit ohne Vereinbarung stehen.[1159]
2. Die Unternehmensleitung entscheidet sich, nicht zu verhandeln. Die Arbeitnehmerseite möchte verhandeln. Weil sich die Arbeitgeberseite sperrt, scheitern die Verhandlungen und der Aufsichtsrat bleibt durch Anwendung der Auffanglösung mitbestimmungsfrei.
3. Die Unternehmensleitung entscheidet sich, nicht zu verhandeln. Auch die Arbeitnehmerseite möchte keine Verhandlungen führen. Es kommt zur Auffanglösung und der Aufsichtsrat bleibt mitbestimmungsfrei.
4. Die Unternehmensleitung entscheidet sich, zu verhandeln und die Arbeitnehmerseite sperrt sich den Verhandlungen. Der Aufsichtsrat bleibt mitbestimmungsfrei.

In einem zweiten Schritt der Spielgestaltung müssen die Ergebnisse der verschiedenen Handlungsoptionen anhand der Interessenlage der Spieler bewertet werden und mit einem Auszahlungsergebnis[1160] versehen werden.

1. Mitbestimmungsfreiheit. Das Ziel der Leitung ist erfüllt (Auszahlungsergebnis = 10) Das Ziel der Arbeitnehmer ist weit verfehlt (Auszahlungsergebnis = 0).
2. Mitbestimmungsfreiheit. Das Ziel der Leitung ist erfüllt (Auszahlungsergebnis = 10) Das Ziel der Arbeitnehmer ist weit verfehlt (Auszahlungsergebnis = 0).
3. Mitbestimmungsfreiheit. Das Ziel der Leitung ist erfüllt (Auszahlungsergebnis = 10) Das Ziel der Arbeitnehmer ist weit verfehlt (Auszahlungsergebnis = 0).
4. Mitbestimmungsfreiheit. Das Ziel der Leitung ist erfüllt (Auszahlungsergebnis = 10) Das Ziel der Arbeitnehmer ist weit verfehlt (Auszahlungsergebnis = 0).

Stellt man diese Ergebnisse nun in einer Matrix dar, ergibt sich folgendes Bild:

1158 Die Vorhergehensweise lehnt sich an die von *Winter* vorgeschlagene Herangehensweise an. *Winter*, Grundzüge der Spieltheorie, S. 6 ff.

1159 Tatsächlich bestünde hier die Möglichkeit, dass die Beteiligten ein selbstgewähltes Mitbestimmungsniveau festlegen. Nach den hier gewählten Interessenlagen ist es jedoch zu erwarten, dass die geführten Verhandlungen ergebnislos ablaufen. Siehe dazu auch schon Abbildung 3.

1160 Diese werden hier selbständig festgelegt, um die Erfolge zu veranschaulichen.

		Arbeitnehmer	
		Strategie 1: Verhandeln	Strategie 2: Nicht verhandeln
Leitung	Strategie 1: Verhandeln	10 0	10 0
	Strategie 2: Nicht verhandeln	10 0	10 0

Abb. 6: Spielsituation bei unveränderter Anwendung der Richtlinie

Die Tabelle zeigt deutlich das Grundproblem der Richtlinie. Egal, welche Strategie die Unternehmensleitung wählt, sie kann ihre Interessen vollumfänglich durchsetzen. Es wird deutlich, dass ein massives Verhandlungsungleichgewicht besteht. Die Verhandlungsmenge beschränkt sich auf 10:0. Die graphische Darstellung der Verhandlungsmenge mit dem Auszahlungsinteresse der Leitung auf der y-Achse verdeutlicht die einseitige Verhandlungslage. Die Verhandlungsmenge liegt allein in einem Punkt; die Interessen der Arbeitnehmer, dargestellt auf der x-Achse, geben keinen Ausschlag. Bei einem Spiel, in dem alle Strategiekombinationen zu ein und demselben Ergebnis führen, liegt kein echtes Verhandlungsproblem vor. Es gibt faktisch nichts zu verhandeln.[1161] Diese Spielsituation zeigt damit deutlich auf, dass die Europäische Verhandlungslösung an dieser Stelle versagt.

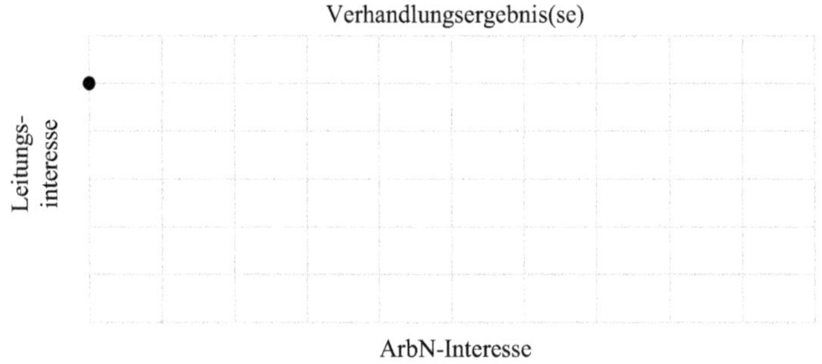

Abb. 7: Darstellung der Verhandlungsmenge nach der MobilitätsRL

1161 *Winter*, Grundzüge der Spieltheorie, S. 206.

ii) *Abwandlung unter Einführung einer Einigungsstelle als Spielsituation 2*

In Abwandlung zu der oben dargestellten Situation ergibt sich nun folgende Spielsituation unter Einführung einer Einigungs- und Schlichtungsstelle.

Die Ausgangssituation ist dieselbe wie oben. Die Unternehmensleitung möchte die Mitbestimmung noch immer so gering wie möglich halten. Die einzige Änderung der Situation ergibt sich daraus, dass die Leitung riskiert, dass die Arbeitnehmervertreter die Einigungsstelle anrufen, falls sich die Unternehmensleitung den Verhandlungen versperrt. Ein Eingreifen der Einigungsstelle wäre für das Unternehmen mit einem weiteren Kosten- und Zeitaufwand verbunden. Zudem befürchtet die Leitung, dass die Anrufung der Einigungsstelle an die Öffentlichkeit dringt und das Unternehmen in Verruf gerät, arbeitnehmerunfreundlich zu agieren. Schließlich fürchtet sie auch, dass sie in ihrer Entscheidungsgewalt eingeschränkt wird.

Im ersten Schritt sind nun erneut alle möglichen Handlungskombinationen festzulegen, die die beiden Spieler (Unternehmensleitung und Arbeitnehmerseite) haben:

1. Die Unternehmensleitung möchte verhandeln. Auch die Arbeitnehmer möchten verhandeln. Das Ergebnis der Mitbestimmung kann frei gewählt werden. Da die Unternehmensleitung bei unkooperativem Verhalten mit der Anrufung der Einigungsstelle rechnen muss, wird sie selbst lösungsorientiert verhandeln müssen, um dadurch die Anrufung der Einigungsstelle zu vermeiden.
2. Die Unternehmensleitung entscheidet, sich den Verhandlungen zu versperren. Die Arbeitnehmerseite möchte verhandeln. Weil sich die Unternehmensleitung sperrt, ruft die Arbeitnehmerseite die Einigungsstelle an. Damit riskiert die Unternehmensleitung den Eintritt der befürchteten Nachteile. Um die negativen Folgen des Einigungsverfahrens zu verhindern, ändert die Unternehmensleitung ihre Strategie und lässt sich auf ernsthafte Verhandlungen ein.
3. Die Unternehmensleitung entscheidet sich, zu verhandeln und die Arbeitnehmerseite sperrt sich den Verhandlungen. Der Aufsichtsrat bleibt mitbestimmungsfrei.[1162]
4. Die Unternehmensleitung entscheidet sich, nicht zu verhandeln. Auch die Arbeitnehmerseite möchte keine Verhandlungen führen. Es kommt zur Auffanglösung und der Aufsichtsrat bleibt mitbestimmungsfrei.

In einem zweiten Schritt der Spielgestaltung müssen diese erneut bewertet werden und mit einem Auszahlungsergebnis versehen werden.

1. Verhandlungen über Mitbestimmung: Entgegen dem ersten Beispiel hat die Arbeitnehmerseite nun ein Druckmittel (= Anrufung der Einigungsstelle). Das Ergebnis der Mitbestimmung wird durch Verhandlungen beider Seiten bestimmt. Die Unternehmensleitung hat ihr Ziel nicht erreicht, kann das

1162 Hier hätte die Arbeitgeberseite auch die Möglichkeit, die Einigungsstelle anzurufen. Dies würde aber nicht dem verfolgten Ziel entsprechen.

Mitbestimmungsniveau aber noch selbst beeinflussen. Auszahlungsergebnis = 5.[1163]

Die Arbeitnehmer können ordnungsgemäß über die Mitbestimmung verhandeln. Auszahlungsergebnis = 5.

2. Anrufung der Einigungsstelle: Ziel der Unternehmensleitungen ist nicht erfüllt. Im Gegenteil, sie riskiert ein Eingreifen der Entscheidungsstelle (Auszahlungsergebnis = 0).Vor der Einigungsstelle werden die ordnungsgemäßen Verhandlungspflichten aller Beteiligten sichergestellt (Auszahlungsergebnis für die Arbeitnehmer = 10).
3. Mitbestimmungsfreiheit. Das Ziel der Leitung ist erfüllt (Auszahlungsergebnis = 10). Das Ziel der Arbeitnehmer ist weit verfehlt (Auszahlungsergebnis = 0).
4. Mitbestimmungsfreiheit. Das Ziel der Leitung ist erfüllt (Auszahlungsergebnis = 10). Das Ziel der Arbeitnehmer ist weit verfehlt (Auszahlungsergebnis = 0).

Stellt man diese Ergebnisse wiederum in einer Matrix dar, ergibt sich folgendes Bild:

		Arbeitnehmer	
		Strategie 1: Verhandeln	Strategie 2: Nicht verhandeln
Leitung	Strategie 1: Verhandeln	5 5	10 0
	Strategie 2: Nicht verhandeln	0 5	10 0

Abb. 8: Spielsituation unter Androhung einer Einigungsstelle

Anders als in der Spielsituation 1 riskiert die Unternehmensleitung hier die Anrufung der Einigungsstelle, wenn sie sich unkooperativ zeigt. Die Strategie des Nicht-Verhandelns ist somit ungeeignet, um das eigene Interesse durchzusetzen.

Der entscheidende Unterschied liegt darin, dass den Arbeitnehmern nun ein Druckmittel an die Hand gegeben wird, um die Verhandlungsbereitschaft zu erzwingen. Das oben festgestellte Verhandlungsungleichgewicht kann damit ausgeglichen werden. Es obliegt nun nicht mehr ausschließlich allein der Strategieführung der Leitungen, echte Mitbestimmungsverhandlungen zu führen. Tatsächlich

1163 Die Festlegung des Gewinns auf 5 wird damit begründet, dass die Arbeitgeberseite sich weder vollständig dem Willen der Arbeitnehmer beugen muss, noch dass sie ein Verlust der Entscheidungsmacht fürchten muss.

läge das Gleichgewicht der Strategien für beide Parteien darin, selbst ernsthafte Mitbestimmungsvereinbarungen zu führen.

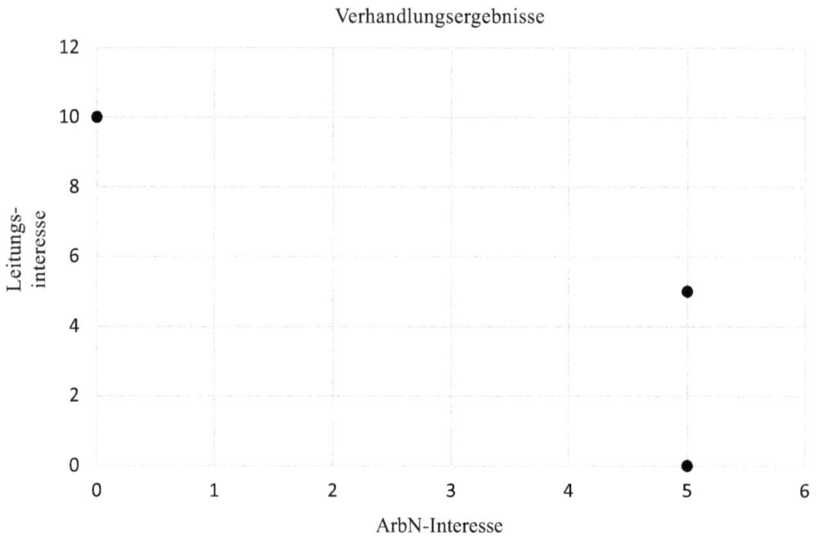

Abb. 9: Darstellung der Verhandlungsmenge unter Androhung einer Einigungsstelle

c) Erkenntnisse zum Einsatz einer Einigungsstelle

Die Veranschaulichung zeigt deutlich, dass die Verhandlungen im ersten Beispiel eine deutliche Unwucht zu Lasten der Arbeitnehmer aufweisen. Ein anderes Verhandlungsergebnis als die befürchtete Mitbestimmungsfreiheit ist bei realitätsnaher Betrachtung nicht zu erwarten.

Betrachtet man hingegen das Gedankenspiel unter Einbeziehung einer Einigungsstelle, so entfaltet sich dadurch erst das wirkliche Potenzial der Verhandlungslösung. Die Verhandlungsmenge in Abbildung 9 im Vergleich zu Abbildung 7 zeigt deutlich, dass durch die Einführung einer Einigungsstelle eine Streuung der Verhandlungsergebnisse erzielt werden kann. Die Einführung eines Einigungsstellen- oder Schlichtungsverfahrens scheint damit im Grundsatz ein probates Mittel, um die Funktionalität der Europäischen Verhandlungslösung zu gewährleisten.

III. Einführung einer Einigungsstelle

Die Zuhilfenahme von Schlichtungs- und Einigungsstellen ist dem deutschen Recht nicht fremd. Es finden sich bereits heute eine Vielzahl solcher Schlichtungsverfahren in der deutschen Rechtsordnung. Auch das deutsche betriebliche Mitbestimmungsrecht kennt bereits ein solches Einigungsstellenverfahren. Im

Betriebsverfassungsrecht äußern sich die Mitbestimmungsrechte häufig in Verhandlungssituationen. Die Arbeitnehmer sollen die Möglichkeit haben, durch ihre Diskussions- und Überzeugungskraft die Entscheidung der Arbeitgeber zu beeinflussen.[1164] Das BetrVG kennt verschiedene Arten der Einigungsstellenverfahren (1). Diese sind je nach ihrer Mitbestimmungsintensität mehr oder weniger mit der Verhandlungssituation bei grenzüberschreitenden Mitbestimmungsverhandlungen vergleichbar (2).

1. *Grundzüge der Einigungsstelle des BetrVGs*

Die Einigungsstelle im BetrVG ist eine Institution betrieblicher Schlichtung, die aufgrund ihrer Zwecksetzung eine Art Sondergericht darstellt, da sie mit ihrem Spruch über Konflikte entscheiden kann.[1165] Sie dient dazu, Regelungsstreitigkeiten beizulegen, die sich aus der Nichtbeachtung der Grundsätze des BetrVG ergeben.[1166] Ziel der Einschaltung einer Einigungsstelle ist es, Lösungen zu erarbeiten, um die in Rede stehenden Maßnahmen nicht zu lange zu blockieren.[1167] Die Einigungsstelle bildet einen Kontrollmechanismus in Form einer übergeordneten Instanz, um Konflikte in den Verhandlungen beizulegen.[1168] Dieser Mechanismus soll das letzte Glied im betrieblichen Verhandlungsverfahren darstellen.[1169] Dabei bildet die Einigungsstelle jedoch keine Endstation der Kooperation, sondern soll die Schlichtung entgegengesetzter Interessen der Verhandlungspartner ermöglichen.[1170] Sie ist ein Mittel, das Gebot der vertrauensvollen Zusammenarbeit zu verwirklichen[1171] und bietet gleichsam Raum für kreative Lösungsansätze.[1172] Nach wie vor soll die Einigung vorrangig durch Verhandlungen der Parteien gefunden werden.[1173] Wo die Parteien diese Einigung nicht selbst zu Stande bringen, soll die

---

1164 Das BetrVG schreibt dem Betriebsrat häufig Beratungsrechte zu. Der Arbeitgeber hat das in Rede stehende Anliegen mit dem Betriebsrat zu besprechen und ihn anzuhören Vgl. nur *Preis*, in: Wlotzke/Preis/Kreft BetrVG, § 1 Rn. 5.

1165 *Galperin*, Das BetrvG von 1972, S. 140; *Oechsler*, in: Batölke/Kapller/Laske/Nieder Arbeitsqualität in Organisationen, S. 137; *Schönfeld*, Das Verfahren vor der Einigungsstelle, S. 38.

1166 *Janzen*, Die Einigungsstelle nach dem Betriebsverfassungsgesetz, S. 5.

1167 *Janzen*, Die Einigungsstelle nach dem Betriebsverfassungsgesetz, S. 6.

1168 *Oechsler/Schönfeld*, Die Einigungsstelle als Konfliktlösungsmechanismus, S. 3.

1169 *Fitting/Engels/Schmidt/Trebbiner/Linsenmaier*, BetrVG, § 76 Rn. 1.

1170 *Schönfeld*, Das Verfahren vor der Einigungsstelle, S. 24 ff.; *Borgmann*, Reformgesetz in der Bewährung, S. 69 f. und 229 ff.; *Oechsler/Schönfeld*, Die Einigungsstelle als Konfliktlösungsmechanismus, S. 3; *Müller-Boruttau*, BB 2020, 116, 121.

1171 *Bischoff*, Die Einigungsstelle im Betriebsverfassungsrecht, S. 33.

1172 *Tschöpe*, NZA 2004, 945, 945.

1173 *Janzen*, Die Einigungsstelle nach dem Betriebsverfassungsgesetz, S. 13.

Anrufung der Stelle eine friedliche Übereinkunft ermöglichen.[1174] Ruft eine der Seiten die Einigungsstelle an, erklärt sie damit nicht das Ende der Verhandlungen, sondern konstatiert lediglich, dass ein Konflikt vorliegt, dessen Ausräumung den Parteien auf bisherigem Verhandlungswege nicht gelingt.[1175] Überdies wird der Arbeitgeber gezwungen, in einer neutralen Atmosphäre die Gründe seiner geplanten Maßnahme rational darzulegen.[1176] Die Einigungsstelle fungiert somit auf erster Stufe als Hilfsinstitution, um Meinungsverschiedenheiten selbst beizulegen.[1177] Erst wenn dies keinen Erfolg hat, kommt ihr eine Ersatzfunktion zu, im Rahmen derer ihr Spruch die Einigung der Betriebsparteien ersetzt.[1178] Unterschieden werden muss jedoch, in welchem Bereich die Betriebsparteien im Einzelfall verhandeln. Das BetrVG unterscheidet zwischen dem sogenannten freiwilligen Einigungsstellenverfahren (a) und dem erzwingbaren Einigungsstellenverfahren (b). Eine besondere Stellung nimmt das Einigungsverfahren bei der betrieblichen Mitbestimmung im Hinblick auf den Interessenausgleich ein (c)

a) Freiwilliges Einigungsstellenverfahren

Im freiwilligen Verfahren wird die Einigungsstelle nur mit dem Einverständnis beider Parteien tätig. Sein Anwendungsbereich erstreckt sich auf Meinungsverschiedenheiten in solchen Verfahren, die sich im Bereich von Mitwirkungsrechten des Betriebsrates abspielen.[1179] Gegenstand des freiwilligen Verfahrens können alle Fragen sein, die in die Zuständigkeit des Betriebsrates und gleichsam in die Verfügungsbefugnis der Betriebsparteien fallen.[1180] Es dient dem Ziel, rechtlich bedeutsame Konflikte unter den Betriebsparteien beizulegen.[1181]

Das Verfahren wird nur ausgelöst, wenn Arbeitgeber- und Arbeitnehmerseite dies beantragen oder zumindest damit einverstanden sind.[1182] Eine einmal

1174 *Oechsler/Schönfeld,* Die Einigungsstelle als Konfliktlösungsmechanismus, S. 3.

1175 *Oechsler/Schönfeld,* Die Einigungsstelle als Konfliktlösungsmechanismus, S. 5.

1176 *Göpfert/Krieger,* NZA 2005, 254, 255.

1177 *Lepke,* BB 1977, 49, 49; *Herschel,* DB 1982, 1984, 1984; *Kreutz,* SAE 1982, 220, 226; *Heinze,* RdA 1990, 262, 264.

1178 *Fiebig,* Der Ermessensspielraum der Einigungsstelle, S. 52. Vgl. zu den zahlreichen Nebenfunktionen *Fiebig,* Der Ermessensspielraum der Einigungsstelle, S. 54 ff.

1179 Namentlich handelt es sich hierbei um Anhörungs-, Beratungs- und Vorschlagsrechte. Konflikte können in diesen Fällen auch nicht abschließend durch Anrufung des Arbeitsgerichts geklärt werden, vgl. *Preis,* in: Wlotzke/Preis/Kreft BetrVG § 76 Rn. 8

1180 *Fitting/Engels/Schmidt/Trebbiner/Linsenmaier,* BetrVG § 76 Rn. 110; *Worzalla,* in: Hess BetrVG § 76 Rn. 14.

1181 *Worzalla,* in: Hess BetrVG § 76 Rn. 14; *Richardi/Maschmann,* in: Richardi BetrVG § 76 Rn. 36.

1182 § 76 Abs. 6 S. 1 BetrVG.

erklärte Zustimmung zu den weiterführenden Verhandlungen ist jederzeit frei widerruflich.[1183] Weiterhin ist der Spruch der Einigungsstelle im freiwilligen Verfahren nicht zwingend, sondern ersetzt nur dann eine Einigung zwischen den Sozialpartnern, wenn sich diese dem Spruch im Voraus unterwerfen oder nach dem Verfahren annehmen.[1184] Im Übrigen hat der Spruch der Einigungsstelle nur Vorschlagscharakter.[1185] Im freiwilligen Einigungsstellenverfahren besteht damit weder ein Einlassungs- noch ein Einigungszwang.[1186]

b) Erzwingbares Einigungsstellenverfahren

Davon abweichend kennt das BetrVG aber auch solche Mitbestimmungsrechte, die im erzwingbaren Verfahren vor die Einigungsstelle gebracht werden können. Hierbei handelt es sich um echte Mitbestimmungsrechte, die eine zwingende Mitbestimmung des Betriebsrats vorsehen. Der Arbeitgeber ist auf die Mitwirkung des Betriebsrates angewiesen.[1187] Diese Fälle sind gesetzlich festgeschrieben.[1188] In diesen Verfahren ersetzt der Spruch der Einigungsstelle die Einigung der Parteien und ist damit für die Betriebspartner verbindlich.[1189] Keine der beiden Seiten kann eine Mitwirkung an der Einberufung der Einigungsstelle verweigern.[1190] Daher kann das Verfahren auch bereits auf Antrag einer Seite eingeleitet werden.[1191] Beim erzwingbaren Einigungsstellenverfahren handelt es sich um eine Zwangsschlichtung.[1192]

1183 *Preis*, in: Wlotzke/Preis/Kreft BetrVG § 76 Rn. 8; *Fitting/Engels/Schmidt/Trebbiner/Linsenmaier*, BetrVG § 76 Rn. 107.

1184 Vgl. § 76 Abs. 6 S. 2 BertVG. Vgl. dazu *Werner*, in: BeckOK Arbeitsrecht, Stand 01.06.2022, BetrVG § 76 Rn. 7 f.; *Kania*, in: ErfK Arbeitsrecht, BetrVG § 76 Rn. 2; *Richard/Maschmann*, in: Richardi BetrVG § 76 Rn. 40.

1185 *Richardi/Maschmann*, in: Richardi BetrVG § 76 Rn. 40.

1186 *Richard/Maschmann*, in: Richardi BetrVG § 76 Rn. 38 f.

1187 *Fitting/Engels/Schmidt/Trebbiner/Linsenmaier*, BetrVG § 76 Rn. 95.

1188 So beispielsweise die Aufstellung und den Inhalt eines Sozialplans nach § 112 Abs. 3 BetrVG oder die Änderung des Arbeitsablaufs und der Arbeitsumgebung nach § 91 BetrVG. Vgl. nur *Werner*, in: BeckOK Arbeitsrecht, Stand 01.06.2022, BetrVG § 76 Rn. 3 f. Dieser Katalog kann durch Tarifvertrag erweitert werden, vgl. BAG v. 9.05.1995 NZA 1996, 156. Eine Übersicht findet sich bei *Preis*, in: Wlotzke/Preis/Kreft BetrVG § 76 Rn. 11.

1189 § 76 Abs. 5 BetrVG. Vgl. *Preis*, in: Wlotzke/Preis/Kreft BetrVG § 76 Rn. 11; *Fitting/Engels/Schmidt/Trebbiner/Linsenmaier*, BetrVG § 76 Rn. 133.

1190 *Kania*, in: ErfK Arbeitsrecht, BetrVG § 76Rn. 4.

1191 § 76 Abs. 5 S. 1 BetrVG.

1192 BVerfG v. 18.10.1986 EzA § 76 BetrVG 1972 Nr. 38; dazu *Richard/Maschmann*, in: Richardi BetrVG § 76 Rn. 23; *Werner*, in: BeckOK Arbeitsrecht, Stand 01.06.2022, BetrVG § 76Rn. 4.

c) *Sonderfall des § 111 BetrVG*

Eine Sonderstellung nimmt in diesem Gefüge die Mitbestimmung beim sogenannten Interessenausgleich ein. Unter diesem Interessenausgleich versteht man grundsätzlich eine Einigung zwischen dem Unternehmer und dem Betriebsrat über eine geplante Betriebsänderung.[1193]

Gegenstand der Verhandlungen zur Findung eines Interessenausgleichs sind die Fragen, ob, wann und in welcher Weise eine vom Unternehmen geplante Betriebsänderung stattfinden soll.[1194]

Der Betriebsrat muss demnach nicht nur über die Maßnahme rechtzeitig und umfassend unterrichtet werden, sondern auch über sie beraten.[1195] Der Interessenausgleich ist dem Grunde nach nur Gegenstand der freiwilligen Mitbestimmung.[1196] Der Spruch der Einigungsstelle kann die Einigung damit auch nicht ersetzen.[1197] Beachtlich ist jedoch, dass die Initiativlast zum Abschluss eines Interessenausgleichs beim Arbeitgeber liegt.[1198] Er muss sich um die Verhandlungen bemühen und diese wiederum mit dem ernsthaften Willen zur Einigung führen.[1199] Dies erfordert, dass ein Interessenausgleich wirklich versucht wird.[1200] Nimmt der Arbeitgeber diese Bemühungen nicht ernst genug und unterlässt er den ernsthaften Versuch, einen Interessenausgleich zu erreichen, sieht er sich wiederum den Folgen eines Nachteilsausgleichs aus § 113 Abs. 3 BetrVG ausgesetzt.[1201] Nach

---

1193 *Annuß*, in: Richardi BetrVG § 76 Rn. 13. Was unter einer solchen Betriebsänderung zu verstehen ist, regelt § 111 S. 2 BetrVG: Einschränkung und Stilllegung des ganzen Betriebs oder von wesentlichen Betriebsteilen, Verlegung des ganzen Betriebs oder von wesentlichen Betriebsteilen, Zusammenschluss mit anderen Betrieben oder die Spaltung von Betrieben, grundlegende Änderungen der Betriebsorganisation, des Betriebszwecks oder der Betriebsanlagen, Einführung grundlegend neuer Arbeitsmethoden und Fertigungsverfahren. Ausführlich zur Einigungsstelle in diesen Fällen *Friedemann*, Das Verfahren der Einigungsstelle für Interessenausgleich und Sozialplan.

1194 BAG v. 27.10.1987 NZA 1988, 203, 205; BAG v. 28.09.1988 NZA 1989, 186, 187; BAG v. 20.04.1994 NZA 1995, 89, 90.

1195 *Fitting/Engels/Schmidt/Trebbiner/Linsenmaier*, BetrVG § 112, 112a Rn. 13 f.

1196 *Preis/Bender*, in: Wlotzke/Preis/Kreft BetrVG § 112 Rn. 6; *Fitting/Engels/Schmidt/Trebbiner/Linsenmaier*, BetrVG § 112, 112a Rn. 21.

1197 *Fitting/Engels/Schmidt/Trebbiner/Linsenmaier*, BetrVG § 112, 112a Rn. 21.

1198 BAG v. 24.01.1996 NZA 1996, 1107, 1109.

1199 *Preis/Bender*, in: Wlotzke/Preis/Kreft BetrVG § 112 Rn. 9.

1200 *Fitting/Engels/Schmidt/Trebbiner/Linsenmaier*, BetrVG § 112, 112a Rn. 12. Näher zur Frage, wann diese Pflicht erfüllt ist: *Fitting/Engels/Schmidt/Trebbiner/Linsenmaier*, BetrVG § 113 Rn. 13–20.

1201 *Preis/Bender*, in: Wlotzke/Preis/Kreft BetrVG § 112 Rn. 9; *Fitting/Engels/Schmidt/Trebbiner/Linsenmaier*, BetrVG § 112, 112a Rn. 22.

diesem muss er den Arbeitnehmern die aus der Maßnahme resultierenden individualrechtlichen Folgen finanziell ausgleichen.[1202]

Stocken die Verhandlungen um einen Interessenausgleich, so gibt es zum einen die Möglichkeit, den Vorstand der Bundesagentur für Arbeit um Vermittlung zu ersuchen.[1203] Zum anderen kann wiederum die Einigungsstelle angerufen werden.[1204] Unterlässt der Arbeitgeber es, eine Einigung durch die Einigungsstelle herbeizuführen, so hat er keinen ausreichenden Versuch unternommen, einen Ausgleich zu finden. Dann ist er verpflichtet, Nachteilsausgleichsansprüche an die Arbeitnehmer zu zahlen.[1205] Für die Arbeitgeberseite ist die Anrufung der Einigungsstelle in diesen Fällen eine Obliegenheit.[1206]

2. Übertragung auf die Mobilitätsrichtlinie

Weiterhin stellt sich die Frage, ob sich der Effekt der Einigungsstelle auch auf die Mobilitätsrichtlinie übertragen lässt. Doch nur, wenn die allgemeinen Erwägungen (a), die dafür sprechen, auch im Einklang mit der Richtlinie stehen, könnte eine solche Einigungsstelle bei Umsetzung der Mobilitätsrichtlinie eingeführt werden (b). Schließlich müssten die Mitgliedstaaten dazu auch berechtigt sein, das Verhandlungsverfahren um eine derartige Regelung zu ergänzen (c).

a) Allgemeine Erwägungen

Der eigentliche Sinn der Einigungsstelle liegt nicht im streitbeilegenden Spruch durch die Stelle selbst. Er liegt in der Schaffung eines Druckmittels.[1207] Die Erfahrung zeigt, dass die Arbeitgeberseite schneller bereit ist, Kompromisse zu schließen, wenn ihr die Anrufung der Einigungsstelle droht.[1208] Bereits die Tatsache, dass es einen Weg gibt, zügig zu einer Entscheidung zu gelangen, übt Druck auf den Arbeitgeber aus.[1209] Anders als in der Verhandlungssituation zwischen den Betriebsparteien sehen sich diese vor der Einigungsstelle – zumindest was das erzwingbare Verfahren angeht – einer gewissen Unwägbarkeit der Entscheidung

---

1202 *Fitting/Engels/Schmidt/Trebbiner/Linsenmaier*, BetrVG § 113 Rn. 1.

1203 *Preis/Bender*, in: Wlotzke/Preis/Kreft BetrVG § 112, 112a Rn. 10; *Annuß*, in: Richardi BetrVG, § 112 Rn. 23; *Fitting/Engels/Schmidt/Trebbiner/Linsenmaier*, BetrVG § 112, 112a Rn. 27 ff.

1204 *Preis/Bender*, in: Wlotzke/Preis/Kreft BetrVG § 112, 112a Rn. 11; *Fitting/Engels/Schmidt/Trebbiner/Linsenmaier*, BetrVG § 112, 112a Rn. 32 ff.

1205 BAG v. 9.07.1985 NZA 1986, 100; v. 20.11.2001 NZA 2002, 992, 993.

1206 BAG v. 20.11.2001 NZA 2002, 992, 993.

1207 *Janzen*, Die Einigungsstelle nach dem Betriebsverfassungsgesetz, S. 14.

1208 *Janzen*, Die Einigungsstelle nach dem Betriebsverfassungsgesetz, S. 13.

1209 *Janzen*, Die Einigungsstelle nach dem Betriebsverfassungsgesetz, S. 13 f.

ausgesetzt. Die Unberechenbarkeit, die Entscheidungsmacht zu verlieren, birgt einen Zwang zur Einigung in sich.[1210]

Darin ist ein Vorteil des Mechanismus zu sehen: Die Parteien werden es in der Praxis vorziehen, die Entscheidungen selbst zu treffen und sich zu einigen, als zu riskieren, dass die Verhandlungen in die Hände der Einigungsstelle fallen. In freien Verhandlungen müssen die Beteiligten keine Unsicherheiten in Kauf nehmen.[1211] Die Drohung mit der Anrufung der Einigungsstelle schwebt damit wie ein ständiges „Damoklesschwert" über den Verhandlungen, wodurch die Kompromissbereitschaft gesteigert wird.[1212] Neben der Ungewissheit und Unwägbarkeit bezüglich des Ausgangs des Verfahrens fürchten die Parteien im erzwingbaren Mitbestimmungsverfahren den Verlust der Entscheidungsmacht.[1213] Eine Rolle spielt auch ein möglicher Imageverlust, den der Arbeitgeber durch seine fehlende Verhandlungsbereitschaft riskiert.[1214] Zuletzt fürchtet die Arbeitgeberseite wohl auch den zusätzlichen Kosten- und Zeitaufwand.[1215]

Diese Interessenlage führt dazu, dass es in der betrieblichen Praxis kaum zur Anwendung des Einigungsstellenverfahrens kommt.[1216] Die Häufigkeit der Einigungsstellenverfahren ist eher gering.[1217] Die Anwendung des Verfahrens wird als Ultima Ratio behandelt.[1218] Dass diese Praktikabilität sich nicht nur rechtstheoretisch gut lesen lässt, sondern auch in der Praxis funktioniert, zeigt die Sammlung der Einschätzung von Betriebspraktikern.[1219] Diese bemängeln weitgehend nur den Kosten- und Zeitaufwand. Die Funktionalität zur Konfliktlösung und Kompromissfindung wird hingegen nicht in Frage gestellt.[1220]

1210 *Oechsler/Schönfeld,* Die Einigungsstelle als Konfliktlösungsmechanismus, S. 97. Treffend nannten diese das Verfahren ein „Verfahren, das wegen seiner Nichtberechenbarkeit den Zwang zur Einigung in sich birgt und insoweit möglicherweise erfolgreich ist.".

1211 *Göpfert/Krieger,* NZA 2005, 254, 256.

1212 Dieses Bild schon gebrauchend: *Fiebig,* Der Ermessensspielraum der Einigungsstelle, S. 65; *Moll,* Die Mitbestimmung des Betriebsrats beim Entgelt, S. 208.

1213 *Fiebig,* Der Ermessensspielraum der Einigungsstelle, S. 65.

1214 *Fiebig,* Der Ermessensspielraum der Einigungsstelle, S. 67.

1215 Vgl. dazu im BetrVG *Fiebig,* Der Ermessensspielraum der Einigungsstelle, S. 66.

1216 Eine ausführliche empirische Analyse nehmen *Oechsler/Schönfeld* im Jahre 1989 vor. So betrug der Anteil der erfassten Betriebe gerade mal 15, 76 %, die bereits ein Einigungsstellenverfahren durchliefen. (S. 16). *Oechsler/Schönfeld,* Die Einigungsstelle als Konfliktlösungsmechanismus, S. 12 ff.

1217 *Fiebig,* Der Ermessensspielraum der Einigungsstelle, S. 43; *Knuth,* BABl. 1983, 8, 12.

1218 *Niedenhoff,* Praxis und Verbesserungsmöglichkeiten der betrieblichen Mitbestimmung, S. 36.

1219 Eine Zusammenfassung von Befragungen von Betriebspraktikern findet sich bei *Oechsler/Schönfeld,* Die Einigungsstelle als Konfliktlösungsmechanismus, S. 97.

1220 *Oechsler/Schönfeld,* Die Einigungsstelle als Konfliktlösungsmechanismus, S. 97.

Die Übertragung dieser Effekte auf die Verhandlungssituationen zur Mitbestimmung nach einer Umwandlungsmaßnahme erscheint dem Grunde nach vielversprechend. Auch hier könnten die aufgeführten Erwägungen dazu führen, dass dem Gebot der ernsthaften Verhandlungen entsprechend nachgekommen wird. Zu beachten ist in diesem Zusammenhang aber, dass die Wirkung eines solchen Verfahrens mit dem Richtlinientext zu vereinbaren sein müsste.

b) Denkbare Art des Einigungsverfahrens

Zu untersuchen ist daher, ob sich diese Erwägungen auch für die Mobilitätsrichtlinie übertragen lassen. Dabei muss jedoch nach der Natur der denkbaren Schlichtungsverfahren unterschieden werden. So erzeugt ein erzwingbares Verfahren andere Effekte als ein optionales Einigungsverfahren.

i) Erzwingbares Verhandlungsergebnis

Gegen die Einführung eines Einigungsstellen- bzw. Schlichtungsverfahrens könnte im Allgemeinen sprechen, dass daraus ein Einigungszwang erwachsen könnte.[1221] In den Fällen, in denen das BetrVG ein zwingendes Einigungsstellenverfahren vorsieht, kommt es im Ernstfall zur Zwangsschlichtung.[1222] Ein solcher Einigungszwang verbietet sich jedoch für die Mitbestimmungsverhandlungen der Mobilitätsrichtlinie. Aus den Erwägungsgründen geht eindeutig hervor, dass für das Umwandlungsverfahren lediglich „Verhandlungen" zur Mitbestimmung stattfinden müssen. Ein Ergebnis – ganz abgesehen von der Frage, was überhaupt ein taugliches Ergebnis wäre – wird gerade nicht gefordert.[1223] Weiterhin wird in der Richtlinie die Zielsetzung der Förderung von erfolgreichen Verhandlungsabschlüssen zu Grunde gelegt.[1224] Aus den obligatorischen Verhandlungen einen damit einhergehenden Einigungszwang abzuleiten würde den Wortlaut überdehnen. Der Europäische Gesetzgeber wollte wohl vielmehr die Wichtigkeit der ernsthaften Verhandlungen betonen. Darüber hinaus wäre ein Einigungszwang nicht mit dem Grundsatz der Parteiautonomie vereinbar: Ein Ergebnis, das nicht vom Willen beider Parteien getragen ist, kann wohl nicht als „Vereinbarung" im Sinne der Richtlinie zu sehen sein.

1221 So geschah dies beispielsweise für die Diskussion um einen Verhandlungsanspruch im Tarifvertragsrecht. Vgl. dazu BAG v. 23.04.1957 AP TVG § 1 Nr. 1 Verhandlungspflicht; *Löwisch/Rieble*, in: Löwisch/Rieble TVG, § 1 Rn. 1489; *Brox*, in: Brox/Rüthers, Arbeitskampfrecht, Rn. 706.

1222 BVerfG EzA § 76 BetrVG 1972 Nr. 38; dazu *Richard/Maschmann*, in: Richardi BetrVG § 76 Rn. 23; *Werner*, in: BeckOK Arbeitsrecht, Stand 01.06.2022, BetrVG § 76 Rn. 4.

1223 ErwGr. 31 MobilitätsRL.

1224 ErwGr. 32 MobilitätsRL.

ii) Freiwilliges Einigungsstellenverfahrens

Mit der Ausgestaltung des Richtlinientextes lässt sich, wenn überhaupt, nur ein freiwilliges Einigungsstellenverfahren in Einklang bringen. Bei ihrer Anrufung droht den Unternehmen zwar ein höherer Aufwand in finanzieller und zeitlicher Hinsicht. Wirklich sicherstellen, dass die erforderliche Verhandlungsbereitschaft aufkommt, kann das freiwillige Verfahren hingehen nicht. Offenkundig ist, dass der Effekt einer Einigungsstelle größer wäre, wenn eine Ausgestaltung ähnlich dem erzwingbaren Verfahren im BetrVG möglich wäre, statt nur ein freiwilliges Verfahren einzuführen. Damit wird auch das Ergebnis der spieltheoretischen Betrachtung eingeschränkt.[1225] Müssten die Unternehmensleitungen fürchten, die Entscheidungsmacht tatsächlich aus der Hand zu geben, wären die Effekte der Einigungsstelle deutlicher.

Mit einem freiwilligen Verfahren würde gerade kein Einigungszwang einhergehen. Gefördert werden würde damit dennoch, dass sich beide Parteien ernsthaft mit den Verhandlungen befassen und grundsätzlich die Bereitschaft aufweisen, zu einer Einigung zu gelangen. Tun sie das nicht, hätte dies in mitbestimmungsrechtlicher Hinsicht keine echten Sanktionen zur Folge. Einen Anreiz ernsthaft zu verhandeln, schaffen jedoch die Schädigung der öffentlichen Meinung, die zusätzlichen Kosten und eine Verzögerung des Verfahrens. Dieselbe Wirkung wie ein erzwingbares Mitbestimmungsverfahren kann dies keinesfalls erzeugen. Doch genügt es als Anstoß, die Verhandlungen ernster zu nehmen.

Nehmen die Unternehmensleitungen die Vorschläge der Einigungsstelle nicht an, könnte das Registergericht dies in seine Missbrauchsprüfung mit einstellen.[1226] Damit würde die mangelnde Verhandlungsbereitschaft das tatsächliche Scheitern des Umwandlungsverfahrens riskieren.

Der Sinn der Einigungsstelle liegt gerade darin, die Verhandlungen fortzuführen. Der Sinn der Verhandlungen ist es wiederum, im Gespräch eine individuelle Lösung für die Mitbestimmung in der künftigen Gesellschaft zu finden.[1227] Diese Stelle könnte Kompromisse und Schlichtung erzeugen, ohne einen Zwang zur Einigung in sich zu tragen. Sie wäre mehr als weitere Stufe der Verhandlungen zu betrachten. Sperrt sich eine Seite der Verhandlungen, könnte die Einigungsstelle zu Rate gezogen werden. Denn Ausfluss des Verhandlungsanspruchs ist, dass der

---

1225 Vgl. dazu die spieltheoretische Untersuchung unter II.2 unter der Annahme, dass die Unternehmensleitungen bei Anrufung der Stelle nicht nur Nachteile in finanzieller und zeitlicher Hinsicht in Kauf nehmen müssen, sondern tatsächlich um den Verlust ihrer Entscheidungsmacht fürchten.

1226 Vgl. zur Missbrauchskontrolle unter D.

1227 So der Gedanke der *Davignon*-Gruppe. Vgl. BR-Drucks. 572/97 (Fn. 212), S. 10.

soziale Gegenspieler das erforderliche Verhandlungsverhalten an den Tag legt und sich um eine ernsthafte Einigung bemüht.[1228]

iii) Anlehnung an den Versuch zur Einigung bei Interessenausgleichen

Gerade dieses Verhandlungsverhalten könnte über die Anforderung, im Konfliktfall eine Einigungsstelle anzurufen, gefördert werden. Bei Einigungsverfahren im Zusammenhang mit Interessenausgleichen existiert bereits eine solche verfahrenstechnische Sicherung der Verhandlungspflicht. Der Arbeitgeber erfüllt seine Konsultationspflicht nur ausreichend, wenn er ein Einigungsstellenverfahren anstrebt und durchführt. Nur dann gilt der Interessenausgleich tatsächlich als versucht.[1229] In diesem Zusammenhang sichert die Einigungsstelle, dass das an sich freiwillige Verfahren zu einer tatsächlichen Bedingung wird, wenn der Arbeitgeber keine nachteiligen Folgen riskieren will. Gerade dieser Sicherungsmechanismus wäre auch aufgrund der Parallelität der Verhandlungssituationen auf die Mobilitätsrichtlinie übertragbar. So könnte eine Mitbestimmungsverhandlung nur dann als versucht und damit im Sinne eines ernsthaften Verhandlungswillen geführt anzusehen sein, wenn die Unternehmensleitungen im Falle einer Nichteinigung ein dem freiwilligen Einigungsstellenverfahren nachgebildetes Verfahren durchführen. Erst wenn dieses Verfahren durchgeführt wurde, hätten die Unternehmensleitungen die Verhandlungen ernsthaft versucht und könnten ein Scheitern derselben feststellen. Erst dann könnte eine Eintragung im Zuzugsstaat erfolgen.

c) Richtlinienkonformität eines freiwilligen Einigungsstellenverfahrens

Ausgehend von dieser Betrachtung gilt es zu untersuchen, ob der nationale Gesetzgeber ermächtigt wäre ein solches Schlichtungsverfahren einzuführen, um die Richtlinie umzusetzen. In mitbestimmungsrechtlicher Hinsicht gibt die Richtlinie den Mitgliedstaaten verschiedene Handlungsermächtigungen an die Hand. Neben der allgemeinen Pflicht aus Art. 2 der Änderungsrichtlinie, geeignete Maßnahmen und Sanktionen für Verstöße gegen das Verfahren der Richtlinie einzuführen, verweisen die Mitbestimmungsvorschriften des Art. 86l und Art. 160l auf die SE-RL. Durch die Inbezugnahme des Art. 12 SE-RL trifft die Mitgliedstaaten bei Umsetzung der Mitbestimmungsvorschriften die Pflicht, dafür Sorge zu tragen, dass alle am Verfahren Beteiligten ihren Verpflichtungen nachkommen.[1230] So könnte über Art. 12 SE-RL eine wirksame Schutzmaßnahme in Form einer freiwilligen

---

1228 So auch schon für die Problematik im Zusammenhang mit dem Verhandlungsanspruch im Tarifvertragsrecht: *Hottgenroth,* Die Verhandlungspflicht der Tarifvertragsparteien, S. 149.

1229 *Preis/Bender,* in: Wlotzke/Preis/Kreft BetrVG § 112, 112a Rn. 11; *Fitting/Engels/Schmidt/Trebbiner/Linsenmaier,* BetrVG § 112, 112a Rn. 32 ff.

1230 Vgl. dazu bereits im 3 Teil unter § 5 D.I.

Einigungsstelle geschaffen werden, welche die Durchführung des Verhandlungsmaßstabes sichert.[1231]

Art. 12 SE-RL überträgt den Mitgliedstaaten die Pflicht, dafür Sorge zu tragen, dass die Richtlinie von allen Beteiligten eingehalten wird. Nach dem Absatz 1 muss der nationale Gesetzgeber sicherstellen, dass alle Organe ihren Pflichten aus der SE-Richtlinie nachkommen. Durch die Inbezugnahme der Vorschrift treffen den nationalen Gesetzgeber bei der Umsetzung der Mobilitätsrichtlinie dieselben Aufgaben. Absatz 1 dient insoweit der Sicherstellung aller sich aus dem Umwandlungsverfahren ergebenden Verfahrenspflichten. Absatz 2 Halbs. 1 ergänzt diese Sicherstellung um die Pflicht, geeignete Maßnahmen für den Fall der Nichteinhaltung einzuführen. Nach dem Halbs. 2 müssen dafür auch Verwaltungs- oder Gerichtsverfahren bestehen, welche die Verpflichtungen aus der Richtlinie durchsetzen können.

Zu klären bleibt, ob ein freiwilliges Schlichtungsverfahren als „Maßnahme" im Sinne des Art. 12 SE-RL richtlinienkonform wäre. Im Zusammenhang mit der im Wortlaut zu Art. 12 SE-RL sehr ähnlichen Regelung in Art. 8 Anhörungs- und Unterrichtungsrichtlinie wurde eine Zwangsschlichtung abgelehnt, nicht mal ein einfaches Einigungsverfahren sei mit der Richtlinie in Einklang zu bringen.[1232] Begründet wird dies damit, dass Verpflichtungen, die über eine reine Beratung hinausgehen, eine unzulässige Beschränkung der unternehmerischen Freiheit darstellen.[1233] Auch für die SE-Richtlinie wurde ein Schlichtungsverfahren in der Vergangenheit abgelehnt, da das BVG und die Arbeitgeberseite die bestmögliche Zusammensetzung sei, um eine Einigung zu erzielen.[1234]

Gleich ist den Richtlinien, dass die Einigung nach ihren Wortlauten jeweils nur versucht werden muss.[1235] In dem Moment, in dem eine Einigungsstelle angerufen werden könnte, könnten die Verhandlungen in der Regel bereits gescheitert sein.[1236] Mehr als der Versuch, der wiederum mit dem Scheitern der Einigung endet, wird vom Richtlinientext nicht gefordert. Um diese Anforderungen zu erfüllen, bedarf es eines qualifizierten Dialogs.[1237] Erforderlich ist eine ernsthafte

1231 Aufgrund der Beweisschwierigkeiten des subjektiven Elements erweist sich dies im Vergleich zu Art. 11 SE-RL als Vorteil für die Rechtssicherheit.

1232 *Bauer/Krieger*, BB 2010, 53, 55; *Weber*, in: Fanzen/Gallner/Oetker, Europäisches Arbeitsrecht RL 2002/14/EG Art. 4 Rn. 22.

1233 EuGH v. 7.9.2006, Agorastoudis u.a./Goodyear Hellas ABEE, C187/05 – C190/05, Slg. I 2006, 7790 Rn. 35; *Weber*, AuR 2008, 365, 379.

1234 *Benker*, Die Gestaltung der Mitbestimmung in der Europäischen Aktiengesellschaft, S. 115.

1235 Ein Einigungszwang besteht dahingehend nicht. Vgl. für die Massenentlassungsrichtlinie schon (Fn. 1071) sowie für die Unterrichtungs- und Anhörungsrichtlinie (Fn. 1085).

1236 *Klumpp*, NZA 2006, 703, 706.

1237 *Riesenhuber*, Europäisches Arbeitsrecht, § 27 Rn. 21.

Auseinandersetzung mit den Arbeitnehmervertretern sowie deren Vorschlägen[1238] und dem Streben nach Abschluss einer Vereinbarung.[1239] Da der Wortlaut von Art. 8 Anhörungs- und Konsultationsrichtlinie dem in der Mobilitätsrichtlinie in Bezug genommenen Art. 12 SE-RL auffällig gleicht, könnte davon auszugehen sein, dass hier keine anderen Verfahrensmaßstäbe anzusetzen sind. Doch wann die Verhandlungen als gescheitert anzusehen sind, lässt die Richtlinie gerade offen. Die Maßstäbe eines ernsthaften Verhandlungsversuchs werden demnach in richtlinienkonformer Auslegung durch nationale Umsetzung und Rechtsprechung gesetzt.

Wenn man bei der Überlegung davon ausgeht, dass für die Unterrichtungs- und Anhörungsrichtlinie ein Einigungsverfahren abgelehnt wurde,[1240] so muss dabei jedoch beachtet werden, dass hier unterschiedliche Verhandlungssituationen zu Grunde liegen. In den angesprochenen Beratungen im Sinne des Art. 4 Abs. 4 lit. e) der Unterrichtungs- und Anhörungsrichtlinie geht es noch darum, ob die in Rede stehende Maßnahme überhaupt durchgeführt werden soll. Bei Verhandlungen um die Einführung einer Mitbestimmungsregelung ist die Entscheidung über das „ob" der Umwandlung bereits gefällt und die erforderliche Anhörung der Arbeitnehmer bereits vollzogen.[1241] Verhandlungsgegenstand ist damit nur noch, welche Mitbestimmungsregelung eingeführt wird. Zudem liegt ein Unterschied darin, dass in der Unterrichtungs- und Beratungsrichtlinie letztendlich nur die Unterrichtung und Beratung geschuldet wird, um die Arbeitnehmer in Unternehmensabläufe und Entscheidungen einzubeziehen.[1242] Die Beteiligung der Arbeitnehmer im Verhandlungsverfahren fußt jedoch gerade darin, dass eine gemeinsame Vereinbarung geschlossen werden muss. Hier geht es demnach gerade nicht um die Vornahme einer unternehmerischen Entscheidung. Bei den Verhandlungen um den Abschluss einer Mitbestimmungsvereinbarung geht es allein um den Umfang der unternehmerischen Beteiligungsrechte. Die Maßnahme und damit die unternehmerische Entscheidung an sich, die Umwandlung durchzuführen, bleibt davon gänzlich unberührt.

1238 Zur Massenentlassungsrichtlinie BAG v. 22.9.2016 NZA 2017, 175, 179; *Hützen*, ZinsO 2012, 1801, 1805.

1239 *Gerdom*, Gemeinschaftsrechtliche Unterrichtungs- und Anhörungspflichten, S. 95.

1240 Gleichsam wird dieser Verhandlungsanspruch in der Anhörungs- und Konsultationsrichtlinie als unwirksam ineffektiv kritisiert, vgl. *Reichold*, NZA 2003, 289, 298, weshalb weitergehende Sanktionen gefordert wurden. Vgl. nur *Giesen*, RdA 2000, 298, 303; *Brors*, Das System der Arbeitnehmer-Beteiligungs-Richtlinien, S. 177.

1241 Unterrichtung und Anhörung nach Art. 86k, 126c 160k Mobilitätsrichtlinie.

1242 Vgl. nur die ErwGr. 6–9 der Anhörungs- und Unterrichtungsrichtlinie.

3. *Ergebnis*

Festhalten lässt sich, dass sich aus dem Richtlinientext ein Verhandlungsanspruch der Arbeitnehmerseite gegenüber den Unternehmensleitungen ergibt. Dieser Anspruch sollte zu Klarstellungszwecken auch in das Umsetzungsgesetz übernommen werden.[1243]

Da die Einführung eines solchen Schlichtungs- oder Einigungsverfahren dennoch weit über den Inhalt der Richtlinie hinaus geht und sich der nationale Gesetzgeber damit der Gefahr einer richtlinienwidrigen Umsetzung aussetzen würde, ist vorrangig auf die näherliegende Lösungsmöglichkeit über die Einführung einer Missbrauchskontrolle einzugehen. Möglich bleibt den Verhandlungsparteien daneben, im Rahmen ihrer Einigung eine externe Schlichtung anzustreben. Wie diese zu ihrer Einigung kommen, bleibt ihnen im Innenverhältnis freigestellt.

D. Prüfung im Rahmen der Missbrauchskontrolle

Im Rahmen der Erteilung der Vorabbescheinigung übt die zuständige Behörde neben der allgemeinen Prüfpflicht auch eine Kontrolle aus, ob die Umwandlungsmaßnahme im Allgemeinen einer missbräuchlichen Gestaltung dient. Was unter einer solchen missbräuchlichen Gestaltung zu verstehen ist, bleibt dabei unklar.[1244] Der Katalog der Prüfung geht jedenfalls über die Mitbestimmungsproblematik hinaus.[1245] Für die Mitbestimmung relevant sind die aufgestellten Anhaltspunkte der Niederlassung in einem Mitgliedsstaat, der Registerort, die Zahl der Arbeitnehmer, der gewöhnliche Arbeitsort der Arbeitnehmer und die Zahl der Arbeitnehmer, die in dem Jahr vor der grenzüberschreitenden Umwandlung entsandt wurden sowie die Zahl derjenigen Arbeitnehmer, die gleichzeitig in mehr als einem Mitgliedstaat arbeiten. Bedeutsam ist aber, dass der Europäische Gesetzgeber stets eine Gesamtbetrachtung aller Umstände einfordert; eine isolierte Betrachtung der Mitbestimmung oder des Verhandlungsverfahrens verbietet sich damit.[1246]

Man könnte versuchen, die Missachtung der Verhandlungspflicht seitens der Leitungen unter diese Kontrollpflicht des Wegzugsstaates zu subsumieren. Das Umwandlungsverfahren soll nach der Richtlinie gerade nicht dazu dienen, Unionsrecht zu umgehen.[1247] Dass das bloße Aussitzen der Verhandlungspflicht bereits als „Umgehung" einzustufen wäre, wird wohl schwerlich anzunehmen zu sein. Die Frage, ob dieses Verhalten einen Missbrauch darstellt, wurde für vergleichbare

1243 Vgl. § 15 Abs. 2 S. 1 MgUG.

1244 Siehe dazu bereits 2. Teil § 3 F.II.

1245 Vgl. den Prüfkatalog des Art. 86m sowie bereits 2. Teil § 3 F.II. Insbesondere auch in ErwGr. 36 MobilitätsRL.

1246 Vgl. ErwGr. 36 MobilitätsRL.

1247 ErwGr. 34, 35 MobilitätsRL.

Situationen unter Vornahme einer SE-Gründung nicht bejaht.[1248] Hierin läge schon kein Vorenthalten von Rechten und der Missbrauch würde bereits durch die Gründungsvoraussetzungen verhindert.[1249] Vielmehr werden durch diese Verweigerungshaltung die einschlägigen Verfahrensvorschriften nicht eingehalten.

Im Rahmen der Vorabbescheinigung muss im Hinblick auf die Mitbestimmung zunächst lediglich geprüft werden, ob der Plan für die Umwandlung Angaben für das Verfahren enthält, nach dem die Regelungen getroffen werden.[1250] Damit werden folglich nur Informationen zur künftigen Arbeitnehmerbeteiligung gefordert und kein Ergebnis der Verhandlungen. Durch diese Kontrolle kann kaum der gesamte Ablauf der Verhandlungen geprüft und sichergestellt werden. Erst zum Zeitpunkt der Eintragung im Zuzugsstaat wird das Vorliegen einer Regelung gefordert. Das zeigt der Wortlaut, nachdem die Behörde sicherstellt, dass „gegebenenfalls Regelungen für die Mitbestimmung der Arbeitnehmer nach Art. 86l getroffen wurden".[1251]

Die darüberhinausgehende Missbrauchskontrolle erfordert, dass Tatsachen vorliegen, die ernste Bedenken im Hinblick auf die Missbräuchlichkeit der Maßnahme erzeugen. Ein solcher Missbrauchsvorwurf bedarf aber zunächst einmal eines Nährbodens. Nach Erwägungsgrund 36 sollten bei der Missbrauchskontrolle insbesondere die Mitbestimmungsverhandlungen aufgrund der Schwellenwertregelung berücksichtigt werden. Geprüft werden könnte an dieser Stelle also durchaus, ob sich eine Seite den Mitbestimmungsverhandlungen verschließt. Dann sollte diesem Verhalten auch Indizwirkung für eine missbräuchliche Gestaltung zukommen.

In den Fällen, in denen die Verhandlungen noch nicht begonnen haben, entzieht sich diese Frage jedoch der Missbrauchskontrolle.[1252] Auch wenn die Verhandlungen bereits laufen, wird ein Eingreifen der Behörden im Wege der Versagung der Vorabbescheinigung wohl eher unverhältnismäßig sein, da ein einseitiges Versperren zunächst auch Teil einer Verhandlungsstrategie sein könnte. Bis zum Ablauf der Frist ist eine einvernehmliche Einigung der Parteien stets möglich. Auch hier wäre der Rückgriff auf die Missbrauchskontrolle nur in den seltensten Fällen, in

---

1248 *Drinhausen/Keinath,* BB 2011, 2699, 2704; *Ege/Grzimek/Schwarzfischer,* DB 2011, 1205, 1208; *Henssler,* RdA 2005, 330, 334; *Rieble,* BB 2006, 2018, 2022; *Heinze,* Mitbestimmung in einer monistischen Aktiengesellschaft, S. 214; *Köklü,* in: Van Hulle/Maul/Drinhausen HdB SE Abschn. 6 Rn. 257; *Hohenstatt/Müller-Bonanni,* in: Habersack/Drinhausen SE-Recht, SEBG § 43 Rn. 3; *Sagan,* in: Bieder/Hartmann individuelle Freiheit und kollektive Interessenwahrnehmung, S. 203 f.; abweichend *Rehberg,* ZGR 2005, 859, 880; entgegen der vorherrschenden Meinung *Oetker,* in: Lutter/Hommelhoff/Teichmann SE-Kommentar, SEBG § 43 Rn. 7.

1249 *Henssler,* in: Habersack/Henssler MitbestimmungsR, SEBG § 43 Rn. 8.

1250 Vgl. Art. 86m Abs. 5 MobilitätsRL.

1251 Vgl. Art. 86o Abs. 1 S. 2 MobilitätsRL.

1252 Vgl. dazu schon im Teil 2 Teil § 3 F.II.

denen die Leitung ernsthaft und endgültig die Verhandlungen verweigert, denkbar. Beachtlich ist zudem die geforderte Gesamtbetrachtung aller Umstände.[1253] Allein die Tatsache, dass sich die Einigung der Parteien als mühsam herausstellt, kann wohl noch nicht zur Versagung der Vorabbescheinigung führen. Gangbar wäre dies nur in den Fällen, in denen die Leitung sich unmittelbar und ernstlich jeder Verhandlung sperrt. Die häufig gut beratenen Unternehmensleitungen könnten diese Gefahr leicht umgehen, indem sie ihre Einigungsbereitschaft bis zur Ausstellung der Vorabbescheinigung vorgeben. Zum Schutze der Mitbestimmung kann die einzuführende Missbrauchskontrolle an dieser Stelle somit wohl keine effektive Abhilfe schaffen.

E. Abweichende Anwendung der Auffanglösung

Geschützt wird nach der Richtlinie der Bestand der Mitbestimmung nach dem Recht des Wegzugsstaates. Die Arbeitnehmer sollen davor bewahrt werden, ihre Rechte zu verlieren, die ihnen nach dem Heimatstaat zustehen. In einem langwierigen Verhandlungsverfahren wird dann über Mitbestimmung verhandelt. Dabei wird aber völlig außer Betracht gelassen, welche Möglichkeiten das Recht des Zuzugsstaates bietet. Sobald ein Ausnahmetatbestand gegeben ist, wird dieses Recht für nicht anwendbar erklärt, selbst wenn es für die Arbeitnehmer vorteilhafter wäre, als die Anwendung der Auffanglösung.

Dieser Mechanismus birgt Gefahren für das deutsche Mitbestimmungssystem. Die starre Anwendung des Grundsatz-Ausnahmemodells hat zur Folge, dass ausländische Kapitalgesellschaften zu deutschen Kapitalgesellschaften werden, ohne die deutschen Mitbestimmungsgesetze anwenden zu müssen. Das deutsche Mitbestimmungsrecht würde verwässert. Um diese Problematik zu verhindern, müsste der nationale Gesetzgeber das Regel-Ausnahmesystem seinem Zweck entsprechend gestalten, indem er die Auffanglösung für die Vier-Fünftel-Verhandlungen entsprechend dem Ziel der Richtlinie gestaltet.

Da das fehlende Druckmittel der Arbeitnehmerseite in dem Fehlgang der Auffanglösung zu sehen ist, liegt es nahe das Verhandlungsgleichgewicht durch eine abweichende Auffanglösung herzustellen. Vielfach diskutiert wird in diesem Zusammenhang die Einführung einer dynamischen Auffangregelung (I). Näher liegt jedoch eine einschränkende Auslegung des vorhergesehenen Mechanismus (II).

I. Dynamische Auffangregelung

In der bisherigen Diskussion sprechen sich einige Stimmen für eine Erweiterung der Auffanglösung um ein dynamisches Element aus.[1254] So sollte in den Fällen,

1253 ErwGr. 36 MobilitätsRL.

1254 *Bormann/Stelmaszczyk*, ZIP 2019, 353, 364; *Stelmaszczyk*, ZIP 2019, 2437, 2446; Bundesrat, BR-Drucks. 179/18, S. 10.

in denen die Vier-Fünftel-Schwelle die Mitbestimmungsverhandlungen auslöst, eine dynamische Anwendung des Rechts des Herkunftsstaates drohen. Wie nach der traditionellen Auffanglösung der SE setzt sich nach diesem Ansatz die Mitbestimmungsfreiheit zunächst fort. Anders als es die traditionelle Auffanglösung vorsieht, soll dann das Mitbestimmungsniveau aber nicht auf dem (häufig mitbestimmungsfreien) Niveau festgeschrieben werden. Überschreitet das Unternehmen in der Folgezeit die Schwellenwerte seines Herkunftsstaates, so solle dann die ausgelöste Mitbestimmung des Wegzugsstaates gelten.[1255]

Die Vertreter dieser Auffassung gehen sogar so weit zu sagen, es läge ein Redaktionsversehen des Europäischen Gesetzgebers in der Gestalt vor, dass eine solche dynamische Weitergeltung nicht durch den Art. 86l eingeführt wird. Es sei im Wege des *effet utile* notwendig, eine solche dynamische Regelung bei Umsetzung einzuführen, um die Vorschrift vor einer Sinnentleerung zu schützen.[1256]

Überträgt man diesen Ansatz auf die oben dargestellte Beispielsituation würde für die schwedischstämmige Gesellschaft weiterhin Mitbestimmungsfreiheit gelten. Sobald sie den Schwellenwert von 25 Arbeitnehmern überschreitet, würde das schwedische Mitbestimmungssystem gelten, obwohl sie längst das Rechtskleid einer deutschen Kapitalgesellschaft angenommen hat.

Diese dynamische Weitergeltung missachtet damit den Wechsel der Rechtsordnungen. Ab dem Zeitpunkt der Eintragung sollte zur Wahrung der Einheit der Rechtsordnung kein ausländisches Mitbestimmungsrecht mehr Anwendung finden.[1257] Zwar wird in diesem Zusammenhang argumentiert, dass dieses Phänomen in der SE längst Rechtspraxis ist.[1258] Doch unterscheidet sich die Rechtslage zu der in der SE dadurch, dass die SE keine nationale Rechtsform annimmt. Art. 86l Abs. 1 manifestiert die Regel, dass das Recht des Zuzugsstaates Anwendung findet. Ganz allgemein gilt für die aus der Umwandlung hervorgehende Gesellschaft in Hinblick auf das Gesellschaftsrecht das Statut des Zielstaates. Ein dynamischer Rückgriff, der teilweise erst lange Zeit nach dem Rechtsformwechsel eintreten könnte, würde diese Einheitlichkeit der Rechtsordnung stören.

Auch die Argumentation, bei dem Fehlen der dynamischen Auffangregelung handele es sich um ein Redaktionsversehen, vermag vor dem Hintergrund der Parlamentsdokumente nicht überzeugen, da diese gerade ein dynamisches Element

---

1255 *Bormann/Stelmaszczyk*, ZIP 2019, 353, 364; *Stelmaszczyk*, ZIP 2019, 2437, 2446.

1256 *Bormann/Stelmaszczyk*, ZIP 2019, 353, 364; *Stelmaszczyk*, ZIP 2019, 2437, 2446.

1257 So gibt *Teichmann* die Kritik im Rahmen der *Informal Expert Group on Company Law and Corporate Governance* (ICLEG) (abrufbar unter <https://ec.europa.eu/transparency/regexpert/index.cfm?do=faq.faq&aide=2> (zuletzt abgerufen am 22.09.2020) wieder, NZG 2019, 241, 247.

1258 *Teichmann*, NZG 2019, 241, 247.

forderten.[1259] Wenn diese Regelung bei Abfassung der Richtlinie im Gespräch war, kann kaum von einem Versehen gesprochen werden. Darüber hinaus gibt es wohl kein Bedürfnis für diese Überdehnung des Wortlauts. So könnte sich bereits durch Auslegung der Vorschrift eine andere, funktional passende Auffanglösung ergeben. Dem ist nunmehr unter II. näher nachzugehen.

II. Anwendung einer „Opt-Out-Möglichkeit"

Die eigentliche Frage ist, ob die Vorschrift des Art. 86l in ihrer soeben erläuterten Wirkungsweise abschließend ist oder, ob sich aus einer teleologischen Auslegung der Normen nicht ein abweichender Mechanismus lesen lässt. In der geschilderten Situation versagt der Rückgriff auf die Auffanglösung aus der SE-Richtlinie. Diese ist in ihrer Zielsetzung gerade auf Bestandsschutz ausgerichtet. Die Arbeitnehmer sollen davor geschützt werden, ihre bereits erlangten Rechte durch die SE-Gründung zu verlieren.[1260] Von diesem Gedanken ließen sich auch die Schöpfer der ursprünglichen Vorschrift des Art. 133 GesRRL bzw. Art. 16 der internationalen Verschmelzungsrichtlinie leiten. Dort erschien die Auffanglösung auch mehr als passend. Anders als in der Mobilitätsrichtlinie wurden die Mitbestimmungsverhandlungen erst ab einer Betroffenheit von 500 Arbeitnehmern ausgelöst. Dort gab es folglich eine feste Schwelle. Diese bedeute zumindest für deutsche Gesellschaften, dass mindestens Drittelbeteiligung vorlag. Da hier ein Mitbestimmungssystem gegeben ist, erfüllte der Rückgriff auf die bestandsschützende SE-RL dahingehend auch seinen Zweck.

Vergleicht man die alte Rechtslage nun aber mit der 4/5-Regelung, zeichnet sich ein deutlicher Unterschied ab. In den Fällen, in denen die 4/5 Regelung die Verhandlungen auslöst, besteht noch kein Mitbestimmungssystem, das bewahrt oder geschützt werden kann. Der Bestandsschutz und damit die Auffanglösung gehen somit ins Leere. Dabei sollte die Vorverlagerung der Schwelle gerade eine Flucht aus der Mitbestimmung vermeiden. Die Auffanglösung der SE-RL scheint in diesen Fällen nicht zielkonform.

Dadurch, dass Unternehmen, die aufgrund der 4/5-Schwelle über die Mitbestimmung verhandeln, selbstredend erst 4/5 des nationalen Schwellenwerts erfüllen sind diese noch mitbestimmungsfrei. Da der Inhalt der Auffanglösung gerade das bisher geltende Mitbestimmungsniveau ist, gilt nach der Umwandlung beim

1259 Vgl. Änderungsantrag des Parlaments, siehe (Fn. 589), S. 179 f. Dieses fordert das dynamische Element in Bezug auf die Einführung einer Nachverhandlungspflicht. Vgl. auch *Luy*, NJW 2019, 1905, 1906.

1260 Erwägungsgrund 18 der SE-RL. Vgl. dazu *Gaul/Ludwig*, in: Gaul/Ludwig/Forst, Europäisches Mitbestimmungsrecht § 1 Rn. 237 ff.; *Hohenstatt/Müller-Bonanni*, in: Habersack/Drinhausen SE-Recht, SEBG Vor § 1 Rn. 39; *Kübler*, ZHR 167 (2003), 222, 227; *Junker*, ZfA 2005, 211, 223. Kritisch zu diesem Prinzip: *Fleischer*, AcP 204 (2004), 502, 534 f.

Scheitern der Verhandlungen demnach Mitbestimmungsfreiheit. Diese setzt sich dann unabhängig vom Recht des Zuzugsstaates fort, da dieses bei Anwendung der Auffanglösung keine Anwendung mehr findet.[1261] Das Recht des Zuzugsstaaten gelangt nur dann zur Anwendung, wenn überhaupt keine Mitbestimmungsverhandlungen geführt werden müssen, weil kein Ausnahmetatbestand vorliegt, und es somit bei der allgemeinen Anwendung des Grundsatzes aus dem Abs. 1 der Mitbestimmungsvorschriften bleibt.[1262] An dieser Stelle wirkt die Auffanglösung also konträr zum Mitbestimmungsschutz. Sie zementiert die Mitbestimmungsfreiheit, während die Anwendung des Grundsatzes – je nach Ausgestaltung des mitgliedsstaatlichen Rechts – die Einführung von Mitbestimmung vorsehen könnte. Dies ist mit dem Zweck der Auffanglösung, Mitbestimmung zu schützen, nicht vereinbar.

1. Zwingender Charakter der Auffanglösung

Die Frage ist demnach, ob abweichend von dem Verweis auf. Art. 7 Abs. 1 und Teil 3 lit. b) des Anhangs der SE-RL eine anderweitige Auffanglösung anwendbar ist. Diese Abweichung könnte deshalb notwendig sein, da der intendierte Bestandsschutz des Auffangmodells der SE ins Leere geht. Die Anwendung des Rechts des Zuzugsstaates erscheint hingegen vielmehr im Sinne des Richtlinienerfinders. Dadurch würde die Regel des Art. 86l Abs. 1 gewahrt, der gerade die grundsätzliche Anwendung des Rechts des Zuzugsstaates vorsieht. Überdies wäre es sinnhaft, von dieser Regel in diesen Fällen gerade nicht abzuweichen. Denn das Unternehmen entscheidet sich gerade für das Rechtsstatut des Zuzugsstaates. Sofern es aus mitbestimmungsrechtlicher Sicht keine Notwendigkeit eines Bestandsschutzes gibt, sollte konsequenterweise auch das Recht des Zuzugsstaates die Auffanglösung bilden. Ein Bedürfnis für den Rückgriff auf die Auffanglösung der SE gibt es damit gerade nicht. Gewahrt werden würde damit auch die Einheit der Rechtsordnungen. Ob diese restriktive Anwendung der Auffanglösung im Einklang mit der Richtlinie steht, ist eine Frage der Auslegung. Stützen lässt sich diese Auslegung zunächst auf Art. 86l Abs. 1 und 2.

a) Keine abschließende Regelung durch die SE-RL

Aus Art. 86l Abs. 3 lit. e) und Abs. 2 lit. g) ergibt sich, dass die Mitgliedstaaten das Verhandlungsverfahren nach den Grundsätzen des Verhandlungsverfahrens in der SE auszugestalten haben. Auch aus Erwägungsgrund 30 der Richtlinie geht hervor, dass die Verhandlungen nach dem in der SE-Richtlinie vorhergesehenen Verfahren geführt werden. Weiterhin wird festgelegt, dass das Ergebnis dieser Verhandlungen entweder eine Vereinbarung oder die Auffanglösung im Anhang der

1261 Vgl. dazu schon einleitend unter A. II.
1262 Art. 86l Abs. 1, Art. 133 Abs. 1, Art. 160l Abs. 1 Mobilitätsrichtlinie.

Richtlinie sein können.[1263] Der Wortlaut dieses Erwägungsgrundes legt nahe, dass der Verweis auf die Auffanglösung der SE-Richtlinie abschließend ist. Der Inhalt der Verweisungsnormen der Mitbestimmungsvorschriften auf die SE-RL offenbart jedoch das Gegenteil.

Anders als in der Mobilitätsrichtlinie gilt im Verhandlungsverfahren der SE, dass ein Beschluss, keine Verhandlungen aufzunehmen oder diese abzubrechen, nach Art. 3 Abs. 6 SE-RL gerade nicht zur Anwendung der Auffanglösung führt.[1264] Diese Gesellschaften sind schlichtweg mitbestimmungsfrei, unabhängig davon, ob die Auffanglösung ein Mitbestimmungsniveau vorsehen würde.

Gestaltet man das Verfahren in der Mobilitätsrichtlinie exakt nach den Vorgaben der SE-RL, so müsste konsequenterweise gelten, dass die Gesellschaften, die mitbestimmungsfrei in die Verhandlungen gehen, nach Art. 3 Abs. 6 SE-RL hier bei entsprechender Beschlussfassung auch unabhängig von der jeweiligen Auffanglösung mitbestimmungsfrei bleiben. Dies ist jedoch gerade nicht der Fall, da die im Übrigen überaus detailreiche Verweisung in die SE-Richtlinie Art. 3 Abs. 6 SE-RL nicht einbezieht. So verweisen die Vorschriften auf „Artikel 3 Absatz 4 und Artikel 3 Absätze 5 und 7". Der Absatz 6 ist damit explizit ausgeklammert.[1265] Stattdessen kann ein Beschluss des Verhandlungsgremiums, keine Verhandlungen durchzuführen oder diese abzubrechen, nach Art. 86l Abs. 4 lit. a) mit der Folge geschlossen werden, dass die Regelungen des Zuzugsstaates Anwendung finden sollen.

Daher drängt sich ein Umkehrschluss zu der Regelung des Art. 3 Abs. 6 SE-RL auf. Anders, als bei der Gründung einer SE soll für mitbestimmungsfreie Gesellschaften in Art. 86l damit gerade keine Mitbestimmungsfreiheit gelten, wenn die Gesellschaft vor Umwandlung mitbestimmungsfrei war. Hätte der Gesetzgeber die Mitbestimmungsfreiheit als Ergebnis gewollt, dann hätte er die Verweisung auf Art. 3 Abs. 6 SE-RL wohl vorgenommen. An diesem Regelungsunterschied zeigt sich, dass die Grundsätze, die für die SE-RL in Bezug auf das Verhandlungsverfahren entwickelt wurden, gerade nicht eins zu eins für die Mobilitätsrichtlinie gelten sollen.

b) Entsprechende Anwendung der Grundsätze der SE-RL

Es gilt vielmehr, dass die Mitgliedstaaten nach Art. 86l Abs. 3 das Verhandlungsverfahren „entsprechend" der Grundsätze der zitierten Vorschriften der SE-VO und

---

1263 Vgl. ErwGr. 30: „[...] Als Ergebnis dieser Verhandlungen sollte entweder eine Vereinbarung zwischen der betreffenden Gesellschaft und ihren Arbeitnehmern oder in Ermangelung einer solchen Vereinbarung die Auffangregelung im Anhang der Richtlinie 2001/86/EG zur Anwendung kommen. [...]".

1264 Zur SE-RL *Oetker*, in: Franzen/Gallner/Oetker Europäisches Arbeitsrecht, RL 2001/86/EG, Art. 3 Rn. 39.

1265 Vgl. Art. 86l Abs. 3 lit. a), Art. 133 Abs. 3 lit. a), Art. 160l Abs. 3 lit a).

der SE-RL vornehmen. Deutlicher wird der Auslegungsspielraum hingegen in der englischen Fassung des Art. 86l, wonach die Mitgliedstaaten das Verfahren *mutatis mutandis* einzuführen haben.[1266] Dies bedeutet, dass die Mitgliedstaaten die nötigen Änderungen vorzunehmen haben.[1267] Der Wortlaut legt dem nationalen Gesetzgeber demnach nahe, notwendige Änderungen am Verhandlungsverfahren vorzunehmen. Von einer abschließenden Verfahrensregelung durch die SE-RL kann damit kaum die Rede sein.

Auf diese entsprechende Anwendung der Grundsätze lässt sich die abweichende Auslegung des Regel-Ausnahme-Verhältnisses stützen. Dieses wird in Art. 86l Abs. 1 und 2 festgelegt. Eine Abweichung von der Regel begründet sich im Schutzbedürfnis der Mitbestimmung. Wenn die strenge Anwendung der Ausnahmevorschriften diesen Schutz nicht gewährleisten kann, sollte es möglich sein, zur Grundregel des Absatz 1 zurückzukehren, die der Gesetzgeber selbst als Regelfall festlegte.

Schließlich muss auch an dieser Stelle der bedeutsame Unterschied der Rechtsform der SE zur aus der Umwandlung hervorgehenden Gesellschaft beachtet werden. Die SE ist wie vielfach festgestellt eine supranationale Gesellschaft, während aus der Umwandlung nach der Mobilitätsrichtlinie eine nationale Gesellschaft hervorgeht.[1268] Während das Verfahren bei der SE notwendigerweise abschließend in der SE-VO und SE-RL geregelt werden muss, kann die Richtlinie der grenzüberschreitenden Verschmelzung auf die nationalen Mitbestimmungsstatute zurückgreifen. Eine Regelung, die jedwede Geltung des nationalen Mitbestimmungsrechts ausschließt, wie sie in Art. 13 Abs. 2 SE-RL existiert, gilt für grenzüberschreitende Umwandlungsvorgänge gerade nicht.

c) Opt-Out-Option der Mitgliedstaaten

Ausschlaggebend ist letztlich, dass die SE-RL selbst eine sogenannte „Opt-Out“-Möglichkeit vorsieht.[1269] So haben die Mitgliedstaaten nach Art. 7 Abs. 3 SE-RL in den Fällen, in denen eine SE durch Verschmelzung gegründet wird, die Möglichkeit, die Auffanglösung nicht für anwendbar zu erklären. Hier obliegt es den Mitgliedsstaaten festzulegen, dass es gerade nicht zur Anwendung der Auffanglösung

---

1266 Art. 86l Abs. 3: „In the cases referred to in paragraph 2 of this Article, the participation of employees in the converted company and their involvement in the definition of such rights shall be regulated by the Member States, *mutatis mutandis* and subject to paragraphs 4 to 7 of this Article, in accordance with the principles and procedures laid down in Article 12(2) and (4) of Regulation (EC) No 2157/2001 and the following provisions of Directive 2001/86/EC: [...]“.

1267 Vgl. https://www.duden.de/rechtschreibung/mutatis_mutandis (zuletzt abgerufen am 05.03.2021).

1268 Vgl. nur *Naber/Sittard*, in: MHdB § 386 Rn. 109.

1269 *Kraft*, Europäisierung der deutschen Mitbestimmung durch das SEBG, S. 189.

im Anhang der SE-RL kommen soll. Insoweit ist die Auffanglösung im Anwendungsbereich der Verschmelzung gerade nicht zwingend. Bereits die Verschmelzungsrichtlinie verwies auf diese Regelung.[1270] Der deutsche Gesetzgeber hat von dieser Möglichkeit bei der Umsetzung keinen Gebrauch gemacht.[1271] Auch im Rahmen der Mobilitätsrichtlinie ist dieser Verweis erhalten geblieben. Aus diesem Verweis auf die besagte „Opt-Out"-Regelung lässt sich lesen, dass das Verhandlungsverfahren samt seiner Auffanglösung nach Ausgestaltung der SE-RL gerade keine abschließende Regelung erfährt.

d) Zwischenergebnis

Es lässt sich somit konstatieren, dass die Verfahrensvorschriften des Verhandlungsverfahrens für die Mobilitätsrichtlinie nicht abschließend sind. Es steht den Mitgliedstaaten frei, das Verfahren unter Vornahme der notwendigen Anpassungen einzuführen. Es entspricht somit dem Auslegungsspielraum des nationalen Gesetzgebers, den Anwendungsbereich der Auffanglösung der SE-RL dahingehend zu reduzieren, dass in den Fällen, in denen ein Bestandsschutz nicht erreicht werden kann, diese keine Anwendung findet. In diesen Fällen sollte auf die Anwendung des Rechts des Zuzugsstaates als Auffanglösung zurückgegriffen werden.

Übertragen auf das oben eingeführte Beispiel der schwedischen Gesellschaft, die mit 20 Arbeitnehmern 4/5 des schwedischen Mitbestimmungsschwellenwert erreicht, bedeutet das, dass die Gesellschaft bei Umwandlung Mitbestimmungsverhandlungen nach dem Verfahren der SE-RL zu führen hätte. Verhandlungsablauf und Grundsätze gestalten sich noch immer anhand der Vorgaben der SE-RL. Statt aber im Falle einer Nichteinigung in die Mitbestimmungsfreiheit zu fallen, gilt nun als Auffanglösung uneingeschränkt das deutsche Mitbestimmungsrecht. Die Verhandlungen können damit nach wie vor in eine maßgeschneiderte Mitbestimmungsvereinbarung münden. Gelingt den Verhandlungsparteien keine Einigung, so gilt für die künftige deutsche Kapitalgesellschaft das deutsche Mitbestimmungsrecht als Recht des Zuzugsstaates. Sobald die Gesellschaft nach ihrer Eintragung die mitbestimmungsgesetzlichen Schwellenwerte überschreitet, ist sie wie jede reguläre nationale Kapitalgesellschaft dem deutschen Mitbestimmungssystem unterstellt.

2. Anwendungsbereich der Reduktion

An diese Erkenntnis schließt sich die Frage an, in welchen Fällen die modifizierte Auffanglösung gelten sollte. Prinzipiell könnte man die modifizierte Auffanglösung auf alle Ausnahmetatbestände ausweiten, sobald bisher mitbestimmungsfreie Gesellschaften agieren. Das würde aber der Wertung des Europäischen

---

1270 Vgl. Art. 133 Abs. 3 lit. e) GesRRL.

1271 *Kraft*, Europäisierung der deutschen Mitbestimmung durch das SEBG, S. 189.

Gesetzgebers zuwiderlaufen, der die Ausnahmetatbestände nicht vom Bestehen einer Mitbestimmung abhängig gemacht hat.[1272]

Vielmehr muss danach gefragt werden, in welchen Fällen die Auffanglösung der SE-RL in ihrem Zweck versagt. Eindeutig gilt das in den bisher eruierten Fällen, in denen eine Umwandlung nach Erreichen der Vier-Fünftel-Schwelle vorliegt. Hier besteht zwar eine Verhandlungspflicht. Es kann aber gerade noch kein Bestandsschutz greifen, weil noch keine Mitbestimmung besteht.

Auch in den Fällen, in denen der Diskriminierungstatbestand greift, kann es dazu kommen, dass die Gesellschaft bisher mitbestimmungsfrei ist. Dies entspricht der bisherigen geltenden Rechtslage nach der grenzüberschreitenden Verschmelzung.[1273] Diese Mitbestimmungsfreiheit kann zum einen dem Umstand geschuldet sein, dass die Rechtsordnung des Herkunftsstaates keine Mitbestimmung kennt. Auch hier könnte man davon ausgehen, dass der Zweck des Bestandsschutzes leerlaufe. Damit würde man allerdings den Inhalt des Bestandsschutzes verkennen. Den Arbeitnehmern soll keine bessere Position verschafft werden. Es geht vielmehr darum, eventuell bestehende Rechte zu schützen. Diese Situation unterscheidet sich von dem Ausnahmetatbestand des Vier-Fünftel-Schwellenwerts dadurch, dass die Arbeitnehmer, die aufgrund des Diskriminierungstatbestandes verhandeln können, nicht kurz vor Einführung einer nationalen Mitbestimmungsregelung stehen. Hier droht gerade keine Umgehung, wie sie mit der Vier-Fünftel-Schwelle verhindert werden soll.[1274]

Zum anderen könnte die Gesellschaft noch mitbestimmungsfrei sein, da sie die nationale Mitbestimmungsschwelle noch nicht überschritten hat. Sofern die Verhandlungspflicht sich dann aber aus dem Diskriminierungstatbestand des Art. 86l Abs. 2 lit. b) ergibt, ist sie noch über ein Fünftel vom nationalen Schwellenwert entfernt, sodass es kaum zu rechtfertigen wäre, hier von der vorgesehenen Vorgabe abzuweichen. Der Verdacht, dass die Vornahme einer Umwandlungsmaßnahme der Umgehung rechtlicher Vorgaben dient, drängt sich bei Umwandlungen kurz vor Erreichen der nationalen Schwellenwerte auf. Für dieses „kurz vor der Schwelle" schuf der europäische Gesetzgeber gerade die 4/5-Schwelle.

1272 Vgl. dazu ausführlich unter 3. Teil § 2 A.IV.

1273 Zumindest, wenn man der abstrakten Betrachtung folgt. Vgl. dazu unter 3. Teil § 2 A.III.2.

1274 Trotzdem kann eingewandt werden, dass aufgrund der drohenden Mitbestimmungsfreiheit auch hier keine echten Verhandlungen über die Beteiligung der Arbeitnehmer stattfinden werden. Deshalb wird der Einigungswille der Unternehmensleitungen eher mäßig ausfallen. Das ist jedoch kein originäres Problem der Auffanglösung, sondern eher eines der Ernsthaftigkeit der Verhandlungsführung. Abhilfe könnte hier ein Mechanismus schaffen, der beiden Seiten die Pflicht zu einer ernsthaften Auseinandersetzung auferlegt. Siehe dazu § 3.

Auch im Ausnahmetatbestand des Art. 86l Abs. 2 lit. a) ist keine Korrektur der Auffanglösung notwendig. Der Ausnahmetatbestand schützt die bestehende Mitbestimmung vor der Verwässerung durch das Recht des Zuzugsstaates. Nach der neuen Rechtslage gilt dieser Ausnahmetatbestand nur noch für die Fälle, in denen bereits ein Mitbestimmungssystem besteht. Ein zusätzliches Schutzbedürfnis ergibt sich daher nicht.[1275]

Die Tatsache, dass eine mitbestimmungsfreie Gesellschaft Teil des Umwandlungsvorgangs ist, rechtfertigt damit noch keine Abweichung von der vorhergesehenen Auffanglösung. Notwendig ist dafür vielmehr, dass der intendierte Bestandsschutz leerläuft und eine Umgehung der Mitbestimmungsrechte naheliegt. Die modifizierte Auffanglösung ist damit nur für den ersten Ausnahmetatbestand anzuwenden. Denn die Auffanglösung wurde gerade mit dem Ziel angepasst, die Arbeitnehmer bei Umwandlungen, die kurz vor Erreichen des Schwellenwerts vorgenommen werden, besser zu schützen.

In den Fällen, in denen die Verhandlungslösung durch den Ausnahmetatbestand der Vier-Fünftel-Regelung ausgelöst wird, muss der nationale Gesetzgeber die Auffanglösung modifizieren. Der durch die SE-RL vorhergesehene Bestandsschutz kann mangels bestehender Mitbestimmung nicht greifen. Statt der Vorher-Nachher-Lösung sollte im Falle des Scheiterns der Verhandlungen der Art. 86l Abs. 1 zur Anwendung gelangen, nach dem das Recht des Zuzugsstaates gilt.

3. *Ausgestaltung auf nationaler Ebene*

Der nationale Gesetzgeber könnte die Auffanglösung im Wege der Umsetzung modifizieren und entsprechend dem Zweck der Richtlinie anpassen. Er könnte sich in dieser Hinsicht auf den *effet utile*-Gedanken stützen, um diese Umsetzung vorzunehmen.[1276] Nach diesem sind die nationalen Gesetzgeber bei Umsetzung der Richtlinie verpflichtet, die Vorschriften möglichst wirksam einzuführen.[1277]

Offen bleibt, auf welchem Wege dies durch die nationale Implementierung umgesetzt werden kann. Durch die Ausgestaltung als Regel-Ausnahme-Verhältnis in Verbindung mit der Zielsetzung der Richtlinie, die Mitbestimmung zu schützen, ist davon auszugehen, dass es im Sinne der Richtliniengeber ist, die Auffanglösung der SE-RL nur dann anzuwenden, wenn diese auch dem intendierten Bestandsschutz gerecht werden kann. Bei einem Zuzug nach Deutschland würde gerade die Auffanglösung einer Anwendung des ausgeprägten deutschen Mitbestimmungsrechts entgegenstehen. Dieses Ergebnis ist konträr zur Zielsetzung der Richtlinie.

1275 Siehe dazu im Einzelnen im Teil 3 § 2 A.II.

1276 So zu dynamischen Auffangregelung *Stelmaszczyk,* ZIP 2019, 2437, 2446.

1277 EuGH v. 6.10.2015, Tarsia, Rs. C-69/14, EuZW 2015, 917, Rn. 27; EuGH v. 16.12.1976, Rewe-Zentralfinanz und Rewe-Zentral, Rs. 33–76 ECLI:EU:C:1976:188, Rn. 5; EuGH v. 26.01.2010, Transportes Urbanos y Servicios Generales, Rs. C118/08 ECLI:EU:C:2010:39, Rn. 31.

Dies könnte man durch Einführung einer dahingehenden Auslegungsregel umsetzen (a). Denkbar wäre es daneben, eine modifizierte Auffanglösung ausdrücklich zu normieren (b).

a) Umsetzung durch Anwendung der Auslegungsregel

Möglich erscheint, eine allgemeine Auslegungsregel zu schaffen, die die Rechtsanwender dazu zwingt, die Regelungen des Umsetzungsgesetzes möglichst mitbestimmungsfreundlich auszulegen. In einer solchen Auslegungsregel könnte man anordnen, grundsätzlich eine beteiligungsfreundliche Auslegung vorzunehmen, die auch einen restriktiven Umgang mit der Anwendung der Auffanglösung der SE-RL fordert.

i) Auslegungsregel des § 1 Abs. 3 SEBG

Eine solche Regelung findet sich bereits in § 1 Abs. 3 SEBG und § 1 Abs. 3 MgVG. Diese ordnen an, dass die Vorschriften des Gesetzes so auszulegen sind, dass die Ziele der Europäischen Gemeinschaft, die Beteiligung in der SE sicherzustellen, gefördert werden.[1278] Diese Auslegungsmaxime bezeichnet man auch als das Gebot einer beteiligungsfreundlichen Auslegung.[1279] Dieses verpflichtet dazu, die Auslegung in Zweifelsfällen zugunsten der Beteiligungsrechte vorzunehmen.[1280] Die Regel dient dem Ziel des Gesetzes, die erworbenen Rechte der Arbeitnehmer zu schützen.[1281] Konsequenz dieser Regel ist es, dass der Rechtsanwender nicht nach der Zielsetzung des Gesetzes suchen muss. § 1 Abs. 3 SEBG legt insoweit die teleologische Zielsetzung des SEBG fest.[1282]

In der Kritik steht diese Regelung jedoch, da sich der deutsche Gesetzgeber kompetenzwidrig anmaße, die Ziele der Europäischen Gemeinschaft zu interpretieren. Eine bindende Aussage in Bezug auf die Zielsetzung auf europäische Maßnahmen verbiete sich auf nationaler Ebene.[1283]

1278 Die Ausführungen zu § 1 Abs. 3 SEBG können auch auf § 1 Abs. 3 MgVG übertragen werden, vgl. *Thüsing/Forst,* in: Habersack/Drinhausen SE-Recht, MgVG § 1 Rn. 4.

1279 *Jacobs,* in: MüKo AktG, SEBG § 1 Rn. 3; *Hohenstatt/Müller-Bonanni,* in: Habersack/Drinhausen SE-Recht, SEBG § 1 Rn. 9, 11. Dieses gilt nicht nur für das SEBG selbst, sondern auch für eine geschlossene Beteiligungsvereinbarung.

1280 *Oekter,* in: Lutter/Hommelhoff/Teichmann, SE-Kommentar, § 1 SEBG Rn. 31; *Nagel,* in: Nagel/Freis/Kleinsorge SEBG § 1 Rn. 5.

1281 *Jacobs,* in: MüKo AktG, SEBG § 1 Rn. 3.

1282 *Hohenstatt/Müller-Bonanni,* in: Habersack/Drinhausen SE-Recht, SEBG § 1 Rn. 9; *Oekter,* in: Lutter/Hommelhoff/Teichmann, SE-Kommentar, § 1 SEBG Rn. 31.

1283 *Windbicher,* FS Canaris, S. 1427 f.; *Henssler,* in: Habersack/Henssler Mitbestimmungsrecht SEBG § 1 Rn. 4.

Diese Kritiker verkennen jedoch, dass diese gesetzliche Auslegungsmaxime die übrigen Methoden als rechtsstaatliche Grundsätze nicht verdrängen soll. Vielmehr bewirkt dieser Grundsatz nicht mehr als eine Konturierung des Gebots der richtlinienkonformen Auslegung und des *effet utile* zur Ermittlung des Regelungsgehaltes für das betreffende Gesetz. Diesem wird dadurch insgesamt eine beteiligungsfreundliche Auslegung zu Grunde gelegt.[1284] Mit diesem Gebot werden freilich nicht alle anderen Auslegungsgrundsätze verdrängt. Das Gesetz stellt insoweit keinen „Freibrief" für jedwedes mitbestimmungsfreundliche Ergebnis dar.[1285] Insbesondere muss nach wie vor das Gebot der richtlinienkonformen Auslegung eingehalten werden,[1286] nach dem Vorschriften immer im Einklang zur originären Sekundärrechtsquelle ausgelegt werden müssen.[1287] Mit der Auslegungsmaxime wird dem Vorrang des Unionsrechts entsprochen.[1288] Als Beispiel für die Anwendung des § 1 Abs. 3 nennt *Nagel* unter anderem den Bestandsschutz aller Komponenten der Mitbestimmung in § 35 SEBG.[1289]

ii) Übertragung auf die Mobilitätsrichtlinie

Eine ähnliche Auslegungsregel wollte der Deutsche Gewerkschaftsbund unmittelbar selbst in die Richtlinie einflechten. Diese sollte § 1 Abs. 3 MgVG in seiner inhaltlichen Tragweite um ein Vielfaches übersteigen. So sprach er sich für die Ergänzung der Mitbestimmungsvorschrift um einen neuen Absatz 1 aus, in dem die Sicherung der gesetzlichen Rechte der Arbeitnehmer als fundamentaler Grundsatz und erklärtes Ziel der Richtlinie festgeschrieben werden sollte. Diesem Absatz sollte nach seinen Angaben auch eine Klarstellungsfunktion zukommen.[1290]

Tatsächlich trifft die Mitgliedstaaten bereits aus den oben erörterten Grundsätzen der Richtlinienumsetzung das Gebot einer effektiven Umsetzung, nach der die unionsrechtlichen Vorgaben genauso wirksam wie nationale Regelungen gestaltet werden müssen.[1291]

In Bezug auf die nationalen Ausführungsgesetze trifft alle Träger einer öffentlichen Gewalt in den Mitgliedstaaten die Pflicht, eine Auslegung soweit wie möglich

---

1284 *Annuß*, in: Annuß/Kühn/Rudolph/Rupp EBRG, SEBG § 1 Rn. 3.

1285 *Oekter*, in: Lutter/Hommelhoff/Teichmann, SE-Kommentar, SEBG § 1 Rn. 31. So auch *Hohenstatt/Müller-Bonanni*, in: Habersack/Drinhausen SE-Recht, SEBG § 1 Rn. 9.

1286 *Oekter*, in: Lutter/Hommelhoff/Teichmann, SE-Kommentar, SEBG § 1 Rn. 32; *Jacobs*, in: MüKo AktG, SEBG § 1 Rn. 3.

1287 Dazu ausführlich *Canaris*, FS Bydlinski, S. 49 ff.; *Roth/Jopen*, in: Riesenhuber Europäische Methodenlehre, § 13 Rn. 9 ff.

1288 *Kleinsorge/Freis*, SEBG § 1 Rn. 2.

1289 *Nagel*, in: Nagel/Freis/Kleinsorge SEBG § 1 Rn. 5.

1290 DGB, Stellungnahme (Fn. 699), S. 9.

1291 Siehe dazu bereits Teil 2 § 4 A.

am Wortlaut und Zweck der Richtlinie auszurichten.[1292] Soweit der Inhalt klar und eindeutig ist, können sie diese Auslegung selbst vornehmen, im Übrigen hat der Europäische Gerichtshof über den Inhalt der Gesetze zu entscheiden.[1293] Der Schutz der Beteiligungsrechte der Arbeitnehmer wird in den Erwägungsgründen der Richtlinie selbst angeordnet.[1294] Im Kommissionsentwurf wurde dieser zum ausdrücklichen Ziel erklärt.[1295] Auch der übrige Richtlinientext legt nahe, dass der Mitbestimmungsschutz bei der Auslegung der Richtlinie eine übergeordnete Rolle spielen sollte.[1296]

Es ist daher die Frage, welche Bedeutung eine solche Auslegungsregel überhaupt erlangen würde.[1297] Vielmehr wird damit wohl nur gesetzlich normiert, wozu die Anwender des Ausführungsgesetzes ohnehin verpflichtet wären. Die Auslegungsmaxime kann damit nicht mehr sein als die Ausformulierung einer Selbstverständlichkeit.[1298] Wie im SEBG kann eine solche Auslegungsmaxime mehr eine Hilfestellung sein,[1299] als tatsächlich ein „Regelungsplus" gegenüber der Richtlinie darzustellen. Auch wenn damit die Dienlichkeit einer solchen Regelung zweifelhaft scheint, so kann ihr trotzdem die angesprochene Hilfsfunktion zugesprochen werden, indem sie eingangs betont, welchem Zweck das Gesetz dient. Zwar kann sie keinesfalls so weit gehen „fundamentale Grundsätze" und „erklärte Ziele" der Richtlinie auf nationaler Ebene zu manifestieren,[1300] eine Weichenstellung und ausdrückliche Erklärung des Beteiligungsschutzes im Allgemeinen kann jedoch nicht schaden.[1301] Allein zum Zwecke der Signalwirkung erscheint die Beibehaltung des § 1 Abs. 3 MgVG im MgUG empfehlenswert. Auch sollte der bisher

1292 EuGH v. 14.07.1994, Dori/Recreb Srl, Rs. C-91(92, ECLI:EU:C:1994:291 Rn. 26; v. 13.11.1990, Marleasing, Rs. C-106/89, ECLI:EU:1990:395, Rn. 8; v. 16.12.1993, Wagner Miret, Rs. C-334/92, ECLI:EU:C:1993:945 Rn. 20.

1293 Vgl. dazu das Vorabentscheidungsverfahren in Art. 267 AEUV, vgl. *Karpenstein*, in: Grabitz EU, 75. EL Januar 2022, Art. 267 Rn. 1 ff.; *Wegener*, in: Caliess/Ruffert EUV/AEUV Art. 267 Rn. 9 ff.

1294 ErwGr. 32 MobilitätsRL.

1295 Vgl. nur Kommissionsentwurf, (Fn. 336) Erwägungsgrund 4: „insbesondere Schutz der Arbeitnehmer".

1296 Vgl. dazu die Zielsetzung der Richtlinie unter Teil 2 § 1 A.

1297 *Habersack* bezeichnet die Vorschrift dahingehend als sogar „überflüssig", vgl. *Habersack*, in: Habersack/Henssler Mitbestimmungsrecht, MgVG § 1 Rn. 1.

1298 *Annuß*, in: Annuß/Kühn/Rudolph/Rupp EBRG, SEBG § 1 Rn. 3.

1299 So *Windbichler*, FS Canaris, S. 1247: „deklaratorische Hilfestellung".

1300 So die Forderung des DGB, siehe Stellungnahme (Fn. 699), S. 9.

1301 Insoweit auch zu § 1 Abs. 3 SEBG als „Klarstellungs- und Appellfunktion" *Feuerborn*, in: KölnK AktG, SEBG § 1 Rn. 15.

nicht im MgVG enthaltene Abs. 4 des § 1 SEBG[1302] angefügt werden, da es nunmehr auch in den nationalen Gesellschaften nach etwaigen Umwandlungsvorgängen durchaus zu strukturellen Änderungen kommen kann, was bisher nicht von der Verschmelzungsrichtlinie umfasst war.[1303] Die in § 1 festgelegten Grundsätze erstrecken sich damit auch auf strukturelle Änderungen.[1304]

iii) Zwischenergebnis

Für die Zweckverwirklichung der Auffanglösung kann diese Auslegungsmaxime jedoch kaum Abhilfe schaffen. Setzt man sie – in Anlehnung an § 1 Abs. 3 MgVG – als Weichenstellung vor das Gesetz, wird kaum jemand daraus den Gedanken ableiten, dass die bisher geltende Auffanglösung zu modifizieren sei. Zwar ließe sich eine dahingehende Auslegung mit den Zielen des Gesetzes und denen der Richtlinie vertretbar begründen. Um die Gestaltung mitbestimmungsfreier Kapitalgesellschaften jedoch tatsächlich einzudämmen, wäre diese Regelung aber wohl nicht klar genug

b) Änderung des § 23 MgVG

Es bedarf daher einer klarstellenden Normierung im weiteren Normtext des MgUG. Bisher regelt § 23 MgVG den Anwendungsbereich der Mitbestimmung kraft Gesetzes, welche sich inhaltlich an die Auffanglösung im SEBG anlehnt. So finden nach § 23 Abs. 1 Nr. 2 die Regelungen dieses Kapitels immer dann Anwendung, wenn während des Verhandlungszeitraums keine Vereinbarung zustande kam oder wenn die Parteien dies nach § 23 Abs. 1 Nr. 1 vereinbaren.

Von dieser Regelung müssen nun ebendie Fälle ausgeklammert werden, in denen die Mitbestimmungsverhandlungen durch den Ausnahmetatbestand der Vier-Fünftel-Schwelle ausgelöst werden. Umsetzen könnte man dies, indem man dem Absatz 1 einen neuen Satz 2 anfügt:

> *„Abweichend von Satz 1 finden die Regelungen dieses Kapitels keine Anwendung, wenn die Regelungen über die Mitbestimmung kraft Vereinbarung aufgrund des § 5 Nr. 1 ausgelöst wurden.“*[1305]

Damit gilt jedoch nur, dass die Vorschriften der gesetzlichen Mitbestimmung in den §§ 23 ff. Mg(U)G nicht für diese Fälle gelten. Klarstellen sollte man zudem, dass in diesen Fällen das Recht des Zuzugsstaates als Auffanglösung gilt. Aus Gründen

1302 § 1 Abs. 4 SEBG: Die Grundsätze der Absätze 1 bis 3 gelten auch für strukturelle Änderungen einer gegründeten SE sowie für deren Auswirkungen auf die betroffenen Gesellschaften und ihre Arbeitnehmer.

1303 *Habersack,* in: Habersack/Henssler Mitbestimmungsrecht, MgVG § 1 Rn. 1.

1304 Vgl. dazu *Jacobs,* in: MüKo AktG, SEBG § 1 Rn. 6.

1305 Vgl. § 23 MgUG im Anhang.

der Übersichtlichkeit könnte das Kapitel 2 „Mitbestimmung kraft Gesetzes" in zwei Titel unterteilt werden. Der erste Titel könnte die Bestimmungen der regulären Mitbestimmung kraft Gesetzes beinhalten. Der zweite Titel könnte klarstellen, dass im Falle der Mitbestimmungsverhandlungen nach § 5 Nr. 1 MgVG nicht die §§ 23 ff. Anwendung finden sollen. In der Struktur sollte sich der Titel aber an den §§ 23 ff. orientieren, um die Systematik zu verdeutlichen.

Dem MgUG wäre demnach folgender Titel beizufügen:

Titel 2: Abweichende Mitbestimmung kraft Gesetzes

§ 28a Voraussetzungen

Die Regelungen dieses Kapitels finden ab dem Zeitpunkt der Eintragung der aus der grenzüberschreitenden Verschmelzung hervorgehenden Gesellschaft Anwendung, wenn

1. *die Parteien dies vereinbaren oder*
2. *in den Fällen des § 5 Nr. 1 bis zum Ende des in § 21 angegebenen Zeitraums keine Vereinbarung zustande gekommen ist und das besondere Verhandlungsgremium keinen Beschluss nach § 18 gefasst hat.*

§ 28b Umfang der Mitbestimmung

(1) Die Arbeitnehmer der aus der grenzüberschreitenden Umwandlung hervorgehenden Gesellschaft, ihrer Tochtergesellschaften und Betriebe oder ihr Vertretungsorgan haben das Recht, einen Teil der Mitglieder des Aufsichts- oder Verwaltungsorgans der aus der grenzüberschreitenden Verschmelzung hervorgehenden Gesellschaft zu wählen oder zu bestellen oder deren Bestellung zu empfehlen oder abzulehnen.

(2) Diese Rechte bestimmen sich nach den Vorschriften des Gesetzes über die Drittelbeteiligung im Aufsichtsrat, dem Gesetz über die Mitbestimmung der Arbeitnehmer oder dem Gesetz über die Mitbestimmung der Arbeitnehmer in den Aufsichtsräten und Vorständen der Unternehmen des Bergbaus und der Eisen und Stahl erzeugenden Industrie mitsamt seinem Ergänzungsgesetz.

(3) Die §§ 25 bis 28 gelten entsprechend.

Der Einführung einer dem § 23 Nr. 3 MgVG bzw. § 23 MgUG entsprechenden Vorschrift bedarf es nicht, da es im Falle eines solchen Beschlusses der Leitungen Voraussetzung ist, dass bereits ein System der Mitbestimmung besteht.[1306] Dies ist in den Fällen des § 5 Nr. 1 MgUG gerade nicht der Fall.

c) Ergebnis

Die Einführung dieser modifizierten Auffanglösung in den Fällen, in denen die Mitbestimmungsverhandlungen nach § 5 Nr. 1 MgUG ausgelöst werden, führt dazu, dass die eingeführte Schwellenwertregelung ihre Zielsetzung erreicht. Für

1306 Vgl. dazu 3. Teil § 3 C.

Wegzugsfälle aus Deutschland würde dies zwar noch immer bedeuten, dass eine „Flucht“ vor Erreichen der Mitbestimmung möglich ist. Allerdings mit der Konsequenz, dass eine fremde Rechtsordnung angenommen wird.[1307]

Bedeutend ist aber die Wirkung der Zuzugsfälle. Die Konstellation, dass eine ausländische Gesellschaft in eine deutsche Kapitalgesellschaft umgewandelt wird und sich unter Rückgriff auf die 4-/5-Verhandlungslösung der Mitbestimmung durch das Einfrieren des Mitbestimmungsniveaus gänzlich der Mitbestimmung entzieht, wird damit verhindert. Statt der Mitbestimmungsfreiheit droht diesen Unternehmen künftig das deutsche Mitbestimmungsrecht als Auffanglösung. Die Entstehung mitbestimmungsfreier deutscher Kapitalgesellschaften wird damit eingedämmt.

§ 2 Mangelnde Kohärenz der Mitbestimmungsvorschriften

Bedingt durch die Entstehungsgeschichte der Richtlinie, wonach Art. 86l und Art. 160l neu geschaffen wurden, während Art. 133 der bereits bestehenden Gesellschaftsrechtsrichtlinie nur partiell abgeändert wurde, unterscheiden sich die Mitbestimmungsvorschriften teilweise. Der Europäische Gesetzgeber hat zwar die neu eingeführten Regelungen für grenzüberschreitende Spaltungen und Formwechsel weitgehend parallel ausgestaltet. Die Vorschrift für die Mitbestimmung der grenzüberschreitenden Verschmelzung weist jedoch einige Abweichungen auf (A). Dieser Regelungsunterschied verursacht ein Schlupfloch aus den strengeren Vorgaben der grenzüberschreitenden Spaltung und des Formwechsels. Unternehmen könnten dazu verleitet werden, sich des Umwandlungsverfahrens der grenzüberschreitenden Verschmelzung zu bedienen, um ebendiese strengeren Verfahrensvorschriften auszuhebeln (B). Demnach stellt sich die Frage nach dem Bedürfnis, dieses Regelungsgefälle auf nationaler Ebene auszugleichen (C).

A. Ausprägungen der mangelnden Kohärenz

Die mangelnde Kohärenz der Vorschriften offenbart sich in verschiedenen Teilen der Vorschriften. Jedoch steht hinter diesen Regelungsunterschieden nicht immer ein erkennbarer Sinn. Während sich das unterschiedliche Schutzniveau im Rahmen des Bestandsschutz (I) noch erklären lässt, erscheinen die Abweichungen bei den Beschlussmöglichkeiten der Leitungsorgane (II) und anderweitigen Schutzinstrumenten weniger plausibel (III).

1307 Diese Fälle unterliegen mithin nicht dem Anwendungsbereich des MgUG. In dieser Hinsicht könnte das Ausführungsgesetz aber Signalwirkung für andere Mitgliedstaaten haben.

I. Kein Bestandsschutz bei grenzüberschreitenden Verschmelzungen

Eine Neuerung, die sich selbst dem fachkundigen Leser nicht sofort erschließt, ist das Verbot mitbestimmungsmindernder Beschlüsse für die grenzüberschreitende Spaltung und den Formwechsel. Die erste Hürde liegt darin, dass sich dieses erst aus den detailreichen Verweisungen auf die SE-Richtlinie ergibt. Durch eine minimale Änderung im Verweisungsumfang sind im Verhandlungsverfahren nach der Mobilitätsrichtlinie sämtliche Beschlüsse unzulässig, die eine Absenkung der Mitbestimmung bezwecken sollen. War für diese Beschlüsse noch im Kommissionsentwurf lediglich eine gesteigerte Mehrheit von zwei Dritteln notwendig, ist diese Möglichkeit nun passé.[1308] Besteht somit in der Gesellschaft bereits ein System der Unternehmensmitbestimmung, so wird diese bei Formwechsel und Spaltung nun besser geschützt als bei der grenzüberschreitenden Verschmelzung. Nach dem Umwandlungsvorgang müssen alle Komponenten der Mitbestimmung mindestens im gleichen Ausmaß fortgelten. Der bereits für die SE-Gründung durch Umwandlung geltende Bestandsschutz[1309] wird damit auf die Mobilitätsrichtlinie erstreckt.[1310] Allerdings nicht für alle Strukturmaßnahmen. Das Verbot der mitbestimmungsmindernden Beschlüsse gilt nach der Richtlinie nur für die Umwandlungsformen der Spaltung und des Formwechsels.[1311] Bei der Verschmelzung hingegen ist ein vollumfänglicher Verweis auf Art. 4 SE-RL gegeben. Damit bietet sich den Unternehmen ein gewisser Anreiz, sich für die Vornahme einer grenzüberschreitenden Umwandlung zu entscheiden, selbst wenn das Verfahren einer anderen Strukturmaßnahme passender wäre.

II. Option der Verhandlungslösung

Auch im Hinblick auf die Auslösung der Verhandlungspflicht ergibt sich ein wesentlicher Unterschied zur grenzüberschreitenden Verschmelzung. Während bei einer grenzüberschreitenden Spaltung oder einem Formwechsel nach Eingreifen des Ausnahmetatbestandes grundsätzlich immer Verhandlungen mit dem BVG stattfinden müssen, besteht bei der grenzüberschreitenden Verschmelzung noch immer die Option nach Art. 133 Abs. 4 lit. a). Demnach steht es den Unternehmensorganen frei, einseitig auf die Durchführung der Verhandlungen zu verzichten und direkt die Anwendbarkeit der Auffanglösung zu beschließen.

Zwar gilt dies neuerdings nach der Mobilitätsrichtlinie nur noch für solche Gesellschaften, die bereits einer Mitbestimmung unterliegen. Dennoch haben die Leitungen dadurch die Möglichkeit, mittels der Auffanglösung ein niedrigeres Mitbestimmungsniveau durchzusetzen als es im Zuzugsstaat möglich wäre. Auch

1308 Vgl. dazu schon Teil 3 § 2 B.II.1 b).

1309 Art. 4 Abs. 4 SE-RL.

1310 Vgl. zu der Frage, was diese Komponenten umfasst schon Teil 3 § 2 B.II.7 d) i) (1).

1311 Vgl. dazu schon Teil 3 § 2 B.II.7 d) i) (2), Art. 133 Abs. 3 lit. a) GesRRL.

wird damit den Arbeitnehmern die theoretisch bestehende Möglichkeit genommen, in den Verhandlungen ein eigenes System der Mitbestimmung auszuhandeln. Dadurch potenziert sich die bereits mehrfach beschriebene Gefahr, dass die Unternehmen sich der grenzüberschreitenden Umwandlung bedienen, um das Mitbestimmungsniveau zu minimieren.

III. Eingeschränkte Geltung von Schutzmechanismen

Zudem weist Art. 133 nicht denselben Verweisungsumfang auf wie die Parallelvorschriften. Das hat zur Folge, dass wichtige Elemente, die der Sicherung der Mitbestimmung dienen, verloren gehen. So findet nach der Ausformung der Richtlinie die neu eingeführte temporäre Weitergeltung keine Anwendung auf die grenzüberschreitende Verschmelzung. Besonders unverständlich bleibt, wieso der Europäische Gesetzgeber keinen ausdrücklichen Missbrauchsschutz für diese Umwandlungsform einführt.

Auch das Instrument der eingeschränkten Rechtsformfreiheit findet auf die grenzüberschreitende Verschmelzung nur bedingt Anwendung. Nach wie vor greift diese in den Fällen, in denen bereits eine der verschmelzenden Gesellschaften mitbestimmt ist. Für Spaltung und Formwechsel gilt der Rechtsformzwang hingegen schon sobald das Verhandlungsverfahren ausgelöst wird.

B. Folgen des unterschiedlichen Schutzniveaus

Diese inkohärente Ausgestaltung könnte bedenkliche Folgen haben. Unternehmen könnten dazu verleitet werden eine grenzüberschreitende Verschmelzung vorzunehmen, satt auf die eigentlich passende Maßnahme zurückzugreifen. Das verschiedentliche Schutzniveau schafft einen maßgeblichen Anreiz, sich des Verfahrens der grenzüberschreitenden Verschmelzung zu bedienen, um das bedeutend höhere Mitbestimmungsschutzniveau der übrigen grenzüberschreitenden Strukturmaßnahmen zu umgehen.[1312] Zum einen könnten nicht mitbestimmte Unternehmen auf das Verschmelzungsverfahren ausweichen, um sich endgültig der Einflussnahme durch Arbeitnehmer zu entziehen. Zum anderen könnten bereits mitbestimmte Unternehmen das Verschmelzungsverfahren auch ausnutzen, indem sie im Rahmen der Verhandlungen das Niveau der Mitbestimmung durch einen dahingehenden Beschluss absenken, was bei Formwechsel und Spaltung gerade nicht möglich wäre.

Die vielen Reglungsfeinheiten führen zu Rechtsunsicherheit und bewirken letztendlich das Gegenteil des Regelungszwecks. Statt alle Formen zu vereinheitlichen, schafft die Richtlinie durch die fehlende Anpassung der Verschmelzung sogar den Anreiz, sich der Verschmelzung zu bedienen, um die Mitbestimmung im Sinne der Unternehmensleitungen zu gestalten, obwohl das Verfahren einer

1312 Vgl. dazu schon (Fn. 913).

anderen Strukturmaßnahme passender wäre. Gesellschaftsrechtlich wäre dies verhältnismäßig leicht durch die Gründung einer ausländischen Tochtergesellschaft zu bewerkstelligen, mit der dann eine Verschmelzung durchgeführt wird. Infolgedessen müssten sich Unternehmen dann nicht mehr an die strengeren Vorgaben des Formwechsels und der Spaltung halten. Durch das niedrigere Schutzniveau der Mitbestimmung im Rahmen des Art. 133 Mobilitätsrichtlinie werden die intendierten Schutzmechanismen bei den anderen Umwandlungsformen unterlaufen.

C. Ausgleich der mangelnden Kohärenz

Diesem Problem der mangelnden Kohärenz der verschiedenen Mitbestimmungsvorschriften sollte sich der nationale Gesetzgeber bei der Implementierung der Richtlinie annehmen. Problematisch erscheint an der Richtlinie, dass die Mitbestimmung bei Formwechsel und Spaltung strenger geregelt ist als die Arbeitnehmerbeteiligung bei grenzüberschreitenden Verschmelzungsvorgängen. Damit riskiert der unionale Gesetzeber, Gesetzgeber, dass Unternehmen die Verschmelzungsform missbrauchen, um Schutzvorkehrungen zu umgehen. Unternehmen könnten verleitet werden, auf das Verfahren der grenzüberschreitenden Verschmelzung nur deshalb auszuweichen, um die strengeren Vorschriften der passenden Maßnahme zu umgehen.[1313] Sofern es sich bei dieser Verhaltensweise um einen Missbrauch der unionsrechtlichen Vorschriften handelt (I), könnte der nationale Gesetzgeber gehalten sein, dies bei der Umsetzung zu unterbinden (II).

I. Vorliegen eines Missbrauchs

Dafür müsste diese Vorgehensweise überhaupt einen Missbrauch im Sinne der Vorschrift darstellen. Dreh- und Angelpunkt der Frage ist also, ob es als Rechtsmissbrauch im Sinne des Art. 11 SE-RL zu werten ist, wenn ein umständlicherer Weg gewählt wird, als es die Richtlinie vorsieht.[1314] Eine Definition der Tatbestände (1) kann dabei nicht isoliert betrachtet werden. Maßgeblich ist in diesem Bereich die dazu ergangene Rechtsprechung des EuGH (2).

1. Tatbestand des Art. 11 SE-RL

Ein Missbrauch erfordert grundsätzlich einen zweckwidrigen Gebrauch der Vorschrift.[1315] Für den Tatbestand des Art. 11 SE-RL müssen den Arbeitnehmern Beteiligungsrechte entzogen oder vorenthalten werden. Allerdings wird für die

---

1313 Vgl. dazu schon unter B.

1314 Bejahend in anderen Zusammenhängen *Drinhausen/Keinath*, BB 2011, 2699, 2703; *Rehberg*, ZGR 2005, 859, 869 f.; *Henssler*, in: Habersack/Henssler MitbestimmungsR, SEBG § 43 Rn. 6.

1315 *Ramcke*, Konkretisierung des Missbrauchsverbots, S. 152.

Missbrauchstatbestände eine restriktive Auslegung gefordert.[1316] Die bloße Ausnutzung der Spielräume der Richtlinien kann für sich genommen noch nicht als Missbrauch qualifiziert werden, nur weil sich infolgedessen die Modalitäten des anwendbaren Rechts verändern.[1317] Die Abgrenzung missbräuchlicher Handlungen von zulässigen Gestaltungsvarianten gestaltet sich daher nicht ganz einfach.[1318]

a) Entzug von Arbeitnehmerrechten

Unter einem Entzug fasst man Situationen zusammen, in denen Arbeitnehmern weniger Beteiligungsrechte gewährt werden, als ihnen nach den früheren Umständen bereits zustanden.[1319] Weitergehend setzt ein Entzug die vollständige Beseitigung voraus.[1320] Von einem Entzug kann damit in der hiesigen Situation nicht die Rede sein; die Arbeitnehmer verfügen vor Umwandlung gerade über keine unternehmerischen Einflussnahmemöglichkeiten. Sollten sie nach dem vorherigen Rechtsstatut bereits über Mitbestimmungsrechte verfügen, wird die Beibehaltung dessen nach den gesetzlichen Vorschriften gesichert.[1321] Von einem Entzug der Mitbestimmungsrechte wird demnach in keinem Fall die Rede sein können.

b) Vorenthalten von Arbeitnehmerrechten

Auch für die Variante des Vorenthaltens wird teilweise gefordert, dass den Arbeitnehmern bereits gewisse Rechte zustehen, die ihnen nun nicht mehr gewährt werden.[1322] Allerdings könnte man es auch als Vorenthaltung ansehen, wenn bereits die Entstehung künftiger Mitbestimmungsrechte vereitelt wird.[1323] Konkret geht es hier um die Fälle, in denen eine Gesellschaft kurz vor Erreichen der nationalen

---

1316 Zur Konkretisierung des Missbrauchsverbots eingehend *Ramcke,* Konkretisierung des Missbrauchsverbots, S. 59 ff. (für Art. 11 SE-RL), S. 218 ff. (für § 43); *Sagan:* in: Bieder/Hartmann, individuelle Freiheit und kollektive Interessenwahrnehmung, S. 174 ff. (für § 43), S. 189 ff. (für Art. 11 SE-RL); zur Konkretisierung des Art. 11 SE-RL in anderen Mitgliedstaaten siehe *Ramcke,* Konkretisierung des Missbrauchsverbots, S. 315 ff.

1317 *Kleinsorge/Freis,* SEBG § 43 Rn. 1.

1318 *Henssler,* in: Habersack/Henssler SEBG § 43 Rn. 5.

1319 *Rehberg,* ZGR 2995, 859, 873; *Henssler,* in: Habersack/Henssler MitbestimmungsR, SEBG § 43 Rn. 3.

1320 *Henssler,* in: Habersack/Henssler MitbestimmungsR, SEBG § 43 Rn. 3; *Hohenstatt/Müller-Bonanni,* in: Habersack/Drinhausen SE Recht, SEBG § 43 Rn. 3; *Oetker,* in: Lutter/Hommelhoff/Teichmann SE-Kommentar, SEBG § 43 Rn. 7. Eine andere Ansicht vertritt hier *Nagel,* in: Nagel/Freis/Kleinsorge, SEBG § 43 Rn. 6.

1321 Dies gewährleistet die Auffanglösung, vgl. Teil 3 § 3.

1322 *Rehberg,* ZGR 2995, 859, 874.

1323 *Henssler,* in: Habersack/Henssler MitbestimmungsR, SEBG § 43 Rn. 4.

Schwelle steht und sich der grenzüberschreitenden Umwandlungsvorgänge bedient, um die drohende Überschreitung nationaler Mitbestimmungsschwellen und eine damit einhergehende Mitbestimmungspflicht zu verhindern. So hat es immer einen mitbestimmungsnegierenden Beigeschmack, wenn sich eine deutsche Gesellschaft kurz vor Erreichen der 2000 Arbeitnehmer dafür entscheidet, eine andere Rechtsform anzunehmen.[1324] Sofern das Rechtskleid und die dazugehörige Rechtsform das Einzige sind, was sich durch die Umstrukturierung ändert, so drängt sich auf Arbeitnehmerseite schnell der Eindruck auf, dass hier lediglich die national vorhergesehenen Arbeitnehmerpositionen umgangen werden sollen. Dass dieser Mechanismus im Gegensatz zur Zielsetzung der Richtlinie steht, zeigt die Einführung der 4/5-Schwelle.[1325]

Durch die Vornahme der Umwandlungsmaßnahme und die damit verbundene Zementierung der Mitbestimmungsfreiheit werden den Arbeitnehmern der betroffenen Unternehmen ihre künftigen Beteiligungsrechte genommen. Ein unmittelbar bevorstehendes Überschreiten der einschlägigen Mitbestimmungsschwelle kann damit verhindert werden. Interpretiert man die Tatbestandsalternative des „Vorenthaltens" weit, könnte somit ein Missbrauch vorliegen.

2. *EU-Rechtsprechung zum Missbrauchstatbestand*

Die Rechtsprechung spricht den Gesellschaften grundsätzlich das Recht zu, im Rahmen ihrer Niederlassungsfreiheit zielgerichtet das vorteilhafteste Recht zu wählen.[1326] Der EuGH geht aber in ständiger Rechtsprechung auch davon aus, dass eine „betrügerische und missbräuchliche Berufung auf das Gemeinschaftsrecht" unzulässig sei.[1327]

Anwendung fand der Missbrauchseinwand im Zusammenhang mit den Grundfreiheiten erstmalig in den 70er Jahren.[1328] Besondere Bedeutung erlangt im

---

1324 Vgl. nur das prominente Beispiel der Flucht vor Erreichen der Mitbestimmungsschwelle durch Gründung einer SE im Fall der Eisenmann SE, die unmittelbar vor Umwandlung 1915 inländische Beschäftigte verzeichnete. Vgl. *Hoffmann,* AG 2016,R168.

1325 Vgl. dazu schon im Teil 3 § 2 A.I.2.

1326 EuGH v. 9.3.1999, Centros, C-212/97, ECLI:EU:C:1999:126, Rn. 27; EuGH v. 10.07.1986, Segers, Rs. 79/85 ECLI:EU:C1986:308, Rn. 16 f.; EuGH v. 30.09.2003, Inspire Art, C-167/01, ECLI:EU:C:2003:512, Rn. 138; dazu *Rehberg,* ZGR 2005, 859, 866.

1327 Ausdrücklich als ständige Rspr. bezeichnet in EuGH v. 22.11.2017, Cussens u.a./ Brosnan, Rs. C-251/16, ECLI:EU:2017:881, Rn. 27, vgl. dazu *Buckler,* EuR 2018, 371, 376 f. Rechtsprechungslinie des EuGH: v. 12.05.1998, Kefalas u.a., Rs. C-367/ 96, EU:C:1998:222, Rn. 20; v. 21.03.2000, Diamantis, Rs. C-373/97, EU:C:2000:150, Rn. 33; v. 3.03.2005, Fini H., Rs. C-32/03, EU:C:2005:128, Rn. 32.

1328 EuGH v. 3.12.1974, Binsbergen, 33/74, ECLI:EU:C:1974:131, Rn. 13. *De la Feria,* Common Market Law Review 2008, 395, 399; *Teichmann,* ZGR 2022, 376, 393.

Kontext des Missbrauchs das Urteil *Emsland-Stärke*. Der EuGH ging hier von einem Rechtsmissbrauch aus, da die formalen Vorgaben des einschlägigen Gesetzes zwar eingehalten wurden, das Ziel jedoch trotzdem verfehlt wurde. Zudem lag in diesem Fall die Absicht vor, sich dadurch einen Vorteil verschaffen zu wollen, dass die Voraussetzungen der Norm willkürlich geschaffen werden.[1329] Auf Basis dieser Rechtsprechung wurde eine zweistufige Missbrauchsprüfung entwickelt. Zur Einordnung als Missbrauch im Sinne des Art. 11 SE-RL verlangt man nunmehr zum einen ein objektiv zweckwidriges Verhalten sowie zum anderen eine subjektive Komponente. Auf der ersten – objektiven – Stufe wird dabei gefragt, ob das gewählte Verfahren den Zweck der Regelung konterkariert.[1330] Die zweite Stufe verlangt eine subjektive Komponente, deren Ausformung streitig ist.[1331]

a) Objektiv zweckwidriges Verhalten

Ob die Vorgehensweise der Situation entspricht, die der Gesetzgeber mit den Regelungen erfassen wollte, ist anhand einer Betrachtung aller Gesamtumstände zu beurteilen.[1332] Es stellt sich also zunächst die Frage, ob die Verwendung eines unpassenden Verfahrens als objektiv zweckwidriges Verhalten einzustufen ist. Von einem Entzug der Arbeitnehmerrechte kann nur dort die Rede sein, wo die Verschmelzung verwendet wird, um bestehende Arbeitnehmerbeteiligungen abzuschütteln. Dies ist allein beim Umwandlungsvorgang der Verschmelzung möglich, da diese keinen Bestandsschutz vorsieht und dadurch auch mitbestimmungsmindernde Beschlüsse zulässt.[1333] Ob die bloße Minderung von Beteiligungsrechte schon als Vorenthalten zu qualifizieren ist, bleibt vor dem Hintergrund der restriktiven Auslegung fraglich. In diesem Fall kann wohl kaum von einem Entzug im Sinne des Art. 11 SE-RL gesprochen werden, da ein Entzug die vollständige Beseitigung der Rechte voraussetzt.[1334]

1329 EuGH v. 14.12.2000, Emsland Stärke, C-110/99, ECLI:EU:C:2000:695, Rn. 53.

1330 *Rehberg*, ZGR 2005, 859, 870; *von der Heyde*, Beteiligung der Arbeitnehmer in der SE, S. 276; *Schmid*, Mitbestimmung in der SE, S. 185 f.; *Nagel*, in: Nagel/Freis/Kleinsorge, SEBG, § 43 Rn. 6; *Ramcke*, Konkretisierung Missbrauchsverbots, S. 194 ff.; *Henssler*, in: Habersack/Henssler MitbestimmungsR, SEBG § 43 Rn. 5.

1331 Siehe dazu im Einzelnen gleich unter 2.

1332 *Schön*, FS Wiedemann, 1271, 1285 f.; *Rehberg*, ZGR 2005, 859, 869 f. Von einer „Gesamtschau" spricht *Schürnbrand*, ZHR (169 (2005), 35, 41 im Zusammenhang mit Beherrschungsverträgen.

1333 Vgl. dazu bereits im 3. Teil § 2 A.II.7.d) i)(2).

1334 *Henssler*, in: Habersack/Henssler MitbestimmungsR, SEBG § 43 Rn. 3; *Hohenstatt/Müller-Bonanni*, in: Habersack/Drinhausen SE Recht, SEBG § 43 Rn. 3; *Oetker*, in: Lutter/Hommelhoff/Teichmann SE-Kommentar, SEBG § 43 Rn. 7. Eine andere Ansicht vertritt hier *Nagel*, in: Nagel/Freis/Kleinsorge, SEBG § 43 Rn. 6.

Etwas anderes könnte sich im Hinblick auf die Tatbestandsalternative des Vorenthaltens ergeben. So kann es – wie eingangs erläutert schon als Vorenthalten angesehen werden, wenn die Entstehung künftiger Mitbestimmungsrechte vereitelt wird.[1335]

Konkret könnte sich der Rückgriff auf das Verschmelzungsverfahren durch die Verwendung einer Strohfirma als Missbrauch darstellen. So könnte eine Gesellschaft, die gern das Rechtskleid ihres Unternehmens wechseln möchte, eine ausländische Briefkastengesellschaft gründen, deren alleiniger Zweck darin liegt, den zweiten übertragenden Rechtsträger zu bilden. Die zunehmenden digitalen Möglichkeiten, eine Gesellschaft zu gründen, vereinfachen das zusätzlich.[1336] Statt den hier passenden Vorgang des grenzüberschreitenden Formwechsels vorzunehmen könnten Praktiker verleitet werden, eine Briefkastengesellschaft zu gründen, um einen verschmelzungsfähigen Rechtsträger zu schaffen und das Verschmelzungsverfahren anwenden zu können. Die Nuancierung im Mitbestimmungsschutz mit der einer einfacheren Umgehung der Arbeitnehmerschutzbestimmungen könnte dafür das Motiv sein.

Das geschickte Ausnutzen der Spielräume einer Richtlinie für sich kann zwar noch nicht als Missbrauch gewertet werden.[1337] Allerdings wird hier gerade nicht eine bloße Handlungsoption der Richtlinie gebraucht, sondern in diesen Fällen wird das Verschmelzungsverfahren künstlich herbeigeführt, um bestimmte Schutzmaßnahmen zu umgehen bzw. auszuschalten. Es kann also nicht mehr von einem bloßen „Ausnutzen" die Rede sein, vielmehr ist hierin tatsächlich ein Missbrauch des Verschmelzungsverfahrens zu sehen. Der Zweck der Verfahrensvorschriften für die Verschmelzung liegt augenscheinlich darin, die Fälle einer grenzüberschreitenden Fusion von Gesellschaften zu erfassen. Nimmt eine Gesellschaft diese Vorschriften in Anspruch, obwohl sie ein anderes Ziel verfolgt, als Unternehmen zu verschmelzen, so ist dies nicht im Sinne der Richtlinie. Für jede einzelne Umwandlungsform hat der Europäische Gesetzgeber ein Verfahren vorhergesehen, das insoweit auch als spezielleres Recht anzusehen ist.

In den Fällen, in denen die Leitungen die Verhandlungen abbrechen, um direkt zur Auffanglösung zu gelangen, rückt daneben noch ein ganz anderer Missbrauchsvorwurf in den Vordergrund. Neben der Umgehung der originären Beteiligungsrechte werden die Arbeitnehmer dabei von vornherein um die Wahrnehmung ihrer Interessen bei der Umwandlungsmaßnahme durch das BVG gebracht. Dadurch, dass den Leitungen in der Verschmelzung mehr Handlungsoptionen zustehen,

---

1335 *Henssler,* in: Habersack/Henssler MitbestimmungsR, SEBG § 43 Rn. 4.

1336 Diese Möglichkeiten basieren auf der Digitalisierungsrichtlinie 2019/1151, welche die GesRRL um die Möglichkeit einer Online-Gründung ergänzt. Siehe dazu nur *Bayer/J. Schmidt,* BB 2019, 1922 ff.; *Omlor,* DStR 2019, 2544 ff.; *Schurr,* EuZW 2019, 772 ff.; *Lieder,* NZG 2018, 1081 ff.; *Teichmann,* GmbHR 2021, 1237 ff.

1337 *Kleinsorge/Freis,* SEBG § 43 Rn. 1.

können diese die Ausgangslage für die nachfolgenden Verhandlungen in Bezug auf die zweite grenzüberschreitende Maßnahme verändern. Die Arbeitnehmer werden um die ihnen eigentlich zustehende Verhandlungssituation gebracht.

Aus diesem Verhalten resultieren damit sogar zwei missbräuchliche Folgen. Zum einen ermöglicht der Rückgriff auf das Verschmelzungsverfahren entgegen dem Bestandsschutz mitbestimmungsmindernde Beschlüsse. Zum anderen wird den Arbeitnehmern ihr Verhandlungsanspruch genommen.

Ein Rückgriff auf Art. 11 SE-RL könnte schließlich durch die Richtlinie selbst indiziert werden. Wie bereits festgestellt, liegt die Verweisung auf Art. 11 nur für die Umwandlungsformen des Formwechsels und der Spaltung vor, nicht hingegen für die grenzüberschreitende Verschmelzung.[1338] Was als Missgeschick des Europäischen Gesetzgebers im Sinne einer unbedachten Auslassung interpretiert werden kann, könnte gleichsam ein Lösungsweg für den Missbrauch des Verschmelzungsverfahrens aufzeigen. Ausschließlich das Verschmelzungsverfahren verfügt über etwaige Lockerungen im Verhandlungsverfahren. Man könnte die unterschiedliche Verweisung auch so interpretieren, dass der Gesetzgeber den Verweis auf Art. 11 gerade deshalb bei den Formen des Formwechsels und der Spaltung einfügte, um einen Missbrauch durch Verwendung des Verschmelzungsverfahrens zu unterbinden. Da eine Umgehung der Schutzvorschriften durch Verwendung der Spaltung und des Formwechsels nicht möglich ist, unterblieb der Verweis bei Art. 133 vielleicht absichtlich. Sollte dies die Intention des Gesetzgebers sein, gäbe es auch kein Bedürfnis, eine ebenbürtige Verweisung in Art. 133 aufzunehmen, da es bei der Verschmelzung keinen Anreiz gibt, eine andere Strukturmaßnahme zu verwenden.[1339]

b) Subjektives Element

Erforderlich ist in diesen Missbrauchsfällen überdies, dass die Verschmelzung vorgenommen wird, um die passenden Schutzvorschriften der einschlägigen Umwandlungsform auszuhebeln. Die Vermeidung der Arbeitnehmerbeteiligung soll das einzige oder zumindest ein weit überwiegendes Motiv der Maßnahme sein.[1340] Die Anforderungen an das subjektive Element reichen nach der Literatur

---

1338 Vgl. dazu bereits im 3 Teil unter § 5 D.II.

1339 Da sich dafür jedoch keine Anhaltspunkte in den Gesetzesunterlagen ergeben, kann dies – ebenso wie der Schluss, es handele sich um ein versehentliches Auslassen – nicht mehr als ein Erklärungsversuch bleiben, dem wenig Gewicht zukommen kann.

1340 *Henssler*, in: Habersack/Henssler MitbestimmungsR, SEBG § 43 Rn. 7. Einen Überblick gibt *Ramcke*, Konkretisierung des Missbrauchsverbots, S. 205. So auch *Feldhaus/Vanscheidt*, BB 2008, 2246, 2248; *Sagan*, in: Bieder/Hartmann, Individuelle Freiheit und kollektive Interessenwahrnehmung, S. 197; *Oetker*, in: Lutter/Hommelhoff/Teichmann SE-Kommentar, SEBG § 43 Rn. 8; *Feuerborn*, in: KölnK AktG, SEBG § 43 Rn. 4; *Kienast*, in: Handbuch der Europäischen Aktiengesellschaft § 13

vom bloßen Bewusstsein[1341] über Vorsatz[1342] bis hin zur Absicht.[1343] Wieder andere vertreten, es sei ausreichend, dass die Beteiligungsvermeidung als maßgebliches Motiv hervorsteche.[1344] In jedem Fall entstehen durch die subjektive Komponente erhebliche Beweisprobleme.[1345]

Fordert man Absicht, so müsste ein zielgerichtetes Wollen vorliegen, das einen Zusammenhang zwischen allen Teilen des Erschleichungsvorgangs herstellt.[1346] Geht man hingegen davon aus, dass zumindest Vorsatz erforderlich sei, so müsste sich dieser auf alle Handlungen und Maßnahmen beziehen, die zur Beeinträchtigung von Beteiligungsrechten führen.[1347] Dabei müsste das Verhalten jedoch nicht allein auf den Erschleichungszweck abzielen, ein Motivbündel wäre in dieser Form

---

Rn. 527; *Hohenstatt/Müller-Bonanni,* in: Habersack/Drinhausen SE-Recht, SEBG § 44 Rn. 3. Anders aber *Forst,* NZG 2009, 687, 690; *Rehberg,* ZGR 2005, 859, 869; *Schmid,* Mitbestimmung in der SE, S. 188; differenzierend nach Art des sbj. Elements *Ramcke,* Konkretisierung des Missbrauchsverbots, S. 209f., *Jacobs,* in: MüKo AktG, § 43 SEBGRn. 4.

1341 *Feldhaus/Vanscheidt,* BB 2008, 2246, 2248; *Feuerborn,* in: KölnK AktG, SEBG § 43 Rn. 4; *Kleinmann/Kujath,* in: Manz/Mayer/Schröder SE, SEBG § 43 Rn. 2; *Kübler,* FS Raiser, S. 247, S. 255; *Sagan,* in: Bieder/Hartmann individuelle Freiheit und kollektive Interessenvertretung, S. 197; abl. *Forst* NZG 2009, 687, 690; *Rehberg,* ZGR 2005, 859, 869; *Schön,* FS Wiedemann, S. 1272, S. 1286; zweifelnd *Joost,* FS Richardi, S. 578.

1342 *Ramcke,* Konkretisierung des Missbrauchsverbots, S. 209 f. und S. 330 ff.; *Jacobs,* in: MüKo AktG, SEBG § 43 Rn. 4; *Koch,* Beteiligung von Arbeitnehmern. an Aufsichtsrats- und Verwaltungsratsausschüssen, S. 210.

1343 *Forst,* Beteiligungsvereinbarung, S. 147; *Vorsatz* wird als das Wissen und Wollen eines rechtswidrigen Erfolgs bezeichnet. Unter *Absicht* versteht man hingegen, dass der rechtwidrige Erfolg das gewollte Ziel der Handlung ist. Vgl. *Schmidt,* in: Weber Rechtswörterbuch, VerschuldenNr. 1.

1344 *Schlösser,* NZG 2008, 126,129.

1345 Diese werden z.T. dadurch behoben, dass man bei Vorliegen der obj. Umstände einen Schluss auf die Motive zulässt, vgl. dazu *Drinhausen/Keinath,* BB 2011, 2699, 2703 f.; *Müller-Bonanni/Melot de Beauregard,* GmbHR 2005, 195, 200; *Wollburg/Banerjea,* ZIP 2005, 277, 281; *Feuerborn,* in: KölnK AktG, SEBG § 43 Rn. 4; *Oetker,* in: Lutter/Hommelhoff/Teichmann SE-Kommentar, SEBG § 43Rn. 8.

1346 *Fleischer,* JZ 2003, 865, 872; *Schön,* FS Wiedemann, S. 1271, 1286; Gegen das Erfordernis einer Absicht spricht, dass die anderen Abfassungen abweichend von der deutschen Version der Richtlinie nicht von Absicht, sondern nur von einem sbj. Element sprechen. *Forst,* Beteiligungsvereinbarung, S. 148.

1347 *Koch,* Beteiligung von Arbeitnehmern. an Aufsichtsrats- und Verwaltungsratsausschüssen, S. 210; *Ramcke,* Konkretisierung des Missbrauchsverbots, S. 209.

durchaus denkbar.[1348] Noch geringere Anforderungen an das subjektive Element stellt das Verlangen nach dem bloßen Bewusstsein.[1349] Dass überhaupt ein subjektives Element notwendig ist, fordert die restriktive Auslegung des Missbrauchstatbestandes, sodass ein zweckgerichtetes Handeln in irgendeiner Art gefordert werden sollte.[1350]

Zu beachten ist hier jedoch der genaue Zusammenhang, in dem der Missbrauch Anwendung findet. So gestaltet sich die Suche nach der subjektiven Komponente etwas weniger schwierig als im Zusammenhang mit den Problemfällen der SE. Schwingt bei einer SE-Gründung zumindest ein Hauch von Mitbestimmungsvermeidung mit, ist dies den Unternehmensleitungen mitunter schwer nachzuweisen, da sich häufig plausible unternehmerische Gründe für eine SE-Gründung finden lassen. Nimmt man jedoch ein Verschmelzungsverfahren vor, in welchem man auf einen vorher eigens für den Umwandlungsvorgang gegründeten Rechtsträger verschmilzt, dann drängt sich der Missbrauchsvorwurf durch Einschaltung dieser Strohfirma auf. Ein Missbrauchsverdacht und auch die Finalität im Hinblick auf die Aushebelung der spezielleren Vorschriften lassen sich in diesen Fällen deutlich leichter begründen.

3. *Feststellung des Missbrauchs im Einzelfall*

Von der Frage des Vorliegens ist die Frage zu trennen, wie ein Missbrauch im Anwendungsfall festzustellen und darzulegen wäre. Dazu drängt sich die Diskussion um die Umsetzungsvorschrift des Art. 11 SE-RL im SEBG auf. So sieht § 43 S. 2 SEBG eine Missbrauchsvermutung vor, wenn innerhalb eines Jahres nach Durchführung der SE-Gründung strukturelle Änderungen vorgenommen werden, ohne ein Beteiligungsverfahren durchzuführen und Arbeitnehmer durch diese Änderungen Beteiligungsrechte einbüßen. Kritisiert wird, die Vorschrift verstoße – vor allem auch im Zusammenspiel mit der Strafbewehrung in § 45 Abs. 1 Nr. 2 SEBG – gegen die unternehmerische Freiheit sowie den verfassungsrechtlich verankerten *in dubio pro reo* – Grundsatz.[1351] Außerdem bliebe die Vorschrift hinter

---

1348 *Sagan*, in: Biedermann/Hartmann, Individuelle Freiheit und kollektive Interessenvertretung, S. 171; *Henssler*, in: Habersack/Henssler MitbestimmungsR, SEBG § 43 Rn. 7; *Ramcke*, Konkretisierung des Missbrauchsverbots, S. 209.

1349 *Feldhaus/Vanscheidt*, BB 2008, 2246, 2248; *Feuerborn*, in: KölnK AktG, SEBG § 43 Rn. 4; *Kübler*, FS Raiser, S. 247, S. 255; *Sagan*, in: Bieder/Hartmann, Individuelle Freiheit und kollektive Interessenvertretung, S. 197; abl. *Forst* NZG 2009, 687, 690; *Rehberg*, ZGR 2005, 859, 869; *Schön*, FS Wiedemann, S. 1272, S. 1286; zweifelnd *Joost*, FS Richardi, S. 578.

1350 So auch *Ramcke*, Konkretisierung des Missbrauchsverbots, S. 155.

1351 *Grobys*, NZA 2004, 779, 781; *Kienast*, in: Handbuch der Europäischen Aktiengesellschaft, § 13 Rn. 430; *Rehberg*, ZGR 2005, 858, 890; *Schlösser*, NZG 2008, 126, 128 f.

den Anforderungen des Bestimmtheitsgrundsatzes zurück.[1352] *Rehberg* fordert eine Fallgruppenbildung, um den Missbrauchsbegriff besser zu konturieren,[1353] wie es beispielsweise in Österreich der Fall ist.[1354]

Ohne diesen verfassungsrechtlichen Bedenken zustimmen zu wollen, könnte diese Rechtsunsicherheit im Rahmen der Umsetzung der Mobilitätsrichtlinie mit Leichtigkeit ausgeräumt werden, indem man sich eines festgeschriebenen Katalogs bedient. Dieser begegnet der Aushebelung aller möglichen Schutzvorkehrungen: Zum einen sollte die angerissene Gestaltungsoption auf eine arbeitnehmerlose Gesellschaft zu verschmelzen als missbräuchlich eingestuft werden. Wird eine arbeitnehmerlose Briefkastengesellschaft in einem Mitgliedstaat gegründet, die keinen weitergehenden Zweck erfüllt, als einen verschmelzungsfähigen Rechtsträger zu bilden, drängt sich der Verdacht auf, die Gesellschaft werde missbraucht, um ein Formwechselverfahren zu umgehen.

Denkbar ist zum anderen, dass eine Gesellschaft zunächst eine grenzüberschreitende Verschmelzung vornimmt, um das Mitbestimmungsniveau für eine nachfolgende Spaltung zu manifestieren. In diesen Fällen ist ein Missbrauch dann anzunehmen, wenn eine grenzüberschreitende Umwandlung einer Verschmelzung nachfolgen soll und zuvor ein mitbestimmungsmindernder Beschluss des BVG erfolgte oder die Leitungen die Anwendung der Auffanglösung beschlossen. In diesen Fällen könnte auch die Perpetuierungsklausel aus Abs. 7 keine Abhilfe schaffen, da diese das geminderte Mitbestimmungsniveau festschreiben würde. Die Situation würde sogar noch verschärft, da die Mitbestimmungsfreiheit demnach für die darauffolgenden vier Jahre unerschütterlich gilt.

Macht das Unternehmen in der Zeit nach der Umwandlung von einer dieser Optionen Gebrauch, ist davon auszugehen, dass ein Rechtsmissbrauch vorliegt. Um den Schutz nicht nur während einer „Wartefrist" von einem Jahr zu gewähren, sollte der Zeitraum sich auch auf die im Übrigen vorgesehenen vier Jahre nach Eintragung erstrecken.[1355]

Zur Widerlegung dieser Vermutung könnte man sich am schwedischen Pendant zu § 43 S. 3 SEBG orientieren, welches eine Widerlegung durch den Nachweis anderer subjektiver Motive ermöglicht.[1356] Kann ein Unternehmen also plausibel begründen, warum es zunächst ein Verschmelzungsverfahren durchführt und anschließend eine andere Umwandlung vornimmt, so kann der

---

1352 *Grobys*, NZA 2004, 779, 781; *Rehberg*, ZGR 2005, 858, 890; *Schlösser*, NZG 2008, 126, 128.

1353 *Rehberg*, ZGR 2005, 858, 890.

1354 *Evers*, in: Theisen/Wenz Europäische Aktiengesellschaft, SEBG § 18 Rn. 10; *Gähleitner*, in: Kalss/Hügel SE-Kommentar, § 228 ArbVG, zu § 228; *Mayr*, in: Gagawczuk/Mayr ArbVR § 228 Rn. 1 ff.

1355 Art. 86l Abs. 7, Art. 160l Abs. 7 und Art. 133 Abs. 7 MobilitätsRL.

1356 Dazu *Ramcke*, Konkretisierung des Missbrauchsverbots, S. 323 f.

Missbrauchsverdacht fallen gelassen werden. Behoben würde dadurch auch das Problem der Darlegungslast und der Beweisschwierigkeiten, da keine Seite einen fremden subjektiven Willen nachweisen oder widerlegen muss.[1357]

II. Rechtsfolge des Missbrauchs

Dass die missbräuchliche oder betrügerische Berufung auf Unionsrecht unzulässig ist, liegt auf der Hand.[1358] Im Anschluss stellt sich allerdings die Frage, welche Rechtsfolgen ein solcher Missbrauch nach sich ziehen sollte. Abhilfe könnte hier die Missbrauchskontrolle bei Erstellung der Vorabbescheinigung schaffen (1). Doch die Mobilitätsrichtlinie hat noch ein weiteres Schutzinstrument. Durch den neu eingeführten Verweis auf Art. 11 SE-RL in Art. 86l Abs. 3 lit. f) und Art. 160l Abs. 3 lit. f) bietet sich den Mitgliedstaaten ein größeres Potenzial, solche missbräuchlichen Vorgänge auch nach Durchführung des Verfahrens zu sanktionieren, als es in der Verschmelzungsrichtlinie möglich war (2).[1359]

1. Missbrauchsvermeidung im Wege der Vorabbescheinigung

In diesem Zusammenhang könnte der eingeführten Missbrauchskontrolle im Rahmen der Vorabbescheinigung eine bedeutende Rolle zukommen. Neu ist hierbei, dass die Mitgliedstaaten gezwungen werden, eine missbräuchliche Umwandlung zu verhindern.[1360] Bei dieser Kontrolle hat die zuständige Behörde zu prüfen, ob das Verfahren einem missbräuchlichen Zweck dient.[1361] Die Umwandlung darf nach der Richtlinie nicht dazu dienen, geltendes Unionsrecht oder nationales Recht zu umgehen.[1362]

Drängt sich der Behörde der Verdacht auf, dass die grenzüberschreitende Verschmelzung dazu missbraucht wird, das höhere Mitbestimmungsniveau zu umgehen, so muss diese eine intensive Prüfung des Missbrauchsvorwurfs vornehmen. Die Prüfbehörde hat alle relevanten Tatsachen einzubeziehen und in diesem Zusammenhang auch Informationen über Konsultation anderer Behörden einzuholen.[1363] Die Behörde prüft auch die relevanten Tatsachen und Umstände in

1357 Vgl. dazu bereits (Fn. 1345).

1358 EuGH v. 12.5.1998, Kelafas u.a., Rs. C-367/96, EuZW 1999, 56 Rn. 20; EuGH v. 9.3.1999, Centros, C-212/97, ECLI:EU:C:1999:126, Rn. 24; EuGH v. 3.12.1974, Van Binsbergen, Rs. 33/74, NJW 1975, 1095; EuGH v. 21.2.2006, Halifax, Rs. C-255/02 ECLI:EU:C2006:121, Rn. 68.

1359 Vgl. im Allgemeinen zum Verweis auf Art. 11 SE-RL im 3 Teil unter § 5 D.II.

1360 *J. Schmidt,* ZEuP 2020, 565, 576.

1361 Vgl. bereits im Teil 2 § 3 F.III.

1362 ErwGr. 34 MobilitätsRL.

1363 Art. 86m Abs. 9, 127 Abs. 9, 160m Abs. 9 MobilitätsRL. Ein Prüfkatalog von Anhaltspunkten findet sich in ErwGr. 36 MobilitätsRL.

Bezug auf die Mitbestimmungsrechte. Insbesondere sollen dabei auch die Mitbestimmungsverhandlungen überprüft werden, wenn diese aufgrund der Schwellenwertregelung ausgelöst wurden.[1364] Diese umfassende Prüfung kann bis zu drei Monate in Anspruch nehmen.[1365] Kommt die Behörde zu dem Ergebnis, dass die Umwandlung missbräuchlichen Zwecken dient, so hat sie die Vorabbescheinigung zu verweigern.[1366] Diese Verweigerung bedarf der besonderen Begründung.[1367] Dem Registergericht eröffnet sich damit ein vorgelagerter Missbrauchsschutz, mit dem missbräuchlichen Gestaltungen schon bei ihrer Entstehung entgegengewirkt werden kann.[1368] Stellt die Behörde fest, dass ein Missbrauch der Verschmelzungsvorschriften vorliegt, sollte die Vorabbescheinigung verweigert werden.

2. Missbrauchsvermeidung im Wege der Missbrauchskontrolle

Art. 11 SE-RL dient als Generalklausel als „Einfallstor für Wertungen", durch das der nationale Gesetzgeber auch Schutzmaßnahmen etablieren kann.[1369] Denkbar wäre, durch dieses Tor die Verwendung der grenzüberschreitenden Verschmelzung als Fluchtweg zu unterbinden, da sich missbräuchliche Gestaltungen oftmals erst nachträglich abzeichnen.

a) Neuverhandlungen

Ein Missbrauch muss aus rechtsökonomischen Gründen schwerere Folgen nach sich ziehen, als die Vorteile des Verhaltens aufwiegen können.[1370] Dies wird bisher mit der sog. Gleichstellungslösung erreicht:[1371] Die missbrauchte Vorschrift soll in diesen Fällen gerade nicht zur Anwendung gelangen. Stattdessen greifen die Regelungen, deren Umgehung beabsichtigt wurde.[1372] Diese Lösung kann bereits im

---

1364 Vgl. ErwGr. 36 MobilitätsRL.

1365 Art. 86m Abs. 9, 10 Art. 127 Abs. 9, 10 Art. 160m Abs. 9, 10.

1366 *Wachter*, GmbH-StB 2018, 283, 294.

1367 *Teichmann*, NZG 2019, 241, 248.

1368 *Teichmann*, NZG 2019, 241, 248.

1369 So *M. Schmidt* zu Generalklauseln im Allgemeinen. *M. Schmidt*, Konkretisierung von Generalklauseln im europäischen Privatrecht, S. 115.

1370 *Rehberg*, ZGR 2005, 859, 877; *Forst*, Beteiligungsvereinbarung, S. 149.

1371 *Rehberg* ZGR 2005, 859, 877. Anders hingegen bei Schön. Dieser spricht von einer gänzlichen Versagung der Transaktion. *Schön*, FS Krieger, S. 907 f.

1372 *Henssler*, in: Habersack/Henssler MitbestimmungsR SEBG § 43 Rn. 14; *Rehberg*, ZGR 2005, 859, 877; *Nagel*, in: Nagel/Freis/Kleinsorge, SEBG § 43 Rn. 8, *Forst*, Beteiligungsvereinbarung, S. 149. Andere Ansicht bei *Schmid*, Mitbestimmung in der SE, S. 127.

Rahmen des § 43 SEGB zu Neu- und Wiederverhandlungen führen.[1373] Damit die Kosten-Nutzen-Rechnung hinreichend abschreckend wirkt, sollte in diesen Fällen die Eintragung in das Registergericht so lange verweigert werden, bis die Verhandlungen ordnungsgemäß nachgeholt wurden.[1374]

Für Fälle, in denen ein unpassendes Umwandlungsverfahren ausgenutzt wird, kann die verweigerte Eintragung nur bedingt abhelfen. In vielen Fällen wird sich ein Missbrauch erst nachträglich feststellen lassen. Dies gilt über die Fälle der Verwendung von Briefkastengesellschaften hinaus beispielsweise dann, wenn eine grenzüberschreitende Verschmelzung vorgenommen wird, um das bisherige Mitbestimmungsniveau zu sichern und anschließend eine Aufspaltung der Gesellschaft vorgenommen wird. Für solche Fälle sollte das Umsetzungsgesetz eine – nicht abschließende – Missbrauchsvermutung aufstellen:[1375]

§ 33a Missbrauchsvermeidung

(1) *Umwandlungsvorgänge dürfen nicht dazu verwendet werden, den Arbeitnehmern Beteiligungsrechte zu entziehen oder vorzuenthalten.*

(2) [1]*Ein Missbrauch liegt insbesondere vor,*

1. *[...]*[1376]

und wird vermutet,

2. *wenn die grenzüberschreitende Verschmelzung auf eine neu gegründete arbeitnehmerlose Gesellschaft erfolgt oder wenn ohne Durchführung eines Verfahrens nach § 22 Abs. 2 innerhalb von vier Jahren nach Verschmelzung ein weiteres Umwandlungsverfahren vorgenommen wird und vorher ein mitbestimmungsmindernder Beschluss im Sinne des § 21a vorgenommen wurde oder die Leitungen die Nichtaufnahme oder den Abbruch der Verhandlungen im Sinne des § 21 angeordnet haben.*

[2]*Die Vermutung in Nr. 2 kann widerlegt werden, wenn die beteiligten Unternehmen darlegen, dass die Maßnahmenkette anderen Zwecken als der Gesetzesumgehung dienen sollte.*

1373 *Jacobs*, in: MüKo AktG, SEBG § 43 Rn. 8; *Nagel*, in: Nagel/Freis/Kleinsorge, SEBG § 43 Rn. 9; *Oetker*, in: Lutter/Hommelhoff/Teichmann SE-Kommentar, SEBG § 43 Rn. 12; diff. *Ramcke*, Konkretisierung des Missbrauchsverbots SE S. 258 ff.

1374 So auch schon zu Art. 11 SE-RL *Ramcke*, Konkretisierung des Missbrauchsverbots, S. 260 f.

1375 Diese findet sich auch in § 33a des MgUG. Daneben müsste auch eine an § 45 Abs. 1 Nr. 2 SEBG entsprechende Strafbewehrung geschaffen werden. Siehe dazu unten § 34 Abs. 1 Nr. 2 MgUG.

1376 Zu einer weitere Fallgruppe des Missbrauchs vgl. § 33a MgUG im Anhang sowie unter § 3 C.III.2 b).

b) Strafbewehrung

Das Missbrauchsverbot aus § 43 SEBG wird schließlich auch durch eine Strafbewehrung in § 45 Abs. 1 Nr. 1 gesichert. Dieser sieht eine Freiheitsstrafe von bis zu zwei Jahren oder eine Geldstrafe vor, wenn eine SE dazu missbraucht wird, den Arbeitnehmern ihre Beteiligungsrechte zu entziehen oder vorzuenthalten. Der Gesetzgeber sah ein Bedürfnis den Missbrauch auch strafrechtlich zu sanktionieren, da die Rückgängigmachung des Missbrauchs als grenzüberschreitende Maßnahme nur bedingt möglich sei.[1377]

i) Kritik an § 45 Abs. 1 Nr. 1 SEBG

Probleme hinsichtlich der erläuterten Begrifflichkeiten ergeben sich aus strafrechtlicher Sicht in Bezug auf das strafrechtliche Bestimmtheitsgebot. Die offene Gestaltung des Tatbestandes könnte zu diesem im Widerspruch stehen.[1378] Viele Stimmen gehen bisher davon aus, dass § 45 dem Gebot gerade nicht gerecht werde. Er sei zu unbestimmt und erfahre auch durch den subjektiven Tatbestand nicht die erforderliche Einschränkung.[1379] Der Tatbestand wirke unverhältnismäßig und auch kontraproduktiv: Die enge Auslegung des Missbrauchsbegriffs würde sich auch in diesem Tatbestand fortsetzen und diesen damit wesentlich in seinem Anwendungsbereich beschneiden.[1380]

Andererseits wird dazu in der Literatur vertreten, die Missbrauchshandlungen seien schwer zu umschreiben und das Strafrecht kenne bereits weitere offene Tatbestände.[1381] Eine offene Formulierung von Straftatbeständen sei dann zulässig, wenn wenigstens das Risiko einer Bestrafung für den Adressaten erkennbar ist.[1382]

1377 BT-Drs. 438/04, S. 143 f.; *Jacobs*, in: MüKo AktG, SEBG § 45 Rn. 5. Ausführlich zur SE im Strafrecht bei *Schlösser*, NZG 2008, 126 ff.

1378 Diese sind mit dem Bestimmtheitsgebots aus Art. 103 Abs. 2 GG nur eingeschränkt vereinbar. Dazu beispielhaft *Remmert*, in: Maunz/Dürig GG, Art. 103 Abs. 2, Rn. 92 f. Dieses Gebot gilt gleichsam für Ordnungswidrigkeiten, *Rogall*, in: Karlsruher Kommentar zum OwiG, § 3 Rn. 26 ff. In Bezug auf den Missbrauchstatbestand vgl. auch *Rehberg*, ZGR 34 (2005), 859, 890 mwN.

1379 *Müller-Bonanni/Melot de Beauregard*, GmbHR 2005, 195, 200; *Grobys*, NZA 2004, 779, 781; *Rehberg*, ZGR 34 (2005), 859, 890; *Wollburg/Banerjea*, ZIP 2005, 277, 278; *Schlösser*, NZG 2008, 126, 127.

1380 *Rehberg*, ZGR 34 (2005), 859, 890; *Wollburg/Banerjea*, ZIP 2005, 277, 278.

1381 *Hohenstatt/Müller-Bonanni*, in: Habersack/Drinhausen SE-Recht, SEBG § 45 Rn. 6; *Jacobs*, in: MüKo AktG, SEBG § 45 Rn. 5.

1382 BVerfGE 73, 206 (zum Gewaltbegriff des § 240 StGB); *Rehberg*, ZGR 34 (2005), 859, 890.

Trotz seiner Auslegungsbedürftigkeit erfüllt § 45 wohl die Anforderungen des Bestimmtheitsgebots.[1383]

Keine Anwendung kann hingegen die Vermutungsregel des § 43 S. 2 SEBG im Strafrecht finden, da dies mit dem in *dubio pro reo* Gedanken unvereinbar wäre.[1384]

ii) Strafbewehrung im MgUG

Auch das im Ausführungsgesetz einzuführende Missbrauchsverbot im Hinblick auf grenzüberschreitende Umwandlungsvorgänge sollte mit einer entsprechenden Strafvorschrift bewehrt werden. Die Kritiker des § 45 SEBG zweifeln insoweit nicht an der Strafbewehrung für missbräuchliche Vorgänge an sich, sondern an der unbestimmten Ausformung.[1385] Doch nur eine offene Gestaltung des Tatbestandes stellt sicher, dass auch künftig auftretende Missbrauchsvorgänge von dieser Vorschrift umfasst werden. Die Umgehung durch eine unpassende Umwandlungsmaßnahme stellt in dieser Hinsicht nur eine der denkbaren Spielarten dar. Die Vorschrift sollte aber im Stande sein, jede Art von Missbrauch zu unterbinden. Die bestehende Strafvorschrift des MgVG sollte dementsprechend um die Nr. 2 des § 45 SEBG ergänzt werden:

> ***§ 34 Strafvorschriften***
> *(1) Mit Freiheitsstrafe bis zu zwei Jahren oder mit Geldstrafe wird bestraft, wer*
> 1. *entgegen § 31 Abs. 2, auch in Verbindung mit Abs. 4, ein Betriebs- oder Geschäftsgeheimnis verwertet oder*
> 2. ***entgegen § 33a des MgUG eine Umwandlungsmaßnahme dazu missbraucht, Arbeitnehmern Beteiligungsrechte zu entziehen oder vorzuenthalten. [...]***

III. Ergebnis

Bei Umsetzung der Richtlinie sollte der nationale Gesetzgeber dahingehend von den Möglichkeiten der Missbrauchsvermeidung Gebrauch machen, dass er Umgehungsversuche über den Verschmelzungsweg sanktioniert. Präventiv sollte die Missbrauchsprüfung im Rahmen der Vorabbescheinigung erfolgen. Liegt nach der Prüfung der zuständigen Behörde ein Missbrauch oder eine Umgehung nationaler

---

1383 Treffend *Altenhain,* in: KölnK AktG, SEBG § 45 Rn. 11; so im Ergebnis auch *Jacobs,* in: MüKo AktG, SEBG § 45 Rn. 5; *Oetker,* in: Lutter/Hommelhoff/Teichmann SE-Kommentar, SEBG § 45 Rn. 9 mwN; *Hohenstatt/Müller-Bonanni,* in: Habersack/Drinhausen SE-Recht § 45 Rn. 6; *Jacobs,* in: MüKo AktG, SEBG § 45 Rn. 5.

1384 *Grobys,* NZA 2004, 779, 781; *Hohenstatt/Müller-Bonanni,* in: Habersack/Drinhausen SE-Recht, SEBG § 45 Rn. 6; *Jacobs,* in: MüKo AktG, SEBG § 45 Rn. 5.

1385 *Rehberg* bezeichnet die Intention der Missbrauchsvermeidung insoweit als „redliche Motivation“ und legitimiert die präventive Missbrauchsvermeidung: *Rehberg,* ZGR 34 (2005), 859, 890.

Vorschriften vor, so ist die Vorabbescheinigung zu versagen. Zudem muss der Missbrauch auch repressiv reguliert werden. In Anlehnung an die Formulierung in § 43 SEBG dürfte eine Verschmelzung nicht dazu missbraucht werden, Arbeitnehmerschutzvorschriften des Formwechsels oder der Spaltung zu umgehen. Er sollte ein explizites Missbrauchsverbot in das Ausführungsgesetz aufnehmen. Dieses sollte einen offenen, nicht abschließenden Charakter aufweisen, sodass auch künftig auftretende Umgehungsstrategien darunter gefasst werden. Zur Sicherung der Einhaltung sollte eine an § 45 SEBG angelehnte Strafvorschrift in den bestehenden § 34 MgVG eingefügt werden.

Die Strafbewehrung könnte auch dann noch Anwendung finden, wenn in Deutschland gegründete Unternehmen durch die Umwandlung das deutsche Gesellschaftsrecht verlassen, sofern die Betriebsstätte in Deutschland verbleibt und gerade den dort tätigen Arbeitnehmern die unternehmerische Mitbestimmung auf rechtsmissbräuchliche Weise entzogen würde. Anknüpfungspunkt bliebe dann noch immer die missbräuchliche Gestaltung, welche nach dem Territorialitätsprinzip im Inland unter Geltung der deutschen Rechtsordnung vorgenommen wurde und damit nach wie vor eine Inlandstat im Sinne des § 3 StGB darstellt.[1386]

§ 3 Regulierung nachträglichen Wachstums

Ein weiteres bekanntes Problem, das auch in der Mobilitätsrichtlinie keine Lösung findet, ist die Zementierung der Mitbestimmung durch Umwandlung in eine SE oder Vornahme einer grenzüberschreitenden Verschmelzung.[1387] Diese Problematik stellt sich mit Übernahme der Verhandlungslösung nun auch für die übrigen Strukturmaßnahmen. Eine neue Dimension erlangt dieser Mechanismus, wenn man bedenkt, dass in der Mobilitätsrichtlinie die Verhandlungen bereits ab 4/5 des nationalen Schwellenwerts ausgelöst werden. In vielen Fällen wird dies also dazu führen, dass durch die derzeitige Auffanglösung die bis dahin geltende Mitbestimmungsfreiheit zementiert wird (A). Auch hier bietet die Umsetzung der Richtlinie dem nationalen Gesetzgeber einigen Gestaltungsspielraum, um diese Unzulänglichkeiten auszubessern. Diskutiert wurde in der Vergangenheit im Zusammenhang mit dem Problemkreis der Zementierung des Mitbestimmungsniveaus oftmals wiederum die Verbesserung der europäischen Auffanglösung (B). Tatsächlich kann nun auf europäischer Ebene kein neuer Ansatz mehr gewählt werden, sodass der nationale Gesetzgeber vielmehr ein eigenes Instrument schaffen muss, um diese mitbestimmungserodierenden Vorgänge einzudämmen (C). Dabei kommt den unter (B) erörterten Ansätzen der Wissenschaft eine entscheidende Rolle zu.

1386 Das Territorialitätsprinzip aus § 3 StGB gilt für das gesamte deutsche Strafrecht einschließlich des Nebenstrafrechts. Vgl. *Heintschel-Heinegg*, in: BeckOK StGB, Stand 01.05.2022, § 3 Rn. 14.

1387 *Kraft/Noack*, FS Krieger, S. 545. Siehe dazu bereits Teil 1 § 4 A und B.

A. Problemaufriss: Zementierung des Mitbestimmungsniveaus

Ein Problemkreis, der sich mit Anlehnung der Mitbestimmungsausgestaltung in der Mobilitätsrichtlinie von der SE-RL auf die grenzüberschreitenden Umwandlungsvorgänge überträgt, ist die Zementierung des Mitbestimmungsniveaus. Die große Schwäche der Mitbestimmungssystematik der SE ist darin zu sehen, dass im Falle der Nichteinigung die Auffanglösung greift, wonach das Mitbestimmungsniveau im Zeitpunkt der SE-Gründung für die entstehende Gesellschaft festgeschrieben wird. Dieses Niveau lässt sich im Nachhinein nur unter engen Voraussetzungen ändern. Es kommt damit zu einer Zementierung des Mitbestimmungsniveaus.[1388]

Mit der Übernahme in die Mobilitätsrichtlinie wird auch dieser Mechanismus übertragen. Das Verhandlungsverfahren im Zeitpunkt der Umwandlung schreibt häufig ein gewisses Mitbestimmungsniveau fest. Sei es durch Rückgriff auf die Auffanglösung der SE-RL oder durch eine geschlossene Beteiligungsvereinbarung.

Wächst das Unternehmen nun – gegebenenfalls auch unmittelbar nach Vornahme der Umwandlung – über den Schwellenwert des Herkunftslandes hinaus, so bleibt das Mitbestimmungsniveau in der umgewandelten Gesellschaft davon unberührt. Es gilt ausschließlich das bei Umwandlung festgelegte Niveau, soweit die Beteiligungsvereinbarung keine anderweitige Regelung enthält. Dadurch ergibt sich für die Mobilitätsrichtlinie dieselbe Möglichkeit, das Mitbestimmungsniveau zu konservieren, wie es in der SE-RL und nach der Verschmelzungsrichtlinie bereits der Fall war. Möchte der nationale Gesetzgeber dieses Phänomen eindämmen, ergeben sich dafür verschiedene Handlungsoptionen (vgl. unter B und C).

B. Stellschraube „Auffanglösung"

Eine Möglichkeit, das Einfrieren des Mitbestimmungsniveaus zu verhindern, wäre es, an der Auffanglösung selbst zu feilen (I). Viel diskutiert wird allerdings auch die Idee, eine nachgelagerte Verhandlungspflicht einzuführen, die im Grundsatz dem Gedanken folgt, bei Überschreiten einer gewissen Schwelle nochmals Mitbestimmungsverhandlungen durchzuführen (II)

I. Optimierung der Auffanglösung

Der Ansatz, die Auffanglösung zu optimieren, findet sich vielfach in der Literatur. Oftmals sehen dahingehende Vorschläge ein klar definiertes Mitbestimmungsniveau vor, das anstelle der bisherigen Mitbestimmungsregelung als Auffanglösung

---

1388 Vgl. nur *Brandes*, ZIP 2008, 2193, 2193; *Rieble*, BB 2006, 2018, 2021; *Henssler*, in: Habersack/Henssler MitbestimmungsR, SEBG § 35 Rn. 14 ff. Oder auch zur „Konservierung" *Götze/Winzer/Arnold*, ZIP 2009 245, 250 f. Vgl. ausführlich im Teil 1 unter § 4 A.

dienen solle. Dieser Regimewechsel würde die Zementierung der Mitbestimmungsfreiheit verhindern, da durch das festgeschriebene Niveau ein „Mindestumfang" an Beteiligungsrechten eingeführt werden kann.

1. *Auffanglösung nach der* Davignon-Gruppe

Bereits die *Davignon-Gruppe* erarbeitete ein solches Mitbestimmungsmodell. Ihr Ziel war es dabei, eine ausgewogene und ausgeglichene Lösung zu finden, die für alle Beteiligten akzeptabel scheint. Insbesondere sollte auch den Befürwortern der Mitbestimmung entgegengekommen werden. Durch ihre Auffanglösung wollte die Gruppe die Aushöhlung der nationalen Mitbestimmung unterbinden.[1389]

Doch neben dem Schutz der Mitbestimmung sollte die Auffanglösung auch den reibungslosen Ablauf der Verhandlungen ermöglichen. Das Auffangniveau sollte eine sichere Ausgangsposition schaffen, von der aus flexible Lösungen für die Beteiligten getroffen werden können.[1390] So sollte statt des nationalen Mitbestimmungsmodells jeweils ein Fünftel der Vertreter im Aufsichtsorgan oder Verwaltungsrat aus Arbeitnehmervertretern bestehen oder die Arbeitnehmer sollten zumindest zwei Mitglieder stellen.[1391] Diese Lösung sollte immer Anwendung finden, wenn das Verhandlungsgremium zu keiner Vereinbarung kam.[1392]

2. *Auffanglösung des Europäischen Parlaments*

Einen ähnlichen Vorstoß wagte das Parlament im Gesetzgebungsverfahren der Mobilitätsrichtlinie. Mit dem Ziel, die Funktionalität der Auffanglösung zu bewahren, versuchte das Europäische Parlament sich im Rahmen des Trilogverfahrens von der SE-Richtlinie ein Stück weit zu lösen und eine originär europäische Auffanglösung zu etablieren. Dieser Versuch scheiterte mutmaßlich an der politischen Durchsetzbarkeit.

Die vorgeschlagene Auffanglösung sah ein gestaffeltes Mitbestimmungssystem für die Fälle vor, in denen die Beteiligten zu keiner einvernehmlichen Lösung gelangen. Der Mitbestimmungsumfang sollte sich in diesem System nach der Anzahl der Arbeitnehmer des betreffenden Unternehmens richten. So sollte für ein Unternehmen mit einer Arbeitnehmerstärke bis 49 Arbeitnehmer Mitbestimmungsfreiheit gelten. In Unternehmen der Größe von 50 bis 249 Arbeitnehmern sollte die Belegschaft durch zwei Arbeitnehmervertreter im Aufsichts- oder Leitungsorgan vertreten werden. Unternehmen mit einer Zahl von 250 bis 999 Arbeitnehmern sollten der Drittelparität unterliegen. Ab 1000 beschäftigten Mitarbeitern

1389 Davignon-Bericht, abgedruckt in BR-Drs. 572/97, S. 15.
1390 Davignon-Bericht, abgedruckt in BR-Drs. 572/97, S. 13.
1391 Davignon-Bericht, abgedruckt in BR-Drs. 572/97, S. 18.
1392 Davignon-Bericht, abgedruckt in BR-Drs. 572/97, S. 17.

sah das Europäische Mitbestimmungsmodell sogar eine paritätische Besetzung des Aufsichtsrats vor.[1393]

Neu ist dieses Mitbestimmungsmodell nicht. Das Europäische Parlament bedient sich hier der Staffelung, die es seinerzeit bereits für die Einführung der *Societas Privata Europaea* anwenden wollte.[1394]

Diese abgestufte Mitbestimmung erinnert stark an das deutsche System. Sie verwendet jedoch niedrigere Schwellenwerte, als sie das deutsche Mitbestimmungsrecht vorsieht. Damit würde das Europäische Mitbestimmungsmodell zum strengsten in ganz Europa. Die Staffelung sollte jedoch nicht unmittelbar auf jede aus der Umwandlung hervorgehende Gesellschaft angewandt werden. Nur in den Fällen, in denen keine verhandelte Mitbestimmungsvereinbarung zwischen den Verhandlungspartnern zu Stande kommt, sollte die Regelung Anwendung finden.[1395]

Mit dieser Lösung wäre der Zementierung des Status Quo jedoch nur teilweise ein Ende gesetzt worden. Vor Erreichen der Schwellenwerte käme es auch nach diesem Modell zur Mitbestimmungsfreiheit. Diesem Phänomen könnte man nur durch dynamische Lösungen begegnen.[1396] Überdies fehlt diesem Vorschlag die politische Durchsetzbarkeit.[1397] Außerdem würde auch nach diesem Ansatz kein Verhandlungsgleichgewicht bestehen. Stünde diese Auffanglösung am Ende von gescheiterten Mitbestimmungsverhandlungen, so würde ein enormes Verhandlungsungleichgewicht zulasten der Unternehmensleitung entstehen. Das für andere europäische Mitgliedstaaten sehr hohe Mitbestimmungsniveau würde nun das Missbrauchspotenzial seitens der Arbeitnehmer potenzieren. Nun könnten diese sich ernsthaften Mitbestimmungsverhandlungen mit dem Hintergedanken versperren, in den Genuss dieser Regelung zu kommen. Bei diesem in Europa einzigartig hohen Mitbestimmungsniveau bestünde kein besonderer Anreiz, ernsthaft eigenständige und individuelle Lösungen zu erarbeiten. Einem noch höheren Mitbestimmungsniveau würde wohl kaum ein Unternehmen in den Verhandlungen

---

1393 Art. 86l Abs. 3a lit. g) Änderungsantrag des Parlaments, siehe (Fn. 589). Vgl. dazu kritisch *Teichmann,* FS Windbichler, S. 406.

1394 Art. 34 Abs. 1 des Änderungsantrags des Parlaments, Dokument P6_TA(2009)0094, abrufbar unter <https://eur-lex.europa.eu/legal-content/de/HIS/?uri=CELEX:52008PC0396> (zuletzt abgerufen am 20.08.2022). Vgl. dazu und zur Mitbestimmung in der SPE bei *Hommelhoff,* ZEuP 2011, 7, 15. Der Vorschlag wurde am 21.05.2014 durch die Kommission zurückgenommen, vgl. Rücknahme überholter Kommissionsvorschläge, v. 21.5.2015 (2014/C 152/03).

1395 Art. 86l Abs. 3a lit. g) Änderungsantrag des Parlaments, siehe (Fn. 589).

1396 Dazu zugleich unter I.3.

1397 Vgl. zu diesem Aspekt auch *Teichmann,* FS Windbichler, S. 406. Dieser identifiziert die Symbolwirkung, die der Vorschlag für künftige Gesetzgebungsvorhaben erlangen kann.

zustimmen wollen. Diese „Auffanglösung" wäre dann vielmehr eine „Gesamtlösung" der Europäischen Mitbestimmung.

3. *Dynamische Auffangregelung*

Im Entstehungsprozess der Richtlinie mehrten sich die Vorschläge, ein dynamisches Element einzuführen. Diese Stimmen verschrieben sich allesamt dem Ziel, die starre Auffanglösung zu flexibilisieren und so dem Zementierungseffekt der bis dato geplanten Richtlinie entgegenzuwirken.[1398]

So ersuchte der Bundesrat den EU-Gesetzgeber in seiner Stellungnahme um eine Überarbeitung der Auffanglösung, indem er einen Absatz an die Mitbestimmungsvorschriften anfügte. Der vorgeschlagene Absatz fünf sollte vorsehen, dass bei einem Scheitern der Verhandlungen die Mitbestimmungsregelungen des Wegzugstaates Anwendung finden sollen, wenn innerhalb eines bestimmten Zeitraums nach Umwandlung der nationale Schwellenwert erreicht wird.[1399] Nach diesem Ansatz behielte die Verhandlungslösung ihren gesetzlichen Vorrang. Die Parteien könnten verhandeln und zu einer individuellen Lösung kommen. Der entscheidende Unterschied läge bei diesem Ansatz darin, dass man sich nicht auf der mitbestimmungsfreien Auffanglösung ausruhen könnte, da dann bei Überschreiten der nationalen Schwellenwerte die Geltung des nationalen Rechts drohe. Das dynamische Element läge in diesem Modell in der Anpassung der Auffanglösung an die Regeln des Herkunftsstaates, ohne diese wie bisher auf den Umwandlungszeitpunkt zu beschränken. Auf welchen Zeitraum sich diese dynamische Auffangregelung erstrecken sollte, ließ der Bundesrat in seiner Stellungnahme offen.

Auch *Stelmaszczyk* fordert eine solche dynamische Auffanglösung und hält sie vor dem *effet utile*-Gedanken sogar für denklogisch notwendig. Dass eine solche Regelung nicht besteht, sei ein Redaktionsversehen der Richtlinie. Er hält es daher für richtlinienkonform, eine dynamische Auffanglösung im Wege der Umsetzung zu implementieren.[1400]

II. Nachgelagerte Verhandlungspflicht

Einen ähnlichen Ansatz entwickelt der Deutsche Gewerkschaftsbund (DGB) in seiner Stellungnahme zur Richtlinie. Auch dieser orientiert sich nach Umwandlung weiterhin an den nationalen Schwellenwerten des Herkunftslandes. Anders

1398 *Bormann/Stelmaszczyk,* ZIP 2019, 353, 365; so auch *Wicke*, DStR 2018, 2703, 2709; auch schon DGB, Stellungnahme, (Fn. 699), S. 6 f.; Bundesrat, BR-Drucks. 179/1/18, S. 10. Anders *Habersack*, ZHR 182 (2018), 495, 501; *Bungert/Wansleben,* DB 2018, 2094, 2103.

1399 Stellungnahme Bundesrat BR-Drs. 179/1/18, 10 f. Dem schlossen sich *Bormann/Stelmaszczyk,* ZIP 2019, 353, 365 und *Wicke*, DStR 2018, 2703, 2709 an.

1400 *Stelmaszczyk,* ZIP 2019, 2437, 2446.

als beim Vorschlag des Bundesrates sollte hier nach Erreichen der nationalen Schwellenwerte aber erneut ein Mitbestimmungsverhandlungsverfahren ausgelöst werden. Die dazugehörige Auffanglösung wäre unverändert das Mitbestimmungsrecht des Herkunftsstaates; allerdings dasjenige nach Überschreiten der Schwellenwerte.[1401] Der DGB spricht sich daher für eine Nachverhandlungspflicht aus, deren Auffanglösung sich dynamisch an die Entwicklungen im nationalen Recht anpassen soll.

Vergleichbar dem Ansatz des DGB wird in der Literatur angedacht, eine nachgelagerte Verhandlungspflicht einzuführen. Diese folgt in der Regel dem Grundgedanken, dass erneute Mitbestimmungsverhandlungen ausgelöst werden sollten, wenn die Belegschaft in der Zeit nach Durchführung der Umwandlung über einen bestimmten Schwellenwert hinauswächst.[1402]

Das Europäische Parlament selbst unternahm im Verlauf des Trilogverfahrens den Versuch, eine solche Nachverhandlungspflicht in die Richtlinie aufzunehmen. So sah ein Entwurf des Parlaments vor, dass nach Erreichen einer Mitbestimmungsschwelle des Wegzugsstaates eine Verhandlungspflicht entsprechend der Vorschrift des Art. 86l Abs. 3 bis 8 gelten solle. Dies sollte in den sechs nachfolgenden Jahren nach Umwandlung gelten. Als Vergleichsmaßstab für den Vorher-Nachher-Vergleich und die Auffanglösung für diese Mitbestimmungsverhandlungen sollte dann das jeweilige nationale Recht gelten, dessen Schwelle durch das Wachstum überschritten wurde.[1403]

Daneben findet sich in der Literatur auch der Ansatz, die nachgelagerte Verhandlungspflicht an die Stelle der Auffanglösung zu setzen. So solle zunächst die Mitbestimmungsfreiheit gelten. Überschreitet das Unternehmen in der Folgezeit dann einen einschlägigen Schwellenwert, so wären Mitbestimmungsverhandlungen zu führen. Auch nach dieser Lösung fungiert das Recht des Wegzugsmitgliedstaates als Auffanglösung.[1404]

Offen bleibt bei diesen Vorschlägen teilweise, ob diese im Ergebnis zu doppelten Mitbestimmungsverhandlungen führen. Während die Terminologie des Parlaments „neue Verhandlungen“ durchzuführen[1405] dafür spricht, dass hier tatsächlich zweimal das langwierige Mitbestimmungsverfahren durchlaufen werden soll, scheint es bei *Teichmann* eher darauf hinauszulaufen, dass es überhaupt erst nach Überschreiten dieser Schwelle zur Durchführung der Verhandlungen kommen soll.[1406]

1401 DGB, Stellungnahme (Fn. 699), S. 6.

1402 *Teichmann,* NZG 2019, 241, 246; Art. 86l Abs. 8 Änderungsantrag des Parlaments, siehe (Fn. 589).

1403 Art. 86l Abs. 8a Änderungsantrag des Parlaments, siehe (Fn. 589). Vgl. dazu wiederum *Teichmann,* FS Windbichler, S. 407.

1404 *Teichmann,* NZG 2019, 241, 246.

1405 Art. 86l Abs. 8a Änderungsantrag des Parlaments, siehe (Fn. 589).

1406 So spricht dieser von einer „zeitlich nachgelagerten Verhandlungspflicht“, *Teichmann,* NZG 2019, 241, 247.

Auf der einen Seite würde den Unternehmen durch eine zweimalige Verhandlungspflicht ein enormer Kosten- und Zeitaufwand aufgebürdet. Auf der anderen Seite könnte dies jedoch gleichsam einen Anreiz bieten, bereits während der ersten Verhandlungen eine für alle Beteiligten faire Mitbestimmungsvereinbarung auszuhandeln, durch die etwaige Nachverhandlungspflichten obsolet würden.

In diesem Zusammenhang wird jedoch die Kritik geäußert, durch diese nachgelagerten Verhandlungen würden Rechtsordnungen, denen die Mitbestimmung grundsätzlich fremd ist, ausländische Mitbestimmungsmodelle aufgedrängt werden.[1407] Gegenstimmen schwächen diese Kritik mit dem Argument ab, dass diese kritisierte Anwendung ausländischen Rechts bereits mit der Umsetzung der SE-Vorschriften in allen Mitgliedstaaten eingeführt wurde.[1408] Beachtet werden sollte an dieser Stelle in besonderer Weise, dass das Konzept der Nachverhandlungen grundsätzlich nicht neu ist. Bereits im Rahmen der SE-RL gibt es die Möglichkeit zur Wiederaufnahme der Mitbestimmungsverhandlungen.[1409]

III. Ergebnis

Die vor allem vor Erlass der Richtlinie thematisierten und viel diskutierten Ansätze, die Zementierung durch Überarbeitung der europäischen Auffanglösung zu verhindern, sind für die Umsetzung eher theoretischer Natur. Eben diese erfolglosen Forderungen des Parlaments zeigen, dass es sich hier nicht um ein Redaktionsversehen handelt, welches durch einen Umsetzungsakt revidiert werden kann.[1410] Mit der inhaltlichen Überarbeitung der Auffanglösung ist frühestens bei der regelmäßigen Überprüfung der Richtlinie zu rechnen.[1411] Doch auch wenn diese Überprüfung ansteht, bleibt fraglich, ob sich der Europäische Gesetzgeber überhaupt noch einmal an diese politisch brisante Thematik heranwagt. Die geringen Erfolgschancen zeichnen sich bereits in dem gescheiterten Versuch des Parlaments ab, das eine nachgelagerte Verhandlungspflicht einführen wollte. Eine Anpassung auf europäischer Ebene gleicht damit eher einer Utopie als einer realistischen Lösungsmöglichkeit. Ebenso ist die Einführung der aus der SE-RL bekannten Verhandlungs- und Auffanglösung für die Mitgliedstaaten im Grundsatz verpflichtend. Sie könnten in den für die unionale Ebene entwickelten Ansätzen jedoch Inspirationen für die Umsetzung der Richtlinie finden.

1407 So gibt *Teichmann* die Kritik im Rahmen der *Informal Expert Group on Company Law and Corporate Governance* (ICLEG) (abrufbar unter <https://ec.europa.eu/transparency/regexpert/index.cfm?do=faq.faq&aide=2> (zuletzt abgerufen am 22.09.2020) wieder, NZG 2019, 241, 247.

1408 *Teichmann*, NZG 2019, 241, 247.

1409 Vgl. Art. 3 Abs. 6 Unterabsatz 4 SE-RL.

1410 Dieses Redaktionsversehen nimmt *Stelmaszczyk* an ZIP 2019, 2437, 2446.

1411 Art. 4 der MobilitätsRL. So auch *Bungert*, FS Krieger, S. 136.

C. Instrument der Missbrauchsvermeidung

Das Problem der Zementierung könnte bei Umsetzung der Richtlinie eventuell mit einer Nachverhandlungspflicht auf Basis von Art. 11 SE-RL vom nationalen Gesetzgeber eingedämmt werden. Die Mitbestimmungsvorschriften des Art. 86l und Art. 160l der Mobilitätsrichtlinie nehmen auf die Missbrauchsvermeidungsvorschrift der SE-Richtlinie Bezug.[1412] Auch im Rahmen der SE-Richtlinie traf die nationalen Gesetzgeber wie bereits erwähnt nach Art. 11 der SE-RL die Pflicht, bei ihrer Umsetzung geeignete Maßnahmen zu ergreifen, um zu verhindern, dass eine SE dazu missbraucht wird, Arbeitnehmern Beteiligungsrechte zu entziehen oder vorzuenthalten. Dieser Umsetzung dient neben § 43 und § 45 SEBG auch der viel diskutierte § 18 Abs. 3 SEBG.[1413] Dieser sieht für den Fall „struktureller Änderungen" in der SE verpflichtende Nachverhandlungen zur Mitbestimmung vor. Das MgVG sieht bisher in § 22 Abs. 2 nur vor, dass die Vereinbarung eine entsprechende Aufnahme von Nachverhandlungen im Falle struktureller Änderungen enthalten soll. Entsprechend der Ausgestaltung als „Soll-Inhalt" ist ein dahingehender Vereinbarungsinhalt jedoch rein fakultativ und unterliegt damit allein dem subjektiven Willen der Verhandlungsparteien. Eine Verpflichtung zu einer solchen Regelung besteht damit gerade nicht.[1414]

Die Umsetzung und Anwendung des § 18 Abs. 3 SEBG entfachte eine vielschichtige Diskussion um die Frage, ob der Anstieg der Arbeitnehmerzahl über die Grenze eines nationalen Mitbestimmungsschwellenwertes hinaus eine solche „strukturelle Änderung" darstellt.[1415] Wäre dies der Fall, würde es gerade nicht zu einer Zementierung der Mitbestimmung kommen, da die Mitbestimmungsregelung dynamisch auf ein zahlenmäßiges Wachstum reagiert. Hier stellt sich also die Frage, ob ein Rückgriff auf eine ähnliche Vorschrift zum Zwecke der Umsetzung der Mobilitätsrichtlinie eine Zementierung des Mitbestimmungsniveaus verhindern könnte. Diese Situation stellt im Vergleich zur Verschmelzungsrichtlinie eine andere Lage dar, weil diese keinen Verweis auf Art. 11 SE-RL enthielt.[1416] Es drängt sich demnach zunächst die Frage auf, ob ein solches nachträgliches Unternehmenswachstum vom Regelungsinhalt der SE-RL erfasst ist (I) und, ob sich dieses Ergebnis auf die Mobilitätsrichtlinie übertragen lässt (II). Schließlich bleibt zu klären, wie sich die Missbrauchsvermeidung im Umsetzungsgesetz ausgestalten ließe (III).

1412 Vgl. dazu bereits im 3 Teil unter § 5 D.II.

1413 Vgl. zum Strafrecht in der SE *Schlösser*, NZG 2008, 126 ff.

1414 *Habersack*, in: Habersack/Henssler MitbestimmungsR, MgVG § 22 Rn. 1 f.; *Nagel*, in: Nagel/Freis/Kleinsorge, MgVG § 22 Rn. 1.

1415 Vgl. dazu im Folgenden unter C I.1.a).

1416 *Joost*, FS für Reinhard Richardi zum 70. Geburtstag, S. 579; *Müller-Bonanni/Müntefering*, BB 2009, 1699, 1702; *Ege/Grizmek/Schwarfischer*, BB 2011, 1205, 1211; *Kisker*, RdA 2006, 206, 210.

I. Konkretisierung des Art. 11 SE-RL

Die Auslegung und Umsetzung des Art. 11 SE-RL zählt zu den meist diskutiertesten Problemen der SE-Richtlinie. Rechtsklarheit konnte im deutschen Recht durch die Umsetzung nur begrenzt geschaffen werden (1). Interessant erscheint daher, wie man auf europäische Ebene mit der Missbrauchsvermeidungsklausel umgeht (2) und ob andere Mitgliedstaaten in der Vorschrift vielleicht schärfere Konturen gezeichnet haben, die als Anregung für die Umsetzung der Mobilitätsrichtlinien dienen können (3).

1. Umsetzung durch § 18 Abs. 3 SEBG

§ 18 SEBG setzt die Zielsetzung der SE-RL um, die Mitbestimmung zu schützen.[1417] Teil 1 Buchstabe b) der SE-RL sieht vor, dass die Mitgliedstaaten Vorkehrungen treffen, um die Arbeitnehmerrepräsentation nach einer Änderung innerhalb der SE anzupassen. § 18 Abs. 3 SEBG manifestiert indessen eine Neuverhandlungspflicht bezüglich der Mitbestimmung, wenn in der SE „strukturelle Änderungen" vorgenommen werden. Um diese Pflicht auszulösen, müssen kumulativ beide Voraussetzungen des Tatbestandes vorliegen. Diese gliedern sich in das Vorliegen einer „strukturellen Änderung" (a) und deren Eignung zur Minderung der Beteiligungsrechte (b).

a) Der Begriff der „strukturellen Änderung"

Bei dem Begriff der „strukturellen Änderung" handelt es sich um einen unbestimmten Rechtsbegriff, der in § 18 Abs. 3 SEBG Anwendung findet und auf Erwägungsgrund 18 der SE-RL gründet. Beide Texte geben jedoch keinen Aufschluss über eine Definition oder gar eine nähere Konkretisierung des Begriffs.[1418]

Die Frage nach der Konkretisierung dieses Rechtsbegriffs zählt zu den umstrittensten im SEBG.[1419] Dementsprechend weit liegen die Ansätze in der Literatur auseinander. Oft bedient man sich der Bildung von Fallgruppen, für die die Frage nach dem Vorliegen einer solchen Änderung dann systematisiert beantwortet werden soll.[1420] Dadurch wird jedoch keine begriffliche Klärung erreicht. Die verschiedenen Strömungen lassen sich grundsätzlich in zwei Lager aufteilen.

1417 *Teichmann*, FS Hans-Jürgen Hellwig, S. 358.

1418 *Kienast*, in: Jannott/Frodermann Handbuch der Europäischen Aktiengesellschaft, § 13 Rn. 454; *Hohenstatt/Müller-Bonanni*, in: Habersack/Drinhausen SE-Recht, § 18 SEBG Rn. 8; *Jacobs*, in: MüKo AktG, SEBG, § 18 Rn. 11; *Feuerborn*, in: KölnK AktG, SEBG § 18 Rn. 19; *Ziegler/Gey*, BB 2009, 1750, 1756; *Wollburg/Banerjea*, ZIP 2005, 277, 278; *Freis*, in: Nagel/Freis/Kleinsorge, SEBG § 18 Rn. 9.

1419 *Hohenstatt/Müller-Bonanni*, in: Habersack/Drinhausen SE-Recht, § 18 SEBG, Rn. 8.

1420 So zum Beispiel *Kienast*, in: Jannott/Frodermann Handbuch der Europäischen Aktiengesellschaft, § 13 Rn. 458 ff.; *Wollburg/Banerjea*, ZIP 2005, 277, 280 ff.; *Nagel*, ZIP 2011, 2047, 2048 ff.; *Ege/Grizmek/Schwarfischer*, BB 2011, 1205, 1208 f.; *Oetker*,

i) Restriktive Auslegung

Vertreter einer restriktiven Auslegung gehen davon aus, dass eine „strukturelle Änderung" mit einer Neugründung einer SE vergleichbar sein müsste und fordern, das Vorliegen eines Vorgangs mit „gründungsähnlichem Charakter".[1421] Begründet wird dies damit, dass in Erwägungsgrund 18 der SE-RL Neugründungen und „strukturelle Änderungen" auf eine Stufe gestellt würden.[1422] Die Neuverhandlungen der Mitbestimmung könnten nur durch „korporative Akte"[1423] ausgelöst werden. Durch die Schwere der Belastung solcher Verhandlungen für Unternehmen müsse deren Anwendungsbereich auf bedeutende Änderungen beschränkt sein.[1424] Unter einer Struktur – deren Änderung hier gefragt

---

in: Lutter/Hommelhoff/Teichmann, SE-Kommentar, SEBG § 18 Rn. 21; *Evers/Bodenstedt,* in: Manz/Mayer/Schröder SE, SEBG § 18 Rn. 9; *Köstler,* in: Theisen/Wenz Europäische Aktiengesellschaft, S. 368 ff.; *Jacobs,* in: MüKo AktG, SEBG § 18 Rn. 11 mwN.

1421 *Henssler,* in: Habersack/Henssler MitbestimmungsR, SEBG § 18 Rn. 8; *Feldhaus/Vanscheid,* BB 2008, 2246, 2247; *Rieble,* BB 2006, 2018, 2022; *Wollburg/Banerjea,* ZIP 2005, 277, 278, *Ziegler/Gey,* BB 2009, 1740, 1756; *Schmid,* Mitbestimmung in der Europäischen Aktiengesellschaft, S. 134 ff.: *Kienast,* in: Jannott/Frodermann HdB Europäische Aktiengesellschaft § 13 Rn. 456; *von der Heyde,* Beteiligung der Arbeitnehmer in der SE, S. 209; *Müller-Bonanni/Müntefering,* BB 2009, 1699, 1702; *Hohenstatt/Müller-Bonanni,* Habersack/Drinhausen SE-Recht, SEBG § 18 Rn. 10; *Austmann,* in: Münchner HdB Gesellschaftsrecht Bd. 4, § 86 Rn. 55; andere Ansicht *Scheibe,* Die Mitbestimmung der Arbeitnehmer in der SE unter besonderer Berücksichtigung, S. 153 ff.; *Hoops,* Die Mitbestimmung in der Europäischen Aktiengesellschaft, S. 57 ff.; *Oetker,* in: Lutter/Hommelhoff/Teichmann, in: SE-Kommentar, SEBG § 18 Rn. 21.

1422 *Wollburg/Banerjea,* ZIP 2005, 277, 278.

1423 Das sind solche Akte, die Einfluss auf die gesellschaftsrechtliche Struktur haben und somit eine Satzungsänderung erforderlich machen, *Henssler,* in: Habersack/Henssler MitbestimmungsR, SEBG § 18 Rn. 9. Dieses Erfordernis wird jedoch nicht von allen Vertretern dieser Ansicht verlangt, vgl. *Oetker,* in: Lutter/Hommelhoff/Teichmann, SE-Kommentar, SEBG § 18 Rn. 21. Er hält diesen Akt spätestens seit § 37 EBRG für nicht mehr notwendig.

1424 *Henssler,* in: Habersack/Henssler MitbestimmungsR, SEBG § 18 Rn. 9; *Henssler,* ZHR 173 (2009), 222, 244; *Rieble,* BB 2006, 2018, 2022; *Seibt,* AG 2005, 413, 427; *Reichert,* FS Gruson, 2009, 334 f.; *Kienast,* in: Jannott/Frodermann Handbuch der Europäischen Aktiengesellschaft, § 13 Rn. 456; *Ziegler/Gey,* BB 2009, 1750, 1756; *Schmid,* Mitbestimmung in der Europäischen Aktiengesellschaft (SE), S. 135; *Wollburg/Banerjea,* ZIP 2005, 277, 278; *Ramcke,* Konkretisierung des Missbrauchsverbots der SE, S. 456.

ist – verstehe man üblicherweise einen verfestigten inneren Aufbau oder eine Gliederung.[1425]

Untermauert wird diese Ansicht auch durch den inneren Zusammenhang von § 18 SEBG mit § 43 und § 45 Abs. 1 Nr. 2 SEBG. So normiert der Straftatbestand des § 45 Abs. 1 Nr. 1 SEBG, dass ein Missbrauch der SE im Sinne des § 43 SEBG zu Lasten der Beteiligungsrechte der Arbeitnehmer unzulässig ist. Die SE darf nach § 43 SEBG nicht dazu missbraucht werden, den Arbeitnehmern ihre Beteiligungsrechte zu entziehen oder vorzuenthalten. Diese in § 43 SEBG verwendeten unbestimmten Rechtsbegriffe ziehen viele Fragen im Hinblick auf das verfassungsrechtliche Gebot der Bestimmtheit nach sich und fordern deshalb eine restriktive Auslegung der Strafvorschrift und damit auch der mit ihr verbundenen Vorschrift des § 18 Abs. 3 SEBG.[1426]

Teilweise argumentieren die Vertreter dieser Auffassung auch mit § 37 Abs. 1 Satz 2 EBRG. Dieser hat ein ähnliches Regelungsziel und wurde dem § 18 SEBG zeitlich nachfolgend eingeführt. Die darin enthaltenen Konkretisierungen gelten auch für § 18 SEBG, wonach als „strukturelle Änderung" der Zusammenschluss, die Spaltung, die Verlegung und Stilllegung von Betrieben oder Unternehmen zu verstehen sei.[1427]

Allen Begründungen gemein ist indessen deren Ergebnis: So erfasse das Konstrukt der „strukturellen Änderung" nicht den bloßen Anstieg der Beschäftigtenzahl durch organisches Wachstum, selbst wenn dadurch nationale Mitbestimmungsschwellenwerte überschritten werden.[1428] Die Schwellenwertregelungen der

---

1425 *Teichmann,* FS Hans-Jürgen Hellwig, S. 364.

1426 *Rehberg,* ZGR 2005, 859, 890. Dem widerspricht jedoch *Teichmann,* FS Hans-Jürgen Hellwig, S. 364.

1427 *Oetker,* in: Lutter/Hommelhoff/Teichmann, SE-Kommentar, § 18 SEBG, Rn. 21. Andere Ansicht *Hohenstatt/Müller-Bonanni,* in: Habersack/Drinhausen, § 18 SEBG Rn. 8; ähnlich *Ege/Grzimek/Schwarzfischer,* DB 2011, 1205, 1208 Fn. 30.

1428 *Henssler,* in: Habersack/Henssler MitbestimmungsR, SEBG § 18 Rn. 13; *Drinhausen/Keinath,* BB 2011, 2699, 2701; *Ege/Grizmek/Schwarfischer,* BB 2011, 1205, 1208; *Götze/Winzer/Arnold,* ZIP 2009, 245, 251 f.; *Rieble,* BB 2006, 2018, 2022; *Teichmann,* FS Hellwig, S. 367; *Wollburg/Banerjea,* ZIP 2005, 277, 282; *Hoops,* Mitbestimmungsvereinbarung in der Europäischen Aktiengesellschaft, S. 60, 63; *Scheibe,* Die Mitbestimmung der Arbeitnehmer in der SE unter besonderer Berücksichtigung des monistischen Systems, S. 154; *Schmid,* Mitbestimmung in der Europäischen Aktiengesellschaft (SE), S. 143 f.; *Reichert,* FS Gruson, S. 334 f.; *Feuerborn,* in: KölnK AktG, SEBG § 18 Rn. 23; *Jacobs,* in: MüKo AktG, SEBG § 18 Rn. 12; *Ziegler/Gey,* BB 2009, 1750, 1756; *Oetker,* in: Lutter/Hommelhoff/Teichmann, SE-Kommentar, SEBG § 18 Rn. 21; *Kienast,* in: Jannott/Frodermann Handbuch der europäischen Aktiengesellschaft, Rn. 467; *Krause,* BB 2005, 1221, 1128; *Reichert,* ZIP 2014, 1957, 1961; *Sagan,* in: Bieder/Hartmann, individuelle Freiheit und kollektive Interessenwahrnehmung, S. 203.

nationalen Mitbestimmungsgesetze seien auf die SE nicht mehr anwendbar.[1429] Hierin sei schon keine „strukturelle Änderung" zu sehen.[1430] Änderungen in der Arbeitnehmerzahl wirken sich demnach gerade nicht auf die Struktur des Unternehmens aus.[1431] Eine bloße Zahl sei kein Strukturmerkmal.[1432] Etwas anderes könne nur gelten, wenn die Arbeitnehmerzahl vor Gründung der SE dahingehend manipuliert wurde, um eine Mitbestimmungspflicht zu vermeiden.[1433] Diese Auffassung teilt auch das OLG Düsseldorf.[1434]

Für diese Auslegung spreche auch, dass das SEBG sehr wohl eine Konkretisierung kennt. In § 5 SEBG unterscheidet es in Abs. 4 zwischen „Änderungen in der Struktur" und „Änderungen in der Arbeitnehmerzahl". Dieses Wortlauts hat sich der nationale Gesetzgeber für § 18 Abs. 3 SEBG gerade nicht bedient.[1435] Nachträgliches Wachstum der Arbeitnehmerzahl löse damit gerade keine Nachverhandlungspflicht aus.

ii) Weite Auslegung

Dem gegenüber stehen verschiedene Stimmen, die eine weite Auslegung befürworten. Diese Auslegung führt jedoch nicht zwangsläufig dazu, dass auch eine steigende Arbeitnehmerzahl unter den Begriff subsumiert werden kann.

So geht *Scheibe* davon aus, dass eine restriktive Auslegung gerade nicht durch den Straftatbestand des § 45 Abs. 1 Nr. 2 erzwungen werde, da dieser nicht auf die umstrittene Vermutung in § 43 S. 2 SEBG verweise.[1436] Die Folgerungen, dass aufgrund der Strafandrohung und des *in dubio pro reo*-Gedankens eine restriktive Auslegung des § 18 Abs. 3 erfolgen müsse, sei verfehlt. Außerdem enthalte § 45 Abs. 1 Nr. 2 über § 43 SEBG hinausgehende Voraussetzungen, weshalb § 18 Abs. 3 SEBG großzügiger auszulegen sei.[1437] Weiter verlangt *Scheibe* auch keine

---

1429 *Forst, Der Konzern* 2010, 151, 153.

1430 *Henssler,* in: Habersack/Henssler MitbestimmungsR, SEBG § 18 Rn. 13; *Ramcke,* Konkretisierung des Missbrauchsverbots der SE, S. 458.

1431 *Hohenstatt/Müller-Bonanni,* Habersack/Drinhausen SE-Recht, SEBG § 18 Rn. 10; *Ege/Grizmek/Schwarzfischer,* DB 2011, 1205, 1209.

1432 *Ramcke,* Konkretisierung des Missbrauchsverbots der SE, 456; *Teichmann,* FS Hellwig, S. 367.

1433 *Sagan,* in: Bieder/Hartmann, individuelle Freiheit und kollektive Interessenwahrnehmung, S. 204.

1434 OLG Düsseldorf v. 30.03.2009 ZIP 2009, 918, 920.

1435 *Ziegler/Gey,* BB 2009, 1750, 1756; *Jacobs,* in: MüKo AktG, SEBG § 18 Rn. 19; *Schmid,* Mitbestimmung in der Europäischen Aktiengesellschaft (SE), S. 135; *Hoops,* Mitbestimmungsvereinbarung in der Europäischen Aktiengesellschaft, S. 60.

1436 Siehe dazu schon § 2 C.II.2 b) i).

1437 So verlangt § 45 Abs. 1 Nr. 2 SEBG ein gezieltes Ausnutzen sowie einen engen zeitlichen Zusammenhang, vgl. *Scheibe,* Die Mitbestimmung der Arbeitnehmer in der SE, S. 154.

Maßnahme gründungsähnlichen Charakters, da sich dies § 18 Abs. 3 SEGB nicht entnehmen ließe und überdies der Konkretisierung auch nicht dienen könne.[1438] Die Auslegung von *Scheibe* ist damit etwas weiter. Dieser geht auch davon aus, dass allein durch den Erwerb weiterer Betriebe oder Betriebsteile ein Nachverhandlungsanspruch begründet werden könne.[1439] Aber auch für ihn zeige der systematische Vergleich von § 5 Abs. IV mit § 18 Abs. 3 SEBG, dass eine reine Änderung der Arbeitnehmerzahl keine „strukturelle Änderung" sei.[1440]

In eine ähnliche Richtung geht der Ansatz von *Freis*, nach dem die veränderte Zahl der Arbeitnehmer nur dann neue Verhandlungen auslösen könne, wenn diese ihrerseits auf einer strukturellen Änderung beruht. Als Beispiel dient dafür eine Fusion mit anderen Unternehmen oder Betrieben.[1441] Der Ansatz, dass eine gewisse Zahl von Neueinstellungen nicht ohne Weiteres als strukturelle Änderung im Sinne des § 18 Abs. 3 zu kategorisieren sei, aber in Fällen von Unternehmenswachstum durch Neuerwerb oder Fusionen mit anderen Unternehmen oder Betrieben als „strukturelle Änderung" einzustufen ist, findet sich häufiger.[1442] Gegen eine zu restriktive Auslegung des Begriffs spricht sich *Teichmann* aus, da neben der „strukturellen Änderung" schließlich noch das zweite Tatbestandsmerkmal erfüllt werden müsse.[1443]

Eine deutlich extensivere Auslegung nimmt hingegen *Wißmann* vor. Er geht davon aus, dass eine Ausdehnung des Begriffs auf reine Änderungen in der Arbeitnehmerzahl notwendig sei, um die Umsetzung der Richtlinie getreu den allgemeinen Grundsätzen des Gemeinschaftsrechts zu gewährleisten. Die Zementierung des Mitbestimmungsniveaus bedeute seiner Ansicht nach einen Verstoß gegen den Grundsatz der Gleichheit und der Nichtdiskriminierung.[1444] Die Vorschriften der Richtlinie und damit auch die des SEBGs müssten so zu verstehen sein, dass die konkrete Mitbestimmung sich allen wesentlichen Entwicklungsschritten der SE anpassen kann.[1445] Dieser Auffassung zu Folge käme es dann gerade nicht zu einer Zementierung der Mitbestimmung, das Mitbestimmungsstatut wäre dynamisch ausgestaltet.

1438 *Scheibe*, Die Mitbestimmung der Arbeitnehmer in der SE, S. 156.

1439 *Scheibe*, Die Mitbestimmung der Arbeitnehmer in der SE, S. 156.

1440 *Scheibe*, Die Mitbestimmung der Arbeitnehmer in der SE, S. 154.

1441 *Freis*, in: Nagel/Freis/Kleinsorge, SEBG § 18 Rn. 15.

1442 *Köstler*, in: Theisen/Wenz Europäische Aktiengesellschaft, S. 370 f.; *Steinberg*, Mitbestimmung in der Europäischen Aktiengesellschaft, S. 217 f.

1443 *Teichmann*, FS Hellwig, S. 365.

1444 *Wißmann*, in: Münchner HdB ArbeitsR, § 287 Rn. 19.

1445 *Wißmann*, in: Münchner HdB ArbeitsR, § 287 Rn. 19.

b) *Eignung zur Minderung der Beteiligungsrechte*

Auch im Hinblick auf die zweite Tatbestandsvoraussetzung besteht keine eindeutige Klarheit. So bedarf dieses Merkmal in zweifacher Hinsicht der Auslegung. Zum einen muss geklärt werden, was unter Beteiligungsrechten zu verstehen ist und zum anderen ist darüber hinaus fraglich, bei wem eine Minderung der Beteiligungsrechte eintreten muss.[1446] Beteiligungsrechte sind in § 2 Abs. 9 SEBG definiert. Nicht definiert ist hingegen, was unter einer Minderung derselben zu verstehen ist.[1447] Die Änderung muss nach dem Wortlaut des § 18 Abs. 3 SEBG geeignet sein, Beteiligungsrechte zu mindern. Dieser Begriff korrespondiert mit den Begriffen des Entziehens und Vorenthaltens und stellt ihnen gegenüber eine abgeschwächte Form dieser dar.[1448]

Eine Minderung ist dann gegeben, wenn den Arbeitnehmern infolge der Änderung weniger Rechte zustehen, als ihnen vorher zustanden.[1449] In der konkreten Ausgestaltung scheiden sich auch hier die Geister, was dies nun für die Arbeitnehmerseite bedeuten soll. So wird vertreten, dass eine Minderung nicht darin liege, dass den Arbeitnehmern die Chance entgeht, von einem höheren Mitbestimmungsniveau eines anderen Gesetzes zu profitieren.[1450] Ausschlaggebend seien allein das bei Gründung bestehende Mitbestimmungsniveau und der zu diesem Zeitpunkt bestehende Umfang der Rechte.[1451] Nach der Zielsetzung des § 1 Abs. 1 S. 2 SEBG und S. 3 sollten eindeutig nur bereits „erworbene" und „bestehende" Rechte geschützt werden, keine künftig entstehenden.[1452]

Nach anderer Auffassung könne der Schutz gerade auch das Vorenthalten noch nicht bestehender Rechte einschließen.[1453] In der SE gehe es nicht immer nur um den Bestandsschutz. Es solle gerade auch dort Mitbestimmung eingeführt werden,

---

1446 *Oetker,* in: Lutter/Hommelhoff/Teichmann SE-Kommentar, SEBG § 18 Rn. 31.

1447 *Ziegler/Gey,* BB 2009, 1750, 1756; *Schmid,* Mitbestimmung in der Europäischen Aktiengesellschaft (SE), S. 136; *Evers/Bodenstedt,* in: Manz/Mayer/Schröder SE, SEBG § 18 Rn. 13.

1448 *Feldhaus/Vanscheidt,* BB 2008, 2246, 2248.

1449 *Feldhaus/Vanscheid,* BB 2008, 2246, 2248; *Hoops,* Mitb Aktiengesellschaft, S. 62; *Schmid,* Mitbestimmung in der Europäischen Aktiengesellschaft (SE), S. 136; *Jacobs,* in: MüKo AktG, SEBG § 18 Rn. 14. Nicht ganz unstreitig ist an dieser Stelle, ob auch Rechte auf betrieblicher Ebene umfasst sind, was hier allerdings nicht Gegenstand der Untersuchung sein soll. Vgl. dazu beispielhaft *Hoops,* Mitbestimmungsvereinbarung in der Europäischen Aktiengesellschaft, S. 62.

1450 *Henssler,* in: Habersack/Henssler MitbestimmungsR, SEBG § 18 Rn. 13; *Ramcke,* Konkretisierung des Missbrauchsverbots der SE, S. 458.

1451 Ähnliche Formulierungen wiesen Erwägungsgrund 9 und 11 auf. Vgl. dazu *Wollburg/Banerjea,* ZIP 2005, 277, 282.

1452 *Drinhausen/Keinath,* BB 2011, 2699, 2702; *Wollburg/Banerjea,* ZIP 2005, 277, 282.

1453 *Wißmann,* in: Münchner HdB ArbeitsR, § 287 Rn. 19.

wo nach dem Sitzstaatrecht überhaupt keine Mitbestimmung vorgesehen oder möglich war.[1454] Auch die Kommission geht in diesen Fällen davon aus, dass diese Konstellation zur Minderung oder gar zum Entzug von Arbeitnehmermitbestimmungsrechten führen kann.[1455]

Geschützt werden von der Bestimmung neben den neu eintretenden Arbeitnehmern[1456] auch solche, die vor der Änderung in der SE vertreten waren.[1457] Nicht erfasst sind hingegen Arbeitnehmer, die aus der SE ausscheiden.[1458]

c) *Zwischenergebnis*

Die derzeitige Umsetzung des Art. 11 SE-RL in den dazugehörigen Bestimmungen durch das SEBG bleibt damit für die SE hinter den Anforderungen an einen klaren und einfachen Rechtsrahmen zurück. Die Vorschrift kann somit anders als viele andere Vorschriften nicht eins zu eins in das neue Gesetz übertragen werden. Dadurch ergibt sich aber das Potenzial, auch das Unternehmenswachstum als Neuverhandlungsfall zu kategorisieren.[1459]

2. *Europäische Perspektive*

Beachtung sollte neben den Vorgaben der Richtlinien selbst und des SEBGs auch die Einschätzung auf europäischer Ebene haben. Die Diskussion um § 18 SEBG selbst kann tatsächlich nur bedingt Aufschluss über die Auslegung des Art. 11 SE-RL geben, bezieht sie sich doch stets nur auf die konkrete Umsetzung im nationalen

1454 *Wißmann,* in: Münchner HdB ArbeitsR, § 287 Rn. 19.

1455 Mitteilung der Kommission zur Überprüfung der Richtlinie 2001/86/EG des Rates vom 8. Oktober 2001 zur Ergänzung des Status der Europäischen Gesellschaft hinsichtlich der Beteiligung der Arbeitnehmer vom 30.09.2008, KOM (2008)591 endgültig (im Folgenden „Überprüfung der SE-RL"), S. 9.

1456 *Henssler,* in: Habersack/Henssler MitbestimmungsR, SEBG § 18 Rn. 10, *Feldhaus/Vanscheid,* BB 2008, 2246, 2248; *Wollburg/Banerjea,* ZIP 2005, 277, 279; *Hoops,* Mitbestimmungsvereinbarung in der Europäischen Aktiengesellschaft, S. 62; *Feuerborn,* in: KölnK AktG, SEBG § 18 Rn. 30.

1457 *Oetker,* in: Lutter/Hommelhoff/Teichmann, SE-Kommentar, § 18 SEBG, Rn. 31; *Rieble,* BB 2006, 2018, 2022; *Hoops,* Mitbestimmungsvereinbarung in der Europäischen Aktiengesellschaft, S. 63; *Schmid,* Mitbestimmung in der Europäischen Aktiengesellschaft (SE), S. 141; ähnlich *Teichmann,* FS Hellwig, S. 359; andere Ansicht: *Austmann,* in: Münchner HdB Gesellschaftsrecht Bd. 4, § 86 Rn. 55.

1458 *Feldhaus/Vanscheid,* BB 2008, 2246, 2250; *Schmid,* Mitbestimmung in der Europäischen Aktiengesellschaft (SE), S. 149 f.; *Feuerborn,* in: KölnK AktG, SEBG § 18 Rn. 30.

1459 Dazu später unter II.

Recht. Eine weitere Weiche in der Auslegung des Begriffs der strukturellen Änderung sollte daher der europäische Blick stellen.

a) Position der „Group of Experts <SE>“

Noch während der Umsetzungsfrist der SE-RL beauftragten Rat und Kommission eine Expertengruppe, die sich aus nationalen Experten[1460] zusammensetzte. Ihr Auftrag war es, die Umsetzung der Richtlinie in den Mitgliedstaaten zu untersuchen. Sie sorgten damit für einen Informationsaustausch.[1461] In diesem Rahmen beschäftigten sich die Experten auch mit potenziellen Missbrauchsstrategien.[1462] Die Expertengruppe geht zunächst davon aus, dass Missbräuche oftmals erst nach Gründung der SE zu Tage treten, auch wenn freilich nicht alle nachträglichen Änderungen als Missbrauch einzustufen sind.[1463] Sie erkennen, dass die SE auch nach Gründung ein dynamisches Konstrukt ist, dessen gewöhnliche Nutzung Entwicklungen verzeichnet, für die nachfolgende Änderungen unentbehrlich sind. Von diesen gewöhnlichen Entwicklungen differenziert die Gruppe aber auch andere Situationen, die indizieren, dass hier eine Missbrauchsintention vorläge. Als Beispiel dafür nennt sie neben zwei weiteren Fällen[1464] eben die Situation, dass eine SE mitbestimmungsfrei gegründet wird und die SE im Folgenden Mitbestimmungsschwellenwerte überschreitet, der Status der Mitbestimmungsfreiheit aber eingefroren ist.[1465] Die Gruppe beschreibt also das Problem des nachträglichen Wachstums, welches einen Missbrauch im Sinne des Art. 11 SE-RL darstellen könnte. Sie bedient sich in diesem ersten Schritt der Missbrauchsfeststellung

---

1460 Diese Expertengruppe bestand aus nationalen Selbständigen und den Beratern für soziale Angelegenheiten zusammen. Geschaffen wurde damit ein Forum für die Diskussionen um die Vorkehrungen zur Umsetzung der SE-RL in nationales Recht. Vgl. Überprüfung der SE-RL (Fn. 1455), S. 2.

1461 Insgesamt tagten die Experten 10 Tage, in denen hauptsächlich die Probleme im Rahmen der Umsetzung der SE-Richtlinie diskutiert wurden. Ihre Erkenntnisse hielten sie in insgesamt 22 „Working Papers“ fest. Vgl. SE – European Company' on the implementation of Council Directive 2001/86/EC supplementing the Statute for a European company with regard to the involvement of employees: working papers and minutes, abrufbar unter <https://ec.europa.eu/social/main.jsp?catId=707&intPageId=212&langId=de> (zuletzt aufgerufen am 20.03.2021) (im Folgenden „Working papers der Expert Group SE“].

1462 Working paper N° 9 der Expert Group SE (Fn. 1461), S. 122 ff.

1463 Working paper N° 9 der Expert Group SE (Fn. 1461), S. 122.

1464 Diese dortige Aufzählung scheint nicht abschließend zu sein („Here are some examples:“). Neben dem nachträglichen Unternehmenswachstum geht das Paper auch auf Standortverlegungen und Unternehmenszusammenführungen ein, siehe Working paper N° 9 der Expert Group SE (Fn. 1461), S. 123.

1465 Working paper N° 9 der Expert Group SE (Fn. 1461), S. 123.

noch nicht der Figur der „strukturellen Änderung", die in Erwägungsgrund 18 als Auslegungshilfe des Art. 11 dient. Für die Experten stellt das nachträgliche Unternehmenswachstum ohne Anpassung der Arbeitnehmermitbestimmung an sich bereits einen Missbrauch dar. Besondere Bedeutung erlangt die Einschätzung der Expertengruppe, wenn sich ihr Betrachter vor Augen hält, dass die Gruppe zur Zeit der Umsetzung tagte und die Beratungen damit kurz nach Erlass der SE-RL stattfanden. Es liegt nahe, dass die beteiligten Experten die rechtspolitischen Hintergründe der Richtlinie aufgrund ihrer Aktualität treffend einschätzen konnten.[1466] Die Relevanz der Ausarbeitungen verdeutlicht sich zudem in der Einsetzung der Gruppe durch die Unionsorgane.[1467] Nach Abschluss des Austauschs zeigte sich die Kommission äußerst zufrieden mit dem Informationsaustausch und den erarbeiteten Arbeitspapieren.[1468]

Um diesen Missbräuchen zu begegnen, regt die Gruppe in ihrem Arbeitspapier an, dass alle Mitgliedstaaten diese Vorgänge einheitlich behandeln sollten, um Diskriminierung vorzubeugen.[1469] Die vorgeschlagene Lösung gleicht dem, was in vielen Staaten auch heute geltendes Recht ist:[1470] Es sollten im Falle struktureller Änderungen Neuverhandlungen stattfinden, deren Konzept sich an den Mechanismen der Richtlinie orientiert.[1471] Im Unterschied zum Verhandlungsverfahren

---

1466 Die Gruppe tagte von Dezember 2001 bis Juni 2003, vgl. Überprüfung der SE-RL (Fn. 1455), S. 2.

1467 Die Gruppe wurde auf Ersuchen des Rates von der Kommission eingesetzt, vgl. Überprüfung der SE-RL (Fn. 1455), S. 2.

1468 Working paper N° 1 der Expert Group SE (Fn. 1461), S. 2.

1469 Working paper N° 9 der Expert Group SE (Fn. 1461), S. 124.

1470 Vgl. dazu die nachfolgenden Ausführungen unter I.3.

1471 Working paper N° 9 der Expert Group SE (Fn. 1461), S. 124. Die Gruppe gibt den Staaten sogar einen konkreten Umsetzungsvorschlag an die Hand (Auszug, für den vollen Text siehe S. 125 f.): „1. If, after the registration of the SE, substantial changes occur within the SE, its subsidiaries and establishments indicating that the operation of establishing the SE has been initially shaped with the purpose of depriving employees of involvement rights or withholding such rights, new negotiations shall take place. These negotiations shall be governed by the following rules: a) they shall take place, at the request of the representative body or the employees' representatives of new subsidiaries or establishments of the SE; b) Articles 3 to 7 apply mutatis mutandis, the references to participating companies being replaced by references to the SE, its subsidiaries and establishments, the references to the moment before the registration of the SE being replaced by references to the moment when negotiations fail and the term "special negotiating body" being replaced by "representative body".

2. Within the meaning of paragraph one, substantial changes mean a change:

– in the structure of the SE, its subsidiaries and establishments, or

während der Gründung sollte sich nun aber der Bezugsrahmen für den Vorher-Nachher-Vergleich und den Mindestumfang der Mitbestimmung ändern.

Auf den ersten Blick sieht es ganz danach aus, als würde sich die Regelung des deutschen Gesetzgebers bereits unter diesen Vorschlag subsumieren lassen. Nur besteht auch hier wieder der Unterschied, dass die Expertengruppe den Anwendungsbereich auf nachträgliches Unternehmenswachstum bezieht, wenn nachgewiesen ist, dass dies der Umgehung von Mitbestimmungsrechten dienen soll,[1472] während man nach der herrschenden Meinung in Deutschland weiterhin davon ausgeht, dass bloßes Unternehmenswachstum kein Fall für die aus Art. 11 resultierenden Vorschriften sein kann.[1473]

b) Position der Europäischen Kommission

Auch eine Stellungnahme der Kommission folgt dieser Einschätzung der Expertengruppe. In der Evaluation der SE-Richtlinie geht die Kommission unter anderem auf die Möglichkeiten des Erwägungsgrundes 18 ein, nach dem das Vorher-Nachher-Prinzip auch auf nachfolgende strukturelle Änderungen anwendbar sein soll. Die Kommission stellt fest, dass für die Mitgliedstaaten aus der Richtlinie die Möglichkeit hervorgeht, Vorkehrungen für Verfahren zu treffen, die solche nachfolgenden Änderungen in der SE berücksichtigen.[1474] Bemängelt wird dabei, dass die Richtlinie hinsichtlich der Mitbestimmungsrechte der Arbeitnehmer selbst kein derartiges Verfahren vorsieht. Als Beispiel nennt die Kommission hier ausdrücklich, dass eine SE mit wenigen oder keinen Arbeitnehmern gegründet wird und sich die Zahl der Arbeitnehmer anschließend erhöht.[1475] Anhand der Aufreihung neben einer

---

– <u>in the number of employees employed by the SE, its subsidiaries and establishments</u>, or
– in the location of the registered office of the SE,
which would have entailed, had these new elements been present before the SE was established and had negotiations held at that time failed, a different solution as regards the application of Part 3 of the Annex according to Article 7. (Hervorhebung durch Verf.).

1472 Working paper N° 9 der Expert Group SE (Fn. 1461), S. 124.

1473 Vgl. dazu bereits ausführlich unter I.1 a) i).

1474 Überprüfung der SE-RL (Fn. 1455), S. 9.

1475 Überprüfung der SE-RL (Fn. 1455), S. 9. Als weitere Beispiele werden Sitzverlegung oder Verschmelzung genannt: „In der Tat legt Teil 1 Buchstabe b) im Anhang der Richtlinie fest, dass die Mitgliedstaaten dafür zu sorgen haben, „dass Änderungen innerhalb der SE und ihrer Tochtergesellschaften und Betriebe durch Anpassung der Zahl der Mitglieder des Vertretungsorgans und der Zuteilung der Sitze in diesem Organ Rechnung getragen wird“. Darüber hinaus können sie dank der Autonomie der an den Verhandlungen teilnehmenden Parteien Vorkehrungen für Verfahren treffen, die die Änderungen in der SE berücksichtigen. Hinsichtlich der

Sitzverlegung und Verschmelzung der SE wird deutlich, dass die Kommission diese Konstellation eben gerade auch unter Erwägungsgrund 18 subsumierte. Lediglich im Hinblick auf die Folgen für die Umsetzung – nämlich das von den Mitgliedstaaten einzuführende Verfahren – lässt die Richtlinie den nationalen Gesetzgebern einen Spielraum.

Die Europäische Kommission schließt sich somit dem an, was auf nationaler Ebene für § 18 SEBG einer weiten Auslegung entsprechen würde. Allerdings stellt sie lediglich fest, dass die Mitgliedstaaten nur die Möglichkeit haben, Verfahren für diese Fälle einzuführen.[1476] Eine dahingehende Pflicht trifft die Mitgliedstaaten nicht.[1477]

c) *Zwischenergebnis*

Aus europäischem Blickwinkel scheint damit außer Frage zu stehen, dass das nachträgliche Unternehmenswachstum bereits im Hinblick auf die SE erhebliches Missbrauchspotenzial birgt und damit einem Verfahren für die Sicherung der Mitbestimmungsrechte unterworfen werden muss. Es bestehe laut der Expertengruppe sogar eine Pflicht, dieses Verhalten zu unterbinden.[1478] Dieser Pflicht kommt der deutsche Gesetzgeber derzeit nur nach, wenn man § 18 Abs. 3 SEBG einer weiten Auslegung unterzieht. Daher scheint eine an § 18 Abs. 3 SEBG angelehnte Ausgestaltung für die Umsetzung der Mobilitätsrichtlinie in seiner derzeitigen Fassung weniger tauglich. Die Bildung von Fallgruppen, wie es im Umsetzungsvorschlag der Expertengruppe der Fall ist, könnte eine Vorlage für die Anpassung des MgVGs bieten.[1479]

3. *Handhabung in ausländischem Recht*

Von diesen Möglichkeiten, Verfahren für strukturelle Änderungen einzuführen, haben einige Mitgliedstaaten bereits in Umsetzung der SE-RL Gebrauch gemacht.

Mitbestimmungsrechte der Arbeitnehmer sieht die Richtlinie jedoch kein derartiges Verfahren für den Fall vor, dass z.B. eine SE mit wenigen (oder ohne) Arbeitnehmern zum Zeitpunkt ihrer Gründung die Zahl der Arbeitnehmer anschließend erhöht, oder dass eine SE mit Arbeitnehmermitbestimmung ihren Sitz verlegt und in einer anders gestalteten Gesellschaft ohne (oder mit geringerer) Mitbestimmung aufgeht. In diesen Fällen könnten die Rechte auf Arbeitnehmermitbestimmung entzogen oder gemindert werden."

1476 Überprüfung der SE-RL (Fn. 1455), S. 9.

1477 Anders drückt das die Expertengruppe aus, Working paper N° 9 der Expert Group SE (Fn. 1461), S. 123.

1478 Working paper N° 9 der Expert Group SE (Fn. 1461), S. 123.

1479 Vgl. zu diesen Fallgruppen Working paper N° 9 der Expert Group SE (Fn. 1461), S. 125 f. sowie ein Auszug des Vorschlags in (Fn. 1471).

Dabei normieren einige explizit die Auslösung von Nachverhandlungen (a), während andere nachträgliches Wachstum anderweitig regulieren (b). Diese Umsetzungen können Aufschluss über den Auslegungsspielraum des Art. 11 SE-RL sowie Erwägungsgrund 18 und damit auch Implementierungsanregungen für die Mobilitätsrichtlinie geben. Zwar können diese Auslegungen der SE-RL keinesfalls verbindlich sein, doch können sie zumindest aufzeigen, wie die SE-RL in anderen Rechtsordnungen Anwendung findet.[1480] Diese Betrachtungen liefern wertvolle Erkenntnisse, wie sich die Mobilitätsrichtlinie in nationales Recht umsetzen lässt und dass die Zurückhaltung des deutschen Gesetzgebers unionsrechtlich nicht zwingend erscheint.

a) Mitgliedstaaten mit Neuverhandlungspflicht

Die auch in deutschem Recht umgesetzte Nachverhandlungspflicht findet in manchen anderen Mitgliedstaaten weiteren Anwendungsraum als es hierzulande der Fall ist. Einige Mitgliedstaaten sehen bereits jetzt bei der Umsetzung der SE-RL vor, dass verhältnismäßig großes Arbeitnehmerwachstum unmittelbar nach der Gründung einer SE als „wesentliche Änderung" einzustufen ist, die Nachverhandlungen auslöst. In der deutschen Literatur bedient man sich zur Illustration häufig des Nachbarlandes Österreich, das in seinem § 228 Arbeitsverfassungsgesetz (ArbVG) Fallgruppen einführt, die als solche Änderungen gelten und zu neuen Mitbestimmungsverhandlungen führen.[1481] Doch die Anzahl der Länder, die sich dieses Mechanismus bedienen, geht weit über diesen Mitgliedstaat hinaus. Auch in anderen Mitgliedstaaten genießen die Arbeitnehmerrechte einen höheren Schutz als hierzulande.

i) Estland

So sieht das Umsetzungsgesetz der SE-RL in *Estland*[1482] ebenfalls die Aufnahme neuer Verhandlungen vor, wenn es zu wesentlichen Änderungen in der SE kommt, aufgrund derer sich der Schluss aufdrängt, dass das Ziel der SE-Gründung die

---

1480 *Feldhaus/Vanscheidt*, BB 2008, 2246, 2247; *Evers/Bodenstedt,* in: Manz/Mayer/Schröder SE, SEBG § 18 Rn. 10.

1481 Abrufbar ist das ArbVG unter <https://www.ris.bka.gv.at/GeltendeFassung.wxe?Abfrage=Bundesnormen&Gesetzesnummer=10008329> (zuletzt aufgerufen am 21.10.2020). Vgl. dazu auch *Gähleitner*, in: Kalss/Hügel SE-Kommentar, ArbVG § 228; *Mayr*, in: Gagawczuk/Mayr ArbVR § 228 Rn. 3 ff.

1482 Alle Vorschriften zu Information und Konsultation von Arbeitnehmern sind in dem Gesetz zur gemeinschaftsweiten Beteiligung der Arbeitnehmer zu finden („Töötajate üleühenduselise kaasamise seadus"), abrufbar ist dieses unter <https://www.ilo.org/dyn/natlex/docs/ELECTRONIC/90386/104162/F1985329596/EST90386Eng.pdf> (zuletzt abgerufen am 20.10.2020).

Umgehung der Beteiligungsrechte war.[1483] Als wesentliche Änderung definiert § 81 Abs. 3 des Umsetzungsgesetzes unter anderem auch eine Änderung in der Zahl der Arbeitnehmer, wenn diese eine abweichende Anwendung der Auffanglösung verursacht hätten.[1484]

ii) Litauen

Auch in *Litauen* lösen diese wesentlichen Veränderungen Neuverhandlungen aus.[1485] Wenn direkt nach der Gründung einer SE Änderungen auftreten, die zeigen, dass der Zweck der SE darin bestand, den Arbeitnehmern ihre Rechte zu entziehen, müssen neue Mitbestimmungsverhandlungen durchgeführt werden.[1486] Auch dieses Gesetz bezieht Änderungen in der Arbeitnehmerzahl ausdrücklich in die Definition des Begriffs mit ein.[1487]

iii) Finnland

Eine ganz ähnliche Regelung findet sich in *Finnland.*[1488] Nach § 36 des finnischen Umsetzungsgesetztes sind Neuverhandlungen anzusetzen, wenn innerhalb eines Jahres nach Gründung der SE eine Änderung vorgenommen wird, die bei Vorliegen im Gründungszeitraum eine umfassendere Arbeitnehmermitbestimmung bedeutet hätte.[1489] Auch bei dieser Vorschrift geht man davon aus, dass Änderungen in der

---

1483 Study on the implementation of Directive 2001/86/EC supplementing the Statute for a European company with regard to the involement of employees, abrufbar unter <https://ec.europa.eu/social/main.jsp?catId=707&intPageId=212&langId=en> (zuletzt aufgerufen am 21.10.2020, im Folgenden „Study on implementation of SE-RL"), S. 62.

1484 Study on implementation of SE-RL (Fn. 1483), S. 62.

1485 Geregelt wird die Mitbestimmung in der SE in Litauen durch das „Law on the Involvement of Employees in a European Company (SE)" (2005-05-12 – X-200). Abrufbar ist dieses unter <https://e-seimas.lrs.lt/portal/legalAct/en/TAD/TAIS.326184> (zuletzt aufgerufen am 19.10.2020), (Fn. 1485).

1486 Vgl. Art. 6 Abs. 4 Law on the Involvement of Employees in a European Company (SE).

1487 *„Substantial changes in the company concern changes in the number of employees in the SE, the companies controlled by it or changes of the company establishment methods which would have extended the involvement of employees in the company management had they been implemented before the establishment of the SE.*", Art. 6 Abs. 4 Law on the Involvement of Employees in a European Company (SE).

1488 Die Umsetzung der SE-RL erfolgt in einem Gesetz mit der Mitbestimmung in der SCE durch das Gesetz „Employee Involvement Act" 758/2004 vom 13.08.2004. Abrufbar ist dieses unter <https://finlex.fi/en/laki/kaannokset/2004/en20040758.pdf> (zuletzt abgerufen am 21.10.2020).

1489 § 36 des Company Involvement Acts (Fn. 1488).

Arbeitnehmerzahl zu den Auslösern des Anspruchs zählen, auch wenn dies nicht ausdrücklich im Gesetz verankert ist.[1490] Eine Ausnahme von dieser Verhandlungspflicht gibt es dann, wenn ein nachvollziehbarer Grund für die Änderung vorlag und die Vornahme dieser Änderung nicht vor der SE-Gründung möglich war.[1491]

iv) Dänemark

Auch im *dänischen* Umsetzungsgesetz[1492] gibt es eine Nachverhandlungspflicht für wesentliche Änderungen.[1493] Darunter fällt jedoch ähnlich wie in *Finnland* noch nicht explizit das Arbeitnehmerwachstum.[1494] Allerdings enthält die Vorschrift eine entsprechende Passage, nach der Neuverhandlungen auch aus anderem Grund einzuleiten sind, wenn festgestellt wird, dass der Gründungszweck der SE in der Begrenzung des Einflusses der Arbeitnehmerrechte lag.[1495] Nimmt ein Unternehmen die SE-Gründung nur vor, um das Hineinwachsen in einen nationalen Schwellenwert zu verhindern und damit Mitbestimmungsrechte zu vermeiden, könnte das als ein solcher Grund eingestuft werden.

v) Luxemburg

Diese Regelung gleicht der in *Luxemburg* eingeführten Vorschrift,[1496] dass ein neues Verhandlungsverfahren aufgenommen werden muss, wenn in dem auf die SE-Gründung folgenden Jahr nachgewiesen werden kann, dass die Gründung mit

---

1490 Study on implementation of SE-RL (Fn. 1483), S. 62 f.

1491 Study on implementation of SE-RL (Fn. 1483), S. 62 f.

1492 Lov vom medarbejderindflydelse i SE-selskaber, Lov 2004-04-26 nr. 281. Der dänische Text ist abrufbar unter <https://www.retsinformation.dk/eli/lta/2004/281> (zuletzt aufgerufen am 20.10.2020). Vgl. zur Mitbestimmung der Arbeitnehmer in einer dänischen SE *Nørgaard/Weber/Møller Nielsen/Warschow,* in: Jannott/Frodermann HdB Europäische Aktiengesellschaft, § 15 Rn. 445 ff.

1493 Zur Mitbestimmung in Dänemark im Allgemeinen vgl. *Krüger Andersen/J.B. Sørensen,* The Danish Companies Act, S. 152 ff. sowie *Olsen-Ring,* in: Löschnigg, Arbeitnehmerbeteiligung in Unternehmensorganen im internationalen Vergleich, S. 39 ff.

1494 Vgl. § 44 Ziffer 1 des dänischen Umsetzungsgesetzes. Eine dänische Fassung dessen ist abrufbar unter <https://www.retsinformation.dk/eli/lta/2004/281> (zuletzt aufgerufen am 20.10.2020).

1495 Vgl. § 44 Ziffer 3 des dänischen Umsetzungsgesetzes, vgl. (Fn. 1494).

1496 Umsetzung der SE-RL erfolgt durch ein Gesetz vom 25.8.2006 zur Ergänzung des Statuts der Europäischen Aktiengesellschaft, welches unter Buch IV Titel IV in den luxemburgischen Code du Travail, abrufbar unter: <http://legilux.public.lu/eli/etat/leg/code/travail/20200828> (zuletzt abgerufen am 20.10.2020). Vgl. zur Mitbestimmung in der luxemburgischen SE *Harles/Opitz,* in: Jannott/Frodermann HdB Europäische Aktiengesellschaft, § 15 Rn. 2257.

der Absicht getätigt wurde, Beteiligungsrechte einzuschränken.[1497] Das Gesetz definiert den Begriff der wesentlichen Änderung in Art. L. 442-1 Unterabs. 2 zwar nur im Hinblick auf eine notwendige Neuzusammensetzung des BVGs, worunter aber auch das Arbeitnehmerwachstum fällt.[1498] Allerdings lösen nach diesem Gesetz wesentliche Änderungen selbst keine Neuverhandlungen aus. Neue Mitbestimmungsverhandlungen sind in einer luxemburgischen SE nur dann durchzuführen, wenn das betroffene Organ den Nachweis führen kann, dass die SE zu missbräuchlichen Zwecken verwendet wurde.[1499]

vi) Spanien

Nach Art. 26 des Umsetzungsgesetzes in *Spanien*[1500] kommt es in einer spanischen SE zur Neuverhandlung der Mitbestimmung, wenn die Arbeitnehmerseite dies verlangt.[1501] Die Voraussetzungen einer Durchführung von Neuverhandlungen sind allerdings hoch: Es genügt nicht, dass ein für die Arbeitnehmer nachteiliges Ereignis vorliegt. Notwendig ist ein „animus nocendi", also die genaue Kenntnis der Illegalität des Verhaltens und seiner Folgen. Gefordert wird insoweit eine schädliche Absicht seitens der Leitungen.[1502] Außerdem muss durch Gerichtsurteil festgestellt werden, dass den Arbeitnehmern Mitbestimmungsrechte entzogen werden, eine Benachteiligung vorliegt oder eine wesentliche Änderung nach der Eintragung vorliegt.[1503] Aber nach Art. 11 Buchtstabe c) muss die Vereinbarung selbst eine Regelung enthalten, was im Falle einer Änderung der Größe der SE gelten solle.[1504]

1497 Study on implementation of SE-RL (Fn. 1483), S. 64. Zur Mitbestimmung in einer SE nach luxemburgischem Recht vgl. *Castegnaro,* Arbeitsrecht in Luxemburg, S. 572 ff.

1498 Art. L. 442-1 Abs. 3 Unterabs. 2 Code du Travail Luxemburg.

1499 Art. L. 444-5 Code du Travail Luxemburg: „Si, dans l'année suivant l'immatriculation de la SE, l'organe de représentation de la SE démontre que celle-ci a été constituée abusivement aux fins de priver les travailleurs de leurs droits d'implication, une nouvelle négociation aura lieu. [...]".

1500 Umsetzung durch den Act Nr. 31/2006 of October 18th (Ley de Implicación de los Trabajadores en las Sociedades Anónimas y Cooperativas Europeas), abrufbar unter: <https://www.boe.es/buscar/pdf/2006/BOE-A-2006-18204-consolidado.pdf> (zuletzt aufgerufen am 20.10.2020).

1501 Art. 26 Act Nr. 31/2006 (Fn. 1500). Zur Mitbestimmung in Spanien im Allgemeinen vgl. *Martinez-Girón/Arufe-Varela*, in: Löschnigg, Arbeitnehmerbeteiligung im internationalen Vergleich, S. 191 ff.; *Andenas/Wooldridge*, European Comparative Company Law, S. 436 ff.

1502 Study on implementation of SE-RL (Fn. 1483), S. 64 f.

1503 Study on implementation of SE-RL (Fn. 1483), S. 64 f.

1504 Art. 11 lit. c) Act Nr. 31/2006 (Fn. 1500).

b) Mitgliedstaaten ohne Neuverhandlungspflicht

In den Umsetzungsgesetzen wird zum Schutz der Arbeitnehmerrechte aber nicht nur auf die Einführung eines Nachverhandlungsanspruchs gesetzt. Die Mitgliedstaaten bedienen sich zur Gewährleistung der Arbeitnehmerrechte verschiedener Instrumente.

So wird im Falle einer strukturellen Änderung einer SE in *Belgien* nach Art. 31 des Umsetzungsgesetzes[1505] und bei wesentlicher Veränderung der Arbeitnehmerzahl die Zusammensetzung des Vertretungsorgans angepasst oder geändert.[1506]

In *Großbritannien*[1507] besteht für die Arbeitnehmer die Möglichkeit, eine Beschwerde einzulegen, wenn diese der Meinung sind, dass eine SE-Gründung dazu missbraucht wurde, um der Belegschaft ihre Rechte zu entziehen.[1508] Erfolgt die Beschwerde innerhalb eines Jahres nach Gründung einer SE, so obliegt es dem Unternehmen, den Gegenbeweis zu führen.[1509]

Die Möglichkeit, eine Beschwerde einzureichen, wurde auch in *Irland*[1510] geschaffen. Die Missbrauchsvermeidung in der SE wird durch Art. 20 des Umsetzungsgesetzes gewährleistet, indem Arbeitnehmer eine Beschwerde an das Arbeitsgericht richten können.[1511] Im Falle einer solchen Beschwerde sieht das Gesetz strenge Streitbeilegungs- und Durchsetzungsverfahren vor, wenn der Verdacht eines Missbrauchs besteht.[1512]

1505 Arrêté royal rendant obligatoire la convention collective de travail n° 84 du 6 octobre 2004, conclue au sein du Conseil national du Travail, concernant l'implication des travailleurs dans la société européenne, abrufbar unter <http://www.ejustice.just.fgov.be/mopdf/2005/01/19_1.pdf#Page8> (zuletzt abgerufen am 19.03.2021). Vgl. zur Einführung der SE in Belgien bereits: *van Cutsem,* in: Jannott/Frodermann HdB Europäische Aktiengesellschaft, 1. Auflage, S. 579 f. Zur Arbeitnehmermitbestimmung in Belgien vgl. *Andenas/Wooldridge*, European Comparative Company Law, S. 437.

1506 Art. 31 Convention Collective n° 84.

1507 Umsetzung der SE-RL durch Employee Involvement Regulations GB/NI, abrufbar unter <https://www.legislation.gov.uk/uksi/2009/2401/part/6> (zuletzt aufgerufen am 21.10.2020). Zur Entwicklung auch *Hearnden/Becker*, in: Jannott/Frodermann HdB Europäische Aktiengesellschaft, § 15 Rn. 4082.

1508 Art. 22 Employee Involvement Regulations GB/NI (Fn. 1507).

1509 Art. 22 Abs. 2 Employee Involvement Regulations GB/NI (Fn. 1507).

1510 Umsetzung der SE-RL erfolgt durch European Communities (European Public Limited Company) Employee Involvement Regulations 2006, abrufbar unter <http://www.irishstatutebook.ie/eli/2006/si/623/made/en/print> (zuletzt aufgerufen am 20.10.2020).

1511 Art. 20 European Communities (European Public Limited Company) Employee Involvement Regulations 2006 (Fn. 1510).

1512 Study on implementation of SE-RL (Fn. 1483), S. 64.

c) Zwischenergebnis

Sowohl in den Ländern, in denen ein Neuverhandlungsanspruch für wachsende Arbeitnehmerzahlen besteht als auch in den Ländern, die anderweitige Mechanismen eingeführt haben, um den Missbrauch der SE in dieser Weise zu verhindern, wird deutlich, dass es effektivere Wege gibt, nationale Mitbestimmung bei SE-Gründung zu schützen, als es im deutschen Rechtssystem der Fall ist. Es drängt sich daher auf, für die Umsetzung der Mobilitätsrichtlinie nicht unverändert auf die im SEBG gewählten Instrumente zurückzugreifen. Mitbestimmungsfreundlicher wäre es, einen Neuverhandlungsanspruch auf nationaler Ebene zu formulieren, wie er sich bereits in anderen Mitgliedstaaten etabliert hat.

4. Ergebnis

Die Betrachtungen machen deutlich, dass eine nachträgliche Verhandlungspflicht mit den Vorgaben der SE-Richtlinie vereinbar ist. Dass die Mitgliedstaaten Vorkehrungen zur Einhaltung der Richtlinienvorgaben treffen, geht schon aus der Richtlinie selbst hervor.

Teilweise wird die Einführung einer solchen Nachverhandlungspflicht nicht nur als möglich, sondern sogar als notwendig eingestuft. Auch die Betrachtung anderer europäischer Mitgliedstaaten zeigt, dass die Einführung einer nachträglichen Verhandlungspflicht zur Missbrauchsvermeidung mit der Richtlinie vereinbar ist.

II. Missbrauchstatbestände in der Mobilitätsrichtlinie

Schließlich stellt sich die Frage, ob und wie nachträgliches Arbeitnehmerwachstum in der Mobilitätsrichtlinie einer Nachverhandlungspflicht unterworfen werden kann (2). Bevor aber hier die Einführung der Nachverhandlungen diskutiert werden kann, müsste sich aus der Mobilitätsrichtlinie überhaupt erst ein Ansatzpunkt ergeben, weshalb „strukturelle Änderungen" als Missbrauchstatbestand in der Mobilitätsrichtlinie einer Nachverhandlungspflicht eine besondere Behandlung verdienen (1).

1. Einbeziehung des Erwägungsgrundes 18 der SE-RL

Anders als in der SE-RL findet sich in der Mobilitätsrichtlinie kein direkter Anknüpfungspunkt für eine Regelung dieser strukturellen Änderungen. In der Mobilitätsrichtlinie wird ausdrücklich nur auf Art. 11 SE-RL verwiesen. In der SE-RL wird hingegen in den Erwägungsgründen unmittelbar von den „strukturellen Änderungen" als Unterfall missbräuchlicher Gestaltungen gesprochen.[1513] Nur, wenn die Verweisung auf Art. 11 SE-RL sich auch auf die dazugehörigen Erwägungsgründe bezieht, kann eine solche Regelung für „strukturelle Änderungen" auch

1513 Vgl. ErwGr. 18 SE-RL.

bei Umsetzung der Richtlinie für Umwandlungen eingeführt werden. Andernfalls fehlt es an einer dogmatischen Verankerung in der Richtlinie.

Für eine Einbeziehung in die Verweisung könnte sprechen, dass eine Richtlinie sich im gesamten auf die voranstehenden Erwägungsgründe stützt. Eine Herauslösung einzelner Regelungen aus dem Gesamtkontext könnte den Sinn der Regelung verfälschen.

Allerdings ist es genau das, was durch die detailreiche Verweisungstechnik in Art. 89l, 160l und Art. 133 geschieht: Die Verweisungen beziehen sich teilweise auf einzelne Sätze und Halbsätze. Diese Feingliederung der Bezugnahmen erschwert es, deren Anwendungsbereich über die genannten Vorschriften auszudehnen.

Der genaue Wortlaut der Verweisung („regeln die Mitgliedstaaten die Mitbestimmung [...] entsprechend den Grundsätzen und Modalitäten des Artikels 12 Absätze 2 und 4 der Verordnung (EG) Nr. 2157/2001 und den nachstehenden Bestimmungen der Richtlinie 2001/86/EG“) legt allerdings nahe, dass im Hinblick auf den Verweisungsumfang auf die SE-RL auch nicht explizit in Bezug genommene Grundsätze Anwendung finden sollen.[1514] Hinzu kommt, dass Erwägungsgründe gerade der Erläuterung und Auslegungen der nachstehenden Vorschriften dienen sollen, auch wenn diesen selbst keine unmittelbare Rechtswirkung zukommt.[1515] Zu beachten ist an dieser Stelle auch die Methodik der oben beschriebenen Expertengruppe. Diese bezieht sich in ihren Ausführungen erst im Verfahren, wie gegen den Missbrauch vorgegangen werden könnte, auf die „strukturellen Änderungen“. Die Frage, ob solche Vorgänge selbst als Missbrauch zu bewerten sind, bejaht sie bereits vorab.[1516] Eine explizite Inbezugnahme des Erwägungsgrundes ist damit schon gar nicht mehr notwendig, da das Konstrukt der „strukturellen Änderung“ nur verwendet wird, um Missbrauchsfälle des Art. 11 SE-RL zu konkretisieren und auszulegen. Mit dem Verweis auf Art. 11 SE-RL besteht somit auch die Möglichkeit, eine Regelung für alle Missbrauchsfälle zu schaffen. Erstmalig kann damit auch eine Nachverhandlungspflicht für Fälle von „strukturellen Änderungen“ für Umstrukturierungen eingeführt werden.[1517]

Auch wenn der Verweis ausdrücklich nur für Art. 86l und Art. 160l gilt, sollte diese Nachverhandlungspflicht für alle Umwandlungsformen gelten. Der Europäische Gesetzgeber stellt mit dem Verweis auf Art. 11 SE-RL klar, dass nationale Gesetzgeber sich darauf stützen dürfen. Das allgemeine Verbot, Unionsrecht zu

---

1514 Art. 86l Abs. 3 Einl. MobilitätsRL.

1515 EuGH v. 28.6.2012, Fabio Caronna, Rs. C-7/11, ECLI:EU:C:2012:396 Rn. 40; EuGH v. 25.11.1998, Manfredi, Rs. C-308/97, ECLI:EU1998:566, Rn. 30; EuGH v. 24.11.2005, Deutsches Milch-Kontor, Rs. C-136/04, ECLI:EU:C2005:716, Rn. 32.

1516 Working paper N° 9 der Expert Group SE (Fn. 1461), S. 122 f.

1517 Anders gestalte sich dies in der Verschmelzungsrichtlinie, vgl. *Thüsing/Forst*, in: Habersack/Drinhausen SE-Recht, MgVG Einl. Rn. 21.

missbrauchen, gilt ohnehin für die gesamte Richtlinie.[1518] Diesen Missbrauchsbegriff konturiert der unionale Gesetzgeber weiterhin durch einen Halbsatz in Erwägungsgrund 50.[1519] Dieser gilt gleichermaßen für alle Umwandlungsformen. Die Option, auf Art. 11 SE-RL zum Schutze der Mitbestimmung Nachverhandlungen zu begründen, sollte im Sinne eines umfassenden Schutzes daher auch auf die grenzüberschreitende Verschmelzung Anwendung finden.

2. Missbrauchstatbestände

Da sich der Begriff des Missbrauchs nicht nur auf die Vornahme struktureller Änderungen bezieht, ist zunächst zu klären, woran eine Nachverhandlungspflicht im Einzelfall tatsächlich anknüpfen sollte. In Betracht kommen dafür missbräuchliche Gestaltungen im Allgemeinen (a) und der im SEBG dafür herangezogene Tatbestand der „strukturellen Änderung" (b).

a) Missbräuchliche Gestaltungen im Allgemeinen

Bei der Diskussion um die Frage, was als „strukturelle Änderung" im Sinne der SE-RL zu sehen ist, verliert man schnell aus den Augen, dass der Begriff nur ein Unterfall des Art. 11 SE-RL ist und den Missbrauchsbegriff nur als einer von vielen weiteren Fallgestaltungen konkretisiert.[1520] Tatsächlich sind die Begriffe, wie schon für die SE-RL, streng zu unterscheiden, da sie nicht zwangsläufig deckungsgleich sind.[1521] Erwägt man also die Einführung von Neuverhandlungen, so kann sich der Anwendungsbereich dieser nicht nur auf solche Fälle beschränken, die sich unter den Oberbegriff der „strukturellen Änderung" subsumieren lassen.

Konsequent ist es, sämtliche Missbrauchsversuche, die dazu dienen sollen, die Arbeitnehmerbeteiligung zu minimieren oder gar zu umgehen,[1522] mit einer Nachverhandlungspflicht zu belegen. Wird ein Missbrauch im Sinne des nationalen Umwandlungsgesetzes festgestellt, sollten in jedem Fall Nachverhandlungen ausgelöst werden.[1523]

Mit dieser Erstreckung der Nachverhandlungspflicht auf missbräuchliche Gestaltungen wären nach Auslegung des Art. 11 SE-RL grundsätzlich auch „strukturelle Änderungen" erfasst, da diese gerade eine Fallgruppe des Missbrauchs bilden

---

1518 Siehe dazu bereits 3. Teil unter § 4.C.III. und zu Art. 11 im Allgemeinen 3. Teil § 5 D.II.

1519 Dazu mehr unter 2.

1520 Vgl. schon II.1.

1521 *Jacobs*, in: MüKo AktG, SEBG § 18 Rn. 8; *Ramcke*, Die Konkretisierung des Missbrauchsverbots in der SE, S. 182 ff; *Sagan*, in: Bieder/Hartmann, Individuelle Freiheit und kollektive Interessenwahrnehmung, S. 182.

1522 Siehe zum Missbrauchstatbestand oben unter § 2 C.I.

1523 Siehe dazu im Ergebnis die Regelung in § 21a MgUG.

können. Da die voran gegangene Diskussion allerdings zeigt, dass die Auslegung des Missbrauchsbegriffs Schwierigkeiten bereitet,[1524] sollte im Umsetzungsgesetz zusätzlich eine Nachverhandlungspflicht für „strukturelle Änderungen" vorgesehen werden. Damit wird klargestellt, dass in diesen Fällen immer Nachverhandlungen zu führen sind, um damit effektiv den Missbrauch im Voraus zu verhindern.

b) Strukturelle Änderungen als Fallgruppe in der Mobilitätsrichtlinie

Im Hinblick auf die Mobilitätsrichtlinie stellt sich nun die Frage, was als „strukturelle Änderung" einzuordnen ist. Der Gesetzgeber hat diesen Begriff bereits im SEBG ausgestaltet. Originär stammt er aber aus dem europäischen Recht, sodass dessen begriffliches Verständnis dem nationalen Gesetzgeber den Rahmen gibt. Zu klären ist daher, ob nachträgliches Arbeitnehmerwachstum als „strukturelle Änderung" ausgestaltet werden soll (i) und welche Vorgänge sonst unter diesen Begriff fallen (ii).

i) Nachträgliches Wachstum als strukturelle Änderung

Zu untersuchen bleibt deshalb, welche Konsequenz diese Feststellungen für die Mobilitätsrichtlinie haben. Es stellt sich die Frage, ob weiterhin an der Handhabung des deutschen Gesetzgebers – wie es für die SE seit Jahren praktiziert wird – festgehalten werden soll oder ob im Rahmen der Umsetzung der neuen Richtlinie auch eine Neubewertung der Auslegung und Umsetzung des Art. 11 SE-RL erfolgen kann.

Bereits die Betrachtung des höchst umstrittenen Wortlauts in § 18 SEBG zeigt, dass es hier angebracht wäre, eine vom SEBG abweichende Regelung zu treffen und die Rechtsfrage abschließend entsprechend der Intention der Richtlinie zu klären. Die Betrachtung des Streits um die Begrifflichkeit der „strukturellen Änderung" zeigt, wie dringend hier eine gesetzgeberische Klarstellung erforderlich ist. Daher sollte unter die Einführung einer solchen Vorschrift die Fallgruppe des nachträglichen Unternehmenswachstums gefasst werden, wie es Kommission und Expertengruppe vorschlagen und wie es auch bereits für die SE-RL in einigen EU-Ländern der Fall ist. Die Frage, was als „strukturelle Änderung" zu begreifen ist, sollte demnach für die Mobilitätsrichtlinie anders als in der SE-RL bewertet werden.

Dass eine solche Umsetzung des Art. 11 SE-RL möglich ist, zeigen bereits die Mitgliedstaaten, in denen das Recht dahingehend ausgestaltet wurde.[1525] Auch der konkrete Umsetzungsvorschlag der Expertengruppe macht vor, wie eine gelungene und rechtssichere Umsetzung des Art. 11 SE-RL aussehen könnte. So liegt es nahe, den § 18 SEBG in seiner konkreten Ausformulierung in weiten Teilen auch

---

1524 Hierzu ausführlich unter § 2 C I.1 sowie § 3 C.I.1.

1525 Vgl. dazu die Länderberichte unter C.I.3.a).

für die Mobilitätsrichtlinie zu übernehmen. Ergänzt werden sollte die Vorschrift aber um einen beispielhaften Katalog von Fallgruppen, die eine „strukturelle Änderung“ darstellen. Eine dieser Fallgruppen sollte das nachträgliche Unternehmenswachstum bilden. Gestützt werden kann diese These auch auf die Richtlinie selbst. So sieht Erwägungsgrund 50 vor, dass eine Behörde zur Feststellung einer missbräuchlichen Gestaltung auch bewerten kann, ob der anwendbare nationale Schwellenwert für die Mitbestimmung des Mitgliedstaates in den Jahren nach dem grenzüberschreitenden Vorhaben überschritten wurde. Manifestiert wird damit, dass das nachträgliche Wachstum der Arbeitnehmerzahl über den Schwellenwert hinaus gerade schon als missbräuchlich gewertet werden kann. Es wäre damit im Sinne der Richtlinie, auch das nachfolgende Arbeitnehmerwachstum als Fall der „strukturellen Änderung“ zu kategorisieren.

ii) Sonstige Fälle struktureller Änderungen

Darüber hinaus stellt sich die Frage, welche übrigen Fallgruppen strukturelle Änderungen darstellen sollen. Zunächst sollte im Gesetzeswortlaut eine offene Formulierung gewählt werden, um auf missbräuchliche Strategien der Rechtspraxis angemessen und flexibel reagieren zu können.[1526] Sinnvoll erscheint eine Orientierung an den übrigen Fallgruppen, die bisher im Zusammenhang mit § 18 SEBG entwickelt wurden.[1527]

(1) Fallgruppen im § 18 SEBG

Dazu gehören wohl die Aufnahme eines mitbestimmten Unternehmens in eine bisher mitbestimmungsfreie SE im Wege der Verschmelzung[1528] sowie die Abspaltung, Aufspaltung und Ausgliederung zur Aufnahme durch eine SE.[1529] Eine reine

1526 Dies geschieht in der Regel durch eine Kennzeichnung durch den Wortlaut „insbesondere“. Vgl. dazu beispielhaft im SEBG § 4 SEBG, BR-Drs. 438/04, 114; *Jacobs*, in: MüKo AktG, SEBG, § 4 Rn. 23.

1527 Vgl. dazu *Kienast*, in: Jannott/Frodermann HdB Europäische Aktiengesellschaft, § 13 Rn. 458 ff.; *Wollburg/Banerjea*, ZIP 2005, 277, 280 ff.; *Nagel*, ZIP 2011, 2047, 2048 ff.; *Ege/Grizmek/Schwarfischer*, BB 2011, 1205, 1208 f.; *Oetker*, in: Lutter/Hommelhoff/Teichmann, SE-Kommentar, § 18 SEBG, Rn. 21; *Evers/Bodenstedt*, in: Manz/Mayer/Schröder Europäische SE, SEBG § 18 Rn. 8 f.; *Köstler*, in: Theisen/Wenz Europäische Aktiengesellschaft, S. 368 ff.; *Jacobs*, in: MüKo AktG, SEBG, § 18 Rn. 11 mwN.

1528 RegBegr. BT-Drucks. 15/3405, S. 50 f.; *Kienast*, in: Jannott/Frodermann HdB Europäische Aktiengesellschaft, § 13 Rn. 459; *Habersack*, Der Konzern 2006, 105, 109; *Jacobs*, in: MüKO AktG, SEBG § 18 Rn. 16.

1529 *Kienast*, in: Jannott/Frodermann HdB Europäische Aktiengesellschaft, § 13 Rn. 460. Abspaltungen und Ausgliederungen aus der SE lösen hingegen bisher wohl keine Neuverhandlungen aus, vgl. *Jacobs*, in: MüKo AktG, SEBG § 18 Rn. 14.

Sitzverlegung wird hingegen nicht als strukturelle Änderung eingestuft, weil damit weder die Rechtspersönlichkeit noch die Struktur der Belegschaft berührt wird.[1530]

Es löst auch keine Neuverhandlungen aus, wenn ein Wechsel von einem monistischen in ein dualistisches Leitungssystem oder umgekehrt vorliegt.[1531] Auch ein Beteiligungserwerb oder die Veräußerung von Gesellschaftsanteilen stellen keine strukturellen Änderungen dar.[1532] Sogar der Abschluss eines Beherrschungsvertrages löst keine Neuverhandlungen aus.[1533]

(2) Neue Fallgruppen in der Mobilitätsrichtlinie

Eine strukturelle Änderung bei Ausgestaltung des Umsetzungsgesetzes sollte unter der Prämisse stehen, einen möglichst lückenlosen Mitbestimmungsschutz zu etablieren. Es bietet sich daher an, Fallgruppen zu bilden, die dem Gesetzesanwender eine Vorstellung davon geben, welche Art von Vorgängen eine solche Änderung darstellen können. Anders als bei der Auslegung des SEBG sollte man dabei nicht an den „gründungsähnlichen Charakter" anknüpfen. Vielmehr sollte das Telos der Norm – Mitbestimmungsschutz – im Vordergrund stehen. Eine strukturelle Änderung sollte immer dann angenommen werden, wenn sich innerhalb des Unternehmens gewisse Strukturen so ändern, dass diese Änderungen auch unmittelbar Einfluss auf die Arbeitnehmerrechte haben. Das sollte unabhängig von der Art der Strukturmaßnahme gelten. Dazu gehören unproblematisch die Fälle von Umwandlungsvorgängen nach der Mobilitätsrichtlinie. Auch eine Sitzverlegung kann regelmäßig Einfluss auf die Struktur des Unternehmens und die Anzahl der beschäftigten Arbeitnehmer haben.[1534] Zu beachten ist an dieser Stelle jedoch auch der Schutz der Mitbestimmung über die Perpetuierungsklausel,[1535] nach der im Falle nachfolgender Umwandlungen sicherzustellen ist, dass

---

1530 *Jacobs*, in: MüKo AktG, SEBG § 18 Rn. 17; *Hohenstatt/Müller-Bonanni*, in: Habersack Drinhausen SE-Recht, § 18 SEBG Rn. 10; *Kienast*, in: Jannott/Frodermann HdB Europäische Aktiengesellschaft, § 13 Rn. 466; *Kiem*, in: KölnK AktG, SEBG § 18 Rn. 22; einer anderen Auffassung ist in diesem Zusammenhang *Oetker*, in: Lutter/Hommelhoff SE-Kommentar, SEBG § 18 Rn. 25.

1531 *Hohenstatt/Müller-Bonanni*, in: Habersack Drinhausen SE-Recht, § 18 SEBG Rn. 10; *Kienast*, in: Jannott/Frodermann HdB Europäische Aktiengesellschaft, § 13 Rn. 462; *Kiem*, in: KölnK AktG, SEBG § 18 Rn. 22.

1532 *Grobys*, NZA 2005, 85, 91; *Nikoleyczik/Führ*, DStR 2010, 1743, 1748; *Ege/Grizmeg/Schwarzfischer*, DB 2011, 1205, 1209; eine andere Ansicht vertritt hier jedoch *Oetker*, in: Lutter/Hommelhoff SE-Kommentar, SEBG § 18 Rn. 26 beim Erwerb „wesentlicher" Beteiligungen.

1533 *Kienast*, in: Jannott/Frodermann HdB Europäische Aktiengesellschaft, § 13 Rn. 471 ff.

1534 *Gahleitner*, in: Kalss/Hügel SE-Kommentar, ArbVG § 228 Rn. 3.

1535 Zur Perpetuierungsklausel siehe im 3. Teil § 5 B.III.

die Mitbestimmungsrechte in den nachfolgenden Jahren geschützt werden. Dies gilt allerdings nur, wenn in der umgewandelten Gesellschaft überhaupt ein Mitbestimmungssystem besteht. Es wäre also keinesfalls ratsam, die nachfolgenden Umwandlungen aus dem Katalog auszulassen. Um einen lückenlosen Schutz zu gewährleisten, sollte sich die Neuverhandlungspflicht auf alle nachfolgenden Umwandlungen erstrecken. Damit würde auch das Risiko begrenzt werden, dass neue Umgehungsstrategien auf der Bildfläche erscheinen.

Auch der Wechsel von einem Verwaltungssystem in ein anderes sollte eine Fallgruppe bilden. Originärer als mit dem Verwaltungssystem kann die Unternehmensstruktur kaum geändert werden. Mit der Änderung der Organstruktur ändern sich auch der Einfluss und das mitbestimmte Organ der Arbeitnehmer.[1536]

Auch der Erwerb wesentlicher Beteiligungen sollte – wie es von manchen Vertretern bereits für das SEBG gefordert wird[1537] – eine Fallgruppe bilden. Denn durch diesen Erwerb kann sich gegebenenfalls die Konzernstruktur wesentlich ändern und können neue Tochtergesellschaften hinzukommen oder wegfallen, die eine Anpassung der Zusammensetzung des Aufsichtsrates notwendig machen.[1538] Auch beim Erwerb der Beteiligungen gibt es vielschichtige Fallgestaltungen, die zumindest teilweise die Struktur verändern und damit auch Einfluss auf die Arbeitnehmerbeteiligung haben können.[1539]

Wie in § 18 Abs. 3 SEBG genügt eine alleinige Planung struktureller Änderungen noch nicht, um einen Missbrauch zu begründen.[1540] Auch ist es nicht erforderlich, dass die Minderung von Beteiligungsrechten Ziel der Änderung ist.[1541] Diese Fallgruppen sollten immer dann eine „strukturelle Änderung" mit nachverhandlungsauslösender Relevanz sein, wenn naheliegt, dass sie der Umgehung von Mitbestimmungsrechten dienen. Als Faustformel könnte man hier die Frage heranziehen, ob die Änderung, hätte sie im Umwandlungszeitraum vorgelegen, zu einer anderen Mitbestimmung kraft Gesetzes geführt hätte.

1536 *Gahleitner*, in: Kalss/Hügel SE-Kommentar, ArbVG § 228 Rn. 3; so auch für § 18 SEBG: *Jacobs*, in: MüKO AktG, SEBG § 18 Rn. 16; *Ramcke*, Die Konkretisierung des Missbrauchsverbots, S. 492 f.

1537 *Oetker*, in: Lutter/Hommelhoff SE-Kommentar, SEBG § 18 Rn. 26; andere Ansicht vgl. nur bei *Jacobs*, in: MüKO AktG, SEBG § 18 Rn. 17 mwN; *Ege/Grzimek/Schwarzfischer*, DB 2011, 1205, 1209; *Feldhaus/Vanscheidt* BB 2008, 2246, 2249; *Ramcke*, Die Konkretisierung des Missbrauchsverbots, S. 499 ff.

1538 So auch *Gahleitner*, in: Kalss/Hügel SE-Kommentar, ArbVG § 228 Rn. 3.

1539 Dies gilt für die SE bspw. dann, wenn ein Unternehmen zu einem von der SE beherrschten Unternehmen und damit zu einer Tochtergesellschaft wird, *Oetker*, in: Lutter/Hommelhoff SE-Kommentar, SEBG § 18 Rn. 26.

1540 *Jacobs*, in: MüKO AktG, SEBG § 18 Rn. 13.

1541 *Jacobs*, in: MüKO AktG, SEBG § 18 Rn. 14; *Ramcke*, Die Konkretisierung des Missbrauchsverbots, S. 247 f.

3. Zwischenergebnis

Diese Vielschichtigkeit macht es umso wichtiger, die Formulierung im Gesetz beispielhaft zu halten. Um diesen Effekt zu erreichen, sollte die gesetzliche Aufzählung einen Eindruck vermitteln, welche Arten von Maßnahmen grundsätzlich geeignet sind, eine solche Änderung darzustellen. Eine reihenhafte Aufzählung aller bereits eruierten Fälle ist jedoch weniger sinnvoll, da dadurch der Eindruck entsteht, der Gesetzgeber habe sich für konkrete Fälle entschieden und andere Vorgänge, die in diesem Zusammenhang noch nicht thematisiert wurden, wären absichtlich ausgespart worden. Die gewählten Fallgruppen sollten sich daher in die Änderung der Beschäftigtenzahl, nachfolgende Umwandlungen und eine symbolische Fallgruppe von „Veränderungen in der Struktur des Unternehmens, seiner Tochtergesellschaften oder Betriebe“ gliedern. Durch die ersten beiden Gruppen würde der Mitbestimmungsschutz klargestellt und festgelegt. Durch die offene Formulierung der dritten Fallgruppe ließen sich noch vielfältige andere Strukturmaßnahmen in den Anwendungsbereich aufnehmen, der als „Auffangtatbestand“ fungieren kann, sofern ein negativer Einfluss auf die Mitbestimmungsrechte festgestellt werden kann.

III. Rechtsfolgen missbräuchlicher Gestaltungen und struktureller Änderungen

Offen bleibt damit noch, wie die Rechtsfolgen einer nachträglichen strukturellen Änderung bzw. einer missbräuchlichen Gestaltung konkret ausgestaltet werden sollten. Anreize liefern dazu die oben genannten Ansätze auf Europäischer Ebene sowie bereits existierende Regelungen im nationalen Recht. Zu denken wäre zunächst an die aus dem SEBG bekannte Ausgestaltung einer Nachverhandlungspflicht, wie sie auch für die Mobilitätsrichtlinie bereits vielfach erwogen wurde (1). Nicht außer Acht lassen sollte man jedoch auch die Möglichkeit, missbräuchliche Vorgänge mit einer Strafbewehrung zu versehen (2).

1. Ausgestaltung der Neuverhandlungen

Als Folge einer missbräuchlichen Gestaltung erscheint die Auslösung von neuen Mitbestimmungsverhandlungen tauglich, wie sie bereits in § 18 SEBG sowie vielen anderen Mitgliedstaaten für die SE-RL gelten. Dadurch wird den Parteien weiterhin die Möglichkeit gegeben, flexible Lösungen zu finden, die auf ihr Unternehmen zugeschnitten sind. Was sich dann allerdings ändert, ist die Ausgangslage der Arbeitnehmer. Hat das Unternehmen nach der Umwandlung also einen nationalen Schwellenwert überschritten, so muss es erneute Mitbestimmungsverhandlungen durchführen. Das Verhandlungsverfahren richtet sich dabei nach denselben Vorschriften wie die ursprünglichen Verhandlungen. Daher stehen dem Verhandlungsgremium auch dieselben Beschlussmöglichkeiten zu.

Zu klären bleiben die genauen Modalitäten der Neuverhandlungen. Es muss festgelegt werden, wie die neuen Verhandlungen auszulösen sind (b) und ob es

Ausnahmen von der Nachverhandlungspflicht geben kann (c). Auch im Rahmen dieser Verhandlungen bedarf es einer Auffanglösung (d). Schließlich können die Neuverhandlungen auch nicht zeitlos unbegrenzt ausgelöst werden, weshalb ein Schutzzeitraum zu determinieren ist (e). Vorab ist jedoch zu klären, welche Fälle überhaupt der Regelungsmacht des nationalen Gesetzgebers unterfallen (a).

a) Anwendungsbereich

Bestimmend für das nationale Umsetzungsgesetz ist sein begrenzter Anwendungsbereich. Der Regelungsmacht des nationalen Gesetzgebers unterfallen gerade nicht sämtliche Vorgänge, die das deutsche Mitbestimmungsrecht tangieren. Es ist zwischen Wegzugs- (i) und Zuzugsfällen (ii) zu unterscheiden.

i) Zementierung in Wegzugsfällen

In rechtstatsächlicher Hinsicht gestaltet es sich in diesen Fällen so, dass der nationale Gesetzgeber in seinem Ausführungsgesetz nur das regeln kann, was in seinem Mitgliedstaat gelten soll. Damit kann das deutsche Ausführungsgesetz nur regulieren, wie hereinverschmelzende Gesellschaften in Bezug auf die unternehmerische Mitbestimmung zu verfahren haben. Die Fälle, in denen eine deutsche Gesellschaft noch vor Erreichen des Schwellenwerts eine Umwandlung vornimmt und kurz darauf den Schwellenwert eines anderen nationalen Mitbestimmungsgesetzes überschreitet, sind nicht Teil der Regelungsmacht, da hier bereits ein Wechsel der Rechtsordnung stattfand.[1542] Für diese Fluchtmöglichkeit sind dem deutschen Gesetzgeber damit hinsichtlich des Mitbestimmungsgesetzes die Hände gebunden.

Denkbar wäre jedoch, eine Regelung einzuführen, welche Signalwirkung auf die umliegenden Länder hat. Ähnlich, wie es im Zusammenhang mit anderen Rechtsfragen hierzulande praktiziert wurde, könnte das nationale Umsetzungsgesetz damit eine Hilfestellung bei Interpretation und Umsetzung der Richtlinie in anderen Mitgliedstaaten sein.[1543]

ii) Zementierung in Zuzugsfällen

In den Anwendungsbereich des Umsetzungsgesetzes fallen hingegen alle Umwandlungen, deren Zielstatut die deutsche Rechtsordnung ist.[1544] So könnte es auch

---

1542 So argumentieren Kritiker im Rahmen der Informal Expert Group on Company Law and Corporate Governance (ICLEG) auch in Bezug auf die dynamischer Weitergeltung nationalen Rechts, (abrufbar unter <https://ec.europa.eu/transparency/regexpert/index.cfm?do=faq.faq&aide=2> (zuletzt abgerufen am 22.09.2020); *Teichmann*, NZG 2019, 241, 247; *ders.*, in: FS Hopt, S. 1258 f.

1543 So war dies beispielsweise für § 18 SEBG der Fall. Vgl. dazu näher unter C.I.3.

1544 Vgl. zum MgVG nur *Henssler*, in: Henssler/Strohn GesR, AktG § 96 Rn. 7.

hier der Fall sein, dass eine ausländische Gesellschaft noch vor Einführung der Mitbestimmung eine Umwandlung in eine deutsche Kapitalgesellschaft vornimmt. Sofern diese über die Mitbestimmung zu verhandeln hat, trifft diese dann entweder eine Mitbestimmungsvereinbarung oder es kommt zur mitbestimmungsfreien Auffanglösung. Dieses Mitbestimmungsniveau würde zementiert werden, selbst wenn die Gesellschaft kurz nach Eintragung im Register über den die Mitbestimmung in ihrem Herkunftsstaat auslösenden Schwellenwert hinauswächst. Es gilt demnach selbst dann Mitbestimmungsfreiheit, wenn die aufnehmende Gesellschaft die Schwellenwerte des DrittelbG oder des MitbestG überschreitet. Trotz der Größe des Unternehmens gilt dann weiterhin die Vereinbarung bzw. die Auffanglösung. Weder das deutsche Mitbestimmungsrecht noch das Recht des Herkunftsstaates könnte dann noch Anwendung finden. Damit kann es im Ergebnis dazu kommen, dass eine deutsche Kapitalgesellschaft entsteht, deren Mitbestimmungsumfang geringer als das deutsche Recht und gleichsam geringer als das Recht des Herkunftsstaates ist. Dies scheint nicht im Sinne des Richtliniengebers zu sein, die Mitbestimmung der Arbeitnehmer zu schützen und zu fördern.[1545] In diesen Fällen wäre es daher angebracht, dass das Arbeitnehmerwachstum mitbestimmungsrechtliche Neuverhandlungen auslöst.

b) Auslösung der Neuverhandlungen

Die Neuverhandlungen sollten ausgelöst werden, wenn sich ein größerer Anstieg der Arbeitnehmerzahl nach Vornahme der Umwandlung verzeichnen lässt.[1546] Das allein sollte allerdings noch nicht genügen, da sonst bei jeder größeren Neueinstellung ein erneutes Verhandlungsverfahren stattfinden müsste. Ausschlaggebend ist, dass die Arbeitnehmerzahl sich so sehr ändert, dass davon auszugehen ist, dass es zu einem anderen Ergebnis der Mitbestimmungsverhandlungen gekommen wäre, wenn diese Zahl bereits im Zeitpunkt der Gründung bestanden hätte.[1547] Anzuknüpfen ist dabei aber nicht an einer bestimmten Größenordnung. Koppelt man die Einstufung als wesentliches Wachstum an absolute Zahlen – so beispielweise ein Wachstum von 200 Arbeitnehmern – so würde bereits die Feststellung dieser Zahlengrenzen für die unterschiedlichen Größen der betreffenden Unternehmen Schwierigkeiten bereiten. Auch die Festlegung eines anteiligen Wachstums, wie es

---

1545 Vgl. zur Zielsetzung Teil 2 § 1 A.

1546 Diese Forderung ähnelt bereits den Ansätzen einer nachgelagerten Verhandlungspflicht nach dem Europäischen Parlament, DGB sowie *Teichmann*. Vgl. zu diesen Ansätzen bereits A.II. Dies stimmt zudem mit dem für die SE entwickelten Konzept der Expertengruppe überein, Working paper N° 9 der Expert Group SE (Fn. 1461), S. 124.

1547 Working paper N° 9 der Expert Group SE (Fn. 1461), S. 124.

in Österreich teilweise gefordert wird,[1548] kann nicht überzeugen, da im Einzelfall bereits ein Wachstum von wenigen Arbeitnehmern das Überschreiten der Mitbestimmungsschwelle bedeuten kann. Ausschlaggebend sollte also sein, ob in der Zeit kurz nach der Umwandlung nationale Schwellenwerte des Herkunftsstaates erreicht werden. Dann sollte ein solches Arbeitnehmerwachstum als „wesentlich" eingestuft werden.

Schließlich stellt sich auch die Frage, auf wessen Initiative die neuen Mitbestimmungsverhandlungen eingeleitet werden müssen. In *Österreich* haben der SE-Betriebsrat, das zuständige Leitungs- oder Verwaltungsorgan oder 10% der Arbeitnehmer der SE ein Einberufungsrecht.[1549] In *Irland,*[1550] *Dänemark*[1551] und *Italien*[1552] liegt es an den Arbeitnehmervertretern, die Neuverhandlungen einzuleiten. An dieser Regelung wird allerdings gerade kritisiert, dass die Verhandlungen nicht allein durch die Leitung initiiert werden müssen.[1553] Bei einer Berechtigung beider Parteien wie es in *Österreich* der Fall ist, besteht die Gefahr, dass sich das Unternehmen auf dieser beidseitigen Zuständigkeit ausruht und nicht aus eigenem Antrieb einen rechtskonformen Zustand herbeiführt. Daher sollten beide Seiten mit dem Recht ausgestattet werden, die Neuverhandlungen einzuleiten. Das Recht der Unternehmensleitungen sollte dabei vielmehr eine Pflicht darstellen, die neuen Verhandlungen zu beginnen. Den Leitungen soll damit auferlegt werden, das Verfahren ebenso wie die ursprünglichen Verhandlungen vorzubereiten und zu beginnen. Unterlassen die Unternehmensleitungen die Einleitung von Neuverhandlungen, kann dies wiederum den Verdacht einer missbräuchlichen Gestaltung begründen.

c) Ausnahmen vom Nachverhandlungsgrundsatz

In Umsetzung der SE-RL sehen einige Länder, die einen Nachverhandlungsanspruch kennen, Ausnahmen von dieser Pflicht vor. In *Finnland* geht man beispielsweise davon aus, dass die Verhandlungen nicht notwendig sind, wenn ein nachvollziehbarer und akzeptabler Grund für die Veränderung vorliegt und diese vor der SE-Gründung in dieser Form nicht möglich war.[1554] In *Dänemark* ist eine Ausnahme vom Nachverhandlungsgrundsatz zu machen, wenn das Unternehmen nachweisen kann, dass die Änderung nicht darauf abzielt, die Beteiligungsrechte zu beschränken.[1555]

1548 So geht *Mayr* von einer Wesentlichkeit der Änderung aus, wenn ein Prozentsatz von ca. 20 erreicht ist, vgl. *Mayr,* in: Gagawczuk/Mayr ArbVR § 228 Rn. 8.

1549 *Gähleitner,* in: Kalss/Hügel SE-Kommentar, ArbVG § 228 Rn. 2.

1550 § 81 Abs. 2 des Umsetzungsgesetztes in Irland (Fn. 1510).

1551 Study on implementation of SE-RL (Fn. 1483), S. 62.

1552 Study on implementation of SE-RL (Fn. 1483), S. 64.

1553 Study on implementation of SE-RL (Fn. 1483), S. 64.

1554 Study on implementation of SE-RL (Fn. 1483), S. 62 f.

1555 Study on implementation of SE-RL (Fn. 1483), S. 62.

Es erscheint jedoch sinnvoller, die durchaus zeitaufwendigen und kostspieligen erneuten Verhandlungen von vornherein zu vermeiden, indem bereits im Rahmen der ersten Verhandlungsstufe eine Vereinbarung für den Fall des nachträglichen Unternehmenswachstums getroffen wird.[1556] Dies bietet den Unternehmen einen deutlichen Anreiz, von Beginn an eine faire Regelung der Mitbestimmungsrechte einzuführen.

Statt die aufwendigen Neuverhandlungen mit einer Rückausnahme wieder auszubremsen, sollte das Gesetz auf Abhilfe hinwirken, bevor das Kind überhaupt in den Brunnen gefallen ist. So wird eine unbedingte Nachverhandlungspflicht im Ergebnis darauf hinauslaufen, dass ein Unternehmen bereits bei der Umwandlung so verhandelt, als hätte es die nationalen Schwellenwerte bereits überschritten. Zusätzlich verhindert man damit verbundene Beweisschwierigkeiten. Das bisherige „Einfrieren" des Mitbestimmungsniveaus wäre damit für die Unternehmen wenig rentabel, da sie früher oder später ohnehin weitere Verhandlungen führen müssten.

Denkbar ist auch, dass die obligatorische Nachverhandlungspflicht dazu führt, dass in der Vereinbarung ein vertraglicher Nachverhandlungsanspruch festgelegt wird. Trifft ein Unternehmen eine solche Regelung, die entweder das Überschreiten der Schwellenwerte simuliert oder eine vorsorgliche Regelung für den Fall des Arbeitnehmerwachstums vorsieht, kann ihm dies im Wege der Missbrauchskontrolle bei Erstellung der Vorabbescheinigung den Missbrauchsvorwurf in der Gesamtbetrachtung deutlich entkräften. Diese Vorsorge zeigt gerade, dass das Unternehmen sich nicht der national drohenden Mitbestimmungspflicht entziehen will.

d) Auffanglösung und Vorher-Nachher-Prinzip

Sollte es in diesen Neuverhandlungen nicht zu einer einvernehmlichen Lösung kommen, so gilt die altbekannte Auffanglösung. Statt der Rechtslage, die bei Umwandlung galt, soll nun aber die Rechtslage gelten, in die das Unternehmen hineingewachsen wäre.[1557] Anknüpfungspunkt für den Mindestumfang ist somit das Mitbestimmungsniveau des Herkunftsstaates, das anwendbar wäre, wenn keine Umwandlung stattgefunden hätte. Die Auffanglösung weist hier somit einen Mechanismus auf, der weitaus flexibler ist und damit den dynamischen Auffang- und Verhandlungslösungen sehr ähnelt. Eine Zementierung, wie es nach der aktuellen Rechtslage in der SE und bei grenzüberschreitenden Verschmelzungen möglich ist, droht mit dieser Lösung nicht mehr.

1556 So im Hinblick auf die Vermeidung des Missbrauchsvorwurfs auch *Teichmann*, FS Windbichler, S. 411.

1557 Diesen Ansatz verfolgt auch die Expertengruppe, vgl. Working paper N° 9 der Expert Group SE (Fn. 1461), S. 124.

e) *Einführung eines mitbestimmungsrechtlichen Schutzzeitraumes*

Eine weitere Frage ist, wie lange dieser spezielle Schutz gelten soll. In den Umsetzungsgesetzen der SE findet sich häufig eine offene Formulierung.[1558] Oft bedient man sich auch eines Zeitraumes von einem Jahr nach der Eintragung der SE.[1559] In *Dänemark* besteht der Schutz sogar über die nächsten zwei Jahre hinweg.[1560]

Auch das bisherige Missbrauchsverbot bedient sich lediglich der Grenze von nur einem Jahr.[1561] Tritt in diesem Jahr eine strukturelle Änderung auf, so wird ein Missbrauch vermutet. Will man jedoch das nachträgliche Arbeitnehmerwachstum als Missbrauchsinstrument effektiv eindämmen, so erscheint der Zeitraum von einem Jahr als kaum tragfähig. Durch das eine Jahr würde das Unternehmen gehalten, nur im Folgejahr die Arbeitnehmerzahlen so gering zu halten, dass keine nationale Mitbestimmungsschwelle tangiert wird. Erstreckt man den Zeitraum auf dieselben vier Jahre, die auch für die Perpetuierung vorgesehen wird, so senkt man die Missbrauchsgefahr drastisch. Ein florierendes Unternehmen kann über diesen langen Zeitraum seine Mitarbeiterzahlen nur unter erschwerten Bedingungen künstlich geringhalten. Dieser mehrjährige Schutzzeitraum wäre auch im Hinblick auf die Missbrauchsvermeidung im Sinne der Richtlinie. So gibt diese in Erwägungsgrund 50 vor, dass die Behörden das nachträgliche Unternehmenswachstum „in den Jahren nach dem grenzüberschreitenden Vorhaben“ bewerten können.

Die Verwendung der Vier-Jahres-Grenze[1562] wäre im Übrigen auch im Sinne der Rechtsklarheit. So würde ein „Schutzzeitraum“ eingeführt, in dem die Handlungsoptionen des Unternehmens beschränkt bzw. stärker reguliert würden. Nach Ablauf dieses Zeitraums kann das Unternehmen wieder uneingeschränkte Strukturmaßnahmen vornehmen, ohne die Regelungen der Umwandlungsrichtlinie beachten zu müssen. Je früher das Unternehmen nach der Umwandlung eine

---

1558 So heißt es in Irland „after registration“, vgl. § 81 Abs. 1. Des irischen Umsetzungsgesetzes (Fn. 1510) oder in Litauen „immediately after the establishment“, § 36 des Company Involvement Acts (Fn. 1488).

1559 Die ist der in Finnland, Luxemburg und Schweden der Fall. Vgl. zu Finnland Study on implementation of SE-RL (Fn. 1483), S. 62 f.; für Luxemburg Study on implementation of SE-RL (Fn. 1483), S. 64 und für Schweden Study on implementation of SE-RL (Fn. 1483), S. 65.

1560 Art. 44 Act (No. 281 of 2004) on employee involvement in SE (Fn. 1492).

1561 Vgl. § 43 S. 2 SEBG.

1562 Auch andere Forderungen greifen ähnlich hoch: So forderte der DGB in seiner Stellungnahme einen Zeitraum von fünf Jahren für Nachverhandlungen bei Schwellenwertüberschreitungen, vgl. DGB, Stellungnahme (Fn. 699), S. 6. Das Parlament ging sogar so weit, dass es eine nachgelagerte Verhandlungspflicht für die nachfolgenden sechs Jahre einführen wollte, vgl. Art. 86l Abs. 8 Änderungsantrag des Parlaments, siehe (Fn. 589).

strukturelle Änderung vornimmt, desto stärker ist das Indiz für eine missbräuchliche Gestaltung.

f) Zwischenergebnis

Die im Rahmen der Mobilitätsrichtlinie aufgenommene Verweisung auf Art. 11 SE-RL eröffnet dem nationalen Gesetzgeber eine im Vergleich zur Verschmelzungsrichtlinie neue Möglichkeit, Missbrauch effektiv zu verhindern. Unter Rückgriff auf das Potenzial der Umsetzungsnorm des § 18 Abs. 2 SEBG für die SE-RL schafft die Missbrauchsklausel des Art. 11 einen Spielraum, das Phänomen des Einfrierens des Mitbestimmungsniveaus wirksam anzugehen. Sowohl die Betrachtung aus europäischer Perspektive als auch vergleichende Regelungen in anderen Mitgliedstaaten zeigen, dass der nationale Gesetzgeber bisher nicht das volle Potenzial zum Schutz der Unternehmensmitbestimmung ausschöpft. Unter Ausweitung des Anwendungsbereichs des § 18 Abs. 3 SEBG für eine ähnliche Regelung im Umsetzungsgesetz der Mobilitätsrichtlinie sollte daher auch das nachträgliche Wachstum der Belegschaft gefasst werden. Bei Unternehmenswachstum, das zu einer Überschreitung der mitbestimmungsauslösenden oder verschärfenden Schwellenwerte führt, sollten die Unternehmen gezwungen sein, erneute Mitbestimmungsverhandlungen zu führen. Dieser Verhandlungspflicht können die Leitungen jedoch entgehen, indem sie bereits im Rahmen der Verhandlungen bei Vornahme der Umwandlung eine faire und ausgeglichene Lösung in Zusammenarbeit mit den Arbeitnehmern entwickeln. Eine entsprechende gesetzliche Ausformulierung könnte so aussehen:

> ***§ 21a Wiederaufnahme des Verhandlungsverfahrens [neu einzuführen]***
> *(1) Liegt ein Missbrauch im Sinne des § 33a vor oder sind in den auf die Umwandlung folgenden vier Jahren strukturelle Änderungen geplant, die zu einer anderen Mitbestimmung kraft Gesetzes geführt hätten, wenn sie im Umwandlungszeitraum vorgelegen hätten, so finden auf Veranlassung der Leitung des Unternehmens Verhandlungen über die Beteiligung der Arbeitnehmer im Unternehmen statt.*
>
> *(2) Wird in diesen Verhandlungen keine Einigung erzielt, sind die Vorschriften über die gesetzliche Mitbestimmung anzuwenden.*
>
> *(3) Strukturelle Änderungen sind unter anderem*
> 1. *Veränderungen in der Struktur des Unternehmens, seiner Tochtergesellschaften oder Betriebe, oder*
> 2. *Änderungen der Beschäftigtenzahl des Unternehmens oder seiner Tochtergesellschaften, infolge dessen ein nationaler Mitbestimmungsschwellenwert überschritten wird, oder*
> 3. *Umwandlungen des Unternehmens,*
>
> *welche Einfluss auf die Mitbestimmungsverhandlungen gehabt hätten, wenn sie im Zeitpunkt der Umwandlung bereits vorgelegen hätten.*[1563]

1563 Die Ausformulierung orientiert sich zum einen an dem Vorschlag der

Damit einhergehend sollte auch die Vorschrift des § 22 Abs. 2 MgVG geändert werden. Diese sieht wie erörtert vor, dass es den Verhandlungspartnern freistehe, Nachverhandlungen für die Mitbestimmung in ihrer Vereinbarung vorzusehen.[1564] § 22 Abs. 2 MgUG sollte eine dahingehende Klarstellungsfunktion erhalten. Statt den Verhandlungsparteien wie bisher die Frage des „ob" einer Nachverhandlungspflicht zur freien Verfügung zu überlassen, sollte dies nunmehr allein über die Frage des „wie" möglich sein. Den Parteien sollte demnach nur noch offenstehen, ob sie das anzuwendende Verfahren eigenständig regeln möchten:

§ 22 Inhalt der Vereinbarung

(1) [...][1565]

(2) Den Parteien steht es frei in der Vereinbarung festzulegen, welches Verfahren zur Durchführung der Verhandlungen der Arbeitnehmer anzuwenden ist, wenn in der aus der grenzüberschreitenden Umwandlung hervorgehenden Gesellschaft eine strukturelle Änderung vorgenommen werden soll. [...]

2. *Einführung eines Straftatbestandes*

Missbraucht eine Gesellschaft die Gründung einer SE oder die Umwandlungsmaßnahme der grenzüberschreitenden Verschmelzung dazu, um Arbeitnehmern Beteiligungsrechte zu entziehen oder vorzuenthalten, so wird dieser Vorgang im SEBG und MgVG bisher mit einer Freiheitsstrafe bis zu zwei Jahren oder mit Geldstrafe bestraft.[1566] Um die Missbrauchsgefahr, aus der Mitbestimmung zu entfliehen, zu minimieren, könnte das MgUG die einzuführende Strafvorschrift[1567] um die Fallgruppe des nachträglichen Wachstums erweitern. Erzielt werden könnte damit eine präventive Abschreckungswirkung.[1568] Zudem würde klargestellt, dass der Vorgang, nachträglich den Schwellenwert des nationalen Mitbestimmungsrechts zu überschreiten, ohne anschließend Neuverhandlungen durchzuführen,

---

Expertengruppe, siehe Working Paper N° 9 der Expert Group SE (Fn. 1461), S. 125 f. und zum anderen an dem bestehenden § 18 Abs. 3 SEBG. Die Absätze 1 und 2 können im Rahmen der Mobilitätsrichtlinie keine Anwendung finden, da deren Rechtsgrundlage (Art. 3 Abs. 6 Unterabs. 4 SE-RL) nicht von der Mobilitätsrichtlinie in Bezug genommen wurde.

1564 Vgl. dazu bereits (Fn. 1414).

1565 Vgl. Vgl. zur gesamten Vorschrift § § 22 MgUG im Anhang.

1566 § 45 Abs. 1 Nr. 2 SEBG. Vgl. dazu schon § 2 C.II.2 b).

1567 Vgl. § 34 MgUG im Anhang, vgl. dazu unter § 2 C.II.2 b) ii).

1568 Zur Theorie der Generalprävention von Strafnormen vgl. nur *Hassemer/Neumann*, in: Kindhäuser/Neumann/Paeffgen, StGB Vorb. § 1 Rn. 288. Die Abschreckungswirkung sieht auch Art. 2 MobilitätsRL vor.

rechtswidrig ist.[1569] Dafür müsste die Abfassung als Straftatbestand aber zunächst mit der Richtlinie im Einklang stehen (a). Um den Straftatbestand nicht derselben Kritik wie § 45 Abs. 1 Nr. 2 SEBG[1570] auszusetzen, sollte die Norm das missbräuchliche Verhalten genauer bestimmen (b).

a) Unionsrechtskonformität einer Strafbewehrung

Zu klären ist damit, ob der nationale Gesetzgeber den Vorgang, keine Nachverhandlungen einzuführen, obwohl nachträglich nationale Schwellenwerte erreicht sind, überhaupt als strafrechtlich relevantes Verhalten normieren kann. Die grundsätzliche Befugnis, Strafnormen aufzustellen, ergibt sich aus Art. 2 der Mobilitätsrichtlinie. Demnach haben die Mitgliedstaaten das Recht, Regeln für Maßnahmen und Sanktionen festzulegen, die bei Verstößen gegen die erlassenen nationalen Vorschriften anwendbar sind. Dafür haben sie alle erforderlichen Maßnahmen zu ergreifen. Bei schweren Verstößen können die Mitgliedstaaten auch strafrechtliche Sanktionen vorsehen. Dass nachträgliches Unternehmenswachstum in rechtswidriger Gesinnung vorgenommenen Umwandlungen als richtlinienwidriger Missbrauch gewertet werden kann, ergibt sich bereits aus den obigen Ausführungen.[1571]

Dass ebendieses Verhalten durch die nationalen Gesetzgeber sanktioniert werden darf, ergibt sich jedoch – wenn auch etwas versteckt – aus der Richtlinie selbst.[1572] Erwägungsgrund 50 der Richtlinie legt fest, dass ein grenzüberschreitendes Vorhaben, das nach dem Verfahren der Richtlinie durchgeführt wurde, im Sinne der Rechtssicherheit grundsätzlich nicht für nichtig erklärt werden sollte.[1573] Etwas anderes können die Mitgliedstaaten jedoch festlegen, wenn das Strafrecht, die Terrorismusbekämpfung, das Sozialrecht, die Besteuerung und die Strafverfolgung die Nichtigkeit erfordern.[1574] Dies gilt insbesondere dann, wenn neue sachliche Informationen ergeben, dass das grenzüberschreitende Vorhaben dazu missbraucht wird, sich Unionsrecht oder nationalem Recht zu entziehen.[1575]

Im Grunde besagt der Erwägungsgrund 50 bis dahin, dass die grenzüberschreitenden Vorhaben nicht nachträglich für nichtig erklärt werden sollen, außer das Vorhaben diente einer missbräuchlichen Rechtsumgehung. In diesen Fällen können die normierten Zwecke eine harte Sanktion in Form der Nichtigkeit erfordern.

1569 So sollen durch Strafnormen die Adressaten vorhersehen können, welches Verhalten verboten ist. Vgl. nur *Heintscheil-Heinegg*, in: BeckOK StGB, Stand 01.05.2022, § 1 Rn. 1.

1570 Vgl. zu dieser Kritik § 2 C.II.2 b) i).

1571 Vgl. dazu C.II.

1572 Vgl. dazu die Abfassung des ErwGr. 50 MobilitätsRL am Ende.

1573 ErwGr. 50 S. 1 MobilitätsRL.

1574 ErwGr. 50 S. 2 Halbsatz 1 MobilitätsRL.

1575 ErwGr. 50 S. 2 Halbsatz 2 MobilitätsRL.

Festgestellt wird damit zudem, dass diese missbräuchlichen Vorgänge sanktioniert werden dürfen.

Besondere Bedeutung erlangt deshalb der letzte Satz des Erwägungsgrundes 50.[1576] Zur Bestimmung, ob ein solcher Missbrauch vorliegt, können die Behörden auch bewerten, ob der nationale Schwellenwert für die Mitbestimmung des Mitgliedsstaates der Gesellschaft, die das grenzüberschreitende Vorhaben vornimmt, in den Jahren nach dem grenzüberschreitenden Vorhaben erreicht oder überschritten wurde. Damit manifestiert der unionale Gesetzgeber nicht nur, dass dieser Vorgang einen Missbrauch darstellen kann, sondern auch, dass dieser im Einzelfall sogar mit der Nichtigkeit des Vorhabens bestraft werden dürfte. Eine Strafbewehrung dessen ist damit richtlinienkonform.

b) Ausgestaltung der Strafnorm

Eine allgemeine Strafbewehrung für missbräuchliche Gestaltungen ist bereits in § 34 Abs. 1 Nr. 2 MgUG vorgesehen.[1577] Dieser lehnt sich an § 45 Abs. 1 Nr. 2 SEBG an und stellt den Missbrauch von Umwandlungsmaßnahmen zum Zwecke des Entzugs oder Vorenthaltens von Arbeitnehmerrechten unter Strafe.

i) Einführung einer Missbrauchsfallgruppe

Denkbar wäre, den hier in Rede stehenden Vorgang bereits unter die Tatbestandsalternative 2 „Arbeitnehmerrechte vorzuenthalten" zu subsumieren. Effektiver wäre es jedoch, eine Fallgruppe einzuführen, welche klarstellt, dass es sich bei dem Unterlassen von Nachverhandlungen nach Vornahme einer strukturellen Änderung, namentlich des Überschreitens eines Schwellenwerts, um einen solchen Missbrauch handelt. Durch Kennzeichnung mit dem Wortlaut „insbesondere" kann dabei verdeutlicht werden, dass dies nur eine spezielle Spielart dessen darstellt, was der Gesetzgeber als „Missbrauch" versteht. Unter Strafe gestellt werden sollte explizit, wenn eine Gesellschaft es unterlässt, Nachverhandlungen aufzunehmen, wenn in den vier Jahren nach Umwandlung eine strukturelle Änderung durchgeführt wird.

ii) Sanktionszeitraum

Der Sanktionszeitraum über mehrere Jahre ist dabei nicht unverhältnismäßig, sondern entspricht dem Wortlaut des Erwägungsgrundes 50, dass die Schwellenwertüberschreitung in den „Jahren" nach Vornahme des grenzüberschreitenden

1576 „In diesem Kontext könnten die zuständigen Behörden auch bewerten, ob der anwendbare nationale Schwellenwert für die Mitbestimmung des Mitgliedstaats der Gesellschaft, die das grenzüberschreitende Vorhaben vornimmt, in den Jahren nach dem grenzüberschreitenden Vorhaben erreicht oder überschritten wurde."

1577 Vgl. dazu schon die Ausführungen unter § 2 C.II.2 b) ii).

Vorhabens Beachtung finden kann. Der Zeitraum ist dabei nicht zufällig gewählt, sondern entspricht dem von der Richtlinie selbst eingeführten Schutzzeitraum von vier Jahren.[1578]

iii) Sanktionsform

Erwägungsgrund 50 sieht vor, dass in den Fällen, in denen ein Missbrauch der Vorschriften zum Ziel der Umgehung von Unionsrecht oder nationalem Recht vorliegt, auch die Nichtigkeit der Umwandlungsmaßnahme erklärt werden kann. Art. 2 der Mobilitätsrichtlinie normiert jedoch, dass die Sanktionen verhältnismäßig sein müssen. Um diese Verhältnismäßigkeit zu wahren und die in Erwägungsgrund 50 Satz 1 erwogene Rechtssicherheit zu gewährleisten, sollte die Strafnorm sich auf die bekannte Strafbewehrung aus Freiheits- und Geldstrafe beschränken.

iv) Ergänzung des § 33a MgUG

Fasst man diese Erkenntnisse zusammen, sollte im § 34 MgUG deutlich werden, dass diese Vorgänge als rechtsmissbräuchlich anzusehen sind. Statt die Änderung in den § 34 MgUG direkt aufzunehmen, sollte die Vorschrift der Missbrauchsvermeidung in § 33a MgUG um diese Fallgruppe erweitert werden. § 34 MgUG stellt jedes Verhalten unter Strafe, das der Vorschrift des § 33a MgUG zuwiderläuft. § 33a normiert ein allgemeines Missbrauchsverbot und schafft damit zwei Fallgruppen, die der Gesetzgeber unmittelbar als Missbrauch einstuft:

§ 33a Missbrauchsvermeidung

(1) *Umwandlungsvorgänge dürfen nicht dazu verwendet werden, den Arbeitnehmern Beteiligungsrechte zu entziehen oder vorzuenthalten.*

(2) [1]*Ein Missbrauch liegt insbesondere vor,*

1. ***wenn in den vier Jahren nach Vornahme der grenzüberschreitenden Verschmelzung eine strukturelle Änderung im Sinne des § 21a Abs. 3 vorgenommen wird, ohne dass die nach § 21a Abs. 1 erforderlichen Nachverhandlungen durchgeführt werden oder in der Beteiligungsvereinbarung eine dahingehende Regelung getroffen wurde und wird vermutet,***
2. *wenn die grenzüberschreitende Verschmelzung auf eine neu gegründete arbeitnehmerlose Gesellschaft erfolgt oder wenn ohne Durchführung eines Verfahrens nach § 22 Abs. 2 innerhalb von vier Jahren nach Verschmelzung ein weiteres Umwandlungsverfahren vorgenommen wird und vorher ein mitbestimmungsmindernder Beschluss im Sinne des § 21a vorgenommen wurde oder die Leitungen die Nichtaufnahme oder den Abbruch der Verhandlungen im Sinne des § 21 angeordnet haben.*

1578 Vgl. dazu III.1 e).

[2]Die Vermutung in Nr. 2 kann widerlegt werden, wenn die beteiligten Unternehmen darlegen, dass die Maßnahmenkette anderen Zwecken als der Gesetzesumgehung dienen sollte.

Mit dem Verweis auf die Nachverhandlungspflicht bei strukturellen Änderungen wird die Nichtbeachtung dieser Pflicht unter Strafe gestellt. Dass diese durch Arbeitnehmerwachstum ausgelöst werden, stellt § 21a Abs. 3 Nr. 2 MgUG klar.

IV. Ergebnis

Um dem beschriebenen Problem der Zementierung des Mitbestimmungsniveaus entgegenzuwirken, könnte der nationale Gesetzgeber bei Umsetzung der Richtlinie das nachträgliche Arbeitnehmerwachstum als besonders schutzwürdige Fälle missbräuchlicher Gestaltungen Fallgruppen für „strukturelle Änderung" kategorisieren, welche eine obligatorische Nachverhandlungspflicht auslöst. Die neuen Mitbestimmungsverhandlungen haben zur Folge, dass das Mitbestimmungsniveau nicht mehr eingefroren wird. Gleichsam sollte diese Nachverhandlungspflicht für alle Fälle missbräuchlicher Gestaltungen angeordnet werden.

Die Nachverhandlungspflicht könnte zudem durch einen Straftatbestand ergänzt werden, der diese Form des nachträglichen Arbeitnehmerzuwachses ohne Nachverhandlungen als missbräuchliche Gestaltung unter Strafe stellt. Der Zweiklang aus Nachverhandlungspflicht und Strafbewehrung hat neben seiner klarstellenden Wirkung, dass dieser Vorgang rechtswidrig ist, auch den vom Unionsgesetzgeber gewünschten Abschreckungseffekt. Überdies könnten die einzuführenden Regelungen auch Signalwirkung für andere Mitgliedsstaaten entfalten, wirksame Nachverhandlungspflichten einzuführen und damit den Zementierungseffekt zu minimieren.

Fazit

Der Europäische Gesetzgeber schafft mit der Mobilitätsrichtlinie erstmalig ein Verfahren für grenzüberschreitende Umwandlungsvorgänge. Anders als bisher sollen damit über die grenzüberschreitende Verschmelzung hinaus auch die Umwandlungsvorgänge der grenzüberschreitenden Spaltung und des Formwechsels eine Regelung erfahren. Ziel der Union war es, nach der Rechtsprechungsentwicklung des EuGH einen sicheren Rechtsrahmen für Unternehmensmobilität zu schaffen, ohne dabei die betroffenen Interessengruppen zu schwächen. Insbesondere der Schutz der Arbeitnehmerrechte sollte durch die Richtlinie gewährleistet werden. Gleichzeitig wollte er damit die Umgehung nationaler Mitbestimmungsvorschriften unter dem Schilde der Niederlassungsfreiheit eindämmen.

Dazu passt er die bereits bestehende Regelung in der Gesellschaftsrechtsrichtlinie an und schafft vergleichbare Regelungen für die anderen Umwandlungsvorgänge. Die bedeutendste Neuerung, welche wohl auch die höchsten Wellen schlägt, ist die Flexibilisierung der Verhandlungsschwelle. Diese löst künftig bereits ab Erreichen von 4/5 des nationalen Mitbestimmungswertes Verhandlungen über die Unternehmensmitbestimmung aus, während dafür bisher eine absolute Arbeitnehmerstärke von 500 Arbeitnehmern erforderlich war. Neben dieser folgenreichen Vorverlagerung der Mitbestimmungsverhandlungen schafft der Gesetzgeber weitere Instrumente, die die Unternehmensmitbestimmung stärker vor Erosion schützen sollen. Begonnen bei der Vorabbescheinigung ziehen sich diese Schutzvorkehrungen wie ein roter Faden durch die Richtlinie und sehen letztendlich sogar ausdrücklich die Möglichkeit für die Mitgliedstaaten vor, die Arbeitnehmer vor einem mitbestimmungsmindernden Missbrauch der Umwandlungsvorgänge zu schützen.

Die arbeitnehmerschützende Intention des Gesetzgebers läuft allerdings an unterschiedlichen Stellen ins Leere. So sehen die Mitbestimmungsvorschriften grundsätzlich vor, dass am Ende einer Umwandlung eine nationale Gesellschaft steht, auf die das nationale Mitbestimmungsrecht des Sitzstaates Anwendung findet. Von dieser als „Grundsatz" beschriebenen Regelung gibt es jedoch drei alternative Ausnahmetatbestände, die in den allermeisten Fällen zur Anwendung des Verhandlungsverfahrens führen werden. Im Ergebnis bedeutet dies, dass in aller Regel Verhandlungen über die Mitbestimmung zu führen sind. Dies gilt selbst dann, wenn das Recht des Zuzugsstaates ein höheres Mitbestimmungsniveau verspricht, als es die Auffanglösung, die als „Maximum" an Mitbestimmung gehandelt wird, verspricht. Für die Anwendung in Deutschland wird das in der Rechtspraxis zur Folge haben, dass fast immer Verhandlungen zu führen wären, obwohl die nationalen Mitbestimmungsrechte arbeitnehmerfreundlicher wären.

Die Tatsache, dass die Mitbestimmungsverhandlungen bereits ab einer Schwelle von 4/5 des mitbestimmungsauslösenden nationalen Schwellenwerts zu führen sind, hat jedoch zur Folge, dass in diesen Unternehmen noch keine Mitbestimmung etabliert ist. Diese Etablierung eines Mitbestimmungssystems wäre aber essenziell, damit das Gefüge von Verhandlungen und Auffanglösung funktioniert. Zwar ergibt sich aus der Richtlinie ein Verhandlungsanspruch der Arbeitnehmer. Doch die im Falle der Nichteinigung anwendbare Auffanglösung kann nicht als Druckmittel für die Arbeitnehmerseite dienen, um überhaupt Mitbestimmung einführen zu können. Denn diese Auffanglösung bildet damit das Höchstmaß an erreichbaren Mitbestimmungsrechten. In diesen Vier-Fünftel-Verhandlungen wäre die Auffanglösung mangels Mitbestimmung jedoch die Mitbestimmungsfreiheit. Zusätzlich fänden nationale Mitbestimmungsregeln der Aufnahmestaaten keine Anwendung. Der mit der Auffanglösung intendierte Mitbestimmungsschutz verfehlt damit nicht nur sein Ziel – er wirkt sich sogar im Sinne einer Mitbestimmungsverschlechterung aus. Im Wege der Umsetzung sollte der nationale Gesetzgeber daher nach dem *effet utile* Gedanken eine Ausnahme von der automatischen Anwendung der vorgegebenen die Auffanglösung machen, sodass in diesen Fällen das Recht des Zuzugsstaates die Auffanglösung bildet. So können echte Mitbestimmungsverhandlungen gewährleistet werden. Die Verbesserung der Auffanglösung könnte damit eine maßgebliche Stellschraube darstellen.

Ein weiterer Kritikpunkt ist die mangelnde Kohärenz der unterschiedlichen Mitbestimmungsvorschriften bei den einzelnen Umwandlungsmaßnahmen. Auch wenn der Europäische Gesetzgeber die Vorschriften auf der Zielgeraden nochmals angepasst hat, so ergeben sich an vielen Stellen Unterschiede im Regelungsinhalt, die teilweise auf die komplizierte Verweisungstechnik auf andere Richtlinien und Verordnungen zurückgehen. Neben der entstehenden Rechtsunsicherheit schaffen diese Regelungsunterschiede auch Lücken, durch die die geschaffenen Schutzinstrumente leicht umgangen werden können. Diese Strategie sollte der nationale Gesetzgeber angehen, bevor sie überhaupt Anwendung finden kann. Er sollte dahingehend von dem Verweis auf das Missbrauchsverbot Gebrauch machen, dass er sämtliche unpassenden oder nachgelagerten Umwandlungsvorgänge als ebensolchen unzulässigen Missbrauch kategorisiert und damit unterbindet.

Schlussendlich haben es die Macher der Richtlinie versäumt, das in der Literatur vielfach diskutierte Problem der Zementierung des Mitbestimmungsniveaus anzugehen. Die Verwendung des Verhandlungsverfahrens verspricht den Unternehmen derzeit, dass sie ihr Mitbestimmungsniveau festlegen und in der Zukunft von der Pflicht, bei Wachstum der Arbeitnehmerzahl eine höhere Mitbestimmung einzuführen, entbunden werden. Eine einmal getroffene Vereinbarung wird den Umfang der Mitbestimmung abschließend bestimmen, auch wenn das betreffende nationale Recht für die erreichte Unternehmensgröße ein ganz anderes Niveau vorsieht. Anders als in der SE-Richtlinie sollte der nationale Gesetzgeber nachträgliches Arbeitnehmerwachstum in Anlehnung an dahingehende Regelungen in zahlreichen anderen EU-Staaten neben allgemeinen Missbrauchstatbeständen als „strukturelle Änderung“ kategorisieren, die erneute Mitbestimmungsverhandlungen auslöst. Sobald ein Unternehmen über eine Grenze hinauswächst, die Mitbestimmung auslöst oder gar erhöht, sollten die Unternehmensleitungen dazu verpflichtet sein, erneute Verhandlungen durchzuführen, sofern ihre

Beteiligungsvereinbarung für diesen Fall keine Regelung vorsieht. In der Praxis soll damit der Effekt erzeugt werden, dass das Verhandlungsgremium schon im Rahmen der ersten Mitbestimmungsverhandlungen eine Erhöhung des Mitbestimmungsniveaus vorsieht, die direkt an das Erreichen nationaler Schwellenwerte anknüpft.

In jedem Fall ist es nun am deutschen Gesetzgeber, ein Ausführungsgesetz der Richtlinie nach den europäischen Vorgaben zu entwickeln. Die vorstehenden Ansätze sollen Gestaltungsimpulse geben und verschiedene Möglichkeiten aufzeigen, wie der nationale Mitbestimmungsschutz in grenzüberschreitenden Sachverhalten ausgebaut werden könnte. Das im Anhang befindliche Gesetz über die Mitbestimmung bei grenzüberschreitenden Umwandlungsvorgängen vermag daher als Denkanstoß zu dienen, wie die erarbeiteten Lösungsansätze – in ihrer Gänze oder nur Teile davon – in das bestehende MgVG eingebunden werden könnten. Überdies können die Ansätze auch für künftige Harmonisierungsprojekte als Ausgangspunkt dienen, um die Mitbestimmung im europäischen Kontext zu schützen. Die gesellschaftsrechtlichen Strukturmaßnahmen sollten nicht dazu dienen, nationale Mitbestimmungsstandards auszuhebeln.

Anhang 1: Vorschlag über ein Gesetz über die Mitbestimmung der Arbeitnehmer bei einer grenzüberschreitenden Umwandlung (MgUG)[1579]

Teil 1: Allgemeine Vorschriften

§ 1 Zielsetzung des Gesetzes
§ 2 Begriffsbestimmungen
§ 3 Geltungsbereich
§ 4 Anwendung des Rechts des Sitzstaates
§ 5 Anwendung der Regeln über die Mitbestimmung der Arbeitnehmer kraft Vereinbarung oder kraft Gesetzes

Teil 2: Besonderes Verhandlungsgremium
Kapitel 1: Bildung und Zusammensetzung

§ 6 Information der Leitungen
§ 7 Zusammensetzung des besonderen Verhandlungsgremiums
§ 7a Besonderheiten in der Zusammensetzung des besonderen Verhandlungsgremiums bei der grenzüberschreitenden Verschmelzung
§ 8 Persönliche Voraussetzungen der auf das Inland entfallenden Mitglieder des besonderen Verhandlungsgremiums
§ 9 Verteilung der auf das Inland entfallenden Sitze des besonderen Verhandlungsgremiums

Kapitel 2: Wahlgremium

§ 10 Zusammensetzung des Wahlgremiums; Urwahl
§ 11 Einberufung des Wahlgremiums
§ 12 Wahl der Mitglieder des besonderen Verhandlungsgremiums

1579 Hinweis: Systematik, Aufbau und Wortlaut wurden weitestgehend vom bestehenden MgVG übernommen. Die relevanten Änderungen erscheinen optisch *hervorgehoben.*

Teil 1: Allgemeine Vorschriften

§ 1 Zielsetzung des Gesetzes

(1) [1]Das Gesetz regelt die Mitbestimmung der Arbeitnehmer (Arbeitnehmerinnen und Arbeitnehmer) in den Unternehmensorganen der aus einer grenzüberschreitenden *Umwandlung* hervorgehenden Gesellschaft. [2]Ziel des Gesetzes ist, die in den an der *Umwandlung* beteiligten Gesellschaften Mitbestimmungsrechte der Arbeitnehmer zu sichern. [3]Diese Rechte sind maßgeblich für die Ausgestaltung der Mitbestimmung in der aus einer grenzüberschreitenden *Umwandlung* hervorgehenden Gesellschaft.

(2) [1]Wenn das nationale Recht des Mitgliedstaats, in dem die aus einer grenzüberschreitenden *Umwandlung* hervorgehende Gesellschaft ihren Sitz hat, keinen ausreichenden Schutz zur Sicherung der Mitbestimmung der Arbeitnehmer gewährt, wird eine Vereinbarung über die Mitbestimmung der Arbeitnehmer in der aus einer grenzüberschreitenden *Umwandlung* hervorgehenden Gesellschaft getroffen. [2]Kommt es nicht zu einer Vereinbarung, wird die Mitbestimmung der Arbeitnehmer kraft Gesetzes sichergestellt.

(3) Die Vorschriften dieses Gesetzes sowie die nach Absatz 2 zu treffende Vereinbarung sind so auszulegen, dass das Ziel der Europäischen Gemeinschaft, die Mitbestimmung der Arbeitnehmer in der aus einer grenzüberschreitenden *Umwandlung* hervorgehenden Gesellschaft sicherzustellen, gefördert wird.

(4) *Die Grundsätze der Absätze 1 bis 3 gelten auch für strukturelle Änderungen nach Vornahme eines Umwandlungsvorgangs sowie für deren Auswirkungen auf die betroffenen Gesellschaften und ihre Arbeitnehmer.*

§ 2 Begriffsbestimmungen

(1) [1]Der Begriff des Arbeitnehmers richtet sich nach den Rechtsvorschriften und Gepflogenheiten der jeweiligen Mitgliedstaaten. [2]Arbeitnehmer eines inländischen Unternehmens oder Betriebes sind Arbeiter und Angestellte einschließlich der zu ihrer Berufsausbildung Beschäftigten und der in § 5 Abs. 3 Satz 2 des Betriebsverfassungsgesetzes genannten leitenden Angestellten, unabhängig davon, ob sie im Betrieb, im Außendienst oder mit Telearbeit beschäftigt werden. [3]Als Arbeitnehmer gelten auch die in Heimarbeit Beschäftigten, die in der Hauptsache für das Unternehmen oder den Betrieb arbeiten.

(2) Beteiligte Gesellschaften sind die Kapitalgesellschaften, die unmittelbar an der *Umwandlung* beteiligt sind.

(3) *Umwandlungen im Sinne dieses Gesetzes sind Verschmelzung, Spaltung und Formwechsel im Sinne des § 1 UmwG.*

(4) [1]Tochtergesellschaften sind rechtlich selbstständige Unternehmen, auf die eine andere Gesellschaft einen beherrschenden Einfluss im Sinne von Artikel 3 Abs. 2 bis 7 der Richtlinie 94/45/EG des Rates vom 22. September 1994 über die Einsetzung eines Europäischen Betriebsrates oder die Schaffung eines Verfahrens zur Unterrichtung und Anhörung der Arbeitnehmer in gemeinschaftsweit operierenden Unternehmen und Unternehmensgruppen (ABl. EG Nr. L 254 S. 64) ausüben kann. [2]§ 6 Abs. 2 bis 4 des Europäische Betriebsräte-Gesetzes vom 28. Oktober 1996 (BGBl. I S. 1548, 2022) ist anzuwenden.

(5) Betroffene Tochtergesellschaften oder betroffene Betriebe sind Tochtergesellschaften oder Betriebe einer beteiligten Gesellschaft, die zu Tochtergesellschaften oder Betrieben der aus einer grenzüberschreitenden *Umwandlung* hervorgehenden Gesellschaft werden sollen.

(6) Leitung bezeichnet das Organ der unmittelbar an der *Umwandlung* beteiligten Gesellschaften oder der aus einer grenzüberschreitenden *Umwandlung* hervorgehenden Gesellschaft selbst, das die Geschäfte der Gesellschaft führt und zu ihrer Vertretung berechtigt ist.

(7) Arbeitnehmervertretung bezeichnet jede Vertretung der Arbeitnehmer nach dem Betriebsverfassungsgesetz (Betriebsrat, Gesamtbetriebsrat, Konzernbetriebsrat oder eine nach § 3 Abs. 1 Nr. 1 bis 3 des Betriebsverfassungsgesetzes gebildete Vertretung).

(8) Mitbestimmung bedeutet die Einflussnahme der Arbeitnehmer auf die Angelegenheiten einer Gesellschaft durch

1. die Wahrnehmung des Rechts, einen Teil der Mitglieder des Aufsichts- oder Verwaltungsorgans der Gesellschaft zu wählen oder zu bestellen, oder

2. die Wahrnehmung des Rechts, die Bestellung eines Teils oder aller Mitglieder des Aufsichts- oder Verwaltungsorgans der Gesellschaft zu empfehlen oder abzulehnen.

§ 3 Geltungsbereich

(1) [1]Dieses Gesetz gilt für eine aus einer grenzüberschreitenden *Umwandlung* hervorgehenden Gesellschaft mit Sitz im Inland. [2]Es gilt unabhängig vom Sitz dieser Gesellschaft auch für Arbeitnehmer der aus einer grenzüberschreitenden Umwandlung hervorgehenden Gesellschaft, die im Inland beschäftigt sind, sowie für inländische beteiligte Gesellschaften, betroffene Tochtergesellschaften und betroffene Betriebe.

(2) Mitgliedstaaten im Sinne dieses Gesetzes sind die Mitgliedstaaten der Europäischen Union und die anderen Vertragsstaaten des Abkommens über den Europäischen Wirtschaftsraum.

§ 4 Anwendung des Rechts des Sitzstaats

Vorbehaltlich des § 5 finden auf die aus einer grenzüberschreitenden *Umwandlung* hervorgehende Gesellschaft die Regelungen über die Mitbestimmung der Arbeitnehmer in den Unternehmensorganen des Mitgliedstaats Anwendung, in dem diese Gesellschaft ihren Sitz hat.

§ 5 Anwendung der Regelungen über die Mitbestimmung der Arbeitnehmer kraft Vereinbarung oder kraft Gesetzes

Die nachfolgenden Regelungen über die Mitbestimmung der Arbeitnehmer kraft Vereinbarung oder in den Fällen des § 23 die Regelungen über die Mitbestimmung kraft Gesetzes finden Anwendung, wenn

1. in den sechs Monaten vor der Veröffentlichung des *Umwandlungs*plans mindestens eine der beteiligten Gesellschaften durchschnittlich eine Zahl von Arbeitnehmern beschäftigt, *die vier Fünfteln desjenigen Schwellenwerts des Herkunftsstaates entspricht, der in diesem Mitgliedsstaat ein System der Mitbestimmung im Sinne des § 2 Abs. 8 auslöst. Als Arbeitnehmer im Sinne der Vorschrift gelten im Sinne des § 2 Absatz 1 alle Arbeitnehmer, die bei Berechnung des Schwellenwerts der Mitbestimmungsgesetze berücksichtigt werden;*
2. das für die aus einer grenzüberschreitenden *Umwandlung* hervorgehende Gesellschaft maßgebende innerstaatliche Recht nicht mindestens den gleichen Umfang an Mitbestimmung der Arbeitnehmer vorsieht, wie er in den jeweiligen an der *Umwandlung* beteiligten Gesellschaften bestand; der Umfang an Mitbestimmung der Arbeitnehmer bemisst sich nach dem Anteil der Arbeitnehmervertreter
   a. im Verwaltungs- oder Aufsichtsorgan,

b. in Ausschüssen, in denen die Mitbestimmung der Arbeitnehmer erfolgt oder
c. im Leitungsgremium, das für die Ergebniseinheiten der Gesellschaften zuständig ist; oder

3. das für die aus einer grenzüberschreitenden *Umwandlung* hervorgehende Gesellschaft maßgebende innerstaatliche Recht für Arbeitnehmer in Betrieben dieser Gesellschaft, die sich in anderen Mitgliedstaaten befinden, nicht den gleichen Anspruch auf Ausübung von Mitbestimmung vorsieht, wie sie den Arbeitnehmern in demjenigen Mitgliedstaat gewährt werden, in dem die aus der grenzüberschreitenden *Umwandlung* hervorgehende Gesellschaft ihren Sitz hat.

Teil 2: Besonderes Verhandlungsgremium
Kapitel 1: Bildung und Zusammensetzung

§ 6 Information der Leitungen

(1) [1]Das besondere Verhandlungsgremium ist auf Grund einer schriftlichen Aufforderung der Leitungen zu bilden. [2]Es hat die Aufgabe, mit den Leitungen eine schriftliche Vereinbarung über die Mitbestimmung der Arbeitnehmer in der aus einer grenzüberschreitenden *Umwandlung* hervorgehenden Gesellschaft abzuschließen.

(2) [1]Wenn die Leitungen eine grenzüberschreitende *Umwandlung* planen, informieren sie die Arbeitnehmervertretungen und Sprecherausschüsse in den beteiligten Gesellschaften, betroffenen Tochtergesellschaften und betroffenen Betrieben über das *Umwandlungs*vorhaben. [2]Besteht keine Arbeitnehmervertretung, erfolgt die Information gegenüber den Arbeitnehmern. [3]Die Information erfolgt unaufgefordert und zumindest unverzüglich nach Offenlegung des *Umwandlungs*plans.

(3) Die Information erstreckt sich insbesondere auf

1. die Identität und Struktur der beteiligten Gesellschaften, betroffenen Tochtergesellschaften und betroffenen Betriebe und deren Verteilung auf die Mitgliedstaaten,
2. die in diesen Gesellschaften und Betrieben bestehenden Arbeitnehmervertretungen,
3. die Zahl der in diesen Gesellschaften und Betrieben jeweils beschäftigten Arbeitnehmer sowie die daraus zu errechnende Gesamtzahl der in einem Mitgliedstaat beschäftigten Arbeitnehmer und
4. die Zahl der Arbeitnehmer, denen Mitbestimmungsrechte in den Organen dieser Gesellschaften zustehen.

(4) Maßgeblicher Zeitpunkt für die Ermittlung der Zahl der Arbeitnehmer ist der Zeitpunkt der Information nach Absatz 2.

§ 7 Zusammensetzung des besonderen Verhandlungsgremiums

(1) [1]Für die in jedem Mitgliedstaat beschäftigten Arbeitnehmer der beteiligten Gesellschaften, betroffenen Tochtergesellschaften und betroffenen Betriebe werden Mitglieder für das besondere Verhandlungsgremium gewählt oder bestellt. [2]Für jeden Anteil der in einem Mitgliedstaat beschäftigten Arbeitnehmer, der 10 Prozent der Gesamtzahl der in allen Mitgliedstaaten beschäftigten Arbeitnehmer der beteiligten Gesellschaften und der betroffenen Tochtergesellschaften oder betroffenen Betriebe oder einen Bruchteil davon beträgt, ist ein Mitglied aus diesem Mitgliedstaat in das besondere Verhandlungsgremium zu wählen oder zu bestellen.

(2) [1]Treten während der Tätigkeitsdauer des besonderen Verhandlungsgremiums solche Änderungen in der Struktur oder Arbeitnehmerzahl der beteiligten Gesellschaften, der betroffenen Tochtergesellschaften oder der betroffenen Betriebe ein, dass sich die konkrete Zusammensetzung des besonderen Verhandlungsgremiums ändern würde, so ist das besondere Verhandlungsgremium entsprechend neu zusammenzusetzen. [2]Über solche Änderungen haben die zuständigen Leitungen unverzüglich das besondere Verhandlungsgremium zu informieren. [3]§ 6 Abs. 2 bis 4 gilt entsprechend.

§ 7a Besonderheiten in der Zusammensetzung des besonderen Verhandlungsgremiums bei der grenzüberschreitenden Verschmelzung

(1) Für die Zusammensetzung des besonderen Verhandlungsgremiums gelten die Grundsätze des § 7 unter Berücksichtigung der nachstehenden Vorschriften.

(2) [1]Es sind so viele zusätzliche Mitglieder in das besondere Verhandlungsgremium zu wählen oder zu bestellen, wie erforderlich sind, um zu gewährleisten, dass jede eingetragene beteiligte Gesellschaft durch mindestens ein Mitglied in dem besonderen Verhandlungsgremium vertreten ist. [2]Diese Gesellschaft muss Arbeitnehmer in dem betreffenden Mitgliedstaat beschäftigen und als Folge der geplanten grenzüberschreitenden Verschmelzung als eigene Rechtspersönlichkeit erlöschen. [3]Die Wahl oder Bestellung darf nicht zu einer Doppelvertretung der betroffenen Arbeitnehmer führen.

(3) [1]Die Zahl der zusätzlichen Mitglieder darf 20 Prozent der sich aus § 7 Abs. 1 ergebenden Mitgliederzahl nicht überschreiten. [2]Kann danach nicht jede nach Absatz 2 besonders zu berücksichtigende Gesellschaft durch ein zusätzliches Mitglied im besonderen Verhandlungsgremium vertreten werden, so werden diese Gesellschaften in absteigender Reihenfolge der Zahl der bei ihnen beschäftigten Arbeitnehmer berücksichtigt. [3]Dabei ist zu gewährleisten, dass ein Mitgliedstaat nicht mehrere zusätzliche Sitze erhält, solange nicht alle anderen Mitgliedstaaten, aus denen die nach Absatz 2 besonders zu berücksichtigenden Gesellschaften stammen, einen Sitz erhalten haben.

§ 8 Persönliche Voraussetzungen der auf das Inland entfallenden Mitglieder des besonderen Verhandlungsgremiums

(1) Die persönlichen Voraussetzungen der Mitglieder des besonderen Verhandlungsgremiums richten sich nach den jeweiligen Bestimmungen der Mitgliedstaaten, in denen sie gewählt oder bestellt werden.

(2) [1]Zu Mitgliedern des besonderen Verhandlungsgremiums wählbar sind im Inland Arbeitnehmer der Gesellschaften und Betriebe sowie Gewerkschaftsvertreter. [2]Frauen und Männer sollen entsprechend ihrem zahlenmäßigen Verhältnis gewählt werden. [3]Für jedes Mitglied ist ein Ersatzmitglied zu wählen.

(3) Gehören dem besonderen Verhandlungsgremium mehr als zwei Mitglieder aus dem Inland an, ist jedes dritte Mitglied ein Vertreter einer Gewerkschaft, die in einer an der *Umwandlung* beteiligten Gesellschaft, betroffenen Tochtergesellschaft oder einem betroffenen Betrieb vertreten ist.

(4) Gehören dem besonderen Verhandlungsgremium mehr als sechs Mitglieder aus dem Inland an, ist mindestens jedes siebte Mitglied ein leitender Angestellter.

§ 9 Verteilung der auf das Inland entfallenden Sitze des besonderen Verhandlungsgremiums

(1) Die Wahl oder Bestellung der Mitglieder des besonderen Verhandlungsgremiums nach §§ 7 f. erfolgt nach den jeweiligen Bestimmungen der Mitgliedstaaten.

(2) Bei der Wahl der auf das Inland entfallenden Mitglieder des besonderen Verhandlungsgremiums sollen alle an der *Umwandlung* beteiligten Gesellschaften mit Sitz im Inland, die Arbeitnehmer im Inland beschäftigen, durch mindestens ein Mitglied im besonderen Verhandlungsgremium vertreten sein.

(3) Ist die Anzahl der auf das Inland entfallenden Mitglieder des besonderen Verhandlungsgremiums geringer als die Anzahl der an der *Umwandlung* beteiligten Gesellschaften mit Sitz im Inland, die Arbeitnehmer im Inland beschäftigen, so erhalten die Gesellschaften in absteigender Reihenfolge der Zahl der Arbeitnehmer jeweils einen Sitz.

(4) Ist die Anzahl der auf das Inland entfallenden Mitglieder des besonderen Verhandlungsgremiums höher als die Anzahl der an der *Umwandlung* beteiligten Gesellschaften mit Sitz im Inland, die Arbeitnehmer im Inland beschäftigen, so sind die nach erfolgter Verteilung nach Absatz 2 verbleibenden Sitze nach dem d'Hondtschen Höchstzahlverfahren auf die beteiligten Gesellschaften, die betroffenen Tochtergesellschaften oder die betroffenen Betriebe zu verteilen.

(5) Sind keine Gesellschaften mit Sitz im Inland an der *Umwandlung* beteiligt, sondern von ihr nur Tochtergesellschaften oder Betriebe ausländischer Gesellschaften betroffen, gelten die Absätze 2 bis 4 entsprechend.

Kapitel 2: Wahlgremium[1580]

§ 10 Zusammensetzung des Wahlgremiums; Urwahl

(1) [1]Die nach diesem Gesetz oder dem Gesetz eines anderen Mitgliedstaats auf die im Inland beschäftigten Arbeitnehmer der an der *Umwandlung* beteiligten Gesellschaften, betroffenen Tochtergesellschaften und betroffenen Betriebe entfallenden Mitglieder des besonderen Verhandlungsgremiums werden von einem Wahlgremium in geheimer und unmittelbarer Wahl gewählt. [2]Im Fall des § 8 Abs. 3 ist jedes dritte Mitglied auf Vorschlag einer Gewerkschaft zu wählen, die in einer an der *Umwandlung* beteiligten Gesellschaft, einer betroffenen Tochtergesellschaft oder einem betroffenen Betrieb vertreten ist. [3]Wird nur ein Wahlvorschlag gemacht, muss dieser mindestens doppelt so viele Bewerber enthalten wie Vertreter von Gewerkschaften zu wählen sind. [4]Jeder Wahlvorschlag einer Gewerkschaft muss von einem Vertreter der Gewerkschaft unterzeichnet sein. [5]Im Fall des § 8 Abs. 4 ist jedes siebte Mitglied auf Vorschlag der Sprecherausschüsse zu wählen; Satz 3 gilt entsprechend. [6]Besteht in einer beteiligten Gesellschaft oder in einer der beteiligten Tochtergesellschaften oder den betroffenen Betrieben kein Sprecherausschuss, können die leitenden Angestellten Wahlvorschläge machen; ein Wahlvorschlag muss von einem Zwanzigstel oder 50 der wahlberechtigten leitenden Angestellten unterzeichnet sein.

(2) [1]Ist aus dem Inland nur eine Unternehmensgruppe an der *Umwandlung* beteiligt, besteht das Wahlgremium aus den Mitgliedern des Konzernbetriebsrates oder, sofern ein solcher nicht besteht, aus den Mitgliedern der Gesamtbetriebsräte oder, sofern ein solcher in einem Unternehmen nicht besteht, aus den Mitgliedern des Betriebsrates. [2]Betriebsratslose Betriebe und Unternehmen einer Unternehmensgruppe werden vom Konzernbetriebsrat, Gesamtbetriebsrat oder Betriebsrat mit vertreten.

(3) [1]Ist aus dem Inland nur ein Unternehmen an der *Umwandlung* beteiligt, besteht das Wahlgremium aus den Mitgliedern des Gesamtbetriebsrates oder, sofern ein solcher nicht besteht, aus den Mitgliedern des Betriebsrates. [2]Betriebsratslose Betriebe eines Unternehmens werden vom Gesamtbetriebsrat oder Betriebsrat mit vertreten.

(4) Ist aus dem Inland nur ein Betrieb von der *Umwandlung* betroffen, besteht das Wahlgremium aus den Mitgliedern des Betriebsrates.

1580 In diesem Kapitel ergeben sich durch die Richtlinie keine notwendigen Änderungen; die Regulierung des Wahlverfahrens obliegt nach wie vor den Mitgliedstaaten selbst, vgl. den Verweis auf Art. 3 Abs. 2 lit. b) SE-RL in Art. 86l Abs. 3 lit. a), Art. 160l Abs. 3 lit. a) MobilitätsRL sowie Art. 133 Abs. 3 lit. a) GesRRL.

(5) [1]Sind an der *Umwandlung* eine oder mehrere Unternehmensgruppen oder nicht verbundene Unternehmen beteiligt oder sind von der Gründung unternehmensunabhängige Betriebe betroffen, setzt sich das Wahlgremium aus den jeweiligen Arbeitnehmervertretungen auf Konzernebene, Unternehmensebene oder Betriebsebene zusammen. [2]Die Absätze 2 bis 4 gelten entsprechend. [3]Ist in den Fällen des Satzes 1 eine entsprechende Arbeitnehmervertretung nicht vorhanden, werden diese Mitglieder des Wahlgremiums von den Arbeitnehmern in Urwahl gewählt. [4]Die Wahl wird von einem Wahlvorstand eingeleitet und durchgeführt, der in einer Versammlung der Arbeitnehmer gewählt wird, zu der die inländische Konzernleitung, Unternehmensleitung oder Betriebsleitung einlädt. [5]Es sind so viele Mitglieder des Wahlgremiums zu wählen, wie eine bestehende Arbeitnehmervertretung in den Fällen der Absätze 2 bis 4 an gesetzlichen Mitgliedern hätte; für das Wahlverfahren gilt Absatz 7 Satz 3 bis 5 entsprechend.

(6) [1]Das Wahlgremium besteht aus höchstens 40 Mitgliedern. [2]Würde diese Höchstzahl überschritten, ist die Anzahl der Mitglieder in dem Wahlgremium entsprechend ihrem zahlenmäßigen Verhältnis nach dem d'Hondtschen Höchstzahlverfahren zu verringern.

(7) [1]Besteht in den Fällen der Absätze 2 bis 5 keine Arbeitnehmervertretung, wählen die Arbeitnehmer die Mitglieder des besonderen Verhandlungsgremiums in geheimer und unmittelbarer Wahl. [2]Die Wahl wird von einem Wahlvorstand eingeleitet und durchgeführt, der in einer Versammlung der Arbeitnehmer gewählt wird, zu der die inländische Konzernleitung, Unternehmensleitung oder Betriebsleitung einlädt. [3]Die Wahl der Mitglieder des besonderen Verhandlungsgremiums erfolgt nach den Grundsätzen der Verhältniswahl. [4]Sie erfolgt nach den Grundsätzen der Mehrheitswahl, wenn nur ein Wahlvorschlag eingereicht wird. [5]Jeder Wahlvorschlag der Arbeitnehmer muss von mindestens einem Zwanzigstel der wahlberechtigten Arbeitnehmer, mindestens jedoch von drei Wahlberechtigten, höchstens aber von 50 Wahlberechtigten unterzeichnet sein; in Betrieben mit in der Regel bis zu 20 wahlberechtigten Arbeitnehmern genügt die Unterzeichnung durch zwei Wahlberechtigte. [6]Absatz 1 Satz 2 bis 6 gilt entsprechend.

§ 11 Einberufung des Wahlgremiums

(1) Auf der Grundlage der von den Leitungen erhaltenen Informationen hat der Vorsitzende der Arbeitnehmervertretung auf Konzernebene oder, sofern eine solche nicht besteht, auf Unternehmensebene oder, sofern eine solche nicht besteht, auf Betriebsebene

1. Ort, Tag und Zeit der Versammlung des Wahlgremiums festzulegen;
2. die Anzahl der Mitglieder aus den jeweiligen Arbeitnehmervertretungen nach § 10 Abs. 6 festzulegen;
3. zur Versammlung des Wahlgremiums einzuladen.

(2) Bestehen auf einer Ebene mehrere Arbeitnehmervertretungen, treffen die Verpflichtungen nach Absatz 1 den Vorsitzenden der Arbeitnehmervertretung, die die meisten Arbeitnehmer vertritt.

§ 12 Wahl der Mitglieder des besonderen Verhandlungsgremiums

(1) [1]Bei der Wahl müssen mindestens zwei Drittel der Mitglieder des Wahlgremiums, die mindestens zwei Drittel der Arbeitnehmer vertreten, anwesend sein. [2]Die Mitglieder des Wahlgremiums haben jeweils so viele Stimmen, wie sie Arbeitnehmer vertreten. [3]Die Wahl erfolgt mit einfacher Mehrheit der abgegebenen Stimmen.

(2) [1]Im Wahlgremium vertreten die Arbeitnehmervertretungen und die in Urwahl gewählten Mitglieder jeweils alle Arbeitnehmer der organisatorischen Einheit, für die sie nach § 10 Abs. 2 bis 5 zuständig sind. [2]Nicht nach Satz 1 vertretene Arbeitnehmer werden den Arbeitnehmervertretungen innerhalb der jeweiligen Unternehmensgruppe zu gleichen Teilen zugerechnet.

(3) [1]Sind für eine Arbeitnehmervertretung mehrere Mitglieder im Wahlgremium vertreten, werden die entsprechend der von ihnen vertretenen Arbeitnehmer bestehenden Stimmenanteile gleichmäßig aufgeteilt. [2]Dies gilt auch für die nach § 10 Abs. 5 Satz 3 gewählten Mitglieder des Wahlgremiums.

Kapitel 3: Verhandlungsverfahren

Titel 1: Allgemeine Vorschriften

§ 13 Information über die Mitglieder des besonderen Verhandlungsgremiums

(1) [1]Die Wahl oder Bestellung der Mitglieder des besonderen Verhandlungsgremiums soll innerhalb von zehn Wochen nach der in § 6 Abs. 2 und 3 vorgeschriebenen Information erfolgen. [2]Den Leitungen sind unverzüglich die Namen der Mitglieder des besonderen Verhandlungsgremiums, ihre Anschriften sowie die jeweilige Betriebszugehörigkeit mitzuteilen. [3]Die Leitungen haben die örtlichen Betriebs- und Unternehmensleitungen, die dort bestehenden Arbeitnehmervertretungen und Sprecherausschüsse sowie die in inländischen Betrieben vertretenen Gewerkschaften über diese Angaben zu informieren.

(2) [1]Das Verhandlungsverfahren nach den §§ 14 bis *21a* findet auch dann statt, wenn die in Absatz 1 Satz 1 genannte Frist aus Gründen, die die Arbeitnehmer zu vertreten haben, überschritten wird. [2]Nach Ablauf der Frist gewählte oder bestellte Mitglieder können sich jederzeit an dem Verhandlungsverfahren beteiligen.

§ 14 Sitzungen; Geschäftsordnung

(1) [1]Die Leitungen laden unverzüglich nach Benennung der Mitglieder oder im Fall des § 13 nach Ablauf der in § 13 Abs. 1 Satz 1 genannten Frist zur konstituierenden Sitzung des besonderen Verhandlungsgremiums ein und informieren die örtlichen

Betriebs- und Unternehmensleitungen. [2]Das besondere Verhandlungsgremium wählt aus seiner Mitte einen Vorsitzenden und mindestens zwei Stellvertreter. [3]Es kann sich eine schriftliche Geschäftsordnung geben.

(2) Der Vorsitzende kann weitere Sitzungen einberufen.

§ 15 Zusammenarbeit zwischen besonderem Verhandlungsgremium und Leitungen

(1) [1]Das besondere Verhandlungsgremium schließt mit den Leitungen eine schriftliche Vereinbarung über die Mitbestimmung der Arbeitnehmer in der aus der grenzüberschreitenden *Umwandlung* hervorgehenden Gesellschaft ab. [2]Zur Erfüllung dieser Aufgabe arbeiten sie vertrauensvoll zusammen.

(2) [1] Die Leitungen *haben* die Beteiligung der Arbeitnehmer in der aus der *Umwandlung* hervorgehenden Gesellschaft mit dem besonderen Verhandlungsgremium mit ernsthaftem Einigungswillen *zu verhandeln.* [2]Zu diesem Zwecke haben die Leitungen dem besonderen Verhandlungsgremium rechtzeitig alle erforderlichen Auskünfte zu erteilen und die erforderlichen Unterlagen zur Verfügung zu stellen. [3]Das besondere Verhandlungsgremium ist insbesondere über das *Umwandlungs*vorhaben und den Verlauf des Verfahrens bis zur Eintragung der aus der grenzüberschreitenden *Umwandlung* hervorgehenden Gesellschaft zu unterrichten. [4]Zeitpunkt, Häufigkeit und Ort der Verhandlungen werden zwischen den Leitungen und dem besonderen Verhandlungsgremium einvernehmlich festgelegt.

§ 16 Sachverständige und Vertreter von geeigneten außenstehenden Organisationen

(1) [1]Das besondere Verhandlungsgremium kann bei den Verhandlungen Sachverständige seiner Wahl, zu denen auch Vertreter von einschlägigen Gewerkschaftsorganisationen auf Gemeinschaftsebene zählen können, hinzuziehen, um sich von ihnen bei seiner Arbeit unterstützen zu lassen. [2]Diese Sachverständigen können, wenn das besondere Verhandlungsgremium es wünscht, an den Verhandlungen in beratender Funktion teilnehmen.

(2) Das besondere Verhandlungsgremium kann beschließen, die Vertreter von geeigneten außenstehenden Organisationen vom Beginn der Verhandlungen zu unterrichten.

§ 17 Beschlussfassung im besonderen Verhandlungsgremium

(1) [1]Die Mitglieder des besonderen Verhandlungsgremiums, die in einem Mitgliedstaat gewählt oder bestellt werden, vertreten alle in dem jeweiligen Mitgliedstaat beschäftigten Arbeitnehmer. [2]Solange aus einem Mitgliedstaat keine Mitglieder in das besondere Verhandlungsgremium gewählt oder bestellt sind (§ 13 Abs. 2), gelten die betroffenen Arbeitnehmer als nicht vertreten.

(2) [1]Das besondere Verhandlungsgremium beschließt vorbehaltlich der *§§ 18, 21b und 21c* mit der Mehrheit seiner Mitglieder, in der zugleich die Mehrheit der vertretenen Arbeitnehmer enthalten sein muss. [2]Jedes auf das Inland entfallende Mitglied vertritt gleich viele Arbeitnehmer.

§ 18 Nichtaufnahme oder Abbruch der Verhandlungen

[1]Das besondere Verhandlungsgremium kann beschließen, keine Verhandlungen aufzunehmen oder bereits aufgenommene Verhandlungen abzubrechen. [2]Für diesen Beschluss ist eine Mehrheit von zwei Dritteln der Mitglieder erforderlich, die mindestens zwei Drittel der Arbeitnehmer in mindestens zwei Mitgliedstaaten vertreten. [3]Die Vorschriften über die Mitbestimmung der Arbeitnehmer, die in dem Mitgliedstaat gelten, in dem die aus der grenzüberschreitenden *Umwandlung* hervorgehende Gesellschaft ihren Sitz haben wird, finden Anwendung.

§ 19 Niederschrift und Information der Arbeitnehmer

(1) [1]In eine Niederschrift, die vom Vorsitzenden und einem weiteren Mitglied des besonderen Verhandlungsgremiums zu unterzeichnen ist, sind aufzunehmen

1. ein Beschluss über den Abschluss einer Vereinbarung nach § 15 Abs. 1,
2. ein Beschluss über die Nichtaufnahme oder den Abbruch der Verhandlungen nach *§§ 18, 21b, 21c* und
3. die jeweiligen Mehrheiten, mit denen die Beschlüsse gefasst worden sind.

[2]Eine Abschrift der Niederschrift ist den Leitungen zu übermitteln.

(2) Die Leitungen sind dazu verpflichtet, die Arbeitnehmer unverzüglich nach Abschluss des Verhandlungsverfahrens über dessen Ergebnis in Kenntnis zu setzen.

§ 20 Kosten des besonderen Verhandlungsgremiums

[1]Die durch die Bildung und Tätigkeit des besonderen Verhandlungsgremiums entstehenden erforderlichen Kosten tragen die beteiligten Gesellschaften und nach *Umwandlung* die aus der grenzüberschreitenden *Umwandlung* hervorgehende Gesellschaft als Gesamtschuldner. [2]Insbesondere sind für die Sitzungen in erforderlichem Umfang Räume, sachliche Mittel, Dolmetscher und Büropersonal zur Verfügung zu stellen sowie die erforderlichen Reise- und Aufenthaltskosten der Mitglieder des besonderen Verhandlungsgremiums zu tragen.

§ 21 Dauer der Verhandlungen

(1) [1]Die Verhandlungen beginnen mit der Einsetzung des besonderen Verhandlungsgremiums und können bis zu sechs Monate dauern. [2]Einsetzung bezeichnet den Tag, zu dem die Leitungen zur konstituierenden Sitzung des besonderen Verhandlungsgremiums eingeladen haben.

(2) Die Parteien können einvernehmlich beschließen, die Verhandlungen über den in Absatz 1 genannten Zeitraum hinaus bis zu insgesamt einem Jahr ab der Einsetzung des besonderen Verhandlungsgremiums fortzusetzen.

§ 21a Wiederaufnahme des Verhandlungsverfahrens

(1) Liegt ein Missbrauch im Sinne des § 33a vor oder sind in den auf die Umwandlung folgenden vier Jahren strukturelle Änderungen geplant, die zu einer anderen Mitbestimmung kraft Gesetzes geführt hätten, wenn sie im Umwandlungszeitraum vorgelegen hätten, so finden auf Veranlassung der Leitung des Unternehmens Verhandlungen über die Beteiligung der Arbeitnehmer im Unternehmen statt.

(2) Wird in diesen Verhandlungen keine Einigung erzielt, sind die Vorschriften über die gesetzliche Auffanglösung anzuwenden.

(3) Strukturelle Änderungen sind unter anderem

1. *Veränderungen in der Struktur des Unternehmens, seiner Tochtergesellschaften oder Betriebe, oder*
2. *Änderungen der Beschäftigtenzahl des Unternehmens oder seiner Tochtergesellschaften, infolge dessen ein nationaler Mitbestimmungsschwellenwert überschritten wird, oder*
3. *Umwandlungen des Unternehmens,*

welche Einfluss auf die Mitbestimmungsverhandlungen gehabt hätten, wenn sie im Zeitpunkt der Umwandlung bereits vorgelegen hätten.

Titel 2: Besonderheiten bei einer grenzüberschreitenden Verschmelzung

§ 21b Nichtaufnahme oder Abbruch der Verhandlungen

(1) Gilt für eine der sich verschmelzenden Gesellschaften ein System der Arbeitnehmermitbestimmung im Sinne des § 2 Absatz 8, können die Leitungen entscheiden, die Mitbestimmung kraft Gesetzes ohne vorhergehende Verhandlung unmittelbar ab dem Zeitpunkt der Eintragung anzuwenden.

(2) [1]Das besondere Verhandlungsgremium kann beschließen, keine Verhandlungen aufzunehmen oder bereits aufgenommene Verhandlungen abzubrechen. [2]Für diesen Beschluss ist eine Mehrheit von zwei Dritteln der Mitglieder erforderlich, die mindestens zwei Drittel der Arbeitnehmer in mindestens zwei Mitgliedstaaten vertreten. [3]Die Vorschriften über die Mitbestimmung der Arbeitnehmer, die in dem Mitgliedstaat gelten, in dem die aus der grenzüberschreitenden Verschmelzung hervorgehende Gesellschaft ihren Sitz haben wird, finden Anwendung.

§ 21c Mitbestimmungsmindernde Beschlüsse

(1) [1]Hätten die Verhandlungen eine Minderung der Mitbestimmungsrechte zur Folge, so ist für einen Beschluss zur Billigung einer solchen Vereinbarung eine Mehrheit von zwei Dritteln der Mitglieder des besonderen Verhandlungsgremiums erforderlich, die mindestens zwei Drittel der Arbeitnehmer in mindestens zwei Mitgliedstaaten vertreten. [2]Dies gilt, sofern sich die Mitbestimmung auf mindestens 25 Prozent der Gesamtzahl der Arbeitnehmer der beteiligten Gesellschaften und der betroffenen Tochtergesellschaften erstreckt. [3]*Ein Beschluss im Sinne des Satz 1 ist nicht zulässig, insoweit nur eine der beteiligten Gesellschaften Arbeitnehmer beschäftigt.*

(2) Minderung der Mitbestimmungsrechte bedeutet, dass

1. der Anteil der Arbeitnehmervertreter
   a. im Verwaltungs- oder Aufsichtsorgan,
   b. in Ausschüssen, in denen die Mitbestimmung der Arbeitnehmer erfolgt, oder
   c. im Leitungsgremium, das für die Ergebniseinheiten der Gesellschaften zuständig ist,
   d. geringer ist als der höchste in den beteiligten Gesellschaften bestehende Anteil oder

2. das Recht, Mitglieder des Aufsichts- oder Verwaltungsorgans der Gesellschaft zu wählen, zu bestellen, zu empfehlen oder abzulehnen, beseitigt oder eingeschränkt wird.

Teil 3: Mitbestimmung der Arbeitnehmer
Kapitel 1: Mitbestimmung kraft Vereinbarung

§ 22 Inhalt der Vereinbarung

(1) In der schriftlichen Vereinbarung zwischen den Leitungen und dem besonderen Verhandlungsgremium wird, unbeschadet der Autonomie der Parteien im Übrigen, festgelegt:

1. der Geltungsbereich der Vereinbarung, einschließlich der außerhalb des Hoheitsgebietes der Mitgliedstaaten liegenden Unternehmen und Betriebe, sofern diese in den Geltungsbereich einbezogen werden;
2. der Zeitpunkt des Inkrafttretens der Vereinbarung und ihre Laufzeit; ferner die Fälle, in denen die Vereinbarung neu ausgehandelt werden soll, und das dabei anzuwendende Verfahren;
3. die Zahl der Mitglieder des Aufsichts- oder Verwaltungsorgans der aus der grenzüberschreitenden Umwandlung hervorgehenden Gesellschaft, welche die Arbeitnehmer wählen oder bestellen können oder deren Bestellung sie empfehlen oder ablehnen können;
4. das Verfahren, nach dem die Arbeitnehmer diese Mitglieder wählen oder bestellen oder deren Bestellung empfehlen oder ablehnen können, und

5. die Rechte dieser Mitglieder.

(2) *Den Parteien steht es frei in der Vereinbarung festzulegen, welches Verfahren zur Durchführung der Verhandlungen der Arbeitnehmer anzuwenden ist, wenn in der aus der grenzüberschreitenden Umwandlung hervorgehenden Gesellschaft eine strukturelle Änderung vorgenommen werden soll.*

(3) Die Vereinbarung kann bestimmen, dass die Regelungen der §§ 23 bis 27 über die Mitbestimmung kraft Gesetzes ganz oder in Teilen gelten.

(4) Steht die Satzung der aus einer grenzüberschreitenden Umwandlung hervorgehenden Gesellschaft im Widerspruch zu den Regelungen über die Mitbestimmung kraft Vereinbarung, ist die Satzung anzupassen. [2]*Die Beteiligungsvereinbarung unterliegt der innerstaatlichen Satzungsstrenge.*

(5) [1]*Unbeschadet des Verhältnisses dieses Gesetzes zu anderen Regelungen der Mitbestimmung der Arbeitnehmer im Unternehmen muss in der Vereinbarung im Fall einer aus grenzüberschreitenden Formwechsel oder Spaltung hervorgehenden Gesellschaft in Bezug auf alle Komponenten der Arbeitnehmerbeteiligung zumindest das gleiche Ausmaß gewährleistet werden, das in der Gesellschaft besteht, die umgewandelt werden soll.* [2]*Dies gilt auch bei einem Wechsel der Gesellschaft von einer dualistischen zu einer monistischen Organisationsstruktur und umgekehrt.* [3]*Galt in einer der beteiligten Gesellschaften ein gesondertes Auswahlverfahren für von Gewerkschaften vorgeschlagene Arbeitnehmervertreter, so ist dies auch nach Umwandlung zu gewährleisten.*

Kapitel 2: Mitbestimmung kraft Gesetzes
Titel 1: Reguläre Mitbestimmung kraft Gesetzes

§ 23 Voraussetzung

(1) [1]Die Regelungen dieses Kapitels finden ab dem Zeitpunkt der Eintragung der aus der grenzüberschreitenden *Umwandlung* hervorgehenden Gesellschaft Anwendung, wenn

1. die Parteien dies vereinbaren oder
2. bis zum Ende des in *§ 21* angegebenen Zeitraums keine Vereinbarung zustande gekommen ist und das besondere Verhandlungsgremium keinen Beschluss nach *§ 18 oder §§ 21bf.* gefasst hat oder
3. die Leitungen der an *einer* Verschmelzung beteiligten Gesellschaften entscheiden, diese Regelungen ohne vorhergehende Verhandlung unmittelbar ab dem Zeitpunkt der Eintragung anzuwenden.

[2]*Abweichend von Satz 1 finden die Regelungen dieses Kapitels keine Anwendung, wenn die Regelungen über die Mitbestimmung kraft Vereinbarung aufgrund des § 5 Nr. 1 ausgelöst wurden.* [3]In den Fällen des Satzes 1 Nr. 2 und 3 und 4 muss vor der

Eintragung der aus einer grenzüberschreitenden Verschmelzung hervorgehenden Gesellschaft in einer oder mehreren der beteiligten Gesellschaften eine oder mehrere Formen der Mitbestimmung bestanden haben, die

1. sich auf mindestens ein Drittel der Gesamtzahl der Arbeitnehmer aller beteiligten Gesellschaften und betroffenen Tochtergesellschaften erstreckte oder
2. sich auf weniger als ein Drittel der Gesamtzahl der Arbeitnehmer aller beteiligten Gesellschaften und betroffenen Tochtergesellschaften erstreckte und das besondere Verhandlungsgremium einen entsprechenden Beschluss fasst.

(2) [1]Bestand in den Fällen von Absatz 1 mehr als eine Form der Mitbestimmung im Sinne des *§ 2 Abs. 8* in den verschiedenen beteiligten Gesellschaften, so entscheidet das besondere Verhandlungsgremium, welche von ihnen in der aus der grenzüberschreitenden *Umwandlung* hervorgehenden Gesellschaft eingeführt wird. [2]Wenn das besondere Verhandlungsgremium keinen solchen Beschluss fasst und eine inländische Gesellschaft, deren Arbeitnehmern Mitbestimmungsrechte zustehen, an der *Umwandlung* beteiligt ist, ist die Mitbestimmung nach *§ 2 Abs. 8 Nr. 1* maßgeblich. [3]Ist keine inländische Gesellschaft, deren Arbeitnehmern Mitbestimmungsrechte zustehen, beteiligt, findet die Form der Mitbestimmung nach *§ 2 Abs. 8* Anwendung, die sich auf die höchste Zahl der in den beteiligten Gesellschaften beschäftigten Arbeitnehmer erstreckt.

(3) Das besondere Verhandlungsgremium unterrichtet die Leitungen über die Beschlüsse, die es nach Absatz 1 Satz 2 Nr. 2 und Absatz 2 Satz 1 gefasst hat.

§ 24 Umfang der Mitbestimmung

(1) [1]Die Arbeitnehmer der aus der grenzüberschreitenden *Umwandlung* hervorgehenden Gesellschaft, ihrer Tochtergesellschaften und Betriebe oder ihr Vertretungsorgan haben das Recht, einen Teil der Mitglieder des Aufsichts- oder Verwaltungsorgans der aus der grenzüberschreitenden *Umwandlung* hervorgehenden Gesellschaft zu wählen oder zu bestellen oder deren Bestellung zu empfehlen oder abzulehnen. [2]Die Zahl dieser Arbeitnehmervertreter im Aufsichts- oder Verwaltungsorgan der aus der grenzüberschreitenden *Umwandlung* hervorgehenden Gesellschaft bemisst sich nach dem höchsten Anteil an Arbeitnehmervertretern, der in den Organen der beteiligten Gesellschaften vor der Eintragung der aus der grenzüberschreitenden *Umwandlung* hervorgehenden Gesellschaft bestanden hat.

(2) [1]Handelt es sich bei der aus einer grenzüberschreitenden *Umwandlung* hervorgehenden Gesellschaft nach Absatz 1 um eine Gesellschaft mit beschränkter Haftung, so ist in dieser Gesellschaft ein Aufsichtsrat zu bilden. [2]§ 90 Abs. 3, 4, 5 Satz 1 und 2, §§ 95 bis 116, 118 Abs. 3, § 125 Abs. 3 und 4 und §§ 170, 171, 268 Abs. 2 des Aktiengesetzes sind entsprechend anzuwenden, soweit nicht in den Vorschriften dieses Gesetzes ein anderes bestimmt ist.

(3) Steht die Satzung der aus einer grenzüberschreitenden *Umwandlung* hervorgehenden Gesellschaft im Widerspruch zu den Regelungen über die Mitbestimmung kraft Gesetzes, ist die Satzung anzupassen. [2]*Die Beteiligungsvereinbarung unterliegt der innerstaatlichen Satzungsstrenge.*

§ 25 Sitzverteilung

(1) [1]Das besondere Verhandlungsgremium verteilt die Zahl der Sitze im Aufsichts- oder Verwaltungsorgan auf die Mitgliedstaaten, in denen Mitglieder zu wählen oder zu bestellen sind. [2]Die Verteilung richtet sich nach dem jeweiligen Anteil der in den einzelnen Mitgliedstaaten beschäftigten Arbeitnehmer der aus der grenzüberschreitenden *Umwandlung* hervorgehenden Gesellschaft, ihrer Tochtergesellschaften und Betriebe. [3]Können bei dieser anteiligen Verteilung die Arbeitnehmer aus einem oder mehreren Mitgliedstaaten keinen Sitz erhalten, so hat das besondere Verhandlungsgremium den letzten zu verteilenden Sitz einem bisher unberücksichtigten Mitgliedstaat zuzuweisen. [4]Dieser Sitz soll, soweit angemessen, dem Mitgliedstaat zugewiesen werden, in dem die aus der grenzüberschreitenden *Umwandlung* hervorgehende Gesellschaft ihren Sitz haben wird. [5]Dieses Verteilungsverfahren gilt auch in dem Fall, in dem die Arbeitnehmer der aus der grenzüberschreitenden *Umwandlung* hervorgehenden Gesellschaft Mitglieder dieser Organe empfehlen oder ablehnen können.

(2) Soweit die Mitgliedstaaten über die Besetzung der ihnen zugewiesenen Sitze keine eigenen Regelungen treffen, bestimmt das besondere Verhandlungsgremium die Arbeitnehmervertreter im Aufsichts- oder Verwaltungsorgan der aus der grenzüberschreitenden *Umwandlung* hervorgehenden Gesellschaft.

(3) [1]Die Ermittlung der auf das Inland entfallenden Arbeitnehmervertreter des Aufsichts- oder Verwaltungsorgans der aus einer grenzüberschreitenden *Umwandlung* hervorgehenden Gesellschaft erfolgt durch ein Wahlgremium, das sich aus den Arbeitnehmervertretungen der aus einer grenzüberschreitenden Umwandlung hervorgehenden Gesellschaft, ihrer Tochtergesellschaften und Betriebe zusammensetzt. [2]Für das Wahlverfahren gelten § 8 Abs. 2 bis 4, § 10 Abs. 1 Satz 2 bis 5, Abs. 2 bis 7 und die §§ 11 und 12 entsprechend mit der Maßgabe, dass an die Stelle der beteiligten Gesellschaften, betroffenen Tochtergesellschaften und betroffenen Betriebe die aus der grenzüberschreitenden *Umwandlung* hervorgehende Gesellschaft, ihre Tochtergesellschaften und Betriebe treten. [3]Das Wahlergebnis ist der Leitung der aus der grenzüberschreitenden *Umwandlung* hervorgehenden Gesellschaft, den Arbeitnehmervertretungen, den Gewählten, den Sprecherausschüssen und Gewerkschaften mitzuteilen. [4]Die Leitung hat die Namen der Gewählten in den Betrieben des Unternehmens bekannt zu machen.

§ 26 Abberufung und Anfechtung

(1) [1]Ein Mitglied oder ein Ersatzmitglied der Arbeitnehmer aus dem Inland im Aufsichts- oder Verwaltungsorgan kann vor Ablauf der Amtszeit abberufen werden. [2]Antragsberechtigt sind

1. die Arbeitnehmervertretungen, die das Wahlgremium gebildet haben;
2. in den Fällen der Urwahl mindestens drei wahlberechtigte Arbeitnehmer;
3. für ein Mitglied nach § 8 Abs. 3 nur die Gewerkschaft, die das Mitglied vorgeschlagen hat;
4. für ein Mitglied nach § 8 Abs. 4 nur der Sprecherausschuss, der das Mitglied vorgeschlagen hat.

[3]Für das Abberufungsverfahren gelten die §§ 10 bis 12 entsprechend mit der Maßgabe, dass an die Stelle der beteiligten Gesellschaften, betroffenen Tochtergesellschaften und betroffenen Betriebe die aus der grenzüberschreitenden *Umwandlung* hervorgehende Gesellschaft, ihre Tochtergesellschaften und Betriebe treten; abweichend von § 10 Abs. 5 und § 12 Abs. 1 Satz 3 bedarf der Beschluss einer Mehrheit von drei Vierteln der abgegebenen Stimmen.

(2) [1]Die Wahl eines Mitglieds oder eines Ersatzmitglieds der Arbeitnehmer aus dem Inland im Aufsichts- oder Verwaltungsorgan kann angefochten werden, wenn gegen wesentliche Vorschriften über das Wahlrecht, die Wählbarkeit oder das Wahlverfahren verstoßen worden und eine Berichtigung nicht erfolgt ist, es sei denn, dass durch den Verstoß das Wahlergebnis nicht geändert oder beeinflusst werden konnte. [2]Zur Anfechtung berechtigt sind die in Absatz 1 Satz 2 Genannten und die Leitung der aus der grenzüberschreitenden *Umwandlung* hervorgegangenen Gesellschaft. [3]Die Klage muss innerhalb eines Monats nach der Bekanntgabe gemäß § 25 Abs. 3 Satz 2 oder 3 erhoben werden.

§ 27 Rechtsstellung; Innere Ordnung

(1) Die Arbeitnehmervertreter im Aufsichts- oder Verwaltungsorgan der aus der grenzüberschreitenden *Umwandlung* hervorgehenden Gesellschaft haben die gleichen Rechte und Pflichten wie die Mitglieder, die die Anteilseigner vertreten.

(2) [1]Die Zahl der Mitglieder der Leitung beträgt mindestens zwei. [2]Einer von ihnen ist für den Bereich Arbeit und Soziales zuständig. [3]Dies gilt nicht für die Kommanditgesellschaft auf Aktien.

(3) Besteht in einer der beteiligten Gesellschaften das Aufsichtsorgan aus derselben Zahl von Anteilseigner- und Arbeitnehmervertretern sowie einem weiteren Mitglied, so ist auch im Aufsichts- oder Verwaltungsorgan der aus der grenzüberschreitenden *Umwandlung* hervorgehenden Gesellschaft ein weiteres Mitglied auf gemeinsamen Vorschlag der Anteilseigner- und der Arbeitnehmervertreter zu wählen.

§ 28 Tendenzunternehmen

Auf eine aus einer grenzüberschreitenden *Umwandlung* hervorgehende Gesellschaft, die unmittelbar und überwiegend

1. politischen, koalitionspolitischen, konfessionellen, karitativen, erzieherischen, wissenschaftlichen oder künstlerischen Bestimmungen oder
2. Zwecken der Berichterstattung oder Meinungsäußerung, auf die Artikel 5 Abs. 1 Satz 2 des Grundgesetzes anzuwenden ist,

dient, finden Kapitel 2 und § 30 keine Anwendung.

Titel 2: Abweichende Mitbestimmung kraft Gesetzes

§ 28a Voraussetzungen

Die Regelungen dieses Kapitels finden ab dem Zeitpunkt der Eintragung der aus der grenzüberschreitenden Verschmelzung hervorgehenden Gesellschaft Anwendung, wenn

1. *die Parteien dies vereinbaren oder*
2. *in den Fällen des § 5 Nr. 1 bis zum Ende des in § 21 angegebenen Zeitraums keine Vereinbarung zustande gekommen ist und das besondere Verhandlungsgremium keinen Beschluss nach § 18 gefasst hat.*

§ 28b Umfang der Mitbestimmung

(1) Die Arbeitnehmer der aus der grenzüberschreitenden Umwandlung hervorgehenden Gesellschaft, ihrer Tochtergesellschaften und Betriebe oder ihr Vertretungsorgan haben das Recht, einen Teil der Mitglieder des Aufsichts- oder Verwaltungsorgans der aus der grenzüberschreitenden Verschmelzung hervorgehenden Gesellschaft zu wählen oder zu bestellen oder deren Bestellung zu empfehlen oder abzulehnen.

(2) Diese Rechte bestimmen sich nach den Vorschriften des Gesetzes über die Drittelbeteiligung im Aufsichtsrat, dem Gesetz über die Mitbestimmung der Arbeitnehmer oder dem Gesetz über die Mitbestimmung der Arbeitnehmer in den Aufsichtsräten und Vorständen der Unternehmen des Bergbaus und der Eisen und Stahl erzeugenden Industrie mitsamt seinem Ergänzungsgesetz.

(3) Die §§ 25 bis 28 gelten entsprechend.

Kapitel 3: Verhältnis zum nationalen Recht

§ 29 Fortbestehen nationaler Arbeitnehmervertretungsstrukturen

[1]Regelungen über die Arbeitnehmervertretungen und deren Strukturen in einer beteiligten Gesellschaft mit Sitz im Inland, die durch die *Umwandlung* als eigenständige juristische Person erlischt, bestehen nach Eintragung der aus der

grenzüberschreitenden *Umwandlung* hervorgehenden Gesellschaft fort. [2]Die Leitung der aus der grenzüberschreitenden *Umwandlung* hervorgegangenen Gesellschaft stellt sicher, dass diese Arbeitnehmervertretungen ihre Aufgaben weiterhin wahrnehmen können.

§ 30 Nachfolgende *Umwandlungen*

[1]Bei innerstaatlichen oder grenzüberschreitenden *Umwandlungen*, die einer grenzüberschreitenden *Umwandlung* nachfolgen, richtet sich die Mitbestimmung der Arbeitnehmer entsprechend § 4 nach den nationalen Regelungen. [2]Sehen diese Regelungen nicht mindestens den in der aus der grenzüberschreitenden *Umwandlung* hervorgegangenen Gesellschaft bestehenden Umfang an Mitbestimmung im Sinne des § 5 Nr. 2 vor, gelten die für diese Gesellschaft maßgeblichen Regelungen über die Mitbestimmung für die Dauer von vier Jahren ab deren Eintragung in der aus der innerstaatlichen *Umwandlung* hervorgehenden Gesellschaft fort.

§ 30a Temporäre Weitergeltung der bestehenden Mitbestimmung

Die Regelung über die Arbeitnehmermitbestimmung, die im Falle eines Formwechsels oder einer Spaltung vor Umwandlung der grenzüberschreitenden Umwandlung galt, findet bis zum Geltungsbeginn der aufgrund dieses Gesetzes geltenden Regelung weiterhin Anwendung.

Teil 4: Schutzbestimmungen

§ 31 Geheimhaltung; Vertraulichkeit

(1) Informationspflichten der Leitungen und der Leitung der aus einer grenzüberschreitenden *Umwandlung* hervorgehenden Gesellschaft nach diesem Gesetz bestehen nur, soweit bei Zugrundelegung objektiver Kriterien dadurch nicht Betriebs- oder Geschäftsgeheimnisse der an der *Umwandlung* beteiligten Gesellschaften, der aus der grenzüberschreitenden *Umwandlung* hervorgehenden Gesellschaft oder deren jeweiliger Tochtergesellschaften und Betriebe gefährdet werden.

(2) [1]Die Mitglieder und Ersatzmitglieder eines besonderen Verhandlungsgremiums sind unabhängig von ihrem Aufenthaltsort verpflichtet, Betriebs- oder Geschäftsgeheimnisse, die ihnen wegen ihrer Zugehörigkeit zum besonderen Verhandlungsgremium bekannt geworden und von der Leitung ausdrücklich als geheimhaltungsbedürftig bezeichnet worden sind, nicht zu offenbaren und nicht zu verwerten. [2]Dies gilt auch nach dem Ausscheiden aus dem besonderen Verhandlungsgremium.

(3) Die Pflicht zur Vertraulichkeit der Mitglieder und Ersatzmitglieder eines besonderen Verhandlungsgremiums nach Absatz 2 gilt nicht gegenüber

1. den Mitgliedern und Ersatzmitgliedern des besonderen Verhandlungsgremiums,

2. den Arbeitnehmervertretern im Aufsichts- oder Verwaltungsorgan der aus der grenzüberschreitenden Umwandlung hervorgehenden Gesellschaft sowie
3. den Dolmetschern und Sachverständigen, die zur Unterstützung herangezogen werden.

(4) Die Pflicht zur Vertraulichkeit nach Absatz 2 gilt entsprechend für die Sachverständigen und Dolmetscher.

§ 32 Schutz der Arbeitnehmervertreter

[1]Bei der Wahrnehmung ihrer Aufgaben genießen

1. die Mitglieder des besonderen Verhandlungsgremiums und
2. die Arbeitnehmervertreter im Aufsichts- oder Verwaltungsorgan der aus der grenzüberschreitenden *Umwandlung* hervorgehenden Gesellschaft,

die Beschäftigte der aus einer grenzüberschreitenden *Umwandlung* hervorgehenden Gesellschaft, ihrer Tochtergesellschaften oder Betriebe oder einer der beteiligten Gesellschaften, betroffenen Tochtergesellschaften oder betroffenen Betriebe sind, den gleichen Schutz und die gleichen Sicherheiten wie die Arbeitnehmervertreter nach den Gesetzen und Gepflogenheiten des Mitgliedstaats, in dem sie beschäftigt sind. [2]Dies gilt insbesondere für

1. den Kündigungsschutz,
2. die Teilnahme an den Sitzungen der jeweiligen in Satz 1 genannten Gremien und
3. die Entgeltfortzahlung.

§ 33 Errichtungs- und Tätigkeitsschutz

Niemand darf

1. die Bildung des besonderen Verhandlungsgremiums oder die Wahl, Bestellung, Empfehlung oder Ablehnung der Arbeitnehmervertreter im Aufsichts- oder Verwaltungsorgan behindern oder durch Zufügung oder Androhung von Nachteilen oder durch Gewährung oder Versprechen von Vorteilen beeinflussen;
2. die Tätigkeit des besonderen Verhandlungsgremiums oder die Tätigkeit der Arbeitnehmervertreter im Aufsichts- oder Verwaltungsorgan behindern oder stören oder
3. ein Mitglied oder Ersatzmitglied des besonderen Verhandlungsgremiums oder einen Arbeitnehmervertreter im Aufsichts- oder Verwaltungsorgan wegen seiner Tätigkeit benachteiligen oder begünstigen.

§ 33a Missbrauchsvermeidung

(1) Umwandlungsvorgänge dürfen nicht dazu verwendet werden, den Arbeitnehmern Beteiligungsrechte zu entziehen oder vorzuenthalten.

(2) [1]Ein Missbrauch liegt insbesondere vor,

1. *wenn in den vier Jahren nach Vornahme der grenzüberschreitenden Verschmelzung eine strukturelle Änderung im Sinne des § 21a Abs. 3 vorgenommen wird, ohne dass die nach § 21a Abs. 1 erforderlichen Nachverhandlungen durchgeführt werden oder in der Beteiligungsvereinbarung eine dahingehende Regelung getroffen wurde und wird vermutet,*
2. *wenn die grenzüberschreitende Verschmelzung auf eine neu gegründete arbeitnehmerlose Gesellschaft erfolgt oder wenn ohne Durchführung eines Verfahrens nach § 22 Abs. 2 innerhalb von vier Jahren nach Verschmelzung ein weiteres Umwandlungsverfahren vorgenommen wird und vorher ein mitbestimmungsmindernder Beschluss im Sinne des § 21a vorgenommen wurde oder die Leitungen die Nichtaufnahme oder den Abbruch der Verhandlungen im Sinne des § 21 angeordnet haben.*

[2]Die Vermutung in Nr. 2 kann widerlegt werden, wenn die beteiligten Unternehmen darlegen, dass die Maßnahmenkette anderen Zwecken als der Gesetzesumgehung dienen sollte.

Teil 5: Straf- und Bußgeldvorschriften

§ 34 Strafvorschriften

(1) Mit Freiheitsstrafe bis zu zwei Jahren oder mit Geldstrafe wird bestraft, wer

1. entgegen § 31 Abs. 2, auch in Verbindung mit Abs. 4, ein Betriebs- oder Geschäftsgeheimnis verwertet *oder*
2. *entgegen § 33a des MgUG eine Umwandlungsmaßnahme dazu missbraucht, Arbeitnehmern Beteiligungsrechte zu entziehen oder vorzuenthalten.*

(2) Mit Freiheitsstrafe bis zu einem Jahr oder mit Geldstrafe wird bestraft, wer

1. entgegen § 31 Abs. 2, auch in Verbindung mit Abs. 4, ein Betriebs- oder Geschäftsgeheimnis offenbart,
2. entgegen § 33 Nr. 1 oder 2 eine dort genannte Tätigkeit behindert, beeinflusst oder stört oder
3. entgegen § 33 Nr. 3 eine dort genannte Person benachteiligt oder begünstigt.

(3) Handelt der Täter in den Fällen des Absatzes 2 Nr. 1 gegen Entgelt oder in der Absicht, sich oder einen anderen zu bereichern oder einen anderen zu schädigen, so ist die Strafe Freiheitsstrafe bis zu zwei Jahren oder Geldstrafe.

(4) [1]Die Tat wird nur auf Antrag verfolgt. [2]In den Fällen des Absatzes 2 Nr. 2 und 3 sind das besondere Verhandlungsgremium, jedes Mitglied des Aufsichts- oder Verwaltungsorgans, eine im Unternehmen vertretene Gewerkschaft sowie die Leitungen antragsberechtigt.

§ 35 Bußgeldvorschriften

(1) Ordnungswidrig handelt, wer entgegen § 6 Abs. 2,§ 7 Abs. 2 Satz 2, 15 Abs. 2 Satz 2, § 16 Abs. 2 und *§ 19 Abs. 2* eine Information nicht, nicht richtig, nicht vollständig oder nicht rechtzeitig gibt.

(2) Die Ordnungswidrigkeit kann mit einer Geldbuße bis zu zwanzigtausend Euro geahndet werden.

Anhang 2: Regierungsentwurf zum Erlass eines Gesetzes über die Mitbestimmung der Arbeitnehmer bei grenzüberschreitendem Formwechsel und grenzüberschreitender Spaltung (MgFSG)

Im April 2022 veröffentliche das Bundesministerium für Arbeit und Soziales einen Gesetzesentwurf zur Umsetzung der unternehmerischen Mitbestimmung nach der Mobilitätsrichtlinie. Am 06.07.2022 wurde der Regierungsentwurf verabschiedet.[1581] In Form eines „Realitätschecks" soll nun abschließend untersucht werden, welche Regelungen dem Gesetzgeber tatsächlich vorschweben und inwieweit diese die aufzeigten Lücken füllen können.

§ 1 Struktur des Entwurfs

Der Regierungsentwurf sieht ein einheitliches ausformuliertes Regelwerk für die Formen des grenzüberschreitenden Formwechsels und der grenzüberschreitenden Spaltung vor. So bestimmt der Anwendungsbereich in § 3 S. 1 MgFSG-E, dass von dem neuen MgFSG-E „grenzüberschreitende Vorhaben" erfasst sein sollen. Diese definiert § 2 Abs. 3 als grenzüberschreitende Formwechsel und grenzüberschreitende Spaltungen. Die Mitbestimmung der Arbeitnehmer bei grenzüberschreitenden Verschmelzungen bleibt hingegen wie bisher allein Gegenstand des bereits bestehenden MgVGs, das in diesem Zuge passagenweise Änderungen erfährt.

1581 Umgesetzt werden soll die Mobilitätsrichtlinie durch zwei Entwürfe. Das Umwandlungsverfahren soll nach dem Regierungsentwurf in einem Gesetz zur Umsetzung der Umwandlungsrichtlinie implementiert werden, abrufbar unter <https://www.bmj.de/SharedDocs/Gesetzgebungsverfahren/DE/Umsetzung_Umwandlungsrichtlinie.html> (zuletzt abgerufen am 10.08.2022). Die mitbestimmungsrechtlichen Fragen werden hingegen im Referentenentwurf eines Gesetzes zur Umsetzung der Bestimmungen zur Umwandlungsrichtlinie über die Mitbestimmung der Arbeitnehmer bei grenzüberschreitenden Umwandlungen, Verschmelzungen und Spaltungen, abrufbar unter <https://www.bmas.de/DE/Service/Gesetze-und-Gesetzesvorhaben/umsetzung-mitbestimmungsrechtliche-regelungen-umwandlungsrichtlinie.html> (zuletzt abgerufen am 10.08.2022) (im Folgenden Regierungsentwurf), umgesetzt werden. Die Regelungen des geplanten MgFSG werden als MgFSG-E zitiert. Einen Überblick über die beiden Entwürfe gibt *J. Schmidt*, NZG 2022, 579 ff.

Inhaltlich erinnern die zu erlassenden Normen allerdings stark an das MgVG. So überrascht es nicht, dass das Gesetz eine Zusammensetzung der passenden Normen aus dem SEBG und dem MgVG ist.[1582] Die bezweckte Orientierung am geltenden Recht[1583] ist deutlich erkennbar. So gleicht schon der Aufbau stark dem des MgVG: Das Gesetz beginnt in Teil eins mit Zielsetzung, Begriffsbestimmungen und Anwendungsbereich. In Teil zwei schließt die Bildung und Zusammensetzung des besonderen Verhandlungsgremiums sowie die Regelung des Wahlgremiums an. Dort ist eine neue Vorschrift vorgesehen, welche die Bildung mehrerer Verhandlungsgremien in § 7 für den Fall einer grenzüberschreitenden Spaltung vorsieht. Auch das Verhandlungsverfahren findet sich dort. In Teil drei wird schließlich die Mitbestimmung der Arbeitnehmer in Form von Mitbestimmung kraft Vereinbarung (Kapitel eins) und Mitbestimmung kraft Gesetzes (Kapitel zwei) geregelt. Teil vier sieht die notwendigen Schutzvorschriften vor. Dort wurde mit § 36 auch erstmals ein Missbrauchsverbot eingefügt. Teil fünf schließt mit Straf- und Bußgeldvorschriften.[1584]

§ 2 Zielsetzung

§ 1 Abs. 1 sieht, wie bisher das MgVG, zuallererst die Sicherung der „erworbenen Mitbestimmungsrechte“ vor. Diese Regelung wurde wortgleich aus dem MgVG übernommen und lässt auf den ersten Blick einen effektiven Schutz der Mitbestimmung erwarten. Erst auf den zweiten Blick kann der aufmerksame Leser erahnen, dass die Zielsetzung des Entwurfs tatsächlich lediglich im Bestandsschutz liegt. Dieser wird dafür allerdings als „weitreichender Bestandsschutz von Mitbestimmungsrechten“ bezeichnet.[1585]

Neu ist hingegen der geschaffene § 1 Abs. 2, der vorsieht, dass grenzüberschreitende Vorhaben nicht dazu missbraucht werden dürfen, Arbeitnehmern Mitbestimmungsrechte zu entziehen und vorzuenthalten. Dieses Missbrauchsverbot ist nach der Entwurfsbegründung ein übergeordnetes Prinzip.[1586] Umgesetzt wird dieses durch die Vorschriften des Umwandlungsgesetzes und insbesondere § 36 des Entwurfs.[1587] Was genau als Missbrauch zu verstehen ist und wie dieser konkret verhindert werden soll, bleibt an dieser Stelle noch offen.

Auch die aus dem SEBG bekannte Auslegungsregel findet sich in § 1 Abs. 2 S. 2. Dies ist aufgrund ihres klarstellenden Charakters und der erläuterten Leitfunktion zu begrüßen.[1588]

1582 Regierungsentwurf (Fn. 1581), S. 33.
1583 Regierungsentwurf (Fn. 1581), S. 1 f.; *J. Schmidt*, NZG 2022, 580.
1584 Zur Struktur vgl. auch Regierungsentwurf (Fn. 1581), S. 33.
1585 Regierungsentwurf (Fn. 1581), S. 32.
1586 Regierungsentwurf (Fn. 1581), S. 42.
1587 Regierungsentwurf (Fn. 1581), S. 42.
1588 Siehe dazu schon Teil 4 § 1 E. II.3.a) i).

§ 3 Schwellenwertregelung und Auffanglösung

Mit § 5 wird wie schon im MgVG festgelegt, wann die Regelungen über Mitbestimmung kraft Vereinbarung oder kraft Gesetzes Anwendung finden. Neu ist dabei, dass § 5 Nr. 1 MgFSG-E (sowie § 5 Nr. 1 MgVG-E) nun anders als das bisherige MgVG statt der starren Schwelle von 500 Arbeitnehmern die Vier-Fünftel-Regelung umsetzt. Laut der Entwurfsbegründung sind die Berechnungsmodalitäten richtigerweise dem Mitbestimmungsrecht im Wegzugsstaat zu entnehmen. Dies soll konsequenterweise auch für die Bestimmung des Arbeitnehmerbegriffs und der Konzernzurechnung gelten.[1589]

Der Entwurf illustriert die Regelung in seiner Begründung anhand des Beispiels einer österreichischen Gesellschaft, die beabsichtigt, sich durch einen grenzüberschreitenden Formwechsel in eine GmbH deutschen Rechts umzuwandeln. Diese beschäftigt in den sechs Monaten vor Offenlegung des Umwandlungsplans 250 Arbeitnehmer, was vier Fünftel des einschlägigen Schwellenwerts[1590] entspricht. Konsequent legt der Entwurf dar, dass nun also Verhandlungen über die Mitbestimmung zu führen sind. Auf die Tatsache, dass diese Arbeitnehmer ohne Druckmittel verhandeln, geht der Entwurf dabei nicht ein. Zwar sieht er vor, dass die Arbeitnehmer über den Abbruch der Verhandlungen nach § 19 MgFSG-E die Anwendbarkeit des deutschen Mitbestimmungsrechts herbeiführen können. Voraussetzungen für einen solchen Abbruch ist nach diesem § 19 allerdings, dass eine Mehrheit von zwei Dritteln diesen Abbruchsbeschluss fasst. Dass sich die Unternehmensvertreter aber zu einem solchen Beschluss bewegen lassen, ist in Anbetracht der Tatsache, dass diese die Verhandlungen schlichtweg aussitzen können, um Mitbestimmungsfreiheit zu erreichen, eine kaum realistische Annahme.

Es scheint, als wäre die Tragweite dieses Mechanismus bei Abfassung des Entwurfs nicht deutlich genug zu Tage getreten. Regelt das Gesetz doch vornehmlich sogenannte „Herein-Umwandlungen“, aus denen Gesellschaften in deutscher Rechtsform aus einer Umwandlung hervorgehen.[1591] Entwickelt man das aufgeworfene Beispiel fort, so verhandeln die Arbeitnehmervertreter ohne Verhandlungsdruck. Anders, als vom Entwurf beabsichtigt, werden die Unternehmensvertreter kaum dem Abbruch der Verhandlungen und damit der Anwendung des deutschen Mitbestimmungsrechts zustimmen. Sitzen diese die Verhandlungen einfach aus, so gilt nach dem Vorher-Nachher-Prinzip Mitbestimmungsfreiheit. Aus der österreichischen GmbH wird damit eine deutsche GmbH, die keinerlei Mitbestimmung unterliegt und diesen Zustand auch für die Zukunft zementiert. Durch diese Konzeption des Gesetzes wird mittels „Herein-Umwandlungen“ Tür und Tor für mitbestimmungsfreie deutsche Kapitalgesellschaften eröffnet. Der Ansatz, den § 19 MgFSG-E zur Anwendung gelangen zu lassen, scheint in

1589 Regierungsentwurf (Fn. 1581), S. 45. Siehe dazu schon 3. Teil § 2 A.I.3.
1590 § 29 des Gesetzes über die Gesellschaften mit beschränkter Haftung in Österreich.
1591 Regierungsentwurf (Fn. 1581), S. 2.

mitbestimmungsrechtlicher Hinsicht nicht zu Ende gedacht. Wie dies dem in § 1 Abs. 1 und 2 niedergelegten Mitbestimmungsschutz dienen soll, erscheint zweifelhaft.

Abhilfe könnte hier die modifizierte Anwendung der Auffanglösung schaffen. Um die starre Anwendung des Verhandlungs-Auffanglösungs-Mechanismus zu umgehen, könnte dieser, wie vorgeschlagen, in seiner Auslegung eingeschränkt werden. Die Verfahrensvorschriften im Hinblick auf das Verhandlungsverfahren sind gerade nicht abschließend. Der Gesetzgeber könnte den Anwendungsbereich dahingehend reduzieren, dass er nur in den Fällen Anwendung finden soll, in denen ein Bestandsschutz mangels bestehender Mitbestimmung nicht erreicht werden kann. Dann sollte gerade das Recht des Zuzugsstaates und damit das deutsche Mitbestimmungsrecht als Auffanglösung gelten.[1592] Dies ließe sich auch systematisch leicht in den vorhandenen Entwurf integrieren.[1593]

§ 4 Bestandsschutz

§ 26 MgFSG-E regelt den Umfang des künftigen Bestandsschutzes bei grenzüberschreitenden Spaltungen und Formwechseln. Nach Abs. 1 bleiben „alle Komponenten der Mitbestimmung der Arbeitnehmer, die vor dem grenzüberschreitenden Vorhaben bestanden, in der hervorgehenden Gesellschaft bestehen“. Was genau aber diese „Komponenten“ nun umfassen soll, klärt der Entwurf nicht. Aus der Begründung geht insoweit nur hervor, dass § 26 dem „Vorher-Nachher-Prinzip“ des Erwägungsgrundes 18 der SE-RL Rechnung tragen soll. Der Bestandsschutz sei weit formuliert und umfasse daher alle Komponenten der Mitbestimmung. Um dies zu konkretisieren, führt die Begründung aus, dass die einzelnen Komponenten die sind, welche die Mitbestimmung der Arbeitnehmer in der Gesellschaft vor der Umwandlung nach dem Recht des Wegzugsstaates prägen.[1594] Inwieweit damit nun eine tatsächliche Konkretisierung erfolgt, bleibt fraglich. So dürfte dem Gesetzgeber die dargestellte Diskussion um die „Komponenten“ der Mitbestimmung bekannt sein.[1595]

1592 Siehe dazu ausführlich unter Teil 4 § 1 E. II.

1593 Vgl. dazu Titel 2: Abweichende Mitbestimmung kraft Gesetzes, § 28a und § 28b MgUG.

1594 Vgl. dazu Regierungsentwurf (Fn. 1581), S. 58.

1595 Siehe dazu unter Teil 3 § 2 B.II.7.d) i)(1).

§ 5 Missbrauchsklausel

Eine wesentliche Neuerung stellt die Einfügung des Missbrauchsverbots in § 36 MgFSG-E dar.[1596] Eine vergleichbare Regelung findet sich im MgVG-E nicht. Der § 36 MgFSG-E legt zunächst fest, dass ein grenzüberschreitendes Vorhaben nicht dazu missbraucht werden darf, Arbeitnehmern Mitbestimmungsrechte zu entziehen oder vorzuenthalten. Weiter geht der Entwurf davon aus, dass Missbrauch insbesondere dann vorliege, wenn innerhalb von vier Jahren ab Wirksamwerden des grenzüberschreitenden Vorhabens strukturelle Änderungen erfolgen, die bewirken, dass ein Schwellenwert der Mitbestimmungsgesetze im Sitzstaat überschritten werden oder sonst Arbeitnehmern Rechte vorenthalten oder entzogen werden. Verstößt man gegen dieses Verbot, sieht § 36 vor, dass neue Verhandlungen über die Mitbestimmungsrechte zu führen sind. Wird dann keine Einigung erzielt, sind die §§ 25 bis 30 über die Mitbestimmung kraft Gesetzes entsprechend anwendbar.

Mit dem Satz 1 soll das Missbrauchsverbot aus Art. 11 SE-RL in das MgFSG-E übertragen werden.[1597] Nach Satz 2 soll sich der Missbrauch nach der Begründung ausdrücklich an dem Begriff der „strukturellen Änderung“ aus dem Recht der SE orientieren. Der Entwurf nennt auch ausdrückliche Beispiele, wann eine solche „strukturelle Änderung“ beispielsweise gegeben sein soll: Zum einen liege eine solche Änderung dann vor, wenn eine mitbestimmungsfreie hervorgehende Gesellschaft eine größere Zahl von Arbeitnehmern aus einer mitbestimmten Gesellschaft aufnehme. Eine weitere Fallgruppe sei zum anderen gegeben, wenn die Beschäftigtenzahl künstlich abgesenkt würde, um die Verhandlungspflicht aus § 5 Nr. 1 durch die vorübergehende Senkung zu umgehen.[1598]

Problematisch erscheint an dieser Lösung, dass mit der Übernahme des allgemeinen Missbrauchsverbots nach § 43 SEBG – wie prophezeit[1599] – auch die dortigen Probleme übernommen werden. So scheint der Entwurf auch hier das Kernproblem zu verfehlen. Das Hauptproblem liegt nicht etwa darin, dass die Beschäftigungszahlen künstlich abgesenkt würden, sondern dass die Umwandlungen kurz

---

1596 § 36 MgFSG-E lautet: *Ein grenzüberschreitendes Vorhaben darf nicht dazu missbraucht werden, Arbeitnehmern Mitbestimmungsrechte zu entziehen oder vorzuenthalten. Missbrauch liegt insbesondere vor, wenn innerhalb von vier Jahren ab Wirksamwerden des grenzüberschreitenden Vorhabens strukturelle Änderungen erfolgen, die bewirken, dass ein Schwellenwert der Mitbestimmungsgesetze im Sitzstaat überschritten wird oder sonst Arbeitnehmern Mitbestimmungsrechte vorenthalten oder entzogen werden. Bei einem Verstoß gegen das Missbrauchsverbot sind Verhandlungen über die Mitbestimmungsrechte der Arbeitnehmer entsprechend den §§ 6 bis 24 zu führen. Wird in diesen Verhandlungen keine Einigung erzielt, sind die §§ 25 bis 30 über die Mitbestimmung kraft Gesetzes entsprechend anzuwenden.*

1597 Regierungsentwurf (Fn. 1581), S. 63.

1598 Regierungsentwurf (Fn. 1581), S. 63.

1599 Siehe dazu schon ausführlich unter Teil 4 § 2 C I.1 sowie § 3 C.I.1.

vor Erreichen des die Verhandlung auslösenden Schwellenwerts vorgenommen werden. Ein nachträgliches Wachstum der Unternehmen fällt nach herrschender Ansicht bisher nicht unter den Begriff der „strukturellen Änderung“. Geht man nun aber davon aus, dass mit der Anlehnung an das SEBG auch die Auslegung der strukturellen Änderung übernommen wird, so wird auch diese Missbrauchsproblematik in dem Gesetzesvorschlag keiner Lösung zugeführt. Die dringend erforderliche legislative Klarstellung bleibt damit aus. Ein effektiver Missbrauchsschutz vor der Zementierung der Mitbestimmung kann in dieser Regelung nur vorliegen, soweit man entgegen den Ausführungen im Regierungsentwurf den Begriff der „strukturellen Änderung“ vom SEBG abweichend und damit weiter auslegt.[1600]

Als Rechtsfolge sieht der Entwurf lediglich die Durchführung von Neuverhandlungen vor, die sich wiederum an den §§ 25 bis 30 MgFSG-E orientieren soll. Damit wird auch für den Fall des Vorliegens eines Missbrauchs die problematische Auffanglösung einbezogen. Besteht bisher keine Mitbestimmung, so wirkt auch die nachgelagerte Verhandlungslösung nicht mitbestimmungsschützend. Soweit die Auffanglösung nur das bestehende Mitbestimmungsniveau vorsieht, kann die Unternehmerseite das Verfahren schlichtweg aussitzen und trotz ihres Missbrauchs Mitbestimmungsfreiheit erlangen.

Von einer strafrechtlichen Sanktion, wie sie hier vorgeschlagen wurde, sieht das MgFSG-E ausdrücklich ab. Die Richtlinie sehe lediglich vor, dass geeignete Maßnahmen zur Verhinderung eines Missbrauchs geschaffen werden sollen. Nach den allgemeinen Grundsätzen des Unionsrechts ziehe die Verletzung eines Umgehungsverbots stets lediglich die entsprechende Anwendung der umgangenen Vorschriften nach sich.[1601]

§ 6 Fazit

Zwar war nicht damit zu rechnen, dass sich der Gesetzgeber so weit von den Regelungen in der Richtlinie entfernt, wie der vorgeschlagene Entwurf eines MgUGs. Doch bleibt festzuhalten, dass die bisherigen Regelungen sich kaum mit den Defiziten der Richtlinie und der Bedeutung für das deutsche Mitbestimmungsrecht auseinandersetzen. Auch dem Problem des unterschiedlichen Schutzniveaus der verschiedenen Umwandlungsformen hat sich der Gesetzgeber bisher nicht angenommen. Demnach besteht die Gefahr, dass die verschiedenen Regelungen ausgespielt werden, indem eine grenzüberschreitende Umwandlung vorgeschaltet wird.[1602]

Wie in § 1 Abs. 1 MgFSG-E prophezeit, werden mit dem Entwurf tatsächlich allein die bereits erworbenen Mitbestimmungsrechte geschützt. Dem in § 1 Abs. 2

1600 Siehe dazu unter Teil 4 § 3 B. II. 2. a.

1601 Regierungsentwurf (Fn. 1581), S. 63 f.

1602 So auch *J. Schmidt*, NZG 2022, 579, 587. Zu den Regelungsunterschieden siehe Teil 3 § 4 und Teil 4 § 2.

MgFSG-E gesetzten Ziel des Missbrauchsschutzes vor dem Vorenthalten von Mitbestimmungsrechten wird der Entwurf gerade nicht gerecht. Die mangelnde effektive Umsetzung des Missbrauchsschutzes sowie die problematische Auffanglösung in den 4/5- Verhandlungen werden wohl in Zukunft dazu führen, dass deutsche Unternehmen immer häufiger dauerhaft mitbestimmungsfrei sind.

Abbildungsverzeichnis

Literaturverzeichnis

Altmeppen, Holger: Schutz vor "europäischen Kapitalgesellschaften", NJW 2004, S. 97-104.

Ders.: Gesetz betreffend die Gesellschaft mit beschränkter Haftung, 10. Auflage, München 2021.

Andenas, Mads/ Wooldridge, Frank: European Comparative Company Law, Cambridge 2009.

Annuß, Georg/ Kühn, Thomas/ Rudolph, Jan/ Rupp, Hans-Jürgen: Europäisches Betriebsräte-Gesetz – EBRG, SEBG, MgVG, SCEBG, München 2014 (zitiert als: *Bearbeiter*, in: Annuß/Kühn/Rudolph/Rupp EBRG).

Arbeitskreis Europäisches Unternehmensrecht: Arbeitskreis Europäisches Unternehmensrecht: Thesen zum Erlass einer europäischen Sitzverlegungsrichtlinie, NZG 2011, S. 98-99.

Arndt, Hans-Wolfgang/ Fischer, Kristian/ Fetzer, Thomas: Europarecht, 11. Auflage, Hamburg 2015.

Atthoff, Karin/ Wallgren, Mia: Clarifying Gold-Plating – Better Implementation of EU-Legislation, abrufbar unter https://nnr.se/clarifying-gold-plating-better-implementation-of-eu-legislation/.

Bachmann, Gregor: Der Verwaltungsrat der monistischen SE, ZGR 2008, S. 779-808.

Bauer, Jobst-Hubertus/Krieger, Steffen: Unterlassungsanspruch bei Betriebsänderungen - Rückenwind für Betriebsräte aus Brüssel?, BB 2010, S. 53-55.

Bayer, Walter: Der Anwendungsbereich des Mitbestimmungsgesetzes, ZGR 1997, S. 173-194.

Ders.: EuGH-Entscheidung „Inspire Art" und die deutsche GmbH im Wettbewerb der europäischen Rechtsordnungen, BB 2003, S. 2357-2366.

Ders.: Auswirkungen der Niederlassungsfreiheit nach den EuGH-Entscheidungen Inspire Art und Überseering auf die deutsche Unternehmensmitbestimmung, AG 2004, S. 534-538.

Ders.: Die Erosion der deutschen Mitbestimmung, NJW 2016, 1930–1936.

Ders./ Hoffmann, Thomas: Die Wahrnehmung der limited als Rechtsformalternative zur GmbH, GmbHR 2007, S. 414-417.

Ders./ Schmidt, Jessica: Die neue Richtlinie über die grenzüberschreitende Verschmelzung von Kapitalgesellschaften – Inhalt und Anregungen zur Umsetzung in Deutschland, NJW 2006, S. 401-406.

Dies.: Grenzüberschreitende Sitzverlegung und grenzüberschreitende Restrukturierungen nach MoMiG, Cartesio und Trabrennbahn, ZHR 173 (2009), 735–774.

Dies.: BB-Gesetzgebungs- und Rechtsprechungsreport zum Europäischen Unternehmensrecht 2010/2011, BB 2012, S. 3-14.

Dies.: Das Vale-Urteil des EuGH: Die endgültige Bestätigung der Niederlassungsfreiheit als „Formwechselfreiheit", ZIP 2012, S. 1481-1492.

Dies.: Grenzüberschreitende Mobilität von Gesellschaften: Formwechsel durch isolierte Satzungssitzverlegung, ZIP 2017, S. 2225–2234.

Dies.: BB-Gesetzgebungs- und Rechtsprechungsreport zum Europäischen Unternehmensrecht 2018/2019, BB 2019, S. 1922–1936.

Dies.: Grenzüberschreitender Formwechsel in der EU - Eckpunkte des Rechtsrahmens und Herausforderungen bei der Umsetzung, ZEuP 2020, S. 566-590.

Dies.: Der UmRUG-Referentenentwurf: grenzüberschreitende Umwandlungen 2.0 und vieles mehr, Teil 1, NZG 2022, S. 579-587.

Beck'scher Online Kommentar Arbeitsrecht *Rolfs, Christian/ Giesen, Richard/ Kreikebohm, Rald/ Udsching, Peter (Hrsg.):* Beck'scher Online Kommentar Arbeitsrecht, Stand: 1.06.2022, Edition 64, München 2021 (zitiert als: *Bearbeiter,* in: BeckOK Arbeitsrecht, Stand).

Beck'scher Online Kommentar StGB *von Heintschel-Heinegg, Bern (Hrsg.)*: Beck'-scher Online Kommentar StGB, Edition 53, Stand: 01.05.2022, München (zitiert als: *Bearbeiter,* in: BeckOK StGB, Stand).

Beck-Online.GROSSKOMMENTAR, Internationales Gesellschaftsrecht *Gsell, Beate/ Krüger, Wolfgang/ Lorenz, Stephan/ Reymann, Christoph (GesamtHrsg.):* Beck-Online.GROSSKOMMENTAR, Internationales Gesellschaftsrecht: Internationales Personengesellschaftsrecht, München 2021, Stand: 01.03.2021 (zitiert als: *Bearbeiter,* in: BeckOGK IPR Gsell/Krüger/Lorenz/Reymann).

Beck'sches Handbuch: Umwandlungen international, München 2013 (zitiert als: *Bearbeiter,* in: BeckHdB Umwandlungen international).

Behme, Caspar: Die Mitbestimmung der Arbeitnehmer bei der britischen Limited mit Verwaltungssitz in Deutschland, ZIP 2008, S. 351-357.

Ders.: Der grenzüberschreitende Formwechsel von Gesellschaften nach Cartesio und Vale, NZG 2012, S. 936-939.

Ders.: Rechtsformwahrende Sitzverlegung und Formwechsel von Gesellschaften über die Grenze – Ein Beitrag zum Prinzip der gegenseitigen Anerkennung im europäischen Gesellschaftsrecht, Tübingen 2015.

Ders.: Die Berücksichtigung ausländischer Arbeitnehmer für die Berechnung der Schwellenwerte im Recht der Unternehmensmitbestimmung, AG 2018, S. 1-21.

Ders./ Nohle, Nicolas: „Entscheidung überraschend für Praxis", DB 2009, S. 13-14.

Behrens, Frithjof Olaf: Die grenzüberschreitende Verschmelzung nach der Richtlinie 2005/56/EG (Verschmelzungsrichtlinie), Hamburg, Univ. Diss. 2007, Göttingen 2007.

Bellstedt, Christoph: Der territoriale Geltungsbereich des Mitbestimmungsgesetzes, BB 1977, S. 1326-1329.

Benker, Toni: Die Gestaltung der Mitbestimmung in der Europäischen Aktiengesellschaft (SE), Univ. Diss. Regensburg, Baden-Baden 2019.

Bernstein, Herbert/ Koch, Harald: Internationaler Konzern und deutsche Mitbestimmung – Grundsatzfragen zur Umgehung der Mitbestimmung im Vertragskonzern, ZHR 143 (1979), S. 522-538.

Bieder, Marcus/ Hartmann, Felix (Hrsg.): Individuelle Freiheit und kollektive Interessenwahrnehmung im deutschen und europäischen Arbeitsrecht – Assistententagung im Arbeitsrecht in Osnabrück, Tübingen 2012 (zitiert als: *Bearbeiter,* in: Bieder/Hartmann Individuelle Freiheit und kollektive Interessenwahrnehmung).

Biermeyer, Thomas/ Meyer, Marcus: Cross-border Corporate Mobility in the EU – Empirical Findings 2018, abrufbar unter SSRN: http://dx.doi.org/10.2139/ssrn.3253048 (letzter Aufruf: 02.03.2020).

Binz, Mark K./ Sorg, Martin H.: Die GmbH & Co.KG im Gesellschafts- und Steuerrecht – Handbuch für Familienunternehmen,12. Auflage, München 2018 (zitiert als: *Bearbeiter,* in: Binz/Mark GmbH & Co.KG).

Ders./ Mayer, Gerd: Die ausländische Kapitalgesellschaft & Co. KG im Aufwind? – Konsequenzen aus dem „Überseering"-Urteil des EuGH v. 5.11.2002 – Rs. C-208/00, GmbHR 2002, 1137, GmbHR 2003, S. 249-257.

Bischoff, Hans-Jürgen: Die Einigungsstelle im Betriebsverfassungsrecht – Zuständigkeit – Verfahren – Kosten – Haftung, Berlin 1975.

Blangquet, Françoise: Das Statut der Europäischen Aktiengesellschaft, ZGR 2002, S.20-65.

Blanke, Thomas: Europäisches Betriebsräte-Gesetz – EBRG-Kommentar, Baden-Baden 1999.

Blanpain, Roger/ Schmidt, Marlene/ Schweibert, Ulrich: Europäisches Arbeitsrecht, 2. Auflage, Baden-Baden 1996.

Boecken, Winfried/ Düwell, Franz-Josef/ Diller, Martin/ Hanau, Hans: Gesamtes Arbeitsrecht, Band 3, Baden-Baden 2016 (zitiert als: *Bearbeiter,* in: Boecken/Düwell/Diller/Hanau ArbeitsR).

Bomsdorf, Tobias/ Batecki-Burgert, Berthold: Haftung deutscher Unternehmen für „Menschenrechtsverstöße", ZPR 2020, S. 42-45.

Borgmann, Wolfgang: Reformgesetz in der Bewährung – Theorie und Praxis des Betriebsverfassungsgesetzes 1972, Düsseldorf 1978.

Bormann, Jens/ Stelmaszczyk, Peter: Grenzüberschreitende Verschmelzung nach dem EU-Company Law Package, ZIP 2019, S. 300-312.

Dies.: Grenzüberschreitende Spaltungen und Formwechsel nach dem EU-Company Law Package, ZIP 2019, S. 353–365.

Brandes, Stephan: Mitbestimmungsvermeidung mittels grenzüberschreitender Verschmelzungen, ZIP 2008, S. 2193–2199.

Brandi, Tim Oliver: Grenzüberschreitende (Heraus-)Formwechsel – praktische Erfahrungen und Vergleich mit Reformvorschlägen im Company Law Package, BB 2018, S. 2626-2634.

Brandt, Ulrich: Ein Überblick über die Europäische Aktiengesellschaft (SE) in Deutschland, BB-Special 3/2005, S. 1-7.

Brehm, Johann/ Schürr, Kevin: Grenzüberschreitende Umwandlungen nach der neuen Richtlinie über grenzüberschreitende Umwandlungen, Verschmelzungen und Spaltungen – Ein Vergleich zur bisherigen Praxis auf Basis der EuGH-Rechtsprechung, NZG 2020, S. 538-544.

Briefs, Götz: Mitbestimmung – Beiträge zur Problematik der paritätischen Mitbestimmung in der Wirtschaft, Stuttgart 1967.

Brinkmann, Jan/ Reiter, Peter: National Grid Indus: Auswirkungen auf die deutsche Entstrickungsbesteuerung – Zugleich Anm. zum EuGH-Urteil vom 29.11.2011 – Rs. C-371/10, DB0462535, DB 2012, S. 16-20.

Brors, Tobias: Das System der Arbeitnehmer-Beteiligungs-Richtlinie – Grundlage für eine Europäische Betriebsverfassung, Univ. Diss. Köln, Baden-Baden 2005.

Brox, Hans/ Rüthers, Bernd/ Schlüter, Wilfried/ Jülicher, Friederich: Arbeitskampf – Ein Handbuch für die Praxis, 2. Auflage, Stuttgart/Berlin/Köln/Mainz 1982 (zitiert als: *Bearbeiter,* in: Brox/Rüthers, Arbeitskampfrecht).

Brune, Thilo: Unternehmensmitbestimmung mit Auslandsbezug: ein Überblick über die aktuelle Rechtsprechungsentwicklung hinsichtlich einzubeziehender Arbeitnehmer, GWR 2019, S. 300-303.

Buckler, Julius: Ein neuer allgemeiner Rechtsgrundsatz: Das unionsrechtliche Missbrauchsverbot – Anmerkung zum Urteil des EuGH v. 22.11.2017, Rs. C-251/16 (Cussens u.a./Bosnan), EuR 2018, S. 371-381.

Bühring, Ferry/ Lang, Andrej: Vorwirkung von EG-Richtlinien gegenüber staatlich kontrollierten Unternehmen des Privatrechts?, ZEuP 2005, S. 88-104.

Bundesministerium der Justiz: Handbuch der Rechtsförmlichkeit, September 2008, Nr. 160a.

Bungert, Hartin: Das neue Recht der grenzüberschreitenden Spaltungen in der EU, in: Festschrift für Gerd Krieger zum 70. Geburtstag, München 2020, S. 107-139.

Ders./ Becker, Eric: Der finale Richtlinienentwurf zu grenzüberschreitenden Formwechseln, Verschmelzungen und Spaltungen, DB 2019, S. 1609-1617.

Ders./ Wansleben, Til: Grenzüberschreitende Spaltungen nach dem Richtlinienentwurf der EU Kommission, DB 2018, S. 2094-2103.

Ders./ Leyendecker-Langner, Benjamin E.: Schwellenwertberechnung für die Arbeitnehmermitbestimmung im Aufsichtsrat eines internationalen Konzerns, DB 2014, S. 2031-2033.

Ders./ Becker, Eric: Der finale Richtlinienentwurf zu grenzüberschreitenden Formwechseln, Verschmelzungen und Spaltungen, DB 2019, S. 1609-1617.

Burmeister, Frank/ Staebe, Erik: Grenzen des sog. *Gold Plating* bei der Umsetzung europäischer Richtlinien in nationales Recht, EuR 2009, S. 444-456.

Butterstein, Alexandra: Modernisierung des EU-Gesellschaftsrechts zur Stärkung der grenzüberschreitenden Mobilität von Gesellschaften, EuZW 2018, S. 838-845.

Caliess, Christian/ Ruffert, Matthias (Hrgs.): EUV/AEUV – Das Verfassungsrecht der Europäischen Union mit Europäischer Grundrechtecharta, 5. Auflage, München 2016 (zitiert als: *Bearbeiter,* in: Caliess/Ruffert EUV/AEUV).

Canaris, Claus-Wilhelm: Die richtlinienkonforme Auslegung und Rechtsfortbildung im System der juristischen Methodenlehre, in: Festschrift für Franz Bydlinski, Wien 2002, S. 48-103.

Cannistra, Christina: Das Verhandlungsverfahren zur Regelung der Mitbestimmung der Arbeitnehmer bei Gründung einer Societas Europaea und bei Durchführung einer grenzüberschreitenden Verschmelzung, Hamburg, Univ. Diss. Köln 2014 (zitiert als: *Cannistra,* Verhandlungsverfahren).

Caspar, Matthias: Einflüsse der katholischen Soziallehre auf das Aktienrecht am Beispiel von zwei Schlaglichtern, in: Festschrift für Theodor Baums, Band I, Tübingen 2017, S. 193-213.

Ders./ Schäfer, Carsten: Die Vorrats-SE – Zulässigkeit und wirtschaftliche Neugründung, ZIP 2007, S. 653-662.

Dies.: Numerus Clausus und Mehrstaatlichkeit bei der SE-Gründung, ZIP 2007, S. 97-105.

Ders./ Weller, Marc-Philppe: Mobilität und grenzüberschreitende Umstrukturierung der SE, NZG 2009, S. 681-686.

Castegnaro, Guy: Arbeitsrecht in Luxemburg – Wesentliche Bestandteile des luxemburgischen Individual- und Kollektivarbeitsrechts, 2. Auflage, Luxemburg 2010.

Claßen, Christiane: Nichtumsetzung von Gemeinschaftsrichtlinien – Von der unmittelbaren Wirkung bis zum Schadensersatzanspruch, Berlin 1998.

D'Atena, Antonio: Zur Problematik der EG-Richtlinien – vornehmlich Italien – Saarbrücken 1986.

Däubler, Wolfgang (Hrsg.): Das Arbeitsrecht im neuen Umwandlungsgesetz, RdA 1995, S. 136-147.

Ders./ Heuschmid, Berlin: Cartesio und MoMiG – Sitzverlagerung ins Ausland und Unternehmensmitbestimmung, NZG 2009, S. 493-496.

Ders./ Kittner, Michael/ Klebe, Thomas/ Wedde, Peter (Hrsg.): BetrVG – Betriebsverfassungsgesetz – Kommentar für die Praxis mit Wahlordnung und EBR-Gesetz, 16. Auflage, Frankfurt am Main 2018 (zitiert als: *Bearbeiter,* in: Däubler/Kittner/Klebe, BetrVG).

Davis, Mortin D.: Spieltheorie für Nichtmathematiker, 4. Auflage, Berlin 2005.

De la Feria, Rita: Prohibition of abuse of (community) law: the creation of a new general principle of ec law through tax, Common Market Law Review 48 (2008), S. 395-441.

Deilmann, Barbara: Die Zurechnung von Arbeitnehmern nach dem neuen Drittelbeteiligungsgesetz, NZG 2005, S. 659-664.

Dies./ Häferer, Katja: Kein Schutz des Status Quo bei der Gründung der dualistischen SE durch Umwandlung, NZA 2017, S. 607-614.

Deinert, Olaf: Vorschlag für eine europäische Mitbestimmungsrichtlinie und Umsetzungsbedarf im Betriebsverfassungsgesetz, NZA 1999, S. 800-805.

Ders./ Schönfeld, Thorleif: Die Einigungsstelle als Konfliktlösungsmechanismus, Frankfurt am Main 1989.

Deutscher Anwaltverein (Handelsrechtsausschuss): Stellungnahme Nr. 5/2005 durch den Ausschuss Internationaler Rechtsverkehr zum Vorschlag für eine Richtlinie des Europäischen Parlaments und des Rates über die Verschmelzung von Kapitalgesellschaften aus verschiedenen Mitgliedstaaten (KOM (2003) 703), abrufbar unter www.anwaltverein.de.

Ders.: Stellungnahme Nr. 31/2018 zum Vorschlag für eine Richtlinie des Europäischen Parlaments und des Rates zur Änderung der RL 2017/1132(EU) in Bezug auf grenzüberschreitende Umwandlungen, Verschmelzungen und Spaltungen COM (2018) 241, abrufbar unter www.anwaltverein.de/03/05/2005/05-05.pdf.

Deutscher Notarverein: Stellungnahme zu den Vorschlägen der EU-Kommission zum Company Law Package, abrufbar unter https://www.dnotv.de/wp-content/uploads/StN-Master-Company-Law-Package-2018-07-04_final.pdf.

Diekmann, Hans: Die Mitbestimmung unter europäischen Gesichtspunkten, insbesondere unter Berücksichtigung der europäischen Gesellschaft (SE), in: Festschrift für Michael Gruson, Berlin 2009, S. 75- 92.

Donner, Sven: Kollektivrechtliche Vereinbarungslösungen im Bereich der Arbeitnehmerbeteiligung, Berlin, Univ. Diss. 2009, Hamburg 2009.

Drinhausen, Florian: Verwendung der SE zur Vermeidung von Arbeitnehmermitbestimmung – Abgrenzung zulässiger Gestaltungen von Missbrauch gemäß § 43 SEBG, BB 2011, S. 2699–2705.

Ders./ Keinath, Astrid: Referentenentwurf eines Zweiten Gesetzes zur Änderung des Umwandlungsgesetzes – Erleichterung grenzüberschreitender Verschmelzungen für deutsche Kapitalgesellschaften?, BB 2006, S. 725-732.

Dies.: Mitbestimmung bei grenzüberschreitender Verschmelzung mitbestimmungsfreier Gesellschaften, AG 2010, S. 389-403.

Dies.: Verwendung der SE zur Vermeidung von Arbeitnehmermitbestimmung – Abgrenzung zulässiger Gestaltungen vom Missbrauch gem. § 43 SEBG, BB 2011, S. 2699-2705.

Drygala, Tim: Europäische Niederlassungsfreiheit vor der Rolle rückwärts?, EuZW 2013, S. 569-574.

Ders. /von Bressensdorf, Tobias: Gegenwart und Zukunft grenzüberschreitender Verschmelzungen und Spaltungen, NZG 2016, S. 1161–1168.

Dütz, Wilhelm/ Thüsing, Gregor: Arbeitsrecht, 26. Auflage, München 2021.

Düwell, Franz Josef: Betriebsverfassungsgesetz – BetrVG – WahlO – EBRG – SEBG, Handkommentar, 6. Auflage, Baden-Baden 2022 (zitiert als: *Bearbeiter,* in: Düwell BetrVG).

Dzida, Boris/ Schramm, Nils: Arbeitsrechtliche Pflichtangaben bei innerstaatlichen und grenzüberschreitenden Verschmelzungen, NZG 2008, S. 521-527.

Ebenroth, Carsten-Thomas: Die verdeckten Vermögenszuwendungen im transnationalen Unternehmen, Bielefeld 1979.

Ders./ Eyles, Uwe: Die innereuropäische Verlegung des Gesellschaftssitzes als Ausfluß der Niederlassungsfreiheit, Teil I, DB 1989, S. 363-372.

Ders./ Sura, Achim: Transnationale Unternehmen und deutsches Mitbestimmungsgesetz, ZHR 144 (1980), S. 610-627.

Eberspächer, Friedemann: Unternehmerische Mitbestimmung in zugezogenen Auslandsgesellschaften, ZIP 2008, S. 1951-1958.

Ebke, Werner: Der Einfluss des US-amerikanischen Rechts auf das Internationale Gesellschaftsrecht in Deutschland und Europa, ZVglRWiss 110 (2011), S. 2-36.

ECLE – European Company Law Experts: The Commission's 2018 Proposal on Cross-Border Mobility – An Assessment, ECFR 2019, S. 197-221.

Ege, Andreas/Grzimek, Benjamin/Schwarzfischer, Benjamin: Der Zementierungseffekt bei der Mitbestimmung bei Gründung einer SE und grenzüberschreitender Verschmelzung, DB 2011, S. 1205–1212.

Ehricke, Ulrich: Vorwirkungen von EU-Richtlinien auf nationale Gesetzgebungsvorhaben, ZIP 2001, S. 1311-1317.

Eidenmüller, Horst/ Engert, Andreas/ Hornuf, Lars: Die Societas Europaea: Empirische Bestandsaufnahme und Entwicklungslinien einer neuen Rechtsform, AG 2008, S. 721 –730.

Dies.: Vom Wert der Wahrheit: Eine empirische Analyse der Societas Europaea als Rechtsformalternative, AG 2009, S. 845-854.

Ders.: Wettbewerb der Gesellschaftsrechte in Europa, ZIP 2002, S. 2233-2245.

Ders./ Rehm, Gebhard M.: Niederlassungsfreiheit versus Schutz des inländischen Rechtsverkehrs: Konturen des Europäischen Internationalen Gesellschaftsrechts – Zugleich eine Besprechung der Entscheidung Inspire Art, EuGH NJW 2003, 3331, ZGR 2004, S. 159-188.

Enzyklopädie Europarecht, *Gebauer, Martin/ Teichmann, Christoph (Hrsg.),* Band 6 – Europäisches Privat- und Unternehmensrecht, Baden-Baden 2015 (zitiert als: *Bearbeiter,* in: Enzyklopädie Europarecht, Bd. 6).

Enzyklopädie Europarecht, *Schlachter, Monika/ Heinig, Hans Michael (Hrsg.),* Band 7 – Europäisches Arbeits- und Sozialrecht, 2. Auflage, Baden-Baden 2021 (zitiert als: *Bearbeiter,* in Enzyklopädie Europarecht, Bd. 7).

Erfurter Kommentar zum Arbeitsrecht; *Müller-Glöge, Rudi/Preis, Ulrich/Schmidt, Ingrid (Hrsg.),* 22. Auflage, München 2022 (zitiert als: *Bearbeiter,* in: ErfK ArbeitsR).

Erfurter Kommentar zum Arbeitsrecht; *Müller- Glöge, Rudi/ Preis, Ulrich/ Schmidt, Ingrid (Hrsg.),* 20. Auflage 2020 (zitiert als *Bearbeiter,* in: ErfK ArbeitsR (20. Aufl.)).

Erfurter Kommentar zum Arbeitsrecht; *Müller- Glöge, Rudi/ Preis, Ulrich/ Schmidt, Ingrid (Hrsg.),* 13. Auflage 2013 (zitiert als *Bearbeiter,* in: ErfK ArbeitsR (13. Aufl.)).

Fabricius, Fritz: Marktwirtschaft und Mitbestimmung, Paritätische Mitbestimmung der Arbeitnehmer in der Wirtschaft – notwendiges Element einer freiheitlich-demokratischen, marktwirtschaftlich ausgerichteten Gesellschaft, Darmstadt 1977.

Faulenbach, Daniel: Ausgewählte Fragen des Einigungsstellenverfahrens, NZA 2012, S. 953-960.

Feldhaus, Heiner/ Vanscheidt, Carolin: „Strukturelle Änderungen" der Europäischen Aktiengesellschaft im Lichte von Unternehmenstransaktionen, BB 2008, S. 2246-2251.

Ferme, Marco: Massenentlassungsanzeige: Vertrauen ist gut – Kontrolle ist besser – Auswirkungen des BAG Urteils vom 28.6.2012 – Der Betrieb, 2012, S. 2162-2166.

Fiebig, Andreas: Der Ermessensspielraum der Einigungsstelle, Berlin 1992.

Fitting, Karl (Begr.)/ Engels, Gerd/ Schmidt, Ingrid/ Trebinger, Yvonne/ Linsenmaier, Wolfgang: Betriebsverfassungsgesetz – Handkommentar, 31. Auflage, München 2022.

Fleischer, Holger: Der Rechtsmissbrauch zwischen Gemeineuropäischem Privatrecht und Gemeinschaftsprivatrecht, JZ 2003, S. 865-916.

Ders.: Der Einfluss der Societas Europaea auf die Dogmatik des deutschen Gesellschaftsrechts, AcP 2004, S. 503-543.

Ders.: Internationale Trends und Reformen im Recht der geschlossenen Kapitalgesellschaft, NZG 2014, S. 1081-1120.

Ders.: Die deutsche Unternehmergesellschaft und ihre ausländischen Ableger – Bestandsaufnahme und Reformperspektiven, DB 2017, S. 291-300.

Forst, Gerrit: Unternehmensmitbestimmung in der Unternehmergesellschaft (haftungsbeschränkt), GmbHR 2009, S. 1131-1134.

Ders.: Die Beteiligung der Arbeitnehmer in der Vorrats-SE, NZG 2009, S. 687-692.

Ders.: Die Beteiligungsvereinbarung nach § 21 SEBG, Diss. Univ. Köln 2010.

Ders.: Neues aus Luxemburg zur Arbeitnehmerbeteiligung bei der grenzüberschreitenden Verschmelzung von Gesellschaften, AG 2013, S. 588-592.

Ders.: Zur Mitbestimmung der Arbeitnehmer bei grenzüberschreitender Verschmelzung von Gesellschaften – Anmerkung zu EuGH v. 20.06.2013 Rs C-635/ 11, EWiR 2013, S. 463-464.

Ders.: Unternehmerische Mitbestimmung im Konzern unter Beteiligung supranationaler Rechtsformen, Der Konzern 2020, S. 151-162.

Franzen, Martin: Niederlassungsfreiheit, internationale Gesellschaftsrecht und Unternehmensmitbestimmung, RdA 2004, S. 257-263.

Ders./ Gallner, Onken/ Oetker, Hartmut (Hrsg.): Kommentar zum europäischen Arbeitsrecht, 3. Auflage, München 2020 (zitiert als: *Bearbeiter,* in: Franzen/Gallner/Oetker Europäisches Arbeitsrecht (3. Aufl.)).

Ders./ Gallner, Onken/ Oetker, Hartmut (Hrsg.): Kommentar zum europäischen Arbeitsrecht, 4. Auflage, München 2022 (zitiert als: *Bearbeiter,* in: Franzen/Gallner/Oetker Europäisches Arbeitsrecht).

Freitag, Robert: Der Wettbewerb der Rechtsordnungen im Internationalen Gesellschaftsrecht, EuZW 1999, S. 267-270.

Frenzel, Ralf: Grenzüberschreitender Formwechsel auch ohne Sitzverlegungsrichtlinie möglich, NotBZ 2012, S. 249-352.

Friedemann, Hartmut: Das Verfahren der Einigungsstelle für Interessenausgleich und Sozialplan, Köln 1997.

Fuchs, Harald/ Köstler, Roland/ Pütz, Lasse: Handbuch zur Aufsichtsratswahl, Wahlen der Arbeitnehmervertreter nach dem Mitbestimmungsgesetz und dem Drittelbeteiligungsgesetz, 6-Auflage, Frankfurt am Main 2016.

Gagawczuk, Walter/ Mayr, Klaus: Arbeitsverfassungsrecht, Band 5, 4. Auflage, Wien 2020 (zitiert als: *Bearbeiter,* in: Gagawczuk/Mayr ArbVR).

Galperin, Hans: Das Betriebsverfassungsgesetz 1972 – Leitfaden für die Praxis, Heidelberg 1972.

Ganske, Joachim: Internationale Fusion von Gesellschaften in der Europäischen Gemeinschaft – ein neuer Ansatz, BB 1985, S. 581-584.

Gaul, Björn/ Ludwig, Daniel/ Forst, Gerrit: Europäisches Mitbestimmungsrecht – SE, SCE, SPE und grenzüberschreitende Verschmelzung, München 2015 (zitiert als: *Bearbeiter,* in: Gaul/Ludwig/Forst Europäisches Mitbestimmungsrecht).

Gerdom, Thomas: Gemeinschaftsrechtliche Unterrichtungs- und Anhörungspflichten und ihre Auswirkungen auf das Betriebsverfassungs-, Personalvertretungs-, und Mitarbeitervertretungsrecht – Zum Umsetzungsbedarf der Richtlinie 2002/ 14/EG, Univ. Diss. Köln, Frankfurt a.M. 2009.

Giesen, Richard: EU-Richtlinienvorschlag zur Information und Anhörung der Arbeitnehmer, RdA 2000, S. 298-304.

Göbel, Elisabeth: Entscheidungstheorie, 2. Auflage, München 2018.

Göpfert, Burkard/ Krieger, Steffen: Wann ist die Anrufung der Einigungsstelle bei Interessens- und Sozialplanverhandlungen zulässig?, NZA 2005, S. 254-259.

Götze, Cornelius/ Winzer, Thomas/Arnold, Christian: Unternehmerische Mitbestimmung – Gestaltungsoptionen und Vermeidungsstrategien, ZIP 2009, S. 245–254.

Grabitz, Eberhard (Begr.)/ Hilf, Meinhard/ Nettesheim, Martin (Hrsg.): Das Recht der Europäischen Union, Band I, EUV/AEUV, München, 75. Ergänzungslieferung Januar 2020 (zitiert als: *Bearbeiter,* in: Grabitz EU).

Graf, Jürgen Peter/ Jäger, Markus/ Wittig, Petra (Hrsg.): Wirtschafts- und Steuerstrafrecht, 2. Auflage, München 2017 (zitiert als: *Bearbeiter,* in: Graf/Jäger/Wittig Wirtschaftsstrafrecht).

Grambow, Tobias: Auslegung der Auffangregelungen zur Mitbestimmung bei Gründung einer Societas Europaea, BB 2012, S. 902-904.

Grobys, Marcel: Das geplante Umsetzungsgesetz zur Beteiligung von Arbeitnehmern in der Europäischen Aktiengesellschaft, NZA 2004, S. 779-781.

Ders.: SE-Betriebsrat und Mitbestimmung in der Europäischen Gesellschaft, NZA 2005, S. 84-91.

Großfeld, Bernhard: Die Anerkennung der Rechtsfähigkeit juristischer Personen, RabelsZ 31 (1967), S. 1-50.

Ders./ Luttermann, Claus: Anmerkung zu EuGH v. 27.9. 1988 – Rs 81/87, JZ 1989, S. 384-387.

Großfeld, Bernhard/ Erlinghagen, Susanne: Internationales Unternehmensrecht und deutsche unternehmerische Mitbestimmung, JZ 1993, S. 217-225.

Grundmann, Stefan: Europäisches Gesellschaftsrecht – Eine systematische Darstellung unter Einbeziehung des Europäischen Kapitalmarktrechts, Heidelberg 2004.

Habersack, Mathias: Schranken der Mitbestimmungsautonomie in der SE, AG 2006, S. 345-355.

Ders.: Konzernrechtliche Aspekte der Mitbestimmung, Der Konzern 2006, S. 105 – 112.

Ders.: Die Konzernmitbestimmung nach § 5 MitbestG und § 2 DrittelbG – Fragen de lege lata und Forderungen de lege ferenda, AG 2007, S. 641-650.

Ders.: Grundsatzfragen der Mitbestimmung in SE und SCE sowie bei grenzüberschreitender Verschmelzung, ZHR 171 (2009), S. 613-643.

Ders.: „Germany first“? – Kritische Bemerkungen zum EuGH-Urteil in Sachen „Erzberger. /. TUI AG“, NJW 2017, 1021.

Ders.: Sekundärrechtlicher grenzüberschreitender Formwechsel ante portas, ZHR (182) 2018, 495–503.

Ders.: Das Mitbestimmungsstatut der SE: "Ist" oder "Soll"?, AG 2018, S. 823-830.

Ders./ Behme, Caspar/ Eidenmüller, Horst/ Klöhn, Lars (Hrgs.): Deutsche Unternehmensmitbestimmung unter europäischem Reformzwang, Frankfurt a.M. 2016 (zitiert als: *Bearbeiter,* in: Deutsche Unternehmensmitbestimmung unter europäischem Reformzwang).

Ders./ Drinhausen, Florian: SE-Recht mit grenzüberschreitender Verschmelzung, 2. Auflage, München 2016 (zitiert als: *Bearbeiter,* in Habersack/Drinhausen SE-Recht).

Ders./ Henssler, Martin (Hrsg.): Mitbestimmungsrecht – Kommentierung des MitbestG, des DrittelbG, des SEBG und des MgVG, 4. Auflage, München 2018 (zitiert als: *Bearbeiter,* in: Habersack/Henssler MitbestimmungsR).

Ders./ Verse, Dirk: Europäisches Gesellschaftsrecht, 5. Auflage, München 2019.

Haft, Frithof: Der Verhandlungs-Manager – Anleitung zum strukturierten Verhandeln, München 2009.

Hanau, Peter: Pressefreiheit und paritätische Mitbestimmung, Berlin 1975.

Hauschka, Christoph/ Moosmayer, Klaus/ Lösler, Thomas (Hrsg.): Corporate Compliance – Handbuch der Haftungsvermeidung im Unternehmen, 3. Auflage, München 2016 (zitiert als: *Bearbeiter,* in: Hauschka/Mossmayer/Lösler Corporate Compliance).

Heckschen, Heribert/ Strnad, Korina: Aktuelles zum grenzüberschreitenden Formwechsel und seiner praktischen Umsetzung, notar 2018, S. 83–90.

Heinze, Meinhard: Verfahren und Entscheidung der Einigungsstelle, RdA 1990, S. 262-281.

Ders.: Der Europäische Betriebsrat, AG 1995, S. 385-402.

Ders.: Mitbestimmung in einer monistischen Europäischen Aktiengesellschaft – Eine rechtsvergleichende Betrachtung zwischen einer mitbestimmten monistisch strukturierten Societas Europaea in Deutschland und einer mitbestimmten monistisch strukturierten Société Anonyme in Luxemburg, Berlin 2009, Univ. Diss. 2008.

Ders./ Teichmann, Christoph/ Seifert, Achim: Vorschlag für eine Mustervereinbarung zu Unterrichtung, Anhörung und Mitbestimmung in der Europäischen Gesellschaft (SE), BB 2005, S. 2524-2530.

Hellwig, Hans-Jürgen: Von Daily Mail zu Cartesio, in: Deutsches Recht im Wettbewerb 20 Jahre transnationaler Dialog (Friedrich Graf von Westphalen (Hrsg.), Wiesbaden 2009.

Ders./Behme, Caspar: Gemeinschaftsrechtliche Probleme der deutschen Unternehmensmitbestimmung, AG 2009, S. 261-278.

Dies.: Zur grenzüberschreitenden Dimension der deutschen Konzernmitbestimmung und ihren rechtspraktischen Konsequenzen, AG 2015, S. 333-342.

Dies.: Gemeinschaftsrechtswidrigkeit und Anwendungsvorrang des Gemeinschaftsrechts in der deutschen Unternehmensmitbestimmung, ZIP 2010, S. 871-874.

Hennrichs, Joachim: CSR-Umsetzung – Neue Pflichten für Aufsichtsräte, NZG 2017, S. 841-847.

Henssler, Martin: Umstrukturierung von mitbestimmten Unternehmen, ZfA 2000, S. 241-266.

Ders.: Bewegung in der deutschen Unternehmensmitbestimmung, RdA 2005, 330–337.

Ders.: Erfahrungen und Reformbedarf bei der SE – Mitbestimmungsrechtliche Reformvorschläge, ZHR 172 (2009), S. 222-249.

Ders.: Die Zukunft der deutschen Unternehmensmitbestimmung im europäischen Rechtsrahmen, ZfA 2018, S. 174-197.

Ders./ Grau, Timon: Arbeitnehmerüberlassung, Solo-Selbständige und Werkverträge – Aktuelle Gesetzeslage und Auswirkungen für die Praxis, 2. Auflage, Bonn 2020 (zitiert als: *Bearbeiter* in: Henssler/Grau Arbeitnehmerüberlassung).

Ders./ Strohn, Lutz (Hrsg.): Gesellschaftsrecht, 5. Auflage, München 2021 (zitiert als: *Bearbeiter,* in: Henssler/Strohn GesR).

Ders./ Willemsen, Heinz Josef/ Kalb Heinz-Jürgen (Hrsg.): Arbeitsrecht Kommentar, 9. Auflage, München 2020, 9 (zitiert als: *Bearbeiter,* in: Henssler/Willemsen/Kalb).

Herfs-Röttgen, Ebba: Probleme der Arbeitnehmerbeteiligung in der Europäischen Aktiengesellschaft, NZA 2002, S. 358-365.

Herrler, Sebastian/ Schneider, Susanne: Go ahead, come back – von der Limited (zurück) zur GmbH – Zivil- und steuerrechtliche Grundlagen mit Erfahrungsbericht, DStR 2009, S. 2433-2440.

Herschel, Wilhelm: Die Einigungsstelle und ihre Kosten, DB 1982, S. 1984-1992.

Herzog-Stein, Alexander/ Linder, Fabian: Sicher durch die Krise, Böckler-Impuls No. 17/2017 (abrufbar unter https://www.boeckler.de/de/boeckler-impuls-sicher-durch-die-krise-3878.htm).

Hess, Harald/ Worzalla, Michael/ Glock, Dirk/ Nicolai, Andrea/ Rose, Franz-Josef/ Huke, Kristina (Hrsg.): BetrVG Kommentar, 10. Auflage, Köln 2018 (zitiert als: *Bearbeiter,* in: Hess/Worzalla/Glock/Nicolai/Rose/Huke BetrVG).

Heuschmid, Johannes: Unternehmensmitbestimmung nach der Richtlinie zur grenzüberschreitenden Verschmelzung von Kapitalgesellschaften, AuR 2006, S. 184-192.

Hirte, Heribert: Die Europäische Aktiengesellschaft, NZG 2002, S. 1-10.

Hlava, Daniel/ Höller, Johannes/ Klengel, Ernesto: Verfahren vor dem EuGH, NZA 2021, S. 175-183.

Hoffmann, Jochen: Mitbestimmungsfreie Gesellschaften deutschen Rechts durch grenzüberschreitenden Formwechsel?, EuZW 2018, S. 785–786.

Hoffmann, Thomas: 40 Jahre Mitbestimmungsgesetz 1976: Schleichende Mitbestimmungserosion in Deutschland, AG 2016, S. R167-R170.

Holler, Manfred J./ Illing, Gerhard/ Napel, Stefan: Einführung in die Spieltheorie, 8. Auflage, Berlin 2019.

Hommelhoff, Peter: SPE-Mitbestimmung: Strukturen, Wertungen und rechtspolitische Kompromisslinien, ZEuP 2011, S. 7-40.

Ders.: CSR-Vorstands- und Aufsichtsratspflichten, NZG 2017, S. 1361-1366.

Ders./ Krause, Rüdiger/ Teichmann, Christoph: Arbeitnehmer-Beteiligung in der Europäischen Privatgesellschaft (SPE) nach dem Verordnungsvorschlag, GmbHR 2008, S. 1993-1204.

Hoops, Antje: Die Mitbestimmungsvereinbarung in der Europäischen Aktiengesellschaft (SE), Univ. Diss. 2008 Hamburg.

Hoppe, Christian/ Fuhlrott, Michael: Die nationale Mitbestimmung im Unternehmen: Ein Überblick, ArbRAktuell 2011, S. 235-238.

Hottgenroth, Ralf: Die Verhandlungspflicht der Tarifvertragsparteien, Baden-Baden 1990, Köln Univ. Diss. 1989.

Hüffer, Uwe/ Koch, Jens: Aktiengesetz, 16. Auflage, München 2022 (zitiert als: *Bearbeiter,* in: Hüffer/Koch AktG).

Huke, Rainer/ Prinz, Thomas: Das Drittelbeteiligungsgesetz löst das Betriebsverfassungsgesetz 1952 ab, BB 2004, S. 2633-2639.

Hushahn, Johannes: Grenzüberschreitende Formwechsel im EU/EWR-Raum, RNotZ 2014, S. 137-154.

Hützen, Peter: (Un-)Gelöste Probleme des Massenentlassungsanzeigeverfahrens, ZinsO 2012, S. 1801-1811.

Ihrig, Hans-Christoph/ Wagner, Jens: Das Gesetz zur Einführung der Europäischen Gesellschaft (SEEG) auf der Zielgeraden, BB 2004, S. 1749-1759.

Jäcker, Hans: Die Einigungsstelle nach dem Betriebsverfassungsgesetz 1972, Tübingen 1974.

Jacobs, Matthias: Privatautonome Unternehmensmitbestimmung in der SE, in: Festschrift für Karsten Schmidt zum 70. Geburtstag, Köln 2009, S. 795-815.

Ders./ Modi, Hannah: Kein Schutz der Sitzgarantie der Gewerkschaften nach § 21 Abs. 6 Satz 1 bei einer SE-Gründung durch Umwandlung, in: Festschrift für Christine Windbichler zum 70. Geburtstag, Berlin 2020, S. 249-268.

Jaensch, Michael: Der grenzüberschreitende Formwechsel: Das EuGH-Urteil VALE, EWS 2012, S. 353-359.

Janisch, Gregor: Die grenzüberschreitende Sitzverlegung von Kapitalgesellschaften in der Europäischen Union, Regensburg, Univ. Diss., 2015.

Jannott, Dirk/ Frodermann, Jürgen (Hrsg.): Handbuch der Europäischen Aktiengesellschaft – Societas Europaea, 1. Auflage, Heidelberg 2005 (zitiert als: *Bearbeiter,* in: Jannott/Frodermann, Handbuch der Europäischen Aktiengesellschaft, 1. Auflage).

Dies.: Handbuch der Europäischen Aktiengesellschaft – Societas Europaea, 2. Auflage, München 2014 (zitiert als: *Bearbeiter,* in; Handbuch der Europäischen Aktiengesellschaft).

Jans, Jan H./ Prechal, Sacha/ Widdershoven, Rob J.G.M.: Europeanisation of Public Law, 2. Auflage, Groningen/Amsterdam 2015.

Janzen, Karl-Heinz: Die Einigungsstelle nach dem Betriebsverfassungsgesetz, 6. Auflage 1989, Frankfurt am Main.

Joost, Detlev: Gesetzgebung und Unternehmensmitbestimmung – Irrwege zwischen Ideologie und Markt -, in: Festschrift für Reinhard Richardi zum 70. Geburtstag, München 2007, S. 573-585.

Junker, Abbo: Unternehmensmitbestimmung in Deutschland – Anpassungsbedarf durch internationale und europäische Entwicklungen, ZfA 2005, S. 1-42.

Ders.: Europäische Aktiengesellschaft und deutsche Mitbestimmung, ZfA 2005, S. 211-224.

Ders.: EU-Arbeitsrecht in Zeiten der Eurosklerose, EuZA 2016, S. 428-444.

Ders.: Sicherung der Unternehmensmitbestimmung in der Europäischen Union: Die Europäische Kommission auf dem Holzweg, EuZA 2019, S. 141-142.

Just, Clemens: Die englische Limited in der Praxis – Einschließlich LtD. & Co. KG und Umwandlung – Mit Formularteil, 4. Auflage, München 2012.

Kainer, Friedemann: Anmerkung zu EuGH (Große Kammer), Urteil vom 18.7.2017 – C-566/15 (Erzberger/TUI AG) – Deutsche Mitbestimmung zur Wahl von Arbeitnehmervertretern im Aufsichtsrat, NJW 2017, S. 2603-2605.

Kälberer, Daniel R.: Die nichtfinanzielle Berichterstattung nach dem CSR-Richtlinie-Umsetzungsgesetz – Teil 1: Wesentliche Bestimmungen, BC 2018, S. 194-199.

Kallmeyer, Harald: Tragweite des Überseering-Urteils des EuGH vom 5.11.2002 zur grenzüberschreitenden Sitzverlagerung, DB 2002, S. 2521-2522.

Ders.: Die Beteiligung der Arbeitnehmer in einer Europäischen Gesellschaft, ZIP 2004, S. 1442-1445.

Ders./ Kappes, Stephan: Grenzüberschreitende Verschmelzungen und Spaltungen nach SEVIC Systems und der EU-Verschmelzungsrichtlinie, AG 2006, S. 224-238.

Kalss, Susanne/ Hügel, Hanns, F. (Hrsg.): Europäische Aktiengesellschaft – SE-Kommentar – SE-Verordnung – SE-Gesetz – Arbeitnehmerbeteiligung (ArbVG) – Steuerrecht, Wien 2004 (zitiert als: *Bearbeiter,* in: Kalss/Hügel SE-Kommentar).

Kamp, Marcus: Die unternehmerische Mitbestimmung nach 'Überseering' und 'Inspire Art', BB 2004, S. 1496-1500.

Karlsruher Kommentar zum Owig *Mitsch, Wolfgang (Hrsg.):* Karlsruher Kommentar zum Gesetz über Ordnungswidrigkeiten, 5. Auflage, München 2018 (zitiert als: *Bearbeiter,* in: Karlsruher Kommentar zum OwiG).

Kiem, Roger: Erfahrungen und Reformbedarf bei der SE – Entwicklungsstand, ZHR (173) 2009, S. 156-180.

Ders.: SE-Aufsichtsrat und Dreiteilbarkeitsgrundsatz – Zugleich Besprechung von LG Nürnberg-Fürth, Beschl. v. 8. 2. 2010 - 1 HK 0 8471/09 (»GfK0), Der Konzern 2010, S. 275-285.

Kieninger, Eva-Maria: Niederlassungsfreiheit als Freiheit der nachträglichen Rechtswahl – Die Polbud-Entscheidung des EuGH, NJW 2017, S. 3624-3627.

Kindhäuser, Urs/ Neumann, Ulfrid/ Paeffgen, Hans-Ullrich: Strafgesetzbuch, 5. Auflage, Baden-Baden 2017 (zitiert als: *Bearbeiter,* in: Kindhäuser/Neumann/ Paeffgen StGB).

Kindler, Peter: Auf dem Weg zur Europäischen Briefkastengesellschaft? Die „Überseering"-Entscheidung des EuGH und das internationale Privatrecht, NJW 2001, S. 1073-1079.

Ders.: „Inspire Art" – Aus Luxemburg nichts Neues zum internationalen Gesellschaftsrecht, NZG 2003, S. 1086-1090.

Ders.: Ende der Diskussion über die so genannte Wegzugsfreiheit, NZG 2009, S. 130-132.

Ders.: Unternehmensmobilität nach „Polbud": Der grenzüberschreitende Formwechsel in Gestaltungspraxis und Rechtspolitik, NZG 2018, S. 1–13.

Kirsch, Hans-Jürgen/ Huter, Michael: Die Prüfung der nicht-finanziellen Erklärung – Neue Pflichten für den Aufsichtsrat, WPg 2017, S. 1017-1023.

Kischel, Uwe: Die Kontrolle der Verhältnismäßigkeit durch den Europäischen Gerichtshof, EuR 2000, S. 380-402.

Kisker, Olaf: Unternehmerische Mitbestimmung in der Europäischen Gesellschaft, der Europäischen Genossenschaft und bei grenzüberschreitender Verschmelzung im Vergleich, RdA 2006, S. 206-212.

Kleba, Robert: Die grenzüberschreitende Spaltung von Kapitalgesellschaften aus deutscher Sicht, RNotZ 2016, S. 273–288.

Kleinsorge, Georg/ Freis, Gerhild: SE-Beteiligungsgesetz, Baden-Baden 2016 (zitiert als: *Kleinsorge/Freis,* SEBG).

Klinkhammer, Heiner/ Welslau, Dietmar: Mitbestimmung in Deutschland und Europa – Eine Einführung für Praktiker, Berlin 1995.

Kluge, Norbert/ Vitols, Sigurt: Codetermination for the sustainable company, Policy Brief No. 4, April 2020 (abrufbar unter https://www.imu-boeckler.de/de/faust-detail.htm?sync_id=8897).

Klumpp, Steffen: Der EuGH und die Massenentlassung - Zeit für „Junk II"?, NZA 2006, S. 703-709.

Kluth, Winfried/ Krings, Günter (Hrsg.): Gesetzgebung: Rechtsetzung durch Parlamente und Verwaltungen sowie ihre gerichtliche Kontrolle, Hamburg 2014 (zitiert als: *Bearbeiter,* in: Kluth/Krings Gesetzgebung).

Knaier, Ralf: Unionales Umwandlungsrecht – Die Zukunft der Unternehmensmobilität im Binnenmarkt, GmbHR 2018, S. 607-624.

Knuth, Matthias: Voll angenommen, BaBl. 1983, S. 8-15.

Koch, Malte: Die Beteiligung von Arbeitnehmervertretern an Aufsichtsrats- und Verwaltungsratsausschüssen einer Europäischen Aktiengesellschaft, Hamburg, Univ., Diss. 2010.

Kölner Kommentar zum Aktiengesetz, *Zöllner, Wolfgang/Noack, Ulrich (Hrsg.),* Band 2/2, §§ 95-117 AktG, 3- Auflage, Köln 2013 (zitiert als: *Bearbeiter,* in: KölnK AktG).

Kölner Kommentar zum Aktiengesetz, *Zöllner, Wolfgang/Noack, Ulrich (Hrsg.),* Band 2, Art. 43-70 SE-VO, §§ 20-49 SEAG, §§ 1-47 SEBG, Schlussanhänge, 4. Auflage, Köln 2021 (zitiert als: *Bearbeiter,* in: KölnK AktG SE-VO/SEBG).

Kölner Kommentar zum Aktiengesetz, *Zöllner, Wolfgang/ Noack, Ulrich (Hrsg.),* Band 8/2, Art. 43-70 SE-VO, §§ 1-47 SEBG, Schlussanhänge, 3. Auflage, Köln 2010 (zitiert als: *Bearbeiter,* in: KölnK AktG, 3. Aufl.).

Koppensteiner, Hans Georg: Grundlagenkritische Bemerkungen zum EWG-Entwurf eines Übereinkommens über die internationale Verschmelzung von Aktiengesellschaften, RabelsZ 39 (1975), S. 405-443.

Kraft, Julia: „Grenzüberschreitende Vorhaben" nach Annahme der Mobilitätsrichtlinie durch das Europäische Parlament – Wesentliche Änderungen im Vergleich zum Kommissionsentwurf, DB 2019, S. 1864-1868.

Kraft, Julia: Die Europäisierung der deutschen Mitbestimmung durch das SE-Beteiligungsgesetz – Eine Europa- und verfassungsrechtliche Analyse der Richtlinienumsetzung 2001/86/EG zur Ergänzung des Statuts der Europäischen Gesellschaft hinsichtlich der Beteiligung der Arbeitnehmer, Univ. Diss. Bayreuth, Frankfurt a.M. 2005.

Kral, Richard: On the Choice of Methods of Transposition of EU Directives, European Law Review 41 (2016), S. 220-242.

Krause, Nils/ Janko, Markus: Grenzüberschreitende Verschmelzungen und Arbeitnehmermitbestimmung, BB 2007, S. 2194-2197.

Krause, Nils/ Kulpa, Norman: Grenzüberschreitende Verschmelzungen – Vor dem Hintergrund der „Sevic"-Entscheidung und der Reform des deutschen Umwandlungsrechts, ZHR 171 (2007), S. 38-78.

Krause, Rüdiger: Die Mitbestimmung in der Europäischen Gesellschaft (SE), BB 2005, S. 1121-1129.

Ders.: Anmerkung zu LG Frankfurt v. 16.02.105 ZIP 2015, 634 – Berücksichtigung ausländischer Arbeitnehmer bei Schwellenwerten der Mitbestimmung („Deutsche Börse"), ZIP 2015, S. 636-637.

Kraushaar, Martin: Europäische Aktiengesellschaft (SE) und Unternehmensmitbestimmung, BB 2003, S. 1614-1620.

Kreutz, Peter: Anmerkung zu BAG v. 22.01.1980 – 1 ABR 38/78, SAE 1982, S. 220-227.

Krieger, Albrecht: Unternehmensverfassung – Mitbestimmung und Grundgesetz, in: Handbuch des Verfassungsrechts der Bunderepublik Deutschland, hrsg. Von Ernst Benda, Werner Maidhofer, Hans-Jochen Vogel, Berlin 1983.

Krüger Andersen, Paul/ Sørensen, Evelyne J.B.: The Danish Companies Act – a modern and competitive European law, Copenhagen 2012.

Kübler, Friedrich: Leitungsstrukturen der Aktiengesellschaft und die Umsetzung des SE-Statuts, ZHR (167) 2003, S. 222-234.

Ders.: Mitbestimmungsfeindlicher Missbrauch der Societas Europaea?, in: Festschrift für Thomas Raiser zum 70. Geburtstag am 20. Februar 2005, S. 247-258.

Kumpf, Christine: Multinationalität der SE-Mitbestimmungsverordnung, München, Univ., Diss. 2014, Frankfurt am Main 2014.

Kunze, Otto/ Christmann, Alfred (Hrsg.): Wirtschaftliche Mitbestimmung im Meinungsstreit, Band 1, Köln 1964.

Dies.: Wirtschaftliche Mitbestimmung im Meinungsstreit, Band 2, Köln 1964.

Künzel, Markus/ Schmid, Erik: Wählen ja, zählen nein? Leiharbeitnehmer und Unternehmensmitbestimmung, NZA 2013, S. 300-303.

Küttner, Wolfdieter (Begr.)/ Röller, Jürgen: Personalbuch 2020 – Arbeitsrecht – Lohnsteuerrecht – Solzialversicherungsrecht, 27, Auflage, München 2020 (zitiert als: *Bearbeiter*, in: Küttner Personalbuch).

Lambrich, Thomas/ Reinhard, Thorsten: Schwellenwerte bei der Unternehmensmitbestimmung – Wann beginnt die Mitbestimmung?, NJW 2014, S. 2229-2234.

Leible, Stefan: Niederlassungsfreiheit und Sitzverlegungsrichtlinie, ZGR 2004, S. 531-558.

Ders.: Warten auf die Sitzverlegungsrichtlinie, in: Festschrift für Günther H. Roth zum 70. Geburtstag, S. 477-461.

Ders./ Hoffmann, Jochen: Wie inspiriert ist „Inspire Art"?, EuZW 2003, S. 677-683.

Lepke, Achim: Zur Rechtstellung der betrieblichen Einigungsstelle, insbesondere im arbeitsgerichtlichen Beschlußverfahren, BB 1977, S. 49-58.

Lieder, Jan: Digitalisierung des Europäischen Unternehmensrechts – Online-Gründung, Online-Einreichung, Online-Zweigniederlassung, NZG 2018, S. 1081-1091.

Ders./ Bialluch, Martin: Brexit-Prophylaxe durch das 4. UmwG-ÄndG - Zum deutschen Vorstoß im Recht der grenzüberschreitenden Verschmelzung, NJW 2019, S. 805-810.

Limmer Peter (Hrsg.): Handbuch der Unternehmensumwandlung, 6. Auflage, Köln 2019 (zitiert als: *Bearbeiter*, in: Limmer HdB Unternehmensumwandlung).

Löschnigg, Günther (Hrsg.): Arbeitnehmerbeteiligung in Unternehmensorganen im internationalen Vergleich, Wien 2011.

Louven, Christoph: Umsetzung der Verschmelzungsrichtlinie, ZIP 2006, S. 2021-2028.

Löwisch, Manfred/Rieble, Volker (Hrsg.): Tarifvertragsgesetz, 4. Auflage, München 2017 (zitiert als: *Bearbeiter*, in: Löwisch/Rieble TVG).

Lubitz, Volker: Sicherung und Modernisierung der Unternehmensmitbestimmung, Univ. Diss. München 2005.

Lück, Maximilian: Neuere Entwicklungen in Brüssel – COVID-19 und Nachhaltigkeit – die zwei Hauptthemen in Brüssel, NZG 2020, S. 1219-1220.

Lunk, Stefan/ Hinrichs, Lars: Die Mitbestimmung der Arbeitnehmer bei grenzüberschreitenden Verschmelzungen nach dem MgVG, NZA 2007, S. 773-780.

Lutter, Marcus (Begr.): Umwandlungsgesetz – Kommentar mit systematischer Darstellung des Umwandlungssteuerrechts und Kommentierung des SpruchG, 6. Auflage, Köln 2019 (zitiert als: *Bearbeiter*, in: Lutter UmwG).

Lutter, Marcus/ Bayer, Walter/ Schmidt, Jessica: Europäisches Unternehmens- und Kapitalmarktrecht, Berlin 2018, 6. Auflage.

Ders./ Hommelhoff, Peter: GmbH-Gesetz, Kommentar, 20. Auflage, Köln 2020 (zitiert als: *Bearbeiter*, in: Lutter/Hommelhoff GmbHG).

Ders./ Hommelhoff, Peter/ Teichmann, Christoph: SE-Kommentar – SE-VO – SEAG – SEBG – Arbeitsrecht – Konzernrecht – Steuerrecht, 2. Auflage, Köln 2015 (zitiert als: *Bearbeiter*, in: Lutter/Hommelhoff/Teichmann, SE-Kommentar).

Luy, Theo: Grenzüberschreitende Umwandlungen nach dem Company Law Package, NJW 2019, S. 1905-1910.

Manz, Gerhard/ Mayer, Barbara/ Schröder, Albert (Hrsg.): Europäische Aktiengesellschaft SE, 3. Auflage, München 2019 (zitiert als: *Bearbeiter*, in: Manz/Mayer/Schröder SE).

Marino, Gerhard: Die verfassungsrechtlichen Grundlagen des sogenannten Tendenzschutzes im Betriebsverfassungsrecht und im Unternehmensverfassungsrecht, Berlin 1986.

Marsch-Barner, Reinhard: Die Rechtstellung der Europäischen Gesellschaft (SE) im Umwandlungsrecht, in: Festschrift Liber amicorum Wilhelm Happ, 2006, S. 165-177.

Ders./ Wilk, Cornelius: Vorher, Nachher, Ist- und Soll der Mitbestimmung bei SE-Gründung, in: Festschrift für Gerd Krieger, München 2020, S. 627-645.

Maunz, Theodoer/ Dürig, Günter (Begr.): Grundgesetz Kommentar, 90. Lieferung. München 2020, Bd. I (zitiert als: *Bearbeiter*, in: Maunz/Dürig GG).

Mävers, Gunther: Die Mitbestimmung der Arbeitnehmer in der Europäischen Aktiengesellschaft, Köln Univ. Diss. 2000.

Merten, Detlef: Die Subsidiarität Europas, Berlin 1993.

Michalski, Lutz/ Heidinger, Andreas/ Leible, Stefan/ Schmidt, Jessica (Hrsg.): Kommentar zum Gesetz betreffend die Gesellschaft mit beschränkter Haftung (GmbH-Gesetz), Band I Systematische Darstellungen, §§ 1-34 GmbHG, 3. Auflage, München 2017 (zitiert als: *Bearbeiter*, in: Michalski/Heidinger/Leible/Schmidt GmbHG).

Mimbang, Jean Blaise/ van Steenkiste, Isabelle/ Lobeck, Mareike: Die Spieltheorie – Nash und das Gefangenendilemma, 50Minuten.de, 2018 (ProQuest Ebook Central, abrufbar unter https://ebookcentral.proquest.com/lib/ub-wuerzburg/detail.action?docID=5409006).

Mock, Sebastian: Berichterstattung über Corporate Social Responsibility nach dem CSR-Richtlinie-Umsetzungsgesetz, ZIP 2017, S. 1195-1203.

Molkenbur, Josef/ Schulte, Wienhold: Rechtscharakter und -wirkungen des Interessenausgleichs, DB 1995, S. 269-271.

Moll, Wilhelm: Die Mitbestimmung des Betriebsrats beim Entgelt, Univ. Diss. Berlin 1977.

Morgenroth, Sascha/Salzmann, Jörg: Grenzüberschreitende Umwandlungen in der EU und unternehmerische Mitbestimmung, NZA-RR 2013, S. 449–456.

Mörsdorf, Oliver: Was von Daily Mail übrig bleibt – Die Wegzugsbesteuerung von EU-Gesellschaften nach dem EuGH-Urteil National Grid Indus, EuZW 2012, S. 296-301.

Ders.: Der Entwurf einer Richtlinie für grenzüberschreitende Umwandlungen – Meilenstein oder Scheinriese?, EuZW 2019, S. 141-148.

Möschel, Wernhard: Zum Subsidiaritätsprinzip, NJW 1993, S. 3025-3028.

Mückl, Patrick/ Götte, Mareike: Unternehmensmitbestimmung und grenzüberschreitende Unternehmensmobilität, BB 2018, S. 2036–2043.

Müller, Hans-Friedrich: Die grenzüberschreitende Verschmelzung nach dem Referentenentwurf des Bundesjustizministeriums, NZG 2006, S. 286-291.

Ders.: Internationalisierung des deutschen Umwandlungsrechts: Die Regelung der grenzüberschreitenden Verschmelzung, ZIP 2007, S. 1081-1088.

Müller-Bonanni, Thomas: Unternehmensmitbestimmung nach „Überseering“ und „Inspire Art“, GmbHR 2003, S. 1235-1239.

Ders.: Mitbestimmungsverhandlungen aus Sicht der Praxis, in: Teichmann/Kraushaar Mitbestimmungsvielfalt in Deutschland und Europa, Berlin 2021, S. 23-38.

Ders./ Melot de Beauregard, Paul: Mitbestimmung in der Societas Europaea, GmbHR 2005, S. 195-200.

Ders./ Müntefering, Michael: Grenzüberschreitende Verschmelzung ohne Arbeitnehmerbeteiligung? Praxisfragen zum Anwendungsbereich und Beteiligungsverfahren, NJW 2009, S. 2347-2353.

Dies.: Arbeitnehmerbeteiligung bei SE-Gründung und grenzüberschreitende Verschmelzung im Vergleich, BB 2009, S. 1699-1703.

Ders./Jenner, Alice/ Thomas, Kathrin: Mitbestimmungsrechtliche Folgen grenzüberschreitender Verschmelzungen, Umwandlungen und Spaltungen nach der RL (EU) 2019/2121, NZG 2021, S. 764-771.

Müller-Boruttau, Dietmar: Die Einigungsstelle – Teil II, BB 2020, S. 116-121.

Münchner Handbuch des Gesellschaftsrechts, *Hoffmann-Becking, Michael (Hrsg.):* Münchner Handbuch des Gesellschaftsrechts, Band 4, Aktiengesellschaft, 5. Auflage, München 2020 (zitiert als: *Bearbeiter,* in: Münchner HdB Gesellschaftsrecht Bd. 4).

Münchner Handbuch zum Arbeitsrecht, *Richardi, Reihnard/ Wlotzke, Otfried/ Wißmann, Hellmut/ Oetker, Hartmut (Hrsg.),* Kollektivarbeitsrecht I, §§ 215-312, Band 3, 5. Auflage, München 2022 (zitiert als: *Bearbeiter,* in: MHdB Arbeitsrecht).

Münchner Handbuch zum Arbeitsrecht, *Richardi, Reihnard/ Wlotzke, Otfried/ Wißmann, Hellmut/ Oetker, Hartmut (Hrsg.),* Kollektivarbeitsrecht II/Arbeitsgerichtsverfahren, §§ 313-394, Band 4, 5. Auflage, München 2022 (zitiert als: *Bearbeiter,* in: MHdB Arbeitsrecht).

Münchner Kommentar zum AktG, *Goette, Wulf/ Habersack, Matthias (Hrsg.),* Band 2, §§ 76-117, MitbestG, DrittelbG, 5. Auflage, München 2019 (zitiert als *Bearbeiter,* in: MüKO AktG)

Münchner Kommentar um AktG, *Goette, Wulf/ Habersack, Matthias (Hrsg.),* Band 7, Europäisches Aktienrecht, SE-VO, SEBG, Europäische Niederlassungsfreiheit, 5. Auflage, München 2021 (zitiert als *Bearbeiter,* in: MüKO AktG, SE-VO/SEBG).

Münchner Kommentar zum Bürgerlichen Gesetzbuch, *Säcker, Franz Jürgen/ Rixecker, Roland/ Oetker, Hartmut/ Limperb, Bettina (Hrsg.),* Band 3 – Recht der Schuldverhältnisse, 9. Auflage, München 2022, (zitiert als: *Bearbeite*r, in MüKO BGB)

Münchner Kommentar zum Bürgerlichen Gesetzbuch, *Säcker, Franz Jürgen/ Rixecker, Roland/ Oetker, Hartmut/ Limperb, Bettina (Hrsg.),* Band 12 – Internationales Privatrecht II, Internationales Wirtschaftsrecht, Einführungsgesetz zum Bürgerlichen Gesetzbuche, München 2018, 8. Auflage, München 2021 (zitiert als: *Bearbeite*r, in MüKO BGB, Bd. 12).

Münchner Kommentar zum Bürgerlichen Gesetzbuch, *Säcker, Franz Jürgen/ Rixecker, Roland/ Oetker, Hartmut/ Limperb, Bettina (Hrsg.),* Band 13 – Internationales Handels- und Gesellschaftsrecht, Kaufleute, Juristische Personen und

Gesellschaften, 8. Auflage, München 2021 (zitiert als: *Bearbeiter*, in: MüKo BGB IntHuGesR, Bd. 13).

Munkholm, Natalie Videbæk: Arbeitnehmermitbestimmung in Europa: Ein Überblick – Ein themenbezogenes Arbeitspapier für die Jahreskonferenz des europäischen Kompetenzzentrums für Arbeitsrecht, Beschäftigung und arbeitsmarktpolitische Maßnahmen: „Herausforderungen und Perspektiven kollektiver Rechte in Europa" (abrufbar unter https://eu.eventscloud.com/file_uploads/9c69c2d848fd882e4c5725483c3ee59d_Munkholm_Final_DE.pdf).

Nagel, Bernhard: Unternehmensmitbestimmung – Eine problemorientierte Einführung, Köln 1980.

Ders.: Die Europäische Aktiengesellschaft (SE) und die Beteiligung der Arbeitnehmer, AuR 2004, S. 281-286.

Ders.: Die Richtlinie zur grenzüberschreitenden Verschmelzung, NZG 2006, S. 97-101.

Ders.: Die Mitbestimmung bei der formwechselnden Umwandlung einer deutschen AG in eine Europäische Gesellschaft (SE), AuR 2007, S. 329-326.

Ders.: Das Gesetz über die Mitbestimmung der Arbeitnehmer bei grenzüberschreitenden Verschmelzungen (MgVG), NZG 2007, S. 57-59.

Ders.: Strukturelle Änderungen in der SE und Beteiligungsvereinbarung, ZIP 2011, S. 2047-2051.

Ders./ Freis, Gerhild/ Kleinsorge, Georg: Beteiligung der Arbeitnehmer im Unternehmen auf der Grundlage des europäischen Rechts, Kommentar zum SE-Beteiligungsgesetz – SE-Beteiligungsgesetz – SEBG, SCE-Beteiligungsgesetz – SCEBG, Gesetz über die Mitbestimmung der Arbeitnehmer bei einer grenzüberschreitenden Verschmelzung – MgVG, 2. Auflage, Berlin 2009 (zitiert als: *Bearbeiter*, in: Nagel/Freis/Kleinsorge).

Napp, Rudolf: Schlichtungsvereinbarung zwischen dem DBG und der Bundesregierung der Deutschen Arbeitgeberverbände, RdA 1954, S. 383-391.

Naumann, Klaus-Peter/ Siegel, David P.: Reichweite der Prüfungspflichten von Aufsichtsrat, Abschlussprüfer und DPR – Wer prüft eigentlich was in welchem Umfang?, WPg 2017, S. 1170-1177.

Neye, Hans Werner: Die neue Richtlinie zur grenzüberschreitenden Verschmelzung von Kapitalgesellschaften, ZIP 2005, S. 1893-1898.

Ders./ Timm, Birte: Mehr Mobilität für die GmbH in Europa – Das neue Recht der grenzüberschreitenden Verschmelzungen, NotBZ 2007, S. 239-243.

Niedenhoff, Horst-Udo: Praxis und Verbesserungsmöglichkeiten der betrieblichen Mitbestimmung – Ergebnisse einer Fallstudie aus dem Jahr 2007, Köln 2007.

Niklas, Thomas: Beteiligung der Arbeitnehmer in der Europäischen Gesellschaft (SE) - Umsetzung in Deutschland, NZA 2004, S. 1200-1205.

Nikoleyczik, Tobias/ Führ, Thorsten: Mitbestimmungsgestaltung im grenzüberschreitenden Konzern unter besonderer Berücksichtigung der SE und grenzüberschreitender Verschmelzungen, DStR 2010, S. 1743-1750.

Noack, Ulrich/ Kraft, Julia: Grenzüberschreitende Unternehmensmobilität - der Richtlinienvorschlag im Company Law Package, BB 2018, S. 1577-1582.

Dies.: Das Registergericht als „Hüter" der Mitbestimmung bei grenzüberschreitender Umwandlung, in: Festschrift für Gerd Krieger zum 70. Geburtstag, München 2020, S. 539-553.

Ders./ Servatius, Wolfgang/ Haas, Ulrich: Gesetz betreffend die Gesellschaft mit beschränkter Haftung, 23. Auflage, München 2022.

Oechsler, Walter: Konflikt- und Demokratisierungsstrategien im Rahmen der Betriebsverfassung, in: Bartölke, Klaus/Kappler, Ekkehard/Laske, Stephan/Nieder, Peter (Hrsg.) Arbeitsqualität in Organisationen, Wiesbaden 1978, S. 133-142.

Ders./ Schönfeld, Thorleif: Die Einigungsstelle als Konfliktlösungsmechanismus: eine Analyse der Wirkungsweise und Funktionsfähigkeit, Frankfurt am Main 1989.

Oetker, Hartmut: Unternehmerische Mitbestimmung kraft Vereinbarung in der Europäischen Gesellschaft, in: Festschrift für Horst Konzen zum siebzigsten Geburtstag, Tübingen 2006.

Ders.: Mitbestimmungssicherung bei Errichtung einer Europäischen Gesellschaft (SE) durch formwechselnde Umwandlung einer Aktiengesellschaft mit Sitz in Deutschland, in: Festschrift für Rolf Birk, Tübingen 2008, S. 557-573.

Ders.: Die zwingende Geschlechterquote für den Aufsichtsrat – vom historischen Schritt zur Kultivierung einer juristischen terra incognita, ZHR 179 (2015), S. 707-749.

Ders.: Arbeitnehmerüberlassung und Unternehmensmitbestimmung im entleihenden Unternehmen nach § 14 II 5 und 6 AÜG, NZA 2017, S. 29-35.

Olbertz, Klaus/ Sturm, Nora: Unternehmerische Mitbestimmung – Vermeidungsstrategien für die GmbH bzw. GmbH & Co. KG – GmbHR 2014, S. 1254-1258.

Omlor, Sebastian: Digitalisierung im EU-Gesellschaftsrechtspaket: Online-Gründung und Registerführung im Fokus, DStR 2019, S. 2544-2549.

Oplustil, Krzysztof/ Schneider, Maximilian: Zur Stellung der Europäischen Aktiengesellschaft im Umwandlungsrecht, NZG 2013, S. 13-17.

Otte-Gräbener, Sabine: Anmerkung zu ArbG Mannheim v. 7.12.2017 14 BV 13/17, BB 2018, S. 1655 – 1664.

Dies.: Keine Sitzgarantie für Gewerkschaftsvertreter im Aufsichtsrat bei SE-Gründung durch Umwandlung, GWR 2018, S. 448.

Otto, Christian: Das Gesetzgebungsverfahren in der Europäischen Union, JA 2018, S. 447-451.

Paefgen, Walter G.: Auslandsgesellschaften und Durchsetzung deutscher Schutzinteressen nach Überseering, DB 2003, S. 487-492

Ders.: „Cartesio": Niederlassungsfreiheit minderer Güte – Zum Urtel des EuGH vom 16.12.2008 („Cartesio") = WM 2009, 223ff. - WM 2009, S. 529-576.

Ders.: „Polbud": Niederlassungsfreiheit als Sitzspaltungsfreiheit – Zum Urteil des EuGH vom 25.10.2017 in der Rechtssache „Polbud" – Teil I, WM, S. 981-993.

Ders.: Polbud": Niederlassungsfreiheit als Sitzspaltungsfreiheit – Zum Urteil des EuGH vom 25.10.2017 in der Rechtssache „Polbud" – Teil II, WM, S. 1029-1041.

Payrhuber, Melanie/ Stelkens, Ulrich: „1:1-Umsetzung" von EU-Richtlinien: Rechtspflicht, rationales Politikkonzept oder (wirtschafts)politischer Populismus? - zugleich zu Unterschieden zwischen Rechtsangleichungs- und Deregulierungsrichtlinien -, EuR 2019, S. 190-221.

Pluskat, Sorika: Der neue Entwurf für eine europäische Verschmelzungsrichtlinie – Transnationale Fusionen in Europa damit in greifbare Nähe gerückt?, EWS 2004, S.1-7.

Potthoff, Erich: Der Kampf um die Montan-Mitbestimmung, Köln Diss. Univ. 1957.

Prechal, Sacha: Directives in European Community Law – A Study of Directives and Their Enforcement in National Courts, Oxford 1995.

Preis, Ulrich/ Sagan, Adam: Europäisches Arbeitsrecht, Grundlagen – Richtlinien – Folgen für das deutsche Recht, 2. Auflage, Köln 2019 (zitiert als: *Bearbeiter*, in: Preis/Sagan Europäisches Arbeitsrecht).

Pünnel, Leo: Die Einigungsstelle des BetrVG 1972, 3. Auflage, Neuwied und Frankfurt am Main 1990.

Ders./ Wenning-Morgenthaler, Martin: Die Einigungsstelle, 5. Auflage, Köln 2009.

Pütz, Lasse: Die Unternehmensmitbestimmung nach dem „Company Law Package" der EU – Erste Überlegungen zur Umsetzung der neugefassten Mobilitäts-Richtlinie (EU) 2017/1132 in das deutsche Recht, AG 2020, S. 117-123.

Raiser, Thomas: Mitbestimmungsgesetz, 4. Auflage, Berlin 2002.

Ders.: Unternehmensmitbestimmung vor dem Hintergrund europarechtlicher Entwicklungen, Gutachten B für den 66. Deutschen Juristentag, Band I, Stuttgart 2006.

Ders./ Veil, Rüdiger: Mitbestimmungsgesetz und Drittelbeteiligungsgesetz, 5. Auflage, Berlin 2009.

Ramcke, Oliver H.: Die Konkretisierung des Missbrauchsverbots der SE zum Schutz von Beteiligungsrechten der Arbeitnehmer, Diss. Hamburg, Berlin 2015.

Rapp, Marc Steffen/ Wolf, Michael: Starke Mitbestimmung, stabile Unternehmen, Mitbestimmungsreport – Eine Empirische Analyse vor dem Hintergrund der Finanz- und Wirtschaftskrise (abrufbar unter: https://www.imu-boeckler.de/de/faust-detail.htm?sync_id=8420).

Rehbahn, Robert: Das Kollektive Arbeitsrecht im Rechtsvergleich, NZA 2001, S. 763-774.

Rehberg, Markus: Die missbräuchliche Verkürzung der unternehmerischen Mitbestimmung durch die Societas Europaea, ZGR 34 (2005), S. 859-893.

Rehbinder, Eckard: Förderung sozialer Verantwortung durch Unternehmenspublizität – ein Experiment mit ungewissem Ausgang, Audit Committee Quaterly, Das Magazin für Corporrate Governance extra, S. 16-18.

Reichert, Jochem: Erfahrungen mit der Societas Europaea (SE) in Deutschland, in: Festschrift für Michael Gruson, Berlin 2009, S. 321-338.

Ders./ Brandes, Stephan: Mitbestimmung der Arbeitnehmer in der SE: Gestaltungsfreiheit und Bestandsschutz, ZGR 2003, S.767-799.

Reichold, Hermann: Durchbruch zu einer europäischen Betriebsverfassung – Die Rahmen-Richtlinie 2002/14/EG zur Unterrichtung und Anhörung der Arbeitnehmer, NZA 2003, S. 289-299.

Richardi, Reinhard: Beteiligung der Arbeitnehmer an betrieblichen Entscheidungen in der Bundesrepublik Deutschland, RdA 1984, S. 88-98.

Ders. (Hrsg.): Betriebsverfassungsgesetz mit Wahlordnung, 16. Auflage, München 2018 (zitiert als: *Bearbeiter,* in: Richardi BetrVG).

Rieble, Volker: Schutz vor paritätischer Mitbestimmung, BB 2006, S. 2018–2023.

Riechmann, Thomas: Spieltheorie, 4. Auflage, München 2013.

Riegger, Bodo: Centros – Überseering – Inspire Art: Folgen für die Praxis, ZGR 2004, S. 510-530.

Riesenhuber, Karl (Hrsg.): Europäische Methodenlehre: Handbuch für Ausbildung und Praxis, 3. Auflage, Berlin 2015 (zitiert als: *Bearbeiter,* in: Riesenhuber Europäische Methodenlehre).

Ders.: Europäisches Arbeitsrecht – Eine systematische Darstellung, Heidelberg 2009.

Ringe, Wolf-Georg: Corporate Mobility in the European Union – a Flash in the Pan? An empirical study on the success of lawmaking and regulatory competition, ECFR 2013, S. 230-267.

Röder, Gerhard/ Rolf, Christian: Unternehmensmitbestimmung im europäischen Wettbewerb, in: Festschrift für Manfred Löwisch zum 70. Geburtstag, S. 249-266.

Rödl, Florian: Wichtige Einsichten: Territorialanknüpfung des Arbeitsrechts und allseitige Kollisionsnormen mit Unionsrecht vereinbar, EuZA 2018, S. 88-97.

von Roetteken, Torsten: Informations-, Konsultations, und Vereinbarungsrechte der Personalvertretung auf Grundlage der RL 2002/14/EG vom 11.3.2002, PersR 2003, S. 181-190.

Roth, Wulf-Henning: ECLR „Centros“: Viel Lärm um Nichts? – Besprechung der Entscheidung EuGH EuZW 1999, 216 - Centros Ltd.. /. Erhvervs- og Selskabsstyrelsen, ZGR 2000, S. 311-338.

Röttgen, Norbert/ Kluge, Hans-Georg: Nachhaltigkeit bei Vorstandsvergütungen, NJW 2003, S. 900-905.

Sack, Rolf: Auswirkungen der Art. 52, 58 EWGV auf das internationale Gesellschaftsrecht – EuGH NJW 1989, 2186, JuS 1990, S. 353-356.

Sagasser, Bernd/ Bula, Thomas/ Brünger, Thomas R.: Umwandlungen – Verschmelzung – Spaltung – Formwechsel – Vermögensübertragung, 5. Auflage, München 2017 (zitiert als: *Bearbeiter,* in: Sagasser/Bula/Brünger UmwG).

Sandrock, Otto: Die Schrumpfung der Überlagerungstheorie – Zu den zwingenden Vorschriften des deutschen Sitzrechts, die ein fremdes Gründungsstatut überlagern können, ZVglRWiss 102 (2003), S. 447-504.

Schanze, Erich: Die Pluralität der Mitbestimmungslösungen in Europa, AG 2017, S. 573-577.

Ders./ Jüttner, Andreas: Anerkennung und Kontrolle ausländischer Gesellschaften – Rechtslage und Perspektiven nach der Überseering-Entscheidung des EuGH, AG 2003, S. 30-36.

Schaub, Günter/ Koch, Ulrich: Arbeitsrecht von A-Z, 25. Auflage, München 2021 (zitiert als: *Bearbeiter,* in: Schaub/Koch Arbeitsrecht von A-Z).

Scheibe, Andrea: Die Mitbestimmung der Arbeitnehmer in der SE unter besonderer Berücksichtigung des monistischen Systems, Kiel, Univ. Diss. 2006.

Scherzberg, Arno: Mittelbare Rechtssetzung durch Gemeinschaftsrecht – Richtlinien als Instrument der europäischen Integration –, JURA 1992, S. 572-579.

Schliesky, Utz: Die Vorwirkung von gemeinschaftsrechtlichen Richtlinien, DVBl 2003, S. 631-641.

Schlösser, Jan: Europäische Aktiengesellschaft und deutsches Strafrecht, NZG 2008, S. 126-131.

Schmid, Erik Benedikt: Mitbestimmung in der Europäischen Aktiengesellschaft (SE) – Erfordernis, Inhalt und Grenzen der schriftlichen Beteiligungsvereinbarung, Augsburg, Univ. Diss. 2009.

Schmidt, Jessica: Cross-border mergers and divisions, transfers of seat: Is there a need to legislate, PE 556.960, 2016.

Dies.: EU Company Law Package – Mehr Digitalisierung und Mobilität von Gesellschaften (Teil 1), Der Konzern 2018, S. 229-272.

Dies.: EU Company Law Package - Mehr Digitalisierung und Mobilität von Gesellschaften (Teil 2), Der Konzern 2018, S. 273-285.

Dies.: Cross-border Mergers, Divisions and Convensions: Accomplishments and Deficits of the Company Law Package, ECFR 2019, S. 222-271.

Dies.: Gesellschaftsrecht: Corporate interest, supply chain and beyond?! EU-Konsultation zu nachhaltiger Unternehmensführung, EuZW 2020, S. 956.

Dies.: Coming soon: „Company Law Package Part 2" – Implementation, EuZW 2020, S. 801-802.

Dies.: Grenzüberschreitender Formwechsel in der EU Eckpunkte des Rechtsrahmens und Herausforderungen bei der Umsetzung, ZEuP 2020, S. 565-590.

Dies.: Der UmRUG-Referentenentwurf: grenzüberschreitende Umwandlungen 2.0 – und vieles mehr, Teil 1, NZG 2022, S. 579-587.

Schmidt, Martin: Konkretisierung von Generalklauseln im europäischen Privatrecht, Berlin 2009.

Schmitt, Joachim/ Hörtnagl, Robert (Hrsg.): Umwandlungsgesetz, Umwandlungssteuergesetz, 8. Auflage, München 2018 (zitiert als: *Bearbeiter* in: Schmitt/Hörtnagl/Stratz).

Dies.: Umwandlungsgesetz, Umwandlungssteuergesetz, 9. Auflage, München 2020 (zitiert als: *Bearbeiter,* in: Schmitt/Hörtnagl UmwG).

Schollmeyer, Eberhard: Der Verschmelzungs-, Spaltungs- und Formwechselbericht nach der neuen Umwandlungsrichtlinie, AG 2019, S. 541-551.

Scholz, Rupert: Paritätische Mitbestimmung und Grundgesetz, Berlin 1974.

Schön, Wolfgang: Der „Rechtsmissbrauch" im Europäischen Gesellschaftsrecht, in: Festschrift für Heribert Wiedemann zum 70. Geburtstag, München 2002, S. 1271-1298.

Ders.: Das System der gesellschaftlichen Niederlassungsfreiheit nach VALE, ZGR 2013, S. 333-365.

Ders.: Missbrauchskontrolle im Europäischen Umwandlungsrecht, in: Festschrift für Gerd Krieger, München 2020, S. 880-910.

Schönfeld, Thorleif: Das Verfahren vor der Einigungsstelle – Eine Analyse der Verfahrenshandhabung aus juristischer Sicht, Freiburg (Breisgau), Univ. Diss. 1988.

Schubert, Claudia: Die Mitbestimmung der Arbeitnehmer bei grenzüberschreitender Verschmelzung, RdA 2007, S. 9-17.

Dies./ Liese, Christian: Berücksichtigung von Leiharbeitnehmern bei den Schwellenwerten der Unternehmensmitbestimmung, NZA 2016, S. 1297-1303.

Schulte, Christian: Grenzüberschreitende Umwandlungen und Spaltungen, GmbHR 2020, S. 139-146.

Schulte-Wrede, Hendrik: Arbeitnehmerbeteiligung in Europa, Berlin 2014.

Schürnbrand, Jan: „Verdeckte" und „atypische" Beherrschungsverträge im Aktien- und GmbH-Recht, ZHR 169 (2005), S. 35-60.

Schurr, Francesco A.: Schutzbestimmungen und Verfahrensregeln in der neuen Richtlinie zu grenzüberschreitenden Umwandlungen, Verschmelzungen und Spaltungen, EuZW 2019, S. 539-544.

Ders.: Digitalisierung im Gesellschaftsrecht in der EU: Quo vadis?, EuZW 2019, S. 722-779.

Schwalbach, Joachim: Effizienz des Aufsichtsrats, AG 2004, S. 186-190.

Schwark, Eberhard: Globalisierung, Europarecht und Unternehmensmitbestimmung im Konflikt, AG 2004, S. 173-180.

Schwarz, Christian: Zum Statut der Europäischen Aktiengesellschaft, ZIP 2001, S. 1847-1861.

Schwarz, Günter Christian: SE-VO – Verordnung (EG) Nr. 2157/2001 des Rates über das Statut der Europäischen Aktiengesellschaft (SE), München 2006.

Schwarze, Jürgen/ Schoo, Jürgen/ Hatje, Armin/ Becker, Ulrich (Hrsg.): EU-Kommentar, 4. Auflage, Baden-Baden 2019 (zitiert als: *Bearbeiter*, in: Schwarze EU-Kommentar).

Schwerdtfeger, Gunther: Unternehmerische Mitbestimmung der Arbeitnehmer und Grundgesetz, Frankfurt 1972.

Seibt, Christoph: Drittelbeteiligungsgesetz und Fortsetzung der Reform des Unternehmensmitbestimmungsrechts – Analyse des Zweiten Gesetzes zur Vereinfachung der Wahl der Arbeitnehmervertreter in den Aufsichtsrat, NZA 2004, S. 767-776.

Ders.: Privatautonomie Mitbestimmungsvereinbarungen: Rechtliche Grundlagen und Praxishinweise, AG 2005, S. 413-429.

Ders.: Zurechnung der Arbeitnehmer ausländischer Konzernunternehmen bei der Unternehmensmitbestimmung, DB 2015, S. 912-914.

Ders.: Zusammensetzung des Aufsichtsorgans einer durch formwechselnde Umwandlung gegründeten SE unter Anknüpfung an den bei der AG gebotenen Soll-Zustand, ZIP 2020, S. 325-326.

Selent, Maximilian: Die Mitbestimmung nach dem Company Law Package aus Perspektive des deutschen Kompromissvorschlags zur europäischen Mitbestimmung, NZG 2018, S. 1171-1178.

Semler, Johannes/ Strengel, Arndt (Hrsg.): Umwandlungsgesetz mit Spruchverfahrensgesetz, 5. Auflage, München 2021 (zitiert als: *Bearbeiter*, in: Semler/ Stengel UmwG).

Sick, Sebastian: #ZukunftMitbestimmung, BB 2020, Die Erste Seite, S. I (Ausgabe 46/2020).

Siems, Mathias M.: SEVIC: Der letzte Mosaikstein im Internationalen Gesellschaftsrecht der EU?, EuZW 2006, S. 135-140.

Simon, Oliver/ Rein, Michael/ Deuchler, Philipp: „Einfrieren" der Mitbestimmung bei SE-Gründung durch formwechselnde Umwandlung – Soll-Zustand oder Ist-Zustand als richtiger Anknüpfungspunkt, NZA 2021, S. 1748-1754.

Sjåfjell, Beate: Reforming EU Company Law to Secure the Future of European Business, ECFR 2021, S. 190-217.

Spieker, Wolfgang: Der Aufsichtsrat der mitbestimmten Montan-GmbH, Köln Diss. Univ. 1960.

Spindler, Gerald/ Stilz, Eberhard (Hrsg.): Kommentar zum Aktiengesetz, Band 2, §§ 150-410 AktG, SpruchG, SE-VO, 4. Auflage, München 2019 (zitiert als: *Bearbeiter,* in: Spindler/Stilz AktG).

Spreer, Bernadette: Die Richtlinie 2002/14/EG zur Festlegung eines allgemeinen Rahmens für die Unterrichtung und Anhörung der Arbeitnehmer in der Europäischen Gemeinschaft, Berlin 2005.

Stegmann, Leoni: Discussion Report, ECFR 2021, S. 245-251.

Steinau-Steinrück, Robert/ Jöris, Nils: Scheitern der Verhandlungen und Einsetzung der Einigungsstelle, NJW-Spezial 2019, S. 370-371.

Steinberg, Marcus: Mitbestimmung in der Europäischen Aktiengesellschaft – Die Richtlinie 2001/86/EG zur Beteiligung der Arbeitnehmer in der SE, Unvi. Diss. Köln 2005.

Stelmaszczyk, Peter: Grenzüberschreitender Formwechsel durch isolierte Verlegung des Satzungssitzes, EuZW 2017, S. 890-894.

Ders.: Der materielle Stakeholderschutz nach der neuen Umwandlungsrichtlinie, ZIP 2019, S. 2437-2447.

Ders.: Die neue Umwandlungsrichtlinie – harmonisierte Verfahren für grenzüberschreitende Verschmelzungen, Spaltungen und Formwechsel, GmbHR 2020, S. 61-76.

Stiegler, Sascha: Entwicklungen im europäischen Gesellschaftsrecht im Jahr 2013, DB 2014, S. 525-530.

Teichmann, Arndt: Die „Gesetzesumgehung“ im Spiegel der Rechtsprechung, JZ 2003, S. 761-768.

Teichmann, Christoph: ECLR – Die Einführung der Europäischen Aktiengesellschaft – Grundlagen der Ergänzung des europäischen Status durch den europäischen Gesetzgeber, ZGR 2002, S. 383-464.

Ders.: Gestaltungsfreiheit im monistischen Leitungssystem der Europäischen Aktiengesellschaft, BB 2004, S. 53-60.

Ders.: Binnenmarktkonformes Gesellschaftsrecht, Berlin 2006.

Ders.: Mitbestimmung und grenzüberschreitende Verschmelzung, Der Konzern 2007, S. 89-98.

Ders.: Gestaltungsfreiheit in Mitbestimmungsvereinbarungen, AG 2008, S. 797-808.

Ders.: Europäisierung der deutschen Mitbestimmung, Beilage zu ZIP 48/2009, S. 10-17.

Ders.: Europäisierung der deutschen Mitbestimmung durch Nichtanwendung des Gesetzes?, ZIP 2010, S. 874-875.

Ders.: „SE bringt mehr Flexibilität in das starre deutsche Aktienrecht“, BB 2010, S. 1113-1115.

Ders.: Neuverhandlungen einer SE-Beteiligungsvereinbarung bei „strukturellen Änderungen“, in: Festschrift für Hans-Jürgen Hellwig zum 70. Geburtstag, 2010, S. 347-372.

Ders.: Europäisierung der deutschen Mitbestimmung durch Nichtanwendung des Gesetzes, ZIP 2010, S. 874-875.

Ders.: Der grenzüberschreitende Formwechsel ist spruchreif: das Urteil des EuGH in der Rs. Vale, DB 2012, S. 2085-2092.

Ders.: Bestandsschutz für die Mitbestimmung bei Umwandlung in eine SE, ZIP 2014, S. 1049-1057.

Ders.: Die Auslandsgesellschaft & Co., ZGR 2014, S. 220-251.

Ders.: Grundlinien eines europäischen Umwandlungsrechts: Das „EU-Company Law Package 2018“, NZG 2019, S. 241–248.

Ders.: The Company Law Package – Content and State of Play, ECFR 2019, S. 3-14.

Ders.: Der “Zankapfel” unternehmerischer Mitbestimmung im Entstehungsprozess der Mobilitätsrichtlinie 2019, in: Festschrift für Christine Windbichler, Berlin 2020, S. 395-411.

Ders.: Gewerkschaftssitze im Aufsichtsrat nach Umwandlung in eine SE, ZIP 2020, S. 105-112.

Ders.: Mitbestimmungsschutz bei grenzüberschreitenden Umwandlungen – Zugleich ein Rückblick auf die Beratungen der „Informal Company Law Expert Group“ (2014–2018) –, in: Festschrift für Klaus J. Hopt zum 80. Geburtstag, Berlin 2020, S. 1255-1271.

Ders.: Die digitale GmbH-Gründung: Ein Entwicklungssprung für die vorsorgende Rechtspflege, GmbHR 2021, S. 1237-1248.

Ders.: Das Konzept des „Rechtsmissbrauchs“ im Europäischen Umwandlungsrecht, ZGR 2022, S. 376-415.

Ders./ Knaier, Ralf: Grenzüberschreitender Formwechsel nach “Polbud”, GmbHR 2017, S. 1314-1324.

Ders./ Ptak, Paulina: Die grenzüberschreitende Sitzverlegung aus deutsch-polnischer Perspektive, RIW 2010, S. 817-823.

Teubner, Ernst: Interessenausgleich und Sozialplan – Gesetzesauslegung, Verfahren und Sanktionen der §§ 111 – 113 BetrVG, BB 1974, S. 982-988.

Theisen, Manuel René/ Wenz, Martin (Hrsg.): Die Europäische Aktiengesellschaft – Recht, Steuern und Betriebswirtschaft der Societas Europaea (SE), 2. Auflage, Stuttgart 2005 (zitiert als: *Bearbeiter*, in: Theisen/Wenz Europäische Aktiengesellschaft).

Thomann, Eva: Customizing Europe: transposition as bottom-up implementation, Journal of European Public Policy, S. 1368-1387.

Thüsing, Gregor: Deutsche Unternehmensmitbestimmung und europäische Niederlassungsfreiheit, ZIP 2004, S. 381-388f.

Timm-Wagner, Birte: SE-Ausführungsgesetz, Baden-Baden 2012.

Titze, Julian: Unternehmensmitbestimmung bei grenzüberschreitendem Formwechsel und grenzüberschreitender Spaltung, NZA 2021, S. 752-757.

Tries, Joachim/ Reinhardt, Rüdiger: Konflikt- und Verhandlungsmanagement, Berlin 2008.

Trost, Eva J.: Mitbestimmungsgestaltung bei grenzüberschreitenden Verschmelzungen, Köln, Diss. Univ. 2015.

Tschöpe, Ulrich: Die Bestellung der Einigungsstelle – Rechtliche und taktische Fragen, NZA 2004, S. 945-950.

V. Halen, Curt Christian: Das Gesellschaftsstatut nach der Centros-Entscheidung des EuGH – Kollisionsrechtliche Tragweite, materiellrechtliche Folgen und gesellschaftsrechtliche Gestaltungsmöglichkeiten, Münster (Westfalen), Univ. Diss 2001, Heidelberg 2001.

Van Hulle, Karel/ Maul, Silja/ Drinhausen, Florian: Handbuch zur Europäischen Gesellschaft (SE), München 2007 (zitiert als: *Bearbeiter,* in: Van Hulle/Maul/Drinhausen HdB SE).

Verse, Dirk A.: Niederlassungsfreiheit und grenzüberschreitende Sitzverlegung – Zwischenbilanz nach „National Grid Indus" und „Vale" -, ZEuP 2013, S. 459-493.

Von der Groeben, Hans/ Schwarze, Jürgen /Hatje, Armin (Hrsg.): Europäisches Unionsrecht – Vertrag über die Europäische Union, Vertrag über die Arbeitsweise der Europäischen Union, Charta der Grundrechte der Europäischen Union, Band 1, 7. Auflage, Baden-Baden 2015 (zitiert als: *Bearbeiter,* in: von der Groeben/Schwarze/Hatje EU-Recht).

Von der Heyde, Christiane: Die Beteiligung der Arbeitnehmer in der Societas Europaea (SE), Diss. Frankfurt (Oder), Hamburg 2007.

Vossius, Oliver: Gründung und Umwandlung der deutschen Europäischen Gesellschaft (SE), ZIP 2005, S. 741-749.

Wachter, Thomas: Neues zum Europäischen Umwandlungsrecht (I), Grenzüberschreitende Verschmelzungen, Spaltungen und Formwechsel, GmbHStB 2018, S. 283–296.

Ders.: Neues zum Europäischen Umwandlungsrecht (II), Grenzüberschreitende Verschmelzungen, Spaltungen und Formwechsel, GmbHStB 2018, S. 317-332.

Waclawik, Erich: Die Europäische Aktiengesellschaft (SE) als Konzerntochter- und Joint Venture-Gesellschaft, DB 2006, S. 1827-1833.

Waldenmaier, Marianne/ Ley, Christian: Neuigkeiten für die Mitbestimmung?, BB 2009, S. 1694-1699.

Waltermann, Raimund: Arbeitsrecht, 19. Auflage, München 2018, 19. Auflage.

Wansleben, Till: Deutsche Unternehmensmitbestimmung und Unionsrecht, WM 2017, S. 785-832.

Weber, Christoph: Arbeitnehmermitbestimmung im Europäischen Sozialrat, in: Festschrift 600 Jahre Würzburger Juristenfakultät, Berlin 2002, S. 189-218.

Ders.: Massenentlassung und Arbeitnehmerbeteiligung im deutschen und europäischen Mitbestimmungsrecht, AuR 2008, S. 365-380.

Ders.: Beschränkung von Einzelklagen bei Massenentlassung, EuZA 2010, S. 235-243.

Ders.: Verhandelte Mitbestimmung – eine Zwischenbilanz, in: Europäisches Recht zwischen Bewährung und Wandel – Festschrift für Dieter H. Scheuing, Baden-Baden 2011, S. 773-793.

Weber, Klaus (Hrsg.): Rechtswörterbuch, 28. Edition, Stand: 01.05.2022, München (zitiert als: *Bearbeiter*, in: Weber Rechtswörterbuch).

Ders/. (Hrsg.): Weber kompakt Rechtswörterbuch, 6. Edition, Stand: 01.05.2022, München (zitiert als: *Bearbeiter*, in: Weber kompakt Rechtswörterbuch).

Weiss, Manfred: Die Umsetzung der Richtlinie über Europäische Betriebsräte, AuR 1995, S. 438-444.

Ders.: Die Arbeitnehmermitwirkung in der EU – quo vadis, in: Festschrift für Christine Windbichler, Berlin 2020, S. 425-437.

Ders./ Seifert, Achim: Der europarechtliche Rahmen für ein „Mitbestimmungserstreckungsgesetz", ZGR 2009, S. 542-580.

Weiss, Susanne/ Wöhlert, Helge-Torsten: Societas Europaea – Der Siegeszug des deutschen Mitbestimmungsrechts in Europa, NZG 2006, S. 121-126.

Weiß, Wolfgang: Zur Wirkung von Richtlinien vor Ablauf der Umsetzungsfirst, DVBl. 1998, S. 568-575.

Weller, Marc-Philippe: Die „Wechselbalgtheorie", in: Festschrift für Wulf Goette zum 65. Geburtstag, S. 583-600.

Westhoff, André O.: Die Verbreitung der englischen Limited mit Verwaltungssitz in Deutschland, GmbHR 2007, S. 474-480.

Wettich, Carsten: Keine Sitzgarantie der Gewerkschaften bzgl. Besetzung des Aufsichtsrats in Beteiligungsvereinbarung bei SE-Gründung durch Umwandlung, GWR 2018, S. 349.

Wicke, Hartmut: Die Europäische Aktiengesellschaft – Grundstruktur, Gründungsformen und Funktionsweise, MittBayNot 2006, S. 196-205.

Ders.: Zulässigkeit des grenzüberschreitenden Formwechsels Rechtssache „Vale“ des Europäischen Gerichtshofs zur Niederlassungsfreiheit, DStR 2012, S. 1756-1759.

Ders.: Optionen und Komplikationen bei der Umsetzung des Richtlinienvorschlags zum grenzüberschreitenden Formwechsel (Teil I), DStR 2018, S. 2642–2647.

Ders.: Optionen und Komplikationen bei der Umsetzung des Richtlinienvorschlags zum grenzüberschreitenden Formwechsel (Teil II), DStR 2018, S. 2703–2710.

Widmann, Siegfried/ Mayer, Dieter: Umwandlungsrecht – Umwandlungsgesetz – Umwandlungssteuergesetz, Spruchverfahrensgesetz, Loseblattsammlung, Bonn 2002 (zitiert als: Widmann/Mayer UmwG).

Wiedemann, Herbert: Internationales Gesellschaftsrecht, in: Festschrift für Gerhard Kegel, Frankfurt am Main 1977, S. 187-211.

Ders.: Gesellschaftsrecht, Ein Lehrbuch des Unternehmens- und Verbandsrechts, Band I: Grundlagen München 1980.

Ders.: Gesellschaftsrecht, Ein Lehrbuch des Unternehmens- und Verbandsrechts, Band II: Recht der Personengesellschaften, München 2004.

Wiese, Günther/ Kreutz, Peter/ Oetker, Hartmut/ Weber, Christoph/ Franzen, Martin/ Jacobs, Matthias/ Gutzeit, Martin: Gemeinschaftskommentar zum Betriebsverfassungsgesetz (GK-BetrVG), Band 1: Kommentierung der §§ 1-73b mit Wahlordnung und EBRG, 11. Auflage, München 2018 (zitiert als: *Bearbeiter,* in; Wiese/ Kreutz/Oetker/Raab/Weber/Franzen Bd. 1 GK-BetrVG).

Dies.: Gemeinschaftskommentar zum Betriebsverfassungsgesetz (GK-BetrVG), Band 2: Kommentierung der §§ 74-132, 11- Auflage, München 2018, (zitiert als: *Bearbeiter,* in; Wiese/Kreutz/Oetker/Raab/Weber/Franzen GK-BetrVG).

Willemsen, Heinz Josef/ Hohenstatt, Klaus-Stefan: Zur umstrittenen Bindungs- und Normwirkung des Interessenausgleichs, NZA 1997, S. 345-352.

Windbichler, Christine: Methodenfragen einer gestuften Rechtsordnung – Mitbestimmung körperschaftliche Organisationsautonomie in der Europäischen Gesellschaft, in: Festschrift für Claus-Wilhelm Canaris zum 70. Geburtstag, Band II, München 2007, S. 1423-1434.

Winter, Michael: Planung und Vorbereitung einer grenzüberschreitenden Verschmelzung – Gesellschafts-, steuer- und mitbestimmungsrechtliche Rahmenbedingungen, Der Konzern 2007, S. 24-33.

Winter, Stefan: Grundzüge der Spieltheorie, 2. Auflage, Berlin 2019.

Wißmann, Hellmut: Das Montan-Mitbestimmungsänderungsgesetz: Neuer Schritt zur Sicherung der Montan-Mitbestimmung, NJW 1982, S. 423-425.

Ders./ Kleinsorge, Georg/ Schubert, Claudia: Mitbestimmungsrecht – Mitbestimmungsgesetz, Montan-Mitbestimmungsgesetz, Mitbestimmung auf europäischer Ebene, 5. Auflage, München 2017 (zitiert als: *Bearbeiter,* in: Wißmann/ Kleinsorge/Schubert Mitbestimmungsrecht).

Witschen, Stefan: Neuverhandlung der Arbeitnehmerbeteiligung nach Gründung einer SE – Jenseits struktureller Änderungen, ZGR 2016, S. 644-678.

Wlotzke, Otfried/ Preis, Ulricj/ Kreft, Burghard: Betriebsverfassungsrecht, 4. Auflage, München 2009.

Ders./ Wißmann, Hellmut: Die Gesetzesinitiative der Bundesregierung zur Montan-Mitbestimmung – Entwicklungsgeschichtliche Zusammenhänge und Inhalt, DB 1981, S. 623-633.

Wlotzke, Ottfied/ Wißmann, Hellmut: Die Gesetzesinitiative der Bundesregierung zur Montan-Mitbestimmung – Entwicklungsgeschichtliche Zusammenhänge und Inhalt, DB 1981, S. 623-633.

Wollburg, Raplh/ Banerjea, Nirmal Robert: Die Reichweite der Mitbestimmung in der Europäischen Gesellschaft - Die SE als attraktive neue Rechtsform für grenzüberschreitende Zusammenschlüsse und für grenzüberschreitend tätige deutsche Konzerne, ZIP 2005, S. 277-283.

Wunderlich, Nina/ Pickartz, Thomas: Hat die Richtlinie ausgedient? Zur Wahl der Handlungsform nach Art. 296 Abs. 1 AEUV, EuR 2014, S. 659-670.

Ziegler, Ulrich/ Gey, Annika: Arbeitnehmerbestimmung im Aufsichtsrat der Europäischen Aktiengesellschaft im Vergleich zum Mitbestimmungsgesetz, BB 2009, S. 1750-1757.

Ziemons, Hildegard: Freie Bahn für den Umzug von Gesellschaften nach Inspire Art?! – Zugleich Besprechung EuGH, Urt. v. 30.9.2003 – Rs C-167/01, ZIP 2003, 1885 – Inspire Art, ZIP 2003, S. 1913-1920.

Zimmer, Reingard: „Vorübergehender" Einsatz von Leiharbeitnehmer*innen - § 1 Abs. 1 S. 2 AÜG unter Berücksichtigung der Vorgaben der Leiharbeitsrichtlinie 2008/104/EG, AuR 2012, S. 422-426.

Zuleeg, Manfred: Die Rechtswirkung europäischer Richtlinien, ZGR 1980, S. 466-485.

Zwirlein, Susanne/ Großerichter, Helge/ Gätsch, Andreas: Exit before Brexit – Handlungsoptionen für Gesellschaften englischen Rechts unter besonderer Berücksichtigung der LLP, NZG 2017, S. 1041-1046.

www.ingramcontent.com/pod-product-compliance
Ingram Content Group UK Ltd.
Pitfield, Milton Keynes, MK11 3LW, UK
UKHW021830290926
8980IPUK00004B/357

9 783631 890820